le grand dictionnaire des rêves et leurs interprétations

Pamela J. Ball

le grand dictionnaire des rêves et leurs interprétations

Troisième édition

Éditions Contre-Dires
19, rue Saint-Séverin
75005 - Paris

Publié précédemment au Royaume-Uni
sous le titre The Complete Book of Dreams & Dreaming
par Arcturus Publishing Limited.

Traduction : Andrée Laprise

ISBN : 978-2-84933-052-4

www.editions-tredaniel.com
info@guytredaniel.fr

Remerciements

À tous ceux et celles qui ont rendu cette compilation possible.

Pamela Ball

Table des matières

Le rêve expliqué

Le *Dictionnaire de psychologie* édité par Penguin définit le rêve ainsi :

> « Un enchaînement d'expériences hallucinatoires avec un certain degré de cohérence, mais souvent confus et bizarre, ayant lieu pendant le sommeil et autres conditions semblables. »

Sommeil et rêve

On dit que les rêves permettent à l'esprit de donner un sens aux divers types d'informations qu'il reçoit. L'être humain a besoin de sommeil pour fonctionner, car la privation de sommeil a un grand effet sur l'efficacité et les habiletés, et la fonction des rêves semble être d'équilibrer l'activité psychologique et physiologique. La dépression mentale et physique s'installe rapidement en l'absence du processus apaisant du rêve.

Pendant les heures d'éveil, nous sommes généralement centrés vers l'extérieur et le conscient, nous recevons continuellement de l'information qui doit être analysée immédiatement ou stockée jusqu'à ce que nous puissions la catégoriser et l'ordonner. Nous avons la capacité de « lire » les humains et les situations, d'évaluer ce qui se passe et de prendre des décisions à la lumière de nouvelles informations. Tant l'information que les aperçus sont stockés pour une utilisation ultérieure et peuvent apparaître dans les rêves d'une façon apparemment aléatoire.

Certaines personnes ne croient pas que les rêves aient une fonction particulière dans nos vies, alors que d'autres croient qu'ils servent de dépôt pour l'information reçue. On a même suggéré que les rêves sont une sorte de bruit blanc ou de bourdonnement sonore qui ressemble au son émis par un équipement électrique.

Sur certains points, cela peut être vrai. Les rêves sont une sorte d'autonettoyant, de purifiant qui libère de l'espace pour les informations du lendemain. La question se pose alors : Où le vieux matériel s'en va-t-il ? C'est un peu comme au printemps, lorsqu'on nettoie la maison, qu'on jette certains objets et qu'on entrepose le reste au grenier. Ce qui reste est alors utilisé à bon escient dans la maison. Dans le cas des rêves, les choses à jeter, ou ce qui est perçu comme n'étant pas nécessaire, sont rendues à l'inconscient. Le matériel qui peut être utile dans l'avenir est alors mis à part en vue d'une réutilisation aléatoire et le reste demeure aisément accessible.

Une autre façon de voir le processus est de considérer l'esprit comme étant un formidable ordinateur. À l'état d'éveil, nous lui fournissons continuellement de l'information, qui n'est pas classée. Les rêves ont alors deux fonctions : l'une est de trier correctement et de classer l'information ; l'autre est de présenter l'information nécessaire au rêveur pour qu'il fonctionne adéquatement. À mesure que cet ordinateur interne devient plus puissant, il dépense moins de temps et d'efforts pour trier cette information et plus de temps à chercher l'information pertinente et pour la gérer plus efficacement.

Les rêves puisent dans cette base de données d'informations de la mémoire, de l'expérience, des perceptions et des croyances culturelles et forment de nouvelles idées et de nouveaux concepts. Ils nous présentent ainsi une façon de résoudre des problèmes qui peuvent sembler impossibles à régler sur le plan du conscient. Quand les limitations imposées par l'esprit conscient ont été levées, l'esprit est alors libre d'errer là où il veut. Ainsi libéré de l'inhibition, il créera des scénarios et des situations qui défient toute explication logique. À nous de faire preuve de créativité et de nous ouvrir à la recherche de la connaissance. Nous pouvons ainsi non seulement profiter de notre propre entrepôt d'images, mais aussi d'un subtil niveau d'information disponible à tous. C'est ce que Jung a appelé l'inconscient collectif.

L'inconscient décrit plusieurs fonctions et aspects du moi, dont celle d'examiner notre expérience de vie. Cette connaissance est conservée dans une partie de notre mémoire à laquelle nous avons rarement accès. C'est aussi une collection de normes de conduite héritées, de croyances et d'idéaux qui nous permettent de survivre collectivement.

À mesure que l'inconscient collectif nous semble plus accessible, il devient évident que certains schémas reviennent continuellement. Ces schémas ont souvent été ajustés pour s'adapter à l'expérience du rêveur et doivent parfois être réajustés pour mieux convenir.

L'exploration des rêves

Plus nous explorons la base de données d'information, plus subtiles les explications deviendront, mais, curieusement, nous les trouverons plus simples, plus faciles et plus pertinentes. Ainsi, les rêves devront souvent être interprétés de plus d'une perspective pour être parfaitement compris. Parce que l'être humain est naturellement holistique (c'est-à-dire une personne entière), l'interprétation des rêves ne peut pas être une science exacte et doit tenir compte de la compréhension que le rêveur a de lui-même. Il peut ne pas être à la recherche d'une interprétation psychologique ou spirituelle, mais simplement d'une explication facile du rêve. Le but est de reconnaître que :

- Nous essayons d'atteindre un but particulier ou une cible, ou nous sommes activement à la poursuite d'un objectif qui peut être encore inaccessible ;

- Nous devons nous concentrer directement sur les émotions comme la colère, la jalousie, la peur et la douleur ;

- Nous utilisons directement les aspects de la sexualité et de la spiritualité.

Ce livre essaie d'atteindre cet objectif en offrant des choix au lecteur. La première interprétation présentée est la plus conventionnelle. Il est possible qu'une explication très simple d'une ou de plusieurs images du rêve soit suffisante. La deuxième interprétation a une approche légèrement plus psychologique et va souvent plus en profondeur dans la signification probable pour le rêveur, mettant parfois en évidence une action qui peut être appropriée. La troisième est une explication courte et simple de la signification spirituelle reconnue et qui donne au rêveur l'occasion de travailler des interprétations plus en profondeur en utilisant ses propres techniques. Il peut vouloir utiliser la méditation ou l'imagerie guidée puisque celles-ci partagent beaucoup de symbolisme avec l'imagerie des rêves.

En évaluant laquelle des interprétations est la plus probable – ou si plus d'une s'applique –, le rêveur est parfaitement capable de comprendre le contenu émotionnel, le symbolisme, le processus et la raison de chaque rêve particulier.

Si nous le souhaitons, nous pouvons enregistrer nos rêves et créer notre propre bibliothèque. Nous pouvons contrôler notre progrès à mesure que nous en apprenons sur nous-mêmes et sur l'univers privé à partir duquel nous créons. Plus cet univers devient accessible, plus nous maîtriserons les circonstances externes et plus notre vie deviendra riche.

Le langage des rêves

On dit souvent que l'interprétation des rêves ressemble à l'étude d'une nouvelle langue. C'est vrai, sauf que nous connaissons déjà la langue et il suffit de la réapprendre. Le bébé voit avant de parler et il interprète ce qu'il voit sur un plan très simpliste. À toutes fins utiles, il n'a aucune raison de croire autre chose, soit un enchevêtrement d'impressions qui prend graduellement une signification et un ordre et un mélange de sons qui finit par avoir un certain sens. Les sentiments associés aux impressions et aux sons deviennent reconnaissables. Si ce qui arrive est acceptable, le processus de tri devient automatique. À mesure que le bébé reçoit et évalue quantitativement l'information, le processus de découverte s'automatise. Réapprendre la langue des rêves, c'est simplement se rappeler ce processus de tri et de reconnaissance du symbolisme.

La situation, ou l'environnement dans lequel le rêveur s'est trouvé, nécessite une interprétation. Cela donne une indication du contexte du rêve. Par exemple, rêver d'être à l'école indiquerait un environnement d'apprentissage et le rêveur pourrait relier cela à des circonstances présentes. Pour comprendre le sens de ce rêve, il s'agit de se concentrer sur ce qu'il a ressenti ou sur les émotions qu'il a éprouvées. (De la même façon qu'un dramaturge campera une scène pour que son auditoire comprenne sa pièce, l'esprit campera la scène.)

Ensuite, il faut déchiffrer et reconnaître le symbolisme des diverses images comme étant des suggestions, une parabole, une insinuation ou peut-être même un jeu de mots. Par exemple, la grille d'un foyer est interprétée comme une grande passion dans un rêve particulier. Les gens dans le rêve sont perçus comme jouant un rôle significatif dans le drame créé et finalement toute la scène est liée aux actions des divers participants.

Le drame qui se joue dans les rêves est souvent non séquentiel, les scènes changeant apparemment sans rime ni raison. Si on accepte que l'esprit met l'accent d'une façon subjective sur ce qui doit être révélé, il existe donc une forme d'ordre. Une fois que le thème du rêve est révélé, on peut définir les divers aspects et les symboles seront interprétés.

La langue des rêves possède des thèmes communs et des significations généralement acceptées mais, de même que chaque langue a ses dialectes, ce langage a aussi les siens. Nous avons tous notre propre dialecte, qui résulte de notre propre expérience, de notre histoire familiale, de nos perceptions et de nos émotions. La seule interprétation vraiment valable est la nôtre, quoique nous puissions demander l'aide d'autres personnes qui parlent la même langue ou apprendre une nouvelle terminologie. Ainsi, rêver d'attraper un énorme poisson pourrait signifier, selon qu'on soit un pêcheur, qu'on se concentre sur ses émotions dans une situation de travail, tandis que pour une autre personne cela voudrait dire qu'elle essaie de traiter avec le succès et les émotions qui y sont associées.

Comment utiliser ce livre

Il est préférable d'enregistrer les rêves aussitôt que possible. Vous pouvez le faire en utilisant un magnétophone ou en notant tout ce dont vous pouvez vous souvenir : ce qui est arrivé, les objets ou les personnes, les paroles ou les actions, vos pensées, les émotions présentes et comment tous ces éléments étaient reliés. Notez par ordre alphabétique chaque symbole, chaque objet, chaque émotion, cela facilitera l'interprétation. Développez l'habitude de tenir un journal de rêves. Notez chaque rêve au cours d'une période spécifiée.

Dans ce livre, les rêves sont, dans l'ensemble, divisés en trois catégories. La première interprétation est purement conventionnelle, c'est souvent la plus évidente et la plus facile à comprendre. La deuxième classification va légèrement plus loin et prend un point de vue psychologique – ce que le rêve nous fait ou ce qu'il fait pour nous. La troisième explication est une phrase simple qui donne la signification plus spirituelle ou ésotérique. Parce que cette interprétation nécessite un peu plus d'intuition, elle peut être un déclencheur pour le lecteur en vue d'y trouver une signification personnelle.

1. Lisez chaque explication et essayez de déterminer laquelle des trois interprétations semble la plus réaliste. Plusieurs font référence à d'autres interprétations. Celles qui peuvent avoir plusieurs aspects, comme les animaux, la famille et le voyage, ont leur propre entrée.

2. Notez brièvement les aspects les plus importants du rêve.

3. Faites-le pour chaque entrée dans votre calepin, puis reconstruisez le rêve tel qu'il est arrivé.

Exemple

Je regardais une photo sombre et défraîchie, probablement vieille. La personne qui m'accompagnait, un homme je crois, frottait la photo pour la nettoyer et son doigt est passé à travers le coin inférieur gauche. Ensuite, je courais sur un chemin avec une amie proche pour avertir un couple qui avait acheté la photo que celle-ci était endommagée. La femme semblait ne pas s'en préoccuper.

Liste alphabétique
Acheter, amie,
Bas,
Chemin, coin, couple, courir,
Défraîchi, doigt,
Endommagé,
Femme,
Gauche,
Homme,
Photo, propre,
Regarder,
Sombre, Souci,
Vieux

La rêveuse, après avoir réfléchi, a trouvé l'explication suivante : Bien que ses récentes expériences amoureuses aient été sombres et mornes, elle pouvait maintenant aller plus loin, avec l'aide d'un homme, probablement un thérapeute, et explorer ces expériences, même si elle se sentait vulnérable. Avec l'appui de son amie, d'un caractère particulièrement fort, elle pourrait développer des forces semblables et accepter l'idée de former un nouveau couple. Elle pourrait aussi accepter qu'en tant que femme elle n'était plus blessée ou troublée par cette expérience.

Si elle avait voulu aller encore plus loin, elle aurait pu travailler, tel que suggéré ci-dessous, sur chaque image individuellement pour avoir une meilleure compréhension d'elle-même et des actions possibles.

Devenir plus perspicace

Certains rêves s'interprètent facilement et leur signification est immédiate (quelques significations seront plus conventionnelles, quelques-unes psychologiques et un certain nombre ésotériques). Avec l'habitude, ce sera probablement un mélange des trois. Bien sûr, plusieurs interprétations du même rêve peuvent également être valables, le vocabulaire des rêves ayant de multiples facettes et la personnalité étant si complexe.

Travailler avec un ou des amis qui nous soutiennent et prennent le temps de nous écouter est une bonne façon d'interpréter les rêves. Ils écoutent alors soigneusement la description du rêve et posent des questions afin de mieux comprendre les images et les sentiments expérimentés. À ce point, l'idée est d'obtenir une image claire du rêve, sans toutefois l'explorer. Souvent, le rêveur se remémore certains aspects dont il n'avait pas pris conscience. Une personne ou une image peut être vue dans une lumière différente ou une interaction entre les personnages peut devenir évidente et offrir une nouvelle compréhension. Il importe que les amis posent des questions visant à clarifier la situation et non à suggérer des réponses.

Dans un premier temps, le rêve est exploré du point de vue personnel du rêveur et peut être décrit subjectivement (par exemple : « J'étais... », « Nous étions... », « Il m'a semblé que... »). De cette manière, le travail des images est plus objectif (par exemple : « La chambre se trouvait dans une grande maison… », « L'arbre était très étrange… »). Ce processus est d'autant plus important qu'il transforme la perspective du rêveur et le positionne dans un rôle d'observateur.

À l'étape suivante, le rêveur choisit un des personnages ou une des images du rêve, devient ce personnage et revit le rêve de ce point de vue particulier. Puisque toutes les parties de nos rêves sont des aspects de nous-mêmes (même des objets comme des voitures, des arbres ou des maisons), en revivant le scénario dans une perspective différente, nous en gagnons une compréhension complémentaire. Ce processus peut être poursuivi avec chaque image du rêve jusqu'à ce que le rêveur juge qu'il comprend. Avec la pratique, il interprétera de mieux en mieux ses propres symboles.

Histoire et croyances

L'histoire de l'interprétation des rêves est longue et bigarrée. Parmi les rêves les mieux connus, citons ceux rapportés dans la Bible, comme celui du banquet et de la famine, qui a été interprété par Joseph (incidemment, Joseph devait avoir une excellente compréhension de ses rêves, puisqu'il était lui-même un rêveur prolifique). Les peuples antiques croyaient aux rêves prophétiques de clairvoyance, qu'ils ont appelés visions, considérant qu'ils étaient envoyés par les dieux à titre d'avertissements et de conseils. À la lumière de la croyance moderne qui veut que plusieurs rêves viennent du moi supérieur, ou de notre côté plus spirituel, la boucle est bouclée.

Au IVe siècle ap. J.-C., les rêves étaient considérés suffisamment importants pour qu'un voyant grec appelé Artemidorus écrive *Les Cinq Livres d'interprétation des rêves*. Jusqu'au XIXe siècle, alors que Freud a commencé à analyser les rêves, les explications d'Artemidorus étaient encore utilisées; c'est pourquoi plusieurs livres sur l'interprétation des rêves contiennent toujours des traces de ses travaux.

Les premiers psychanalystes, Freud en particulier, croyaient que l'on pouvait expliquer un certain nombre de rêves en fonction de notre attitude face à notre sexe et à notre sexualité. Le rêveur était donc étroitement lié à sa connaissance de lui-même. Cette explication a sans doute persisté parce qu'on comprenait moins bien les mécanismes de l'esprit. Les thérapeutes prétendaient qu'il était possible de décoder les rêves uniquement avec leur aide, ce qui est faux, la langue des rêves étant universelle. Un livre comme celui-ci permet au rêveur d'amorcer son voyage d'exploration. En enregistrant ses rêves, il devient son propre médecin.

Le travail de Freud sur les rêves a résulté de son propre travail de psychanalyste et il était basé sur la croyance que ces derniers étaient des expressions déguisées de ce qui se déroulait dans l'inconscient. Le rêveur aurait donc besoin d'aide pour interpréter ses rêves, de préférence quelqu'un habile dans l'art de démêler les diverses images. Puisque l'esprit utilisait toute une pléthore de mécanismes pour cacher l'information, quelqu'un devrait comprendre le fonctionnement de l'esprit. Qui de mieux pour cela qu'un psychanalyste ?

Freud a vraiment cru que l'analyste pouvait établir des liens particuliers avec le patient et qu'il devait cultiver « l'écoute avec une troisième oreille » (qu'on pourrait mieux décrire comme entendre ce que le patient essaie de dire, plutôt que simplement écouter). Il n'a peut-être pas tenu compte du fait que les interprétations pouvaient être teintées par des inhibitions inconscientes et par la conscience de l'analyste lui-même. Par des associations d'images ou de mots, tant sur le son de ce mot que sur les nouveaux liens qu'on pouvait créer à partir de ce mot, on pouvait, selon lui, glaner de l'information supplémentaire. En ramenant ces images à leur sens profond, on retrouvait les motivations inconscientes des patients. Des incidents passés et des traumatismes étaient rappelés par association et aidaient le rêveur à faire face à sa vie quotidienne. Les perceptions rappelées sont cependant très subjectives et ce qui est perçu comme de l'abus – sexuel ou autre – n'en est souvent pas.

Freud croyait aussi que, dans les rêves, deux pensées pouvaient être condensées en une image qu'il a vue comme un processus de déguisement de désirs inconscients qui devaient donc être démêlés pour être interprétés. Il est possible que – plutôt que de déguiser le désir – l'esprit essaie de le faire reconnaître. Peut-être vaut-il la peine de noter que Freud traitait des gens à une époque d'inhibition et de répression.

Pour Freud, une émotion ressentie dans un rêve symbolise un autre sentiment ou une autre émotion qui nous fait peur. Nous ne pouvons y faire face qu'en le transformant. Parfois, c'est sans doute vrai puisque cela arrive dans la vie éveillée. Nous rions quand nous avons envie de pleurer, nous nous mettons en colère alors que ce que nous désirons c'est d'être étreints. Freud a vu ce déplacement comme une tentative d'empêcher l'interprétation, plutôt que comme une alerte donnée au rêveur.

Plusieurs des théories de Freud sont pertinentes, particulièrement en ce qui concerne le symbolisme. L'esprit substituera d'autres objets comme étant symboliques de, ou prenant la place de, quelque chose d'autre. Tous s'entendent pour reconnaître ces symboles. Ce qui n'est pas certain, par contre, c'est que tout ce symbolisme résulte d'une sexualité infantile enfouie ou cachée. Freud a cru ce symbolisme sexuel universel, mais, là encore, il ne faut pas oublier le type de clientèle et l'époque où Freud pratiquait.

À mesure que les élèves de Freud ont pris conscience qu'il était très dangereux de donner à l'analyste le pouvoir de toujours avoir raison et d'être directif dans son interprétation («Si ça ne signifie pas ceci, alors ça doit signifier cela.»), un mouvement s'est créé pour élargir l'interprétation des rêves. Jung, élève de Freud, a écrit : «Il est vrai qu'il y a des rêves qui incorporent des souhaits réprimés et des peurs, mais qu'existe-t-il que le rêve ne puisse pas occasionnellement incorporer ? Les rêves peuvent donner l'expression de vérités inéluctables, de déclarations philosophiques, d'illusions, de fantaisies sauvages... d'attentes, d'expériences irrationnelles, même de visions télépathiques et Dieu sait quoi d'autre».

Il a suggéré qu'une façon d'interpréter les rêves était de reconnaître que les éléments du rêve et les personnages font partie de la personnalité propre du rêveur et pourraient être interprétés comme tels. Cette sorte d'approche subjective pouvait donner une compréhension de la personnalité du rêveur, de ses peurs et de ses doutes d'une manière qui le libérait totalement. Il ne pouvait alors y avoir aucune violence faite à l'intégrité du rêveur, puisque l'interprétation serait subjective plutôt qu'objective. L'analyste était là seulement pour aider à l'interprétation.

C'est à partir de cette suggestion que son travail sur les archétypes a surgi. Il a reconnu la validité de l'impulsion sexuelle résultant de la dualité du masculin et du féminin et accepté qu'il y avait certaines parties cachées de nous-mêmes, mais que le plus important restait le contenu manifeste du rêve. C'est ce qui est révélé qui compte, pas ce qui était caché. Jung croyait qu'il y avait des occasions où les rêves exposaient un conflit caché ou une difficulté, mais qu'à d'autres occasions ils révélaient un potentiel non reconnu ou une possibilité – dans la vie quotidienne ou sur le plan psychologique. Il a insisté sur le fait que chaque rêve concerne la situation présente du rêveur et pas principalement son passé et a accepté la validité de certains symboles communs et il a alors commencé à utiliser le terme *universel* dans la compréhension d'un collectif inconscient – ou d'un entrepôt d'informations auxquelles nous avons tous accès. Parce qu'il a cru que le rêve pouvait être interprété de la façon qui soit la plus utile au rêveur, il a aussi reconnu que les rêves pourraient être interprétés de plusieurs façons.

Jung jugeait l'être humain conscient de cette riche recherche d'intégration, qu'il a appelée « l'archétype du moi ». La recherche de l'intégrité était influencée par certains thèmes dans ce grand inconscient, ces thèmes ayant tendance en grande partie à être liés aux opposés ou à la dualité. Pour lui, il existait un négatif double, un démon personnel formé de tous les côtés réprimés sombres de notre personnalité, dont le but était de nous faire trébucher et de nous détruire si possible. Cette ombre pouvait être confrontée efficacement par le biais des mythes et des légendes. Non seulement les aspects positifs/négatifs pouvaient être reconnus, mais aussi la dichotomie de base masculin/féminin, ce qu'il a appelé l'animus/anima. En établissant la communication avec ces parties cachées de la personnalité et en créant une sorte de dialogue intérieur, nous devrions être capables d'aller plus facilement de l'avant. Quand on accédait à une partie étrangère de la personnalité – souvent par une série des rêves –, elle pouvait alors être intégrée au tout.

Des travaux ultérieurs sur le contenu des rêves, réalisés principalement par Calvin Hall et Fritz Perls, ont suggéré que le rêve était une activité très personnelle. Hall estimait que le rêve était une sorte de document personnel qui donnait des indices quant à l'état particulier de notre psychisme et qu'il était une forme d'imprimé nous permettant de découvrir nos pensées et ce avec quoi nous composons quand nous sommes endormis, la plupart des images étant des symboles de ce processus. Qui de mieux pour lire le document que l'auteur lui-même ?

Il fallait tenir compte de quatre choses : 1) Le rêveur crée son propre rêve, c'est donc une réalité subjective ; 2) Le rêveur est responsable du contenu du rêve ; 3) Le rêveur a des facettes multiples et toutes peuvent être valables. Nous pouvons simplement nous percevoir d'une façon particulière à un moment donné ; 4) Les rêves peuvent être lus en série pour en améliorer l'interprétation. Cela peut répondre à quatre questions principales : 1) Comment je me vois ? 2) Comment je vois les autres ? 3) Comment je vois mes impulsions ? et 4) Comment je vois mes conflits ?

À la fin des années 1960, Fritz Perls a développé sa propre philosophie de la *Gestalt* (mot qui signifie « intégrité ») et il a cru qu'il était possible de se réapproprier ces parties perdues de nos personnalités. Il a appelé les rêves « la voie royale de l'intégration ». Si chaque image dans le rêve est une partie étrangère de nous-mêmes, il est donc sage de donner à chaque partie du rêve sa propre voix et l'occasion de s'exprimer, donc de devenir entière.

Quand les rêves ont fait leur entrée en laboratoire, des méthodes scientifiques ont été appliquées aux recherches. On a découvert que le cerveau produit des impulsions électriques faibles, connues sous le nom d'ondes cérébrales. Celles-ci ont même pu être enregistrées chez le fœtus.

L'activité électrique du cerveau est plus grande quand il y a un effort mental, de la concentration ou de la vigilance. Connue comme onde d'activité bêta, elle peut être évoquée par l'inquiétude et enregistrée à des fréquences de 13 cycles par seconde et plus, jusqu'à environ 26 cycles par seconde. Ces ondes sont associées à l'esprit.

En état de relaxation, l'activité électrique diminue ; les ondes cérébrales alpha s'étendent de 8-9 à 11-12 cycles par seconde. Une caractéristique de l'état de méditation profonde pratiquée dans le yoga, le zen et le soufisme est la présence soutenue d'ondes alpha au niveau du front et du centre du cerveau.

Les ondes cérébrales thêta, plus lentes que les ondes associées à la relaxation, chevauchent une gamme de 4 à 7 cycles par seconde. On les enregistre dans des moments d'embarras et de frustration. Toutefois, les ondes thêta sont aussi liées à la créativité et à l'inspiration. Peut-être sont-elles l'interface entre le physique et les mondes spirituels.

Les ondes cérébrales delta s'étendent de 0,5 à 3 cycles par seconde et sont liées au sommeil profond et, apparemment, à l'émission de l'hormone de croissance. Des ondes delta irrégulières sont très communes dans les mois précédant et suivant la naissance. Cela expliquerait la croyance plus ésotérique qu'un bébé rêve son arrivée dans l'existence.

La gamme d'ondes cérébrales gamma va de 27 cycles et plus par seconde et n'est pas encore entièrement comprise ni généralement admise comme étant distincte de l'onde bêta.

La recherche sur l'activité cérébrale se poursuit. On a découvert qu'un signal de 18 000 hertz dans le cerveau induit des sentiments mystiques. Quelques chercheurs suggèrent que le cerveau est un filtre réduisant et éliminant la quantité de données qui autrement envahiraient notre conscience. Ce filtre, ou cette valve de réduction, serait contourné dans certains états, alors que l'information est perçue de façon paranormale.

On a découvert que le mouvement rapide des yeux *(Rapid Eye Movement, REM)* se produit pendant les périodes de sommeil et qu'apparemment le rêveur enregistrerait de l'information. Si le rêveur est réveillé pendant cette période, il se rappellera plus souvent ses rêves. On a aussi découvert que plusieurs thèmes de rêves sont communs – par exemple, plusieurs personnes rêvent de chute –, les gens que nous connaissons apparaissent souvent – comme un membre de la famille – et bien des rêves traitent d'échec ou de succès. De plus, l'aspect chaotique est reconnu comme étant la norme plutôt que l'exception. Les laboratoires de recherches sur le sommeil, en fournissant un environnement dans lequel les rêves peuvent être explorés, ne reproduisent pas des conditions normales. Cependant, certaines des techniques utilisées – telles celle d'être réveillé à intervalles réguliers, celle de l'enregistrement consciencieux des rêves et celle de l'utilisation d'analyses statistiques – peuvent être d'une aide précieuse dans l'interprétation des rêves.

Recherche personnelle

S'il en a envie, le rêveur peut mettre sur pied son propre minilaboratoire et son cabinet de consultation maison, le laboratoire consistant en un réveille-matin, du papier et des stylos ou un magnétophone, ainsi qu'une bonne dose de bon sens. En se réveillant à heures fixes pendant la nuit, pas nécessairement les mêmes chaque nuit, et en enregistrant ce qui se passe, le rêveur peut compiler et stocker beaucoup d'information.

Cette information peut être utilisée et quantifiée de plusieurs façons. Par exemple, on pourrait découvrir qu'un certain ensemble de circonstances déclenche un type particulier de rêves. Nous pourrions rêver que nous sommes poursuivis par des animaux chaque fois que nous avons dîné avec notre petit ami dans un restaurant en particulier. Est-ce notre petit ami qui « nous poursuit » ou est-ce le serveur qui nous regarde si attentivement quand nous entrons ? Nous n'avons peut-être pas enregistré consciemment le fait, mais quelque chose nous a certainement rendu mal à l'aise. Cet ensemble particulier de circonstances – manger à l'extérieur, deux hommes et de la bonne nourriture – représente peut-être la première fois où nous avons pensé au végétarisme. Il nous revient d'en faire notre propre interprétation.

Cette image délibérément bizarre a été choisie pour illustrer le processus. Il peut être suffisant de noter que nous rêvons après avoir vu notre petit ami.

Le laboratoire se transforme en cabinet de consultation dès le moment où le rêveur demande : « Qu'est-ce que cela signifie ? » En fait, la question devrait être : « Qu'est-ce que cela signifie pour moi ? » Nous sommes nos meilleurs interprètes et médecins. Nous décidons de la signification et de ce que nous allons en faire.

Ce livre essaie de proposer tous les types d'interprétation des rêves pour que le rêveur puisse développer son plein potentiel. Ainsi, s'il se comprend, il peut comprendre le monde qui l'entoure, savoir ce qui l'influence et prendre conscience de sa responsabilité face à ce monde. Il pourra alors mieux explorer son propre monde caché et peut-être gagner l'accès à la sagesse universelle. S'il accède à la sagesse universelle, il créera un monde meilleur.

Les archétypes expliqués

Trois facettes de la personnalité d'un individu se révèlent dans les rêves. Parfois, elles apparaissent sous la forme de personnes connues par le rêveur, parfois aussi comme des personnages ou des êtres factices, mythiques ou autres.

Le côté le plus sombre de l'individu est appelé l'ombre et personnifie ses pires défauts et faiblesses. Cette partie est du même sexe que le rêveur, mais elle a été supprimée parce qu'elle l'effraie. Puis, il y a l'anima, ou, chez la femme, l'animus – du sexe opposé à celui du rêveur. Chez un homme, l'anima est tout ce qui est instinctif, féminin et sensible. Chez une femme, l'animus représente ses attributs masculins de logique et d'objectivité. Finalement, il y a le moi idéal ou le vrai moi, qui représente le potentiel créateur accessible et le plus apte à communiquer par les rêves. Bien que le moi apparaisse d'abord comme un potentiel, à mesure que les autres aspects sont correctement intégrés, l'individu développe son vrai moi à plusieurs facettes. Si le rêveur est préparé à travailler avec les images archétypales et à les comprendre, les figures des rêves aident à créer une réalité durable qui existe au-delà d'elles. Elles auront alors accompli leur fonction et ne réapparaîtront pas, sauf à des moments de stress. Parce que la qualité la plus importante du moi intérieur est l'énergie, qui peut ensuite devenir le pouvoir, chacune de ces images représente un aspect différent de ces forces essentielles mises à sa disposition et chacun a sa façon propre de transformer cette énergie en action.

Pour comprendre les figures archétypales et leurs fonctions, il importe de garder son but centré. À mesure que nous apprenons à comprendre et à intégrer chacune des facettes de notre caractère, nous développons notre croissance personnelle, mais chaque aspect doit croître dans sa propre sphère sans interférer avec les autres. Quand le conflit surgit entre certains aspects de notre personnalité, le processus peut être douloureux, mais il ne devrait pas être destructeur. L'interaction devrait à la fois améliorer et aiguiser le caractère ; ces parties devraient être correctement intégrées dans la personnalité entière. On sera alors devant le « tout qui est plus grand que la somme de ses parties ».

L'ego

La partie qui observe le rêve est l'*ego*. Il est le plus conscient des conflits qu'il vit avec les autres parties de notre personnalité. Quand l'*ego* est détaché ou séparé des autres parties de la personnalité, nous ne percevons plus le monde correctement. Nous devenons égoïstes, nous interagissons difficilement avec les autres – et parfois avec notre environnement – et souvent nous sommes centrés uniquement sur nous. Quand ce processus va trop loin, d'autres aspects se manifestent et essaient de rétablir l'équilibre à travers les rêves.

L'*ego* évalue notre réalité extérieure, mais si nous sommes imprudents, le besoin d'une légitimité intérieure – un besoin exagéré de fantaisie – peut rattraper cette réalité. En développant une critique objective de soi-même, l'observation de nos fantaisies et de notre patience peut créer un équilibre.

L'équilibre approprié et nécessaire entre l'intérieur et l'extérieur, entre la logique et l'intuition ou la raison et l'imagination signifie que l'*ego* doit être maîtrisé, bien qu'il ne puisse jamais l'être entièrement.

L'ombre

(Figure du même sexe que celui du rêveur)

Elle apparaît dans un rêve comme une personne que le rêveur ne réussit pas à reconnaître, une figure instinctive vague, parfois debout derrière le rêveur. Souvent, cette figure semble être du sexe opposé à celui du rêveur, qui peut alors mélanger l'animus et l'anima, mais plus tard elle sera reconnue comme étant du même sexe. C'est la partie de son potentiel que le rêveur n'a jamais développée, le côté négligé de l'individu. Elle contient des facettes de son caractère qui ont déjà été contrecarrées et frustrées, par-dessus tout celles qui n'ont jamais été reconnues.

Chacun a son ombre individuelle et c'est presque toujours le plus mauvais côté de soi. L'altruiste sensible peut avoir une ombre égoïste et brutale ; le courageux aura une ombre lâche ; l'artiste peut être sadique. Rencontrer l'ombre est douloureux : c'est le choc de se voir sous son plus mauvais jour. Quand nous faisons face à cette entité affreuse avec humilité, nous pouvons nous accepter et apprendre à voir la réalité honnêtement. C'est la voie vers une compréhension plus grande des autres. Quand nous affrontons l'ombre, admettons son existence et la reconnaissons pour ce qu'elle est, nous recréons la réalité plutôt qu'une certaine fantaisie déformée. Nous pouvons alors ressusciter les instincts normaux, les réactions appropriées et les capacités créatrices que nous avons consciemment supprimés et enterrés avec les côtés malveillants et destructeurs de notre personnalité. Cette énergie essentielle, quand elle est harnachée et comprise, devient une force plutôt qu'un ennemi dangereux.

Une façon consciente de rencontrer l'ombre est de penser à toutes les choses qui nous déplaisent chez les gens, d'y ajouter tout ce que nous trouvons difficile à accepter chez les autres et d'essayer d'imaginer une personne qui aurait tous ces défauts. Nous aurons une image assez précise de notre propre ombre. Notre première réaction est de refuser l'évidence, mais notre famille et nos amis confirmeront sans doute qu'elle nous ressemble. En définissant exactement nos comportements, nous faisons un pas vers l'intégrité. Souvent, nous détestons certains comportements chez les autres et si nous grattons un peu nous les découvrons en nous. Le comportement homophobe en est un exemple, puisque bien des personnes sont terrifiées par leur sensibilité et leur créativité. L'ombre apparaîtra souvent dans les rêves sous la forme de quelqu'un que nous n'aimons pas beaucoup, dont nous avons peur ou que nous envions, mais que nous ne pouvons pas ignorer.

L'enfant éprouve le besoin d'avoir raison dans son petit monde et il commencera très tôt à créer un type de réalité dans ce but en supprimant les parties de sa personnalité qui ne conviennent pas, ou alors il intégrera des aspects de la personnalité des autres. Le conflit entre la personnalité fantôme intérieure et l'information extérieure devient alors destructeur. Rêver peut permettre d'intégrer l'ombre dans notre personnalité afin d'amalgamer ces deux niveaux. Les rêves peuvent à la fois nous alerter devant le besoin d'intégration et nous aider dans ce processus.

Quand nous nous concentrons totalement sur le royaume intérieur ou sur la réalité extérieure, nous limitons la portée et la richesse de nos vies. Nous courons aussi le risque de créer de nouveau des fantaisies et des illusions. L'introverti doit commencer à éprouver la réalité extérieure et l'extraverti, le moi intérieur. C'est une expérience rafraîchissante qui nous permet de sentir la vie d'une façon nouvelle et innovatrice.

Quand nous ne sommes pas préparés à explorer les deux côtés de notre personnalité, nous perdons beaucoup parce que la manière selon laquelle nous avons expérimenté la vie le plus confortablement possible devient plus difficile. L'extraverti découvre qu'il est incapable de faire face au monde extérieur et l'introverti perd sa paix intérieure.

Anima / animus

(Figure du sexe opposé à celui du rêveur)

Quand les jeunes commencent à établir des relations à l'extérieur du cercle familial, ils projettent d'habitude leur idéal propre du sexe opposé sur leur partenaire. Ils éprouvent alors de la difficulté quand cette personne ne correspond pas à cet idéal. Cette confusion de l'idéal intérieur avec la réalité extérieure peut causer un problème tout au long de la vie dans une relation masculin/féminin. Personne ne peut tout à fait se rapprocher du féminin dans l'homme, ni du masculin dans la femme.

Ces figures ont été appelées anima et animus. Si nous pouvons en venir à un accord avec elles et les accepter, elles deviennent le point d'origine de notre compréhension du sexe opposé aussi bien qu'une aide pour nous ouvrir aux domaines intérieurs. Si ce potentiel pour l'androgynie (l'union intérieure) est négligé ou abusé, l'individu sera probablement coupé du contact avec des aspects importants du sexe opposé, plus tard dans la vie. Il est possible que la fonction intérieure supprimée prenne le dessus et qu'un homme se comporte d'une façon instable, tandis qu'une femme deviendra, par exemple, querelleuse.

Anima

C'est le côté émotionnel et intuitif de la nature masculine. La mère et toutes les femmes connues contribueront à former l'image du féminin et centreront toutes les forces féminines en lui. Dans les rêves, cette figure féminine peut se manifester sous la forme d'une femme complètement inconnue, des aspects de femmes que le rêveur a connues ou comme des déités féminines.

Les rêves tentent de compenser les attitudes conscientes non équilibrées. L'anima apparaîtra souvent quand un homme néglige son côté féminin, par exemple en mettant de côté la tendresse, l'obéissance et la sensibilité. À mesure qu'il devient plus conscient du principe féminin, le rêveur développe chaleur et sentiment et accepte les qualités féminines de spontanéité, de réceptivité et autres caractéristiques sensibles. S'il échoue à intégrer ces attributs féminins correctement, il sera perçu comme rigide, dégoûté du monde ou irresponsable ou encore d'humeur changeante et sujet à des crises de colère. Puisqu'il ne comprend pas son anima, il projettera constamment sa propre image négative du féminin sur chaque femme qu'il rencontrera sans se rendre compte que toutes les femmes lui semblent avoir les mêmes défauts.

Souvent, au lieu d'accepter l'anima comme une alliée, l'homme la projettera sur un objet, évitant ainsi le contact approprié avec le sexe opposé. Quand elle est contrecarrée, l'anima détruit tout autour d'elle. Par contre, si l'homme confronte son côté destructeur et utilise à bon escient son énergie, l'anima le guide vers la sagesse intérieure.

Animus

C'est la partie masculine d'une femme qui, intégrée correctement, permet de développer le côté logique et la conscience. Cette facette masculine est affectée par son premier contact avec le masculin. Si les hommes autour d'elle ne se sont pas montrés particulièrement conscients d'eux-mêmes, l'animus d'une femme peut le refléter.

L'animus met en évidence le besoin chez la femme de développer les traits masculins de sa personnalité. Souvent, le jugement a été déformé par des préjugés qu'elle a faits siens sans trop y penser et sans les confronter à ses propres convictions. En développant son propre jugement, elle peut utiliser le masculin en elle d'une façon positive, sans avoir besoin de rivaliser avec les hommes ou d'être destructrice avec les autres femmes.

Si le côté négatif de l'animus domine, elle peut devenir obstinée et arriviste, estimant que la vie et les hommes en particulier lui doivent tout. Quand l'animus fait surface à répétition dans les rêves, sous une forme ou une autre, il signifie qu'une femme doit développer son jugement critique.

L'animus, comme l'anima, peut être projeté par une femme sur les hommes autour d'elle. Elle sera continuellement déçue et désillusionnée si elle ne comprend pas qu'elle essaie d'en faire le miroir de son propre côté masculin. Les rapports échoueront continuellement jusqu'à ce qu'elle comprenne que la faute lui revient à elle et non à son partenaire.

Les rêves nous donnent accès à ce qui nous rend unique, et si nous accédons à l'animus ou à l'anima nous pouvons profiter de cette énergie libérée. Le conflit entre les attributs masculins et féminins est possible mais, une fois l'équilibre établi, l'intégration est possible et mène à une conscience beaucoup plus grande et à une vie plus facile.

Le moi

Le moi est toujours présent, mais il est caché. Tandis que l'ombre et l'animus / anima ont presque délibérément été négligés, le moi détient le secret du moi intégré. À mesure que l'homme commence à comprendre le monde qu'il habite, il peut accéder à des connaissances et, s'il ose, s'en servir. C'est notre guide intérieur, en qui nous devons avoir confiance.

Quand nous rencontrons le moi pour la première fois, il apparaît souvent comme une figure sainte ou un dieu particulier – le Christ, Bouddha, Krishna, etc.–, puis, au fil du temps et de l'expérience, nous n'aurons plus besoin de ces attributs et prendrons conscience de notre propre existence. Nous sommes une entité qui interagit non seulement avec d'autres personnes, mais aussi avec tout et qui ne peut exister sans ces interactions.

Lorsque les images de cet archétype – comme un gourou, Dieu, un animal sacré, une croix, un mandala ou toute autre forme géométrique – apparaissent dans les rêves, nous acceptons de devenir des êtres entiers et de dépasser l'égocentrisme pour aller vers une réalité plus grande. Cette réalité devient tellement partie prenante de notre expérience personnelle qu'il y a danger de confusion. Nous appartenons à la race humaine et nous devons vivre dans notre monde créé, tout en appartenant au monde spirituel. Nous ne serons des êtres entiers qu'en réalisant l'équilibre entre ces deux mondes.

Si des images négatives ou destructrices surviennent, c'est que nous négligeons le pouvoir du moi. C'est souvent à ce moment que nous décidons de changer les choses. Sinon, le changement nous sera imposé.

La grande mère/La Terre mère

Cet archétype est l'incarnation de tous les aspects de la féminité, tant négatifs que positifs, et suggère l'intégrité totale chez une femme et sa capacité de se servir de toutes les facettes de sa personnalité. Elle doit apprendre à utiliser les sentiments, la pensée et l'intuition comme des outils plutôt que comme des armes. Cet archétype ne représente pas exclusivement le côté maternel de la femme, mais un côté beaucoup plus spirituel du moi. Toute la vie, et la conscience instinctive de ses processus, est son domaine et ce dernier peut être cultivé de plusieurs façons différentes.

Le moi d'une femme

Chaque femme est l'incarnation de l'énergie féminine et son centre est le côté intangible de la vie, son instinct et ses sentiments. Ses habiletés s'expriment à travers les sentiments, l'intellect et l'intuition, et elle connaît et comprend les processus de la vie, de la mort et de la résurrection. Ses images sont liées à la maternité, mais aussi à des images érotiques et terrestres.

Elle cherche à procréer, mais sait qu'elle peut détruire, tout comme elle peut être impitoyable, ne voyant aucune raison de ne pas détruire ce qui est imparfait. Dans chaque femme, cette lutte existe et, en raison de cela, elle aura tendance à rechercher l'équilibre chez son partenaire. Ainsi, une femme maternelle, dont le partenaire a besoin de soins maternels, est souvent perçue comme une virago qui domine son mari. Ces relations fonctionnent jusqu'au moment où l'un des partenaires reconnaît qu'il peut développer d'autres côtés de sa personnalité.

Le vieil homme sage

C'est l'archétype principal du moi de l'homme, dans tous ses aspects. Comme la grande mère pour le féminin, il représente tous les attributs masculins, bien compris et intégrés. Quand quelqu'un reconnaît que les seuls conseils appropriés viennent de l'intérieur, le vieil homme sage apparaît dans les rêves, comme si son apparition était déclenchée par le désespoir. Le vieil homme sage combine les fonctions, les sentiments, la pensée et l'intuition.

Le moi de l'homme

Le moi d'un homme s'exprimera beaucoup plus par l'intellect, la logique et l'esprit conscient. Le monde civilisé et la société technologique montrent que les hommes ont fait preuve de logique et de jugements niant l'intuition. Les tribus primitives avaient une affinité beaucoup plus grande avec la Terre et donc un besoin moindre d'utiliser l'intellect, mais le mouvement du balancier semble s'être inversé. Chaque individu atteint la maturité en développant son intellect, ses sentiments, ses émotions et son intuition. De nos jours, puisque l'homme comprend mieux le processus de séparation de la mère en tant que processus d'individualisation et de croissance, il apprécie cette séparation, tout en étant encore connecté avec son moi inconscient. Pourvu qu'il n'essaie pas de surcompenser en développant son côté macho aux dépens du reste, il atteindra un état d'équilibre qui lui permettra d'interagir avec le reste du monde et de fonctionner correctement en tant qu'être humain. S'il intellectualise trop les choses, ses rêves commenceront à refléter ce danger.

Les archives du rêveur

L'esprit inconscient semble trier l'information par voie de comparaison et de contraste. Quand nous sommes conscients d'un conflit en nous – que ce soit entre le moi intérieur et le moi extérieur, le masculin et le féminin, etc. –, nous rêvons à des paires (par exemple, masculin/féminin, vieux/jeune, intelligent/stupide, riche/pauvre). C'est comme s'il y avait une sorte de pendule interne qui triait les opposés en un tout unifié.

Cette jonglerie peut avoir lieu pendant un certain temps. Par exemple, un rêve qui éclaire notre côté masculin peut être suivi par un rêve qui éclaire notre côté féminin. Souvent, dans l'interprétation des rêves, analyser les opposés nous donne une meilleure compréhension de nos processus mentaux, puisque tout se passe comme si les archives de nos propres rêves étaient stockées et accessibles comme dans un disque dur. Avec l'expérience, le rêveur peut très rapidement reconnaître les thèmes et les tendances. Pour utiliser une autre image, le matériel disponible est composté avec d'autres connaissances disponibles et devient accessible sous des formes différentes, pour fournir de nouvelles images.

Nous avons déjà mentionné que les rêves sont une façon de trier l'information absorbée dans la vie éveillée. L'analyse des rêves nous permet de résoudre bien des problèmes. À mesure que le rêveur comprend son propre processus de rêve, il consolide le lien entre son moi intérieur et sa personnalité éveillée. Le moi, que Jung a décrit comme un centre, coopère plus entièrement avec la personnalité éveillée. Une fois que cette synthèse a eu lieu, la personne apportera des changements qui sembleront phénoménaux dans sa vie quotidienne.

Cette capacité de l'esprit de produire de l'information à des niveaux de plus en plus profonds de conscience peut être exploitée. Bien des rêves contiennent une énigme apparemment insoluble. Par exemple, Albert Einstein a prétendu avoir rêvé pendant son adolescence à un traîneau qui voyageait à la vitesse de la lumière. Le fait de travailler un certain temps avec cette image l'a mené à la théorie de la relativité. Frederich Kekule était incapable de définir la structure du benzène. Il a rêvé à un des symboles spirituels les plus vieux qui soient, le serpent qui dévore sa propre queue – un ourobouros – et il a ainsi pu décrire la formule moléculaire de la structure en anneau du benzène.

Si on pense à un problème, si on le rumine juste avant le sommeil, la réponse viendra souvent sous la forme d'un rêve, spontanément ou après un certain temps. D'abord, le problème doit être défini. Enregistrez tout ce que vous savez ou avez appris sur le sujet, mais ne conservez qu'un point sur lequel travailler. Si vous pouvez passer du temps à recueillir de l'information pendant le jour, ou à méditer sur le sujet, cela permet à l'esprit de se concentrer et de produire des données pour le processus de rêve.

Avant le sommeil, utilisez une technique quelconque ou la visualisation, qui vous permet de stocker l'information, par exemple en vous imaginant la déposer dans une boîte, la charger dans l'ordinateur interne, la passer à votre moi supérieur ou quelque chose du genre. Le matin, s'il y a eu un rêve, notez-le. Il est sage de tenir un journal de tous vos rêves pendant cette période, puisque la réponse peut prendre quelque temps à apparaître et que la résolution n'est pas dans un seul rêve. N'oubliez pas que nous savons instinctivement quand nous avons résolu un problème.

Les types de rêves

Les rêves sont de deux types. Jung les a appelés les « grands » et les « petits » rêves. Le rêveur peut choisir de noter ses rêves en utilisant deux cahiers différents. Les rêves importants sont facilement gardés en mémoire et leur pertinence est trouvée assez rapidement, tandis que la signification des rêves de moindre importance peut rester cachée tant que tous les thèmes et toutes les dimensions n'ont pas été explorés. Fréquemment, les rêves importants et moins importants peuvent être comparés et mis en contraste par le rêveur, puisque les thèmes qui sont d'abord présentés dans les « grands » rêves sont souvent améliorés et mieux compris par le biais de « petits » rêves subséquents. Plus le rêveur devient compétent dans l'enregistrement de ses rêves, mieux il se souviendra de ceux-ci.

On divise aussi les rêves en « bons » ou « mauvais » rêves. Avec l'expérience, le rêveur peut souvent changer un mauvais rêve en bon en utilisant la technique appelée RISC, qui a été développée en Amérique comme outil thérapeutique.

Les quatre étapes de la technique RISC sont : 1) Reconnaître un mauvais rêve alors qu'il se produit ; 2) Identifier le mauvais sentiment ; 3) Arrêter le rêve ; 4) Changer le négatif en positif. Au départ, il peut être nécessaire de se réveiller pour entreprendre l'une de ces étapes. Graduellement, le rêveur y arrivera tout en dormant.

Parce qu'un changement prend environ six semaines à se produire sur le plan psychologique, la patience est de rigueur. Souvent, on remarque des changements d'attitude assez rapidement, mais ceux-ci ne deviennent pas habituels avant que six à huit semaines se soient écoulées, le rêveur étant le plus étonné de ces changements. Il peut traiter les questions qu'il a précédemment trouvées difficiles, ou constater que le conflit intérieur est plus facilement et efficacement traité.

Les rêves contiennent parfois une intensité d'émotion qui peut angoisser. Par exemple, nous pouvons être incapables de ressentir une certaine émotion dans la vie quotidienne, mais nous permettre d'être terrifiés par des cauchemars au point d'oublier que nous pouvons y échapper simplement en nous réveillant. Une des caractéristiques des cauchemars est que les rêveurs se sentent bloqués dans des situations impossibles ou essaient de s'échapper. Souvent, il semble n'y avoir aucune explication jusqu'à ce que nous explorions des expériences et des anxiétés passées. Pouvoir analyser de telles images inquiétantes nous permet de mieux comprendre nos doutes et nos peurs.

L'anxiété est un thème fréquent qui, moins intensément que les cauchemars, nous permet de faire face à nos difficultés, en toute sécurité, en nous ramenant des souvenirs, des pensées perdues ou des impressions et des émotions que nous supprimons délibérément pendant les heures d'éveil. Alors que les images semblent constituer la partie importante de tels rêves, c'est en réalité l'émotion ressentie qu'il faut reconnaître pour mieux la confronter.

Lorsque nous reconnaissons le pouvoir de notre imagination sur nos émotions et notre corps, que nous pouvons contrôler nos sentiments de peur et de douleur, nous commençons le processus de prise en main de l'anxiété. Souvent, si nous affrontons délibérément nos anxiétés cachées, les rêves nous indiqueront le chemin à suivre.

Les rêves magiques font aussi partie de la structure de la conscience, même si certains nient leur existence, en nous donnant de l'information d'une façon ésotérique. Les nombres et les couleurs, et tout le symbolisme qu'ils contiennent, font tous partie de l'interprétation des rêves et permettent d'accéder à de l'information cachée.

Utilisation moderne des rêves

À mesure que la vie quotidienne devient plus stressante et traumatisante, les rêves deviennent une valve de sécurité ou un outil thérapeutique nous permettant de pacifier un moi intérieur qui lutte constamment avec la réalité extérieure et vice versa. Il s'agit de gérer nos rêves en vue d'améliorer nos vies quotidiennes, par exemple en utilisant la méditation, qui fait souvent appel aux images des rêves, ou encore en couplant ce qu'on appelle le rêve lucide à la visualisation. Au cours d'un rêve lucide, nous savons que nous rêvons et que nous pouvons influer sur le résultat du rêve. Si on peut changer le cours d'un rêve, on peut également changer le cours de sa vie.

Au moment où nous prenons conscience de notre capacité créative dans le monde extérieur, s'ouvre alors un dialogue permanent entre le moi intérieur et le moi extérieur. Les deux parties de nous, plutôt qu'être en conflit, commencent à coopérer et les choses arriveront comme par magie. Le moi intérieur, qui sait ce qui est bon pour nous, sera directif, mais répondra aussi plus positivement à la rétroaction. Le moi extérieur aura plus confiance en lui. La fonction du rêve sera alors de prévoir ce que devra être l'action juste sur un plan plus global, aussi bien que d'équilibrer ce qui est juste pour l'individu.

On sait que, par le biais de rêves télépathiques, deux personnes peuvent communiquer. Si cette faculté télépathique était développée dans les rêves pour inclure de nombreuses personnes, imaginez la force énorme qui pourrait s'atteler à changer le monde. Il y a déjà beaucoup de travail qui est accompli par la méditation en groupe, mais avec le rêve en groupe la tâche serait accomplie sur les plans tant intérieur qu'extérieur. Des petits groupes de personnes pratiquent déjà de telles techniques. Si on les développait encore plus, une énergie incroyable pourrait être générée.

Chaque personne a la capacité d'utiliser ses habiletés psychiques de façon spécifique. Ici, le médium est en contact avec le moi. Il y a ceux qui ont la capacité de lire le passé et ceux qui peuvent appréhender l'avenir ; d'autres se préoccupent du moment présent. Quand tous ces talents seront en conjonction, on pourra créer l'harmonie dans le monde et la race humaine prendra sa place dans l'Univers. Ce serait un monde où notre moi spirituel serait glorifié par la matière.

Ainsi, que vous vouliez utiliser ce livre simplement pour découvrir ce qu'un symbole particulier signifie, que vous vouliez améliorer vos vies quotidiennes ou que, comme moi, vous souhaitiez vivre dans un meilleur monde, s'il vous plaît appréciez-le et partagez-le avec vos amis.

Sommeil et activité du sommeil

Les étapes du sommeil et du rêve

Le sommeil lui-même – par rapport au monde quotidien – est passif, même si une activité considérable s'y déroule en tout temps. Si nous définissons l'activité comme le mouvement, il y a en fait plusieurs types de mouvements qui se passent à un moment donné. Des mouvements physiques du corps se produisent plusieurs fois pendant la nuit (en moyenne une fois toutes les 15 minutes) et semblent être dus au hasard. Ce n'est pas un mouvement agité, mais un mouvement reconnaissable, presque délibéré, de déplacement des membres, etc. D'abord, une fois que l'on a trouvé une position confortable, le corps physique commence à se détendre. Puis, à une étape où les muscles commencent à se détendre plus profondément, il se produit ce que l'on appelle la « secousse myoclonique », qui est une réaction musculaire physique au moment où les muscles se relâchent involontairement. Elle est parfois accompagnée par un sentiment de chute et peut être angoissante au point de réveiller le dormeur. Le processus de relaxation doit alors recommencer. Apprendre à se détendre physiquement avant de s'endormir serait une bonne façon de raccourcir ce processus particulier.

Bien des gens ont suggéré que les rêves sont causés par certains stimuli physiques de notre environnement de dormeur, tel le classique rêve qui consiste à voir que sa main a été coupée pour ensuite se réveiller et constater que l'on est en réalité couché sur cette main. Alors qu'il est vrai qu'un tel malaise aura un effet sur notre niveau de sommeil, il ne semble pas avoir d'effet sur notre niveau de rêve. Les opinions varient aussi quant à savoir si le fait d'avoir absorbé certains aliments a un effet sur les rêves. C'est au lecteur, si cela l'intéresse, d'expérimenter et de découvrir si des aliments ont un effet sur lui. Une dame prétendait que si elle désirait rêver en couleurs elle devait manger une friandise particulière pour y arriver. La digestion semble avoir un certain rôle à jouer, mais il s'agit davantage de relaxation physique et d'effet de la digestion sur le plexus solaire. Si on garde à l'esprit que le bébé dans l'utérus reçoit sa nourriture par le cordon ombilical, il n'est pas surprenant de voir que cela a un certain effet sur les nerfs qui sont concentrés dans ce secteur. Plexus solaire signifie « cueillette du soleil » et est ainsi un centre de l'énergie physique.

Si le sommeil est dérangé par quelque chose de physique et qu'à cause de cela le schéma des rêves est bouleversé, cela se répercutera sur la santé et le caractère. Pensons seulement aux conséquences sur notre efficacité quand notre sommeil est bouleversé par des voisins bruyants pendant plusieurs nuits. Nous n'en souffrons peut-être pas, mais l'accident de voiture que nous causerons le lendemain pourrait bien être lié à notre manque d'attention.

Les travaux des laboratoires du sommeil nous ont permis d'avoir une meilleure compréhension des liens entre le sommeil et le rêve. Ainsi, en 1937, on a découvert, par le biais de l'invention de l'électroencéphalographie, que les fluctuations électromagnétiques minuscules dans le cerveau étaient quantifiables et que la forme de l'onde cérébrale change quand le sommeil arrive. Puis, en 1953, Aserinsky et Kleitman ont identifié des étapes du sommeil au cours desquelles le mouvement rapide de l'œil (REM) se produit et, en 1957, on a lié ce mouvement rapide de l'œil au rêve en découvrant que le REM était une sorte d'activité de balayage. Certains schémas communs ont été observés dans l'activité cérébrale pendant le sommeil. Par exemple, les modèles d'EEG indiquent une sorte de progression. À l'état d'éveil, l'onde est basse, mais la fréquence est rapide. À mesure que nous nous détendons, notre cerveau produit des ondes alpha, qu'on trouve dans la première étape du sommeil, puis des ondes thêta.

Pendant cette étape, qui dure environ 10 minutes, nous nous approchons du sommeil profond, nous expérimentons des images et des pensées aléatoires et faisons le tri des activités du jour. Ensuite, les ondes changent de nouveau. Nous passons approximativement la moitié de notre temps de sommeil dans cet état. Le sommeil profond survient quand les ondes se changent de nouveau en ondes delta.

Après environ une heure à une heure et demie, un autre processus commence. Il se produit alors un retour à ce que nous avons appelé l'étape deux. À ce point, appelé le sommeil paradoxal, le dormeur est très difficile à réveiller et, bien que le cerveau soit alerte et actif, le corps est pratiquement paralysé puisque toute l'activité des muscles volontaires a cessé. Pendant ce temps, de courtes pointes d'activité se produisent dans les diverses parties du corps, là où il y a de nombreuses terminaisons nerveuses (comme l'oreille, le globe oculaire, le pénis, etc.). Tous les rêves surviennent pendant cette deuxième étape. Nous commençons avec de courtes scènes de rêves, mais au cours de la période la plus longue – environ quatre heures après le début du sommeil –, ces périodes d'activité onirique deviennent plus longues. Selon les études, les rêves se produisent quand les secteurs corticaux du cerveau sont stimulés aléatoirement, obligeant le cerveau cortical supérieur à essayer de comprendre les entrées.

Dans l'état de sommeil, il y a trois niveaux de conscience à retenir. Le premier est le sommeil des rêves, quand nous sommes conscients du symbolisme et des riches images des rêves et que nous les croyons réels. Il y a ensuite l'état lucide, alors que nous savons que nous rêvons, que les symboles sont notre création et n'ont pas de réalité extérieure propre. Enfin, le troisième est le sommeil sans rêves, qui va au-delà des concepts de pensée et d'émotion. Chacun de ces états a une fonction propre et toute perturbation peut avoir un effet profond sur la santé de l'individu.

Un certain nombre de troubles du sommeil sont dignes de mention. Le premier est l'insomnie, qui est probablement le mieux connu des troubles du sommeil et celui dont le plus de personnes souffrent. Les causes vont de la dépression au stress et aux problèmes physiques. Pour comprendre notre propre insomnie, il faut en cerner les causes sous-jacentes et décider du traitement à y apporter. Si c'est un problème physique, on peut tenter de trouver des solutions comme les bains tièdes et le massage.

La médecine chinoise croit que certaines lignes d'énergie dans le corps sont calmées ou stimulées à des moments particuliers du jour et de la nuit et qu'à certaines conditions elles facilitent la gestion de l'insomnie. Chacun des organes du corps gouverne certains processus psychologiques et physiologiques. Par exemple, nous sommes au lit sans dormir à trois heures du matin, à nous inquiéter et à être frustrés parce que nous ne pouvons pas dormir. Au lieu de cela, il vaudrait peut-être mieux chercher ce qui nous irrite dans nos vies quotidiennes et comment nous pouvons faire disparaître cette frustration. Il est très difficile de composer avec l'insomnie, d'autant plus qu'elle peut affecter non seulement la vie de l'individu, mais aussi celle des autres. Une façon de régler le problème pourrait être de recourir à la visualisation ou la méditation puisqu'il semble que 10 minutes de méditation valent 4 heures de sommeil nocturne !

L'apnée est un autre trouble du sommeil connu et se produit quand l'individu arrête de respirer jusqu'à une minute, ce qui le réveille. L'individu est ainsi continuellement dans un état de demi-sommeil. Cette maladie exige des soins médicaux.

L'étude de la narcolepsie, maladie où les gens peuvent s'endormir en plein milieu de leur activité consciente, a permis de mieux comprendre le mouvement musculaire dans le sommeil. Normalement, un secteur du cerveau, la protubérance annulaire, supprime le mouvement musculaire. Si cette partie est endommagée ou supprimée, alors des mouvements musculaires complets, des mouvements spontanés et le discours, en rapport avec le rêve, se produisent. De tels mouvements sont une forme de mécanisme d'expulsion qui permet au rêveur de composer avec des émotions et des traumatismes.

Les cauchemars et les rêves d'anxiété ont une intensité d'émotion que nous ressentons rarement à l'état d'éveil. La caractéristique la plus commune est le besoin de voler, c'est-à-dire de s'enfuir d'une situation. La réaction physiologique à l'anxiété, la peur, le combat et le vol (la soumission, à l'état d'éveil), semble être impliquée ici, sauf que le rêveur se réveille d'habitude avant la soumission, comme s'il était trop douloureux de se soumettre. Presque inévitablement, il y a au réveil un soulagement énorme de s'être échappé. Les cauchemars semblent résulter de six causes principales, qui sont :

1. Les souvenirs d'enfance contenant des émotions intenses. Ceux-ci sont souvent centrés autour de la perte et il semble que de tels rêves aient un rapport avec la naissance et le traumatisme qui l'accompagne.

2. Les peurs d'enfance, peut-être aussi centrées sur la même situation, quoique les peurs à cette étape incluent aussi la crainte d'être attaqué et l'anxiété. Cela peut avoir rapport avec le besoin de survie de l'enfant et la satisfaction de ses besoins de base que sont l'alimentation, le réconfort et la sécurité. (Si ces besoins ne sont pas satisfaits, l'enfant se retire dans son propre monde. Donc, si la colère qu'il ressent est supprimée, cela pourrait refaire surface plus tard dans des cauchemars.)

3. Le syndrome du stress post-traumatique, où encore une fois le besoin fondamental de survie est menacé. On a découvert que l'anxiété vécue peut refaire surface beaucoup plus tard. Certaines personnes éprouvent toujours de tels cauchemars, plusieurs années après l'événement traumatique. Il semble que le cerveau n'a pas pu évacuer le traumatisme suffisamment pour que la victime puisse être en paix.

4. La survie quotidienne peut faire surface chez des adultes sous la forme d'une peur de l'avenir et elle semble surgir à la suite de craintes liées à l'agression, à la sexualité et à la peur du changement. C'est la peur de l'inconnu.

5. Quelques cauchemars sont centrés autour de pressentiments. Nous ne savons pas s'ils devraient être classés dans la catégorie de rêves prémonitoires, par contre l'être humain est capable de puiser de l'information à un plan subliminal sans la comprendre.

6. Une maladie grave et toutes les peurs concernant la mort qui y sont rattachées peuvent évidemment causer des cauchemars. Une thérapie et un soutien psychologique pourraient apporter de l'aide.

Les rêves récurrents peuvent être déclenchés par l'anxiété. Dans ce cas, l'élément déclencheur peut être de divers types. Par exemple, l'environnement du rêve est le même, les personnages ne varient pas ou le thème reste constant. Après que le rêveur aura commencé à explorer ses rêves, les anxiétés et les attitudes commenceront à changer.

Parler dans son sommeil et le somnambulisme semblent tous les deux apparaître comme une réponse à des stimuli et contenir une certaine rationalité. Parler dans son sommeil semble jouer un rôle dans le nettoyage de l'esprit de ses soucis et de ses tracas. On a connu des cas où des conversations intelligentes étaient tenues avec le rêveur, bien qu'il n'en soit plus conscient par la suite. Le somnambulisme est aussi apparemment constant, au sens où un somnambule laissé à lui-même essaiera de terminer l'action entreprise.

La spiritualité

Nous pourrions définir la spiritualité comme quelque chose qui va au-delà de la vie quotidienne. Les rêves nous aident à nous habituer, facilement et en sécurité, à cette dimension. De même qu'un enfant grandit physiquement, nous devons aussi grandir spirituellement par un processus qui n'est pas différent du processus de croissance à l'œuvre chez l'enfant.

Nous devons d'abord prendre conscience de notre place dans notre environnement. Nous nous formons une image de ce que nous voulons être et apprenons alors à interagir avec ceux qui nous entourent. Nous apprenons aussi comment composer avec nos propres émotions, et par-dessus tout à les comprendre, et à accepter que, pour vivre une existence de qualité, il nous faille nous prendre en main. Ensuite, et seulement à ce moment, nous pouvons prendre conscience de notre potentiel véritable et commencer à ajuster cette image de nous. Notre façon de nous exprimer commence alors à s'améliorer et nous pouvons être plus ouverts et intègres. En prenant conscience que nous faisons partie d'un tout plus grand, nous prenons la responsabilité de nous créer une existence meilleure et plus pleine.

Maintenant, en guise d'explication et d'exploration, prenons l'image d'un pont. D'un côté il y a votre vie quotidienne, de l'autre votre vie spirituelle. Le pont est l'esprit et au milieu du pont se trouve un garde-frontière avec un fichier entier d'information à notre sujet qui est mis à notre disposition. Ce garde-frontière, c'est le moi qui rêve.

Voici la sorte d'action et de dialogue imaginaire qui pourrait avoir lieu : Premièrement, le fichier est parcouru pour découvrir si vous devez abandonner des choses au point de contrôle. Une mauvaise expérience exige d'être comprise ? C'est de l'information qui avait besoin d'être triée. Vous voulez explorer telle partie de votre vie ? Voici l'information dont vous avez besoin. Une carte y est jointe ; une partie de celle-ci est codée pour vous protéger, mais elle deviendra compréhensible bientôt. Vous allez probablement rencontrer des difficultés ? Vous disposerez au moment opportun de l'information dont vous aurez besoin.

Pour commencer, puisque vous avez des obligations à la maison, faites d'abord un court séjour, mais vous pouvez revenir quand vous voulez. Vous pouvez même vouloir rester plus longtemps quand vous vous rendez compte que vous avez plus de plaisir et plus d'énergie ici, mais vous êtes libre d'aller et venir. Si cela ne vous effraie plus, vous pouvez commencer à intégrer les deux côtés – parce qu'ils ne sont qu'un, et que nous devons partager l'information. Emportez l'information et laissez d'autres personnes la connaître.

Cela aide d'avoir cette information – elle rend la vie plus facile. Bientôt, il se présentera une occasion de faire des changements dans votre façon de vivre et l'information nécessaire sera alors disponible. On vous montrera quel potentiel il y a et vous pourrez continuer. Oh ! à propos, voici votre guide ; vous pouvez utiliser votre propre fichier dorénavant.

Ce livre est votre carte codée qui vous permettra de lire et de comprendre votre propre « fichier de vie ». D'abord, vous devrez apprendre à être un rêveur créatif et à utiliser le lexique riche de symbolisme et d'images.

Comment être un rêveur créatif

Dans certaines religions, on croit que le sommeil est une préparation à la mort. Tout comme on croit que les bébés rêvent leur propre entrée dans l'existence physique, les rêves nous donnent aussi accès à une autre dimension de l'être : la spiritualité. Les rêves peuvent alors devenir une expérience à portée pédagogique, nous offrant une perspective plus large que celle de l'existence mondaine ordinaire. Une définition de la spiritualité veut que ce soit la conscience de l'existence d'autres dimensions en plus des domaines purement physiques et tangibles.

La connaissance et l'information que nous acquérons dans les rêves nous donnent accès à une bibliothèque entière de créativité, que nous pouvons utiliser seulement si nous en avons le courage. Le plus grand problème, peut-être, est qu'à moins d'avoir reçu une formation dans la mémorisation et la catégorisation de nos rêves, il est facile d'oublier le contenu d'un rêve au réveil. Il est donc important que nous apprenions à enregistrer nos rêves (diverses méthodes sont suggérées plus loin dans ce livre).

Il existe plusieurs exemples de rêves à contenu créateur, comme le rêve de Kekule sur la structure de la molécule de benzène. En essayant de résoudre le mystère de cette structure, Kekule a rêvé que les molécules avaient formé un anneau complet qu'il a vu comme un serpent dévorant sa queue. Rappelons que ce rêve s'est produit au début du XXe siècle, à une époque où la chimie était moins développée. Ce rêve a certainement constitué une percée dans le monde scientifique. Cet anneau de benzène a servi de base à toute la science de la chimie moléculaire. Il est intéressant de noter que ce symbole particulier fait écho à l'ourobouros (le symbole du cycle de l'existence).

Plusieurs auteurs, artistes, poètes, scientifiques et ingénieurs utilisent leurs rêves avec créativité. Par contre, les scientifiques et les ingénieurs ont tendance à être plus logiques et linéaires dans leur processus de pensée et ils n'acceptent pas nécessairement leurs rêves s'ils ne peuvent en prouver la réalité dans la vie éveillée.

De nombreuses personnes reconnaissent avoir des éclairs d'inspiration créative à la suite de rêves, comme si un morceau manquant d'un puzzle se mettait soudainement en place, permettant ainsi de voir l'image entière et donc de donner un sens à un problème créatif. Souvent, un fragment de musique, de poésie ou un charabia apparent s'imprégnera dans l'esprit. Après considération, il n'est pas aussi joli ou pertinent qu'il paraissait dans le rêve, mais il contient néanmoins le germe d'une idée ou d'un projet. L'esprit s'est ouvert à des possibilités et des potentiels très éloignés de la conscience éveillée. La méditation peut souvent faciliter ce processus de rêve créatif, qu'on l'utilise pour s'ouvrir avant le sommeil à son moi créatif ou qu'on l'utilise après avoir rêvé pour atteindre une meilleure compréhension. (Des exemples de telles techniques sont donnés plus loin dans ce livre.)

Une part du processus de rêver de manière créative est de faire sauter les restrictions qui nous sont imposées par la société et de comprendre ce qui fait de nous des individus uniques. Comme les enfants, nous devons d'abord devenir conscients de notre environnement. Nous avons notre propre perception de nous-mêmes et de nos émotions, et il serait utile que les gens qui nous entourent nous fassent part de ce qui est acceptable tant pour nous que pour les autres. Il nous faut avant tout comprendre nos propres émotions, et, souvent, les rêves imiteront ce premier processus de conscience et nous donneront l'occasion de régler des traumatismes antérieurs.

Une fois cette étape accomplie, et après avoir nettoyé le pont des bagages que nous transportons, nous devenons concients de notre potentiel exact. Le monde devient un endroit passionnant, nous nous exprimons mieux et nous pouvons être plus honnêtes et ouverts, nous prenons en main notre existence. Quelle que soit l'étape de compréhension atteinte, les rêves peuvent nous aider, nous encourager ou nous indiquer que nous empruntons une mauvaise voie.

Les rêves peuvent être pris comme des événements en soi et interprétés comme tels, mais il revient au rêveur d'agir, tout comme ils peuvent être une expression du moi inconscient créatif et contenir un message difficilement perceptible. Lorsque nous commençons à reconnaître la créativité derrière le processus des rêves, nous nous ouvrons à différentes façons d'appréhender nos talents.

Les états hypnagogique et hypnopompique

Deux états de conscience sont essentiels en vue d'utiliser les riches images mises à notre disposition par les rêves, soit les états de vigilance qui arrivent juste avant le sommeil (hypnagogiques) et juste après (hypnopompiques). Plusieurs interprètes des rêves ont tendance à estimer que les deux états sont très semblables et, dans une certaine mesure, ils ont raison.

L'état hypnopompique est celui dans lequel nous conservons les images de l'état de rêve, nous nous rappelons les «grands» rêves ou ce que nous considérons important. C'est une transition entre le sommeil et le réveil, une sorte de sas où les images ne sont pas nécessairement connectées entre elles mais surgissent au hasard et sont très rapidement perdues dans le tohu-bohu de la vie quotidienne. Nous utilisons cet état seulement si nous apprenons à nous souvenir des images et à les travailler. C'est souvent dans cette condition que le rêveur entend son nom appelé – la voix est reconnue comme étant celle d'un parent décédé, ou celle du guide esprit, ou du moi supérieur. Nombreuses sont les personnes qui estiment que c'est impossible et rejettent souvent cette période fortement créatrice. Pourtant, avec la pratique, on peut donner de la substance aux vœux et aux désirs et les transposer dans la réalité.

L'état hypnagogique se produit entre le réveil et le sommeil et fait qu'au moment où nous nous assoupissons les images arrivent de nouveau aléatoirement et sont souvent très belles. Elles peuvent représenter des paysages, des scènes spirituelles calmes, des représentations des quatre éléments ou des visages que le rêveur ne reconnaîtra sans doute pas. C'est un peu comme le balayage d'un fichier sur l'ordinateur ; le rêveur peut chercher quelque chose, mais son attention est attirée par d'autres images. Souvent, pendant ce temps, on note aussi la présence de petites phrases auditives, de fragments de musique, d'expressions, de mots étranges ou de bruits d'eau. (C'est pourquoi les cassettes de relaxation qui contiennent des bruits d'eau connaissent un tel succès.)

Le spiritisme appréhende le mieux ces deux niveaux de conscience en expliquant que les plans astraux sont ces niveaux de conscience où sont stockés les formulaires/pensées divers qui se sont manifestés et, dans les états d'esprit hypnagogique et hypnopompique, l'esprit a accès à ces royaumes. Certaines des images peuvent être négatives ou angoissantes et elles ont besoin d'être traitées avec un degré d'objectivité qui se développe avec la pratique. Si de telles images négatives arrivent fréquemment, il vaut mieux ne pas les repousser – ce qui leur donnerait seulement une puissance supplémentaire – et plutôt accepter leur validité pour l'instant, et se préparer à les traiter dans un état plus conscient. Elles sont les démons, les lutins et les diables qui surgissent souvent de nos propres doutes et insécurités. Il semblerait que la plupart des personnes vivent de telles expériences, mais il faut noter comment l'esprit essaie d'être le maître plutôt que le serviteur.

Tandis que l'interprétation des rêves n'exige pas nécessairement la compréhension des états hypnagogique ou hypnopompique, il vaut souvent la peine d'utiliser les images des rêves pour interpréter les formes aléatoires qui apparaissent dans ces états. Le mélange de conscience et de semi-rêve que l'on éprouve dans l'état hypnagogique offre l'occasion de dissiper les problèmes d'une façon presque magique. L'esprit est en mode paresseux et une revue de la journée peut mener à comprendre notre comportement ou nos croyances d'une façon ahurissante et rafraîchissante. En utilisant cet état de présommeil pour télécharger le matériel de chaque journée, l'esprit peut alors projeter dans les rêves des images plus profondes et plus significatives qui nous donnent finalement l'occasion de mieux maîtriser nos vies. On donne un exercice quotidien de contrôle dans la section Manuel. Nous pouvons rêver avec créativité plutôt que simplement utiliser les rêves comme un dépotoir. Nous pouvons alors entreprendre la journée suivante avec une ardoise propre et utiliser l'état hypnopompique pour mettre de l'ordre dans le jour qui vient. Pendant ces deux états, nous pouvons nous exercer à rêver plus lucidement.

On peut aussi considérer les états hypnagogique et hypnopompique comme une sorte de gestionnaire de programme pour l'esprit. Voyez l'état de rêve comme étant le disque dur de nos esprits dans lequel nous avons stocké divers programmes, dont quelques-uns ne sont pas accessibles. À mesure que notre compréhension s'accroît, nous devenons de plus en plus courageux et nous commençons à utiliser des programmes ainsi que de l'information stockée plus complexes. Nous apprenons même à combiner des programmes. Cependant, il y a des moments où, pour notre sécurité, seule l'icône apparaît et nous nous voyons refuser le plein accès à un programme, mais avons la permission d'utiliser une version d'essai. Cela peut être un moment passionnant et ouvrir toutes sortes de possibilités, comme l'exploration télépathique, les perceptions extrasensorielles (PES), la guérison, etc. Il nous revient de choisir quel itinéraire nous voulons suivre. Dans les états hypnagogique et hypnopompique, les filtres qui opèrent dans l'esprit conscient ne sont plus à l'œuvre et ces sujets qui n'appartiennent pas au moi éveillé deviennent plus accessibles.

Les perceptions extrasensorielles (PES)

La plupart des personnes voient les PES comme des apparitions de fantômes, des prémonitions et autres phénomènes psychiques du genre. En fait, elles devraient être définies comme la clairvoyance (la clarté de perception), la clairaudience (entendre des fragments auditifs), la prémonition (la connaissance d'un événement futur) et la psychokinésie (le déplacement d'objets physiques). La médiumnité, le *channelling* et la conscience du royaume de l'esprit pourraient aussi être inclus dans les PES. On considère tous ces états de conscience comme paranormaux. La télépathie est parfois incluse dans les PES, mais constitue plus une rencontre de deux esprits et le partage d'impressions.

Tous ces états exigent que l'on soit conscient, mais leur apparition initiale arrive d'habitude spontanément – souvent dans les états hypnagogique ou hypnopompique. Combien de fois avons-nous affirmé : « Je savais que ça allait se produire », ou : « J'ai déjà entendu cela », sans vraiment savoir d'où cette connaissance nous venait ? Si le plan astral contient tout qui « est, était et sera jamais », alors en effet nous avons connu tout cela parce que nous avons eu accès à l'information sur le pont entre l'éveil et le sommeil.

Par leur nature même, les flashs de PES sont symboliques et indistincts. Quand ils arrivent spontanément dans les états hypnagogique ou hypnopompique, ils sont plus aisément acceptés comme valables et interprétables de la même manière que les images des rêves, dont parfois ils ne sont pas facilement distingués. Avec la pratique, nous pouvons utiliser les sens psychiques si nous le souhaitons et nous servir d'une entrée beaucoup plus créative que notre conscience « normale ».

Le rêve lucide

Le rêve lucide est une extension de la vigilance propre aux états hypnagogique et hypnopompique, mais qui cette fois étend notre contrôle à l'état de rêve. Il y a ceux qui se privent totalement de sommeil, bien que cela exige normalement un haut degré de conscience spirituelle. Cependant, avec de l'entraînement, nous pouvons prendre conscience d'abord que nous rêvons, ensuite décider comment nous manipulerons le rêve afin de nous assurer qu'un mauvais rêve puisse être métamorphosé en un rêve heureux.

Après que l'on ait pris conscience que l'on rêve, une sorte d'expérience illuminante, le rêve devient plus réel, les images des rêves apparaissent plus brillantes, plus nettes et plus facilement accessibles et on en prend le contrôle. Il est cependant difficile de rêver lucidement tout le temps et, bien que les techniques comme la méditation puissent fonctionner plusieurs fois consécutives, il arrive qu'elles ne marchent plus. Certains croient que des parties de rêve peuvent être lucides tandis que d'autres parties ne le sont pas.

Des rêves lucides ont été répertoriés pour la première fois au Ve siècle ap. J.-C. par nul autre que saint Augustin. Quant à eux, les Tibétains avaient perfectionné une façon de rester conscients tout au long du processus de rêve et avaient donc réalisé une compréhension d'eux-mêmes beaucoup plus grande que la nôtre.

Ce n'est pas avant le début du XIXe siècle qu'une explication scientifique a été cherchée – le rêve lucide ayant reçu beaucoup d'attention quand de nombreuses personnes essayèrent d'invoquer les esprits à l'aide des rêves. À la fin des années 1860, un livre intitulé *Des rêves et comment les diriger*, par Saint-Denys, documentait une bonne partie de sa propre recherche et le développement du rêve lucide. À l'époque comme maintenant, il était important de développer le rappel du rêve avant de prendre conscience que l'on rêvait.

En 1913, Frederick Van Eeden a attiré l'attention de la Société pour la recherche psychique sur sa recherche d'environ 14 années. Son étude s'intitulait *Une étude des rêves*. Stéphane LaBerge et Lynn Nagel ont actualisé la recherche. D'autre études se poursuivent, tant en Grande-Bretagne qu'aux États-Unis.

Techniquement, le rêve lucide arrive quand on prend conscience que l'on rêve. Un test simple consiste à décider qu'une action ou une occurrence ne serait pas possible dans la vie quotidienne et donc qu'on doit rêver. En entretenant un état de vigilance alerte, il est donc possible de manipuler le processus du rêve.

La première étape consiste à rediriger le rêve, probablement d'une fin négative indésirable vers une fin positive. Souvent, savoir que l'on a cette possibilité suffit pour ouvrir toutes sortes de possibilités dans notre vie éveillée.

La technique RISC a été développée en Amérique comme outil thérapeutique et comme façon de traiter des sentiments inopportuns. Ses quatre parties correspondent en gros à :

1) reconnaître un rêve négatif pendant qu'il arrive ;

2) identifier le mauvais sentiment ;

3) stopper le rêve (Au début, il vous faudra vous réveiller. Avec plus de pratique, il sera possible d'accomplir le changement simplement en prenant conscience que vous rêvez.) ;

4) changer le sentiment négatif en sentiment positif.

La deuxième étape consiste à décider finalement quels autres éléments dans le rêve peuvent être changés. Souvent, il vaut mieux approcher cette étape d'expérimentation d'une façon insouciante, peut-être en changeant des couleurs ou des détails mineurs du scénario. Cela permet au rêveur de maîtriser sa méthode. Parfois, le processus peut être irritant puisque d'autres facteurs semblent avoir un effet sur la faculté de rêver lucidement. À d'autres moments, particulièrement si on développe aussi sa capacité de méditer ou d'utiliser la visualisation, on peut obtenir du succès.

La troisième étape consiste à travailler au développement du rêve qui convient à notre créativité propre. Ici, il vaut mieux permettre au processus de rêve de commencer naturellement, de décider quelle bribe d'information vous travaillerez à l'intérieur du rêve et ce qui a besoin d'être ajusté. Il y a une ligne de démarcation très claire entre le rêve ordinaire et le rêve lucide ainsi qu'entre le rêve lucide et ce que nous avons appelé les états hypnagogique et hypnopompique. Tenter de surmanipuler ses rêves mènera seulement à la déception et à la frustration. Il vaut mieux permettre aux choses d'arriver naturellement plutôt que d'essayer de les forcer et, pour cette raison, on devrait travailler sur une seule bribe à la fois. Ainsi, il devrait être possible de modifier l'environnement, les émotions ou les actions des participants, mais pas tous en même temps. La méditation, un état de conscience apparenté au rêve lucide, vous permettra aussi de manipuler le matériel des rêves pour avoir un effet sur votre créativité à l'état d'éveil.

Ainsi, dans le rêve du foyer d'étudiants et des poux cité plus loin, le travail a été fait sur la signification des poux par la méditation, tandis qu'une frustration de ne pas pouvoir trouver exactement le sens d'espoirs peu réalistes a été identifiée. Par le rêve lucide la nuit suivante, la situation a été résolue à la satisfaction du rêveur, à la suite d'une confrontation avec une figure du rêve. Malgré que le contenu du rêve n'était pas le même, le rêve de résolution avait été incubé et ensuite rêvé d'une façon lucide. Il vaut peut-être la peine de noter que ce processus particulier a été accompli très rapidement, ce qui n'est pas toujours le cas. L'incubation d'un rêve peut prendre un certain temps et, ce phénomène jumelé au fait que le rêve lucide peut être quelque peu capricieux, il aurait pu se passer quelques semaines. Cependant, il vaut toujours la peine d'espérer le succès, et combiner des méthodes diverses pour y parvenir peut avoir un certain intérêt.

Bien des personnes nient la validité des rêves lucides, croyant que l'on est ou bien éveillé ou bien endormi, un peu comme les croyances chinoises antiques voulaient qu'il ne puisse y avoir qu'une réalité à la fois. Cependant, quand nous pensons au rêve lucide, nous sommes conscients de deux états d'être et nous sommes capables de diriger et de modifier un état du point de vue de l'autre. Reconnaître que l'état que nous essayons de modifier est une illusion signifie que nous avons accès à une partie très créatrice de nous-mêmes où tout devient possible.

Relaxation, méditation et visualisation

En tant qu'aides au sommeil, les techniques de relaxation, de méditation et de visualisation sont toutes d'excellents outils. Plus nous devenons experts, plus il nous est facile d'atteindre le rêve créateur. Quelques suggestions :

Relaxation

Voici une technique de relaxation facile qui peut être pratiquée selon que l'on souhaite méditer ou pas :

- En commençant par les orteils, contractez d'abord puis détendez tous les muscles de votre corps, pour identifier la différence entre le fait d'être contracté et d'être détendu ;

- Contractez alors chaque partie de votre corps à son tour ;

- Contractez d'abord les orteils puis détendez-les. Faites cela trois fois ;

- Contractez ensuite les chevilles et détendez-les. Répétez de nouveau trois fois ;

- Contractez les mollets et détendez-les. De nouveau trois fois ;

- Contractez les cuisses et détendez-les. Répétez deux fois de plus ;

- Finalement, pour cette partie, contractez complètement la pleine longueur de vos jambes et détendez-les, puis répétez de nouveau trois fois. (Cet exercice est bon pour soigner le syndrome du pied agité.)

Passez maintenant au reste de votre corps :

- Toujours en répétant trois fois pour chaque partie, contractez tour à tour vos fesses, votre estomac, votre dos, votre cou, vos mains, vos bras et votre cou (de nouveau), votre visage et votre cuir chevelu ;

Contractez finalement tous les muscles que vous avez utilisés précédemment, puis détendez-les complètement. Répétez trois fois.

À cette étape, vous devriez reconnaître la différence entre l'état de relaxation du début de l'exercice et celui de la fin.

Avec le temps et de la pratique, vous devriez vous détendre complètement juste en faisant la dernière partie de l'exercice, mais pour le moment contentez-vous de vous prendre en main lentement par le biais de ce processus.

Méditation

Une des meilleures façons d'aider le processus de rêve, tant par l'accès à l'inconscient que par le rappel amélioré, est la méditation. L'étude du processus et la pratique régulière apportent beaucoup de bénéfices tant spirituels que psychologiques. La concentration et la conscience s'en trouvent aussi améliorées dans la vie quotidienne.

Techniques de méditation

Le but de la méditation est de garder l'esprit alerte, quoique détendu, et concentré sur un sujet simple, plutôt que d'écouter le moulin à paroles dans sa tête. Une courte période de méditation ou de visualisation créative en fin de soirée permet d'accéder au monde créatif des rêves, alors qu'une période semblable le matin permet de travailler avec les rêves que vous avez eus et de les comprendre.

Premièrement, choisissez un endroit où vous ne serez pas dérangé et assurez-vous que le téléphone est débranché. Pour commencer, une méditation de cinq minutes est suffisante. Assoyez-vous sur une chaise droite ou en tailleur sur le plancher avec un soutien pour votre dos si nécessaire – il est important d'être aussi confortable que possible –, sans toutefois vous étendre pour ne pas vous endormir avant la fin du processus de méditation.

Fermez les yeux pour vous retirer du monde quotidien. Si vous êtes un méditant expérimenté, vous pouvez trouver plus facile de fixer votre regard sur le pont de votre nez ou le milieu de votre front.

Commencez à respirer également et profondément. Aspirez initialement en comptant jusqu'à quatre et expirez en comptant jusqu'à quatre. Une fois que ce rythme est établi, expirez légèrement plus longtemps que vous n'aspirez, mais à un rythme toujours confortable pour vous. Plutôt qu'être conscient de votre respiration, devenez plus conscient du souffle lui-même. À mesure que vous aspirez la paix et la tranquillité, vous exhalez la négativité. Il devrait être possible de réaliser un état profond de conscience qui, si souhaité, peut vous permettre de vous déplacer directement dans l'état de sommeil ou, le matin, de vous concentrer sur n'importe quel rêve que avez eu. Toute pensée perdue peut être notée et écartée.

La nuit, vous pouvez vous donner comme consigne de vous rappeler un rêve qui pourra suivre, ou considérer un problème que vous pouvez vouloir résoudre. Vous pouvez aussi utiliser cette période pour visualiser avec créativité quelque chose que vous désirez pour que cela soit transposé dans vos rêves. Évidemment, le matin, l'attention peut être portée sur la solution du problème ou la réalisation de vos désirs.

À mesure que votre pratique de la méditation s'améliorera, vous constaterez que votre période de méditation a tendance à s'étendre jusqu'à 20 minutes. Quand vous terminez la méditation, gardez votre esprit dans le même état de tranquillité. Il est préférable d'aller directement au lit. Gardez vos mouvements physiques pondérés, comme s'ils coulaient en harmonie avec votre conscience. Quand vous vous endormez, permettez à votre conscience de se reposer doucement.

Plus loin, nous vous expliquons une technique de méditation simple qui devrait vous donner une bonne base pour le travail à venir.

La méditation de la tour

N'importe quelle construction peut être prise dans les rêves comme un symbole du moi ou de la personnalité. L'utilisation de cette visualisation ou de cette méditation peut nous donner accès à de l'information sur nous-mêmes qui nous permettra d'être plus créatifs dans nos rêves. L'expérience enseigne qu'une des meilleures images à utiliser est celle d'une tour. Parfois, la tour peut apparaître spontanément dans un rêve, ou après qu'une méditation ait été utilisée pour concentrer l'esprit. Cette méditation peut aussi bien être faite de mémoire ou peut être enregistrée sur un magnétophone. Le méditant plus expérimenté reconnaîtra dans cette pratique la pertinence des sept centres spirituels.

L'interprétation des rêves et la méditation partageant beaucoup de symboles, la visualisation permet au rêveur d'accéder au langage de la créativité. La première image de la tour nous donne une compréhension de la façon dont nous nous présentons au monde extérieur. Ainsi, une tour ronde pourrait suggérer une approche plus spirituelle, tandis qu'une tour carrée pourrait indiquer un aspect plus pratique.

La méditation de la tour va comme suit :
Visualisez une tour, notez sa forme et sa structure, mais à ce point ne vous attardez pas trop sur les complexités. Notez simplement comment vous vous approchez de la tour et comment l'entrée vous apparaît. S'ouvre-t-elle vers l'intérieur ou vers l'extérieur ? Est-elle solide ou fragile ? Est-elle décorative ou ordinaire ?

Toutes ces choses, en y pensant un peu, montrent comment nous nous laissons approcher par les autres dans la vie quotidienne.

Entrez maintenant dans la tour et regardez autour de vous. Notez si l'intérieur est meublé ou nu et essayez de trouver un escalier. Celui-ci peut conduire en haut ou en bas. S'il mène en bas, vous explorerez d'abord votre subconscient. S'il mène vers le haut, vous explorerez un côté plus accessible de votre personnalité. N'importe quel obstacle dans l'escalier peut être traduit comme étant une difficulté qui doit être surmontée. Chaque palier de la tour peut alors être exploré à son tour. Notez les couleurs, les formes et tout ce qui semble étrange sur chaque palier (souvent, de telles choses formeront des images dans vos rêves ultérieurs).

Quand vous êtes prêt, progressez vers le sommet de la tour en notant les points d'intérêt en montant. Ceux-ci pourront exiger la contemplation plus tard, ou peut-être formeront des images dans des rêves ultérieurs. Quand le sommet est atteint, passez quelques instants tranquille à contempler ce que vous venez de réaliser et redescendez ensuite chaque palier en notant tout changement qui se serait spontanément produit. Ces changements peuvent vous donner des indices quant aux types de changements qui peuvent être importants pour vous dans la vie quotidienne. Quand vous êtes revenus au rez-de-chaussée, jetez un dernier regard autour de vous et revenez à la lumière du jour, en fermant la porte derrière vous. Souvenez-vous maintenant que vous pouvez revenir à cette tour chaque fois que vous le désirerez par la méditation ou l'état de rêve, et que la prochaine fois vous pourrez même découvrir des pièces secrètes ou des passages qui requièrent une nouvelle exploration. Éloignez-vous de votre tour en laissant l'image s'estomper et permettez-vous de dériver doucement.

Incubation de rêves

Quand nous apprenons comment demander conseil et aide par les rêves afin de prendre des décisions susceptibles de changer notre vie, nous devenons vraiment créateurs. Nous possédons nos propres réponses et savons ce qui est bon pour nous. Certains appellent cette partie le moi supérieur. Souvent, nous ne sommes pas conscients de cette partie, mais le fait de nous donner la permission d'y accéder par les rêves peut avoir un effet profond sur notre façon de gérer nos vies. Évidemment, elle peut être efficacement utilisée pour la résolution de problèmes et pour clarifier des sentiments avec lesquels nous avons de la difficulté à composer. Cependant, plus important encore, le fait de formuler des hypothèses dans les rêves peut nous indiquer des façons de traiter avec des tendances négatives. Cela peut aussi encourager les tendances positives et augmenter nos capacités naturelles et nos talents.

Demandez les rêves que vous voulez

Cette technique est utile quand il y a une association passionnée, profondément sentie avec la question ou la requête. Elle fonctionne plus efficacement pour ceux qui ont déjà appris comment se rappeler et enregistrer leurs rêves, parce qu'ils ont déjà établi des lignes de communication, mais elle fonctionne aussi pour ceux qui ont appris à méditer, ou pour ceux qui utilisent d'autres sortes d'outils comme la visualisation ou le chant. La technique est très facile, particulièrement si on a appris à rester concentré.

Les étapes sont très faciles mémoriser. On n'a qu'à se rappeler l'acronyme **CPRRE.**

- **C**larifier la question
- **P**oser la question
- **R**eposer la question
- **R**êver
- **É**tudier le rêve

C signifie que vous passiez un certain temps à clarifier la question. Essayez de formuler la question aussi positivement que vous le pouvez. Par exemple, en précisant : « La promotion m'échappe », plutôt qu'en disant : « Je n'ai pas eu de promotion », parce que le subconscient a tendance à se fermer aux déclarations négatives au profit des déclarations positives. Ainsi, en exposant le problème négativement, vous donnez déjà du poids aux aspects négatifs de la situation. Pas besoin d'essayer de résoudre le problème à cette étape.

P suggère que vous posiez la question avec autant de pertinence que possible. Utilisez une vieille technique journalistique et posez les questions : « Qui ? Quoi ? Où ? Quand ? Pourquoi ? » Par conséquent, dans notre exemple, vous pourriez demander :

Qui peut le mieux m'aider dans ma recherche de promotion ?
Que dois-je faire pour être en ligne pour une promotion ?
Où se trouvent les meilleures occasions pour moi ?
Quand serai-je capable d'utiliser ma plus grande expérience ?
Pourquoi mon expertise n'est-elle pas reconnue ?

Toutes ces questions sont ouvertes et ne sont pas nécessairement spécifiques au temps. Si vous posez une question confuse, vous pourriez bien recevoir une réponse confuse. Essayez donc d'arriver aussi près que possible au cœur du problème. À l'inverse, en posant des questions inopportunes, vous pourriez obtenir des réponses inattendues.

Reposez la question. En répétant la question à plusieurs reprises, vous la fixez dans votre subconscient. Les blocs de trois répétitions fonctionnent souvent très bien. Ainsi, la répétition de trois ensembles de trois signifie qu'elle devrait avoir atteint chaque partie de votre être.

Rêvez-le. Commander le rêve signifie informer votre moi intérieur que vous aurez un rêve qui vous aidera. Quand vous vous préparez pour le sommeil et utilisez vos techniques de relaxation, dites-vous que vous aurez un rêve qui vous donnera une réponse.

Un mot d'avertissement. Le moi qui rêve étant capricieux, vous pourriez ne pas recevoir de réponse la nuit où vous le demandez ou seulement une partie de la réponse ou rien du tout pendant plusieurs nuits, puis ensuite une série des rêves qui vous diront ce que vous devez savoir. C'est un processus individuel et personne ne peut vous dire comment il se passera. Avec le temps, vous reconnaîtrez votre propre schéma, mais soyez patient.

Rêvez-le. Quand vous rêvez vraiment, prenez-le en note aussitôt que vous le pouvez, en notant seulement le thème principal du rêve. Nous expliquons les thèmes des rêves plus loin dans ce livre.

Étudiez le rêve plus en détail quand vous avez le temps de le faire. Regardez soigneusement les images, qui seront probablement assez nettes et directes, cherchez des détails, des indices et des significations cachées et voyez si vous pouvez les appliquer aux situations de votre vie quotidienne normale. Parfois, la réponse à votre question peut venir du fait que vous appliquez votre connaissance à un secteur différent de votre vie avant d'aborder la question que vous avez posée.

À mesure que vous devenez plus compétent à traiter avec les blocages, vous pouvez changer la nature de vos questions. Par exemple, vous pouvez demander : « Comment puis-je faire arriver ceci ou cela ? » ou : « Et si je faisais... » C'est la vraie créativité et c'est une manifestation de votre moi intérieur dans votre vie extérieure. Un processus passionnant.

Tenir un journal de rêves

Tenir un journal de rêves, c'est-à-dire enregistrer chacun des rêves dont nous pouvons nous rappeler, peut être un travail fascinant quoique un peu laborieux. Sur une certaine période de temps, il peut nous donner toutes sortes d'informations. Nous pouvons découvrir que nous traversons une période où la plupart de nos rêves semblent tourner autour d'un thème particulier. En pensant que nous avons compris la série de rêves, nous en venons à accepter le thème et nous pouvons le mettre de côté. Il est intéressant de découvrir, des mois ou peut-être des années plus tard, que le même schéma et le même thème se répètent avec de l'information complémentaire et plus de clarté. En tenant un journal de rêves, nous suivons et nous représentons graphiquement notre progrès dans l'étude de nous-mêmes et dans la compréhension de notre vie éveillée.

Chaque rêve individuel a son interprétation propre, au moment du rêve, mais peut aussi avoir besoin d'être observé d'une façon différente comme faisant partie d'une série. Le moi qui rêve reste très efficace au sens où il présentera l'information de différentes façons jusqu'à ce que nous comprenions son message. De la même manière, ce moi rêveur peut être très inefficace au sens où l'information peut être enveloppée dans du matériel superflu et exiger un élagage. Les rêves ont tellement de facettes multiples qu'ils peuvent être interprétés sur plusieurs plans différents et que plus d'une explication est applicable. C'est au rêveur de décider quelle explication est la plus appropriée. Par exemple, une fenêtre peut être interprétée comme quelque chose qui laisse passer la lumière, mais aussi comme une voie pour s'évader. Elle pourrait aussi représenter une barrière entre soi-même et le monde extérieur.

Un journal des rêves nous permet aussi d'évaluer non seulement le contenu de nos rêves, mais aussi leur schéma. Bien des gens semblent être des rêveurs très prolifiques, d'autres moins et beaucoup d'autres semblent n'avoir de rêves remarquables que très rarement. En fait, nous rêvons tous à un certain point chaque nuit, souvent sans nous en souvenir, quoiqu'il semble vraiment que plus nous apprenons à nous rappeler nos rêves, plus compétents nous devenons à rêver. C'est un peu comme un muscle qui répond de mieux en mieux à mesure qu'on l'utilise.

La tenue d'une chronique de ses rêves est un processus difficile, mais souvent inspirant et éclairant. De nos jours, plusieurs personnes préfèrent utiliser un dispositif d'enregistrement pour capter l'urgence du moment du réveil. Cette méthode est plus rapide et exige moins de concentration que des notes, permettant ainsi de retourner plus facilement à l'état de rêve. Il est normalement très facile de se réveiller en se souvenant d'un rêve, mais d'en oublier le contenu avant de l'avoir correctement enregistré. Enregistrer le rêve sur magnétophone le fixe dans notre esprit d'une façon particulière qui nous permet de rester en contact avec les sentiments et les émotions du rêve. Il est parfois plus facile d'expliquer le rêve en utilisant le temps présent, d'être participant plutôt qu'observateur, par exemple de dire : « Je suis debout sur une colline », plutôt que : « J'étais debout sur une colline ».

Garder un calepin et un crayon sur sa table de nuit est une méthode éprouvée d'enregistrement des rêves qui fonctionne bien pour la plupart des gens. Ce n'est pas tout le monde qui s'intéresse à l'analyse de ses rêves, mais certains aiment noter les plus inexplicables ou les plus fous. En utilisant cette méthode, il est facile de noter les points principaux du rêve, y compris le fonctionnement, les gens dans le rêve, leurs actions et les sentiments et émotions. Les instruments utilisés n'importent pas vraiment puisque le matériel peut aller des calepins joliment reliés jusqu'aux vieilles coupures de papier et d'un stylo très sophistiqué jusqu'à un vieux bout de crayon. L'inconvénient principal à l'utilisation de matériel d'écriture reste l'incapacité de déchiffrer les griffonnages le matin ! Il y a une façon simple d'enregistrer au réveil vos rêves aussi brièvement et succinctement que possible. Cela vous permettra d'enregistrer vos sentiments et vos émotions, ce qui était étrange, les animaux et autres aspects. (Voir la section Manuel.)

Si vous voulez garder un registre plus détaillé de vos rêves, il vaut la peine de mettre en place vos propres conventions. Décidez si vous annoterez vos rêves, par exemple avec la date de la soirée où vous êtes allé vous coucher, ou du matin quand vous vous êtes réveillé. Cela importe peu à condition que vous fassiez preuve de cohérence. Cela aidera aussi si vous pouvez vous rappeler le temps approximatif de la nuit où vous avez fait le rêve, et ce pour deux raisons. La première est que vous pourrez définir exactement vos périodes de rêves les plus fertiles et la seconde est que, selon la sagesse chinoise, les organes du corps sont plus (ou moins) actifs à certains moments de la nuit. Vous en viendrez à mieux comprendre votre personnalité et à rêver plus efficacement.

Pour ceux qui éprouvent un intérêt plus profond pour l'analyse et l'interprétation des rêves, il vaut la peine, si possible, de constituer une base de données informatiques qui pourrait inclure où vous étiez la nuit du rêve, avec qui vous vous êtes tenu, ce que vous avez mangé et vos états d'âme en allant vous coucher et en vous réveillant. Incluez des façons d'étiqueter certains aspects du rêve, comme l'apparition et la réapparition de certains symboles, la présence d'objets, d'animaux, de personnes, etc. Une telle base de données facilite considérablement la recherche alphabétique des significations dans les dictionnaires de rêves. Ceux qui sont plus enclins aux mathématiques trouveront facile de retracer les cas d'importance statistique pour rendre l'analyse plutôt que l'interprétation des rêves plus facile. Les rêves avec des thèmes, des activités et des objets semblables peuvent aussi être très facilement retracés.

Voici un truc utile à se rappeler : Si un rêve semble avoir une signification particulièrement importante, il peut valoir la peine de transporter votre journal de rêves avec vous pour noter tout aspect significatif qui pourrait être porté à votre attention. Comme Aristote l'a écrit en 350 av. J.-C., des activités quotidiennes souvent ordinaires peuvent se voir attribuer le statut de coïncidences et briser une image de rêve, c'est-à-dire vous permettre de retourner au rêve avec une plus grande clarté. Cela peut donner une compréhension plus grande de la façon dont votre rêve s'applique à votre vie quotidienne.

Si vous commencez juste à enregistrer vos rêves, la chose importante est de ne pas essayer trop fort et de rester détendu. Plus vous vous y exercerez, plus cela vous sera facile. Si vous décidez de tenir un journal de rêves, il vaut la peine de l'incorporer dans votre préparation de votre nuit de sommeil, car cela peut aider à concentrer votre esprit sur l'activité de rêver et le fait de réfléchir à une situation avant de vous endormir, ou en méditant, pourra ouvrir les portes de votre inconscient à certaines des réponses que vous cherchez. Ainsi, disposez soigneusement vos outils, relisez le récit de certains de vos vieux rêves, utilisez des méthodes de relaxation profonde, assistées par des huiles relaxantes ou des tisanes, et même demandez à votre supraconscient du matériel utilisable peut vous aider dans le processus de rêve créatif.

Tout d'abord, essayez de vous réveiller naturellement, sans le bruit traumatisant d'un réveille-matin. Il existe divers dispositifs sur le marché, comme les simulateurs de lumière du jour, qui s'allument graduellement, des commandes d'intensité d'éclairage et des montres qui ont une alarme douce à intensité croissante ou encore un poste de radio ou un magnétophone programmé pour jouer de la musique relaxante. Certains rêveurs ont rapporté que la parole semble chasser le rêve. L'utilisation de tels dispositifs de réveil peut nous aider finalement à nous accrocher à l'état hypnagogique et à l'utiliser avec créativité.

Au réveil, restez étendu, aussi immobile que possible pour un instant, et essayez de vous rappeler ce que vous avez rêvé. Souvent, c'est la chose la plus surprenante ou le sentiment que vous vous rappellerez d'abord, suivi(e) par des éléments de moindre importance. Notez ces éléments dans votre journal puis écrivez l'histoire du rêve. Cela peut très bien vous donner une interprétation initiale qui sera suffisante pour vos besoins.

Plus tard, faites une liste alphabétique des éléments du rêve et trouvez d'abord des significations individuelles à chaque aspect du rêve. Cherchez ensuite le thème du rêve et à quelle partie de votre vie il s'applique. Souvent, le thème est présenté sous plus d'une forme, pour que vous compreniez le message. Ensuite, reconstruisez le rêve et interprétez-le sur un plan plus profond, de façon à comprendre de quel genre de rêve il s'agit, c'est-à-dire s'il donne de l'information quant à l'état des choses comme elles sont présentement, s'il suggère une action ou s'il offre une explication de ce qui arrive dans votre supraconscient. Observez finalement si le rêve peut être interprété différemment, en utilisant par exemple les techniques de Freud, de Jung ou la technique de la *Gestalt*. Les pages pour le faire se trouvent dans la section Manuel à la fin du présent livre.

Parfois, on peut gagner beaucoup à amener l'action du rêve à l'avant-plan en utilisant des questions telles que : « Qu'arrive-t-il ensuite ? » ou parfois : « Qu'est-ce… si… ? ». Supposons que votre rêve ait été une discussion avec quelqu'un qui est près de vous dans la vie éveillée. Vous vous réveillez avec une situation non résolue, mais vous êtes conscient que cela suggère un conflit intérieur. Essayez alors d'imaginer ce qui arriverait si la discussion se poursuivait. Qui gagnerait, vous ou votre opposant ? Et si votre adversaire gagne ? Comment vous sentirez-vous ? Et si c'est vous qui gagnez ?

Nom :

Âge :

Sexe :

Date du rêve :

Où étiez-vous quand vous vous êtes rappelé ce rêve ?

Décrivez le contenu du rêve.

Notez quoi que ce soit d'étrange dans le rêve (par exemple, des animaux ou des situations bizarres, etc.).

Quels étaient vos sentiments pendant et après le rêve ?

Perspicacité et clarification

Il existe plusieurs façons de gagner de la compréhension par les rêves et ce processus n'est pas nécessairement le même que celui de l'interprétation du rêve. Nous pouvons commencer en donnant la signification conventionnelle de quelque chose qui apparaît dans un rêve et qui nous aidera à comprendre notre situation.

Supposons que le rêveur est debout au sommet d'une falaise donnant sur la mer. L'explication conventionnelle est que le rêveur est sur le bord de quelque chose, peut-être une nouvelle expérience (le sommet de la falaise). Cette expérience peut avoir à faire avec les émotions puisque l'eau symbolise souvent les émotions dans les rêves.

La compréhension vient quand le rêveur applique sa rationalité consciente au scénario du rêve. Le fait d'y penser permet à l'ordre et à la clarté d'être perçus, plutôt que l'incohérence des images. À cette occasion, le rêveur est conscient de l'immensité et de la profondeur de la mer et il comprend donc que ses émotions sont beaucoup plus profondes et plus significatives qu'il ne le croyait. C'est un aperçu de sa personnalité. Quand le rêveur applique consciemment cette compréhension à sa vie quotidienne, le rêve a eu son utilité.

Le rêveur est conscient, dans son état de rêve, qu'il ne peut pas décider s'il faut sauter en bas de la falaise (prendre un risque) ou s'éloigner du sommet de la falaise (refuser de faire face à la situation ou s'éloigner du danger). Il se découvre au pied de la falaise. L'interprétation est qu'il a compris que ce qu'il a senti était juste et que la manière n'importait pas. En gardant l'interprétation simple, la compréhension peut être plus aisée.

Étant donné la signification de base de l'action ou du symbole du rêve, il est possible d'extraire l'information nécessaire pour comprendre le rêve. Le fait d'avoir de l'information offre une interprétation du rêve et travailler avec l'interprétation mène à la compréhension. Le vocabulaire des rêves est autant diversifié que spécifique au rêveur. Chaque personne est si complexe que plusieurs explications simultanées sont possibles et que toutes peuvent être valables.

Travailler à l'interprétation des rêves avec d'autres personnes, qu'elles soient connues du rêveur ou pas, peut être une expérience fort enrichissante. Prendre son temps pour explorer toutes les facettes du rêve et pour amener dans la mémoire consciente tous ses aspects peut approfondir la compréhension. Quelqu'un qui nous connaît bien peut trouver le sens du rêve, alors que nous sommes trop près pour comprendre. Un inconnu peut avoir le degré d'objectivité nécessaire pour trouver une interprétation qui nous fera progresser. Parfois, réexaminer un rêve avec des amis, en prenant peut-être en considération ce qui se produirait ensuite, peut être utile et clarifier bien des choses. Cela ne signifie pas de simplement utiliser l'imagination. Le rêveur peut choisir d'utiliser la méditation, l'imagerie guidée ou d'autres méthodes puisque celles-ci partagent beaucoup du symbolisme de l'imagerie des rêves. On donne des techniques dans la section Manuel.

Il y a plusieurs méthodes différentes d'interprétation des rêves. À la page 64, nous en donnons une qu'il est facile de suivre, celle que nous préférons utiliser, mais d'abord nous proposons une brève explication du travail avec la créativité et comment elle peut vous aider.

Travailler de façon créative avec les rêves

Quand vous avez enregistré le récit de vos rêves pendant quelque temps, vous pouvez trouver utile de transformer l'un d'entre eux en un projet créatif. Cela pourrait être une peinture, une sculpture ou encore l'écriture d'une nouvelle qui amènerait peut-être le rêve plus loin, d'une pièce de théâtre... Cela doit aller au-delà des activités quotidiennes normales. En reconnaissant les processus créateurs dans les rêves et en les rendant tangibles dans la sphère normale de la réalité, vous vous ouvrez à toutes sortes de possibilités et de changements de conscience.

Un des bénéfices est une perception différente des événements dans le monde autour de vous. Les couleurs peuvent sembler plus vibrantes, les formes plus nettes et les sons plus clairs. Ces changements peuvent être subtils, mais d'habitude ils centrent notre conscience et nous permettent d'utiliser notre créativité à son meilleur. La vie commence à prendre une nouvelle signification.

Les symboles des rêves offrent un terrain fertile pour la méditation, provoquant ainsi une plus grande créativité. Vous pouvez vouloir méditer sur le sentiment d'ensemble ou sur un aspect particulier du rêve. Quand vous rêvez du projet que vous avez choisi, vous avez presque bouclé la boucle – d'un gland à un chêne et de retour au gland –, une situation similaire à une renaissance.

Il importe peu si le projet est bon ou mauvais, c'est le plaisir que vous avez à le faire qui compte puisque l'un des aspects les plus satisfaisants d'un tel processus est de profiter d'un flot de conscience. Cette connexion peut procurer une forte sensation aussi bien physique qu'émotionnelle ou spirituelle. La contrepartie, c'est que vous serez bloqué ou que vous vous heurterez à un mur de brique dans cette partie du processus, mais la persévérance finit le plus souvent par payer.

Pour les buts de votre développement personnel, vous pouvez vouloir tenir un journal séparé ou un enregistrement des processus et des états de conscience expérimentés au cours de cette activité intense. Il vaut la peine de consacrer à chaque jour une période de temps pour travailler à votre projet. Un journal de vos rêves vous permettra de mesurer le chemin parcouru dans ce voyage de découverte.

Il est possible qu'avec le temps vous reconnaissiez que vos rêves changent quand vous êtes dans une phase plus manifestement créative. Vous pouvez dégager une pause créative en demandant à vos rêves une réponse ou en utilisant le rêve lucide. Vous constaterez graduellement que vous pouvez entremêler les divers états de conscience quand il le faut, sans perdre la réalité de chacun.

Une méthode d'interprétation des rêves

Bien sûr, il existe plusieurs méthodes d'interprétation des rêves. Nous vous proposons ici un exemple d'un rêve interprété selon notre méthode.

Exemple de rêve

Je me trouvais dans la situation d'avoir à vivre dans une résidence avec d'autres femmes dont la plupart étaient dépressives et occupaient des emplois ennuyants – pas du tout un type de travail que j'aime, mais le type de personne que j'aurais pu devenir. Pour être acceptée, il devait y avoir un genre d'examen, au cours duquel on a découvert que j'avais des poux, particulièrement sur le côté droit. Ce fut un choc, puisque je n'en étais pas consciente. Cela, incidemment, se produisit après que mes cheveux eurent été lavés avec du savon Derbac (un remède démodé contre les poux) et peignés avec un petit peigne.

L'infirmière/docteure était une femme d'allure nazie qui avait fait partie de mes rêves auparavant - désapprobatrice et critique. J'ai dû accepter le fait qu'il y avait quelque chose qui allait désespérément mal et je suis passée à la salle à manger. Là, environ la moitié des gens ne firent pas attention à moi, tandis que d'autres semblaient approuver et accepter, d'autres détestaient visiblement l'idée.

Les composantes du rêve

Résidence
Femmes
Dépression
Examen
Poux
Côté droit
Pas consciente
Remède démodé
Petit peigne
Infirmière/docteure
Allure nazie
Acceptation
Quelque chose qui va mal
Salle à manger
Attention ou non

Tri alphabétique

Acceptation : Cela détermine le thème du rêve, qui est la reconnaissance d'un groupe face auquel la rêveuse est ambivalente.

Attention ou non : Dans le rêve, il n'était finalement pas important que la rêveuse soit acceptée ou non.

Côté droit : Le côté masculin, logique de notre être.

Dépression : La teinte du rêve était dépressive et grise.

Examen : Le besoin de passer un test ou de subir un jugement.

Femme d'allure nazie : Son aspect dans les rêves représente d'habitude le côté restrictif de la personnalité du rêveur.

Femmes : Bien que négatives dans ce rêve, elles représentent le groupe de pairs de la rêveuse et doivent peut-être être observées.

Infirmière/docteure : Cela représente la guérisseuse dans la rêveuse.

Pas consciente : Il y a un élément de surprise dans l'idée d'avoir été infestée.

Petit peigne : Lié avec l'enlèvement des lentes, la source d'une nouvelle infestation.

Poux : C'était une infestation de source extérieure, quelque chose que la rêveuse avait attrapé.

Quelque chose qui va mal : À ce point, il y a un degré de négativité complémentaire dans la vie de la rêveuse.

Remède démodé : Suggère des méthodes périmées.

Résidence : Cela souligne l'idée d'une activité de groupe – vivre ensemble.

Salle à manger : Un peu réglementée et dans son ensemble peu invitante.

Thème

Le thème de ce rêve a à voir avec l'acceptation dans un groupe plus large qui a, de toute évidence, des règles ou des codes de conduite assez stricts. Le groupe est féminin et, de l'avis de la rêveuse, quelque peu négatif. La rêveuse est placée sous surveillance, ce qui indique qu'il y a contamination (les poux) sur le plan intellectuel (le côté droit) qui reste présente même après un nettoyage avec un produit démodé (le savon).

L'allure nazie (excessivement autoritaire) de la femme est une donnée connue puisqu'elle est déjà apparue dans des rêves précédents comme quelqu'un de restrictif et qui n'approuve aucun comportement que l'on pourrait juger hors norme. Après qu'on l'a fait se sentir différente et négative, la rêveuse se rend néanmoins compte que si elle souhaite être acceptée elle doit affronter les avis du groupe, bien que ce soit dans un environnement attentionné (la salle à manger). En fait, les gens agissaient de la manière qu'ils jugeaient convenable.

Ainsi, ce rêve représente comment la rêveuse se perçoit plutôt que ce que d'autres personnes pensent d'elle.

Une recherche plus approfondie pourrait être faite afin de déterminer ce que les poux symbolisent et, en poussant le rêve plus loin, découvrir ce qui se produirait après qu'elle sera devenue membre du groupe.

Une interprétation plus ésotérique du rêve

Étant donné que le groupe de femmes personnifiait le côté féminin de la nature de la rêveuse, il devient évident qu'elle éprouve de la négativité et de l'anxiété au fond d'elle-même. Une partie de sa personnalité n'est pas capable de s'intégrer dans le tout féminin, en raison du fait qu'il y a eu une forme de contamination ou d'infection. (Il est intéressant de noter que dans la vie réelle la rêveuse avait dû composer émotionnellement avec les effets de la moisissure sèche dans sa maison.) Sur un certain plan, elle a besoin d'une forme d'acceptation de son incapacité de composer avec des questions banales et celle de prendre des décisions sensées. Elle a tendance à se juger trop durement et devrait se rendre compte que c'est l'acceptation d'elle-même par elle-même qui est importante.

Nouvelles interprétations des rêves

La section suivante donne des exemples de différents types de rêves et de la façon dont ils peuvent être interprétés individuellement ou parfois comme partie d'un plus grand rêve.

Rêveur no 1

Mon ami Mike, ma mère et moi étions dans une grande et vieille maison victorienne. Nous sommes tous entrés dans une grande pièce et nous nous sommes rendu compte que nous devrions sortir par la cheminée. D'abord, nous ne pouvions pas trouver la clé, puis je l'ai trouvée. Nous avons introduit la clé dans un trou de la cheminée et, après quelque temps, nous avons réussi à l'ouvrir. L'ouverture était trop petite pour que ma mère réussisse à y passer. Bien que nous soyons tous les deux assez corpulents, Mike et moi avons réussi. Nous avons été accueillis par un homme plus vieux, qui était du type créatif et pas très heureux de nous voir.

Nous savions que nous devions traverser cette pièce et la quitter par la cheminée. Cette fois, la clé était un simple morceau de métal qui a tourné facilement. De nouveau, j'étais celui qui devait découvrir comment sortir. La chambre suivante appartenait à une femme de mon âge, elle aussi du genre créatif. Il y avait un placard sur un mur. Nous regardions autour de nous quand nous avons entendu l'occupant de la pièce revenir, et c'est à ce moment que je me suis réveillé avec un peu de déception.

Les symboles principaux dans ces rêves sont : **cheminées, pièces (chambres) cachées, maison, clés, homme plus vieux, petit espace, placard, jeune femme.**

Les cheminées suggèrent habituellement un foyer ou un endroit chaleureux ainsi qu'un point de transformation. Les pièces (chambres) cachées ont leur importance dans les rêves, parce qu'elles représentent des parties de notre personnalité que nous avons ignorées ou rejetées. La maison indique notre personnalité de tous les jours, notre sens d'être, qui, dans ce cas, représente des valeurs vieux jeu. Les clés sont la connaissance ou l'information que nous avons et dont nous pouvons nous servir. Les gens sont les aspects de nous-mêmes et les placards ont une signification de passage ou de la façon dont nous nous préparons à rencontrer le monde extérieur.

Le thème complet du rêve est la progression en avant à travers des barrières très spécifiques, c'est-à-dire les cheminées, en utilisant les bons outils, c'est-à-dire les clés. La connexion du rêveur avec sa mère est rompue, au sens où son exploration peut seulement être faite en compagnie d'un vieil ami. Le rêveur cherche évidemment quelque chose, dans ce cas une connexion avec le féminin, que ce soit son côté féminin propre ou une femme répondant à ses besoins. Cela peut être réalisé en vivant une phase créatrice pour plus facilement atteindre son côté sensible, féminin. Le rêve est plein de symboles qui ont un rapport avec la transition d'une phase à une autre, quoique le mouvement devienne progressivement plus facile.

Ce rêve démontre au rêveur, qu'il peut, par ses propres efforts prendre des mesures pour en apprendre davantage sur lui-même. Pour ce faire, il doit découvrir comment utiliser, par essais et erreurs, la connaissance qu'il accumule. Ayant trouvé la clé, il doit la tester avant qu'elle fonctionne. Son côté créateur a été endormi pendant quelque temps et il peut ne pas fonctionner correctement dans un premier temps (le monsieur créatif n'était pas content de l'intrusion). Cette partie de la personnalité n'était pas le vrai objectif du rêve ; cependant, cela dépeint clairement qu'il y a encore un nouvel aspect à découvrir au-delà de cela, celui de la sensibilité et de l'intuition. Avec le temps, il pourra y accéder assez facilement (la seconde clé). Il y aura alors une période où le rêveur devra s'habituer aux transitions et aux processus de familiarisation qui doivent avoir lieu.

Rêveur no 2

Le rêveur est un homme de 31 ans qui est en voie de changer de carrière pour passer de l'enseignement dans une école primaire à l'herborisme.

J'étais avec un groupe de personnes qui couraient vers une place fortifiée faite de bois. Je ne peux pas me rappeler si nous étions poursuivis ou si nous allions l'être, mais il y avait un sens d'urgence dans l'air. Je courais loin derrière le groupe. Nous courions vers deux grandes portes en bois, qui se sont bien sûr fermées juste au moment où je les ai atteintes. Des gens à l'intérieur m'ont encouragé à escalader la barrière, qui était trois ou quatre fois ma hauteur. Elle était constituée d'un treillis de grandes planches et j'ai commencé à l'escalader, un peu comme on monterait à une échelle, mais avec un peu plus d'effort. Je me rappelle avoir appréhendé atteindre le sommet et avoir à balancer les deux jambes par-dessus et je me suis rappelé de ne pas regarder en bas quand le moment viendrait.

En même temps, un des enfants de ma classe à l'école montait de l'autre côté. Je savais aussi que ma mère et la sienne étaient toutes les deux de l'autre côté. Quand j'ai atteint le sommet, je me suis rendu compte que cette partie de la barrière était lisse comme une surface en plastique noir brillant. J'ai eu besoin de me déplacer vers ma gauche, mais le garçon s'est mis dans mon chemin. Comme je m'accrochais au sommet de la barrière, le haut (trois ou quatre pieds) s'est mis à se déplacer vers l'arrière et en bas sur des charnières que je n'avais pas remarquées, et j'étais alors en danger d'être écrasé. À ce moment-là, je me suis réveillé avec le cœur martelant.

Appréhension : Cela donne le ton du rêve, puisque le rêveur est conscient de l'urgence dans le rêve.

Courir : Cela indique le sens de l'urgence.

Derrière : Cela montre que le rêveur a conscience qu'il est peut-être laissé derrière dans ce qui se passe.

Échelle : Cela dénote notre capacité à passer à un nouveau niveau de conscience.

Élève : Ici, l'élève représente les qualités enfantines du rêveur. Son immaturité pourrait entraver son progrès.

Étant entravé au sommet de la barrière : Il atteint le sommet de ce qui est devenu pour lui un obstacle insurmontable.

Groupe de gens : Le groupe de gens du rêve représente ici les proches du rêveur. Ils peuvent aussi représenter les différentes parties de sa personnalité.

La mère de l'élève : Un autre aspect de la féminité se différenciant des soins maternels nécessaires à l'enfant plutôt qu'à l'adulte.

Les deux jambes : Les jambes représentent la voie en avant et la volonté que l'on a de connaître le succès.

Les grandes portes en bois qui se sont fermées : Les portes représentent aussi l'entrée dans une nouvelle phase de vie. Comme elles se fermaient, le rêveur a eu peur de manquer une occasion.

Martèlement du cœur : Cela suggère la crainte et nous fait retourner à l'appréhension au début du rêve.

Mère : Le réconfort, le côté maternel de la personnalité, peut être parfois destructif.

Oscillation : Cela représente le besoin de maintenir son équilibre dans une situation difficile.

Place fortifiée faite de bois : Une telle chose dans un rêve suggère son intimité, ou une partie de soi qui est sacro-sainte.

Surface lisse : L'escalade a été difficile et la descente est un peu risquée ou dangereuse.

Treillis : On pourrait donner à cet élément du rêve deux interprétations. Il peut représenter le comportement répété dans la vie du rêveur, mais pourrait aussi dépeindre les choix que le rêveur doit faire.

Trois ou quatre : Quand des nombres apparaissent dans les rêves, ils mettent en évidence une certaine qualité. Trois peut indiquer la stabilité et le succès, tandis que quatre suggère la fidélité et parfois la maladresse.

Découpé en ses différentes composantes, le thème du rêve est facile à déchiffrer. L'urgence et l'appréhension sont côte à côte. Ainsi, le rêveur est conscient qu'il ne peut pas se permettre de rater des occasions. Encouragé par les autres, il est préparé à prendre des risques pour surmonter des obstacles sur son chemin et il doit faire les choix qui vont dans le sens de ses aspirations. Cependant, l'enfant en lui ne rend pas cela facile et le met en danger en travaillant apparemment dans le sens opposé. Cela déstabilise ses aspirations supérieures et le met en danger d'être vaincu (la barrière qui se déplace). Il n'a pas surmonté ses propres peurs suffisamment encore pour être capable de faire face à l'instabilité et il se réveille donc.

Deuxième rêve

J'étais travesti ! J'allais chanter quelques chansons, d'une façon ou d'une autre. Quatre ou cinq, je crois. Je n'étais pas certain de me rappeler les paroles même si je connaissais les airs. En réalité, je crois m'être rappelé les paroles, en oubliant seulement quelques-unes. Ce n'était pas une petite salle, quoique c'est ce que j'ai pensé au début. Cependant, quand le rideau s'est levé, je me suis rendu compte que c'était en fait un petit théâtre plutôt que la scène d'un bar comme je l'avais cru.

Ce rêve est semblable à un autre que j'avais eu quelques mois plus tôt, quand j'ai rêvé que je chantais dans l'opéra Parsifal *de Wagner. Là encore, je ne connaissais pas les paroles, mais seulement la musique.*

Chansons : Cela représente l'utilisation de la créativité et de la conscience de quelqu'un d'autre.

Connaître les paroles : Avoir une connaissance de base.

Ne pas connaître les airs : Incertain du rythme à adopter.

Oubli : Conscient qu'il avait la connaissance, mais non la mémoire.

Plus grand que prévu : Le rêveur est capable d'atteindre un plus grand public.

Quatre ou cinq : Concentré ici sur la forme de quelque chose (quatre) plutôt que sur son expression (cinq).

Rêve semblable : La musique est une partie importante de la vie du rêveur et l'accent est mis sur la capacité de connaître les paroles et les mélodies correctement.

Rideau : Dans ce cas, une barrière entre le rêveur et son auditoire est soulevée pour révéler l'inattendu.

Théâtre, pas un bar : Le rêveur prend conscience d'une plus grande formalité dans ce qu'il fait.

Travesti : Adopter une apparence extérieure plus féminine et sensible dans le but de l'exécution.

Le thème de ce rêve est celui d'une exécution professionnelle adéquate et de ce qui peut être nécessaire pour la réaliser.

Ce rêve met en évidence certains des ennuis avec lesquels le rêveur doit composer quand il se déplace dans la partie la plus formelle de son parcours. Il commence à prendre conscience qu'il a la capacité de se déplacer dans une arène plus grande que celle prévue et qu'il y a là des gens qui l'écouteront. À cette étape, il a beaucoup à apprendre, à assimiler et à rassembler avec cohérence, ce qu'il sait qu'il peut faire, et il peut donc surmonter ses craintes d'exécution. Son moi rêvé, en utilisant le véhicule de la musique pour livrer le message, met en évidence la légitimité de sa décision de changer de carrière, mais le rassure aussi sur sa capacité éventuelle, pourvu qu'il se serve de son intuition et de son côté sensible.

Bien que ce rêve traite d'une performance professionnelle et d'un prochain travail, d'un point de vue plus spirituel il apprend comment adopter un rôle dans la vie qui exigera de la gestion mais apportera aussi beaucoup de satisfaction. Du travail pourrait utilement être fait sur ce rêve de deux manières. Le rêveur pourrait pousser le rêve plus loin en se demandant : « Qu'est-ce qui arrive ensuite ? » Cela lui permettrait de mieux comprendre son propre processus de développement. Il pourrait essayer divers scénarios et mettre au point celui avec lequel il serait à l'aise, en utilisant le même symbolisme que dans le rêve. Il pourrait aussi travailler avec l'idée de transformer le rêve en un projet créatif. Dans ce cas-ci, il pourrait choisir les chansons qu'il chanterait, penser à une scène appropriée, etc. Ce processus pourrait révéler d'autres aspects de créativité qu'il n'est pas encore confiant d'utiliser dans la transition vers sa nouvelle carrière.

Rêveur no 3

une série de rêves

Les trois rêves suivants sont tous de la même personne sur une période d'environ un mois. Ils manifestent comment on peut progresser de soucis apparemment quotidiens jusqu'à une conscience plus profonde.

J'ai rêvé que je me joignais à un cabinet de consultants avec un vieux collègue qui me donnait une équipe d'assistants. Je me sentais très jeune, confiante et expérimentée, ainsi que très près de mon collègue. L'équipe provenait de toutes les parties du monde, certains plus vieux, certains plus jeunes, certains mariés, des femmes, des Asiatiques, etc. Une de ces personnes était près de moi. Je les ai toutes réunies pour les rencontrer et découvrir qui elles étaient.

Puisque je devais voir un autre vieil ami le lendemain, j'ai suggéré que cela puisse être bon pour elles de joindre un groupe environnemental, ce qui a plu à mon associé. Le cabinet de consultants était situé dans des bureaux que j'avais occupés des années plus tôt.

Toutes réunies : Cela représente la formation d'un groupe, quelque chose que la rêveuse fait bien.

Bureaux précédents : Dans ce cas, un endroit où la rêveuse a fonctionné efficacement. Un environnement connu.

Collègue : Quelqu'un qui est valorisé par la rêveuse.

Confiante : La confiance dans les rêves indique que le rêveur prend note de sa propre connaissance intérieure et de sa sagesse.

Consultation : Dans ce rêve, la consultation suggère des conditions de travail qui conviennent à la personnalité de la rêveuse, puisqu'elle travaille en coopération et en collaboration.

Équipe : Un groupe de personnes qui travaillent ensemble.

Femmes de toutes sortes : Les aspects de sa féminité propre.

Groupe environnemental : Les sujets qui sont importants pour la rêveuse dans la vie éveillée apparaissent dans son rêve.

Groupe ethnique : Encore une fois, un tel groupe met en évidence des aspects de sa vie qu'elle considère nécessaires de travailler.

Jeune : Dans ce cas, « jeune » représente des idées fraîches et nouvelles.

Près d'un collègue : Une identification de sa capacité à établir un bon rapport de travail.

Vieil ami : Un élément masculin de confiance que la rêveuse a actuellement.

Ce rêve peut être interprété de plus d'une manière :
Sur un plan strictement mondain, il fait écho aux soucis, aux peurs et aux doutes qui surgissent dans la vie quotidienne de la rêveuse. Il met en évidence sa capacité de former des groupes et d'encourager les gens à s'intéresser à des problèmes globaux. Il suggère que la rêveuse tirera profit de sa vieille expérience et de sa capacité à créer quelque chose de nouveau. De plusieurs façons, c'est un rêve rassurant.

Si on explore plus profondément la signification personnelle, il semblerait que la rêveuse est consciente du besoin de se servir des qualités plus masculines de son collègue et vieil ami, mais aussi qu'elle doit réunir tous les aspects de sa féminité afin de pouvoir devenir une force efficace pour apprendre et changer.

D'un point de vue plus spirituel, ce rêve envisage le succès de la femme dans ses buts et objectifs de la vie éveillée. Elle est rassurée d'avoir les capacités nécessaires pour atteindre ses buts les plus ésotériques, laisser sa marque, dans un sens global, créer quelque chose qui durera.

Deuxième rêve

Ami proche : Représente ici son rapport avec le masculin.

Appel : Communication.

Australie : Souvent, dans les rêves, ce continent représente notre côté inconscient.

Climat frais : Dans ce rêve, symbolise ce que la rêveuse soupçonne que son ami pense d'elle, c'est-à-dire qu'elle est fraîche, mais pas froide.

Coupable : La culpabilité dans les rêves représente le besoin d'un accomplissement supérieur.

Plage : Un symbole de féminité.

Royaume-Uni : La maison.

Travail : Comment la rêveuse s'exprime le plus efficacement dans la vie éveillée.

Ce rêve est révélateur du conflit intérieur qu'il y a chez la rêveuse entre deux aspects d'elle-même. L'un semble être son besoin de relation et de communication, et la perception que son ami est plus calme qu'elle sur ce sujet ; le deuxième est son besoin d'être une travailleuse efficace et d'accomplir beaucoup dans le monde ordinaire. Son sentiment semble être que si elle prend le temps d'être plus féminine (la plage) son travail en souffrira, bien que ce soit pendant une période définie de temps, c'est-à-dire quatre semaines. C'est en quelque sorte un rêve d'anxiété, puisque la rêveuse était extrêmement occupée à cette époque.

Troisième rêve

Nous étions en vacances en Tchécoslovaquie. Environ huit d'entre nous avions loué une maison. C'était un peu en désordre – de la nourriture partout attendait d'être ramassée. Mon frère et ma fille, qui étaient censés étudier, étaient là. C'était trois ou quatre jours après le début des vacances, et ils avaient dépensé tout leur argent parce qu'ils avaient dû louer des chaussures spéciales ou quelque chose du genre.

Ensuite, nous avions une fête dans mon jardin à la maison, qui semblait être nouvelle ainsi que le jardin. Je suis entrée dans la cuisine et personne n'avait dressé la table. J'ai demandé à mon frère de le faire. Les autres se promenaient dans le jardin en regardant les fleurs. J'étais préoccupée par ma fille en Tchécoslovaquie, qui venait de passer 10 jours sans argent. En haut, il y avait un salon de coiffure où trois ou quatre personnes se faisaient couper les cheveux. Je brossais les cheveux de quelqu'un jusqu'à ce que le styliste principal vienne le chercher et l'amène dans une pièce privée pour lui couper les cheveux.

Dans le salon situé en bas, qui était très en désordre avec des piles de légumes qui pourrissaient, il y avait de grandes fenêtres carrées par lesquelles on pouvait voir les montagnes. Elles étaient en forme de pyramides avec de la neige au sommet – plutôt joli. J'ai voulu explorer et j'ai suggéré que nous louions une voiture. Ma sœur était là et j'ai dit à l'homme (mon frère ?) qu'elle était très bonne pour conduire dans des situations difficiles. Ils se sont préoccupés du fait que le pays était si pauvre que nous pourrions être en difficulté, mais je ne voulais pas passer mes vacances à l'intérieur. Nous avons finalement utilisé la voiture dans laquelle nous étions venus et nous nous sommes rendus à l'aéroport. Il y avait quatre ou cinq files de voitures qui allaient dans la même direction, sans signalisation routière, et nous voulions traverser de l'extrême droite à la voie de gauche. Nous avons traversé quand la circulation s'est arrêtée net, et quatre ou cinq filles, y compris un vieil ami, flânaient sur la route en mangeant de la crème glacée.

- Aéroport
- Aliments qui pourrissent
- Aucune signalisation routière
- Brosser les cheveux
- Chaussures spéciales
- Circulation
- Conduite
- Crème glacée
- Cuisine
- Dix jours
- En forme de pyramides
- En haut
- Exploration
- Famille proche
- Fenêtres carrées
- Fête
- Frère
- Jardin
- Louer une auto
- Maison louée
- Malpropre
- Manger de la crème glacée
- Montagnes
- Neige
- Nourriture
- Nouveau jardin
- Passer de l'extrême droite à la voie de gauche
- Pauvre
- Pauvreté
- Pièce privée
- Quatre ou cinq files de voitures
- Quatre ou cinq filles
- S'arrêter net
- Salon de coiffure
- Situations difficiles
- Sœur
- Table
- Tchécoslovaquie

- Vacances
- Vieil ami
- Voiture

C'est un rêve qui pourrait montrer la compréhension qu'a la rêveuse d'elle-même. Il y a un degré de ce que l'on appelle les résidus du jour dans son souci pour sa fille et dans la perception que les choses ne sont pas ordonnées et directes, mais principalement ce rêve traite de situations de la vie quotidienne. La rêveuse est consciente que la Tchécoslovaquie est un pays pauvre, et ce thème revient dans le débat sur la location d'une voiture. Un tel acte renverserait-il un équilibre très délicat qui existe déjà ? Cela concerne la question de savoir s'il faut utiliser les ressources qui sont à sa disposition ou s'il faut s'adresser à d'autres, ce qui est montré dans l'image de sa fille et de son frère qui ont besoin de chaussures spéciales et qui n'ont pas assez d'argent – peut-être d'énergie – pour continuer sans souci, ou aussi par l'image de la maison louée, un espace qui est occupé pour peu de temps, dans un but spécifique (les vacances, que l'on peut voir comme une pause dans la routine ou dans leur sens plus ancien de jours saints, comme un temps consacré). En même temps, cet espace a besoin d'être nettoyé et ajusté puisqu'il y a des résidus d'autres activités nourricières qui ne sont plus appropriées – la nourriture qui pourrit, par exemple.

La partie suivante du rêve suggère un nouvel environnement, mais qui contient toujours des traits d'une situation connue. Maintenant, personne ne s'inquiète du manque de préparation pour le dîner et la rêveuse doit de nouveau en assumer la responsabilité. Elle doit exécuter les tâches quotidiennes banales, alors que les autres font des choses agréables comme regarder des fleurs. La rêveuse se trouve alors en haut (dans un environnement plus spirituel ?), s'occupant littéralement des autres dans leurs préparatifs pour être beaux et vraisemblablement plus conscients d'eux-mêmes.

La troisième partie du rêve est également riche en symbolisme, particulièrement celui du nombre et de la forme. Il y a des montagnes qui sont en forme de pyramides, quatre ou cinq rangées de voitures et quatre ou cinq filles. Tout cela symbolise la transformation du matériel au magique et la compréhension que la rêveuse doit utiliser ses propres ressources pour arriver au point où elle pourra s'élever (l'aéroport) vers le niveau de conscience suivant, qu'il n'y a aucune direction (signalisation routière), qu'elle doit se déplacer de l'évaluation logique de ce qu'elle fait au plus intuitif (de droite à gauche) et éviter d'être rattrapée par l'énergie féminine, qui est moins concentrée et qui souhaite juste s'amuser. Sa compréhension est que sa sœur, la partie d'elle-même qui peut aller de l'avant, a la capacité de l'emmener où elle souhaite aller.

Chacun des rêves de cette femme est complet en soi, mais fait aussi partie d'une série de rêves qui, considérés ensemble, indiquent une progression, tant dans l'étude de l'art de se rappeler ses rêves que dans la réalisation d'une compréhension de plus en plus profonde d'elle-même.

Le premier rêve concerne principalement sa vision d'elle-même dans le monde ; le deuxième, principalement son rapport tant avec elle-même qu'avec ceux dont elle souhaite être proche ; et le troisième, beaucoup plus élaboré, concerne le traitement de ses ressources sur un plan plus spirituel. Ce qui lui semblait important dans le premier rêve – le groupe de femmes – apparaît dans le dernier rêve sous deux formes légèrement différentes : d'abord comme un groupe de femmes dans un salon de coiffure, puis dans un groupe sur la route. Dans l'un elle aide ; l'autre est vu comme un obstacle et probablement un danger.

Rêveur no 4

Dans ce cas-ci, le rêveur avait récemment perdu sa mère. Avant cette perte, il avait exploré des aspects du domaine spirituel et ceux de la conscience intérieure. Plusieurs de ses rêves avaient une signification pendant la période de la maladie de sa mère, mais celui-ci a été choisi parce qu'il est significatif tant du point de vue du processus à faire face à la mort qu'au développement de sa capacité d'interpréter ses rêves. Il pouvait reconnaître la capacité de percevoir d'autres royaumes et d'autres dimensions d'être qui étaient alors pour lui un réconfort.

Un grand nuage crème et blanc en forme de champignon est suspendu dans le ciel. De petites étoiles se dirigent vers lui. Le centre du nuage devient une lumière blanche brillante et je me rends compte que les étoiles sont des personnes. Je peux faire un zoom sur l'une d'elles et me rendre compte qu'elle est silencieuce. Elle nage maintenant dans la mer et de grandes vagues se brisent l'une sur l'autre en se dirigeant vers elle.

Elle rit quand elle plonge dans la vague. Je vois ses mollets et ses pieds disparaître dans l'écume.

Le grand champignon a pris la forme d'un nuage qui suggère la dévastation qu'il ressent lui-même, mais la lumière brillante au milieu souligne sa propre idée de l'Ultime. Il reconnaît que ces gens qui sont morts retournent vers l'Ultime et il se permet de comprendre que c'est ce qui arrive à sa mère.

Il comprend aussi que l'émotion qui a entouré sa mort (la mer et les vagues) ne lui nuit pas, mais que son âme utilise cette énergie pour se libérer des soucis terrestres. Parfois, la mer représente la mer primordiale dont nous sommes tous issus et, dans ce cas, c'est un deuxième symbole de l'Ultime qui apparaît dans le rêve. Il souligne donc que la mère est maintenant libre et immergée dans des soucis plus spirituels.

Rêveur no 5

J'ai rêvé que quelqu'un de mon enfance racontait à tout le monde que j'étais quelqu'un de bien.

Puis, j'ai rêvé que j'étais dans un stationnement, debout à côté d'une voiture noire. Je n'étais pas capable de conduire la voiture là où je voulais me rendre, donc je l'ai garée trois paliers plus haut.

En raison des circonstances autour d'elle, Wendy était devenue craintive et s'inquiétait de sa capacité de s'en sortir. Ce rêve la rassure parce qu'il montre qu'elle est consciente et peut puiser dans ses expériences d'enfance. Il lui donne aussi de l'information qui lui montre qu'elle ne sera pas capable de traiter avec ses problèmes, c'est-à-dire de conduire jusqu'où elle veut se rendre, mais qu'elle devrait mettre de côté ses difficultés, et probablement sa négativité, pour considération ultérieure, peut-être pour une période de trois mois.

Rêveur no 6

En me déplaçant par une entrée de ma maison, j'ai remarqué un très grand sac transparent rempli de deux ou trois grandes couronnes de Noël, une en plaid et l'autre, je ne me souviens pas, avec des rubans d'or, et un sac transparent plus petit sur une planche tout près, avec des chaussures orange dedans. Les deux sacs étaient noués solidement et pas le mien. En regardant au-delà du foyer, j'ai vu mon amour (mon véritable amour) faisant l'amour à une autre femme. Bien que je n'aie pas vu les détails, j'ai senti que l'on ne m'avait pas remarquée... Alors je me suis réveillée.

Je ne reconnaissais pas l'endroit : ni sa maison ni la mienne. L'aperçu que je décris ci-dessus est tout ce que j'ai vu. Pas beaucoup de sentiments ou d'actions.

Je trouve étrange de savoir que j'ai rêvé en couleurs, la saison semblant être celle de Noël. Ce rêve s'est produit à la mi-août et était toujours avec moi quelques semaines plus tard. D'habitude, je ne me souviens pas de mes rêves.

Mes sentiments au sujet du rêve étaient que j'étais à la fois perplexe et curieuse. Mon partenaire et moi venons récemment de décider de commencer à vivre ensemble. Il doit parcourir une grande distance pour le faire.

Les détails qui m'ont frappée sont les chaussures orange (des souliers de femme) et les couronnes de Noël dans des sacs transparents fermement noués.

Chaussures orange : Les chaussures sont un symbole du fait d'avoir les pieds bien sur terre et de la capacité de se déplacer. L'orange est souvent la couleur de la relation.

Couronne : Célébration de perfection ou d'intégrité.

Couronnes de Noël : Probablement l'indication d'une période de temps.

Grand sac transparent : Il y a une situation qui nécessite d'être scrutée.

On ne remarque pas la rêveuse : Sa présente personnalité n'est pas reconnue.

Plaid : Un motif dans les rêves suggère la créativité.

Rubans d'or : Émotion ou énergie parfois masculine.

Sa propre maison : Le rêve commence dans un environnement connu, puis inconnu, et cela suggère que le partage d'un espace en couple nécessitera des ajustements.

Sacs noués : Quelque chose est préservé.

Une autre femme : Un aspect féminin de la rêveuse.

Ce rêve est assez simple à interpréter et le thème en est assez direct. Sur un plan subliminal, la rêveuse est consciente des changements qui doivent survenir alors qu'elle entreprend une nouvelle vie. Tandis qu'elle est consciente des ajustements que son partenaire doit faire, elle est aussi consciente de ceux qui se produiront en elle.

L'environnement devra être ajusté, passant probablement d'un espace qui a jusqu'ici été sûr (le sien) à quelque chose qui, quoique partagé, demeure inconnu. Il y a des choses précieuses (les rubans d'or) qu'il vaut la peine de préserver et aussi des aspects du rapport qui doivent être célébrés, quoique pas encore.

L'autre femme n'est pas une rivale, mais elle-même telle qu'elle sera changée par la relation. Elle doit aussi essayer de préserver sa capacité nouvellement apprise d'être libre dans la relation (les chaussures orange qui sont protégées). Ainsi, ce rêve met en évidence sa conscience des changements en elle-même alors qu'elle entre dans une relation plus permanente, peut-être pour lui permettre de considérer ses craintes.

Rêveur no 7

J'ai rêvé que je regardais dehors dans notre jardin derrière la maison et que j'y ai vu une personne du genre hippie avec un mouton en laisse marchant en rond. Bien que nous lui ayons crié de le faire, il ne partait pas et finalement nous avons appelé la police. Nous lui avons dit que nous l'avions fait, mais il ne partait toujours pas. À ce point, je me suis réveillé.

Hippie : Un personnage peu conventionnel.

Jardin derrière la maison : Un environnement connu qui est isolé et privé.

Laisse : Attacher quelque chose ou la soumettre à son contrôle.

Mouton : L'instinct grégaire, suivre la masse.

Ne partait pas : On ne peut pas s'en débarrasser.

Police : Une figure d'autorité, la loi et l'ordre.

Ce rêve est quelque peu inhabituel au sens qu'il comporte des éléments qui peuvent être interprétés isolément. Premièrement, le contexte est connu, suggérant que le rêveur est conscient qu'un changement est nécessaire dans sa vie telle qu'il la connaît. Il y a deux aspects de caractère non conventionnel : le mouton – qui représente souvent l'instinct grégaire et le besoin d'appartenir à un groupe – en laisse (pas quelque chose qui arriverait normalement) et le hippie. Il y a un autre aspect de non-conformité dans le fait que le hippie ne disparaît pas (partir) après qu'on lui ait crié de le faire. Ces choses établissent le thème du rêve et suggèrent que le rêveur doit regarder son besoin d'être différent des autres dans la structure de sa vie quotidienne et aussi son besoin tant de contrôler que de l'être consciemment.

La conscience de la figure d'autorité sous la forme de la police, qui devrait imposer la loi et l'ordre mais qui ne semble constituer ici aucune menace, définit exactement un conflit chez le rêveur entre le besoin de telles choses dans sa vie et son besoin de liberté. Le fait que le rêveur s'est réveillé au moment où il l'a fait suggère qu'il ne soit toujours pas prêt à faire face au conflit, mais qu'il en soit conscient.

Le fait de tourner en rond dans le jardin indique que le moi du rêveur précise qu'il y a un élément d'ordre auto-imposé même dans ce qui n'est pas conventionnel, ce qui n'est pas nécessairement approprié dans les circonstances actuelles.

Ce rêve met en évidence le besoin de ce jeune homme d'être peu conventionnel dans les circonstances qu'il peut contrôler, mais qu'il doit faire attention de ne pas outrepasser la marque ou les frontières qu'il a lui-même tracées.

Rêveur no 8

Ce rêve m'a été soumis par une jeune femme de 19 ans.

Je marchais dans ma chambre à coucher et j'ai vu mon mari sous les couvertures. Il était au téléphone. Je ne comprenais pas vraiment ce qu'il disait, mais je savais qu'il parlait à une autre femme. Je me suis emparée du téléphone et il y a eu un peu de lutte. J'ai demandé à la fille au téléphone qui elle était, et elle a répondu qu'elle était la petite amie de mon mari. Je lui ai demandé s'ils avaient eu des relations sexuelles, mais elle n'a pas répondu. J'ai raccroché et mon mari a dit qu'il ne voulait pas être avec elle. Il était embarrassé et désolé.

Je me suis sentie fâchée, blessée et confuse. Je me suis inquiétée du sida.

La chambre à coucher, le mari, les couvertures, le téléphone (deux fois), une autre femme, la lutte, la petite amie, les relations sexuelles, aucune réponse, la négation, la colère, le manque de compréhension, le sida, la confusion.

Aucune réponse : Manque de communication.

Chambre à coucher : Un sanctuaire.

Colère : C'est une émotion que nous pouvons nous permettre de ressentir dans les rêves alors que cela pourrait ne pas être approprié dans la vie quotidienne. Cela peut aussi remplacer la peur.

Confusion : Dans les rêves, suggère que le rêveur est incertain de ce qu'il devrait ressentir.

Couvertures : Un tel symbole dans les rêves peut dénoter le sanctuaire ou le désir de cacher quelque chose.

Démenti : Un refus d'accepter une situation donnée.

Lutte : La lutte dans ce rêve était pour avoir la possession du téléphone et n'était pas entre la rêveuse et son mari.

Manque de compréhension : Difficulté de communication.

Mari : Dans ce cas, il est peu probable que la figure dans le rêve soit vraiment son mari.

Petite amie : De nouveau, une autre partie de la personnalité de la rêveuse.

Relations sexuelles : Souvent, les relations sexuelles représentent l'intimité, mais sont aussi un symbole de l'unité ou de l'union.

Sida : De nos jours, un tel symbole représente la crainte de la contamination et peut-être de la mort.

Téléphone (deux fois) : Le téléphone est un instrument de communication.

Une autre femme : Cela peut souvent représenter un autre côté de notre personnalité.

Ce rêve pourrait facilement avoir été considéré prémonitoire et aurait pu causer beaucoup de difficulté entre la rêveuse et son mari. Il est cependant plus probable que ce soit un rêve d'anxiété, mettant dans une forme logique toutes les peurs et les doutes de la rêveuse. En les considérant prudemment, elle sera capable de traiter avec eux en toute conscience et améliorera sa relation considérablement.

Dans le rêve, le mari cache le fait qu'il communique avec une autre femme et cela donne le thème du rêve, qui est la difficulté de communication. Il y a plusieurs symboles de communication ici : la rêveuse n'a pas compris ce que son mari disait, le téléphone, la lutte pour avoir le contrôle du moyen de communication, le fait que la femme n'a pas répondu à la question, ce qui en soi est une autre forme de communication.

La rêveuse craint que son mari ait été contaminé (le sida) par son contact avec un autre côté de sa propre personnalité (l'autre femme), ou peut-être une partie d'elle-même qu'elle n'aime pas beaucoup. À travers cela, elle va probablement prendre conscience d'une tendance à la jalousie ou à la peur, qui peut causer ou ne pas causer de problèmes.

Dans le rêve, son mari montre de la confusion et s'excuse pour son comportement, deux sentiments que la rêveuse peut devoir observer en elle-même. Le rêve lui-même embrouille la rêveuse puisqu'il ramène à la surface des sentiments qu'elle ignorait vraisemblablement avoir et la rêveuse doit estimer qu'elle est la plus puissante dans la relation, qu'elle est en contrôle.

Elle est peut-être rassurée par l'attitude de son mari, mais elle devrait aussi se rendre compte que parce que c'est son rêve c'est avec son propre problème et non celui de son mari qu'elle doit composer.

Rêveur no 9
deuxième série

Les trois rêves suivants montrent de nouveau une résolution par les rêves en série.

Dans mon rêve, je rencontre une fille que j'aime vraiment. Elle semble vivre dans une grande maison victorienne au fond de mon jardin. (En réalité, il n'y a aucune maison.) Elle avait été récemment convertie en appartements de luxe. Je tiens à vérifier si la fille est vraiment là ; ce n'est pas le bon moment pour appeler, mais d'une façon ou d'une autre je le découvrirai. De quelle manière ? Ce n'est pas clair. Je suis conscient qu'un collègue à moi vit aussi dans l'immeuble et je ne suis pas sûr qui occupe quel appartement, mais bien que je ne veuille pas que mon collègue sache que je vois la fille, je décide d'appeler. Quand il répond, je suis étonné et sa voix est étrangement profonde. Il dit quelque chose comme : « Oh, vous voulez parler à Claire » et, bien que ce n'était pas mon idée, je suis amené à elle de toute façon.

Soudain, je suis dans son logement, qui a une chambre à coucher et un vaste salon avec un haut plafond. Il est situé au rez-de-chaussée (je cherche toujours un appartement au dernier étage), ordinaire, mais très joli. Je me sens plus chez moi que je m'y attendais.

Elle a été malade, ce que je savais, et je ne m'attends pas à rester plus de quelques minutes. Je suis prêt à lui donner le temps de récupérer. Elle est heureuse de me voir et tout est très détendu. En peu de temps, nous nous blottissons sur son grand sofa en cuir.

Il n'y a aucune grande passion sexuelle, bien qu'il y ait une compréhension non exprimée que cela viendra. Elle est la femme de mes rêves, fille et femme. Elle est attirante sans être merveilleusement belle. Le fait qu'elle soit ordinaire la rend d'autant plus merveilleuse, pas au sens «Elle n'est pas trop jolie, donc c'est bien qu'elle soit réelle», mais dans un sens de profondeur pleine et entière, d'amour et d'intégrité. Son apparence, merveilleuse ou pas, n'empêche pas de l'apprécier, alors j'aime tout chez elle, y compris son apparence.

Elle parle et elle ressent la même appréciation pour moi que moi pour elle, bien que nous n'utilisions jamais ces mots. Nous parlons de comment nous nous sommes presque manqués l'un l'autre et nous trouvons cela amusant, comme si dans la découverte nous avions réduit toute la crainte et l'appréhension de l'insignifiant.

Je suis resté pendant des heures et me suis rendu compte que, m'ayant vu avant d'être remise, elle a confiance en moi complètement. Je reconnais le potentiel pour une relation à temps plein, mais je me rappelle que je ne l'avais pas projetée pour une première rencontre. Elle n'était pas ce type de fille et elle serait probablement trop futée pour permettre aux choses d'arriver de façon précipitée. Alors je me suis rendu compte que le fait que nous fassions l'amour ou pas était sans intérêt. Si nous le faisons, ce sera bien, et si nous ne le faisons pas, ce sera parce que nous n'en aurons pas eu l'occasion, pas parce que nous n'y attachons pas d'importance.

Dans un coin, haut sur le mur, se trouve une alarme contre le vol. Cela semble approprié, mais sans rapport.

C'est un rêve qui est plein de romantisme et de nostalgie. Le rêveur prend contact avec son idéal féminin, mais seulement à travers un aspect protecteur masculin de lui-même (le collègue). C'est presque comme s'il devait demander une permission avant de pouvoir trouver cette femme idéale. Sa perception vieux jeu de lui-même est convertie dans l'image de luxe, mais il est toujours très secret (la maison, les appartements et le fait qu'il ne veut pas que son collègue sache).

Il est conscient dans le rêve que son côté féminin n'est pas bien (probablement négatif) et il doute de la sagesse de prendre contact, même s'il se sent tout à fait à l'aise après l'avoir fait. Il est un peu surpris de constater qu'il s'intègre bien et qu'il y a beaucoup de potentialités à explorer. L'idée d'une confiance qui se bâtit entre ses parties masculines et féminines est quelque peu nouvelle et le rêveur est conscient du fait que cela peut l'amener vers de nouveaux domaines d'expérience. L'alarme contre le vol, bien qu'elle paraisse incongrue, est en réalité un avertissement contre l'intrusion, qui est un des thèmes de ce rêve.

Deuxième rêve (la nuit suivante)

Je me réveille dans la demi-clarté et je trouve beaucoup de chats dans mon jardin, rampant presque l'un sur l'autre. Au moins deux s'accouplent. C'est une scène dérangeante. À gauche, sur le rebord de la fenêtre, se trouvent quelques petits cailloux. Je les lance en direction des chats, en partie ne me souciant pas de les atteindre et en partie m'inquiétant que je puisse le faire et de l'avoir fait ! Je veux faire partir tous les chats du jardin, mais alors que quelques-uns partent d'autres y entrent par la gauche. Je suis à court de pierres et je me rends compte que celles-ci faisaient partie du nid d'un oiseau et qu'en lançant les débris j'ai jeté un petit oiseau hors du rebord. Ennuyé et perturbé, je brosse les derniers restes du nid et un peu de paille. J'éprouve des regrets au moment où je le fais. Le jardin est toujours aussi plein de chats qu'auparavant, peut-être même plus. Je claque la fenêtre en la fermant.

C'est un rêve qui utilise le symbolisme et le sentiment dans une égale mesure. La première chose évidente est le sentiment d'irritation. D'abord, il y a l'irritation causée par la présence des chats. Le symbolisme du rêve suggère que ceux-ci sont une manifestation du féminin négatif. Puis il y a l'irritation envers lui-même pour avoir détruit le nid d'oiseau et finalement l'irritation face à tout cela exprimée dans le claquement de la fenêtre, qui est de clore un problème avec lequel il ne peut pas traiter, à mesure qu'il semble grossir.

Ainsi, le rêveur doit observer ses propres émotions et essayer de découvrir ce qu'il trouve irritant dans cette situation. Une conjecture pourrait être qu'il subit quelque peu la pression de l'énergie féminine autour de lui, car quoique les chats puissent suggérer l'énergie négative, ils représentent aussi l'indépendance et la force de caractère. Le fait que certains d'entre eux s'accouplent montre qu'il y a un processus d'intégration de qualités plus douces, plus féminines qui s'opère en lui, et qui ne peut probablement pas être arrêté. Les cailloux suggèrent qu'il y a quelque chose dans sa vie avec laquelle il a de la difficulté à composer et qu'il peut seulement l'utiliser de façon destructrice, alors qu'il s'agit d'une partie d'une construction nouvelle très délicate. Le nid est le symbole de la vie de couple, donc peut inférer que si le rêveur est trop conscient de la négativité il peut être en train de détruire la chose qu'il recherche, c'est-à-dire une relation possible.

Ce rêve d'une série de trois est passablement spécifique dans son symbolisme et montre que l'irritation du rêveur est peut-être mal placée puisque ce qui arrive se passe malgré lui plutôt qu'à cause de lui.

Troisième rêve (quelques nuits plus tard)

Je suis dans la voiture avec une bonne amie et nous faisons un long détour par les rues jusqu'à un grand magasin de luxe.

Nous revenons du magasin et presque immédiatement je me rends compte que j'ai besoin d'un radiateur électrique et je demande à mon amie de revenir avec moi au magasin. Je ne peux pas me rappeler l'itinéraire complètement, mais route après route je retrouve mon chemin sans difficulté. Je fais des excuses à mon amie pour le retard, mais elle est heureuse de se montrer patiente.

Nous atteignons le magasin et nous montons au troisième étage pour voir les radiateurs électriques. Je ne peux pas trouver ce que je veux, malgré le vaste choix. Les radiateurs semblent tous avoir un ventilateur inopportun. Je fais des excuses de nouveau à mon amie et je me rends compte que j'ai le radiateur électrique dont j'ai besoin à la maison.

D'une façon ou d'une autre, je deviens le personnage de Michael J. Fox dans Spin City *et pendant que je fais quelque chose d'autre, la mort, sous l'apparence du grand seigneur exécuteur – un gentleman élisabéthain en collerette – arrive à ma maison, une grande bâtisse étroite de trois étages. Il m'attend et décide ensuite de partir et de revenir plus tard.*

Toujours en Michael J. Fox, je dévale une pente abrupte à vélo pour rentrer à la maison quand j'aperçois la mort. Comme je suis sur le pavé et que je ne peux pas m'arrêter, je passe directement à travers elle (c'est un fantôme) et je me précipite dans la maison pour me cacher.

Je vais au deuxième étage et j'éteins la lumière. Je sais qu'elle m'attend et je veux me cacher. Malgré le fait que cela lui donnera l'indice que je suis retourné à la maison, je tire alors un store pour le fermer et comme pour lui donner un autre indice que je suis à la maison. Je sais que je ne peux pas l'empêcher d'entrer. Tel un fantôme, elle entrera dans la maison si elle le souhaite. Puis, comme si j'étais l'auditoire dans un film, je la vois tourner pour revenir à la maison.

D'une certaine manière, je sais qu'elle n'est pas ici pour me damner (pour me tuer) mais plutôt pour me dire quelque chose.

Puisque nous savons que ce rêve fait partie d'une série, il est peut-être plus facile de voir le thème, qui est de se mettre en bons termes avec le personnage du rêveur dans le monde de tous les jours. Tout en gardant à l'esprit l'interprétation conventionnelle des symboles, nous devons élargir l'analyse pour tenir compte de la personnalité du rêveur.

Initialement, il est avec une bonne amie qui est tolérante et tout à fait préparée à l'accompagner dans sa recherche de ce qu'il estime vouloir. Il doit cependant trouver son chemin pour aller à un endroit où il peut considérer ses choix (le grand magasin, un environnement commercial). Ici, il se rend compte que rien n'est tout à fait approprié et que les ventilateurs inopportuns dans les radiateurs peuvent être interprétés dans son propre symbolisme personnel comme trop d'énergie sur le plan de sa propre image. Le radiateur dans ce rêve suggère la chaleur et le confort, mais le ventilateur suggère une sorte de coquetterie féminine et peut-être trop d'énergie sexuelle manifeste. Cela semblerait faire référence au rêve numéro deux. Encore une fois, en utilisant la connaissance du rêveur, le troisième étage représenterait les capacités émotionnelles en lui. Le fait d'avoir un radiateur à la maison suggérerait qu'il n'a plus besoin de prendre conscience d'avoir à choisir la partenaire féminine appropriée puisqu'il la connaît déjà.

La deuxième partie du rêve met en évidence ce que le rêveur estime qu'il aura à affronter, ce qu'il n'est pas encore prêt à faire. La rencontre de la mort en forme du seigneur grand exécuteur suggère qu'il doit se mettre en accord avec la fin de son ancienne façon de voir les choses, une tenue vestimentaire démodée. La bicyclette suggère la dualité dans sa pensée, mais aussi qu'il évolue vers une pensée de lui-même en mouvement, dans une relation, et qu'il peut devoir passer par la mort de son vieux moi sans que cela lui soit nuisible. Le cours de l'action ne peut pas être modifié.

Le rêveur souhaite se cacher de cette connaissance, mais aussi, en fuyant le seigneur grand exécuteur, il reconnaît qu'il révèle ses peurs et ses doutes. Le fait qu'il y a une partie de lui qui observe l'action met en évidence sa propre conscience de l'action qu'il doit prendre, et le fait qu'il peut apprendre de cette expérience.

Les trois rêves ont pour thème l'intégration du masculin et du féminin d'une manière ou d'une autre et surviennent alors que le rêveur progresse vers le sentiment d'être plus à l'aise dans un rapport significatif. Cependant, ces rêves n'ont rien à voir avec son rapport avec quelqu'un d'autre, mais avec le rapport du rêveur avec lui-même et son être intérieur. Il va du romantisme dans le premier rêve, à l'énergie, le pouvoir et le potentiel de la négativité dans le deuxième et, ensuite, à l'acceptation du changement dans le troisième rêve. Il a toujours des peurs et des doutes, mais il comprend mieux ses motivations.

Rêveur no 10

Ce rêve m'a été soumis par une femme de 31 ans.

J'étais dans une grande bâtisse située en France occupée, avec deux autres adultes. J'étais deuxième dans la hiérarchie et nous savions que nous devions partir. La seule façon de nous échapper était de sauter par la fenêtre, mais nous n'avons pas voulu le faire parce que je pensais que nous étions au troisième ou au quatrième étage. Je me suis rendu compte que je tenais dans ma main trois ou quatre pièces de monnaie malpropres qui ne m'ont semblé d'aucune valeur.

Un personnage masculin en uniforme nazi a fait irruption et nous avons donc sauté, mais nous avons découvert que nous étions au niveau du sol. Je tenais toujours les pièces de monnaie.

Deux adultes : Les aspects doubles de la personnalité de la rêveuse.

Deuxième dans la hiérarchie : On a donné à la rêveuse un degré de responsabilité, mais pas nécessairement celle de prendre toutes les décisions.

Évasion : Essayer de partir de.

Fenêtre : Une barrière entre l'intérieur et l'extérieur.

Grande bâtisse : La structure perçue de la vie de la rêveuse.

La France occupée : Un pays lié par des contraintes imposées de l'extérieur.

Monnaie malpropre : Considérations commerciales.

Nazi : Codes de conduite stricts et enrégimentés.

Rez-de-chaussée : Plus bas, en contact avec la terre ou gérable.

Troisième ou quatrième étage : Plus haut. Dans certains cas, un état plus émotionnel.

Uniforme : Signifie une structure de croyance universelle.

Ce rêve a eu lieu alors que la rêveuse faisait des changements majeurs dans sa vie et commençait dans un emploi de neuf à cinq après une période de travail autonome et une relative liberté. Ces thèmes apparaissent sous la forme de l'officier nazi, suggérant la discipline imposée et un degré de rigidité qui n'était peut-être pas naturel chez la rêveuse. Le nouvel emploi comportait un élément d'être deuxième dans la hiérarchie et donc d'être responsable de la sécurité et du bien-être d'autres personnes autour d'elle.

Elle était réticente à s'échapper en sautant par la fenêtre (par une barrière) puisque celle-ci était située trop haut. Cependant, la pression étant devenue trop forte, elle était prête à prendre le risque. Elle a alors trouvé relativement facile de le faire puisque les risques n'étaient plus aussi grands. Elle se trouvait maintenant dans une meilleure position pour jouer un rôle actif (au rez-de-chaussée). Il semblerait que les pièces de monnaie dans sa main représentent sa façon de se percevoir comme ayant peu de valeur mais valant d'être gardée intacte. Ce rêve, bien que quelque peu angoissant, est en réalité rassurant. Il indique que la rêveuse ressentira un peu de pression dans son nouvel emploi, qui sera d'abord taxant sur le plan émotionnel, mais qu'elle sera capable de se tirer de la situation si la répartition par groupes et les règlements sont trop importants, tout en conservant son sentiment antérieur d'elle-même.

D'un point de vue légèrement plus ésotérique, il y a deux occurrences du symbolisme des nombres trois et quatre (l'étage où elle se trouvait et les pièces de monnaie dans sa main). Cela suggère qu'il y a des changements entre la signification plus émotionnellement chargée des nombres trois à la manifestation de qualités plus matérielles de conscience des nombres quatre. Ainsi, indépendamment de ce qui arrivera, la rêveuse est consciente que matériellement et sur le plan de la connaissance d'elle-même, elle survivra. À cause de sa nature très pratique, elle peut aller de l'avant et s'occuper d'autres choses plus tard.

Rêveur no 11

Ce rêve vient d'une femme de 30 ans.

L'ex-petite amie de mon petit ami (et la mère de ses enfants) avait, environ deux mois plus tôt, pris des mesures qui avaient mené à sa mort.

Dans mon rêve, je cherchais sa tombe dans un cimetière immense. Je n'avais aucune idée où elle était. Sur le côté d'une grande bâtisse grise, j'ai demandé à une dame en robe jaune si elle savait où la tombe était. Elle m'a dirigée dans la bonne direction, mais a semblé un peu éteinte avec moi, quoique cela ne me semblait pas m'être personnellement adressé. Alors je me suis réveillée.

Quand j'ai mentionné le rêve à mon petit ami, il a identifié la dame comme une amie qui avait été très utile à son ex-petite amie pendant le temps où elle en avait le plus besoin.

Bâtisse : Les bâtiments représentent la structure dans la vie du rêveur.

Dame : Dans ce cas, représente un des éléments féminins de la rêveuse.

Directions justes données : Cela montre que l'on nous a indiqué la voie correcte.

Ex-petite amie : Une telle figure peut suggérer que la rêveuse cherche les qualités de la petite amie en elle.

Grand cimetière : Cela connecte avec la mort et probablement l'immensité du sujet.

Incapable de trouver : Cela suggère une perte de sens.

Robe jaune : La couleur jaune représente souvent l'émotion, ainsi il y a conscience d'une situation émotionnellement chargée.

Sentiment de femme éteinte : Cela semble indiquer un manque de compréhension, mais pas personnelle.

Tombe : De nouveau, il y a un rapport avec la mort.

Dans la vie réelle, la rêveuse n'avait eu aucune part dans le drame qui avait entouré le décès, mais elle avait un peu de difficulté à comprendre ce qui était arrivé.

Cela s'est répercuté dans le rêve par son besoin d'être rassurée sur le fait que l'ex-petite amie était en paix, quoiqu'elle ne puisse pas trouver la tombe toute seule. On lui a cependant montré le bon chemin. Il semble qu'elle ait reconnu son acceptation par la dame en robe jaune, mais à contrecœur.

Il y a aussi un élément de médiumnité dans le fait qu'elle n'avait jamais rencontré la petite amie ou la dame qui l'a aidée.

Dans les pages qui suivent, vous trouverez le lexique des significations connues et traditionnelles des rêves qui vous permettra d'interpréter vos propres rêves.

Le Lexique des Rêves

A

de

À l'étranger à Avortement

À l'étranger

1. Rêver d'être sur le point de partir ou de partir pour l'étranger nous donne une compréhension de nos sentiments face à l'élargissement de nos horizons ou à des changements dans nos vies. De tels rêves peuvent aussi être liés à des croyances au sujet du pays dans le rêve (voir Lieux/Places). Nous rêvons de liberté personnelle ou de nous déplacer librement dans notre univers.

2. Il y a un besoin psychologique d'échapper à (de s'évader) ou de quitter une situation. Nous voyageons peut-être vers quelque chose de nouveau. Notre esprit est plus que capable d'accepter de nouveaux sentiments et il le fera souvent sur un plan subliminal. Nous prenons alors conscience par les rêves de ce que nous avons appris ou de ce que nous devons faire.

3. Dans un sens spirituel, aller ou être à l'étranger implique de nouvelles expériences spirituelles.

Abandonné

1. Dans le sens d'être rejeté, cela représente notre sentiment face au rejet quand nous étions jeunes. Ce n'est pas nécessairement la réalité, mais ce sont nos sentiments qui nous donnent cette perception. Par exemple, un enfant qui a été hospitalisé peut avoir des rêves d'abandon récurrents à l'âge adulte et éprouver des problèmes à faire des plans en vue d'un succès futur.

2. S'abandonner sans contrainte dans un rêve peut signifier que nous cherchons la liberté, soit la liberté émotionnelle soit celle d'être nous-mêmes.

3. Cela a un lien avec le concept dionysiaque d'abandonner le sérieux pour le plaisir.

Abeille

1. En tant que symbole de quelque chose qui doit être craint aussi bien qu'apprivoisé et utilisé, la signification de l'abeille dans les rêves peut être ambivalente. Être piqué par une abeille indique une possibilité de blessure. Être attaqué par un essaim indique que la situation peut devenir incontrôlable.

2. Rêver d'une reine abeille, c'est enregistrer notre besoin de nous sentir supérieurs ou d'être supérieurs d'une certaine façon. Nous sentons le besoin de nous servir des autres pour atteindre notre but. Nous sommes aussi conscients du besoin de travailler fort et d'assiduité.

3. L'abeille symbolise l'immortalité, la renaissance et l'ordre.

Abîme

1. Rêver d'un abîme indique que le rêveur reconnaît en lui un prétendu puits sans fond ou le vide. C'est un aspect de l'inconnu auquel nous devons tous faire face à un moment ou à un autre dans nos vies. C'est une action risquée qui doit être entreprise sans qu'on en sache le résultat.

2. Il y a crainte de perdre le contrôle, de perdre son identité ou d'un certain type d'échec. Plus positivement, il est possible d'aller au-delà de nos propres frontières. Aussi, l'abîme indique notre réconciliation avec des opposés comme le bien et le mal, le bon et le mauvais.

3. Le monde souterrain et celui des questions inférieures apparaissent dans les rêves comme l'abîme.

Abri

1. Tout abri représente une protection. L'humain est conscient de son besoin d'un espace sûr et la présence de ce symbolisme dans les rêves est forte. Les images utilisées pourraient être de tous ordres, de la coquille d'un escargot jusqu'à un parapluie. Les rêves d'un abri soulignent nos besoins ou nos insécurités.

2. L'autre image de l'abri est de nature « protectrice », c'est-à-dire une participation plus active dans le fait de donner un abri ou un sanctuaire. Si nous donnons un abri à quelqu'un, nous protégeons une partie de nous d'une blessure ou d'une difficulté. Si on nous donne un abri, nous prenons conscience de l'existence d'une force protectrice dans nos vies.

3. Un abri dans le sens spirituel suggère un sanctuaire, un espace où aucun mal ne nous sera fait et où nous pouvons être nous-mêmes.

Absence

1. Rêver de l'absence de quelqu'un, ou de l'absence de quelque chose que l'on s'attendait à rencontrer, indique que l'inattendu peut survenir. Nous pouvons chercher quelque chose que nous avons déjà perdu. Nos sentiments au sujet de l'absence (par exemple, la crainte ou la colère) peuvent aussi être importants. Un enfant éprouve un fort sentiment de perte la première fois que sa mère est absente de son univers et cela peut causer chez lui une détresse extrême.

2. Nous pouvons subir une perte ou pouvons rejeter quelque chose dont nous avons besoin. Le type de rêve où nous sommes dans un environnement familier, mais où il manque un article très aimé ou une personne, suggère que nous avons un sentiment d'instabilité.

3. Ressentir une absence ou un sens du néant suggère le vide.

Être absorbé

1. Dans les rêves, être absorbés dans ce que nous faisons indique notre capacité à être totalement concentrés sur notre action. Nous puisons dans des idées, des concepts ou des croyances qui deviennent alors une partie de nous et de notre manière de fonctionner. Absorber une chose, c'est la consommer au sens de la faire nôtre. Une bonne part du processus de compréhension s'effectue par l'absorption d'information.

2. À mesure que nous mûrissons et grandissons, nous percevons la nécessité d'appartenir à des groupes sociaux. Être absorbé dans quelque chose représente le besoin d'appartenir à un tout plus grand ou de faire des efforts pour intégrer les diverses parties de nos vies.

3. Nous avons la capacité d'intégrer les diverses parties de nos vies. Spirituellement, notre désir est de retourner à la source de toute vie.

Accueil

1. Recevoir un accueil suggère que nous nous acceptons tels que nous sommes. Nous commençons à nous aimer. Si l'accueil provient d'un membre de

notre famille, nous sommes acceptés par la famille et nous acceptons un meilleur rapport avec ses membres.

2. Accueillir quelqu'un dans notre propre maison suggère que nous apprenons à avoir confiance en nous. Faire partie d'un comité d'accueil représente notre capacité d'appartenir à un groupe social avec des croyances universelles.

3. Sur le plan spirituel, nous sommes acceptés ou accueillis dans nos premiers pas vers l'accomplissement spirituel.

Accident

1. Rêver d'un accident – un accident de voiture ou un naufrage – indique que nos plans peuvent être contrecarrés d'une certaine façon. Sommes-nous responsables de l'échec de nos plans ou de ceux de quelqu'un d'autre ?

2. Puisqu'un accident peut se produire en raison de circonstances hors de notre contrôle, un tel rêve peut indiquer un besoin plus grand de contrôle ou de gestion des ressources.

3. Tout type d'accident symbolise une défaite. Le rêveur, quoique frustré à cette occasion, devrait continuer de lutter pour atteindre le but fixé.

Acide

1. Il y a dans la vie du rêveur une influence corrosive qui est mauvaise mais qui peut être purifiante. Il a le sentiment qu'il est rongé par une action ou un concept. Quelque chose doit être utilisé avec précaution.

2. Sur le plan psychologique, la confiance en soi et le sens habituel de bien-être du rêveur sont érodés par des influences extérieures.

3. Un acte de corruption et le mal qui gruge notre intégrité.

Acteur

1. Rêver à un acteur, particulièrement s'il est célèbre, c'est prendre conscience de l'*ego* en soi. Très souvent, nous prenons conscience des rôles que nous jouons dans la vie et rêver d'un tel personnage, c'est reconnaître que nous ne jouons peut-être pas celui que nous voulons vraiment jouer.

2. Nous sommes tous des acteurs dans nos propres pièces, alors nous voir comme des acteurs suggère que nous puissions utiliser une personnalité artificielle ou que nous ne prenons pas notre propre destin en main. On nous donne l'occasion de créer une nouvelle personnalité.

3. Nous avons tous besoin de prendre la responsabilité de nos actions et de l'acte de vivre.

Action

1. L'action informe souvent le rêveur d'ordres du jour et de motivations cachés, puisque chacun d'entre nous est le producteur de sa propre vie. Ce que nous-mêmes ou d'autres personnes font dans un rêve doit souvent être interprété, autant que les objets qui apparaissent.

2. L'action dans les rêves doit être transposée dans la vie éveillée pour lui permettre d'avancer.

3. Être conscient qu'une action spécifique dans un rêve peut donner une indication sur la capacité spirituelle du rêveur.

Adolescent

- Voir Gens

Adoration

- Voir aussi Images religieuses

1. Rêver d'être dans une situation où nous adorons quelque chose, comme une idée, une personne, un concept ou un objet, c'est nous ouvrir à son influence. Si nous ne sommes pas particulièrement religieux mais que nous nous trouvons au milieu d'un acte d'adoration, nous pouvons avoir besoin de regarder comment nous traitons avec un système de croyances universel ou un ensemble de principes.

2. Parfois, quand nous progressons vers un sens plus grand du moi, des images se matérialisent dans les rêves pour indiquer que nous sommes dans une position où l'on nous voue un culte. Cela peut signifier que nous ne nous accordons pas une importance démesurée, ou que nous apprenons à accepter cette partie de nous qui a de la valeur aux yeux d'autres personnes. Adorer un

objet qui n'est pas une image religieuse peut suggérer que nous prêtons trop d'attention à la représentation de cet objet. Par exemple, nous pouvons être trop matérialistes, accorder trop d'importance au sexe, etc.

3. Un acte d'adoration est une reconnaissance du pouvoir de la croyance.

Adresse

- Voir aussi Lettre et Colis

1. Une situation a besoin de considération, peut-être votre style de vie actuel. Adresser quelque chose, comme une lettre ou un colis, peut représenter le besoin d'explorer les cours d'action possibles. S'adresser à un groupe de gens montre que nous sommes conscients du besoin de partager notre connaissance avec d'autres.

2. Une adresse connue peut représenter un endroit sécuritaire, tandis qu'une adresse précédente indique que le rêveur doit regarder, derrière lui, ses vieux comportements ou vieilles attitudes. Rêver d'une nouvelle adresse suggère le besoin de changement et de défis nouveaux.

3. On a donné une identité à sa maison spirituelle.

Aéroport

1. Quand nous rêvons à un aéroport, nous entrons dans une étape de transition et de prise de décisions pour nous diriger vers de nouveaux secteurs de la vie. Il peut aussi indiquer que nous sommes, ou que devrions être, en train d'évaluer notre identité.

2. Nous sommes placés dans une position où nos valeurs peuvent devoir être réévaluées à la lumière de notre propre autorité ou de celle de quelqu'un d'autre.

3. Un aéroport, à cause de sa nature transitoire, est un endroit pour de nouvelles expériences. Nous sommes prêts à considérer notre progression spirituelle.

Agneau

- Voir Animaux

Agression

1. Rêver d'être blessé, assassiné ou tué se produit relativement fréquemment et notre attention doit se porter sur les circonstances spécifiques du rêve. Nous recevons l'avertissement d'être prudents ou d'être conscients d'une agression cachée contre nous-mêmes ou contre d'autres personnes.

2. Un rêve de ce type peut mettre en évidence une anxiété face à la sécurité ou à la négligence, ou la peur de prendre ses responsabilités.

3. Étant donné que rien n'est accidentel sur le plan spirituel, ce rêve signifie l'intervention divine ou l'interférence d'une source qui fait autorité.

Aigle

- Voir aussi Oiseaux

1. Un aigle apparaissant dans un rêve signifie l'inspiration et la force. Il peut aussi indiquer notre besoin de monter, de sortir de vieilles idées ou attitudes. En tant qu'oiseau de proie, l'aigle est capable de se servir de toutes les occasions disponibles. Rêver à un aigle montre que nous pouvons faire de même.

2. D'un point de vue psychologique, nous avons la capacité d'utiliser notre intellect pour réussir. Nous pouvons faire preuve d'autorité à l'égard de nos propres vies. Nous pouvons avoir besoin de devenir objectifs et adopter un point de vue plus large sur ce que nous avons fait précédemment.

3. L'aigle représente aussi une forme de victoire spirituelle.

Aiguille

1. Les aiguilles dans un rêve suggèrent l'irritation, mais peuvent aussi signifier le pouvoir de guérison par la pénétration. Un concept, ou une connaissance, est imposé de l'extérieur. Il peut nous brusquer, voire nous blesser, mais il sera finalement bénéfique.

2. La capacité de porter un regard provocant ou agaçant sur nous-mêmes peut nous aider face à certains obstacles de la vie quotidienne. Cela dépend si les aiguilles sont utilisées par nous ou sur nous.

3. L'aiguille peut suggérer la sexualité masculine, mais aussi des idées pénétrantes, dérangeantes qui changent notre vision de la vie.

Aiguillonner

1. L'aiguillon peut avoir différentes facettes. Souvent, si nous aiguillonnons quelqu'un pour qu'il fasse quelque chose contre sa volonté, il faut s'assurer que les circonstances ne se retournent pas contre nous. Nous pouvons essayer de forcer les gens à avancer, mais il faut bien contrôler la situation.

2. Psychologiquement, nous sommes aiguillonnés autant par nos facettes agressives que par nos facettes négatives. Un rêve peut révéler comment certaines choses sont difficiles pour nous et quelle partie de nous a autorité sur les autres.

3. Pouvoir et autorité spirituelle agissent souvent comme un aiguillon afin d'améliorer notre connaissance.

Ail

1. L'ail avait autrefois plusieurs significations. À cause de sa forme et de ses nombreuses gousses, on le voyait souvent comme un symbole de fertilité. À cause de son odeur, on l'a vu comme une protection. Rêver d'ail peut donc être lié à ces diverses significations.

2. L'ail comme amulette protectrice est important contre le mal. Portée à la hauteur du cœur, l'amulette protège contre la crainte.

3. Magie.

Ailes

1. Parce que les ailes nous font penser au vol, rêver aux ailes des oiseaux, par exemple, suggérerait que notre attention soit sur notre besoin de liberté. Une aile cassée indique qu'un traumatisme précédent nous empêche de prendre notre envol.

2. Les ailes peuvent aussi être protectrices et ce symbolisme apparaît souvent dans les rêves. Les ailes d'un ange dépeindraient la capacité de surmonter nos difficultés, comme aussi celles d'un oiseau de proie.

3. La protection, le pouvoir unique de Dieu.

Alcool

- Voir aussi Ivre, Intoxication et Vin

1. Quand l'alcool apparaît dans un rêve, nous avons besoin d'une expérience très agréable ou de nous sentir sous influence. Des moyens de modifier notre perception sont mis à notre disposition. Nous pouvons nous laisser aller.

2. Il y a reconnaissance d'une confusion émotionnelle potentielle de laquelle peut émerger la clarté. Quand les contraintes normales que nous nous imposons dans la vie éveillée sont enlevées, nous pouvons souvent atteindre notre vérité propre. Le symbole de l'alcool peut nous en donner la permission.

3. L'alcool en tant qu'esprit est la conjonction d'opposés et aussi un moyen de modifier la conscience.

Aliments

- Voir aussi Repas et Nourriture

1. Les aliments représentent la satisfaction de nos besoins, qu'ils soient physiques, mentaux ou spirituels. Quelque chose que nous pourrions prendre ou que nous absorbons. Des rêves fréquents de repas suggèrent une grande faim pour quelque chose.

2. Notre besoin ou le plaisir de manger comble certains besoins psychologiques. Voici les significations de divers produits alimentaires :

Bonbons. Ceux-ci ont tendance à représenter le plaisir sensuel.

Fruits. On nous présente dans le rêve les fruits de notre expérience ou de nos efforts, ainsi que le potentiel pour la prospérité. La couleur peut aussi être significative (voir Couleurs).

Gâteau. Il représente le plaisir sensuel.

Jambon/viande traitée. Notre besoin de conservation est représenté par les viandes traitées.

Lait. En tant qu'aliment de base, le lait signifiera toujours les besoins du bébé et le fait de se donner à soi-même.

Légumes. Les légumes représentent nos besoins de base et une satisfaction matérielle. Ils suggèrent aussi la bonté que nous pouvons tirer de la Terre et de situations autour de nous. La couleur peut aussi être importante (voir Couleurs).

Oignon. Les différentes couches qui composent chacun (voir aussi Oignon).

Pain. Nous analysons nos expériences et nos besoins de base.

Repas. Selon que l'on mange seul ou en groupe, les repas peuvent indiquer la sociabilité.

Viande. La satisfaction physique ou temporelle ou encore les besoins sont souvent montrés dans les rêves sous forme de viande.

Viande crue. Peut signifier un malheur imminent.

3. Nourriture spirituelle.

Alouette

- Voir Oiseaux

Amérindien

- Voir Peau-Rouge

Ami

1. Un ami apparaissant dans nos rêves peut signifier deux choses. Premièrement, nous devons observer notre rapport avec cette personne et, deuxièmement, nous devons décider ce que cet ami représente pour nous (par exemple, la sécurité, l'appui et l'amour).

2. Dans les rêves, des amis mettent souvent en évidence une partie particulière de notre propre personnalité que nous devons regarder et comprendre pour mieux nous réconcilier avec elle.

3. Nous pouvons continuer notre recherche spirituelle en sachant que nous sommes soutenus.

Amnésie

1. Souffrir d'amnésie dans un rêve indique des tentatives pour effacer ce qui n'est pas aimé et aussi la crainte du changement. La perte de la mémoire dans la vie réelle peut être traumatique, mais dans les rêves cela peut être encore plus problématique puisque nous ne savons pas de quoi nous devrions nous souvenir.

2. Sur le plan psychologique, nous craignons de perdre l'accès à la connaissance, de ne plus savoir comment nous comporter. Souvent, nous nous réveillons avec le sentiment d'avoir rêvé, mais sans nous souvenir du rêve, peut-être parce qu'il est trop douloureux de traiter avec le traumatisme qui se cache derrière les images créées. Nous sommes consciemment capables d'oublier jusqu'au moment où nous aurons le courage de traiter avec ces images.

3. L'amnésie dans les rêves peut suggérer la mort, passée ou présente, peut-être pas la mort physique, mais un temps de grand changement dans la vie du rêveur.

Amputation

1. Quand nous rêvons à l'amputation d'un de nos membres, nous risquons ou nous avons peur de réprimer une partie de nous-mêmes. Il y a la perte de quelque chose que nous estimons. Rêver d'amputer quelqu'un d'autre indique notre capacité de nier aux autres leur droit d'expression.

2. Nous avons mis fin à une expérience d'une certaine façon. Nous souffrons d'une perte de pouvoir ou de capacité.

3. Sur le plan spirituel, nous pouvons défigurer ce qui est parfait.

Analyste

1. Indépendamment de la sorte d'analyste auquel nous rêvons, nous avons en nous un moniteur qui nous alerte sur le besoin d'analyser nos actions et

réactions. Nous devrions analyser notre vie en la décomposant en parties gérables.

2. La présence d'un analyste peut signifier l'idée que nous n'agissons pas convenablement dans une situation de notre vie éveillée.

3. Nous sommes en contact avec le pouvoir de transformation en nous.

Ancre

1. Quand une ancre apparaît dans un rêve, elle peut généralement signifier la nécessité de rester stable dans des situations émotionnelles. Elle montre que nous devons nous accrocher à un concept ou à une idée qui constituera un point de référence dans des situations difficiles.

2. Sur le plan psychologique, nous avons besoin d'encouragement pour développer notre capacité de tenir bon pendant une période d'instabilité. Si nous pouvons surmonter la tempête, nous survivrons. Quand on traîne une ancre pendant un rêve, les forces externes sont trop grandes pour nous.

3. Nous sommes en train d'accéder à la tranquillité.

Androgyne

1. Si nous ne pouvons pas décider du sexe des personnages de notre rêve, c'est que nous faisons une tentative pour réconcilier des côtés opposés en nous. Nous cherchons l'achèvement et l'intégralité.

2. Nous avons besoin de comprendre comment notre moi émotionnel peut équilibrer nos personnalités. Nous devons souvent réconcilier des pensées et des sentiments opposés en nous.

3. L'androgyne dans les rêves peut représenter un équilibre spirituel parfait, un état d'autonomie et de perfection primordiale.

Âne

- Voir Cheval dans Animaux

Anesthésique

1. Être anesthésié dans un rêve met en évidence le fait que nous essayons d'éviter des émotions douloureuses et le sentiment d'être maîtrisés par des circonstances externes. Il indique aussi que nous essayons, ou que nous sommes forcés, d'éviter quelque chose.

2. Nous nous engourdissons ou nous évitons quelque chose que nous ne voulons pas affronter. Nous pouvons créer une situation qui exige une gestion externe. Nous devons peut-être nous tenir tranquilles et laisser les événements se dérouler.

3. Comme avec l'amnésie, l'anesthésie peut être une indication possible de mort, mais d'une partie de nous-mêmes.

Ange

- Voir aussi Images religieuses

1. Rêver à des anges indique que nous cherchons une figure parentale qui nous donnera un amour et un appui inconditionnels, ou que nous devons développer ces qualités. Nous pouvons essayer d'introduire des concepts religieux dans nos vies.

2. On doit observer le rapport avec la mère ou la figure de la mère comme une entité séparée du rêveur. L'ange est la personnification de ce rapport.

3. De nos jours, les anges sont de nouveau acceptés comme les messagers des dieux, des pouvoirs et de la lumière célestes.

Anima / Animus

- Voir aussi l'Introduction de ce livre

1. Quand nous rêvons d'une figure du sexe opposé, nous essayons de donner une signification et une validité aux attributs et aux qualités de ce sexe particulier. Ainsi, un homme peut essayer d'avoir accès à son côté plus sensible, tandis qu'une femme peut tenter de devenir plus logique.

2. Nous essayons d'équilibrer notre être psychologique par le biais d'une capacité d'être objectifs par rapport à nous. C'est en comprenant que nous

avons en nous les éléments du sexe opposé que nous pouvons devenir entiers et correctement intégrés.

3. La polarité de notre manière d'exprimer notre propre genre est une partie également valable de notre personnalité.

Animal de compagnie

- Voir aussi Animaux

1. Dans la vie réelle, nous ne sommes pas toujours conscients de notre besoin d'amour et d'affection. Lorsqu'un animal de compagnie apparaît dans un rêve, nous réagissons à un besoin naturel de donner ou de recevoir de l'amour.

2. Sur le plan subliminal, nous pouvons reconnaître que quelqu'un contrôle notre vie. Nous ne pouvons faire que ce qu'il attend de nous. Par contre, si nous possédons un animal de compagnie dans un rêve, nous devrions peut-être remettre en question notre capacité de nous occuper de quelqu'un de plus vulnérable que nous.

3. L'amour inconditionnel vient souvent de nos animaux de compagnie. Ils sont souvent sensibles à notre détresse émotionnelle ou à notre douleur.

Animaux

1. Quand des animaux apparaissent dans un rêve, ils représentent un aspect de la personnalité qui ne peut pas être correctement compris d'instinct.

Animal avec un petit. Les qualités maternelles et donc la mère.

Animaux divins, parlants, sages, terrifiants ou avec des caractéristiques humaines. Les animaux n'ont pas encore pris conscience de la puissance créatrice dont ils émanent, alors la sagesse qu'ils démontrent est innocente et simple. Il est toujours important de prêter attention à cet aspect de la vie animale dans les contes de fées et les rêves, puisque nous devons rester en contact avec cette partie de nous-mêmes.

Animaux utiles. Le subconscient, de ses profondeurs, produit des images utiles. Les figures d'animaux sont une voie facile pour accepter cette aide.

Les bébés animaux. Le rêveur aura à traiter avec le côté enfantin de sa personnalité, ou probablement des enfants connus.

Manger un animal. Le rêve pourrait être au sujet de démons que l'on crée et qui peuvent seulement être surmontés en les assimilant d'une façon constructive. La croyance païenne voulait que l'on absorbe certains aspects de l'animal d'une certaine manière supérieurs aux attitudes humaines ordinaires.

Rêver d'essayer de se ***protéger*** des animaux, que ce soit en construisant des défenses ou en courant, indique la lutte du rêveur avec ses instincts animaux et si l'action prise est adéquate. De tels instincts peuvent menacer ou endommager des aspects de la vie du rêveur.

Tuer l'animal peut détruire l'énergie qui vient de ses instincts. Apprivoiser, harnacher l'animal montrent les efforts faits pour contrôler les instincts du rêveur et, si possible, pour les rendre productifs et utiles.

Un jeune animal blessé. Le rêveur peut percevoir la difficulté de mûrir ou de faire face à la vie.

Quand nous avons besoin de comprendre nos fortes envies psychologiques, les animaux qui apparaissent dans nos rêves symbolisent ces qualités. En voici quelques-uns :

Agneau. L'agneau est le côté innocent de la nature humaine. Le mal ne peut pas résister à une telle innocence.

Animaux (apprivoisés) domestiques. Quand nous rêvons d'animaux domestiques, nous prenons conscience de nous et avons accepté certaines parties de nous. Il y a des passions qui sont bien contrôlées, même si cela suggère que ces passions ne furent jamais très importantes.

Animaux à sang froid ou reptiles. L'aspect insensible, inhumain des instincts est souvent représenté par des reptiles et autres animaux à sang froid. Ils sont reconnus comme étant destructeurs et étrangers.

Animaux blessés. Le rêveur peut subir des blessures émotionnelles ou spirituelles.

Animaux composites. Rêver d'animaux composites pourrait indiquer un peu de confusion dans le tri des qualités nécessaires. Les qualités diverses des différentes bêtes, dont les animaux composites sont constitués, ont besoin d'être assimilées et intégrées. Il y a deux potentiels de développement dans une telle figure.

Animaux déformés. Le rêveur se rend compte que certaines de ses impulsions sont offensantes, ou révoltantes.

Animaux préhistoriques. Un traumatisme du passé, ou de l'enfance, peut causer des problèmes.

Animaux sauvages. Les animaux sauvages représentent le danger, des passions dangereuses ou des personnes dangereuses. Une force destructrice émane de l'inconscient et menace la sécurité de l'individu. Un tel rêve peut représenter l'anxiété. En domestiquant des animaux sauvages, le rêveur peut s'être accordé avec son côté plus sauvage.

Animaux sinistres. Toute menace émanant d'animaux indique les peurs et le doute que le rêveur éprouve quant à sa capacité de faire face aux tiraillements de son inconscient.

Animaux vertébrés. Les animaux vertébrés apportent souvent une compréhension des qualités associées à cet animal. Les plus petits animaux représentent l'inconscient, les plus gros, les émotions.

Baleine. La baleine, parce qu'elle est un mammifère marin, indique le pouvoir de résurrection et la renaissance, la capacité de l'être de revenir du royaume des morts.

Belette. La belette met en évidence ce qui est déviant, notre côté plus orienté vers le crime.

Bélier. Le bélier est un symbole de virilité masculine et de puissance et, par association, il a les qualités du signe du Bélier dans le zodiaque.

Bœuf. Le bœuf dépeint la patience et aussi l'empressement à se sacrifier pour les autres.

Caméléon. Le rêveur reconnaît en lui ou chez d'autres la capacité de s'adapter et de changer selon les circonstances.

Cerf, renne. Le cerf et le troupeau de rennes ont une structure hiérarchique stricte. Le rêveur reconnaît donc sa place dans le monde. Le cerf symbolise aussi la fierté et la noblesse.

Chacal. Le chacal est associé au cimetière, donc à la mort. En tant que fouilleur d'ordures, il est aussi un nettoyeur. Sur le plan ésotérique, c'est le domestique du transformateur, qui guide les âmes du plan terrestre jusqu'à la lumière.

Chat. Rêver à des chats, c'est faire le lien avec le côté félin, sensuel chez des gens, chez des femmes. Les déesses comme Bastet, la déesse-chat égyptienne, sont représentées comme ayant deux côtés, un déviant et un utile. Ainsi, le chat dénote souvent le côté capricieux du féminin. L'aspect élégant quoique trop suffisant de la femme peut aussi être perçu comme le chat.

Cheval. Le cheval représente l'énergie mise à la disposition du rêveur. Un cheval blanc dépeint la conscience spirituelle du rêveur ; un cheval brun, un aspect plus pragmatique et terre à terre ; tandis qu'un cheval noir est le côté passionné. Un cheval pâle indique la mort et un cheval ailé dépeint la capacité de l'âme de dépasser le plan terrestre. Si le cheval est exténué ou mourant, le rêveur subit peut-être trop de pression et perd de sa vitalité. Si le cheval est harnaché à un chariot, le rêveur peut se concentrer trop sur des objectifs strictement utilitaires. Pour un homme, une jument dénotera l'*anima* (voir Archétypes) ou une femme, ou encore le domaine du féminin. Chez une femme, recevoir un coup de sabot d'un cheval peut indiquer l'*animus* (voir Archétypes) ou son rapport avec un homme. Un cheval qui peut passer toutes les portes et percer tous les obstacles est l'ombre collective (voir l'Introduction), ces aspects de la personnalité que la plupart des gens essaient de supprimer. Le cheval en tant qu'animal de trait est souvent la grande mère ou Terre mère (voir l'Introduction), ou l'archétype de la mère (voir Archétypes). Dans les rêves modernes, l'automobile a en grande partie remplacé le cheval comme symbole avec plusieurs des mêmes associations (voir Voiture et Parcours).

Chèvre. Rêver d'une chèvre, c'est reconnaître l'énergie créatrice et la vitalité masculines. Elle peut aussi représenter le côté sombre de la nature humaine, la promiscuité et la sexualité. Monter une chèvre, c'est essayer d'accepter le côté sombre de sa nature. La chèvre peut aussi représenter le Diable ou Satan. C'est aussi le symbole du Capricorne.

Chien. - *Voir aussi à ce mot.* Le rêveur peut représenter un compagnon fidèle et constant, un protecteur ou, plus négativement, quelqu'un dont le rêveur ne réussit pas à se débarrasser. Un chien que le rêveur a possédé ou a connu à une certaine période de sa vie peut incarner des souvenirs associés à cette période, qui contient des indices sur son comportement présent. Une chasseresse avec des chiens. Le rêveur fait un lien avec un des archétypes féminins, celui de l'amazone (voit Archétypes). Un chien gardant des portes ou étant près d'un cimetière. Dans les rêves, il représente le gardien et les créatures qui doivent être endormies ou apprivoisées avant qu'il puisse y avoir initiation.

Crapaud. Rêver de crapauds, c'est se connecter avec ce qui est laid dans la vie ou dans le comportement du rêveur. Cependant, le pouvoir de le transformer est implicite dans cette laideur. Si un crapaud et un aigle apparaissent, cela signifie qu'il faut prendre note de la différence entre les valeurs terrestres et spirituelles.

Écureuil. L'écureuil représente l'idée d'accumulation de nos personnalités.

Éléphant. Voir un éléphant dans un rêve, c'est reconnaître les qualités de patience, de mémoire à long terme, de force et de fidélité. Dans un sens plus ésotérique, il représente la sagesse radieuse et rayonnante.

Grenouille. Une période ou un acte de transformation (un têtard se transforme en grenouille et commence à se déplacer sur la terre). Quelque chose de répugnant se métamorphose en quelque chose de valable (c'est-à-dire une grenouille transformée en prince). Voir aussi Serpent puisque tous les reptiles ont la même signification.

Hérisson. Le hérisson peut représenter les mauvaises manières, ou littéralement notre incapacité de composer avec une situation épineuse.

Hyène. La hyène signifie l'impureté, l'instabilité et la sournoiserie.

Jaguar. Les qualités principales du jaguar sont sa vitesse et son équilibre. Il représente l'équilibre des forces entre l'obscurité et la lumière.

Jument - *Voir Cheval.*

Kangourou. Cet animal quelque peu exotique représente souvent la maternité et aussi la force.

Lapin. Les lapins apparaissant dans un rêve peuvent signifier deux choses : la fertilité, ou il se pourrait que l'aspect escroc de la personnalité soit mis de l'avant (voir Lièvre). Un lapin blanc peut indiquer la voie vers le monde spirituel intérieur et, à ce titre, agir comme un guide.

Léopard. Le léopard représente la cruauté, l'agression et, traditionnellement, le pouvoir mal utilisé.

Lézard - *Voir aussi Reptile.* Le lézard représente l'action instinctive ou la pensée à sens unique.

Licorne. La licorne est un symbole de pureté. Traditionnellement, elle ne pouvait appartenir et être perçue que par des vierges. C'est un retour à – et une réapparition de – l'innocence nécessaire à la compréhension de soi. Elle suggère souvent le contrôle de l'*ego* et de l'égoïsme.

Lièvre. Le lièvre met en évidence l'intuition, la compréhension spirituelle et des bonds intuitifs. L'intuition peut devenir folie par la crainte ou l'ignorance. À cause de son association avec la lune, le lièvre, dans son aspect négatif, peut représenter l'aspect prêtresse/sorcière de la féminité ou prêtre/sorcier du masculin (voir Archétypes). Dans ses images positives cependant, c'est le lièvre radieux et donc la mère de Dieu.

Lion. Le lion représente la majesté, la force et le courage tout autant que l'*ego* et les passions qui y sont associées. Si le rêveur lutte avec un lion, le succès est en vue en autant que le rêveur soit maîtrisé ou que le lion soit tué. Un lion mangeur d'hommes montre qu'un aspect de la personnalité s'est esquivé, mettant tant le rêveur que son environnement en danger. Un lion couché avec un agneau montre qu'il y a une union, ou une compatibilité d'opposés, l'instinct et l'esprit allant main dans la main.

Loup. Des gens nous menacent, séparément ou en meute. Le rêveur peut avoir des fantasmes sadiques et cruels sans en prendre la responsabilité. La louve est coquine, mais elle est aussi celle qui prend soin des orphelins et des petits rejetés.

Loup-garou - *Voir Animaux sinistres*

Loutre. La loutre vit dans l'eau, son élément de prédilection, et tire sa subsistance de son environnement, toutes choses que le rêveur peut devoir développer.

Lynx. La qualité principale associée au lynx étant sa vue perçante, il peut souvent dépeindre l'objectivité.

Mi-animal, mi-homme. Les instincts du rêveur commencent à être reconnus et humanisés.

Monstre/dragon - *Voir aussi Dragon.* Une peur qui est au-delà de la compréhension, de l'habitude, qui émane de soi plutôt que du monde extérieur, est souvent représentée par des monstres et des dragons. Si le rêveur prend le dessus sur le monstre, il maîtrisera sa crainte de la mort et pourra utiliser cette force. Arracher le cœur du monstre ou tout autre organe vital, ou allumer un feu à l'intérieur de lui, dépeint la lutte contre les forces sombres.

Mouton. Le mouton est renommé pour son instinct grégaire. L'impuissance du mouton quand il est déséquilibré est aussi un autre aspect reconnaissable, comme l'est le manque apparent d'intelligence. Le bon mouton qui a peur de Dieu, ou le mouton passif et penaud, peut avoir une certaine pertinence dans le contexte du rêve. Rêver de moutons et de loups ou de moutons et de chèvres, c'est assumer le conflit entre le bon et le mauvais.

Ours - *Voir Famille.* L'ours apparaît dans les rêves sous beaucoup de formes. L'image peut être celle de la mère possessive, dévorante ou celle de la mère attentionnée. Si c'est un mâle, l'image peut alors être celle d'une personne autoritaire, probablement du père.

Parties d'animaux *(membres, yeux, gueule, etc.).* Celles-ci ont la même signification que les parties du corps humain (voir Corps). Si les quatre pattes sont particulièrement soulignées, probablement en contraste avec un animal à trois pattes, la personnalité globale avec les quatre fonctions de l'esprit est entièrement développée et mise en évidence.

Phoque. Rêver à un phoque suggère que nous formons un tout avec l'élément dans lequel nous vivons.

Porc ou Sanglier. En Occident, le porc représente l'ignorance, la stupidité, l'égoïsme et la gloutonnerie. Le moi du rêveur peut commencer à reconnaître ces qualités peu attrayantes en lui-même afin de s'améliorer. Mélanger des porcs et des bijoux montre un conflit entre les fortes envies primitives et les valeurs spirituelles. De grosses portées de porcelets peuvent représenter la fertilité, bien que parfois sans résultat puisque la truie peut représenter la mère destructrice (voir Archétypes). Le sanglier est le principal archétype masculin et donc l'*animus* négatif dans le rêve d'une femme (voir l'Introduction du présent livre). Le rêveur peut éluder une question qu'il devrait affronter et traiter plus audacieusement.

Rat - *Voir aussi Vermine.* Le rat représente le malade et la partie déviante du rêveur ou de sa situation. Il peut aussi représenter une répulsion. Le rêveur peut ressentir de la déloyauté de la part d'un ami ou d'un collègue.

Renard. Un renard dans un rêve parle d'hypocrisie, de ruse et de sournoiserie.

Reptile. Nous regardons les aspects primitifs plus effrayants de notre personnalité. Nous n'avons aucun contrôle sur ceux-ci et nous pourrions donc être facilement dévorés par eux. Nous avons peur de la mort ou du processus de la mort, mais devons passer à travers un processus de changement pour être réincarnés.

Serpent - *Voir aussi Reptile.* Le serpent est un symbole universel masculin ou féminin ou il peut être autocréé. Il peut représenter la mort ou la destruction ou, au contraire, la vie et aussi le rajeunissement. C'est la nature instinctive et c'est aussi l'énergie potentielle. Quand la puissance de la nature instinctive est comprise et exploitée, le rêveur s'accorde avec sa sexualité et sa sensualité propres et se sert des énergies supérieures et plus spirituelles qui deviennent ainsi disponibles. Chez un homme, un serpent peut apparaître s'il n'a pas compris la partie féminine ou intuitive de lui-même, ou quand il doute de sa masculinité. Chez une femme, le serpent peut se manifester si elle a peur du sexe, ou parfois de sa propre capacité de séduire. À cause de son rapport avec le jardin d'Éden, le serpent est le symbole de la duplicité, de la tromperie, et aussi de la tentation.

Parce que les serpents sont dans quelques cas venimeux, ils sont associés à la mort et à tout ce que l'être humain craint. Les forces inconscientes qui sont relâchées, une fois que le rêveur réconcilie ses côtés opposés, entraînent la guérison, la renaissance et le renouvellement, et sont universellement représentées comme deux serpents entrelacés autour d'un bâton central (voir Caducée). C'est une représentation symbolique de la forme de l'ADN, les composantes de la vie. Les couleurs du serpent peuvent compléter la signification du rêve (voir Couleurs).

Le rêveur essaie de se mettre en accord avec son moi plus instinctif, ce qui a inévitablement un rapport avec l'identification et l'exploitation d'énergies supprimées et contrecarrées. Puisque la plus forte envie primitive est la sexualité, le serpent est l'image la plus primitive. Un serpent enroulé autour du corps ou d'un membre indique une certaine forme d'esclavage, probablement le fait d'être asservi aux passions. Un serpent, ou un ver, quittant un cadavre par la bouche peut parfois représenter l'acte sexuel (la petite mort), mais peut aussi signifier le contrôle du rêveur sur sa libido. Un serpent dans l'herbe dénote la déloyauté, la tromperie et le mal. Un serpent avec la queue dans la bouche est une des plus vieilles images et signifie l'achèvement et l'union du spirituel et du physique (voir Formes). Être avalé par un serpent montre le besoin et la capacité de retourner à l'Ultime.

Singe. Le singe caractérise le côté infantile, enfantin et arrêté du caractère du rêveur. Les qualités d'espièglerie, d'impudence et de curiosité appartiennent toutes au singe. Tandis que l'on voit souvent celles-ci comme des tendances régressives, celle de curiosité vive maintient une nécessaire légèreté d'esprit.

Souris - *Voir aussi Vermine.* La qualité de la souris est la timidité et le rêveur peut souvent devoir composer avec elle. Cela peut amener de la turbulence et un manque de compréhension.

Taupe. La taupe représente souvent les pouvoirs de l'obscurité, mais aussi la persistance aveugle et la détermination qui permet de réussir.

Taureau. Le taureau dénote le côté négatif du comportement, comme la destructivité, la peur ou la colère. Cependant, plus positivement, le taureau représente la passion sexuelle ou la puissance créatrice. Abattre le taureau indique l'initiation au monde de l'adulte qui surmonte ses instincts et peut aussi représenter le signe du Taureau dans le zodiaque.

Tigre. Le tigre représente la dignité et la puissance et il est autant créateur que destructeur.

Transformation d'animaux. Dans les rêves, la métamorphose du rêveur ou d'autres gens en des animaux, et vice versa, montrent le potentiel de changement dans toutes les situations.

Vache. L'éternel féminin, particulièrement la mère (voir Famille) ou la figure de mère (voir Archétypes), est souvent représenté par la vache. C'est en partie parce qu'elle fournit du lait et de la nourriture.

Vermine. Dans les rêves, la vermine peut représenter la contemplation forcée de quelque chose d'inutile ou qui a envahi notre espace.

Zèbre. Cet animal a la même signification que le cheval, mais il équilibre le négatif et le positif d'une façon très dynamique.

En comprenant les animaux et leur symbolisme, nous approchons la vie d'une façon plus simpliste et naturelle.

Animaux fabuleux

(griffons, licornes, minotaures...)

1. Entre archétypes, il y a beaucoup de combinaisons possibles et elles donneront un potentiel illimité aux capacités créatrices du rêveur (voir Archétypes). On montre au rêveur qu'il y a de la liberté dans des principes conventionnels.

2. Si on lui donne la liberté de créer, l'esprit peut produire tant du fantastique que du grotesque. De tels animaux fabuleux résultent d'essais de réconcilier ces deux polarités.

3. Les pouvoirs redoutables et terrifiants de la nature sont représentés dans cette interprétation. Le rêveur devrait être conscient de son pouvoir animal et savoir qu'il peut le maîtriser.

Ankh (hiéroglyphe)

1. Son symbolisme est semblable à celui de la croix. Il représente le concept du rêveur de l'Univers, ou ses croyances religieuses.

2. Le symbolisme de l'ankh est celui de tout pouvoir d'encerclement et la protection. C'est la liaison entre l'humain et le divin.

3. L'ankh est une clé ouvrant à la voie de la connaissance de la sagesse cachée.

Anneau

- Voir aussi Anneau de mariage

1. Un anneau de mariage suggère une union et une promesse. Un anneau appartenant à la famille représente de vieilles traditions et valeurs, tandis qu'une bague de fiançailles est une promesse de dévotion. Une bague de fidélité est une promesse à long terme et un anneau de chevalier indique le cachet apposé sur quelque chose. Un anneau au museau d'un taureau suggère un élément de cruauté.

2. Nous avons tous besoin de continuité dans nos vies, de quelque chose qui apporte le confort à long terme. Un anneau symbolise ce confort parce qu'il est sans fin, il est enroulé sur lui-même et se perpétue indéfiniment.

3. Comme le cercle, l'anneau signifie l'éternité et la divinité, le tout.

Anneau de mariage

- Voir aussi Anneau

1. Traditionnellement, l'anneau de mariage était un symbole d'amour total. Parce qu'il a la forme d'un cercle, il est complet, sans commencement et sans fin. Ainsi, rêver de ce symbole doit être relié au concept d'éternité. Rêver de perdre son anneau de mariage symboliserait très souvent un problème dans le mariage. Rêver de trouver un anneau de mariage pourrait indiquer qu'une relation s'est formée et qu'elle pourrait aboutir au mariage.

2. Chez l'être humain, il y a un besoin inné de prononcer des vœux, de faire des promesses et par-dessus tout de symboliser ces promesses. L'anneau de mariage, porté au doigt qui représente le cœur – le quatrième doigt de la main gauche –, suggère donc que nous ayons fait ce type de promesse. Rêver d'un anneau de mariage porté à un autre doigt peut indiquer que la promesse n'est pas valable ou que nous estimons que cet anneau est une forme de piège.

3. Un anneau de mariage symbolise le sacrifice qu'est l'amour éternel.

Année

- Voir Temps

Anormal

1. L'anormalité dans un rêve représente quelque chose que nous sentons d'instinct être faux ou non équilibré. Si c'est un sentiment incorrect ou un son, c'est l'aspect d'étrangeté qui doit être exploré. Nous pouvons, par exemple, rêver de quelqu'un riant à des obsèques, ce qui indiquerait que nous devrions prêter une attention particulière à notre façon de penser à cette personne.

2. La conscience d'anormalité nous alerte sur le fait que nous devrions prêter une attention particulière aux aspects de notre vie qui ne sont pas conformes à nos attentes. Rêver à un nain ou à un géant peut indiquer que notre attention est attirée vers des questions particulières ayant trait à la taille ou à une difformité. Quelque chose dans notre vie nous dépasse peut-être.

3. L'anormal ou l'étrange recèle des pouvoirs, des possibilités, un potentiel magique.

Appât

1. Dans le rêve d'une femme, tendre un appât indique des doutes sur sa capacité d'attirer un partenaire. Elle peut estimer qu'elle doit l'appâter ou le prendre au piège.

2. Un aspect de nos vies a besoin d'être révélé au grand jour. Nous devons tromper cette partie de nous qui refuse de participer. Une forme quelconque de séduction doit avoir lieu.

3. Spirituellement, nous devons appâter le mal d'une certaine façon pour le prendre au piège et le contrôler ultimement.

Appétit

1. Quand l'appétit est particulièrement notable dans un rêve, il représente un désir non réalisé. Ce ne sera pas nécessairement un désir physique, mais il pourrait être émotionnel ou spirituel.

2. Avoir faim ou avoir soif dans un rêve peut indiquer la luxure et le désir sexuel.

3. Dans la franc-maçonnerie, cela signifie une soif de vie et un désir spirituel ardent.

Apprivoiser

1. Rêver que l'on apprivoise un animal indique notre capacité de contrôler ou de développer un lien avec notre nature animale. Rêver d'apprivoisement, comme si nous étions l'animal, signifie le besoin de retenue.

2. Constater que quelque chose est trop apprivoisé – dans le sens de quelque chose de morne et ennuyeux – suggère que nous devrions reconsidérer notre façon de vivre.

3. Le sang-froid, qui est spirituellement nécessaire.

Araignée

1. Cette image est très ambivalente. En général, on n'aime pas l'araignée, peut-être à cause de sa course saccadée, mais aussi à cause de son association avec la saleté et son aspect désagréable. Dans les rêves, cela peut aussi suggérer la déviance.

2. Sur le plan psychologique, l'araignée a un lien avec le mandala. C'est la capacité de créer un modèle parfait qui nous nourrit et nous protège à la fois.

3. Sur le plan spirituel, l'araignée représente la grande mère dans son rôle de tisserande. Elle tisse le destin à partir de son propre corps et elle est donc le Créateur. En reconnaissant cet aspect, nous devenons les tisserands de notre propre destin.

Arbre

- Voir aussi Bois et Forêt

1. Dans les rêves, l'arbre symbolise la base de notre vie intérieure. Quand il apparaît dans nos rêves, il vaut mieux s'y attarder. Un arbre avec de grosses branches suggérerait une personnalité chaleureuse et aimante, tandis qu'un petit arbre feuillu suggérerait une personnalité tendue. Un arbre bien formé suggérerait une personnalité bien ordonnée, tandis qu'un grand arbre en désordre suggérerait une personnalité chaotique. On peut jouer si on ose. Demandez à un ami *a)* quel genre d'arbre il croit que vous êtes ; et *b)* quel genre d'arbre il pense être. Les résultats sont intéressants. Un chêne, par exemple, représenterait la force.

2. On dit que les racines d'un arbre démontrent la connexion entre nous et la Terre. En fait, elles représentent notre capacité d'appartenir au côté pratique de la vie et d'aimer y être. Étendre ses racines indiquerait une capacité d'avoir un bon rapport avec le côté pratique et l'inverse, le fait d'être enraciné suggérerait une attitude plus indépendante. Le tronc de l'arbre donne une indication sur notre façon d'utiliser les énergies disponibles et aussi quelle apparence nous présentons au monde. Un tronc grossier suggère évidemment une personnalité grossière et prompte, tandis qu'un tronc plus lisse dénote plus de sophistication. Les branches représentent les étapes de croissance que nous traversons et les feuilles suggèrent de quelle manière nous communiquons avec le reste du monde. Grimper dans un arbre suggère que nous évaluons nos espoirs et capacités dans le but de réussir.

3. Sur un plan spirituel, l'arbre symbolise l'arbre de vie et représente l'union du ciel, de la terre et de l'eau. Quand nous comprenons notre arbre propre, notre vie est un succès sur tous les plans.

Arbre de Noël

1. Pour la plupart des gens, l'arbre de Noël est associé à un temps de célébration. En voir un dans un rêve signifie une période particulière, peut-être un commencement. Il peut aussi indiquer un moment où on donne et, par association, la capacité d'apprécier le moment présent.

2. Nous pouvons reconnaître dans un arbre de Noël la mise en lumière d'une situation qui a été oppressante ou dépressive.

3. L'arbre de la renaissance et de l'immortalité, à cause de son feuillage persistant.

Arbres à feuilles persistantes

1. Rêver d'arbres à feuilles persistantes peut représenter le besoin de vitalité et de fraîcheur, de jeunesse et d'énergie, parfois de ménage.

2. Marcher dans des forêts d'arbres à feuilles persistantes indique un besoin de paix et de tranquillité.

3. Les arbres à feuilles persistantes, à cause de leur capacité d'échapper à toutes sortes de conditions, signifient la vie éternelle.

Arc

1. Nous devons nous concentrer sur une partie particulière de nos vies.

2. Psychologiquement, nous prêtons attention seulement à un segment ou à une partie de notre vie.

3. Il y a un dynamisme disponible qui améliorera la croissance du rêveur.

Arc (architecture)

1. Quand nous rêvons d'arcs ou d'embrasures, nous nous déplaçons souvent dans un environnement différent. Nous devons passer par une certaine forme d'initiation ou par un rituel pour réussir.

2. Cela montre que nous sommes en voie de passer un test. Nous pouvons être protégés par l'autorité.

3. Nous éprouvons une certaine forme d'initiation spirituelle. Nous sommes nés de nouveau, on nous permet un nouveau départ.

Arc-en-ciel

1. L'arc-en-ciel apparaissant dans un rêve est la promesse d'une situation meilleure. La vieille légende du chaudron d'or à son extrémité est si

fermement ancrée dans le folklore que cette signification se rencontre souvent dans les rêves.

2. Élever sa conscience et son appréciation envers quelque chose d'aussi éthéré qu'un arc-en-ciel suggère un besoin élevé de conscience. D'un point de vue plus ésotérique, un arc-en-ciel représente les sept étapes de conscience nécessaires à l'atteinte de la vraie spiritualité.

3. Un arc-en-ciel symbolise la gloire spirituelle accessible au rêveur par la compréhension et l'apprentissage.

Archétypes

1. Les archétypes sont des images de base que chacun d'entre nous garde profondément dans son subconscient. Ce sont des plans dans un sens psychique. Ces plans, bien que potentiellement parfaits, peuvent être déformés par des expériences de l'enfance, la socialisation et même l'expérience parentale.

Carl G. Jung a commencé à étudier les archétypes et à diviser leurs fonctions en quatre parties : pensée, sentiment, sensation et intuition. À la suite du travail de plusieurs de ses élèves, il est devenu possible de créer un type de carte des interactions entre toutes ces fonctions et de découvrir où ses propres distorsions se produisent.

Chaque fonction a une qualité « positive » et « négative » qui est peut-être mieux décrite comme « plus grande » et « moindre ». Chacun des côtés masculins et féminins de la personnalité possède ces quatre fonctions ; il y a donc 64 (8 x 8) interactions possibles. Là où une distorsion s'est produite, nous avons tendance à projeter sur ceux qui nous entourent l'archétype avec lequel nous avons le plus de difficulté (souvent l'ombre). Par conséquent, il y aura une tendance à répéter des situations à plusieurs reprises (par exemple, la femme qui se trouve continuellement dans des relations intimes avec un type de figure de père, ou l'homme qui se trouve continuellement en désaccord avec des femmes cadres) jusqu'à ce que nous apprenions comment faire face à – et comprendre – notre distorsion.

À l'opposé, avec la conscience, on peut accepter les projections de l'autre sur soi sans être affecté par elles.

Homme	Femme	Positif / Négatif	Fonction
Père bienveillant	Mère bienveillante	+	Sensation
Ogre	Mère destructrice	-	
Jeune homme	Princesse	+	Sentiment
Vagabond	Sirène	-	
Héros	Amazone	+	Pensée
Vilain	Compétitrice	-	
Prêtre	Prêtresse	+	Intuition
Sorcier	Sorcière	-	

L'équilibre parfait serait réalisé en utilisant tous les aspects de la personnalité comme indiqué ci-dessous.

Le père bienveillant et la mère sont évidents. L'ogre représente la colère masculine utilisée négativement et la mère destructrice peut être délibérément destructrice, ou simplement du type étouffant, c'est-à-dire la mère qui empêche la croissance adéquate de ses enfants. Le jeune homme et la princesse sont les aspects les plus doux et les plus amusants de la personnalité, tandis que le vagabond est l'éternel itinérant et que la sirène est la séductrice ou la partie sexuellement active de la féminité. Le héros représente la partie messianique et autosuffisante de la personnalité, tandis que l'amazone est le moi autosuffisant de la femme, le type de femme efficace en affaires. Le vilain est la partie masculine du moi qui utilise le pouvoir à ses fins propres, tandis que la compétitrice est la femme libérée qui estime qu'elle n'a pas besoin d'homme dans sa vie. Le prêtre et la prêtresse sont les pouvoirs d'intuition utilisés pour le plus grand bien, tandis que le sorcier utilise le pouvoir intérieur tout à fait impartialement et que la sorcière utilise ce même pouvoir avec plus d'émotion et, peut-être, négativement.

2. Plus spécifiquement, les archétypes féminins sont :

Amazone. C'est la femme autosuffisante qui estime qu'elle n'a pas besoin du mâle ; elle devient souvent femme de carrière. Elle aime le jeu intellectuel d'attaque et de riposte.

Compétitrice. Elle est la femme qui rivalise avec tout le monde dans un effort pour prouver qu'elle est capable de contrôler sa vie.

Mère bienveillante. C'est l'image conventionnelle de la figure de mère qui se fait du souci, qui pardonne la transgression et qui est toujours compréhensive. Parce que l'accent a été mis sur ce côté de la féminité, jusqu'à récemment il était très facile de développer à l'excès cet aspect aux dépens d'autres facettes de la personnalité.

Mère destructrice. Cette femme peut être le type de mère étouffante ou de mère franchement destructrice, prohibitive. Souvent, c'est cet aspect qui empêche activement les relations ou qui, à cause de son effet sur le rêveur, cause des difficultés dans celles-ci.

Prêtresse. C'est la femme fortement intuitive qui a appris à contrôler le flux d'information et qui l'utilise pour l'intérêt commun. Elle est totalement à l'aise dans le monde intérieur.

Princesse. L'aspect qui aime s'amuser, enfant innocent de la féminité. Elle est totalement spontanée, mais a en même temps une approche subjective des autres.

Sirène. Ce type est la séductrice, la femme sexuellement et sensuellement consciente qui a toujours le sens de sa propre importance. Dans les rêves, elle apparaît souvent gracieuse, comme pour souligner l'aspect érotique.

Sorcière. La femme intuitive qui utilise son énergie pour atteindre ses propres fins. Ses jugements sont subjectifs et elle perd donc sa perspicacité.

Les archétypes masculins sont :

Héros. Le héros est l'homme qui a choisi d'entreprendre son propre voyage d'exploration. Il est en mesure de considérer ses options et de décider du mouvement suivant. Souvent, il apparaît comme la figure messianique dans les rêves.

Jeune homme. L'aspect qui aime s'amuser, l'aspect curieux du masculin est à la fois sensible et créateur. C'est Peter Pan, celui qui n'a jamais grandi.

Ogre. Il représente la figure masculine fâchée, autoritaire, agressive et terrifiante. Souvent, cette image a surgi à cause du rapport original que le rêveur entretenait avec son père ou une figure de père.

Père bienveillant. Ce côté du masculin est la figure conventionnelle du père bienveillant qui s'occupe de l'enfant en nous, mais peut être également ferme et juste.

Prêtre. L'homme intuitif est celui qui reconnaît et comprend le pouvoir de sa propre intuition, mais qui l'utilise pour le service de Dieu ou des dieux. Il peut apparaître dans des rêves comme le chaman ou le prêtre païen.

Sorcier. C'est l'homme qui utilise la perspicacité d'une façon totalement impartiale, pas plus pour le bon que le mauvais, mais simplement parce qu'il aime utiliser son pouvoir. Dans son aspect plus négatif, il est l'escroc ou le maître de la métamorphose soudaine.

Vagabond. C'est l'amant de la liberté, le voyageur itinérant, le bohémien. Il estime qu'il ne doit allégeance à personne et il est intéressé uniquement par ce qui l'attend au détour de la route.

Vilain. Le vilain est complètement et égoïstement impliqué, ne se souciant pas de qui il foule aux pieds dans sa propre quête. Il est souvent l'aspect de la masculinité que des femmes rencontrent d'abord dans des rapports quotidiens ; il peut donc subsister dans les images de rêves comme une figure menaçante si elle n'est pas réconciliée avec son égoïsme.

3. Spirituellement, quand nous avons accès à tous les archétypes, nous sommes prêts à devenir intégrés et entiers.

Arène

1. Rêver d'être dans une arène, comme joueur ou comme spectateur, met en évidence le fait que nous devrons décider d'accorder plus de place à la libre expression, à la créativité.

2. Nous développons un nouveau centre d'attention ou un secteur de conflit. Ce conflit peut être révélé au plein jour, dans un forum ouvert.

3. Aujourd'hui, le sport est souvent utilisé pour libérer de l'énergie. Spirituellement, une arène suggère un conflit ritualisé.

Argent

- Voir aussi Richesse

1. L'argent ne représente pas nécessairement la richesse monétaire, mais plutôt l'image que nous avons de nous. Ce symbole suggère une meilleure évaluation de soi et une prise de conscience de la valeur de nos actions et de nos désirs.

2. L'argent peut aussi représenter nos ressources personnelles matérielles ou spirituelles et notre potentiel de réussite. Dans certains cas, rêver d'argent peut être relié à l'image de notre pouvoir dans la vie et à notre puissance sexuelle.

3. L'argent représente une monnaie spirituelle, un léger changement spirituel. On dit que l'argent représente l'aspect féminin, l'or étant le masculin.

Armes

1. Rêver à des armes suggère notre désir de faire du mal à quelqu'un. Nous avons intériorisé notre agressivité et il est plus acceptable de rêver d'utiliser des armes contre des gens que d'avoir à les affronter dans la vie quotidienne. Selon l'arme, nous aurons une assez bonne idée du problème réel à l'état d'éveil. Rêver d'une flèche indique que l'on est transpercé par une émotion puissante, que l'on est blessé par des mots ou les actions de quelqu'un. Nous devons tourner notre attention vers nous. L'arme à feu, le pistolet représentent traditionnellement la sexualité masculine et, pour une femme, rêver d'être tuée indique souvent son désir ou sa peur d'une agression sexuelle. Si

nous utilisons l'arme à feu contre nous, nous utilisons nos capacités masculines de façon tout à fait agressive pour nous défendre. Un couteau représente la capacité de couper dans les débris, de couper dans ce qui nous dérange et de couper l'hypocrisie qui prévaut peut-être dans une situation. L'épée a plus d'une signification. À cause de sa poignée qui a la forme d'une croix, elle représente souvent un système de croyances qui est utilisé d'une façon puissante. Elle peut également suggérer la force spirituelle capable de couper l'inutile mieux encore que le couteau. L'épée dans son fourreau est l'âme ou le moi dans le corps.

2. Qu'une arme soit utilisée contre nous signifie que nous devons regarder ce qui rend les gens agressifs à notre égard. Peut-être avons-nous déplu à une personne et cela aboutit-il à une certaine forme d'agression, ou au contraire sommes-nous victime des circonstances.

3. Diverses armes peuvent suggérer des degrés variables de pouvoir spirituel. Le rêveur devrait utiliser ce pouvoir avec soin.

Arme à feu

- Voir aussi Armes

1. L'arme à feu a une connotation masculine et sexuelle évidente. Si une femme tire avec une arme à feu, elle est consciente du côté masculin, agressif de sa personnalité. Si elle est victime, elle se sent peut-être menacée d'agression ou par la sexualité.

2. Pour interpréter l'utilisation d'une arme à feu dans un rêve, il faut analyser le reste du rêve. Nous pouvons l'utiliser comme une protection contre des choses que nous jugeons importantes.

3. Le symbolisme spirituel renvoie plus ici à son attribut de base, celui de la masculinité manifeste.

Armure

1. Nous devons être conscients de la rigidité émotionnelle et intellectuelle en nous ou chez d'autres autour de nous. Si nous portons l'armure, nous pouvons nous surprotéger, tandis que si d'autres portent l'armure, nous pouvons être conscients de leurs systèmes de défense.

2. Nous pouvons nous protéger d'une menace. Notre façon de nous protéger peut cependant être périmée et inopportune dans les circonstances présentes.

3. L'armure représente la chevalerie, la protection et le besoin que nous avons tous de protéger ou d'être protégés.

Arrêté

- Voir aussi Figures d'autorité dans Gens

1. Rêver d'une arrestation suggère la contrainte de sa liberté d'expression naturelle par des jugements moraux ou des questions de bien ou de mal émis par d'autres. Rêver de l'arrestation de quelqu'un d'autre indiquerait notre désapprobation instinctive de cette partie de nous qui est représentée par cette personne.

2. Psychologiquement, nous sommes incertains de nos motifs d'agir. Nous devrions nous arrêter et considérer soigneusement notre comportement avant d'agir.

3. Il y a un besoin d'autorité.

En arrière

1. Rêver d'aller en arrière indique que nous pouvons nous retirer d'une situation ou ralentir pour apprendre d'une situation. Persévérer dans une situation particulière stoppera notre progrès.

2. Mentalement, nous n'utilisons pas nos facultés au maximum. Quand elle a regardé derrière elle, la femme de Loth a été transformée en statue de sel. Regarder derrière soi dans le passé peut être nuisible.

3. Nous régressons vers d'anciens modèles de comportement. Le rêveur devrait tenir compte de ce qui arrive dans sa vie et en déterminer les raisons.

Artiste

1. L'artiste nous fait reconnaître l'artiste en nous. Nous sommes conscients de l'aspect de nous qui est en contact avec le côté irrationnel et créatif de l'inconscient.

2. Nous devons nous servir de notre désir ou de notre capacité d'être créateurs.

3. Le Créateur, le principe directeur se manifeste souvent sous forme d'artiste dans les rêves.

Ascension

1. Rêver d'une ascension, c'est rêver de partir de quelque chose, probablement pour s'échapper. Nous évitons peut-être les ennuis.

2. Nous essayons d'atteindre de nouvelles hauteurs, en faisant des efforts plus grands pour réussir.

3. L'ascension, dans le sens d'une montée pour parvenir à la lumière, est un symbole spirituel souvent perçu.

Ascension

1. L'acte d'ascension est une percée vers un nouveau plan spirituel qui dépasse l'état d'être humain. C'est une conscience de niveaux différents de concentration, qui donnent une perspective différente sur le fait d'être humain.

2. L'ascension est un état modifié de conscience qui peut se produire à la suite de méditation et de pratiques spirituelles. Dans les rêves, elle est perçue comme acceptable et réelle, et elle est souvent accompagnée par des symboles de paradis.

3. L'ascension suit fréquemment l'expérience d'une descente dans le milieu (*underworld*).

Ascète

1. Il y a un peu de conflits avec des énergies naturelles. Il peut y avoir une privation de sexe ou de contact par peur ou par besoin de modération. Dans un rêve, rencontrer un ascète ou un saint, c'est rencontrer notre moi supérieur et reconnaître la partie de nous qui cherche continuellement l'unité avec le divin. Nous pouvons chercher la simplicité.

2. Psychologiquement, nous recherchons la pureté en nous et chez d'autres. De la même manière, nous pouvons avoir peur de cette pureté.

3. Il y a une tentative de trouver le spirituel dans nos vies.

Asperger/aspersion

1. En tant que symbole dans les rêves, l'aspersion suggère une tentative de faire beaucoup avec peu. Nous devons avoir le meilleur sur des situations en mettant un peu d'effort dans beaucoup de choses.

2. L'aspersion suggère le symbolisme d'imprégnation, de conception et de gestation. Psychologiquement, nous devons établir un lien avec notre côté créateur pour fonctionner correctement et nous pouvons souvent le faire au moyen de rêves d'aspersion.

3. Spirituellement, nous sommes conscients de concepts de base et de capacités. Dans quelques cultures, le sperme est dispersé sur le sol pour apaiser la déesse mère et assurer une bonne récolte. Dans plusieurs rituels magiques, des herbes et du sel sont dispersés.

Assiette

1. Une assiette peut être simple ou ornée et son interprétation dans un rêve en dépendra. Une assiette simple, vierge, indique un besoin de simplicité, tandis qu'une assiette plus ornée, décorée, peut suggérer un besoin de célébration. Si nous tenons l'assiette, c'est que nous savons ce que nous tenons des autres. Si quelqu'un d'autre tend l'assiette, il nous offre quelque chose qui lui appartient et que nous pouvons partager.

2. L'assiette, en tant que récipient, est une image importante. Si elle est creuse, elle symbolise ce qui appartient au féminin ; plate, elle représente l'appartenance à une communauté. Une assiette vide représente nos propres besoins et notre appétit, tandis qu'une assiette communautaire met en évidence ce qui doit être partagé. La forme et la couleur du plat peuvent aussi être importantes dans l'interprétation. (voir Couleurs et Motifs dans Formes).

3. Autrefois, les assiettes n'appartenaient qu'aux riches. Spirituellement, posséder une assiette suggère que nous ayons atteint un certain niveau de conscience.

Atelier

- Voir aussi Garage

1. Un atelier est un lieu productif. Dans les rêves, il symbolise la partie de nous qui crée des projets profitables pour nous-même, mais pas nécessairement sur le plan financier.

2. Un atelier peut souvent être l'endroit où nous rencontrons d'autres personnes qui nous ressemblent, des gens qui sont aussi des créateurs. Il représente donc l'interaction de groupe et le talent.

3. Un atelier renferme souvent des débouchés créatifs. Cette créativité peut être utilisée pour la progression spirituelle du rêveur.

Attaque

1. Être attaqué dans un rêve indique une crainte d'être sous la menace d'événements externes ou d'émotions internes. Des impulsions ou des idées inconnues forcent le rêveur à prendre une attitude défensive. Si nous sommes attaqués par des animaux, nous intériorisons notre agressivité ou notre sexualité ; nous avons peur de nos fortes pulsions naturelles.

2. Si le rêveur est l'attaquant, il doit se défendre par une liberté d'expression positive. Il fait des tentatives pour détruire un peu de cette forte envie ou de ce sentiment en lui-même ou chez les autres.

3. Il y a une menace spirituelle ou psychique.

Attente

1. Attendre quelqu'un ou quelque chose implique un besoin de reconnaître un sens d'anticipation. Nous pouvons compter sur d'autres gens, ou sur des circonstances extérieures, pour nous aider à avancer ou à prendre des décisions. Si nous sommes impatients, nos espérances sont peut-être trop élevées. Si nous attendons patiemment, les événements se produiront en temps et lieu.

2. Quand nous prenons conscience que l'on s'attend à une action appropriée de notre part, nous considérons nos propres qualités de leadership.

3. Dans le développement spirituel, nous devons souvent attendre le moment opportun. Nous devons attendre le passage du temps.

Aube

1. Rêver de l'aube ou d'un nouveau jour représente un commencement ou une nouvelle conscience par rapport à des circonstances autour de nous. Nous cherchons des façons différentes de traiter avec de vieilles situations.

2. Sur le plan psychologique, nous sommes conscients du passage du temps et peut-être du besoin de le marquer ou de le célébrer d'une certaine façon.

3. Une aube nouvelle peut apporter un grand sentiment d'espoir. À mesure que l'aube nouvelle s'estompe, le sentiment d'espoir devient plus fort. Une forme d'illumination spirituelle est souvent ressentie dans ce type de rêve.

Auditoire

1. Si nous sommes debout devant un auditoire dans un rêve, nous avons probablement dû traiter une question importante. Si nous sommes dans l'auditoire, nous sommes témoins d'une émotion ou d'un processus de changement personnel.

2. Nous devons soigneusement considérer un certain aspect de nos vies, particulièrement celui qui se déroule en public. Nous sommes les créateurs de notre propre pièce et un auditoire peut aussi représenter les diverses parties de la personnalité que nous avons créée.

3. L'auditoire a tendance à représenter des parties multiples de notre personnalité.

Aura

- Voir aussi Nimbe

1. Percevoir une aura dans un rêve indique comment nous considérons notre puissance ou celle des autres.

2. L'aura est une représentation du pouvoir que nous détenons à l'intérieur, le champ de force grâce auquel nous repoussons et attirons les gens.

3. L'aura est un champ d'énergie qui entoure le corps physique. C'est une expression du moi.

Autel

- Voir aussi Table

1. Un autel dans un rêve représente les moyens ou le besoin de s'abandonner à quelque chose de plus important que la situation présente. Un autel représente une croyance religieuse d'un certain ordre. C'est la table de communion, l'harmonie, mais il suggère souvent la division entre le physique et le spirituel.

2. Sur le plan psychologique, il dépeint le fait d'être sacrifié volontairement ou à contrecœur. L'acte du sacrifice, ou de rendre sacré, doit être fait en public pour qu'il puisse être correctement reconnu (voir Sacrifices).

3. En présence du divin, nous pouvons remercier et être un.

Autobus

- Voir aussi Parcours

1. Si nous rêvons que nous sommes dans un autobus, nous nous réconcilions avec notre façon d'être en groupe et avec les nouvelles directions que nous devons prendre en compagnie d'autres personnes.

2. Nous pouvons éprouver le besoin d'être un individu, tout en appartenant en même temps à un groupe avec un but commun.

3. Le plus grand bien.

Autochtone

1. Dans les rêves, l'autochtone représente ce qui est essentiellement différent de nous, peut-être des éléments peu sophistiqués. En étant plus en contact avec le naturel, nous pouvons nous servir de différents types d'énergie. Il y a dans chacun de nous un sens inné de clarté qui a été assombri par l'expérience et nous devons souvent avoir accès à cette simplicité pour faire face aux difficultés.

2. Sur le plan psychologique, nous devons utiliser des forces de vie de base qui ne nous sont probablement pas consciemment disponibles. En nous permettant de rester en contact avec des forces naturelles, nous pouvons nous en servir plutôt que de nous battre contre elles.

3. L'attention est attirée sur le rythme des processus de vie en nous.

Automne

1. On nous fait prendre conscience d'une fin. Ce qui est positif dans une situation peut être gardé et utilisé, mais il faut renoncer au reste.

2. Psychologiquement, des cycles se produisent dans nos vies et on peut mettre fin à certains d'entre eux.

3. L'automne de sa vie – avec les sentiments doux et tout ce que la vieillesse apporte – est symbolisé par l'automne.

Autruche

- Voir Oiseaux

Avalanche

1. Si nous sommes témoins d'une avalanche, nous éprouvons une force destructrice. Si nous sommes au milieu d'une avalanche, nous sommes écrasés par les circonstances.

2. Psychologiquement, nous devons maîtriser les forces extérieures. Nous faisons face à un certain danger.

3. Le pouvoir de la froideur pourrait nous écraser.

Auvent

1. Quand nous rêvons d'un auvent, nous avons l'espoir d'être protégés, abrités ou aimés. Autrefois, un auvent était utilisé pour abriter ceux qui avaient des devoirs ou des pouvoirs spéciaux, comme des rois et des reines ou des prêtres et des prêtresses. Nous reconnaissons toujours ce privilège sur un

plan interne profond. Si nous sommes abrités, nous reconnaissons nos propres capacités et notre potentiel.

2. Un auvent protège la tête, qui est le siège de l'intellect. Nous avons besoin de mettre l'accent sur des idéaux ou des aspirations plus élevés.

3. La royauté ou les gens puissants utilisaient souvent un auvent comme symbole spécial de la protection spirituelle ou pour signifier leur rang. Nous devrions considérer l'importance de telles questions pour nous.

Avaler/Déglutir

1. Le fait d'avaler dans un rêve suggère que nous absorbons quelque chose. Cela pourrait être la connaissance ou de l'information. Rêver de ravaler sa fierté est un signe d'humilité, alors que si quelque chose est difficile à avaler cela démontre que nous avons besoin de surmonter un obstacle.

2. Quand nous contenons une émotion, nous devons physiquement avaler. Le fait d'avaler devient donc un acte de suppression qui peut être nuisible.

3. Le rêveur peut essayer d'absorber plus de spiritualité qu'il peut en traiter adéquatement. Il serait recommandé de ralentir et de digérer les enseignements spirituels plus méthodiquement.

Avenir

1. Il y a plusieurs aspects au fait de rêver à l'avenir. Nous pouvons être conscients dans le rêve lui-même que des événements auront lieu dans l'avenir et, dans ce cas, ils ont un lien avec des actions que nous devons entreprendre dans la vie éveillée. Nous pouvons aussi avoir des rêves prémonitoires, ces rêves d'événements avant qu'ils aient lieu, et reconnaître ensuite que nous avions déjà l'information, que nous savions que telle chose allait se produire. Le passé, le présent et l'avenir coexistent côte à côte et il a été possible de lire ces enregistrements en état de rêve. Notre expérience est subjective, bien que nous soyons dans une position d'observateurs.

2. Sur le plan psychologique, si nous devons être en contrôle de nos vies, nous devons être conscients de l'avenir et les rêves peuvent donner un aperçu des façons d'agir. Les rêves nous permettent d'interpréter certains scénarios et d'explorer des possibilités sans qu'aucun mal soit causé.

3. Manifestation spirituelle, comme dans « Toutes choses doivent passer ».

Avertissement

1. Recevoir un avertissement dans un rêve suggère que nous sommes conscients qu'intérieurement ou extérieurement quelque chose a besoin d'attention. Nous pouvons nous mettre en danger.

2. Avertir quelqu'un met en évidence la conscience de difficultés et de danger, aussi bien pour d'autres que pour des parties cachées de notre personnalité. Les circonstances du rêve le clarifieront. Recevoir un avertissement écrit indique que nous nous comportons peut-être mal.

3. Un avertissement peut en réalité nous montrer la voie pour devenir une personne plus intuitive. On peut avoir confiance en notre intuition ; nous devrions l'utiliser en conséquence.

Avion

- Voir aussi Parcours

1. Rêver à des avions peut représenter des changements de vie soudains ou dramatiques. Un avion qui décolle représente un saut dans l'inconnu et le fait de prendre des risques. Un atterrissage indique le succès d'une nouvelle entreprise ou le résultat d'un risque calculé.

2. Un avion dénote une recherche de liberté psychologique, un mouvement vers l'indépendance.

3. Par association avec le chariot ailé, l'avion représente un voyage spirituel.

Aviron

1. L'aviron est un outil qui permet au bateau ou au canot d'avancer, mais son utilisation exige un peu d'habileté. Il est ainsi la représentation de nos habiletés personnelles. Nous possédons certaines habiletés ou compétences qui nous aident à avancer dans la vie.

2. Pagayer, mener la barque avec le reste d'un groupe indiquent notre capacité de nous immiscer dans la vie des gens. Rêver de la perte d'un aviron indique la perte d'une capacité que nous avons autrefois estimée.

3. Un aviron peut représenter un outil spirituel, par sa nature et ses qualités de guider l'embarcation, il peut aussi indiquer que nous avons le contrôle de la direction que nous choisissons.

Avoine

1. L'avoine, sous forme de gruau, signifie une alimentation magique parce qu'elle est simple et nourrissante. Depuis très longtemps, l'avoine est une constituante principale de l'alimentation qui représente la chaleur et le confort.

2. L'avoine, dans son aspect naturel, a un rapport, dans les croyances populaires, avec la satisfaction sexuelle et la liberté. Rêver de semer de l'avoine suggère que nous nous attendions, ultérieurement, à récolter des avantages d'une situation.

3. Parce que l'avoine est un aliment très humble, une nourriture de pauvre mais offrant une alimentation très soutenue, rêver de l'avoine indique un besoin d'une nourriture spirituelle plus soutenue, peut-être même un désir de retourner à une perspective plus simple de la vie.

Avortement

1. Il peut y avoir un besoin de rejeter un sentiment, une émotion, une croyance ou un concept qui pourrait se révéler problématique d'une certaine façon. Un risque a été pris et ça n'a pas fonctionné ; nous devons maintenant nous remettre sur la bonne voie. Nous avons intériorisé une nouvelle façon de penser ou d'être qui, après mûre réflexion, devra être rejetée.

2. Notre capacité de regarder clairement ce que nous avons entrepris de faire ou d'être dans nos vies devrait être utilisée. Des décisions devraient être prises pour nous débarrasser de ce qui n'est plus nécessaire.

3. Un recul spirituel signifie que nous devons rejeter un concept précédemment retenu.

B

de

Bagages à Butoir

Bagages

1. Le fait de porter des bagages supplémentaires dans un rêve indique que nous portons une charge supplémentaire, émotionnelle ou pratique. Nous attendons peut-être trop de nous ou des autres. Nous portons un traumatisme.

2. Le rêveur connaît un peu de stress psychologique et il doit décider quels projets ou sentiments peuvent être mis de côté dans sa vie éveillée.

3. Des sentiments de douleur peuvent se manifester dans les rêves sous forme de bagages. Cependant, de la douleur, tout comme des bagages, peut être perdue –. Il vaut la peine que le rêveur se le rappelle.

Baguette

- Voir Bâton

Baguette magique

1. Quand nous utilisons une baguette magique, nous sommes conscients de notre influence sur d'autres. Au contraire, si quelqu'un utilise une baguette magique contre nous, nous prenons conscience du pouvoir de suggestion, tant négatif que positif, de la situation.

2. De manière conventionnelle, la baguette magique est un instrument des forces surnaturelles et c'est souvent cette image qui est la plus importante. Nous avons besoin d'explorer une force qui nous est extérieure.

3. Évidemment, une baguette magique fonctionne en tandem avec la magie, donc rêver à une baguette magique peut symboliser des pouvoirs magiques susceptibles de nous influencer.

Bâiller

1. Le bâillement peut indiquer l'ennui et la fatigue. Nous pouvons aussi essayer de dire quelque chose, mais n'y avoir pas encore assez réfléchi.

2. Dans le règne animal, un bâillement est souvent un avertissement et, dans les rêves il est peut-être une façon de contrôler notre comportement abusif ou celui des autres.

3. Dans le monde physique, un bâillement est une façon d'absorber plus d'oxygène. Dans le monde spirituel, il suggère que notre moi intérieur tente d'assimiler plus de connaissances.

Bain/baignade

1. Prendre un bain peut indiquer un besoin de laver de vieux sentiments, et aussi le besoin de se détendre, de se laisser aller. Nous contemplons le passé et adoptons de nouvelles attitudes.

2. Rêver de donner le bain à quelqu'un montre le besoin de prendre soin de cette personne ou d'avoir un rapport intime avec elle.

3. La baignade commune dépeint l'innocence et la sensualité combinées.

Baiser

1. Embrasser quelqu'un suggère que nous acceptons un nouveau rapport avec cette personne, ou encore, sur un plan subconscient, que nous cherchons à développer en nous une de ses qualités.

2. Nous scellons un pacte. Cet accord peut être sexuel ou d'amitié. Nous pouvons aussi aller vers l'unité. Être embrassé indique que l'on est apprécié et aimé.

3. Un simple baiser (particulièrement sur le front) avait souvent des nuances spirituelles et religieuses ; ici l'image symbolise une sorte de bénédiction spirituelle.

Balance

1. Une balance dans un rêve suggère l'équilibre et le sang-froid. Sans cet équilibre, nous ne pouvons pas prendre une décision éclairée. Nous devons soupeser toutes les possibilités. La balance suggérera aussi des standards – par exemple, de comportement – auxquels on espère nous voir adhérer. Si la

balance n'est pas équilibrée, nous devons chercher ce qui ne fonctionne pas correctement.

2. Le type de balance nous donnera une interprétation plus explicite. Par exemple, le pèse-personne suggérerait une évaluation plus personnelle qu'une pesée publique, tandis qu'un pont-bascule pourrait suggérer que nous devrions prendre nos vies entières en considération. S'il s'agit du pèse-personne du médecin, il faut s'inquiéter d'un problème de santé potentiel.

3. La balance de la justice représente l'équilibre et l'harmonie, mais aussi le bon jugement. Par association, elle représente aussi le signe astrologique de la Balance.

Balancement

1. Se balancer peut être une activité consolante, un peu comme un enfant que l'on berce pour qu'il s'endorme. Le balancement peut aussi suggérer un comportement infantile puisqu'il nous met en contact avec les rythmes naturels de la vie.

2. Nous aimons être bercés, particulièrement lorsque nous avons besoin de calme. Le mouvement doux peut nous permettre de rester centrés. Ainsi, bercer quelqu'un devrait le calmer. Inversement, être bercé nous calme.

3. Le balancement est un symbole de transition. Se déplacer d'avant en arrière suggère autant l'hésitation que le désir. Le balancement est aussi un symbole de fertilité.

Balayer

1. Balayer suggère que l'on est capable de se départir d'attitudes et d'émotions qui ne sont plus d'actualité. Balayer suggère une mise en ordre des choses.

2. Balayer est une vieille image qui rappelle la bonne gestion et le ménage. Sur le plan psychologique, il suggère une attention aux détails et à la justesse autant qu'à la propreté. De nos jours, il pourrait suggérer la recherche de virus.

3. Le rêveur réfléchit sur ses connaissances acquises. Certains éléments de confusion peuvent mettre du temps à se dissiper.

Balcon

- Voir aussi Constructions

1. Rêver d'être sur un balcon indique que nous cherchons à obtenir un statut plus élevé. Rêver d'être sous un balcon indique que nous sommes conscients de ce même besoin chez d'autres personnes.

2. Sur un plan psychologique, nous cherchons le pouvoir dans une situation où nous nous sentons impuissants.

3. Quand nous rêvons que nous nous sommes élevés, nous reconnaissons notre compétence spirituelle ou notre progression.

Baleine

- Voir Animaux

Balise

1. Elle peut représenter indifféremment un avertissement, un besoin de communication ou un principe très fort qui régit notre vie.

2. Nos émotions peuvent s'enflammer et nous aurions besoin d'être direct dans une communication.

3. Les balises peuvent éclairer la voie menant à la lumière spirituelle et à un sanctuaire spirituel.

Balle (ballon)

1. Une balle a un lien avec notre côté espiègle et enfantin, et notre besoin de nous exprimer librement. La présence d'une balle suggère aussi un besoin de liberté, mais est liée à notre côté plus flamboyant.

2. Si nous participons à des jeux avec une balle ou un ballon (voir Jeux), nous prenons conscience de nos besoins de structure et de liberté. Psychologiquement, l'être humain a besoin de célébrer des occasions spéciales. Dans les rêves, cette image peut nous en avertir.

3. Les festivals solaires et lunaires sont souvent symbolisés par un ballon, qui symbolise un sentiment de plénitude impénétrable.

Balle (de fusil)

1. Rêver à des balles, c'est être conscient d'une agression et d'un désir de blesser. Si la balle est tirée en direction du rêveur, c'est un avertissement de danger. Si, au contraire, le rêveur tire la balle, il a conscience de sa vulnérabilité.

2. De quelles munitions (ressources à utiliser) le rêveur dispose-t-il ?

3. Une balle peut représenter le besoin et le contrôle de l'imprégnation sexuelle.

Ballerine

- Voir aussi Danse/Danser

1. L'apparition féerique d'une ballerine dans un rêve montre que nous établissons une connexion avec ce côté de notre être. Nous cherchons aussi l'équilibre et l'aplomb.

2. Nous reconnaissons notre côté créateur et le besoin de mouvements contrôlés. Nous restons en contact avec notre expressivité.

3. La ballerine symbolise la musique et l'intériorité.

Ballon

1. Très souvent, c'est la couleur des ballons dans nos rêves qui importe (voir Couleurs). Cependant, ils peuvent aussi indiquer une atmosphère de fête ou un désir sexuel.

2. Jadis, les ballons étaient faits avec des vessies de porc et utilisés par le bouffon de la cour pour rappeler au roi qu'il était humain. De nos jours, ils peuvent présenter une note d'amusement.

3. Un ballon est un symbole de joie, souvent un sentiment de joie légère et pleine d'entrain, ou de l'esprit qui s'élève.

Bambou

1. La flexibilité du bambou représente la force de ce qui plie mais ne se rompt pas. Étant une plante gracieuse et robuste, il suggère aussi ces qualités chez le rêveur.

2. Sur le plan intellectuel, le bambou symbolise une longue vie et une vieillesse satisfaisante. Il représente aussi la capacité de plier sans casser sous la pression.

3. Parfait mais flexible, l'être humain est symbolisé par le bambou. Si le rêveur reconnaît ces deux aspects en lui, il peut commencer à tenter de corriger ses défauts.

Banane

- Voir aussi Aliments et Fruits

1. La plupart des rêves de fruits impliquent la sexualité ou la sensualité. Conventionnellement, la banane, à cause de sa forme, représente le pénis. Cependant, on considère aussi, à cause de sa structure courbe, qu'elle est une façon de composer avec la sexualité masculine.

2. En conjonction avec d'autres fruits, la banane peut signifier la fertilité ou la subsistance.

3. La banane symbolise la fertilité.

Bandage

1. Si un bandage est appliqué dans un rêve, cela montre le début d'un processus de guérison. Des sentiments de tristesse ou des blessures émotionnelles ont besoin d'attention.

2. Des difficultés nous ont peut-être rendus malades et nous avons besoin de prêter attention à notre capacité de guérir. Si le bandage se détache, nous pouvons avoir surmonté la difficulté, ou nous pouvons avoir été négligents.

3. Les bandages représentent la conservation (bandelettes d'une momie). Dans ce cas, le rêveur peut voir ce qu'il veut préserver dans sa vie et agir en conséquence.

Bande/Troupeau/Volée

1. Rêver d'une bande – par exemple une volée d'oiseaux ou un troupeau de moutons –, c'est reconnaître le besoin d'appartenir à un groupe, d'avoir un but ou une façon d'être communs.

2. Notre comportement personnel peut souvent différer de celui des autres et rêver d'une bande peut nous le signaler.

3. Une bande peut symboliser nos croyances spirituelles et notre certitude de suivre la bonne voie.

Bannière

- Voir aussi Drapeau

1. Si la bannière est commerciale, nous voulons quelque chose que nous avons ignoré ou rejeté. Si la bannière est un vieux modèle comme celle des joutes médiévales, elle indique un besoin de consolider des pensées et des actions.

2. Sur le plan psychologique, nous pouvons ou devons nous lancer dans une sorte de croisade. Nous avons une cause commune, organisée et spécifique, pour laquelle nous battre.

3. Une certaine norme de comportement spirituel est exigée de chacun. Rêver d'une bannière nous y sensibilise.

Banque

1. Les ressources financières, mentales ou spirituelles du rêveur peuvent requérir une gestion prudente.

2. La confiance en soi, les aptitudes sociales et la sagesse sont gardées en réserve. Il peut y avoir une crainte par rapport à la gestion réelle de ces ressources.

3. Une banque indique un espace spirituel sûr.

Banquet

1. Rêver d'un banquet pourrait avoir deux significations. Si nous faisons le service, il ne faut pas trop en donner et ainsi nous priver. Si nous y participons, un besoin de base attend d'être satisfait.

2. Nous n'utilisons pas nos facultés mentales à leur pleine valeur.

3. Le banquet est un symbole de notre besoin de nourriture spirituelle et de notre besoin de nous abreuver de spiritualité.

Banquier

1. La plupart des gens éprouvent des problèmes d'argent. Le banquier, le directeur de banque symbolisent notre besoin d'une figure d'autorité.

2. Nous avons de l'énergie en réserve. Le banquier représente le contrôle sur soi.

3. Un banquier peut suggérer notre droit de gérer nos actifs spirituels.

Baptême

1. Rêver d'être baptisé indique qu'une nouvelle influence se manifeste, nous faisant jeter nos vieilles attitudes et nous ouvrant à un monde intérieur. Rêver de baptiser quelqu'un signifie que le rêveur est prêt à transmettre sa connaissance.

2. Les croyances religieuses peuvent être imposées au rêveur, souvent pour le mieux.

3. Le baptême symbolise beaucoup de choses, dont le commencement, la mort et la renaissance, la régénération, le renouvellement.

Bar/Pub

1. Être dans un bar indique notre comportement social et nos sentiments envers la société. Il peut être approprié d'utiliser ces espaces publics pour créer de nouvelles relations, ou pour prendre conscience de notre solitude. Un espace public où nous laissons tomber nos inhibitions est lié au besoin ancien de célébrer et de fêter.

2. Nous avons tous des besoins sociaux, d'être en agréable compagnie. Ces besoins peuvent être comblés par une sortie dans un pub ou dans un bar. À l'origine, les pubs étaient de vieilles auberges où s'arrêtaient les voyageurs. Les rapports sociaux y étaient purement transitoires, éphémères. Ce symbolisme est toujours présent dans le rêve. Nous sommes dans un lieu pour nous détendre ; on ne doit pas attendre davantage de nous.

3. En tant que lieu public où les valeurs partagées sont importantes, le pub est un espace créateur. C'est un lieu de rencontre où l'on ne juge pas les gens. Ainsi, beaucoup de gens différents peuvent y coexister.

Barattage

1. La plupart des rêves dans lesquels il y a un liquide qui est baratté, que l'on fait bouillir ou que l'on fait bouger d'une certaine façon, créent un lien avec notre sens très primitif du chaos (le manque d'ordre). Nous réévaluerons nos capacités d'utiliser notre énergie.

2. Nous devons très souvent prendre conscience d'un chaos fortement enraciné à l'intérieur de nous pour mieux apprécier notre potentiel d'ordre.

3. Ultimement, le chaos doit conduire à l'ordre. Une école de pensée est née du bouillonnement du chaos.

Barbe

1. Rêver d'un homme barbu signifie qu'il faut se prémunir contre une opération de camouflage et de duperie.

2. Nous devons peut-être prendre en considération les attributs plus masculins en nous ou chez les autres.

3. Spirituellement, il y a ambivalence et la signification dépendra de la culture du rêveur. La barbe peut symboliser la sagesse et la dignité, ou, au contraire, la duperie et la déviance.

Barbelé

1. Être entouré par du fil barbelé indique que nous sommes stoppés dans notre progression par nos remarques blessantes ou par celles des autres.

2. Sur le plan intellectuel, nous essayons d'être trop intelligents. Nous pouvons également forcer d'autres personnes à faire des choses qu'elles ne veulent pas faire. Un commentaire cinglant sert principalement à blesser le destinataire.

3. Le barbillon est traditionnellement la fourche que le Diable apportait avec lui pour nous aiguillonner dans l'action.

Barrage

- Voir aussi Eau

1. La signification peut varier. Nous bloquons nos propres émotions et notre dynamisme, ou au contraire nous arrêtons l'explosion émotionnelle de quelqu'un. Construire un barrage indique que nous allons ériger des défenses, tandis que si un barrage est rompu nous n'avons aucun contrôle sur des situations émotionnelles autour de nous.

2. Alors que consciemment nous contrôlons nos émotions, dans certaines séquences de rêves nous nous permettons souvent d'exprimer la difficulté et la frustration, ce qui peut être symbolisé par un débordement d'eau.

Bas

- Voir Position

Base

1. Si notre attention est attirée par la base d'un objet, nous retournons au point de départ d'un projet dans lequel nous sommes impliqués dans la vie éveillée. Nous devrions considérer notre stabilité.

2. Rêver d'une base en métal indique que nous traitons avec une chose inférieure qui a besoin d'être raffinée.

3. Grossièreté, matériel informe. Nos instincts de base peuvent être questionnés.

Bassin

- Voir aussi Eau

1. Rêver d'un bassin renvoie à notre besoin de comprendre nos sentiments et nos émotions. Un étang dans une forêt, par exemple, suggère notre besoin de

paix et de tranquillité. Une piscine urbaine signifie notre besoin de structurer nos relations sociales, tandis qu'un bassin d'eau sur la route indique qu'un problème émotionnel a été priorisé par rapport à nos autres projets.

2. Afin de nous comprendre, nous devons explorer le bassin du rêve en nous y immergeant, c'est-à-dire nous impliquer émotionnellement. La façon dont nous réagissons à ce qui survient (de plus d'une façon) nous apprend beaucoup sur nous. Le bassin peut suggérer une forme de nettoyage, particulièrement de vieux traumatismes, d'émotions ou d'erreurs passées. L'image la plus significative de cette immersion est celle du baptême.

3. La méditation et certaines façons d'utiliser notre imagination peuvent augmenter notre capacité de rêver. Imaginez-vous marchant dans un champ. Vous sentez l'herbe sous vos pieds et le vent sur votre visage. La promenade se poursuit vers une pente descendante à votre gauche. Au fond de cette petite vallée se trouve un bassin entouré d'arbres. Regardez l'étang et détendez-vous tout en pensant à votre vie. Quand vous êtes prêt, levez-vous et avancez tranquillement dans l'eau. Vous sentez l'eau monter lentement le long de votre corps jusqu'à ce que vous soyez immergé. À ce moment, libérez-vous de toutes les tensions du quotidien et concentrez-vous sur la paix qui vous habite. Sortez alors tranquillement de l'eau et, de nouveau, assoyez-vous à son bord. Quand vous vous sentez prêt, reprenez votre promenade jusqu'à votre point de départ dans le champ et laissez tranquillement votre image s'effacer. En pratiquant régulièrement cette méditation, vous y trouverez des images d'une signification plus profonde.

Bateau/vaisseau

- Voir aussi Parcours

1. Rêver d'un bateau ou d'un vaisseau indique très souvent comment nous faisons face à nos émotions et à celles des autres. Il peut représenter la manière dont nous faisons notre chemin et si nous sommes en contrôle de nos vies.

2. Rêver d'être seuls dans un petit bateau signifie qu'il nous faut considérer l'isolement et la capacité d'être seuls. Rêver d'être sur un grand bateau est un signe que nous avons besoin de réfléchir à nos rapports de groupe. Manquer le bateau est souvent le rêve d'un perfectionniste qui redoute les occasions ratées.

3. Les bateaux représentent notre attitude face à la mort, voyage final. Ils peuvent aussi représenter la fertilité et l'aventure.

Bâton

1. Une matraque de policier peut représenter l'autorité ou la sexualité masculine. Rêver d'utiliser une arme pour frapper quelqu'un dénote une violence intérieure inexprimée ou de la violence contre nous-mêmes.

2. Cependant, des baguettes de tambour ou un morceau de bois signifient le besoin de s'exprimer plus fort que d'habitude. Nous devons trouver un exutoire à notre force.

3. L'autorité spirituelle peut être symbolisée par le bâton, qui nous aide à trouver la voie. Le bâton signifie la masculinité, bien que brutalement exprimée dans ce cas.

Battre

1. Dans les rêves, le fait de battre quelqu'un ou quelque chose représente notre besoin de dominer par l'agression et la force brute.

2. Être battu physiquement ou dans un jeu indique notre soumission à une force plus grande.

3. L'humilité, l'angoisse et le chagrin sont particulièrement symbolisés si on reçoit une raclée.

Bêche

- Voir Pelle

Belette

- Voir Animaux

Bélier

- Voir Animaux

Béquille

1. Quand nous rêvons de béquilles, nous éprouvons un besoin d'appui, bien qu'elles puissent aussi signifier qu'il nous faille soutenir d'autres personnes.
2. Nous pouvons désapprouver les défauts ou les faiblesses d'autres personnes.
3. En développant notre spiritualité, nous prenons conscience de nos diverses dépendances (à l'alcool, aux drogues ou aux médicaments, à des gens qui nous maltraitent...).

Berceau

1. Rêver d'un berceau peut représenter une nouvelle vie ou le commencement. En tant que rêve prémonitoire, un berceau peut représenter la grossesse, tandis que pour un homme un berceau peut représenter celui de retourner à un état protégé, semblable à celui ressenti dans l'utérus.
2. Un berceau vide pour une femme peut représenter la crainte de rester sans enfant ou certaines peurs par rapport à la maternité, selon les autres aspects du rêve.
3. Le corps physique par opposition au corps spirituel est parfois représenté comme un berceau.

Besoin

1. Prendre conscience d'un besoin, c'est peut-être se connecter avec sa nature. Nous pouvons avoir supprimé ces besoins dans la vie éveillée et les voir ressurgir dans les rêves.
2. Dans les rêves, quand nous constatons que nous voulons faire ou être quelque chose de différent, nous prenons conscience de notre potentiel de succès et de notre pouvoir de changer nos vies. Par exemple, rêver d'être un poète au lieu d'un acteur peut suggérer la créativité dans une forme différente.
3. Le désir dans son sens le plus absolu. – Le rêveur doit tout de même faire attention, car le besoin est parfois considéré comme une forme de péché.

Bible

1. Si nous rêvons de la Bible ou d'un autre livre religieux, nous prenons conscience de critères moraux traditionnels. Nous avons besoin d'un code de conduite qui nous aide à survivre.

2. Nous devons étudier très soigneusement nos croyances religieuses, ainsi que les mythes et légendes auxquelles nous croyons.

3. La Bible indique quelque réalisation spirituelle.

Bibliothèque

- Voir aussi Maison

1. Une bibliothèque peut souvent représenter notre expérience de vie. Elle peut aussi symboliser notre intellect. Une bibliothèque bien ordonnée suggère la capacité de créer l'ordre. Plus chaotique, désordonnée, elle suggérerait que nous traitons difficilement l'information.

2. À une certaine étape de notre développement psychique et spirituel, la bibliothèque est un symbole important. Elle suggère autant la sagesse que les habiletés accumulées, mais aussi la sagesse disponible à toute l'humanité. En analysant plus objectivement notre vie, nous avons un meilleur accès à la connaissance universelle.

3. Une bibliothèque représente l'inconscient collectif.

Bicyclette

- Voir aussi Parcours

1. Aller à bicyclette exprime le besoin de prêter attention à l'effort personnel ou à la motivation.

2. Psychologiquement, nous cherchons la liberté sans responsabilité.

3. Sur le plan spirituel, la bicyclette représente la dualité.

Bigamie

1. Rêver d'être bigame indique l'incapacité de décider entre deux amours ou deux actions. On nous présente une alternative dont les deux éléments ont une égale valeur.

2. Si en rêve nous épousons un ou une bigame, nous sommes floués ou trompés par quelqu'un très près de nous.

3. Spirituellement, la bigamie peut représenter les choix que l'on doit faire, probablement entre le bien et le mal. Par association, cela peut représenter le signe astrologique des Gémeaux.

Bijoux

1. Les bijoux symbolisent presque invariablement les choses que nous estimons, par exemple des qualités personnelles, notre sens de l'intégrité et notre capacité d'être nous-mêmes. Si nous cherchons des bijoux, parfois en haut d'une montagne ou dans une caverne, nous essayons de trouver ces parties de nous qui auront de la valeur. Les compter ou les évaluer suggérerait qu'un temps de réflexion est nécessaire.

2. Si les bijoux sont montés, nous savons que le bijou a une importance. Par exemple, un anneau d'émeraude pourrait suggérer que nous avons achevé une étape de croissance vers l'immortalité. Chaque pierre précieuse a sa propre interprétation. L'***améthyste*** promeut la guérison et influence les rêves. Le ***diamant*** signifie l'avidité, la dureté de la nature, et ce que l'on estime, dans un sens cosmique. L'***émeraude*** met en évidence la croissance personnelle. L'***opale*** suggère le monde intérieur rempli de fantaisies et de rêves, les impressions psychiques. La ***perle*** signifie la beauté intérieure et la valeur. Le ***rubis*** informe sur des émotions, des passions et des sympathies. Le ***saphir*** met en évidence des sentiments religieux.

D'autres significations de quelques pierres précieuses connues sont :

L'***agate*** noire symbolise la richesse, le courage, l'assurance et l'énergie, la paix (rouge), l'amour spirituel de la bonté ; la santé, la prospérité et la longévité. L'***ambre*** représente la lumière cristallisée et le magnétisme. L'***améthyste*** est la gemme guérisseuse. En connectant le rêveur avec le spirituel, elle représente l'influence des rêves, et aussi l'humilité, la paix intérieure, la foi, la retenue et la résignation. L'***aigue-marine*** incarne les qualités d'espoir, de jeunesse et la santé. On croit que le ***béryl*** représente le bonheur, l'espoir et la jeunesse éternelle. L'assurance et le succès sont conservés dans l'***escarboucle (grenat rouge)***. Le quartz ***œil-de-tigre*** influence la longévité, la capacité d'encaisser et la lune déclinante. Le ***corindon*** influence et aide à créer une stabilité d'esprit. Le ***cristal*** symbolise la pureté, la simplicité et divers éléments magiques. Le ***diamant*** a un certain nombre d'influences : lumière, vie, soleil, durée, incorruptibilité, constance, sincérité, innocence. L'***émeraude*** embrasse l'immortalité, l'espoir, la jeunesse, la fidélité et aussi la beauté du printemps. Le ***grenat*** peut améliorer les niveaux d'énergie et indique la dévotion, la fidélité et la grâce. L'***hyacinthe*** symbolise la fidélité et la vérité, mais aussi le cadeau de double vue. Elle représente l'humilité, presque la modestie. Le ***jade***, le pouvoir du yang du ciel. Le ***jaspe*** renferme les qualités de joie et de bonheur. Bien qu'habituellement associé aux émotions plus sombres comme le chagrin et le deuil, le ***jais*** contrôle aussi la sécurité dans un voyage. Le ***lapis-lazuli*** est une pierre favorable pour évoquer la faveur divine, le succès et la persévérance. La ***magnétite*** possède les qualités d'intégrité et d'honnêteté ; elle influence aussi la virilité. La ***pierre de lune/sélénite***, la lune et ses qualités magiques, tendresse et amants romantiques. L'***olivine*** influence la simplicité, la modestie et le bonheur humble. L'***onyx*** représente les degrés de perspicacité, la sincérité, la force spirituelle et le bonheur conjugal. L'***opale*** représente non seulement la fidélité, mais aussi la ferveur religieuse, les prières et les croyances spirituelles sûres. La ***perle*** symbolise les principes féminins de chasteté, la pureté et aussi la lune et l'eau. Le ***péridot*** représente la consolidation d'amitiés, aussi le coup de foudre qui nous frappe sans crier gare. Le ***rubis*** représente tout ce qui est traditionnellement associé à la royauté : dignité, ardeur, pouvoir, amour, passion, beauté, longévité et invulnérabilité. Cependant, quelques personnes peuvent considérer ces interprétations légèrement ironiques. Le ***saphir*** tient à la vérité temporelle, aux vertus célestes, à la contemplation céleste et à la chasteté féminine. La ***cornaline*** représente les codes d'honneur, la renommée, la brillance, la vivacité et le sang-froid. La ***topaze*** tient à la beauté du divin, aux diverses qualités de bonté, de fidélité, d'amitié, d'amour et de sagacité ; elle symbolise aussi le soleil. L'inspiration et l'imagination sont représentées par la ***tourmaline***, l'amitié aussi. La ***turquoise*** symbolise le courage physique et spirituel, l'accomplissement et aussi le succès. La sagesse temporelle est contenue dans le ***zircon***, aussi bien que les vertus d'honneur et la splendeur de la richesse.

3. D'un point de vue spirituel, comprendre le sens des pierres peut parfaire le développement personnel. Dans la plupart des rêves, ce sont les pierres mieux connues qui apparaissent, mais quand on en rencontre d'autres, moins connues il y a plusieurs avantages à en savoir plus. Plusieurs pierres ont des propriétés de guérison. Plusieurs bons livres et sites Internet vous aideront dans votre recherche.

Bile

1. Rêver d'être ulcéré signifie que nous ressentons des sentiments d'amertume par rapport à quelque chose dans notre vie. Que cette amertume revienne à la surface nous donne l'occasion de l'exprimer et d'y travailler.

2. Rêver à une vésicule biliaire ou à une opération de la vésicule biliaire représente souvent le besoin de lâcher prise. Nous assimilons de fausses informations qui nous causent des problèmes et nous devons nous débarrasser de l'amertume ou même de la culpabilité.

3. Un rêve sur la bile est symbolique d'une forme de mal. Dégoûtés, nous pouvons vouloir nous détourner, mais nous devons affronter les problèmes.

Bizarre

1. Les images des rêves sont souvent bizarres au sens où quelqu'un peut faire quelque chose de très étrange, ou quelque chose peut avoir une apparence étrange ou grotesque. Il est important de nous rappeler ces images pour les comprendre.

2. L'esprit est capable de créer ce qui peut apparaître absurde, mais le rêveur peut reconnaître la pertinence de l'image dans son quotidien ou dans sa vie active.

3. Sur le plan spirituel, la bizarrerie est probablement le produit d'informations mal comprises.

Blanc

- Voir Couleurs

Blé

- Voir Graine

Blessure

- Voir aussi Armes

1. Toute blessure ou tout traumatisme dans les rêves représentera des sentiments ou des émotions blessés. Si nous infligeons des blessures, notre propre agression et notre défiance sont mises en évidence ; si les blessures nous sont infligées, nous sommes la victime.

2. Le type de blessure sera important dans l'interprétation du rêve. Une profonde et vilaine blessure suggérera plus de violence, tandis qu'une petite blessure peut indiquer une attaque plus concentrée.

3. Une blessure symbolise une expérience, qui peut avoir été désagréable mais dont le rêveur devrait tenir compte et tirer des leçons.

Bloc

1. Dans les rêves, un bloc peut se présenter sous différentes formes. Nous pouvons l'éprouver comme un bloc physique – c'est-à-dire quelque chose qui a besoin d'être surmonté ou contourné, un blocage, par exemple l'incapacité de parler ou d'entendre –, ou comme un bloc spirituel – par exemple la figure d'un ange ou d'un démon apparaissant dans nos rêves.

2. Les blocs apparaissent quand nous devons faire un effort spécial pour surmonter un obstacle.

3. Une mesure préventive, un avertissement sont les significations spirituelles d'un bloc.

Bœuf

- Voir Animaux

Bois

- Voir aussi Arbres, Forêt, Planche

1. Rêver de bois de construction suggère notre capacité d'apprécier le passé et de construire une structure permanente ou non. Rêver d'un jouet en bois met en évidence notre connexion avec notre côté enfantin et plus naturel.

2. Quand notre comportement devient rigide ou de bois, les rêves essaient souvent de nous montrer la nécessité d'équilibrer nos sentiments.

3. Le bois est souvent une manifestation de l'esprit. Si c'est un bois sauvage, le rêveur doit mieux contrôler son propre esprit.

Bois (panache)

- Voir aussi Cornes

1. Le cerf est un animal noble, donc l'interprétation du rêve diffère si les bois sont montés comme un trophée ou sont vus sur l'animal. Dans le premier cas, il peut représenter des pouvoirs intellectuels. Dans le deuxième cas, le panache peut être interprété comme une tentative d'atteindre un statut plus élevé.

2. Sur le plan psychologique, le panache d'un cerf représente la conscience d'un conflit potentiel entre notre moi noble et nos instincts.

3. Pouvoirs surnaturels, fertilité et noblesse d'esprit sont représentés par le panache.

Bois de construction

- Voir Bois

Boisson

1. Boire, c'est absorber ou prendre quelque chose. Ce que nous buvons et sa couleur ont leur importance. Le jus de fruits, par exemple, indiquerait un besoin de nettoyage et de pureté (voir Alcool et Couleurs).

2. Boire en rêve peut indiquer notre besoin de réconfort et de nourriture.

3. Sur le plan spirituel, boire du vin symbolise l'absorption de la vie divine et du pouvoir.

Boîte

1. Se sentir en boîte dans un rêve, c'est se voir empêché de se développer de façon appropriée. Rêver d'emballer des choses dans une boîte indique que nous essayons de nous débarrasser de sentiments ou de pensées qui nous embarrassent.

2. Divers types de boîtes peuvent représenter différents aspects de la personnalité féminine.

3. Le principe du contenant est féminin.

Boiteux

1. Rêver que l'on est boiteux suggère une perte de confiance et de force. Il peut y avoir alors une crainte d'avancer ou une crainte de l'avenir.

2. Si quelqu'un boite, il peut y avoir deux significations : Si on connaît la personne, on prend conscience de sa vulnérabilité et de son incertitude ; si on ne la connaît pas, il s'agit probablement d'un côté caché de nous qui est insécure.

3. Spirituellement, le boitement suggère l'imperfection de la Création.

Bol

1. Un bol d'aliments représente notre capacité de nous élever et de soutenir d'autres personnes. Un bol d'eau représente notre capacité émotionnelle.

2. Un bol apparaissant dans un rêve a la même signification qu'un vase (voir Vase).

3. Un bol d'eau représente le féminin, la fertilité, la réceptivité.

Bombe

1. Rêver de bombes indique une situation explosive. L'explosion d'une bombe indique un besoin d'action positive. Désamorcer une bombe suggère de ne pas aggraver une situation.

2. Psychologiquement, nos émotions vont probablement prendre le dessus sur nous.

3. L'explosion d'une bombe est un événement inattendu. Y rêver suggérerait une crainte de mort soudaine.

Bombe atomique

- Voir aussi Explosion nucléaire

1. Quand il est anxieux face au monde extérieur, le rêveur prend conscience que la fin d'un mode de vie particulier est imminente, et ce, d'une façon particulièrement dramatique.

2. Il y a la crainte de l'irrationalité et d'un pouvoir qui pourrait être utilisé à mauvais escient. Une bombe atomique est conçue pour détruire. Le rêveur peut estimer que quelqu'un d'autre peut détruire et annuler sa vie soigneusement construite.

3. Nous avons pris conscience des forces incontrôlables de la vie et de l'inconscient.

Bon

1. Un bon – dans le sens d'un billet au porteur – peut suggérer une permission. Si, par exemple, c'est un billet échangeable contre de l'argent, nous pouvons ne pas nous estimer correctement ou nous pourrions chercher une option facile.

2. Un bon nous offre des occasions. Parce que c'est un échange entre deux personnes, il peut indiquer l'aide que d'autres peuvent nous apporter.

3. Une invitation opportune de l'inconscient, dans le sens où nous essayons de négocier avec nous-même d'une quelconque façon, aurait tendance à apparaître dans les rêves comme un bon.

Bonbons

- Voir Alimentation

Bond

(saut)

1. Bondir peut être quelque peu ambigu dans un rêve. Bondir vers le haut peut signifier essayer d'atteindre quelque chose de mieux ou bondir vers le bas peut montrer l'intention de descendre dans l'inconscient alors que nous estimons être en danger. Bondir sur place peut indiquer la joie et a la même signification que la danse (Voir Danse/Danser).

2. Un mouvement répétitif dans un rêve indique le besoin de reconsidérer nos actions, de regarder ce que nous faisons et peut-être de nous exprimer d'une façon différente. Sur le plan psychologique, sauter de haut en bas peut indiquer être pris dans une situation sans possibilité d'avancer ou de reculer.

3. Dans certaines religions, l'extase spirituelle est incitée par le biais de sauts ou de danses répétitifs. C'est une façon d'employer le physique pour s'étendre vers le spirituel.

Bonnet

- Voir aussi Chapeau dans Vêtements

1. Le bonnet a la même signification que le chapeau et attire l'attention sur le statut ou des pouvoirs spirituels. Si nous portons un bonnet, nous dissimulons nos capacités créatrices.

2. Le bonnet montre le besoin de respect des croyances d'une personne et la sagesse ou la connaissance.

3. Un bonnet représente la noblesse et la liberté.

Bord

1. Être au bord de quelque chose dans un rêve doit être pris au sens littéral. Cela aura un effet profond sur nos vies ou sur celles de ceux qui nous entourent.

2. Nous pouvons avoir de la difficulté à différencier un comportement raisonnable et un comportement irrationnel.

3. Il y a mouvement vers l'obscurité et ensuite il y a l'abîme. Le rêveur devrait être prudent et conscient d'une spirale spirituelle qui va en descendant.

Bordel

1. Si une femme rêve qu'elle est dans un bordel, elle ne s'est pas encore mise en accord avec son côté sexuellement actif. Cependant, si un homme rêve qu'il est dans un bordel, cela peut montrer une crainte du féminin.

2. Rêver d'un bordel indique le besoin que l'on a de liberté, sexuelle ou autre.

3. Le côté le plus sombre de la féminité. Il peut aussi représenter la conscience de la dette spirituelle de l'homme envers la femme.

Bordure

- Voir aussi Frontière

1. Rêver de traverser une bordure ou une frontière représente de grands changements qui s'opèrent dans notre vie, nous menant peut-être du passé vers l'avenir.

2. Sur le plan psychologique, quand nous passons d'un mode de vie à un autre, comme le changement de la puberté vers l'âge adulte ou de l'âge mûr vers la vieillesse, nous devons l'illustrer en créant un marqueur réel. Dans les rêves, quand une bordure apparaît, nous croisons une barrière en nous-mêmes.

3. Sur le plan spirituel, une nouvelle expérience se profile et nous pourrons l'utiliser dans notre cheminement vers la lumière.

Bouc émissaire

1. Le terme *bouc émissaire* provient du sacrifice que l'on faisait jadis d'une chèvre pour apaiser les dieux. Dans les rêves, ce symbole peut être très pertinent. Si nous sommes le bouc émissaire, alors nous sommes la victime. D'autres personnes peuvent essayer de nous faire payer pour leurs méfaits. Si nous faisons d'une autre personne un bouc émissaire, cela indique alors un déplacement du blâme et que nous ne prenons pas la responsabilité de nos actions.

2. Souvent, dans des familles et des équipes, c'est un membre qui accuse le coup pour tous les autres. Il est continuellement diminué ou on se moque de lui et il peut être blâmé pour tout. Il devient le bouc émissaire. Dans les rêves, cependant, il y a un aspect de coopération et de collaboration dans le rêveur. Nous devons rétablir l'équilibre et souvent la solution vient uniquement de nous.

3. Il représente la victime sacrificielle, qui meurt pour que d'autres puissent vivre.

Bouche

- Voir Corps

Boucher

1. Nous voyons le boucher comme celui qui mutile, mais qui, en même temps, nous alimente. Cela est reflété dans les rêves quand il apparaît comme quelqu'un qui sépare le bon du mauvais. Il peut aussi être destructeur.

2. Nous prenons conscience d'une tendance destructrice en nous.

3. Le boucher a des connotations spirituelles avec le sinistre moissonneur et la mort. Le couperet pourrait représenter la faux.

Boucle

1. Rêver à une boucle ornée a le même symbolisme que celui d'une ceinture puisqu'elle représente un poste important ou le statut. Elle peut aussi indiquer l'honneur et être un symbole de fidélité ou d'adhésion.

2. Faire une boucle dans un rêve montre que nous acceptons la responsabilité de nos actes.

3. Une boucle peut avoir une signification double dans ce cas. Elle peut représenter un élément protecteur contre les forces du mal ; elle peut aussi nous aider à ne pas céder sous la pression.

Bouclier

1. Un bouclier est un symbole de conservation. Il peut apparaître dans les rêves comme le bouclier d'un guerrier ou comme une barrière entre le rêveur et le reste du monde. Si nous protégeons quelqu'un, nous devons être sûrs que nos actions sont appropriées et encourageantes. Si nous sommes protégés, nous devons voir clairement si nous érigeons cette protection ou si elle est érigée pour nous.

Dans les mythes et légendes, la femme amazone est dépeinte avec un bouclier. Cela symbolise la protection, l'aspect protecteur du féminin.

2. Dans le développement spirituel, le bouclier apparaît comme le symbole d'une étape particulière de la croissance. L'individu a besoin de savoir qu'il contrôle son destin. Souvent, ce symbole apparaît d'abord dans les rêves représentant cette étape de développement.

Bouddha, bouddhiste

1. Il y a un dicton qui dit : « Si vous rencontrez Bouddha sur la route, tuez-le ». Dans les rêves, Bouddha représente le déni ou la perte de l'*ego*, un besoin de se libérer de la pensée et du désir.

2. Si nous rêvons que nous sommes bouddhistes, nous devons jauger la différence entre les religions occidentales et orientales.

3. Clarté spirituelle et tout ce qu'elle entraîne.

Boue

1. La boue suggère que nous nous sentons embourbés, peut-être parce que nous avons séparé les aspects pratiques et les aspects émotionnels (représentés dans la boue par le mélange de la terre et de l'eau). La boue peut aussi représenter des expériences passées ou notre perception de celles-ci nous tirant constamment vers l'arrière, vers le passé.

2. La boue représente la substance fondamentale de la vie. Utilisée adéquatement, elle a un potentiel énorme pour notre croissance, mais traitée à d'autres

fins elle peut être dangereuse. D'autres circonstances dans le rêve indiqueront alors ce qu'il faut faire.

3. Spirituellement, la boue représente le matériel premier dont nous sommes tous constitués et le besoin de retourner à l'essentiel, à la base.

Bougie

1. Dans les cultes païens, la bougie et la chandelle représentaient la fin de l'obscurité et une façon de rendre un culte au pouvoir. Rêver de bougies indique que nous essayons de clarifier quelque chose. Les bougies sur un gâteau d'anniversaire peuvent donc indiquer que nous marquons une transition de l'ancien vers le nouveau. L'éclairage d'une bougie représente l'utilisation du courage et de la force morale ou le fait de demander quelque chose dont nous avons besoin.

2. Puisque les bougies sont moins utilisées de nos jours, sur le plan psychologique elles peuvent représenter la connaissance et la sagesse qui n'ont pas été entièrement cristallisées. Elles peuvent aussi représenter notre contrôle de la magie personnelle.

3. Illumination, sagesse, force, beauté.

Bouilloire

- Voir aussi Chaudron

1. Parce qu'une bouilloire est un objet quotidien si banal, en rêver indique notre côté plus pratique, pragmatique. Si la bouilloire est peu commune – comme une vieille bouilloire de cuivre –, elle dénote le côté dépassé, mais toujours apprécié, des croyances.

2. Une bouilloire est très souvent utilisée pour symboliser la transformation et le changement. En rêver dans ce contexte suggère que nous devions accélérer un processus d'étude et de croissance.

3. Une bouilloire par voie d'association avec un chaudron (mais aussi par sa force propre) peut symboliser la magie et les forces magiques travaillant pour le bien. Le principe féminin.

Boulanger

- Voir aussi Four

1. Nous avons tous en nous la capacité de changer notre approche ou notre attitude face à des situations. Rêver d'un boulanger nous montre cette capacité.

2. Notre capacité créatrice peut devoir être augmentée ou allégée pour nous permettre de connaître le succès. Si une femme rêve de cuisson, elle reconnaît son besoin de nourrir.

3. Une forte pulsion créatrice, qui peut devoir être pacifiée, peut être vue comme un boulanger.

Bouquet

1. Offrir un bouquet de fleurs dans un rêve montre que nous reconnaissons les capacités et qualités des autres, mais que nous espérons la réciproque.

2. Sur le plan psychologique, un bouquet indique très souvent que nous avons beaucoup de dons et de talents mis à notre disposition.

3. Un bouquet, en vertu de sa beauté et de son lien avec des cérémonies, peut symboliser une offre spirituelle.

Bourgeon

1. Rêver à un bourgeon, c'est reconnaître l'éclosion d'un nouveau mode de vie, de nouvelles expériences ou de nouvelles émotions. Rêver de la mort d'un bourgeon ou voir celui-ci se flétrir indique l'échec d'un projet.

2. Une nouvelle idée ou façon de penser présente beaucoup de potentiel encore inexploité.

3. Comment le monde se déroule devant nous et comment nous pouvons l'influencer sont symbolisés ici.

Bourse/Porte-monnaie

1. Une bourse est généralement utilisée pour transporter notre argent ou nos objets de valeur. Dans les rêves, la bourse elle-même est donc un objet de valeur. Trouver une bourse suggère la découverte d'une certaine valeur alors que perdre notre bourse suggère la négligence.

2. Le matériel dans lequel est taillée la bourse a une signification importante. L'idée populaire que l'on ne fait pas une bourse en soie avec du matériel brut est donc pertinente dans un rêve. L'esprit nous joue souvent des tours et se manifeste ainsi par une image apparemment inopportune mais sur laquelle on doit travailler.

3. La définition symbolique est la même que celle d'un sac : Elle représente le féminin et le contenant. Nous essayons souvent de conserver notre énergie spirituelle ou notre pouvoir.

Boussole

1. Rêver d'une boussole, c'est souvent une tentative de trouver une direction ou une activité. Différentes directions nous sont offertes et il nous faut choisir la bonne.

2. Souvent, la boussole peut représenter la source de vie, ou parfois la justice.

3. Sur le plan spirituel, quand nous essayons de trouver une direction et, parfois, nos limitations et nos frontières, nous rêvons d'une boussole.

Bouteille

1. Jusqu'à un certain degré, la signification du rêve dépend du type de bouteille représenté dans le rêve. Voir un biberon de bébé indique le besoin d'être nourri et d'être aidé pour grandir. Une bouteille d'alcool montre celui de célébrer ou de refréner un excès, tandis qu'une bouteille de médicaments symbolise le besoin d'examiner sa santé. Une bouteille cassée indique une agression ou un échec.

2. Ouvrir une bouteille signifie libérer des ressources que l'on avait peut-être supprimées.

3. Un symbole de l'utérus. Endroit clos.

Bouton d'acné

1. Pour tout le monde, l'image personnelle est importante. Être obsédé par un bouton dans un rêve suggère le souci du regard que les autres posent sur soi. Un bouton peut aussi représenter un défaut de notre caractère qu'on devra inévitablement améliorer et travailler.

2. Puisqu'un bouton c'est l'incapacité du corps à rejeter des toxines, un tel symbole dans un rêve indique notre incapacité de rejeter l'infection ou la négativité. Cette énergie négative nous habite et ne fait surface qu'en partie sur notre corps et notre conscience.

3. Un bouton peut suggérer un défaut spirituel, c'est-à-dire quelque chose qui cause la laideur dans notre vie.

Bouton

1. Rêver d'un bouton, d'une poignée de porte indique un tournant dans sa vie. Par exemple, une poignée très plate sur une porte ornée peut indiquer que le processus d'avancement est très facile. Le type de bouton est souvent lié à une situation d'attente.

2. Puisque bien des personnes ont encore de la difficulté à appeler les choses par leur nom, un bouton apparaissant dans un rêve peut représenter le prépuce ou, si le rêveur est un homme, sa masculinité.

3. Spirituellement, un bouton peut suggérer des changements dans notre subconscient.

Bride

1. Être bridé ou attelé à quelque chose dans un rêve indique un besoin de contrainte et de contrôle. Si la bride est faite de fleurs, cela indique une façon plus féminine d'imposer le contrôle. Si elle est plus dure – en métal ou en cuir –, nous devons être plus durs avec nous ou avec quelqu'un que nous aimons.

2. La bride peut indiquer un besoin d'attention concentrée sur un certain aspect de notre vie.

3. Un certain degré de contrainte spirituelle ou de contrôle peut être nécessaire.

Brillant

1. Une certaine partie de notre vie a besoin d'illumination, souvent par une source externe.

2. Nous pouvons utiliser le côté plus brillant de notre personnalité.

3. Rêver de brillance symbolise le mouvement du rêveur vers l'illumination spirituelle.

Brise

1. Rêver d'une brise indique un état d'âme satisfait. On considère généralement le vent comme appartenant à l'intellect, donc, par association, une brise douce indique l'amour et la compassion, tandis qu'une brise forte peut montrer un degré d'abrasivité.

2. Sur le plan psychologique, une brise indique des temps heureux pour la plupart des personnes.

3. L'expression *douce comme une brise chaude* représente une certaine explication du symbolisme de la virginité, de l'amour inconditionnel et de l'esprit.

Brisé

1. Rêver à quelque chose de brisé symbolise la perte ou des dégâts. Si un objet favori est brisé, nous devons faire des changements et rompre avec le passé. Si un membre est brisé, quelque chose nous empêche peut-être d'avancer ou d'effectuer une certaine action.

2. Si le rêveur brise quelque chose, il doit rompre un lien ou une relation.

3. Idéalisme, espoir et foi brisés.

Brouillard

1. Le brouillard marque notre confusion et notre incapacité de confronter, souvent même de voir, les problèmes réels.

2. Marcher dans le brouillard est souvent un avertissement que des choses importantes peuvent être assombries par le jugement d'autres personnes et qu'il peut être sage de rester immobile.

3. Un doute d'ordre spirituel et un sentiment de manque de direction qui est probablement provisoire sont symbolisés par le brouillard du rêve.

Brume

1. La brume est un symbole d'errance et de confusion, particulièrement en ce qui concerne les émotions. Ainsi, quand elle est présente dans un rêve, nous devons prendre le temps de réfléchir et peut-être même reconsidérer nos actions.

2. La brume dans un rêve peut indiquer un état de transition, une voie d'un état de conscience à un autre. Elle apparaîtra souvent dans les rêves pour en faire prendre conscience au rêveur.

3. La brume peut symboliser le commencement, l'initiation.

Brutalité

1. Éprouver une certaine forme de brutalité dans un rêve peut être effrayant, mais c'est le côté le plus sombre, le plus animal de nous. Nous traitons avec des peurs qui y sont associées pour progresser.

2. Une passion sans restriction, sexuelle ou d'un autre ordre, peut apparaître comme de la brutalité et de la cruauté.

3. La brutalité peut se manifester dans des actes démoniaques. Même si elle est plutôt sévère, le rêveur devrait tenir compte de cette interprétation.

Bûche

- Voir aussi Feu

1. Chez certains païens, un rondin de bois était décoré et brûlé pour chasser la vieille année. Dans les rêves, on verra la bûche comme un symbole de vie légère et nouvelle.

2. De nos jours, la bûche de Noël symbolise la célébration. Dans le langage des rêves, elle suggère le début d'une année et de nouveaux commencements.

3. Une bûche de Noël représente une offre spirituelle ou un sacrifice, particulièrement au moment d'une célébration spirituelle ou religieuse, quand nous rendons hommage à Dieu.

Bulle

1. Les bulles représentent le besoin de s'amuser d'une façon enfantine. Le bonheur est provisoire et nous avons besoin d'illusions.

2. Les bulles, objets beaux mais fragiles, nous rappellent la nature transitoire de l'existence humaine, que rien n'est permanent.

3. Une bulle représente les éléments illusoires de la vie quotidienne et, plus spécifiquement, la rêvasserie.

Bureau (travail)

1. Notre lieu de travail, notre bureau constituent, dans les rêves, un environnement dans lequel nous sommes à l'aise. C'est un contexte plus formel que notre maison et il nous permet de percevoir pleinement notre vision du travail et de l'autorité.

2. Se trouver dans un bureau en rêve, particulièrement si nous ne reconnaissons pas l'endroit, suggère un besoin d'ordre et d'harmonie. Occuper le poste correspondant au bureau où nous sommes assis dans le rêve signifie la prise de conscience de nos responsabilités.

3. Un bureau, sur le plan spirituel, suggère le comportement responsable envers notre personnalité.

Bureau

- Voir aussi Table

1. Si le bureau est ancien, comme notre vieux pupitre ou un bureau antique, nous devrions peut-être retourner à de vieilles valeurs, habitudes ou disciplines. Si c'est un poste de travail, nous reconsidérons notre manière de mener notre vie quotidienne.

2. Rêver d'être assis au bureau de quelqu'un indique un manque de confiance en nos propres capacités.

3. Un rituel et une discipline quotidiens peuvent être des pratiques spirituelles pertinentes (voir Autel).

Burin

1. La signification d'un burin sera différente si le rêveur est un artisan dans la vie éveillée. Dans un tel cas, il dépeindra la fierté de la réussite et la connaissance du spécialiste. Si le rêveur n'a aucune habileté, rêver d'un burin indiquera probablement son besoin d'employer la force dans une situation connue.

2. Il faudra peut-être traverser une barrière pour compléter un projet.

3. Dans l'architecture sacrée, le burin est le principe actif masculin en relation avec le passif et le féminin.

But

1. Rêver de marquer un but indique que nous nous sommes donné des buts à court ou à long terme et que nous pouvons les ajuster. Manquer un but indique que nous n'avons pas pris tous les éléments en considération et qu'il faut réévaluer certaines choses.

2. Atteindre nos buts en rêve montre que nous sommes conscients de notre capacité de les réaliser. Nous savons instinctivement ce que nous sommes capables de faire.

3. Nos aspirations spirituelles sont mises en évidence. Si nous sommes conscients de notre but, nous pouvons faire des pas énormes vers l'accomplissement.

Butoir

1. Se heurter à un butoir peut indiquer le besoin de faire attention.

2. Dans nos moments les plus vulnérables, nous avons besoin d'une sorte d'amortisseur entre nous et le reste du monde et cela peut être ressenti comme une barrière physique réelle.

C

de

Cabinet de toilette à Cymbales

Cabinet de toilette

- *Voir Toilette*

Cadeau / Présent

1. Un cadeau apparaissant dans un rêve peut d'abord et avant tout être un jeu de mots avec « présent ». On nous donne un « ici et maintenant ». On nous rappelle de vivre dans le moment présent et non dans le passé ou le futur. Un cadeau peut aussi indiquer un talent ou un don. Recevoir un cadeau, c'est reconnaître que nous sommes aimés et que nous recevons aussi de l'amitié. Si nous offrons un cadeau, nous reconnaissons que nous avons certaines qualités à offrir aux autres. Une montagne de cadeaux dans un rêve peut signifier des talents et des habiletés encore inconnus. Si les cadeaux sont situés dans le temps – par exemple des cadeaux d'anniversaire –, nous pouvons espérer du succès.

2. Présenter quelque chose dans un rêve (un projet ou une maquette), c'est demander une reconnaissance et une approbation pour un travail accompli. Nous apprécions davantage notre travail que nous nous apprécions nous-mêmes.

3. Une des conditions d'avancement spirituel est que nous apprenions à vivre dans le présent. Nous devons profiter de tous les cadeaux et avantages de la vie pour les utiliser, mais aussi afin de reconnaître leur pertinence et leur influence dans la vie des autres.

Cadenas

1. Rêver de fermer quelque chose avec un cadenas signifie que nous essayons de rejeter quelque chose (probablement un sentiment ou une émotion) loin de nous. Cela peut aussi être la crainte de perdre nos biens ou le besoin de les protéger. Au contraire, ouvrir un cadenas signifie que nous pouvons essayer de nous ouvrir à de nouvelles expériences.

2. Lorsque nous sentons que notre sécurité est menacée, un symbole qui renforce nos systèmes de protection et de défense apparaît dans nos rêves. Le cadenas est l'un de ces symboles.

3. Nous préservons notre intégrité spirituelle.

Caducée

1. Le caducée est le symbole utilisé par les médecins et les établissements de santé comme signe de guérison. Sa présence dans un rêve met en évidence des problèmes de santé, aussi bien les nôtres que ceux d'autres personnes.

2. Le corps reconnaît et communique par les images de nos rêves son besoin d'une bonne santé. Psychologiquement, rêver du caducée peut signifier que nous devons faire attention à notre santé.

3. Pouvoirs contraires qui s'unissent.

Cage/Cellule

- Voir aussi Prison

1. La cage représente une certaine forme de piège ou de prison. Rêver de mettre en cage un animal sauvage est lié à notre besoin de restreindre nos instincts plus primitifs. Être dans une cage indique la frustration et peut-être que l'on a été pris au piège dans le passé.

2. Nous nous imposons trop de contraintes. Nous permettons également à d'autres de nous garder prisonniers.

3. Nous devrions examiner et reconsidérer nos images négatives de la religion ou des croyances.

Caille

- Voir Oiseaux

Cale

1. Puisque la cale est un symbole d'appui, elle signifie que nous pourrions avoir besoin d'un surcroît d'aide tout en nous prémunissant contre la dépendance à l'égard de cet appui.

2. Sur un plan ésotérique, la cale indique le passage du temps qui permet à une chose de devenir réelle dans nos vies pour qu'un rêve devienne réalité.

3. Si nous nous sentons quelque peu isolés, une cale symbolisera l'appui spirituel cherché.

Calendrier

1. Il peut y avoir plus d'une signification à l'apparition d'un calendrier dans un rêve. Notre attention peut être attirée sur le passé, le présent ou le futur et ce que chacun a de significatif dans nos vies.

2. Parce que le temps est une limite que nous nous imposons, quand un objet qui marque le temps apparaît dans un rêve, il signifie les limites imposées.

3. Prendre conscience du calendrier des festivals et des célébrations.

Calice

1. Dans les rêves, le calice représente le principe féminin. À cause de sa signification religieuse, il représente ce qui n'est accessible qu'à condition d'y mettre de grands efforts. Il peut aussi représenter un événement important ou une cérémonie (voir Tasse).

2. Le calice est associé soit au symbolisme du cœur, soit au vin – le vin et le sang ayant la même signification dans la religion.

3. Une source de nourriture inépuisable, l'abondance, le Saint-Graal.

Calme

1. Prendre conscience du calme dans un rêve montre que nous devons cesser nos activités pour un temps et qu'il nous faut peut-être reconstituer notre équilibre émotionnel ou spirituel.

2. Le besoin de calme dans un rêve suggère une meilleure écoute de nous-mêmes ou des autres dans la vie réelle.

3. La paix et la tranquillité sont des occasions de contemplation.

Cambrioleur

- Voir aussi Intrus

1. Un cambrioleur ou un intrus nous indique que nous ressentons une certaine forme de violation de notre espace privé ou que nous vivons des émotions difficiles.

2. Une partie de notre esprit a besoin d'attention.

3. La pénétration physique ou matérielle est symbolisée et le rêveur devrait observer ce qui se passe autour de lui.

Caméra

1. La caméra dans un rêve signifie que nous enregistrons des événements ou des occasions. Être filmé indique que nos actions et réactions devraient être plus soigneusement étudiées.

2. Il y a nécessité de conserver une image mentale de ce qui importe pour nous.

3. Un besoin de vigilance.

Camion

- Voir Parcours

Campagne

- Voir aussi Lieux

1. Quand nous rêvons de la campagne, nous nous mettons en contact avec nos sentiments spontanés, et avec des souvenirs de la campagne qui évoquent un état particulier ou une façon d'être. La détente nous est permise.

2. Chez la plupart des peuples, il existe une forme de liberté et une franchise à la campagne qui ne sont pas possibles dans les villes. Rêver de la campagne peut signifier un besoin de clarifier nos sentiments face à notre style de vie.

3. Les forces de la nature en nous sont symbolisées par des scènes champêtres.

Canal

1. Parce qu'un canal est une structure artificielle, en rêver indique que nous contrôlons nos émotions. Nous érigeons trop de structures, aux dépens de notre créativité.

2. Nous devons mieux structurer la connaissance de nous-même.

3. Structure, définition, et croyance rigide.

Canard

- Voir aussi Oiseaux

1. Comme toujours, d'autres circonstances du rêve peuvent indiquer le vrai sens du symbole. Un jouet en forme de canard peut dénoter la partie enfantine de notre personnalité. Donner à manger aux canards peut montrer qu'une activité thérapeutique ou calmante est importante. Manger du canard suggère un plaisir ou une célébration à venir.

2. Il faut laisser la vie suivre son cours.

3. On dit que le canard est un symbole de caractère superficiel, vraisemblablement parce qu'il flotte sur l'eau plus qu'il n'y nage.

Cancer

1. Le cancer étant une des principales peurs avec lesquelles un être humain doit composer, rêver que l'on a le cancer indique que nous ne sommes pas en harmonie avec notre corps. Ce rêve indique la peur de la maladie et peut également représenter quelque chose qui nous dévore, habituellement une pensée négative.

2. Intellectuellement, nous pouvons avoir travaillé avec nos peurs mais avoir conservé des attitudes et des croyances qui ne peuvent pas être dissipées. Très souvent, cela apparaît comme le cancer dans les rêves.

3. La mère, la lune et le signe astrologique du Cancer.

Canne de bambou

1. Parce que bien des gens associent la canne de bambou à une certaine forme de punition ou de sadisme, elle peut représenter l'autopunition ou le masochisme. Il est cependant plus probable que nous tentions d'accepter une certaine forme de traumatisme vécu dans l'enfance.

2. Parce qu'une canne de bambou représente aussi la flexibilité, nous essayons de réaliser un équilibre correct entre notre empressement et notre réticence à accepter une situation.

3. La canne de bambou évoque la flagellation.

Cannibalisme

1. Rêver de cannibalisme représente un comportement inapproprié. Prendre conscience que de la chair humaine est consommée dans un rêve peut révéler notre dédain pour certains aliments ou certaines actions peu convenables. Il y a souvent une partie de nous que nous n'avons pas intériorisée et que nous devons absorber.

2. Manger de la chair humaine en rêve peut signifier que nous absorbons de la fausse information.

3. Absorption de pouvoirs ou de qualités appartenant à quelqu'un d'autre.

Canoë

1. Rêver d'un canoë indiquerait que nous traitons nos émotions seuls. Nous faisons probablement des efforts pour contrôler le flux de nos émotions. Nous sommes capables de faire des changements, mais seulement par nos propres efforts.

2. Nous pouvons être protégés de nos émotions, mais aussi être en danger. Un degré d'habileté est nécessaire pour nous permettre d'avancer.

3. Une barque lunaire, le croissant de la Lune.

Canot de sauvetage

- Voir aussi Mer dans Eau

1. Nous avons le sentiment que nous devons être sauvés, probablement de notre propre stupidité ou de circonstances hors de notre contrôle. Si nous sommes aux commandes d'un canot de sauvetage, nous contrôlons nos vies mais devons aider quelqu'un d'autre. Parce que la mer représente souvent l'émotion profonde, un canot de sauvetage signifie un besoin d'aide dans l'analyse de nos émotions.

2. Puisqu'un canot de sauvetage exige le dévouement des membres de l'équipage, un besoin d'un tel dévouement désintéressé dans nos vies est présent. Nous pouvons aussi être conscients du degré d'habileté requis pour naviguer parmi les difficultés de la vie.

3. Spirituellement nous pouvons seulement être sauvés par une plus grande connaissance et une plus grande sagesse. Il y a toujours des risques quand on entreprend une tâche difficile.

Cape

- Voir Vêtements

Capuchon

1. Un personnage portant un capuchon dans un rêve semblera toujours être légèrement menaçant. Bien qu'il ne représente pas nécessairement le mal, il peut y avoir une partie de nous qui se sent menacée. Le capuchon peut aussi représenter la partie de nous qui, si nous la dévoilons, nous créera un problème. Un aspect de notre personnalité peut nous être invisible et doit être découvert pour mieux fonctionner.

2. Traditionnellement, pour une femme porter un capuchon suggère qu'elle est trompeuse. Si un homme porte un capuchon, cela suggère qu'il se retire d'une situation. Également, dans son sens plus avancé, un moine encapuchonné peut indiquer que notre côté plus réfléchi commence à prendre plus de place dans nos vies quotidiennes.

3. Mort et invisibilité ont autrefois été représentées par le capuchon. Il indique dans le rêve que certains aspects de la connaissance resteront cachés jusqu'au moment opportun.

Carapace/Coquille

1. Une carapace représente les défenses que nous instaurons pour ne pas être blessés. Nous pouvons créer une carapace dure en réponse à une blessure antérieure, ou une carapace douce qui montre que nous sommes toujours ouverts aux blessures. Les coquillages étaient jadis une unité monétaire et peuvent toujours être perçus sous cet angle dans les rêves.

2. Une carapace est très symbolique. On peut la voir comme un symbole magique qui retient le pouvoir de transformation. La spirale de la coquille suggère l'involution et l'évolution (allant vers l'intérieur et sortant vers l'extérieur). La capacité de s'abriter est aussi symbolisée et, comme c'est un réceptacle, la coquille est liée au côté féminin, émotionnel de la nature.

3. Spirituellement, une carapace est une représentation miniature du processus de vie et de mort.

Carré

- Voir Formes

Carrefour

1. Rêver d'être à un carrefour indique que nous nous trouvons devant le besoin de faire des choix, souvent en rapport avec des changements de vie ou de carrière. Souvent, tourner à gauche à un carrefour peut indiquer que l'on prend le mauvais chemin, quoique cela puisse indiquer le chemin le plus intuitif. Tourner à droite peut évidemment indiquer que l'on prend le bon chemin, mais peut aussi signifier que l'on veuille prendre des décisions logiques.

2. Nous sommes dans une situation où deux forces opposées se rejoignent, non dans le conflit mais dans l'harmonie.

3. Un espace magique mais dangereux, puisque nous devons prendre la direction appropriée.

Carrière / Mine

1. Rêver d'une mine signifie exploiter les profondeurs de sa personnalité, découvrant ainsi la connaissance positive et les perceptions que nous pouvons avoir. Souvent, les symboles du rêve créent des liens avec notre enfance ou des expériences passées que nous avons peut-être oubliées mais qui doivent être remémorées pour une interprétation consciente.

2. Chercher une mine (être à la poursuite de quelqu'un ou de quelque chose) dans un rêve peut indiquer que nous savons ce que nous cherchons. C'est alors l'action qui est importante.

3. Une recherche spirituelle exige peut-être de creuser davantage l'information.

Cartes (Jeu)

1. Dans un rêve, jouer aux cartes met en évidence notre capacité de prendre des risques. Les cartes que l'on mêle, ou qui sont mêlées par d'autres, ont une signification basée sur le nombre (voir Nombres) ou sur la suite. Le cœur indique l'émotion et la relation, le carreau représente la richesse matérielle, le pique le conflit, des difficultés et des obstacles et le trèfle l'action, le travail et l'intelligence. Le roi dépeint le succès humain et la maîtrise, la reine indique la profondeur émotionnelle, la sensibilité et la compréhension, tandis que le valet représente le fait d'être impétueux, la créativité ou l'énergie juvénile.

2. Sur le plan psychologique, jouer aux cartes dans un rêve peut être interprété comme une prise de risques calculés et nous prévenir d'un danger potentiel.

3. Le tarot – notre vérité intérieure – peut être utilisé pour ses images dans le travail lié aux rêves.

Cartes de souhaits

1. Rêver de donner ou de recevoir une carte, une carte d'anniversaire par exemple, nous indique le besoin d'une sorte de communication spécifique avec le destinataire. Nous pouvons vouloir célébrer notre propre bonne fortune et notre chance ou celles de quelqu'un d'autre.

2. Notre subconscient peut enregistrer un souci pour nous-mêmes ou d'autres personnes.

3. Communication visuelle, capacité de transmettre un message spirituellement.

Casque

1. Qui porte le casque ? Le rêveur ou quelqu'un d'autre ? Si c'est une autre personne que soi qui le porte, le casque peut avoir le même symbolisme que le masque (voir Masque), empêchant celui qui le porte d'être vu. Si c'est le rêveur qui porte le casque, c'est un symbole de protection et de préservation.

2. Autrefois, le casque était l'attribut du guerrier ou du héros. Même aujourd'hui, avec le casque de moto, c'est toujours en grande partie une représentation du masculin.

3. Protection du moi.

Cassé

- Voir Brisé

Casserole/Pot

1. Une casserole, un chaudron représentent l'éducation et l'alimentation. Une casserole peut aussi suggérer l'ouverture d'esprit.

2. Comme un chaudron peut symboliser un processus de transformation, une casserole suggère la capacité de combiner plusieurs ingrédients afin de former un tout complètement nouveau.

3. Un récipient suggère la féminité, souvent dans le sens de la maternité, de l'éducation.

Castration

- Voir aussi Sexe

1. Dans n'importe quel rêve qui contient un traumatisme sexuel, nous sommes sensibilisés à nos peurs intérieures. L'acte de castration indique violemment le mal que nous nous faisons en niant ces peurs.

2. Il peut y avoir difficulté à résoudre le conflit entre le masculin et le féminin en nous.

3. Nous sommes préparés à faire un sacrifice de vie, à renoncer à l'acte sexuel ou à le contrôler en faveur du célibat.

Catacombes/Crypte

1. Beaucoup de rêves contiennent des images qui ont à voir avec des espaces souterrains et rêver d'une crypte ou de catacombes représente un besoin de nous mettre en accord avec des croyances religieuses ou des connaissances subconscientes.

2. Nos peurs ou nos sentiments subconscients liés à la mort peuvent apparaître dans un rêve comme des catacombes ou une crypte.

3. En tant qu'endroit de forces cachées et de pouvoir occulte, les catacombes représentent l'inconscient.

Caverne

1. Comme les catacombes, la caverne représente une porte vers l'inconscient. Bien qu'initialement la caverne puisse être effrayante, une exploration peut révéler un contact fort avec notre moi intérieur.

2. Traverser une caverne signifie un changement d'état et une compréhension plus profonde de nos impulsions négatives.

3. Abri spirituel, initiation et renaissance.

Cavité (vide, creux)

1. Rêver de se sentir vide est lié à nos sentiments de vide, au manque de but et à l'incapacité de donner une direction à notre vie. Rêver d'être dans une cavité indiquerait que nous avons besoin de nous protéger.

2. Le vide peut se rencontrer dans un rêve de plusieurs façons. Nous pouvons prendre conscience d'un état de vide intérieur (« C'est comme si j'avais les pieds creux... ») ou que nous sommes dans un état semblable au vide (voir Abîme). Rien n'arrive, nous ne nous sentons pas en contrôle et devons prendre celui de notre espace.

3. Un sentiment de vide peut indiquer un manque de motivation, particulièrement quant à notre voyage spirituel.

Cécité

1. Si nous souffrons de cécité dans un rêve, il y a réticence à voir quelque chose. Nous avons perdu de vue quelque chose ou il y a des aspects de nous que nous n'aimons pas voir.

2. Sur le plan intellectuel, nous pouvons connaître certains faits, mais ne pas vouloir utiliser cette connaissance de la façon la plus appropriée.

3. Sur le plan spirituel, la cécité est une forme d'ignorance. Elle peut suggérer l'irrationnel. C'est aussi une forme d'initiation.

Céder

1. Céder dans un rêve, c'est être conscient de la futilité de la confrontation.

2. Céder est un des attributs les plus féminins et signifie le besoin de lâcher prise et de simplement suivre le courant.

3. Le rêveur peut avoir envisagé l'idée d'avoir une existence plus spirituelle pour une certaine période de temps et a finalement cédé, ou s'est soumis.

Ceinture

1. Pour une femme, la ceinture peut représenter sa féminité, par exemple quand elle se sent liée ou contrainte. Pour un homme, elle va probablement montrer son pouvoir sur sa vie.

2. La ceinture peut représenter la vie et la mort.

3. Une ceinture représente aussi la sagesse, la force et le pouvoir. Le rêveur progresse dans la bonne direction.

Célébrité

1. Rêver d'être célèbre ou d'atteindre la gloire signifie que nous devons nous donner du crédit pour nos capacités. Dans la vie éveillée, nous pouvons être relativement timides mais, dans les rêves, nous pouvons souvent réaliser des choses dont nous nous croyions incapables.

2. L'*ego* (voir l'Introduction du présent livre) est un outil très puissant et il en résulte un besoin de reconnaissance. Si nous essayons de prendre des décisions quant à la façon d'avancer dans nos vies, nous devons reconnaître notre potentiel à nous démarquer dans une foule – ou non, selon le cas – et rêver de célébrité nous permet de cristalliser notre attitude à cet effet.

3. Sur le plan spirituel, la célébrité suggère le besoin d'accepter notre intégrité.

Célibataire

1. Rêver de rencontrer un célibataire indique que nous cherchons la liberté. Si le rêveur est masculin, il peut souhaiter avoir la liberté de réaliser quelque chose qu'il pourrait trouver difficile dans une relation.

2. Nous devons nous ouvrir au côté masculin de nous-mêmes pour accomplir notre destin.

3. Un célibataire dans un rêve peut mettre en évidence qu'une partie de nous ne souhaite pas établir de liens émotifs à cette période de notre vie.

Cendres

1. Les cendres dans un rêve indiquent souvent la pénitence et la peine. Nous avons été trop inquiets et stupides dans une situation et il n'y a plus rien à faire. Après un événement malheureux ou après le départ d'une personne, nous pouvons rêver d'un feu qui a laissé des cendres. Celles-ci sont ce qui reste d'une expérience qui nous permettra de tirer le meilleur parti possible d'une situation.

2. Un souvenir, une sagesse acquise doivent être conservés pour que nous puissions utiliser l'information.

3. Les cendres représentent la purification et la mort, le corps humain périssable et la mortalité.

Centaure

1. Le centaure était moitié homme moitié cheval et il est associé au signe du Sagittaire. Voir un centaure apparaître dans un rêve démontre l'unification de la nature animale de l'homme avec ses qualités de vertu et de jugement.

2. Le symbole du centaure dans un rêve représente notre capacité d'unir deux opposés d'une façon acceptable.

3. Vision et sagesse.

Centre

- Voir aussi Position

1. Quand nous sommes au centre de quelque chose, par exemple au centre d'un groupe de personnes, cela met en évidence notre capacité de puissance dans une situation – que tout tourne autour de nous. Nous éloigner du centre indique qu'une partie de notre vie est en déséquilibre.

2. Sur le plan psychologique, être au centre ou au milieu d'une situation démontre notre capacité de contrôler cette situation ou d'être flexibles. Le déplacement vers le centre révèle notre besoin d'intégrité dans notre vie quotidienne.

3. La totalité, l'intégrité, l'origine et l'espace sacré sont symbolisés.

Cercle

- Voir Formes

Cercueil

1. Quand nous rêvons d'un cercueil, nous nous rappelons notre mortalité. Nous pouvons aussi nous réconcilier avec la mort d'une relation et avec des sentiments de perte.

2. Nous enfermons peut-être nos sentiments, causant ainsi la mort d'une partie de nous.

3. La rédemption, la résurrection et le salut sont tous personnifiés par le cercueil.

Céréales

1. Rêver de céréales comme le blé, l'avoine, l'orge, etc., évoque la moisson. Le travail donne des résultats.

2. Rêver de céréales qui croissent dans un champ indique que nous sommes au bord du succès dans notre vie personnelle.

3. Les céréales représentent les graines de vie et notre besoin de découvrir la vérité cachée.

Cérémonie

- Voir aussi Images religieuses et Rituel

1. Quand nous rêvons que nous participons à une cérémonie ou à un rituel religieux, nous prenons conscience d'une nouvelle attitude, d'une habileté nécessaire ou qu'un changement important a lieu dans nos vies.

2. Tout changement de vie important a un effet profond sur le rêveur et cela apparaît très souvent en rêve sous la forme d'une cérémonie.

3. Les cérémonies et les rituels sont utilisés pour l'initiation, la conscience plus profonde et l'établissement d'un nouvel ordre.

Cerf

- Voir Cerf dans Animaux

Cerf-volant

1. Dans la tradition chinoise, le cerf-volant symbolise le vent. Même aujourd'hui, il représente la liberté. Ainsi, rêver de faire voler un cerf-volant peut nous rappeler les jours insouciants de l'enfance. Souvent, la couleur est importante (voir Couleurs), comme aussi le matériau dont il est fait.

2. En faisant voler un cerf-volant, nous sommes à la merci du vent, à moins que nous soyons un expert. Dans des rêves, cela démontre que nous avons un peu d'expertise dans nos vies quotidiennes.

3. Un cerf-volant représente le besoin de liberté spirituelle qu'éprouve le rêveur. Être sans contraintes.

Chacal

- Voir Animaux

Chaîne

1. Rêver à des chaînes sous n'importe quelle forme indique un type de restriction ou de dépendance. De même que nous avons besoin de force pour briser des chaînes, la force est aussi nécessaire pour les porter. En prenant conscience de ce qui nous retient, nous devenons plus aptes à prendre la clé des champs.

2. Dans les rêves, nous pouvons prendre conscience de croyances ou d'attitudes mentales – tant chez nous que chez les autres – qui peuvent créer des problèmes. Les chaînons peuvent très souvent symboliser la communication nécessaire pour nous libérer.

3. L'asservissement et l'esclavage, la dignité et l'unité sont tous symbolisés par des chaînes et mettent en évidence leur ambiguïté.

Châle

- Voir Manteau dans Vêtements

Chaleur

1. Les sentiments agréables peuvent être traduits par un sentiment physique. Rêver d'être au chaud indique peut-être des sentiments passionnés. Être conscient que notre environnement est chaud indique qu'on nous aime et qu'on se soucie de nous.

2. De temps en temps, une émotion extrême peut être interprétée comme un sentiment physique. Ainsi, la colère, la jalousie ou d'autres sentiments peuvent

être liés à la chaleur. Toucher à quelque chose qui nous brûle alors qu'il est froid – par exemple, la glace – indique que nous sommes peut-être confus face à nos sentiments.

3. La passion spirituelle est un sentiment profond. Elle peut être éprouvée dans un rêve de chaleur.

Chambre

- Voir Constructions

Chameau

1. Selon l'environnement du rêve, le chameau peut représenter ce qui est peu commun ou bizarre. Il représente aussi les ressources disponibles et l'obéissance à un principe de base.
2. Sur le plan psychologique, le chameau peut représenter l'endurance et l'autosuffisance.
3. La dignité, le porteur de royauté.

Champ

1. Quand nous rêvons que nous sommes dans un champ, nous regardons en réalité notre champ d'activité, ce que nous faisons dans la vie. Cela peut aussi être un jeu de mots ayant rapport à la libération de la pression sociale.
2. Nous devons être conscients des espaces plus vastes dans lesquels nous pouvons faire évoluer nos vies, être conscients de ce qui est plus naturel pour nous et peut-être revenir à l'essentiel.
3. La mère nourricière, le grand fournisseur et un champ de rêves. Le rêveur devrait se servir de ce qu'il possède pour aller plus loin spirituellement.

Chanter

1. Entendre chanter dans un rêve, c'est se connecter avec la liberté d'expression que nous avons tous. Chanter, c'est exprimer notre joie et notre amour de la vie. Si nous chantons seuls dans nos rêves, nous avons appris à être

habiles. Être dans un chœur suggère notre capacité de vouer un culte ou de nous exprimer au sein d'un groupe de pairs. Évidemment, si le rêveur est un chanteur à l'état éveillé, l'interprétation sera différente.

2. Le chant comme acte d'adoration est une partie essentielle de plusieurs croyances. Un chant au sport, par exemple, créera un sentiment de solidarité s'il est scandé contre l'arbitre ou s'il constitue un hymne pour l'équipe. Chanter, tout comme psalmodier, occupe une place importante dans la religion (ex. : chant grégorien, où certaines tonalités produisent des états seconds). L'entendre dans les rêves, c'est être en contact avec une vibration élevée. La récitation d'un mantra donne le même résultat.

3. Sur le plan spirituel, quand nous chantons, nous sommes capables d'élever la vibration autant pour nous que pour d'autres personnes. Nous restons en contact avec le moi supérieur.

Chapeau

- Voir Vêtements

Char

- Voir aussi Parcours

1. De nos jours, la plupart des personnes rêveront d'une voiture ou d'autres formes de transport plutôt qu'à un char. Rêver d'un char indique probablement la nécessité de bonnes vieilles méthodes de contrôle dans des situations impliquant le rêveur.

2. Sur le plan psychologique, nous devrions explorer des images archétypales (voir Archétypes) pour comprendre nos motivations. Le char peut représenter de fortes envies primaires avant qu'elles soient changées par le conditionnement.

3. Le soleil et le divin sont représentés par un char dans les rêves.

Chardon

1. Prendre conscience de chardons dans un rêve, c'est être conscient d'un certain malaise dans la vie éveillée. Un champ de chardons suggère un chemin difficile devant nous. Un simple chardon indique des difficultés mineures.

2. Le chardon signifie le défi et la vindicte. La couleur des chardons peut être importante (voir Couleurs).

3. Le chardon peut représenter notre défi spirituel face à l'adversité physique. Il accompagne le symbolisme de la passion du Christ.

Chariot

- *Voir aussi Parcours*

1. Rêver à un chariot tiré par des chevaux pourrait suggérer des attitudes démodées par rapport à la pensée moderne. Le wagon d'un train indique que nous entreprenons un voyage qui est légèrement plus à caractère public qu'un voyage en voiture.

2. N'importe quel symbole qui représente une forme de déplacement attire l'attention sur notre capacité d'apporter des changements progressifs dans nos vies.

3. Le chariot est un symbole de majesté et de pouvoir.

Charité

1. Rêver de donner ou de recevoir la charité est lié à notre capacité de donner et de recevoir de l'amour. Une boîte de dons de charité apparaissant dans un rêve indique la conscience de nos propres besoins.

2. La charité a des liens avec notre capacité de nous soucier des autres. Rêver d'un acte charitable nous sensibilise souvent aux questions plus larges qui sont importantes dans nos vies.

3. Charité vient du mot *caritas*, qui signifie « être attentionné avec le cœur ».

Chasse/Chasseur

1. Rêver de chasse est lié à la sexualité. Une signification encore plus vieille est liée à la mort, particulièrement une mort contenant un aspect de meurtre, de rituel ou de sacrifice. Par association donc, le rêve d'une chasse est lié à un changement d'état dans la vie quotidienne.

2. Rêver d'être un chasseur nous avertit qu'une partie de nous peut être destructrice et vicieuse.

3. Mort et destruction dans une mise en scène ritualisée font partie du voyage spirituel. Nous devons éliminer la partie de nous qui nous empêche d'avancer.

Chasse-mouche

1. Le chasse-mouche est un outil pour enlever un irritant et il peut être interprété comme notre besoin de prendre en main efficacement les aspects de nos vies qui nous déplaisent.

2. Dans plusieurs cultures, le chasse-mouche représente l'autorité et le pouvoir et il a le même symbolisme que le fléau ou le ventilateur. L'interprétation du symbole dépendra donc de l'ethnie du rêveur et de son environnement culturel.

Chat

- Voir Animaux

Château

- Voir aussi Constructions (bâtiments)

1. Rêver d'un château nous ramène directement au principe féminin de l'espace privé fermé et défendu. Il peut représenter le fantastique ou peut-être la difficulté d'atteindre nos objectifs.

2. Avant de pouvoir être entièrement ouverts à d'autres personnes, nous devons normalement abaisser nos barrières. Être pris au piège dans un château peut représenter notre difficulté à nous libérer de vieilles attitudes. Essayer d'entrer dans un château signifie que nous reconnaissons les obstacles qui doivent être surmontés.

3. Mise à l'épreuve spirituelle, le fait de devoir surmonter des obstacles pour avoir une compréhension plus grande.

Chatouiller

1. Une des choses les plus difficiles à faire dans la vie éveillée ou quand on rêve est de démolir les barrières que nous avons. Souvent, celles-ci sont des barrières de réserve. Dans les rêves donc, nous devons parfois percevoir des images bizarres pour intégrer le message. Selon que le rêveur est une personne tactile à l'état d'éveil, l'interprétation variera. S'il est tactile, cela indiquerait peut-être un besoin d'humour pour composer avec une occasion. S'il ne l'est pas, toute approche intime devrait être faite avec humour.

2. Le chatouillement, au sens psychologique, consiste à traiter quelque chose avec légèreté. Cela peut être une situation ou une personne. Pour un pêcheur, chatouiller la truite serait la contraindre, c'est-à-dire la persuader de venir vers lui. Cela peut aussi être une des interprétations lors du travail sur le rêve.

3. Sur le plan spirituel, être chatouillé dans un rêve signifie que nous devons approcher la spiritualité avec humour pour nous permettre d'en tirer le meilleur parti possible.

Chaudron

- Voir aussi Bouilloire

1. Presque universellement, le chaudron représente l'abondance, la subsistance et la nourriture. Par association, le chaudron magique suggère la fertilité et le pouvoir féminin de transformation. Rêver d'un chaudron nous reconnecte donc à nos principes de base.

2. Sur le plan psychologique, quand un chaudron apparaît dans un rêve, nous devons tenir compte de nos capacités intuitives ou de notre capacité de créer de nouvelles choses à partir d'ingrédients simples.

3. Spirituellement, le chaudron symbolise le renouvellement et la renaissance.

Chaussure

- Voir Vêtements

Chauve

1. Rêver de quelqu'un qui est chauve indique que nous prenons conscience d'un degré de monotonie dans nos vies.
2. Rêver d'être chauve peut être quelque peu ambigu. Cela suggère d'habitude une perte d'acuité intellectuelle, mais peut aussi symboliser l'intelligence.
3. La calvitie dans un rêve est l'identification de l'accomplissement de la spiritualité incluant l'humilité. Les prêtres avaient l'habitude de se raser la tête pour montrer qu'ils n'avaient rien à cacher.

Chauve-souris

- Voir aussi Vampire

1. À cause de la croyance populaire voulant que les chauves-souris soient effrayantes, y rêver indique que des pensées et des idées dans l'inconscient peuvent révéler un potentiel effrayant.
2. Rêver d'être attaqué par des chauves-souris montre le besoin de confronter la peur de la folie.
3. Une chauve-souris qui vole peut représenter la perspicacité ou une obscurité de nature spirituelle. L'obscurité peut aussi suggérer une certaine particularité en nous.

Chemin/Sentier

1. Un chemin, dans un rêve, signifie la direction que l'on a décidé de donner à sa vie. Le type de chemin, s'il est plat ou montagneux, sinueux ou droit, est aussi important et représentatif que le chemin lui-même.
2. Un chemin peut représenter la façon dont nous voyons une relation ou une situation qui se développe. Il peut aussi suggérer une façon de donner suite à une idée ou un indice dans le cadre d'une enquête. Dans la vie réelle, c'est souvent la représentation qu'aura le voyant si un changement important s'annonce dans la vie de son client.
3. Un chemin indique une direction spirituelle.

Chemin de fer

- Voir Train dans Parcours

1. Dans un rêve, un chemin de fer indique la voie que nous voulons prendre dans la vie. Nous pouvons prendre une voie rapide et faire des choix éclairés. Une voie unique suggère qu'il n'y a qu'une seule façon de faire, tandis qu'une voie multiple suggère plusieurs solutions de rechange.

2. Psychologiquement, un chemin de fer indique que nous suivons notre objectif (qui peut être un objectif de groupe) et que nous ne sommes concentrés que sur lui. Le symbolisme initial du chemin de fer était sa facilité à ignorer les obstacles, à passer à côté, par-dessus ou même au travers de ce qui pouvait lui faire obstacle.

3. Spirituellement, le chemin de fer suggère une direction choisie, qui est habituellement droite et directe.

Cheminée

1. Quand nous rêvons de cheminées, nous établissons un lien avec un très vieux concept, celui de l'évasion du mondain et de l'ordinaire vers la liberté. N'importe quelle ouverture dans le toit d'un temple, d'un tipi, d'une tente, etc., marque la conscience d'un changement d'état qui peut être une partie importante de la croissance.

2. Sur le plan psychologique, une cheminée et le passage de la fumée représentent l'acheminement de l'énergie d'une façon plus productive.

3. Rêver d'une cheminée indique que l'évasion vers le ciel par la porte solaire est possible.

Chemise

- Voir Vêtements

Chêne

- Voir Arbre

Chenille

1. La chenille indique d'habitude que nous subissons une certaine forme de changement important. Elle peut nous avertir que nous subirons une métamorphose complète.

2. Rêver de chenilles indiquerait que nous devons rester flexibles. Aussi, à cause de l'association de la chenille avec tout ce qui rampe, elle peut représenter le mal ou la difficulté.

3. Le potentiel spirituel, en grande partie non reconnu, qui doit se transmuter en quelque chose de plus beau.

Cheval

- Voir Animaux

Chevalier

1. Un chevalier apparaissant dans un rêve, particulièrement pour une femme, peut avoir la connotation évidente d'une liaison romantique. Il est en réalité une manifestation de son *animus* (voir Introduction du présent livre) – son côté masculin intime – et est en lien avec sa recherche de la perfection. Pour un homme, il indique qu'il peut chercher le héros (voir Archétypes) en lui.

2. Psychologiquement, le chevalier représente le principe directeur. Il représente cette partie de nous qui guide le physique. Le chevalier noir est l'incarnation du mal. Souvent, le chevalier blanc apparaît avec sa visière relevée, tandis que le chevalier noir apparaît avec sa visière baissée.

3. Initiation pour mieux développer ses qualités.

Cheveux

- Voir Corps

Chèvre

- Voir Animaux

Chien

- *Voir aussi Animaux*

1. Rêver d'un chien qui nous est connu (par exemple, un animal de compagnie d'enfance) peut représenter des souvenirs heureux ; s'il est inconnu, il peut représenter les qualités de fidélité et d'amour inconditionnel associées aux chiens.

2. Rêver d'une meute de chiens sauvages évoque des émotions et des sentiments dont nous avons peur.

3. Sur le plan spirituel, un chien symbolise le gardien. Dans la mythologie égyptienne, il est dépeint sous les traits d'Anubis, le dieu à la tête de chien.

Chimiste

1. Rêver à un chimiste est lié avec cette partie de nous-mêmes qui peut changer notre façon d'être. Nous restons en contact avec la sagesse – qui est inhérente en nous tous – du moi.

2. Sur le plan psychologique, le chimiste est la partie de nous qui se soucie de santé et d'autoguérison.

3. L'alchimiste est celui qui transforme le matériau brut (la connaissance spirituelle de base) en or spirituel.

Chiot

- *Voir Bébé dans Animaux*

Chirurgie

- *Voir aussi Opération*

1. Dans les rêves, une chirurgie indique que nous devrions voir à notre santé.

2. Une chirurgie indique une intrusion assez violente dans nos vies, mais qui peut être nécessaire. Rêver de subir une chirurgie montre que nous devons nous habituer aux changements, qui peuvent être difficiles mais qui finissent par guérir.

3. Sur un plan spirituel, le rêveur peut estimer qu'il a trop de pain sur la planche ou qu'il a besoin de changement.

Chômage

1. Rêver d'être en chômage suggère que nous ne faisons pas la meilleure utilisation de nos talents, ou que nous estimons que nos talents ne sont pas reconnus.

2. Le chômage est une crainte ressentie par presque tout le monde. Quand un événement lié au chômage se produit dans un rêve (licenciement, paiement d'avantages sociaux, etc.), nos sentiments d'inadéquation sont mis en évidence. Nous devons éprouver cette crainte pour l'affronter et la surmonter.

3. Le sens de l'inadéquation spirituelle et de l'incapacité peut se traduire dans l'image du chômage. Cela a plus à voir avec le fait de ne pas être assez motivé pour accepter une tâche spirituelle.

Choucas

- Voir Oiseaux

Chrysalide

1. Une chrysalide dans un rêve peut être interprétée premièrement comme un potentiel et deuxièmement comme une protection dans une situation où l'on doit attendre le moment propice.

2. Un changement a lieu en nous, mais sur un plan très subtil qui n'est pas immédiatement reconnaissable.

3. Métamorphose et pouvoirs magiques sont symbolisés par la chrysalide.

Chuchotement

- Voir aussi Commérage

1. Entendre chuchoter dans un rêve suggère que nous devrions écouter quelqu'un ou quelque chose très attentivement. Cela peut aussi signifier que nous ne disposons pas de toute l'information sur une situation.

2. Le son dans les rêves peut souvent se manifester comme la qualité opposée de ce qui est exigé. Ainsi, le chuchotement pourrait être interprété comme un cri pour attirer l'attention.

3. Information cachée. Connaissance occulte.

Chute

1. Une chute dans un rêve décrit le besoin d'avoir les pieds sur terre, de faire attention dans une situation connue. Être trop terre à terre peut nous être nuisible.

2. Si nous oublions qui nous sommes ou d'où nous venons, nous tomberons sûrement.

3. La peur spirituelle est symbolisée ici, particulièrement la perte de la grâce et les conséquences qui l'accompagnent.

Chute d'eau

1. Dans son interprétation primaire, la chute d'eau peut représenter un orgasme. Elle peut aussi signifier n'importe quelle exhibition d'émotion puissante et encore peu contrôlée.

2. Chaque fois que n'importe quelle émotion atteint le stade où elle doit déborder pour devenir docile, elle peut être représentée en rêve comme une chute d'eau.

3. Une chute d'eau montre qu'un certain degré de pouvoir spirituel est proche et que le rêveur doit voir à s'en servir.

Cible

1. Viser une cible dans les rêves suggérerait que nous ayons un but à l'esprit. Ce but dépendrait du type de cible. Viser le centre de la cible pourrait être

interprété comme une recherche de la perfection. Viser une personne pourrait suggérer de la haine ou du désir sexuel.

2. La plupart d'entre nous avons besoin de quelque motivation dans la vie et une cible en tant que symbole de nos aspirations intellectuelles peut ne pas avoir beaucoup de sens tant que nous n'avons pas étudié le contexte du rêve. Dans un contexte de travail, viser une cible de ventes pourrait suggérer que nos objectifs nous sont imposés par d'autres. Sur une note plus personnelle, si, dans un rêve, nous plaçons une cible pour quelqu'un d'autre, nous devrions comprendre que l'autre personne représente une partie de nous.

3. Sur le plan spirituel, une cible peut avoir la même signification que le mandala et représenter le moi.

Cicatrice

1. Une cicatrice dans un rêve suggère que de vieux maux n'ont pas été entièrement traités. Ceux-ci peuvent être mentaux ou émotionnels autant que physiques et peuvent passer inaperçus jusqu'à ce qu'ils nous rappellent leur présence. De même que dans le cas de blessures physiques, il peut y avoir plusieurs sortes de cicatrices. Il peut aussi y en avoir dans d'autres domaines. Nous pouvons, par exemple, avoir un comportement irritant pour d'autres personnes mais, sans un lien clair indiqué par l'image du rêve, nous sommes incapables de le comprendre.

2. Dans le rêve, la partie du corps portant la cicatrice sera souvent significative. Le système nerveux peut développer des façons de transmettre de l'information sans que nous en soyons conscients. Cela peut donner une certaine indication du secteur de vie qui est affecté par le traumatisme. Si nous voyons quelqu'un d'autre qui porte une cicatrice, il peut être nécessaire de découvrir si nous sommes celui qui en a blessé d'autres dans le passé. Dans un tel cas, il existe diverses techniques que nous pouvons utiliser à l'état éveillé pour nous aider à sortir les autres de la souffrance que nous leur avons infligée ou qu'ils se sont infligée. La guérison peut alors être enregistrée dans les rêves par la disparition de la cicatrice.

3. Sur le plan spirituel, une cicatrice peut suggérer que quelque chose de négatif et de nuisible s'est produit, fruit d'une force externe plutôt qu'interne. Nous pouvons ne pas avoir traité avec cela aussi bien que nous l'aurions pu.

Ciel

1. Dans les rêves, le ciel peut représenter l'esprit. Il peut aussi signifier notre potentiel. L'action de flotter ou de voler dans le ciel peut être ambivalente, puisqu'elle peut signifier l'intention d'essayer d'éviter ce qui est banal ou d'explorer un potentiel différent. Si le ciel est sombre, il peut refléter notre humeur sombre ; s'il est brillant, notre humeur joyeuse.

2. Le ciel représente l'inaccessible. Indépendamment de l'effort que nous faisons, nous ne pouvons rendre le ciel tangible.

3. Sur le plan spirituel, le ciel suggère l'infini. Il signifie aussi l'ordre, particulièrement en ce qui a trait à la fonction intuitive.

Ciel

- Voir Images religieuses

Cimetière

1. À cause de son association à la mort, le cimetière peut avoir une signification double dans les rêves. Il peut représenter les parties de nous-mêmes que nous avons éliminées ou que nous avons cessé d'utiliser. Il peut aussi dépeindre nos pensées et nos sentiments par rapport à la mort et aux attitudes et traditions qui l'entourent.

2. Dans les rêves, nous pouvons souvent permettre à nos peurs de faire surface d'une façon acceptable. Le cimetière peut être un symbole d'une façon appropriée de composer avec ces peurs. Autrement dit, nous pouvons légitimement nous permettre d'être effrayés.

3. Un cimetière est un endroit pour les morts, mais aussi un endroit de régénération spirituelle.

Circoncision

- Voir Sexe

Circonférence

1. Être tenu à l'intérieur de la circonférence d'un cercle nous montre les limitations que nous nous sommes imposées. Être enfermé à l'extérieur de la circonférence d'un cercle indique que nous sommes indignes ou peut-être que nous n'avons pas la connaissance.

2. Nous sommes sur le bord d'une connaissance ou d'une information nouvelle et nous pourrions nous déplacer dans l'une ou l'autre direction.

3. La limitation spirituelle et le monde dans sa manifestation et sa finitude sont tous représentés par le dessin d'une circonférence.

Circumambulation

1. Marcher autour d'une construction ou d'un endroit particulier dans un rêve, c'est créer un univers dans lequel une action peut avoir lieu. Elle doit désigner cet endroit comme ayant une signification particulière.

2. Sur le plan psychologique, nous devons tous avoir une place qui nous appartient en propre et rêver de circumambulation signifie la prise de responsabilité de nos actions.

3. Nous symbolisons la création du centre de notre univers par la circumambulation.

Cire

1. Rêver de cire a beaucoup à faire avec la flexibilité. Nous devons être malléables, être modelés, peut-être par des événements externes. Nous devrions être préparés à céder le passage, mais aussi à être fermes lorsque nécessaire.

2. La cire peut aussi être prise pour représenter le manque de sincérité. C'est quelque chose qui est consommé par la flamme – une bougie, par exemple – et qui peut donc être modifié et transformé en quelque chose d'autre avec des qualités qu'il n'avait pas initialement.

3. La cire est symbolique du besoin de flexibilité spirituelle et du désir de s'éloigner de la rigidité.

Cirque

1. Pour plusieurs personnes, le cirque représente des souvenirs d'enfance heureux et son apparition en rêve est un rappel des temps plus joyeux. Le cirque peut aussi suggérer la spontanéité, l'humour de notre personnalité.

2. Parce que les images du cirque sont des exagérations et ont des proportions irréelles, le cirque est souvent utilisé dans un rêve pour attirer notre attention sur des éléments dont nous devons prendre conscience.

3. Les images reliées au théâtre suggèrent l'idée que la vie est un jeu, une fiction. Le cirque, quant à lui, suggère une idée très surréaliste de la vie.

Cisailles

- Voir Ciseaux

Ciseaux

1. La présence de ciseaux dans les rêves suggère l'idée de retrancher ce qui n'est pas essentiel dans nos vies. Ce peuvent être des sentiments qui ne nous semblent pas appropriés, des émotions avec lesquelles nous ne pouvons pas composer ou un traumatisme mental qui doit être excisé. Le type de ciseaux peut aussi être important pour le rêveur. Les ciseaux de cuisine, par exemple, seraient plus utilitaires que les ciseaux chirurgicaux, qui suggéreraient la nécessité d'être plus précis. Les ciseaux peuvent aussi évoquer une langue acérée, blessante ou des remarques tranchantes.

2. Rêver d'affûtage de ciseaux suggère que nous devrions être plus précis dans notre communication, tandis que l'utilisation de ciseaux émoussés suggère que nous allons probablement créer un problème en nous exprimant trop franchement. Rêver d'un coiffeur utilisant des ciseaux signifie notre crainte de perdre notre force ou notre statut.

3. Sur le plan spirituel, les ciseaux peuvent avoir une signification ambivalente. Ils peuvent couper le fil de la vie, mais ils peuvent aussi représenter l'unité et l'intégration du spirituel et du physique.

Citadelle

- Voir Château dans Constructions (bâtiments)

Citron

- Voir Fruits et Aliments

Clé

- Voir aussi Serrure et Prison

1. Des clés apparaissent souvent dans les rêves. Elles représentent des attitudes fraîches, des pensées et des sentiments qui ouvrent les souvenirs, les expériences et la connaissance que nous avons précédemment cachée. Rêver d'un trousseau de clés suggère le besoin d'ouvrir toutes les facettes de notre personnalité à de nouvelles expériences.

2. Quand nous nous sentons pris au piège, la clé de la liberté peut souvent apparaître comme par magie. Nous avons en nous beaucoup de réponses à nos difficultés, mais avons souvent besoin d'un symbole usuel terre à terre pour déclencher notre capacité à trouver des solutions.

3. Une clé peut représenter le besoin du rêveur de se libérer d'une situation stressante et ensuite d'initier un mouvement positif. Des clés d'argent et d'or représentent respectivement le pouvoir temporel et spirituel.

Cloche

1. Traditionnellement, entendre une cloche tinter dans un rêve nous avertit d'un désastre ou d'un décès. Bien que cette signification soit moins répandue aujourd'hui à cause de moyens plus efficaces de communication, une cloche dans un rêve (comme une sonnerie de porte) nous conseille vraiment d'être sur le qui-vive. Elle peut aussi indiquer que nous désirons communiquer avec quelqu'un qui est distant ou séparé de nous.

2. Les cloches peuvent indiquer la conscience et aussi notre besoin fondamental de rechercher l'approbation des autres.

3. Parce qu'elle peut servir de talisman contre les pouvoirs de destruction, la cloche représente un élément de chance au sens où elle peut nous avertir d'un danger imminent.

Clocher

- Voir Flèche

Clôture

1. Dans les rêves, les systèmes de défense que nous mettons en place pour nous empêcher de ressentir profondément l'impact de choses telles que des relations, l'amour, l'inquiétude ou la douleur peuvent souvent se manifester par un espace clôturé. Les restrictions et les contraintes peuvent apparaître comme des murs réels et des barrières.

2. Les aspects de nous qui sont trop effrayants pour qu'on leur permette de s'exprimer sont souvent perçus comme des espaces clôturés.

3. Sur le plan spirituel, n'importe quelle clôture représente l'aspect protecteur de la grande mère (voir l'Introduction du présent livre).

Clou

1. Rêver de clous suggère notre capacité de lier les choses les unes aux autres. La puissance du clou, la force avec laquelle il maintient deux éléments ensemble, peut aussi être significative.

2. La puissance du clou peut être significative si le rêveur a de la difficulté avec les questions de virilité ou de sexualité.

3. Spirituellement, le clou représente la nécessité et le destin. Dans le christianisme, les clous évoquent aussi le sacrifice suprême et la douleur.

Club

1. Si dans nos rêves nous sommes dans un club de nuit ou dans un club sportif, nous mettons en évidence le droit d'appartenance de chaque être humain.

2. Sur le plan psychologique, nous ne sommes pas capables de faire partie d'un groupe tant que nous n'avons pas atteint un certain niveau de maturité. Donc, rêver d'être avec une foule peut dénoter la conscience de nous-mêmes.

3. Le rituel organisé est une partie importante de la progression vers la conscience spirituelle.

Coccinelle

1. Considérée sale par plusieurs, la coccinelle, dans les rêves, porte le même symbolisme que tous les insectes, c'est-à-dire quelque chose qui est malpropre ou dont on ne s'occupe pas correctement.

2. Le fait que la coccinelle soit une travailleuse acharnée est souvent utilisé pour représenter la nécessité d'un dur travail.

3. À cause de son rapport avec le scarabée, elle représente la protection contre le mal. Le rêveur devrait regarder du côté de ce qu'il croit devoir être protégé.

Cocon

- Voir Chrysalide

Cœur

- Voir Corps

Coffre

1. Dans des temps anciens, rêver d'un coffre était censé prédire un long voyage. De nos jours, étant donné que les gens ont tendance à voyager léger, il va plus probablement représenter un endroit où entreposer de vieilles choses et donc signifier des vieilles idées démodées.

2. Nous avons la capacité de stocker toutes sortes de choses inutiles, tant physiquement que mentalement. Quand un coffre apparaît dans un rêve, il est temps d'ouvrir la boîte et d'avoir le courage de trier ce qu'elle contient. Souvent, quand on est prêt à le faire, mais qu'on ne le fait pas, l'image du coffre apparaîtra à plusieurs reprises. Trouver un bijou dans un coffre indique le bien qui peut résulter d'un grand nettoyage personnel.

3. Sur le plan spirituel, rêver d'un coffre indique que nous devons explorer nos profondeurs cachées pour obtenir le meilleur de nous-mêmes.

Coffret

- Voir aussi Boîte

1. Un coffret ou une boîte apparaissant dans un rêve indique comment nous tenons cachées ou stockons nos émotions. Nos idéaux et nos espoirs les plus grands peuvent devoir être tenus secrets. Il peut aussi contenir ce qu'il y a de mieux en nous, nos compréhensions les meilleures.
2. Sur le plan émotionnel, nous devons imposer une certaine limitation à nos sentiments et désirs secrets. Dans les rêves, une boîte, banale ou autre, montrera comment nous prenons notre vie en main.
3. La boîte de Pandore, cette légende racontant comment la négativité a été diffusée dans le monde, est le meilleur exemple d'une image de boîte sur un plan spirituel. Nous devons être conscients que l'exploration spirituelle doit d'abord être faite avec soin.

Coiffeur (visite chez le)

1. Quand nous rêvons que nous rendons visite à un coiffeur, nous considérons un changement d'attitude, de pensée ou d'opinion sur nous-mêmes.
2. Une influence qui indique un besoin de changement devient apparente. Ce changement doit être dicté par notre façon de nous percevoir.
3. La vieille idée que la tête était le siège du pouvoir spirituel a donné naissance à celle qu'un coiffeur représente le contrôle de la force spirituelle.

Coiffeur

1. Pour plusieurs femmes, le coiffeur est quelqu'un avec qui elles peuvent communiquer librement. Dans les rêves, le coiffeur peut apparaître comme la partie de nous qui traite avec ce que nous pensons de nous-même. Nous devrions peut-être envisager de changer notre image.
2. Psychologiquement et intellectuellement, le coiffeur peut représenter le guérisseur en nous.

3. Sur le plan spirituel, le rapport entre l'image de soi et la beauté est évident. Nous ne pouvons pas grandir spirituellement sans nous aimer.

Coin

1. Tourner un coin dans un rêve indique que nous avons réussi à avancer dans de nouvelles expériences, malgré ce qui nous semble être des obstacles devant nous. Tourner un coin vers la droite indique une action logique ; tourner un coin vers la gauche indique une approche plus intuitive.

2. Nous rendons disponible un aspect peu admis ou caché de nous. Nous ne devons plus nous sentir pris au piège ou limités. Nous pouvons composer avec l'inattendu ou une nouvelle expérience.

3. Spirituellement, tourner un coin, c'est gagner une nouvelle perspective sur notre propre indécision spirituelle.

Colère

1. La colère peut souvent représenter d'autres émotions passionnées. Nous luttons avec le droit d'exprimer ce qui nous afflige. Nous sommes probablement incapables d'exprimer l'émotion convenablement dans la vie éveillée, mais nous pouvons le faire dans des rêves.

2. Nous pouvons nous donner la permission de ressentir la passion, sexuelle ou autre. Souvent, notre façon d'exprimer l'émotion dans les rêves peut nous donner de l'information sur le comportement approprié dans la vie quotidienne.

3. Nous subissons le mécontentement divin.

Colis/Paquet

- Voir aussi Adresse

1. Recevoir un colis dans un rêve indique notre intérêt pour quelque chose que nous avons exploré, expérimenté. Nous ne connaissons pas encore ce que renferme le colis, mais par exploration pouvons le découvrir. Quand nous envoyons un colis en rêve, nous envoyons notre énergie dans le monde.

2. Les colis et les paquets dans les rêves peuvent représenter les cadeaux que nous recevons des autres. Il peut être important de remarquer qui nous offre un cadeau, si c'est un objet remis directement par la personne concernée ou encore si cette personne nous procure des sentiments de joie ou de bonheur.

3. Les colis et paquets peuvent suggérer le potentiel latent de nos dons et habiletés.

Collier

- Voir aussi Bijoux

1. Un collier est un objet spécial et suggère des qualités ou attributs spéciaux. Ces qualités gagnent à être connues ; elles peuvent aussi être des sentiments ou des émotions. Une vieille interprétation d'un homme offrant un collier à une femme voulait qu'il la demande bientôt en mariage.

2. Le collier qui est offert dans un rêve dans un cadre de travail ou de l'accomplissement de certaines fonctions suggère une certaine récompense ou un honneur offert au porteur du collier.

3. Le collier est la reconnaissance de l'honneur et du pouvoir. Le rosaire, une forme spéciale de collier religieux, facilite la prière.

Colline

- Voir aussi Monticule

1. Être en haut d'une colline indique que nous sommes conscients de notre vision étendue. Nous avons fait un effort pour réaliser quelque chose et pouvons en examiner les résultats, en évaluer l'effet sur notre environnement et les gens autour de nous. Nous avons réalisé des choses que nous jugions impossibles et sommes capables d'aller encore plus loin.

2. Grimper une colline avec d'autres indique souvent que nous avons un but commun. Nous pouvons utiliser leurs connaissances et leur camaraderie pour nous rendre plus loin. Rêver que nous descendons une colline indique que nous sentons que les circonstances nous poussent dans une certaine direction. Nous pouvons nous déplacer vers un niveau d'accomplissement et estimer que nous ne contrôlons pas nos capacités.

3. L'effort est nécessaire pour continuer à progresser spirituellement.

Colonne vertébrale

- Voir aussi Corps

1. Si la colonne vertébrale est particulièrement remarquable dans le rêve, nous devons considérer notre structure d'appui principale.

2. Intellectuellement, nous devons considérer notre fermeté de caractère.

3. Dans certains rêves, la colonne vertébrale, parce qu'elle est la partie la plus stable de notre ossature, représente le moi.

Combat

1. Si nous rêvons que nous sommes mêlés à un combat, cela indique que nous confrontons notre besoin d'indépendance. Nous pouvons aussi devoir exprimer notre colère et notre frustration ainsi que le désir subconscient de blesser une partie de nous-mêmes. Nous pouvons aussi vouloir blesser quelqu'un d'autre, ce qui serait inacceptable à l'état éveillé.

2. Contre-attaquer est un système de défense naturel. Quand nous nous sentons menacés, nous rêvons souvent de porter cette situation plus loin et de la combattre.

3. Littéralement, un conflit spirituel. Le rêveur devrait essayer de déterminer où et pourquoi il y a un conflit et peut-être composer avec cela d'une façon plus subtile qu'avec une guerre ouverte.

Comète

1. Rêver que l'on voit une comète, c'est reconnaître la possibilité de circonstances surgissant très rapidement et sur lesquelles nous n'avons aucun contrôle. Le résultat peut être inévitable.

2. La réponse à un problème peut nous venir à la vitesse de la lumière.

3. L'arrivée d'une calamité, d'une guerre, d'un incendie ou d'un autre danger peut être anticipée dans les rêves sous la forme d'une comète.

Commérage

1. Potiner dans un rêve peut signifier que l'on divulgue de l'information, mais pas d'une façon appropriée. Être dans un groupe de gens et les écouter potiner montrent que nous cherchons quelque information, mais n'avons peut-être pas les moyens de la trouver nous-mêmes. Nous devons utiliser d'autres gens pour y arriver.

2. Dans notre personnalité, il y a souvent ce qui pourrait être appelé la commère à l'arrière-plan – le moulin à paroles –, qui nous empêche de nous distancier de certains comportements. Ainsi, potiner dans un rêve peut signifier que nous devons terminer certaines choses avant de passer à autre chose.

3. Spiritualité statique.

Comportement

1. Notre comportement (ou celui des autres) dans un rêve peut différer manifestement de la normale, puisque l'état de rêve nous donne la liberté de mettre en évidence des aspects dont nous ne serions pas normalement conscients.

2. Un comportement bizarre chez nous ou chez d'autres peut souvent nous donner des indices quant à notre état psychologique.

3. Le rêveur devrait être conscient de ce qui est approprié dans son propre comportement.

Comprimé

- Voir aussi Pilule

1. Prendre un médicament sous forme de comprimé signifie le besoin d'avoir une bonne santé. Nous devons guérir quelque chose qui ne va pas. Si nous donnons des comprimés à quelqu'un, nous savons que ses besoins ne sont pas satisfaits.

2. Dans la magie, un comprimé présuppose une connaissance plus grande que la nôtre et représente donc un élément de confiance. Nous abandonnons en toute confiance notre destin à quelqu'un d'autre.

3. Comme avec les Tables de Moïse, il y a accès à la connaissance ésotérique et magique.

Congé

1. Être en vacances dans un rêve indique la relaxation et la satisfaction de ses besoins propres sans s'occuper des autres.

2. Notre besoin d'être indépendant et responsable se retrouve souvent par hasard dans des rêves de vacances.

3. Recherche spirituelle, repos et relaxation font tous partie d'un jour de congé.

Conque

- Voir aussi Carapace/Coquille

1. Les circonvolutions en spirale sur une coquille étaient souvent associées à la perfection et donc à l'abondance. Rêver d'un tel objet serait lié à une compréhension primitive des choses que nous pouvons avoir.

2. La coquille de la conque était et est toujours utilisée comme une trompette dans certaines sociétés ; on peut donc la voir comme un avertissement.

3. La conque a un lien avec la spirale (voir Formes).

Conseil

1. Recevoir un conseil dans un rêve signifie que nous devrions considérer les conseils émanant de l'intérieur, probablement d'une partie de nous qui n'est pas reconnue.

2. Dans les rêves, accepter un conseil, c'est reconnaître le besoin de faire quelque chose que l'on ne veut pas nécessairement faire. Donner un conseil, c'est reconnaître que l'on est conscient d'une information qui peut être utile à d'autres.

3. Nous avons une conscience intérieure. Le moi supérieur se manifestera souvent comme une figure donnant un conseil.

Constructions (bâtiments)

1. Les constructions (bâtiments) dans les rêves représentent les constructions que nous faisons dans nos vies. Elles sont des attitudes et des croyances que nous avons construites avec notre expérience, notre perception et souvent nos habitudes familiales. Dans la vie réelle, nous pouvons apprendre beaucoup d'une personne par son environnement personnel ; dans les rêves, une construction (un bâtiment) peut aussi refléter les espoirs et les soucis du rêveur. Les fonctions de la construction sont le miroir des fonctions de la personnalité du rêveur.

2. Les constructions dans les rêves peuvent devenir composées et donc mêlantes. Dans la compréhension du rêve, nous devrions interpréter l'apparence principale de la construction d'abord comme sa fonction principale et l'apparence secondaire comme des qualités à être reconnues.

Les constructions ont des significations diverses :

Château, Forteresse, Citadelle. Le symbolisme du château ou de la forteresse est celui de l'espace défendu et peut donc être pris pour représenter le féminin ou la grande mère.

Cour. Dans les rêves, la cour est une place sécuritaire et souvent sa forme sera appropriée (voir Formes).

Déménager dans une plus grande maison. Il y a un besoin de changement, peut-être pour réaliser un mode de vie plus ouvert, ou même simplement pour disposer de plus d'espace.

Église, Temple. - *Voir aussi Construction d'église et Église dans Images religieuses.* En tant qu'environnement pour prendre en considération notre système de croyances, n'importe quelle construction religieuse suggérera un sanctuaire, un refuge. Bien que nous puissions ne pas consciemment adhérer à une religion particulière, la plupart d'entre nous avons des principes sur la base desquels nous vivons, ce qui fera surface dans les rêves dans des images reconnaissables.

Entrepôt. L'entrepôt est principalement un endroit de stockage et, symboliquement, il est un dépôt pour l'énergie spirituelle ou pour des rebuts spirituels.

Entrer/sortir de la maison. Nous devons décider si nous devons être plus introvertis ou plus extravertis. Une maison impressionnante, terrifiante. Dans un tel rêve, nous prenons conscience du moi ou de l'âme.

Être à l'extérieur de la maison. L'aspect plus public de nous-mêmes est dépeint.

Igloo. À cause de sa forme, l'igloo représente la perfection, l'intégrité et le sanctuaire. Il fait chaud à l'intérieur et froid à l'extérieur, ce qui souligne la différence entre l'interne et l'externe.

Maison. Si nous sommes conscients que la maison du rêve n'est pas vide, qu'il y a quelque chose à l'intérieur (du mobilier, par exemple), elle montre un aspect particulier du rêveur. Quelqu'un d'autre dans la maison suggère que le rêveur puisse se sentir menacé par un aspect de sa personnalité. Si plusieurs activités différentes s'y déroulent, cela indique qu'il y a un conflit entre deux parties de notre personnalité, probablement les parties créative et intellectuelle. La façade de la maison dépeint la façade que nous montrons au monde extérieur.

Pension ou hôtel. Rêver d'une pension ou d'un hôtel indique que nous pouvons ne pas nous sentir rassurés par nos conditions de vie.

Pyramide. On considère la pyramide comme un centre de pouvoir. S'il en apparaît une dans un rêve, on doit se concentrer sur le pouvoir intérieur.

Temple - *Voir Construction d'église et Église dans Images religieuses*

Tour (obélisque, flèche, phare). N'importe quelle image d'une tour représente la personnalité et l'âme. Malgré le lien évident avec la masculinité, il est plus correct de la percevoir comme le moi dans un contexte plus large. L'attention peut alors se porter sur d'autres attributs de la tour (fenêtres, portes, escaliers). Cela mène à une compréhension plus grande du moi spirituel.

Travail sur la maison (ciment, réparation...). Des relations peuvent devoir être travaillées ou réparées, ou peut-être devons nous porter attention à des questions de santé. Nous pouvons devoir tenir compte de dégâts ou de décrépitude dans nos vies.

Une petite maison ou la maison où le rêveur est né. Le rêveur cherche la sécurité, peut-être celle de sa petite enfance sans responsabilité. Si l'étroitesse de la maison est gênante, nous sommes piégés par nos responsabilités et pouvons devoir nous échapper.

3. Les composantes de constructions (bâtiments)

Ascenseur. Un ascenseur indique d'habitude de quelle façon nous traitons l'information. Par exemple, un ascenseur qui descend suggérerait une descente dans le subconscient, tandis qu'un ascenseur qui monte se déplacerait vers le spirituel. Certains croient que nous quittons notre corps dans le sommeil profond. Ainsi, descendre en ascenseur et rester bloqué indiquent que le spirituel est pris au piège dans le corps physique.

Balcon (ou rebord, ou bord de fenêtre…). Nous éprouvons tous un besoin d'appui et un balcon indique autant l'appui que le fait d'être protecteur. Il peut aussi représenter la mère dans son aspect protecteur.

Construction ou démolition d'un bâtiment. Nous avons tous la capacité de nous construire une vie couronnée de succès, mais également celle de nous détruire. Un rêve qui met en évidence la construction ou la démolition nous donne accès à ces potentiels en nous.

Escalier. Les escaliers sont souvent une indication des pas que nous devons faire pour atteindre un but. Monter les marches est indicatif de l'effort que nous devons faire pour avoir accès au côté plus mystique, spirituel de notre être. Plus simplement, cela peut être l'effort que nous fournissons dans notre vie quotidienne. Pour avoir accès au côté caché de nous-mêmes, nous devons descendre dans notre inconscient. Descendre des marches dans un rêve peut être associé à cette descente. Un escalier d'or est une image tellement primaire, avec tellement d'interprétations, qu'une attention particulière doit être portée tant aux autres aspects du rêve qu'à l'état spirituel du rêveur. En grande partie, il représente une mort, mais pas nécessairement une mort physique. C'est plutôt une prise de conscience que nous ne devons plus être pris au piège dans le physique, mais que nous pouvons nous déplacer vers une vie plus satisfaisante. C'est une porte de sortie de la banalité.

Fenêtres. Les fenêtres décrivent les moyens par lesquels nous apprécions le monde dans lequel nous vivons, notre façon de percevoir la réalité. Regarder à l'extérieur par une fenêtre peut suggérer que nous ayons une vue plus extravertie de nous-mêmes et que nous aurons tendance à regarder des circonstances externes. Regarder à l'intérieur par une fenêtre indique que nous regardons notre propre personnalité et peut-être notre motivation. Pour ce qui est d'ouvrir une fenêtre, l'interprétation varie selon que nous l'ouvrons de l'intérieur ou de l'extérieur. Dans le premier cas, nous traitons avec notre sentiment de devoir nous échapper ; dans le deuxième cas, cela montre notre attitude envers les opinions extérieures. Passer par une fenêtre (ou une porte vitrée) peut suggérer la première expérience sexuelle. Enfin, à cause des vitraux des églises, le verre teinté peut être associé à une croyance religieuse (voir Couleurs).

Hall/Passage. N'importe quel passage peut représenter les passages dans le corps, par exemple le vagin ou l'anus. Psychologiquement, il signifie comment nous permettons aux autres de pénétrer notre espace personnel. Les passages représentent aussi les transitions entre les diverses étapes de la vie.

Murs. Un mur signifie un empêchement de progresser, une difficulté que nous avons ou que nous rencontrerons. Souvent, la nature du mur donne un certain indice quant à la nature de ce blocage. Par exemple, un mur qui semble vieux signifiera un vieux problème, tandis qu'un mur de verre indiquera des difficultés avec la perception. Des murs qui se rapprochent pourraient décrire les sentiments rappelés par la naissance, mais il est plus probable qu'ils représenteront le sentiment d'être pris au piège par le style de vie que nous avons choisi. Un mur de brique, un rempart ou un mur séparateur représentent tous la différence entre deux états de la réalité, souvent l'état psychologique intérieur et le monde quotidien extérieur.

Pièces (chambres). Dans un rêve, elles peuvent décrire les diverses facettes de notre personnalité ou divers niveaux de compréhension, mais elles représentent souvent l'utérus ou la figure de la mère. Ainsi, la cuisine serait la partie personne d'intérieur de nous-mêmes, tandis qu'un salon représenterait le côté plus détendu, à l'aise. Une petite pièce avec seulement une porte, un sous-sol qui contient de l'eau sont des représentations très directes de l'utérus et peuvent indiquer un retour à un état semblable à celui de fœtus. Une série de pièces fait référence aux divers aspects de la féminité et souvent à l'âme entière. Une pièce située à un étage supérieur signifie d'habitude des attributs mentaux ou spirituels, donc n'importe quel objet s'y trouvant représentera une idée ou un concept.La signification d'un sous-sol ou d'une cave peut être ambivalente, puisqu'une cave peut représenter les parties de nous-mêmes que nous avons voulu supprimer. Elle peut aussi représenter des croyances familiales et des habitudes, particulièrement si le sous-sol est celui de la maison des parents. Sortir d'une pièce et entrer dans une autre, si c'est une action délibérée dans le rêve, représentent un changement d'état et l'abandon de quelque chose. Des pièces vides montrent quant à elles que quelque chose, comme le confort ou l'appui, manque.

Portes. Dans les rêves, elles réfèrent aux ouvertures du corps et donc, par extension, à la sexualité. La porte d'entrée et l'escalier de service représentent le vagin et l'anus respectivement. La destruction de la porte peut indiquer une inhibition par rapport au sexe et une réticence à faire face à des questions. Cela peut aussi représenter le viol ou l'abus. Ouvrir et fermer une porte, bien que représentant souvent le coït, peuvent aussi être liés à l'attitude du rêveur face au sexe. Le refus d'ouvrir une porte, malgré le fait que le rêveur puisse ne pas être vierge, peut représenter une approche innocente de la sexualité. Une porte entre deux pièces, extérieure et intérieure, montre qu'il peut y avoir un conflit entre le conscient et l'inconscient. Défendre la porte met en évidence le besoin d'autodéfense du rêveur. Si un animal ou une personne force l'entrée et fait sauter la serrure, cela exprime que nos mécanismes protecteurs nous ont fait faux bond et que nous devons être plus conscients de notre environnement. S'échapper par une porte indique que le rêveur doit trouver une solution différente de celle à laquelle il a pensé pour résoudre un problème. Quelqu'un qui frappe à la porte signifie que l'attention du rêveur est attirée par une situation externe.

Construction d'église

- Voir aussi Église dans Constructions (bâtiments) et Images religieuses

1. Une église représente nos sentiments par rapport à la religion. Dans les rêves, l'église peut être un sanctuaire, particulièrement au sens où nous pouvons y partager avec d'autres personnes une croyance, un code moral ou un simple code de conduite.

2. Une église peut être ou ne pas être jugée belle par le rêveur, mais son image indique son appréciation des beaux objets qui marquent et améliorent le

sens du culte. Nous cultivons un lien avec les forces intérieures qui nous permettent de vivre notre vie plus pleinement.

3. Une église devient un centre du monde puisqu'elle marque tout ce qui est sacré et essentiel dans nos vies.

Contraceptif

- Voir Sexe

Coq

- Voir aussi Oiseaux

1. Le coq a toujours été le symbole d'un nouveau jour et de vigilance ou de surveillance. Alors, en voir apparaître un dans un rêve prédit un commencement ou nous avertit d'être vigilant dans notre travail quotidien.

2. Nous pouvons devoir être plus ouverts et courageux dans ce que nous faisons.

3. Le principe masculin, l'oiseau de la renommée et l'aube sont tous perçus dans le symbole du coq.

Corbeau

- Voir Oiseaux

Corbillard

1. Rêver d'un corbillard indique que nous reconnaissons probablement qu'il y a un délai fixé pour nous ou pour un projet. Souvent, nous devons être en accord avec nos sentiments face à la mort pour mieux nous comprendre.

2. Nous pouvons être conscients qu'une partie de nous n'est plus vivante et qu'il vaudrait mieux la laisser aller plutôt que de tenter de la ressusciter.

3. Un corbillard symbolisera toujours la mort, mais il peut aussi signifier la fin d'une époque.

Corde

- Voir aussi Pendaison et Nœud

1. Une corde suggère la force et la puissance, quoique cette puissance puisse se retourner contre nous. Une corde et une poulie suggèrent l'utilisation de la puissance des poids pour nous aider. Si la corde est faite d'une substance peu commune, comme des cheveux ou du tissu, il y a un lien spécial et nécessaire qui exige les qualités de ce matériel.

2. Si nous sommes liés par la corde, quelque chose nous empêche de nous exprimer. Être lié par une corde à quelque chose signifie que nous devons regarder le rapport entre nous et ce à quoi nous sommes liés. Nous devrions regarder les conditions et les limites de cette relation.

3. Une corde peut offrir la sécurité et la liberté. Sous la forme d'un nœud, elle suggère le désespoir.

Cordon ombilical

1. Nous pouvons avoir développé une dépendance émotionnelle à d'autres personnes et le cordon ombilical dans les rêves peut signifier cette dépendance. Nous n'avons peut-être pas encore appris à nous occuper de nos besoins propres d'une façon mature.

2. Le cordon ombilical représente particulièrement la force vivifiante et le rapport entre la mère et l'enfant. Couper le cordon ombilical apparaît souvent dans les rêves des adolescents, qui cheminent vers l'âge adulte.

3. La corde d'argent en tant que connexion spirituelle est une image vue psychiquement comme la connexion entre le corps et l'âme.

Corne d'abondance

1. Rêver d'une corne d'abondance peut dénoter l'abondance, la générosité infinie, la fertilité et le fait d'être fructueux. Cela peut être plus que ce à quoi nous sommes habitués ou que nous pouvons prendre en main.

2. En nous se trouve un potentiel illimité pour créer tant un présent acceptable qu'un avenir valable.

3. La corne d'abondance est une image commune sous une forme ou une autre dans tout travail spirituel. L'abondance peut être pour nous ou pour le reste du monde.

Corneille

- Voir Oiseaux

Cornes

- Voir aussi Bois (panache)

1. Les cornes apparaissant dans les rêves reviennent à l'idée de l'animal en l'homme. Le dieu Pan, qui représente la sexualité aussi bien que la force de vie, portait des cornes. Une corne représente aussi le pénis et la masculinité. Elle peut aussi signifier le désir d'endommager, sinon de protéger puisque le mâle utilisera ses cornes pour défendre son territoire. Un cor de chasse suggère une convocation ou un avertissement.

2. Les cornes suggèrent la supériorité, obtenue ou conférée. Il est intéressant que l'on suppose que des cornes accordent les pouvoirs de l'animal à celui qui les porte. Chez les païens, aussi bien que dans quelques tribus, porter les cornes signifie que l'on détient une position élevée dans la hiérarchie du groupe. Dans la médecine chinoise, la corne de rhinocéros est réputée être aphrodisiaque. C'est probablement en raison de son association avec le pouvoir masculin.

3. Sur le plan spirituel, parce que les cornes sont associées à la tête, elles représentent le pouvoir intellectuel aussi bien que surnaturel. Parce qu'elles dépassent la tête, elles symbolisent aussi la divinité et le pouvoir de l'âme.

Corps

1. Le corps représente l'individu et il est la manifestation physique extérieure de tout ce que cet individu est. Dans les rêves, le corps représente souvent l'*ego* (voir l'Introduction du présent livre). Puisque être physique est la première expérience que le bébé a de lui-même, le corps représente la source principale d'information.

2. Sur le plan psychologique, la plupart des expériences sont traduites en sentiments physiques et deviennent donc une riche source de symbolisme dans les

rêves. Quand on ne peut pas affronter les émotions dans la vie quotidienne, elles deviennent très souvent des symboles déformés dans les rêves.

3. Manifestation physique d'une spiritualité intérieure.

Les aspects différents du corps peuvent avoir des significations diverses dans les rêves. Par exemple, rêver de la partie supérieure du corps est lié à l'esprit et aux aspects spirituels du personnage dans le rêve, tandis que la partie inférieure du corps représente les instincts et les aspects plus émotionnels. La tête d'un adulte sur un corps immature ou la tête d'un enfant sur un corps d'adulte sont une indication que le rêveur doit reconnaître la différence entre la pensée mature et l'émotion. S'il y a un conflit entre les parties supérieure et inférieure, cela indique qu'il y a un désaccord entre les facultés mentales et le comportement instinctif. Si le côté droit, la main droite sont particulièrement remarquables dans des rêves, cela signifie que nous devrions tenir compte du côté logique de notre personnalité, tandis que le côté gauche, la main gauche indiquent que nous devons être conscients de notre dimension intuitive, créatrice.

Les diverses parties du corps peuvent avoir dans les rêves les significations suivantes :

Abdomen, estomac, ventre. Quand le rêve se concentre sur l'abdomen, il y a là un besoin de se concentrer sur des émotions et des sentiments réprimés.

Anus - *Voir aussi Excréments dans cette section et l'entrée.* La première expérience de contrôle du jeune enfant se produit lorsqu'il acquiert le contrôle de fonctions physiques. Dans les rêves, l'esprit revient à cette expérience comme à un symbole de réalisation et d'autarcie et, plus négativement, de suppression et de défense. Un tel rêve indique donc un comportement enfantin ou égotiste.

Bouche. La bouche représente la partie dévorante, exigeante de nous-mêmes. Elle peut aussi représenter le côté réceptif. Les circonstances du rêve peuvent fournir un indice quant à l'interprétation correcte à faire. Parfois, la bouche peut symboliser le côté féminin de notre nature.

Bras - *Voir aussi l'entrée.* Nous utilisons nos bras de toutes sortes de manières différentes. Dans les rêves, nous pouvons nous défendre, nous battre ou être retenus. Nous pouvons aussi démontrer un engagement passionné.

Cheveux. Les cheveux représentent la force et la virilité. Dans les rêves, se peigner les cheveux c'est essayer de démêler une attitude particulière que nous pouvons avoir. Recevoir une coupe de cheveux, c'est essayer de créer l'ordre. Couper les cheveux de quelqu'un, c'est peut-être abréger une activité (il est possible qu'il puisse y avoir un peu de peur ou de doute lié[e] à la sexualité). Être chauve dans un rêve, c'est peut-être reconnaître sa propre intelligence.

Cœur. Le cœur est le centre de l'être et représente le sentiment de sagesse plutôt que la sagesse intellectuelle. C'est aussi le représentant de la compassion et de la compréhension.

Colonne vertébrale. Si la colonne vertébrale est particulièrement remarquable dans un rêve, nous devrions considérer la structure d'appui principale de nos vies. Intellectuellement, nous devons considérer la fermeté de notre caractère.

Constipation (dans la vie aussi bien que dans les rêves). La rétention signifie une incapacité de laisser aller le passé ou des modèles précédents de comportement, ou plus littéralement être bloqué.

Dents. La croyance populaire associe les dents à la sexualité agressive, bien que, plus correctement, elles représentent le processus de croissance vers la maturité sexuelle. Les dents qui tombent ou qui s'arrachent facilement indiquent que nous sommes conscients de traverser une certaine forme de transition, semblable à celle de l'enfance à la maturité, ou de la maturité à la vieillesse et à l'impuissance. L'anxiété face à la perte des dents suggère qu'il y a une crainte de devenir vieux et indésirable, ou une anxiété face au vieillissement. Dans le rêve d'une femme, avaler des dents peut signifier la grossesse.

Dos. Rêver que l'on voit quelqu'un de dos suggère que nous devions identifier les éléments plus privés de notre caractère. Nous devrions aussi être conscients que d'autres personnes peuvent ne pas vouloir, à ce moment-ci, ou ne pas pouvoir, partager leurs pensées avec nous. Nous pouvons aussi constater que nous sommes vulnérables face à l'inattendu. Si nous rêvons que nous tournons le dos, nous rejetons le sentiment particulier éprouvé dans le rêve.

Estomac - *Voir Abdomen dans cette section*

Excréments - *Voir aussi à ce mot.* Le rêveur peut ne pas avoir progressé sur le plan subconscient au-delà du sentiment que toute fonction physique est sale et égocentrique. Il peut y avoir un élément de rébellion dans la vie éveillée du rêveur. Jouer avec les excréments peut représenter de l'argent et de la valeur, donc jouer avec les excréments dans un rêve peut mettre en évidence une inquiétude au sujet de l'argent, aussi bien que la peur des responsabilités. Si les excréments sont transformés en animaux vivants, peut-être des rats, le rêveur accepte le fait qu'il est responsable de gérer ses impulsions. Les excréments dans leur signification plus spirituelle appartiennent au royaume des sentiments et nous pouvons simplement essayer de nous débarrasser de mauvais sentiments. Ces mauvais sentiments peuvent être métamorphosés en quelque chose de valable. Vider ses intestins met d'habitude en évidence notre besoin d'être libres de soucis et de responsabilités, ou probablement le besoin d'apprendre à être sans complexes. Cela peut aussi représenter l'acte sexuel.

Foie. Le foie est représentatif de l'irritabilité et de la colère réprimée.

Genoux. Les genoux sont symboliques de la prière, de la supplication et de l'engagement émotionnel.

Gorge. Rêver de la gorge dénote la conscience de notre vulnérabilité et aussi de notre besoin de nous exprimer.

Graisse. Rêver que l'on fait de l'embompoint, c'est reconnaître le besoin d'élargir la portée de nos activités d'une certaine façon. Si le rêveur est mal à l'aise avec sa taille, cela indique probablement la peur de prendre trop de responsabilités ou la peur de pas être pas adéquat dans l'accomplissement d'une tâche.

Langue. La langue dans les rêves signifie souvent notre capacité de savoir quand parler et quand rester silencieux. Elle peut aussi avoir à faire avec notre compréhension d'informations que nous voulons transmettre. Nous pouvons avoir des croyances profondes et vouloir les partager. Une autre explication, beaucoup plus rudimentaire, est celle du symbolisme du serpent et du phallus, donc de la sexualité.

Mâchoire. La mâchoire est souvent représentative de notre libre expression.

Main. Les mains sont une des parties les plus expressives du corps et représentent le pouvoir et la créativité.

Deux mains différentes l'une de l'autre ou un objet différent dans chaque main peuvent indiquer l'existence d'un conflit entre la croyance et les sentiments du rêveur. Une main sur les seins signifie la soumission. Les mains jointes indiquent l'union ou l'amitié, tandis que les poings fermés suggèrent une menace. Les mains enlacées suggèrent un repos profond ou un état de repos. Les mains qui couvrent les yeux représentent généralement la honte ou l'horreur, tandis que les mains croisées aux poignets suggèrent que l'on se sent ligoté. La main ouverte représente la justice et l'imposition des mains signifie la guérison et la bénédiction, particulièrement si la main est placée sur le cou. Les mains placées ensemble sont une indication de faiblesse, tandis que placées dans celles de quelqu'un d'autre elles sont une indication d'un serment d'allégeance. Quand les mains sont levées, cela peut indiquer l'adoration, la prière ou la reddition ; si les paumes sont tournées vers l'extérieur, on donne une bénédiction, tandis que quand elles sont levées à la hauteur de la tête le rêveur devrait consacrer une bonne dose de réflexion et de soins à sa situation. Le lavage des mains suggère l'innocence ou le rejet de la culpabilité, tandis que la torsion des mains signifie le chagrin. Une main énorme venant du ciel suggère que l'on a été spécialement choisi. La main droite est la main du pouvoir, tandis que la gauche est passive et réceptive. Parfois, la main gauche représente la tromperie dans les rêves.

Membres. Que ce soit en partie dû à une forme de mémoire cellulaire et au processus de croissance qui a lieu est incertain, mais dans les rêves un membre peut être pris pour représenter la sexualité et les peurs associées aux questions de ce type. Être démembré peut être pris dans son sens littéral – nous sommes déchirés. Parfois, cela peut suggérer le besoin de restructurer nos vies et de recommencer. À d'autres moments, cela peut indiquer qu'il existe une menace au cœur même de notre existence.

Nez. Le nez dans les rêves représente la curiosité et aussi l'intuition.

Œil. N'importe quel rêve qui a rapport à l'œil est lié à l'observation et à la discrimination. C'est indicatif d'édification et de sagesse, de protection et de stabilité. Il a un lien avec le pouvoir de la lumière et, dans le passé, celui des dieux-soleils. Par sa connexion avec le symbolisme égyptien, l'œil est aussi un talisman. La perte de la vue signifie la perte de la clarté et, selon l'œil, peut être la perte de logique (l'œil droit) ou la perte d'intuition (l'œil gauche). Récupérer la vue peut indiquer un retour à l'innocence et à la clairvoyance de l'enfant.

Peau. La peau dans un rêve représente notre personnage ou la façade que nous créons pour les autres. La peau épaisse, dure montre que nous avons créé un extérieur dur et que nous essayons de nous protéger.

Pénis. Rêver d'un pénis – le sien ou celui de quelqu'un d'autre – met habituellement en évidence l'attitude par rapport à la relation sexuelle avec pénétration.

Pouce. Rêver à un pouce suggère la conscience de notre puissance. Le pouce pointé vers le haut représente l'énergie bénéfique ; pointé vers le bas, il représente l'énergie négative. Dans ce dernier cas, il était utilisé comme signal de mise à mort des gladiateurs romains.

Poumons. Dans la médecine chinoise, les poumons représentent le chagrin. Ils sont aussi impliqués dans le processus décisionnel. Sur le plan spirituel, les poumons sont le siège de la justice et la source de pensées concernant le moi.

Reins. Les reins sont des organes d'élimination, donc rêver à eux, c'est être conscient d'un besoin de nettoyage.

Sang - *Voir aussi l'entrée et Menstruations.* Rêver de sang peut signifier que le rêveur estime qu'un sacrifice est fait. Cela est lié à la croyance antique que le sang a d'une façon ou d'une autre contenu la vie de l'esprit et qu'on a donc renversé du sang sacré. Il peut aussi représenter le renouvellement de la vie par son rapport avec les menstruations. Plusieurs personnes craignent le sang et ainsi rêver de sang peut mettre en évidence le besoin de se mettre en accord avec ses peurs. Sur un plan plus spirituel, il représente le sang du Christ.

Seins - *Voir aussi l'entrée.* Prendre conscience des seins dans des rêves indique notre rapport avec la figure de la mère et notre besoin d'être nourri. Un tel rêve peut aussi indiquer un désir de retourner à une petite enfance sans responsabilités.

Talon. Cela suggère la partie de nous qui est forte en même temps que vulnérable.

Tête. La tête est considérée comme la partie principale du corps. Parce qu'elle est le siège de la force de vie, elle dénote le pouvoir et la sagesse. Rêver de la tête suggère que nous devions regarder très soigneusement notre façon de traiter tant avec l'intelligence qu'avec la folie. Rêver d'une tête penchée suggère la supplication. Quand la tête est couverte, nous pouvons dissimuler notre propre intelligence ou reconnaître la supériorité de quelqu'un d'autre. Un coup à la tête dans un rêve peut indiquer que nous devrions reconsidérer nos actions dans une situation particulière.

Urine. L'urine dans un rêve indique souvent nos sentiments face au contrôle émotionnel. Nous pouvons céder à l'émotion ou l'étouffer. Notre façon de traiter avec l'urine dit aussi beaucoup sur notre sexualité.

Utérus. L'utérus représente un retour au commencement. Nous ressentons tous le besoin de sécurité et d'abri, peut-être même de fuir parfois les responsabilités. Les rêves liés à l'utérus peuvent suggérer notre besoin de satisfaire ces exigences. Sur un plan légèrement plus ésotérique, l'utérus représente notre connexion avec la grande mère ou la Terre mère (voir l'Introduction du présent livre). Les rêves de retour à l'utérus suggèrent notre besoin de nous reconnecter avec le côté plus passif de notre nature. Nous pouvons avoir besoin d'une période d'autoguérison et de récupération.

Vagin. Le plus souvent, les rêves liés au vagin ont à faire avec sa propre image. Dans le rêve d'une femme, il met en évidence sa réceptivité. Dans le rêve d'un homme, il suggère son besoin d'être pénétrant, tant mentalement que physiquement.

Cerveau

1. Quand notre attention est attirée sur le cerveau dans un rêve, on s'attend à ce que nous considérions notre propre intellect ou celui des autres. Rêver d'un cerveau préservé indique le besoin de faire attention dans des poursuites d'ordre intellectuel. Nous pouvons exiger trop de nous-mêmes.

2. Étant donné que le cerveau est le siège de l'apprentissage, nous pouvons psychologiquement devoir considérer nos croyances et idéaux à la lumière de l'expérience.

3. Le siège de l'âme.

Cortège

1. Un rêve de cortège signifie un déplacement ordonné et constitue souvent une déclaration d'intention. Dans un rêve, voir un groupe de gens ayant un but semblable ou les mêmes croyances indique que c'est l'intention derrière le groupe qui est importante. Un cortège est hiérarchique ; les gens les plus importants sont devant, du premier au dernier. Cela peut être important dans un rêve si nous devons apprendre à nous prioriser.

2. Un cortège est souvent une façon de marquer une occasion spéciale en grande pompe et dans la dignité. Dans les rêves, une telle image représente souvent le besoin du rêveur de faire reconnaître ses capacités et ses réalisations. Participer à un cortège exprime notre besoin d'appartenir à un groupe de gens ayant les mêmes opinions que nous. Observer un cortège, c'est apprécier les idées d'un regroupement populaire.

3. Spirituellement, un cortège indique un groupe de gens d'une même opinion, mais aussi des gens ayant une grande connaissance. Dans les rêves, nous reconnaissons l'importance de n'importe quelle religion ou système de croyances auquel nous appartenons. Nous reconnaissons l'obligation de respect.

Cosmétiques

1. Utiliser des cosmétiques dans un rêve peut avoir deux significations. Il y a un besoin d'enregistrer le fait que nous dissimulons nos traits ou, au contraire, nous mettons en valeur notre beauté naturelle. Si nous utilisons des cosmétiques sur quelqu'un d'autre, nous devons littéralement composer avec cette personne.

2. Sur le plan psychologique, nous pouvons estimer que nous avons un problème avec notre image publique et nous devons utiliser une sorte de façade avant de pouvoir être acceptés par les autres.

3. La personnalité peut se montrer sous beaucoup d'aspects.

Coucou

- Voir Oiseaux

Couler/S'enfoncer

1. Couler dans un rêve suggère une perte de confiance. Nous pouvons être désespérés à cause de quelque chose que nous avons fait et nous sentir gênés par les circonstances. Voir quelqu'un couler suggérerait que nous soyons conscients qu'on a peut-être besoin de notre aide. Nous pouvons avoir l'impression de perdre pied dans une relation ou une situation. Ce dans quoi nous coulons pourrait être important. Couler dans l'eau suggérerait qu'une émotion particulière menace de nous engloutir. S'enfoncer dans le sable ou dans un marais indique que nous estimons qu'il n'y a aucun terrain sûr pour nous.

2. L'impression de couler dans les rêves suggère d'habitude le souci ou la crainte. Émotionnellement, nous sommes incapables de maintenir notre bonheur habituel. Nous pouvons estimer que nous ne sommes pas en contrôle et que nous ne pouvons pas maintenir le mouvement vers l'avant. Voir un objet couler peut suggérer que nous soyons sur le point de perdre quelque chose que nous estimons.

3. Tant spirituellement que physiquement, couler c'est se placer dans une situation où l'on est incapable de voir clairement quelle est la meilleure action à faire. Si l'on est sensible, cela peut signifier que le négativisme des autres menace de nous submerger.

Couleurs

1. La couleur joue un rôle essentiel dans tout le symbolisme. Cela est dû en partie à la fréquence vibratoire que possède chaque couleur et en partie à cause de la tradition. Des expériences scientifiques ont été effectuées pour vérifier l'effet de chaque couleur et elles ont prouvé ce que les occultistes et guérisseurs connaissaient depuis toujours. En travaillant avec les couleurs de l'arc-en-ciel, nous découvrons que les couleurs chaudes, vives – qui reflètent la lumière – sont le jaune, l'orange et le rouge. Les couleurs passives ou froides sont le bleu, l'indigo et le violet. Le vert est une synthèse de la chaleur et du froid. La lumière blanche contient toutes les couleurs.

2. En travaillant avec notre propre spectre de couleurs, il est possible de conserver la santé. Quelques significations données aux couleurs sont :

Blanc. Le blanc contient toutes les couleurs. Il suggère l'innocence, la pureté spirituelle et la sagesse.

Bleu. C'est la couleur d'un ciel clair. C'est la couleur principale de la guérison. Il suggère la relaxation, le sommeil et le fait d'être paisible.

Brun. La couleur de la terre, de la mort, de l'engagement aussi.

Gris. Cette couleur signifie la dévotion et le sacerdoce.

Jaune. Cette couleur est celle qui est la plus proche de la lumière du jour. Elle a un lien avec le moi émotionnel, les attributs de la pensée, le détachement et le jugement.

Magenta. C'est une couleur liée tant au physique qu'au spirituel. Elle signifie la renonciation, le désintéressement, la perfection et la pratique méditative.

Noir. Le noir contient potentiellement toutes les couleurs. Il suggère la manifestation, la négativité et le jugement.

Orange. C'est une couleur essentiellement gaie et inspirante. Les qualités qui y associées sont le bonheur et l'indépendance.

Rouge. La vigueur, la force, l'énergie, la vie, la sexualité et le pouvoir sont tous liés à cette couleur. Un beau rouge clair représente bien ces qualités ; s'il y a un autre type de rouge dans les rêves, les attributs peuvent être contaminés.

Turquoise. La couleur est bleu clair et verdâtre. Dans quelques religions, c'est la couleur de l'âme libérée. Elle évoque le calme et la pureté.

Vert. C'est la couleur de l'équilibre et de l'harmonie, de la nature et de la flore.

Violet. Cette couleur, bien que certains la trouvent trop forte, signifie la noblesse, le respect et l'espoir. Son but est d'élever.

3. La couleur affirme l'existence de lumière. Sur le plan spirituel, le rouge est la couleur de l'image de soi et de la sexualité. L'orange représente les rapports tant avec nous-mêmes qu'avec les autres. Le jaune est le moi émotionnel. Le vert est la conscience du moi. Le bleu est l'expression du moi et de la sagesse.

L'indigo est la couleur de la créativité, tandis que le violet représente la responsabilité cosmique.

Couloir

- Voir aussi Hall/Passage dans Constructions (bâtiments)

1. Quand nous rêvons que nous sommes dans un couloir, nous sommes dans un état de transition. Nous passons probablement d'un état d'âme à un autre, ou peut-être entre deux états d'être.

2. Nous pouvons être dans une situation insatisfaisante, mais ne pas être capables de prendre des décisions sauf celle d'accepter l'inévitable.

3. Nous sommes dans des limbes spirituelles.

Coup

1. Entendre des coups dans un rêve nous avertit généralement que nous devrions porter notre attention sur un point précis. Nous pouvons prêter trop d'attention à une partie de notre personnalité. Par exemple, nous pouvons être trop introverti quand en fait nous devrions porter plus d'attention à l'extérieur.

2. Si nous frappons sur une porte, nous pouvons vouloir devenir une part de la vie de quelqu'un. Nous attendons la permission avant d'aller de l'avant.

3. Nous nous donnons la permission de progresser dans notre voyage spirituel.

Coup de pied

1. L'agressivité peut être représentée de plusieurs façons et rêver de donner un coup de pied à quelqu'un permet souvent d'exprimer l'agressivité d'une façon acceptable. Nous ne le ferions pas nécessairement dans la vie éveillée. Rêver de recevoir un coup de pied met en lumière notre capacité d'être une victime.

2. Donner un coup de pied dans un ballon signifie notre besoin de sang-froid, mais aussi notre contrôle sur des circonstances externes.

3. Un coup de pied peut être pris symboliquement comme un besoin de motivation spirituelle ; cela peut être le coup de pied dont nous avons besoin pour continuer (ou peut-être commencer) le voyage spirituel.

Coup de poignard

- Voir aussi Couteau

1. Être poignardé en rêve indique notre capacité d'être blessé. Poignarder quelqu'un, au contraire, c'est être prêt à blesser. Puisqu'une blessure par couteau est pénétrante, il y a un lien avec la sexualité masculine agressive, mais aussi avec la faculté d'aller droit au but.

2. Quand nous nous rendons vulnérables, nous sommes ouverts aux blessures. Souvent, un coup de couteau est une façon rapide d'obtenir un résultat. Par exemple, donner des coups de couteau à quelque chose plutôt qu'à quelqu'un suggérerait le besoin de passer à travers quelque carapace ou barrière pour pouvoir aller de l'avant.

3. Quand nous nous rendons compte que nous pouvons utiliser des habiletés particulières, celles-ci peuvent prendre la forme d'un sentiment presque rituel. Le combat et l'agression à coups de couteau peuvent alors être perçus comme un moyen de discipline spirituelle (comme dans les arts martiaux). Nous devons comprendre quel est le comportement approprié.

Coup de sifflet

1. Un coup de sifflet dans un rêve peut marquer la fin d'une période particulière. Il peut aussi être donné comme avertissement.

2. Un sifflet peut être entendu et reconnu dans les rêves sur des jeux (voir Jeux). Comme moyen de contrôle et de formation, il peut être approprié de regarder le style des coups de sifflet. Par exemple, s'il est dur, le rêveur peut prendre conscience qu'il a transgressé un code de conduite connu.

3. Une sommation spirituelle.

Courant d'air

1. Ressentir un courant d'air dans un rêve, c'est être conscient d'une force externe qui pourrait nous affecter ou d'une situation particulière dans

laquelle nous sommes. Créer un courant d'air, c'est littéralement essayer de purifier l'atmosphère.

2. Traditionnellement, un courant d'air froid ressenti en cours de travail psychique suggère une visite de l'esprit. Dans les rêves, il suggère une communication provenant d'une partie cachée de nous-mêmes.

3. L'Esprit saint manifesté comme un vent soufflant pour permettre aux disciples de répandre l'Évangile.

Courant d'eau

- Voir aussi Eau

1. Rêver d'un courant d'eau suggère la conscience du flux de ses émotions. Être dans un courant d'eau suggère que l'on est en contact avec sa sensualité.

2. Sur le plan émotionnel, nous devons nous sentir aimés et appréciés pour fonctionner correctement. Suivre le courant suggère que l'on fait partie d'un groupe social qui nous permettra d'interagir avec les autres.

3. L'image d'un courant d'eau est souvent citée comme étant bénie par le pouvoir divin. L'énergie spirituelle est souvent ressentie comme un flot de lumière.

Couronne

1. Une couronne dans un rêve peut suggérer l'honneur. La forme, souvent circulaire, sera importante pour signifier la continuité, la perfection, aussi la vie éternelle. Rêver de recevoir une couronne suggère que l'on est choisi, peut-être pour un honneur quelconque. Elle avertissait autrefois du potentiel de sa propre mort. Rêver de donner à quelqu'un une couronne valide notre rapport avec cette personne.

2. Une couronne dans les rêves peut avoir la même signification que n'importe lequel des symboles d'attache, tels des harnais et des licous. Elle devient un lien qui ne peut pas être rompu ou un sacrifice qui doit être accepté.

3. Une couronne a une signification spirituelle triple : le dévouement, le sacrifice ou la mort (le changement). Le rêveur devra décider quelle est la signification la plus appropriée.

Couronne

1. Rêver d'une couronne, c'est reconnaître notre propre succès et que nous avons des occasions pour étendre notre connaissance et notre conscience. Nous pouvons être sur le point de recevoir un honneur ou une récompense.

2. La couronne peut représenter la victoire et le dévouement, particulièrement au devoir. Nous pouvons avoir lutté pour quelque chose et notre plus grande victoire a été contre notre propre inertie.

3. Une couronne symbolise la victoire sur la mort et l'accomplissement.

Course

1. Courir dans un rêve suggère la vitesse et le mouvement. Courir vers l'avant suggère la confiance et l'habileté. Courir vers l'arrière, c'est-à-dire partir en courant, signifie la crainte et l'incapacité de faire quelque chose.

2. Évidemment, le temps et le lieu de la course sont importants dans l'interprétation d'un rêve. L'endroit où nous allons indiquera peut-être pourquoi la vitesse est nécessaire. Si nous sommes poursuivis, cela explique aussi le besoin de courir. Mener quelque chose – comme une équipe –, c'est prendre ses responsabilités.

3. La course dans les rêves suggère l'inquiétude ou même la détresse. Spirituellement, nous essayons peut-être de faire quelque chose trop rapidement.

Couteau

- Voir aussi Armes

1. Un instrument coupant dans un rêve signifie la division. Si nous utilisons un couteau, nous pouvons ou nous libérer ou essayer de briser un lien. Si nous sommes attaqués avec un couteau, cela indique des mots violents ou des actions pouvant être utilisées contre nous. Pour une femme, c'est probablement plus en lien avec sa crainte du viol, tandis que pour un homme cela met en évidence sa propre agressivité.

2. Il peut être important de noter le type de couteau utilisé dans le rêve. Un couteau de table sera interprété très différemment d'un couteau suisse. Tous les deux sont fonctionnels, mais le premier serait approprié dans certaines

circonstances seulement, tandis que l'autre pourrait être utilisé de plusieurs façons.

3. Un symbole de division. Probablement un sentiment de division au sens spirituel, c'est-à-dire que bien que nous soyons sur la voie de la réalisation cela ne nous rend pas particulièrement heureux. Ainsi, il y a confusion quant à la route prise ou à prendre.

Coyote

- Voir Loup dans Animaux

Crabe

1. Un crabe apparaissant dans un rêve peut indiquer les soins maternels, particulièrement ceux de type étouffant, mais il peut aussi représenter les aspects de non-fiabilité et d'égocentrisme. Le crabe peut aussi, à cause de sa façon de se déplacer, marquer un comportement déviant.

2. Par association de mots, le crabe peut représenter la maladie ou quelque chose qui nous ronge.

3. Le signe astrologique du Cancer et la grande mère (voir l'Introduction du présent livre) sont représentés par le crabe.

Crachat

1. Normalement, le crachat dans les rêves représente le dégoût. Jadis, nous aurions craché du venin, ce qui est une image de base de la façon de réagir d'un animal menacé ou blessé.

2. Plus positivement, le crachat peut indiquer un signe de bonne foi. Dans quelques cultures, on crache toujours dans ses mains pour conclure une affaire. Un lien est établi par l'échange de fluides corporels.

3. Depuis les temps bibliques, on a vu la salive comme un liquide qui guérit. On a supposé que c'était un antidote à la malédiction, particulièrement au mauvais œil. Sur le plan spirituel, c'est peut-être symbolique du flux d'énergie entre le guérisseur et le patient.

Crâne

1. Si un crâne apparaît dans un rêve, le reste du rêve aidera à découvrir le symbolisme sous-jacent. Le crâne et les os en croix pourraient représenter une appréciation romantique d'un pirate, ou un symbole de danger. Puisque le crâne est une représentation de la tête, il peut aussi en symboliser la capacité intellectuelle, ou plutôt l'absence de celle-ci.

2. Être conscient de son propre crâne dans les rêves, c'est apprécier la structure que l'on a donnée à sa vie. Percevoir un crâne là où il devrait y avoir une tête suggère que cette partie de la personne soit morte. Parler à un crâne, c'est reconnaître le besoin de communiquer avec ceux que nous avons perdus. Quand un crâne nous parle, une partie de nous que nous avons rejetée ou niée s'apprête à revenir à la vie. Si nous croyons en la vie après la mort, nous pouvons estimer que l'esprit parle par l'entremise du crâne.

3. Sur un plan spirituel, le crâne représente la mort et toutes ses implications. Quand il apparaît dans les rêves, c'est le temps pour nous d'accepter la mort physique.

Crapaud

- Voir Animaux

Crème glacée

1. La crème glacée dans un rêve a beaucoup à voir avec la sensualité. En temps normal, c'est une expérience agréable et nous rappelle souvent l'enfance et des temps heureux. Manger de la glace indique que nous pouvons accepter le plaisir plus que jamais auparavant. Donner de la glace aux gens indique que nous souhaitons faire plaisir aux gens.

2. La crème glacée peut aussi dépeindre un état d'âme où l'on a conclu que rien n'est permanent, que le plaisir peut fondre.

3. La glace est une image qui peut être utilisée pour signifier le caractère éphémère d'une chose, particulièrement dans la mesure où c'est le plaisir qui est concerné. Nous devons choisir entre le transitoire et le permanent.

Creusement/Fouilles

- Vois aussi Carrière/Mines

1. Souvent quand nous entreprenons un processus d'étude de nous-mêmes, nous découvrons ces parties que nous avons tenues cachées et qui nous sont montrées dans des rêves par le fait de creuser un trou ou de déterrer un objet.

2. Sur le plan créatif, des réalisations sont difficiles à accomplir et doivent être fouillées.

3. Spirituellement, nous devons être conscients de caractéristiques de l'inconscient et tenter d'y avoir accès.

Creuset

1. Un creuset dans un rêve est lié à la réceptivité, à l'intuition et au côté créateur du rêveur. Contenant qui résiste à une grande chaleur, le creuset peut contenir le changement et même contribuer à sa réalisation.

2. Sur le plan psychologique, nous détenons tous en nous un grand pouvoir qui, lorsqu'il est libéré, nous permet de prendre en charge d'autres personnes aussi bien que nous-mêmes.

3. Une manifestation d'énergie spirituelle ou psychique peut être perçue comme un creuset, un réceptacle pour la transformation.

Cricket

- Voir Jeux

Cristal

- Voir Bijoux

Crochet

1. Quand nous rêvons d'un crochet, nous comprenons généralement que nous avons la capacité de tirer des choses vers nous, qu'elles soient bonnes ou mauvaises. Il peut également indiquer que nous sommes retenus par quelqu'un et que notre liberté en est affectée.

2. Dans des rêves d'enfance, le crochet peut représenter le rôle d'un parent ou d'une figure d'autorité. Ce symbolisme peut continuer à l'âge adulte, témoignant que nous permettons aux gens de contrôler nos vies.

3. Nous devons être lucides et ne pas être accrochés à des croyances religieuses et à des pratiques juste parce qu'elles existent.

Crocodile

- Voir aussi Reptile dans Animaux

1. Rêver de crocodiles ou de reptiles indique que nous regardons les aspects inférieurs effrayants de notre nature. Nous pouvons estimer que nous n'avons aucun contrôle sur ceux-ci et qu'il serait donc très facile d'être dévoré par eux.

2. Nous sommes dévorés par notre peur de la mort ou du processus de la mort. Si nous sommes croyants, nous savons que nous devons subir ce processus pour surmonter la mort et pour ressusciter.

3. La libération des limitations banales du monde est symbolisée par le crocodile.

Croissance (grandir)

1. Les changements en nous nous amènent à de nouvelles façons d'entrer en relation avec les gens, à de nouvelles façons de nous connaître ou à de nouvelles situations qui sont toutes des étapes de croissance. Ils sont souvent symbolisés dans les rêves par la croissance d'une plante ou quelque chose de semblable.

2. Souvent, quand nous rêvons de notre enfance, nous sommes capables de nous mettre en contact avec le processus de croissance.

3. La croissance dans un rêve peut être la preuve d'une nouvelle maturité spirituelle, ce que le rêveur devrait être encouragé de découvrir.

Croissant

- Voir Formes

Croix

- Voir Formes

Crucifixion

- Voir Images religieuses

Cube

- Voir Cube dans Formes

Cuir

1. À sa signification de base et selon les circonstances dans la vie du rêveur, le cuir peut être associé à l'image de soi. Souvent, il est lié à la protection et par la suite à l'uniforme. Par exemple, un costume de cuir d'un motocycliste le rendra facilement identifiable, mais le protégera aussi par tous les temps. Les rêves projettent souvent une image que l'on doit considérer très soigneusement.

2. Le cuir peut aussi être lié au sadisme, à la torture et aux questions plus larges de comportement sexuel, le nôtre ou celui des autres, que nous jugeons approprié ou non.

3. Autoflagellation.

Cuir chevelu

- Voir Tête dans Corps

Cuisine

1. Pour la plupart des personnes, la cuisine représente le cœur de la maison. C'est le lieu dont nous sortons et auquel nous retournons. Dans les rêves, la cuisine peut souvent représenter la mère, ou plutôt les soins maternels. C'est la pièce qui est d'habitude la plus occupée et donc le lieu où beaucoup de rapports sont cimentés et où beaucoup d'échanges ont lieu.

2. La cuisine est un lieu de création, de chaleur et de bien-être. Elle en est donc venue à représenter l'aspect nourricier de la femme.

3. Dans la plupart des cultures, des contes populaires parlent de la cuisine et spirituellement elle représente la transformation, la transmutation. Beaucoup plus en lien avec les changements que l'on désire qu'avec ceux que l'on fait réellement. Les rituels associés au foyer et au feu étaient et sont toujours une partie significative du développement spirituel. Même aujourd'hui, alors que les plats cuisinés ont la cote, le sens du travail que la cuisine offre est encore présent.

Cuisine

1. Cuisiner dans un rêve, c'est préparer de la nourriture ou satisfaire une faim, autant la nôtre que celle d'autres personnes. Cette faim peut ne pas être aussi directe qu'une faim physique, mais quelque chose de plus subtil comme un besoin de se servir de diverses occasions qui se présentent à nous.

2. Pour avancer, réussir, nous pouvons devoir mélanger certaines parties de notre existence de façon nouvelle et originale. Rêver de faire la cuisine souligne cela. Nous pouvons donc devoir nourrir une nouvelle capacité.

3. Cuisiner peut symboliser la créativité. Il y a une fable savoureuse qui raconte que Dieu a créé l'être humain en faisant cuire ensemble les diverses races.

Cuisse

- Voir Membres dans Corps

Culbute

- Voir Chute

Cul-de-sac

1. Quand le rêveur constate qu'il est pris au piège dans un cul-de-sac, cela symbolise l'action futile, possiblement aussi un état d'inertie. Une circonstance peut empêcher le mouvement en avant et il peut être nécessaire de revenir sur ses pas pour réussir.

2. Nous sommes bloqués dans de vieux modèles de comportement et nous pouvons être menacés par des erreurs passées.

3. Un cul-de-sac spirituel représente la futilité.

Cygne

- *Voir Oiseaux*

Cymbales

1. Les cymbales sont liées au rythme et au son. Quand elles apparaissent dans un rêve, c'est une indication d'un retour à une vibration de base. Souvent, il y a un rapport avec le sexe et la sexualité puisque, dans quelques cultures, les cymbales sont utilisées pour inciter à un état d'extase, de concert avec le tambour et le tambourin.

2. Nous réconcilions la passion et le désir.

3. Sur le plan spirituel, les cymbales représentent deux moitiés interdépendantes, l'une ne pouvant pas fonctionner sans l'autre.

D

de

Dames à Droiture

Dames

- *Voir Jeux*

Danger

1. Quand nous nous retrouvons en rêve dans des circonstances dangereuses, cela reflète souvent nos ennuis et dilemmes quotidiens. Nous pouvons prendre conscience que nos activités pourraient nous devenir nuisibles si nous continuons de la même manière.

2. Les rêves peuvent souvent indiquer un danger sous une forme symbolique, comme un conflit, un incendie ou une inondation. Nous pouvons avoir besoin de nous faire montrer des pièges pour les reconnaître sur le plan conscient.

3. Rêver d'être dans une position dangereuse ou précaire peut indiquer une insécurité spirituelle.

Danse/Danser

1. La danse a toujours représenté la liberté tout en étant aussi symbolique d'autres actions nécessaires à la survie. Danser dans un rêve dépeint la création du bonheur, se sentir unifié avec son environnement et possiblement se rapprocher ou être plus intime avec un partenaire.

2. Sur le plan psychologique, la danse peut être un renforcement de la liberté de mouvement, de la force et de l'émotion.

3. Sur le plan spirituel, la danse a toujours représenté le rythme de la vie. Les modèles créés sont réputés refléter des schémas spirituels. La danse signifie aussi l'appropriation heureuse de l'espace et du temps.

Date

1. Quand une date particulière est mise en évidence dans un rêve, on nous rappelle quelque chose de particulièrement significatif ou traumatique dans nos vies ou peut-être qu'il faut considérer le symbolisme des nombres contenus dans cette date (voir Nombres).

2. Souvent, le psychisme nous donne de l'information prémonitoire dans les rêves et nous prévient ainsi de l'arrivée d'événements particulièrement importants.

3. Une certaine date ou un certain jour pourrait pointer vers de l'information que le rêveur a inconsciemment conservée et qui peut être pertinente pour lui.

Datte

1. Parce que les dattes sont un fruit exotique, en rêver nous fait prendre conscience d'un besoin de rareté ou d'exotisme dans nos vies. Également, nous pouvons avoir besoin de douceur et de nutrition.

2. Nous avons besoin que l'on s'occupe de nous d'une façon différente de la normale.

3. Les fruits, et particulièrement les dattes, sont très souvent associés aux rites de fertilité et à la fertilité. À l'époque des Romains, à cause de leur goût succulent et de leurs connexions spirituelles, elles étaient souvent utilisées comme aphrodisiaque au cours des activités prénuptiales.

Dauphin

1. Les dauphins sont perçus par les marins comme des sauveteurs et des guides ayant une connaissance et une conscience spéciales, et c'est l'image qui fait surface dans les rêves. Venant des profondeurs de l'inconscient, le dauphin représente le côté caché de nous qui doit être compris.

2. Sur le plan psychologique, le dauphin peut dépeindre le côté plus espiègle de notre personnalité, mais peut en même temps nous rendre conscients de l'escroc. Rêver de nager avec des dauphins suggère de nous mettre en contact et d'apprécier notre propre nature primitive.

3. Le dauphin représente maintenant la sensibilité spirituelle et la sécurité.

Déchets

1. Les déchets dans nos rêves créent un scénario où nous sommes capables de traiter avec des expériences ou des sentiments qu'il faut trier pour décider

ce qui doit être conservé ou rejeté. Rassembler des déchets peut indiquer que nous faisons de fausses hypothèses.

2. Très souvent, les déchets sont des restes d'aliments. Souvent nous sommes alertés sur ce que nous devons faire pour rester en santé – comment nous devons traiter notre corps.

3. Nous pouvons devoir disposer de certaines inepties ou bêtises, et ce genre de rêve peut nous indiquer que le temps est venu de nous défaire de ces idées inappropriées.

Découverte

1. Si nous rêvons que nous découvrons quelque chose, comme un objet précieux, nous prenons conscience d'une certaine partie de nous qui nous est ou nous sera utile. Nous faisons une découverte ou une réalisation à notre sujet ou sur d'autres personnes.

2. L'esprit a une façon étrange d'attirer notre attention sur ce qui doit être fait pour nous permettre d'atteindre nos buts. Il utilisera la dissimulation, la recherche et la découverte comme autant de métaphores pour l'effort que nous devons faire en état d'éveil. Ainsi, trouver quelque chose sans devoir faire trop d'effort montrerait que des événements auront lieu et nous révéleront ce que nous devons savoir.

3. Nous pouvons être près d'une découverte qui nous permettra de progresser spirituellement.

Déesse(s)

- Voir aussi Images religieuses

1. Rêver de déesses mythiques nous lie à des images archétypales de féminité (voir Archétypes). Pour une femme, rêver d'une déesse clarifiera le lien inconscient entre toutes les femmes, toutes les créatures féminines. C'est le mystère, le secret partagé, qui est une force si intangible dans le psychisme de la femme. À l'état éveillé, c'est ce qui permet aux femmes de créer une solidarité féminine ou un réseau à la recherche d'un but commun. Rêver de déesses nous fait accepter l'entrée dans ce groupe. Pour un homme, la figure de déesse signifie tout ce qu'un homme craint dans le pouvoir et la force

féminins. Cela l'aide à comprendre son expérience avec sa mère, la première femme dans sa vie.

2. Il y a plusieurs figures de déesses dans toutes les cultures. Il y a celles perçues comme étant destructrices, par exemple Kali, Bastet et Lilith, et il y en a aussi des bienfaisantes, comme Athéna et Hermia. ***Aphrodite*** est la déesse de l'amour et de la beauté. Elle est autant créatrice que procréatrice. Elle gouverne chez la femme le plaisir de l'amour et de la beauté. ***Artemis***, la déesse de la lune, personnifie l'esprit féminin indépendant et son but est l'accomplissement. Elle est souvent dépeinte en chasseresse. ***Athéna*** est la déesse de la sagesse et de la stratégie. Elle est logique et sûre d'elle et est gouvernée par ses facultés mentales plutôt que par ses émotions. ***Demeter, Epitomises,*** l'archétype maternel et la déesse de la fertilité, mettent en évidence l'instinct féminin d'appuyer ses enfants. ***Héra,*** en tant que déesse du mariage, décrit la femme dont le but essentiel est de trouver un mari. Être épouse est le but ultime de sa vie. ***Hestia,*** la déesse du foyer, décrit la femme patiente qui trouve la stabilité dans la solitude. Elle représente l'intégrité. ***Persephone,*** qui est en fin de compte la reine du Milieu, mais seulement avoir par rejeté son statut de fille de Demeter, exprime la tendance féminine à vouloir plaire et être nécessaire aux autres. Son comportement docile et sa passivité doivent tendre vers l'acceptation de soi si elle veut devenir réellement elle-même.

3. Spirituellement, chaque femme est en mesure de faire des liaisons intuitives avec les aspects essentiels de sa personnalité. Elle comprend ce qu'elle est et peut utiliser toutes les facettes d'elle dans sa vie quotidienne.

Déféquer

- Voir Excréments dans Corps et Excréments

Dégel

1. Dans les rêves, être conscient d'un dégel, c'est prendre note d'un changement dans nos réponses émotionnelles. Nous n'avons plus besoin d'être aussi détachés qu'avant sur le plan émotionnel.

2. Sur un plan psychologique, nous avons la capacité de réchauffer une situation et de faire fondre la froideur. Si nous sommes conscients d'une froideur en

nous sur un plan émotionnel, nous devons découvrir ce qu'est ou ce qu'était le problème et pourquoi nous avons réagi comme nous l'avons fait.

3. Un dégel spirituel suggérerait la capacité d'accepter de vieilles barrières et de devenir plus chaleureux et aimant.

Démembrement

1. Le démembrement du corps ou n'importe quel rêve où un certain type de fragmentation a lieu ont un lien avec le fait d'être réduit à l'impuissance. Une situation peut nous déchirer et une action violente peut être nécessaire pour que nous puissions retrouver notre équilibre.

2. Sur le plan psychologique, nous devons prendre nos vieux sentiments et nos vieilles idées un(e) par un(e) pour comprendre ce qui se passe. Ce processus doit avoir lieu avant qu'une reconstruction de sa vie puisse se faire.

3. La mort et le symbolisme de renaissance d'initiation ; la mort du moi avant sa réintégration et sa renaissance.

Démissionner/Se résigner

1. Dans les rêves, démissionner c'est abandonner. Rêver de démissionner du travail signifie que nous sommes conscients de changements importants dans notre vie. Nous devons nous habituer à l'idée que certaines choses ou certains lieux ne sont pas faits pour nous. Être résignés à quelque chose suggère que nous ayons accepté à tort le *statu quo* dans notre vie.

2. La résignation est un état d'âme provoqué par le besoin de faire face aux difficultés. C'est comme si nous arrivions à un point où nous sommes incapables de faire un nouvel effort ou de prendre une décision supplémentaire. Ce n'est peut-être pas la meilleure solution, mais nous pouvons simplement nous résigner à ce qui peut arriver. Dans les rêves, cette démission est reconnue par une absence de désir d'aller plus loin.

3. La résignation spirituelle est l'entrée dans le fatalisme. Nous n'avons plus aucun besoin ou aucune volonté de nous battre désormais.

Démolition

1. Selon les circonstances du rêve, la démolition met en évidence des changements majeurs dans la vie du rêveur ou un traumatisme qu'il s'est infligé. Si nous effectuons une démolition, nous devons être en contrôle, mais si quelqu'un d'autre en est responsable, nous pouvons nous sentir impuissants face au changement.

2. Nous pouvons prendre conscience d'une montée d'énergie émotionnelle en nous qui ne pourra être maîtrisée que par une démolition complète d'attitudes et d'approches obsolètes.

3. Le fanatisme et l'anarchie (le besoin de détruire un vieil ordre) peuvent être représentés par la démolition dans un rêve.

Démon

- Voir aussi Diable

1. Rêver d'un démon ou du Diable signifie d'habitude que nous devons accepter une partie inconnue de nous-mêmes qui nous fait peur. Nous devons confronter cette partie et la faire travailler pour nous plutôt que contre nous.

2. Nous pouvons avoir peur de nos passions, de notre colère et même de notre peur.

3. On dit qu'il y a parfois peu de différence entre l'ami et l'ennemi. Le rêveur peut trouver valable de regarder près de lui s'il examine quelque mal ou méfait pour trouver les réponses à des problèmes spirituels.

Dents

- Voir Corps

Départ

- Voir aussi Parcours

1. Quitter une situation connue – comme quitter la maison – indique une brisure par rapport à des vieux modèles de comportement ou de vieilles habitudes. Nous pouvons devoir nous donner la liberté d'être indépendants.

2. Nous pouvons avoir un fort désir de nous délester de responsabilités ou de difficultés, mais devons être prudents quant à la façon de le faire.

3. Le rejet conscient du passé peut être représenté par un départ dans un rêve.

Dépendance

1. Rêver d'une dépendance indique que nous devons convenir qu'il y a un besoin et un désir de reconnaître un comportement obsessif chez nous ou chez d'autres. Quelqu'un ou quelque chose est en train d'avoir le dessus sur nous. Être dépendant de quelqu'un, c'est avoir abdiqué sa propre responsabilité. Être dépendant d'une substance, comme le tabac ou l'alcool, suggère une incapacité d'avoir un rapport correct avec le monde.

2. La crainte de la dépendance est une reconnaissance de la mainmise que nos passions peuvent avoir sur nous. Nous craignons de perdre le contrôle de nous-mêmes, mais aussi notre contrôle sur d'autres personnes. Faire partie d'un groupe de dépendants suggère que nous ne comprenons pas notre propre comportement dans des situations sociales. Nous pouvons avoir tendance à devenir victimes dans la vie quotidienne.

3. Cela est lié à la recherche du plaisir, à l'aspect hédoniste du moi.

Derrière

1. Être derrière quelqu'un dans un rêve indique que sur un plan subconscient nous pouvons nous considérer inférieurs d'une certaine façon.

2. Nous pouvons constater que nous avons peur d'être laissés derrière.

3. Nous devrions examiner notre position spirituelle, car nous pouvons littéralement être derrière dans notre recherche de plénitude.

Dés

1. Jouer aux dés souligne le fait que nous jouons avec le destin ou que nous prenons des risques.

2. Si quelqu'un d'autre lance les dés, nous laissons notre destin entre les mains d'autres personnes et nous devons donc diriger nos vies selon leurs règles.

3. Jouer aux dés est une façon de prendre des risques qui, sur le plan spirituel, peuvent avoir des conséquences irrévocables.

Descente/descendre

1. Quand nous rêvons d'une descente, comme descendre d'une montagne ou des marches, nous cherchons souvent une réponse à un problème particulier, à un traumatisme passé ou à quelque chose que nous avons laissé derrière ; ce que nous pouvons en apprendre est important.

2. Nous pouvons craindre une perte de statut tout en étant conscients des aspects positifs d'une telle perte.

3. La descente dans le monde souterrain, la recherche de la sagesse mystique, la renaissance et l'immortalité sont toutes illustrées dans les rêves de descente.

Désert

1. Rêver que l'on est seul dans un désert signifie un manque de satisfaction émotionnelle, la solitude ou l'isolement. Rêver que l'on est dans un désert avec quelqu'un peut montrer que ce rapport particulier est stérile ou ne mène nulle part.

2. Nous devons considérer un cours d'action très soigneusement si nous voulons survivre dans les circonstances présentes.

3. Un désert peut symboliser la désolation et l'abandon, mais aussi un endroit de contemplation, de révélation calme et divine.

Déshabillage

- *Voir aussi Vêtements*

1. Quand nous nous déshabillons dans un rêve, nous pouvons nous mettre en contact avec nos sentiments sexuels. Nous pouvons aussi avoir besoin de révéler nos vrais sentiments au sujet d'une situation et avoir la liberté d'être totalement ouverts.

2. Observer quelqu'un se déshabiller indique souvent que nous devrions être conscients de la sensibilité de cette personne. Déshabiller quelqu'un suggère

que nous essayons de nous comprendre nous-mêmes ou de comprendre d'autres personnes à un niveau très profond.

3. Se déshabiller suggère un besoin de franchise spirituelle et d'honnêteté.

Destination

- Voir aussi Lieux

1. Il est assez commun de rêver que l'on essaie d'atteindre une destination particulière et cela indiquerait normalement une ambition consciente et un désir. Si on ne connaît pas la destination, on peut se déplacer en territoire inconnu ou essayer quelque chose de nouveau et de différent.

2. Des destinations exotiques et lointaines pourraient signifier notre besoin d'excitation et de stimulation, ou d'espoirs que nous pouvons avoir pour l'avenir.

3. Un but spirituel ou une aspiration sont représentés dans les rêves si on connaît la destination.

Déterrer

1. Quand nous essayons de déterrer un objet inconnu dans un rêve, nous essayons de révéler un côté de nous que nous ne comprenons pas encore. Quand nous savons ce que nous cherchons, nous essayons de découvrir des aspects de notre personnalité que nous avons consciemment enfouis.

2. De temps en temps, nous pouvons être conscients de la connaissance et du potentiel qu'il y a en nous ou chez d'autres et qui demandent un long travail pour se réaliser. Cela doit être déterré.

3. Sur le plan spirituel, quand nous nous sommes préparés à aller de l'avant, nous sommes en mesure de confronter le moi caché.

Deuil

- Voir aussi Funérailles et Sanglots

1. Le processus de deuil est important dans toutes les cultures. Nous pleurons non seulement la mort, mais aussi la fin d'une relation ou d'une étape de

vie. Parce qu'on voit le deuil comme un processus long et difficile dans la vie éveillée, il apparaîtra souvent dans les rêves comme une forme de soulagement.

2. Dans beaucoup de cultures où les émotions sont moins réprimées que dans la nôtre, on voit la période de deuil comme une façon d'aider l'âme, de la faire grandir et avancer dans la vie. Dans le rêve, nous pouvons entreprendre par le deuil un cheminement vers un nouveau commencement dans la vieillesse. Psychologiquement, nous avons besoin d'une période d'ajustement pour bien vivre notre deuil ; nous avons perdu quelque chose et nous devons pleurer à la mesure de ce que nous avons perdu.

3. Le deuil représente le chagrin. Nous devons regarder notre rapport avec notre chagrin sur le plan autant spirituel que physique.

Dévorer

1. Quand nous rêvons que nous nous faisons dévorer, nous faisons face à notre peur de perdre notre identité, d'être consumés par une obsession, une émotion accablante ou une commande ou un besoin de maîtriser quelque chose que nous ne pouvons pas contrôler.

2. Si nous dévorons quelque chose, nous pouvons devoir considérer notre façon de nous éduquer.

3. Dégager le mauvais ou absorber le bon sont symbolisés en rêve par l'action de dévorer. Kali, la gardienne du cimetière, le symbolise de la même façon que les dieux qui dévorent. C'est une façon de retourner à la source.

Diable

- Voir aussi Démon

1. Autrefois, la figure du Diable devait être crainte et honnie. Comme côté le plus sauvage et le plus païen de nous, la figure conventionnelle avec des cornes et une queue apparaîtra souvent dans les rêves. C'est presque comme si on lui avait donné vie à force de se concentrer sur lui. Une fois qu'il est vu comme quelque chose qui doit être confronté et qui appartient à chacun d'entre nous, le Diable perd sa puissance.

2. Comme personnification du mauvais côté de nous-mêmes, nous devons souvent avoir un objet à confronter. Dans les rêves comme dans les fantasmes, le Diable nous le permet. Si nous craignons nos propres méfaits, cette peur peut aussi se manifester sous la forme du Diable.

3. Le Diable, ou Lucifer, est la personnification du mal.

Diablotin

1. Un diablotin apparaissant dans un rêve annonce le désordre et la difficulté. Le diablotin a souvent la même signification que le Diable (voir Diable). Par son aspect tourmenté, il crée des difficultés et le mal.

2. Le diablotin peut représenter la partie négative incontrôlée de nous, cette partie qui crée instinctivement le chaos et y prend plaisir. C'est peut-être un aspect de perte de contrôle.

3. Le Diable comme tentateur peut apparaître dans les rêves sous la forme d'un diablotin, ou comme une manifestation d'un type particulièrement irritant.

Diadème

1. Le diadème ou la tiare dans un rêve reconnaissent souvent le pouvoir du féminin ou la capacité d'utiliser ses capacités mentales ou intellectuelles pour obtenir la suprématie.

2. Il y a toujours un sentiment magique ou un sens d'étonnement associés au diadème et il peut représenter le magique et l'inconnu.

3. Le diadème est perçu comme un emblème de la reine du ciel et du cercle de la continuité. Il est souvent orné de 12 pierres précieuses que l'on dit représenter les 12 tribus d'Israël.

Dieu/Dieux

- Voir aussi Images religieuses

1. Quand nous rêvons de Dieu, nous reconnaissons qu'il a le pouvoir de nous prendre en charge. Pour une femme, rêver de dieux mythiques l'aidera à comprendre les aspects divers de sa personnalité. Pour un homme, il se lie

avec sa propre masculinité et son sens d'appartenance et donc au reste de l'humanité.

2. Les émotions puissantes que nous éprouvons parfois peuvent être étroitement liées à notre énorme besoin de l'amour et de l'approbation de nos parents. Souvent, ces émotions peuvent être personnalisées et reconnues dans les figures de dieux mythiques. Adonis signifie la santé, la beauté et l'adoration du moi. Apollon signifie le Soleil et a appris à Chiron l'art de guérir. Jéhovah, au sens du Dieu vengeur, nous éveille au côté négatif du pouvoir. Mars comme dieu de la guerre symbolise l'énergie exigée pour réussir. Mercure (ou Hermès) suggère la communication, souvent la sensibilité. Il est le patron de la magie. Zeus est le roi des dieux et représente la paternité tant positive que négative.

3. Spirituellement, nous sommes conscients d'un pouvoir plus grand. Les chrétiens croient en un seul Dieu qui se manifesta sous trois formes : le Père, le Fils et le Saint-Esprit. D'autres religions attribuent des pouvoirs à divers dieux. Comme nous grandissons dans la connaissance, nous pouvons apprécier la pertinence des deux croyances et commencer à voir en Dieu une énergie complète.

Dinde

- Voir Oiseaux

Dinosaure

- Voir aussi Préhistorique

1. Quand nous rêvons de monstres ou d'animaux préhistoriques, nous touchons à des images très primaires qui ont le pouvoir de nous effrayer et de nous stupéfier. Parce qu'ils sont considérés être très grands, nous devons essayer de comprendre si c'est leur taille ou leur pouvoir qui nous effraie. Des envies aussi primaires peuvent menacer notre existence par leur taille ou par leur pouvoir.

2. Nous restons en contact avec une partie archaïque ou dépassée de nous. Si on se rappelle que les dinosaures ont disparu et qu'il n'en reste plus que des fossiles, un tel rêve peut aider à reconnaître la part de l'être humain qui date de l'âge de la pierre.

3. Nous avons tous en nous un passé chaotique qui a représenté une importante partie de nos vies. Le progrès spirituel implique que nous comprenions que cette partie peut être changée et que notre moi actuel peut grandir grâce à cette capacité de changer. De vieux critères doivent s'écrouler.

Disparaître

1. Une des choses les plus ennuyeuses dans les rêves est que les images disparaîtront inopinément. Nous avons aussi tendance à oublier diverses parties du rêve au réveil parce que le sujet ne s'est pas encore entièrement fixé dans la conscience. Travailler avec des rêves peut aider à fixer l'information que notre subconscient essaie de nous donner.

2. De la même façon qu'un enfant croit au monde de la magie, l'état de rêve en est un totalement crédible. Quand les images disparaissent dans un rêve, elles se font souvent plus tangibles à l'état d'éveil.

3. L'esprit a une grande capacité de magie. Rêver que des choses disparaissent pour ensuite réapparaître met cela en évidence.

Disque

1. Un disque informatique dans un rêve pourrait suggérer que beaucoup d'informations et de connaissances nous sont disponibles. Un disque compact peut avoir une signification semblable sauf que son contenu, étant musical, est davantage lié aux loisirs qu'au travail. Cela pourrait indiquer un besoin de se détendre dans la vie éveillée.

2. Le disque dans un rêve a la même signification que le soleil et représente la perfection et le renouvellement de la vie.

3. Divinité et pouvoir sont représentés spirituellement par le disque.

Divorce

1. Rêver de divorce peut se rapporter à nos sentiments pour l'autre personne dans le rêve et à notre besoin de nous retrouver sans responsabilités. Cela peut aussi indiquer la nécessité de clarifier les rapports entre les diverses facettes de notre personnalité.

2. Nous prenons conscience de la nécessité d'exprimer une émotion pour pouvoir maintenir notre intégrité. Nous nous déplaçons vers un nouveau mode de vie, peut-être sans les vieilles béquilles que nous avons toujours utilisées.

3. Rêver de divorce suggérerait une difficulté à comprendre un manque d'intégration dans notre personnalité.

Doigt

- Voir Main dans Corps

Donner

1. Donner tient du rapport intime avec soi, avec l'environnement ou avec d'autres. Ainsi, rêver de donner quelque chose à quelqu'un indique notre besoin de donner dans une relation, peut-être aussi notre besoin de partager ce que nous avons et de créer un environnement qui en tient compte.

2. Partager est l'un des besoins fondamentaux de l'être humain. Psychologiquement, cela représente notre capacité d'accueillir des gens dans notre vie et de veiller sur eux.

3. Le rêveur devrait reconnaître les cadeaux qu'il reçoit et les utiliser convenablement, de peur qu'ils soient emportés.

Dos

- Voir aussi Corps

1. Voir le dos de quelqu'un suggère que nous devrions identifier les éléments plus privés dans notre caractère. Nous pouvons aussi constater que nous sommes vulnérables face à l'inattendu. Si nous rêvons que nous tournons le dos, nous rejetons le sentiment particulier éprouvé dans le rêve.

2. Il y a possibilité que nous réprimions nos pulsions ou que nous ne voulions pas reconnaître nos sentiments. Nous restons en contact avec le passé et avec des souvenirs.

3. Spirituellement, cela montre que nous devons tourner le dos à notre passé et rejeter le connu. Ce sera au rêveur de décider quels éléments de son passé il lui faut rejeter.

Douves

1. Les douves sont une représentation de nos défenses face à notre intimité. Dans les rêves, nous pouvons nous voir construire ces douves et réaliser leur présence dans la vie réelle. Nous pouvons aussi décider de quelle façon nous y prendre pour les éliminer.

2. Quand nous devons contenir nos émotions, nous utilisons des barrières psychologiques pour y arriver. Les douves peuvent être un symbole de ces barrières ou de la nécessité de celles-ci.

3. Les douves peuvent représenter une barrière émotionnelle ou une défense.

Dragon

1. Le dragon est un symbole complexe et universel. Perçu comme étant autant effrayant que maniable, dans certaines circonstances il représentera notre nature non apprivoisée. Nous devons mettre de l'ordre dans nos passions et croyances chaotiques. Souvent, nous pouvons seulement réaliser cela dans les rêves, dans un environnement qui a été convenablement créé.

2. Il y a une partie héroïque en chacun de nous qui doit faire face à un conflit dangereux pour surmonter le côté inférieur de notre nature et atteindre nos ressources intérieures. Rêver à un dragon nous permet de venir à bout de ce conflit.

3. Le dragon est traditionnellement le gardien du pouvoir. En triomphant du dragon, nous devenons spirituellement les gardiens de notre avenir.

Drapeau

- Voir aussi Bannière

1. Un drapeau dans un rêve a la même signification qu'une bannière, c'est-à-dire une norme ou une place autour de laquelle des gens avec des buts et

des croyances communs peuvent se rassembler. Il peut représenter des principes et des croyances démodés.

2. Un drapeau national représentera le degré de patriotisme ou probablement le besoin d'être plus militant.

3. Les croisades spirituelles exigent souvent des comportements standardisés.

Drogues

- Voir aussi Intoxication

1. Quand des drogues apparaissent dans un rêve, qu'elles soient administrées par soi-même ou par d'autres, cela suggère que nous avons besoin d'aide pour changer nos perceptions. Consommer des drogues suggère que nous avons abandonné le contrôle d'une situation et que nous avons dû compter sur des stimuli externes. Avoir une réaction négative à une drogue dans un rêve pourrait signifier que nous craignons la folie. Se voir administrer des drogues contre sa volonté indique que l'on est forcé d'accepter une vérité dure à avaler.

2. Nous pouvons essayer d'éviter la réalité par le biais de notre consommation de drogues. Elles peuvent aussi être un agent de guérison dans la reconstitution de notre équilibre. Se faire donner des drogues par une personne qualifiée dans un rêve signifie que l'on a accepté la connaissance plus grande de quelqu'un d'autre. Vendre des drogues illégalement dans un rêve indique que nous sommes préparés à prendre des risques inutiles.

3. Certaines drogues peuvent être prises pour atteindre un état d'euphorie ou pour expérimenter une modification de l'état de conscience. Cela peut être dangereux puisque c'est comme utiliser une pince à levier plutôt qu'une clé pour ouvrir une porte. De telles pratiques peuvent être valables seulement si on agit avec connaissance et compréhension.

Droiture

- Voir Position

E

de

Eau à Explosion Nucléaire

Eau

- Voir aussi Barrage

1. Dans les rêves, l'eau symbolise tout ce qui est émotionnel et féminin. C'est une substance mystérieuse, étant donné qu'elle a la capacité de couler à travers, par-dessus et autour des objets ainsi que d'éroder toutes choses qui se trouvent sur son chemin. L'eau peut aussi représenter le potentiel du rêveur et sa capacité de créer une nouvelle vie en réponse à ses fortes envies intérieures.

2. L'eau représente aussi le nettoyage, la capacité de laver ce qui contamine notre vie quotidienne. Lors du baptême, l'eau sert à laver les péchés commis ainsi que ceux hérités de la famille. Entrer dans l'eau suggère le début de quelque chose de nouveau. L'eau profonde signifie que l'on a perdu pied ou que l'on pénètre dans son subconscient.

3. Renaissance spirituelle, force de vie.

L'eau apparaît souvent dans les rêves, avec tant de significations différentes qu'il est impossible de les énumérer toutes ici. Ainsi, être immergé dans l'eau peut suggérer la grossesse et la naissance. L'eau courante signifie la paix et le confort, tandis que le torrent d'eau peut indiquer la passion. L'eau profonde suggère l'inconscient, alors que l'eau peu profonde représente un manque d'énergie essentielle. La baisse du niveau d'eau indique un besoin de renouveler sa force, de retourner aux origines, alors que sortir de l'eau suggère un nouveau départ. Être sur l'eau (comme dans un bateau) peut représenter l'indécision ou un manque d'engagement émotionnel, tandis qu'être dans l'eau sans se déplacer peut suggérer l'inertie.

La ***baignade*** suggère la purification.

Les ***canaux*** symbolisent le processus de naissance.

Les ***barrages***, les îles et autres obstacles sont des tentatives conscientes de contrôler la force de l'eau et donc de nos émotions.

La ***plongée*** représente une descente dans l'inconscient, ou peut-être une tentative de trouver les parties de nous que nous avons supprimées.

La ***noyade*** souligne notre capacité de repousser des choses dans l'inconscient jusqu'à ce qu'elles réapparaissent comme une force qui peut avoir raison de nous.

Les ***inondations*** représentent notre côté chaotique, qui est d'habitude incontrôlable. Ce côté exige de l'attention quand il se met à gonfler et menace de nous écraser.

Les ***fontaines*** suggèrent la féminité et particulièrement la grande mère (voir l'Introduction du présent livre).

Un ***lac,*** comme un bassin, peut signifier une étape de transition entre le moi conscient et le moi spirituel. Quand on le rencontre inopinément, il peut nous donner l'occasion de nous apprécier et de nous comprendre. Voir son reflet dans un bassin indique que le rêveur doit en venir à un accord avec l'ombre (voir l'Introduction du présent livre). Nous devons apprendre à accepter qu'il y a une partie de nous que nous n'aimons pas beaucoup, mais qui, quand elle est exploitée, peut nous donner l'énergie de changer.

Les ***rivières*** ou les cours d'eau représentent toujours la vie du rêveur et sa façon de la vivre. Selon l'attitude du rêveur, il voit sa vie comme une grande rivière ou comme un petit cours d'eau. Si la rivière coule rapidement, nous pouvons estimer que la vie va trop rapidement pour nous. Si nous pouvons voir la mer aussi bien que la rivière, nous pouvons être conscients qu'un grand changement doit se produire ou que nous devons prêter attention à notre inconscient. Si la rivière est très profonde, nous devrions peut-être prêter attention au reste du monde et aux rapports que nous établissons avec lui. Traverser une rivière indique de grands changements. Si la rivière cause la crainte, nous nous créons peut-être des difficultés pour rien. Si l'eau de la rivière semble être contaminée ou est très sale, nous ne faisons pas assez pour nous.

La ***mer*** représente très souvent la conscience cosmique, c'est-à-dire le chaos originel duquel toute vie émerge. Inhérente à cet état est toute la connaissance (la perfection), bien que cela puisse être obscurci par notre crainte des profondeurs. Nous ne craignons pas ce que nous comprenons. Une mer peu profonde suggère une émotion superficielle, tandis que les vagues de la mer représentant l'émotion et la soif. Une mer calme suggère une existence paisible, tandis qu'une mer agitée signifie la passion, négative ou positive. Prendre conscience des marées ascendantes et descendantes, c'est prendre conscience à la fois du passage du temps et de la hausse et de la baisse de nos émotions.

Échafaud/échafaudage

1. Un échafaud ou un échafaudage dans un rêve indiquera d'habitude la présence de quelque structure provisoire dans nos vies. L'échafaud d'un bourreau suggérera qu'une partie de notre vie arrive à une fin. Nous pouvons, par exemple, être conscients que nous avons violé certaines des lois et des croyances de la société et que nous devons être punis. Nous pouvons aussi devoir analyser notre propension à être des victimes. Si l'échafaudage apparaît dans les rêves, il faudra se demander s'il est là pour nous aider à construire quelque chose de nouveau ou si nous devons réparer ce qui est déjà là. Nous avons besoin d'une structure provisoire pour nous aider à atteindre la hauteur que nous souhaitons dans l'un ou l'autre cas. Si nous construisons du neuf, cette structure nous soutiendra pendant la construction, tandis que si nous réparons du vieux, elle soutiendra la structure précédente pendant que nous apportons les changements nécessaires.

2. Parfois, un échafaudage indiquera une fin forcée. Cela peut être la mort, mais c'est plus probablement pour suggérer la mort d'une partie de notre personnalité. Plutôt que d'être capables de réaliser une intégration couronnée de succès, nous devons activement mettre fin au comportement ou à l'activité qui cause problème. Nous devons accepter les conséquences d'un tel comportement.

3. Un échafaudage suggère la mise en application d'un code de comportement spirituel et le besoin de sang-froid. L'échafaudage indique l'appui spirituel.

Écharde/Éclats

1. Dans les rêves, une écharde peut représenter une irritation mineure, des mots blessants ou des idées douloureuses. L'écharde a déjoué nos défenses et cela nous rend inconfortables. Nous nous accrochons peut-être à des idées qui causent des sentiments négatifs.

2. Faire partie d'un groupe dissident dans un rêve suggère que l'on s'estime suffisamment fort pour en finir avec le courant de pensée dominant. Frapper quelque chose qui se brise en éclats permet de reconnaître que nous sommes faits de parties qui composent un tout.

3. Le sens d'appartenance à un groupe de personnes de même opinion peut venir seulement après que nous ayons reconnu notre isolement ou, dans certains cas, notre fragmentation.

Échec

1. Un échec peut ne pas nécessairement être personnel. Si, par exemple, les lumières manquent ou refusent de fonctionner, nous prenons conscience d'un manque d'énergie ou de pouvoir. L'échec personnel peut indiquer un esprit de compétitivité ou peut offrir des solutions de rechange à notre façon d'agir.

2. La peur de l'échec est presque universelle et rêver à un échec peut nous fournir l'occasion de confronter cette peur.

3. Dépression ou frustration spirituelle. L'échec que nous pouvons ressentir aux mains d'une puissance plus grande.

Échecs

- Voir aussi Jeux

1. Le jeu d'échecs mettait en scène à l'origine la guerre entre le bien et le mal. Dans les rêves, il exprime le conflit intérieur. Il indique aussi le besoin de stratégie.

2. Perdre aux échecs dans un rêve indique que nous avons entrepris une activité qui ne sera pas couronnée de succès. Nous n'avons pas les moyens, ou peut-être la connaissance, pour affronter des forces plus grandes que nous.

3. Le conflit entre les pouvoirs spirituels de la lumière et de l'obscurité est mis en évidence.

Échelle

1. L'échelle illustre nos émotions face au changement. Nous faisons un effort considérable pour atteindre un but ou saisir une occasion. Souvent, on fait

ce rêve à l'occasion d'un changement de carrière et il a alors des connotations évidentes. Si un barreau de l'échelle est cassé, il y aura des difficultés, alors que si quelqu'un d'autre porte l'échelle cela pourrait suggérer qu'une autre personne, peut-être un patron ou un collègue, a un rôle à jouer dans notre progression.

2. L'échelle dénote notre capacité de passer à un niveau de conscience supérieur, de nous déplacer du physique au spirituel, puis de revenir vers le bas de nouveau. Elle suggère aussi la communication entre les royaumes physique et spirituel comme une étape de transition. De temps en temps, elle peut aussi représenter la mort, quoique cela puisse être la mort du vieux moi plutôt qu'une mort physique.

3. Dans un rêve, les barreaux de l'échelle sont souvent au nombre de 7 ou de 12, ceux-ci étant les étapes de croissance vers la spiritualité.

Éclipse

- Voir aussi Lune et Planètes

1. Rêver d'une éclipse représente nos peurs et nos doutes face à notre succès. D'autres gens autour de nous semblent être plus importants ou capables que nous, ce qui ne nous permet pas de briller ou d'exceller.

2. Nous abordons une période difficile et nous pourrions nous juger incapables de maintenir notre gaieté habituelle.

3. Sur le plan spirituel, une éclipse peut représenter une perte de foi. En dissimulant une source d'illumination et d'éclaircissement, elle peut aussi représenter un obscurcissement de la lumière par des phénomènes externes.

École

- Voir aussi Éducation et Enseignant

1. L'école est une partie importante de la vie de chacun. Dans des situations où nous développons de nouvelles aptitudes ou compétences, l'image d'une école surviendra souvent dans les rêves. C'est aussi la place où nous expérimentons des associations qui n'appartiennent pas à la famille et cela peut suggérer de nouvelles façons d'étudier les relations. L'école peut aussi être le lieu où nous apprenons la compétitivité et l'appartenance à des groupes.

2. Quand nous réapprenons comment assumer notre personnalité propre, l'école ou la salle de classe apparaissent souvent dans nos rêves alors que nous essayons de nous débarrasser d'idées désuètes et de concepts démodés. Aussi, quand nous apprenons différentes façons de traiter avec l'autorité et avec l'impression d'être inadéquat, nos sentiments au sujet de l'école refont surface.

3. Sur le plan spirituel, on considère souvent que la vie est une grande école, une arène pour apprendre et expérimenter afin de réaliser notre plein potentiel. On croit que la vie sur Terre est un terrain d'expérimentation pour ce qui vient après.

Économies

1. Dans les rêves, nous développons souvent des images qui ont des significations doubles. Nos économies peuvent représenter des ressources, matérielles ou émotionnelles, que nous avons cachées jusqu'au moment de nous en servir ou encore notre sens de sécurité et d'indépendance. Rêver d'économies que nous ignorions avoir suggérerait que nous soyons capables de trouver l'énergie supplémentaire ou le temps, peut-être en utilisant du matériel et de l'information extraits du passé. Rêver de faire des économies dans le présent suggère que nous puissions devoir prendre en considération les moyens que nous avons ici et maintenant pour réussir dans l'avenir. Si nous sommes conscients de notre but en faisant des économies, nous devrions peut-être faire des plans à encore plus long terme.

2. Quand nous rêvons d'économies, nous sommes conscients du besoin de conservation, que ce soit sur le plan personnel ou dans un sens plus global. S'il y a un sentiment d'abnégation quand nous faisons des économies, nous n'avons peut-être pas géré nos ressources correctement par le passé et nous en souffrons. Si quelqu'un nous donne ses économies dans un rêve, nous sommes capables d'utiliser ses connaissances et son expertise, alors que si nous donnons nos économies c'est que nos besoins sont comblés.

3. Au sens spirituel, les économies suggèrent ces talents et ces capacités que nous possédons ou que nous avons développés, mais que nous n'avons pas encore utilisés, particulièrement ceux qui ont trait au bien commun.

Écriture

- Voir aussi Encre et Stylo/Crayon

1. Rêver que l'on écrit est une tentative de communiquer l'information que l'on possède. Parfois, ce avec quoi on écrit est important. Par exemple, écrire avec un crayon suggérerait que l'information soit moins permanente que si l'on avait écrit avec un stylo, tandis qu'une machine à écrire ou un ordinateur auraient tendance à suggérer la communication d'affaires plutôt que personnelle.

2. L'écriture en tant qu'art créateur est significative et, en tant que forme d'expression, elle nous permet peut-être de communiquer quand les paroles sont inadéquates. Dans les rêves, nous pouvons apprendre comment communiquer avec nous de différentes façons.

3. Le rêveur n'est peut-être pas conscient de sa progression spirituelle. Rêver d'écriture suggère qu'un enregistrement subconscient soit tenu.

Écureuil

- Voir Animaux

Édredon

1. L'édredon, ou la couette, représente notre besoin de sécurité, de chaleur et d'amour. Voir un édredon dans un rêve dénote ce besoin en nous. Un édredon particulier peut avoir une signification spéciale. Par exemple, un édredon qui rappelle l'enfance dans un rêve adulte suggère le besoin d'être rassuré.

2. La couleur et le motif de l'édredon peuvent avoir davantage de signification que l'édredon lui-même (voir Couleurs et Formes).

3. Le confort spirituel et le bien-être peuvent être suggérés par un édredon.

Éducation

- Voir aussi École et Enseignant

1. Rêver d'un lieu consacré à l'éducation, comme une école ou un collège, indique que nous devrions considérer notre propre besoin de discipline ou d'action disciplinée. Nous sommes peut-être insuffisamment préparés pour une tâche que nous devons exécuter et avons besoin d'acquérir plus de connaissances.

2. Puisque rêver d'éducation nous ramène d'habitude à un état passé, nous devons utiliser la connaissance tirée d'expériences passées pour mieux composer avec une situation présente.

3. L'éducation peut être vue comme un symbole de conscience spirituelle.

Égypte

- Voir aussi Lieux

1. Bien que ce soit peut-être moins le cas de nos jours, alors que les voyages sont devenus plus faciles, les endroits lointains dans les rêves représentent d'habitude l'exotisme. L'Égypte, en particulier, est vue comme une terre magique ou liée à la sagesse antique, mais cela peut varier selon la connaissance qu'a le rêveur du pays.

2. Nous contactons la partie magique de nous-mêmes.

3. L'Égypte est une identification du côté caché du moi ; le mystérieux.

Éjaculation

- Voir aussi Sexe

1. L'attitude du rêveur face au sexe devient souvent apparente dans les rêves par l'acte sexuel, et éjaculer dans un rêve peut être un effort pour comprendre des sentiments négatifs. Cela pourrait aussi simplement indiquer un besoin de libération et de satisfaction de besoins sexuels.

2. L'éjaculation peut représenter l'abandon de vieilles peurs et de doutes quant à sa performance sexuelle.

3. L'éjaculation, autrefois appelée « la petite mort », peut signifier dans un rêve une perte de pouvoir.

Électricité

1. L'électricité représente souvent le pouvoir et, selon le contexte du rêve, un aspect ou l'autre du pouvoir est mis en évidence. Rêver de fils électriques, c'est être conscient de sa capacité de communiquer sa force, tandis que rêver de commutateurs, c'est être conscient de sa capacité de contrôler.

2. Si nous recevons une décharge électrique dans un rêve, cela montre que nous ne nous protégeons pas du danger extérieur.

3. L'électricité représente un pouvoir spirituel plus grand.

Éléphant

- Voir Animaux

Emballer

- Voir aussi Ouate

1. Quand nous rêvons que nous faisons nos valises comme si nous partions en voyage, nous exprimons le besoin de nous préparer soigneusement pour la prochaine étape de notre vie. Il y a un besoin, une volonté de nous séparer de nos idées et difficultés reliées au passé. Emballer soigneusement un objet précieux montre notre connaissance de notre valeur intrinsèque, ou de celle des autres, représentée par cet objet.

2. Nous devons mettre de l'ordre dans notre vie. Rêver à des emballages ou à des colis suggère un processus interne qui doit être entrepris pour décider de ce qui est important pour nous.

3. Nous devons choisir l'information spirituelle appropriée et décider quels éléments retenir.

Embryon

1. Rêver à un embryon ou à un fœtus, c'est prendre conscience d'une partie extrêmement vulnérable de nous ou d'une situation nouvelle qui n'a pas encore dépassé le stade de germe.

2. Nous nous connectons à la conception, à un point où tout commence. Nous observons en nous le processus de devenir consciemment bien informé de tout ce que nous sommes ou pouvons être.

3. L'embryon est le fruit bourgeonnant de la création.

Émeraude

- Voir Bijoux

Émission

1. Quand nous rêvons que nous participons à une émission de télévision, c'est que nous avons besoin d'atteindre un auditoire plus vaste. Cela peut être risqué puisque nous n'avons aucun moyen d'anticiper la réponse de l'auditoire. Rêver d'écouter une émission signifie que nous devrions être attentifs au message que des gens essaient de nous faire entendre.

2. Sur le plan psychologique, l'interprète en nous a besoin d'une certaine forme d'expression.

3. Spiritualité largement répandue.

Emmêlé

1. Parfois, quand nous sommes confus, nous pouvons rêver d'un objet emmêlé à quelque chose d'autre. Souvent, notre manière de démêler l'objet dans le rêve indique l'action que nous devrions entreprendre.

2. Quand ce sont nos cheveux qui sont emmêlés dans le rêve, c'est que notre image parvient déformée aux autres.

3. Traverser un enchevêtrement d'arbres ou un sous-bois dans un rêve fait partie du voyage du héros (voir Héros dans Archétypes).

Émotions

1. Dans un rêve, nos émotions peuvent être très différentes de celles que nous ressentons lorsque nous sommes éveillés. Elles peuvent être plus extrêmes,

comme si nous nous étions accordé la liberté de parler ou d'avoir des sautes d'humeur.

2. De temps en temps, pour comprendre un rêve, il est plus facile d'ignorer les symboles et de travailler simplement avec les humeurs, les sentiments et les émotions qui ont fait surface. Cela nous donnera très souvent une interprétation plus claire de ce qui se passe en nous. Cela vaut mieux que de nous embrouiller en essayant d'interpréter une myriade de symboles.

3. Notre condition émotionnelle, particulièrement notre capacité de nous ouvrir à une énergie plus subtile, nous permet de commencer le processus de développement spirituel.

Emploi

1. Les rêves au sujet de l'emploi ont souvent plus à voir avec le travail que nous considérons le plus approprié pour nous. Ainsi, si une femme au foyer rêve qu'elle est une femme d'affaires, cela peut démontrer qu'elle doit appliquer des méthodes d'affaires dans son travail, tandis que l'inverse peut indiquer un désir secret d'être une femme à la maison. Puisque l'emploi peut aussi représenter la manière qu'ont d'autres personnes de penser et de se sentir face à nous, un tel rêve aura tendance à être une autoévaluation de notre propre valeur.

2. Quand nous avons un travail à temps plein, notre attention est très concentrée sur ce que nous faisons. Rêver d'un emploi peut suggérer que nous devions concentrer notre attention sur un travail qui nous satisfasse et qui nous procure le style de vie que nous voulons.

3. Un emploi spirituel suggère d'utiliser nos talents et cadeaux efficacement pour le plus grand bien.

Empreintes de pas

1. Voir des empreintes de pas en rêve indique que nous avons besoin de suivre quelqu'un ou sa façon d'être. Elles indiquent d'habitude l'aide d'une manière ou d'une autre et certainement la considération. Si ces empreintes de pas s'étirent devant nous, l'aide est disponible, mais si elles sont derrière nous, il nous faut peut-être regarder notre manière de faire les choses dans le passé.

2. Si les empreintes vont dans des directions opposées, le passé et l'avenir doivent être considérés, tout comme les actions qui nous ont permis d'avancer.

3. Nous pouvons être conscients, sur un plan subconscient, d'une présence divine.

Empressement

1. Être pressé dans nos rêves suggère que nous avons dû lutter avec des pressions extérieures. Se presser suggère pour sa part que nous nous mettons de la pression.

2. On doit apprendre à gérer son temps avec succès et être pressé ou se précipiter en rêve montre que l'on ne réussit pas à le faire.

3. Curieusement, le temps est un symbole de l'espace dans le travail spirituel. Si nous nous précipitons, nous ne voyons pas le meilleur de notre monde. Au contraire, si nous utilisons notre espace adéquatement, alors nous utilisons aussi le temps de la bonne manière.

Emprisonné

- Voir aussi Prison

1. Être emprisonné en rêve signifie que nous sommes pris au piège par des circonstances que nous avons créées par crainte ou ignorance. Nous croyons que d'autres créent des situations qui ne nous permettront pas d'avancer facilement et nous devrons négocier notre liberté.

2. Quand nous rêvons que nous sommes emprisonnés, c'est que nous prenons conscience de vieilles attitudes et croyances qui nous emprisonnent et nous empêchent d'avancer.

3. L'emprisonnement spirituel peut suggérer que nous sommes trop introvertis ou pas assez impliqués. Nous devons nous ouvrir à de nouvelles influences. Nous pouvons avoir besoin d'aide et devons compter sur une influence extérieure pour nous libérer.

Encens

- Voir aussi Images religieuses

1. L'encens est conçu pour parfumer une pièce. Dans les rêves, il est possible d'être conscient de l'odeur d'encens, particulièrement si cela crée des associations pour le rêveur, par exemple des souvenirs d'enfance à l'église ou dans des bâtiments religieux.

2. L'encens est utilisé pour augmenter la conscience ou pour purifier l'atmosphère ou des lieux sacrés. Dans les rêves, il montre qu'il nous faut améliorer notre environnement ou nous-mêmes.

3. Spirituellement, l'encens est utilisé comme un véhicule pour la prière et comme un symbole pour le corps subtil ou l'âme. Rêver à de l'encens peut nous faire prendre conscience de notre besoin d'utiliser le symbolisme spirituel dans notre travail.

Enchanteresse

- Voir aussi Sirène dans l'Introduction du présent livre

1. L'enchanteresse est une image si forte dans les psychismes tant masculin que féminin qu'elle peut apparaître dans les rêves sous plusieurs aspects. Elle est le principe féminin liant et destructeur. Mauvaise sorcière ou belle séductrice, elle a le pouvoir de créer l'illusion et de tromper les autres.

2. En tant qu'aspect négatif du féminin, l'enchanteresse peut apparaître lorsqu'une femme rencontre le côté destructeur d'elle-même. Elle doit être comprise plutôt que crainte.

3. L'enchanteresse incarne la nature sexuelle destructrice du féminin, telle que représentée par Lilith.

Enclume

1. Selon les circonstances du rêve, l'enclume peut représenter la force de base de la nature, la force brutale ou une façon de créer une étincelle initiale. En créant une situation où nous allons être mis à l'épreuve, nous nous opposons à des forces naturelles.

2. En tant qu'image de l'étincelle de vie et d'initiation, l'enclume a déjà été un symbole très fort. Cette étincelle est maintenant plus souvent représentée par les bougies dans une voiture.

3. L'enclume est liée au dieu nordique de la forge. Le symbolisme est celui de forger une nouvelle vie, de créer de nouveaux commencements, etc.

Encre

- Voir aussi Stylo

1. Puisque très peu de personnes utilisent de nos jours des plumes, la signification de l'encre n'est plus tout à fait aussi valable. Autrefois, elle suggérait la capacité de communiquer d'une façon lucide. Elle était aussi un instrument de torture pour les enfants apprenant à écrire et elle réapparaissait souvent dans leurs rêves plus tard.

2. Sur un plan plus intellectuel, l'encre signifie une meilleure capacité de transcrire et de comprendre le savoir.

3. Plus spirituellement, l'encre signifie, particulièrement dans des pratiques magiques, des pouvoirs utilisés hors les normes. Pour les charmes magiques écrits, on utilisait des encres particulières.

Enfant(s)

- Voir Gens

Enfer

- Voir Images religieuses

En haut/Supérieur

- Voir Position

Enlever (kidnapper)

1. Si nous avons été enlevés dans un rêve, nos craintes et nos doutes peuvent faire de nous des victimes. Nous sommes dépassés par nos démons, qui se sont mis à plusieurs pour nous déstabiliser.

2. Dans les rêves, si nous sommes le kidnappeur cela indiquerait que nous essayons d'influencer quelqu'un.

3. Une sorte de vol psychique peut être symbolisé ici, ou, sur un plan plus sombre, une sorte de vampire spirituel peut passer en courant dans le subconscient du rêveur. Il revient au rêveur de définir cette image.

Enseignant

- Voir aussi Éducation et École

1. Pour bien des gens, un enseignant est la première figure d'autorité qu'ils rencontrent à l'extérieur de la famille et elle a un effet profond sur l'enfant. Les enseignants peuvent aussi générer un conflit si les vues qu'ils expriment sont très différentes de celles apprises par l'enfant à la maison. Cela peut être quelque chose qui devra être résolu au fil des rêves au cours des années suivantes.

2. Quand nous recherchons les conseils, l'*animus* ou l'*anima* (voir l'Introduction du présent livre) peut prendre dans nos rêves la forme d'un enseignant, sinon celle d'un directeur ou d'une directrice (quelqu'un qui en sait davantage).

3. Un enseignant spirituel apparaît dans les rêves ou dans la vie d'une personne qui est prête à progresser. Selon un vieux dicton, « quand l'élève sera prêt, l'enseignant viendra ». Souvent, il n'apparaîtra pas sous la forme d'un vieil homme ou d'une vieille femme sage (voir l'Introduction du présent livre), mais sous une forme plus appropriée au niveau de compréhension du rêveur.

Ensemencement

1. L'ensemencement (planter une graine) est un symbole auquel sont rattachées certaines images de base. Il peut signifier l'acte sexuel aussi bien que la saine gestion. Il est aussi représentatif du début d'un nouveau projet.

2. Établir une structure pour connaître le succès est implicite dans l'ensemencement. Les actions qui doivent être faites – comme la préparation de la terre, le labourage du sol, etc. – sont toutes évocatrices, même dans notre société technologique. Quand cette image apparaît, nous devons être attentifs aux circonstances et décider ce que nous avons à tirer de celles-ci.

3. L'ensemencement dans un sens spirituel suggère de créer l'environnement propice dans lequel la croissance pourra avoir lieu. Il constitue par-dessus tout un acte créateur.

Enterrement

1. Rêver à un enterrement indique la crainte d'être vaincu, probablement par la responsabilité, ou de réprimer des parties de notre personnalité de façon nuisible.

2. Suivre un enterrement dans nos rêves montre le besoin de nous réconcilier avec la perte.

3. Les symboles spirituels de mort, de perte et de douleur, sont appropriés ici. Ils n'auront pas nécessairement une signification négative. Le rêveur devrait prendre en considération la résurrection et les éléments positifs qu'elle peut apporter.

Entrepôt

- Voir Constructions

Entrer/Entrée

1. Une entrée dans un rêve a la même signification qu'une porte (voir Porte), représentant un nouveau secteur d'expérience ou la nouvelle expérience elle-même. Un tel rêve signifie souvent le besoin de faire des changements, de créer de nouvelles occasions et peut-être d'explorer l'inconnu.

2. Quand nous reprenons contact avec un côté caché de nous et que nous nous révélons capables d'y faire face, nous rêvons souvent d'une entrée secrète.

3. À cause du symbolisme de déplacement de l'extérieur vers un espace clos, une entrée représente l'éternel féminin.

Entrer dans l'eau

1. Rêver d'avancer dans l'eau nous met dans une position de reconnaître nos émotions. Si nous sommes arrêtés par l'eau (voir Eau), il s'agit de voir comment nos émotions nous empêchent de progresser. Si nous aimons

l'expérience d'entrer dans l'eau, alors la connexion avec notre vie nous contente. Parfois, la profondeur à laquelle nos corps sont immergés nous donne de l'information sur notre capacité à faire face aux circonstances extérieures.

2. Le sentiment associé à l'entrée dans l'eau peut être plus approprié que l'action elle-même. Par exemple, reconnaître que nous ne sommes pas en train d'entrer dans l'eau mais dans la mélasse peut nous donner un indice sur nos sentiments.

3. Sur le plan spirituel, avancer dans l'eau suggère un processus purifiant qui a un lien avec le baptême. Beaucoup de méditations utilisent le symbolisme de la marche dans l'eau.

Épée

- Voir aussi Armes

1. Dans les rêves, l'épée suggère invariablement une arme de pouvoir. Nous avons la capacité de créer le pouvoir et d'utiliser l'énergie par le biais de nos croyances.

2. L'épée symbolise la justice et le courage, aussi bien que la force. Une épée apparaissant dans un rêve indique qu'il y a un guerrier en soi et que l'on est prêt à se battre pour ses croyances.

3. Sur le plan spirituel, l'épée signifie le pouvoir de l'autorité et la protection. Dans les rêves, se faire donner une épée signifie que nous avons la protection du sacré. Nous sommes capables de prendre nos propres décisions.

Épidémie/Peste

1. Autrefois, on croyait que la peste et les épidémies étaient la conséquence d'une colère de Dieu. En fait, la plupart des fléaux sont causés par un déséquilibre dans l'écologie naturelle. Rêver à la peste met en évidence un déséquilibre intérieur qui peut être physique, émotionnel, mental ou spirituel. La principale caractéristique d'un fléau, peu importe sa nature, c'est qu'il est excessif. Nous pouvons être écrasés par une trop forte abondance, comme ce fut le cas lors de l'invasion de sauterelles qui est racontée dans la Bible.

2. Un exemple remarquable d'une épidémie dans la Bible est celui de Job qui a été victime de la peste bubonique. Cela suggère l'idée traditionnelle que si on ne se conformait pas à la norme, on devait subir un châtiment. Rêver à une épidémie, donc, c'est reconnaître que nous allons souffrir si nous ne tentons pas d'atteindre nos plus hauts objectifs.
3. Spirituellement, la peste est un châtiment divin.

Épine

1. Rêver que l'on est blessé par une épine ou une écharde signifie qu'une difficulté mineure a percé nos défenses. Si l'épine fait gicler le sang, il faut se demander ce qui nous rend vulnérable. Pour une femme, elle pourrait représenter l'acte sexuel, ou plutôt la crainte d'une relation sexuelle.
2. Dans les rêves, l'épine représente la souffrance physique et peut indiquer une vulnérabilité à la maladie.
3. L'épine, aussi associée au Christ, peut signifier que nous nous consacrons à un certain élément de notre recherche spirituelle. La couronne d'épines indique la souffrance pour nos croyances.

Épingle

1. L'interprétation de la présence d'une épingle dans un rêve diffère selon qu'elle assure l'union de deux choses ou au contraire est utilisée pour nous percer ou percer un objet. Si l'épingle tient deux choses ensemble, elle représente les rapports émotionnels ou les liens que nous utilisons. Si elle perce un objet, un trauma est suggéré, bien que le trou percé puisse être très petit.
2. Parfois, dans un rêve, on se rappelle un sentiment que l'on a dans la vie quotidienne. Ressentir des picotements comme des épingles et des aiguilles dans un rêve suggère que l'énergie de la situation autour de nous n'est pas dotée d'un flux adéquat et régulier.
3. Il est possible que nous soyons incapables de résoudre une difficulté spirituelle dans l'immédiat. Une solution provisoire peut être nécessaire et cela peut être symbolisé par l'utilisation d'une épingle dans nos rêves.

Épouse

- *Voir Famille*

Équilibre

(Balance)

1. Quand nous rêvons que nous essayons de maintenir notre équilibre ou que nous nous balançons dans une position inconfortable, c'est que nous recherchons l'équilibre. Rêver de chercher à équilibrer un compte bancaire signifie que nous cherchons quelque chose qui, jusqu'à présent, reste mal connu ou inconnu.

2. Avoir le sentiment que nous cherchons à peser une quantité de marchandises indique que nous avons plus d'actifs mentaux que nous le pensions et que nous avons besoin de commencer à les utiliser.

3. Le signe du zodiaque la Balance, la Justice – donc, qui s'équilibre – est symbolisé par une balance. Le rêveur peut devoir scruter son propre sens de la justice et se demander s'il est vraiment utilisé.

Ermite

1. Il y a chez de nombreuses personnes une sorte de solitude qui nous empêche d'établir des rapports avec elles. Cette situation peut se manifester dans des rêves par la figure de l'ermite.

2. Il y a deux types d'ermites. On se retire du monde pour vivre une existence exclusivement consacrée à la spiritualité et on sait que d'autres se soucieront de nos besoins physiques. Les autres voyagent dans le monde entier et utilisent leurs connaissance et expertise pour aider les gens. Dans les rêves, si nous rencontrons l'ermite, nous découvrons notre conscience spirituelle.

3. Un homme saint, ou vieil homme sage (voir l'Introduction du présent livre) apparaîtra souvent dans des rêves sous forme d'ermite.

Errant/Errance

- *Voir Vagabond dans Archétypes*

Escalier

- Voir Constructions (Bâtiments)

Escargot

1. L'escargot peut engendrer un sentiment de répulsion chez quelques personnes. Cependant, il représente aussi la vulnérabilité et la lenteur.

2. D'un point de vue psychologique, l'escargot suggère la stabilité et la retenue puisque se déplacer à la vitesse de l'escargot suggère le mouvement projeté, prudent et direct.

3. Sur le plan spirituel, à cause de la forme en spirale de sa coquille, l'escargot est un symbole naturel du labyrinthe (voir Labyrinthe).

Escroc

- Voir aussi Vilain dans Archétypes

1. Dans les rêves, le voyou est littéralement la partie de nous qui peut ravager nos vies. Sous l'effet du stress, ce personnage peut se présenter comme celui qui indique une mauvaise direction, répond aux questions avec de fausses réponses, etc.

2. Sur le plan psychologique, si nous avons été trop rigides par exemple, en luttant pour être constamment le meilleur ou en prenant continuellement une position morale, l'escroc peut apparaître comme un contrepoids.

3. C'est la partie spirituellement irresponsable de notre nature. Nous n'avons pas encore emprunté le bon chemin spirituel et nous devons le faire.

Été

1. Être conscient dans un rêve que c'est l'été suggère que ce soit une bonne période dans notre vie et que le succès n'est pas loin. Nous profitons de ce que nous avons fait jusqu'à présent.

2. La signification psychologique de l'été dans les rêves est double. À cause de l'association de cette saison aux vacances, au plaisir et au rire, nous sommes détendus et apprécions les occasions de tisser de nouveaux liens.

3. Sur un plan ésotérique, l'été représente le milieu de la vie. C'est un temps de succès spirituel et d'habileté à faire des projets pour le reste de notre vie. Nous avons appris beaucoup de choses et nous pouvons maintenant mettre cette expérience en pratique.

Étiquette

1. Souvent, rêver d'étiquettes est lié au besoin de l'être humain de nommer les choses. Notre identité vient du nom que l'on nous donne et l'étiquette a beaucoup à faire pour que d'autres nous voient et nous comprennent.

2. Rêver que l'on porte une fausse étiquette suggère que nous ne percevons pas quelque chose correctement. Réétiqueter quelque chose suggère que nous avons rectifié une mauvaise perception.

3. Au sens spirituel, une étiquette peut nous donner notre identité (voir Nom).

Étoile

- Voir Gens célèbres et Formes

Étranger

1. Quelque chose d'inconnu et d'effrayant doit être affronté. Nous n'avons jamais rencontré l'étrangeté de l'être qui apparaît dans notre rêve et nous devons composer avec ce qui arrive.

2. Une partie de nous n'est pas reliée au reste. Dans les rêves, il y a une prise de conscience d'être différent des autres dans notre façon de vivre.

3. Quelque chose d'étranger suggère le mal ou à tout le moins le surnaturel.

Étranger

- Voir Gens

Étroit

1. Rêver à quelque chose d'étroit montre notre prise de conscience de certaines restrictions et limites. Parfois nous avons créé ces limites nous-

mêmes, parfois d'autres gens les ont fixées pour nous. Un chemin étroit suggérerait soit une restriction soit un avertissement de ne pas dévier de notre route.

2. Nous devrions faire attention à ne pas être bornés et à ne pas porter de jugements à l'emporte-pièce. Rêver à des choses étroites suggère que nous soyons intolérants et rustres au chapitre des idées. Un pont étroit pourrait suggérer une difficulté de communication, des problèmes dans la présentation de nos idées.

3. L'étroitesse d'esprit et la bigoterie ne sont pas des qualités recherchées dans un cheminement spirituel, mais l'autodiscipline exige tout de même que nous respections le droit chemin.

Espace

1. Dans les rêves, quand nous prenons conscience de l'espace que nous occupons, nous restons en contact avec notre potentiel et nous savons si notre espace personnel est ou a été violé.

2. Sur un plan psychologique, nous avons souvent besoin d'espace et sommes capables d'aller au-delà de nos limites et de nos *egos*.

3. L'espace est une représentation d'un centre cosmique, un lieu qui est, était et sera à jamais. Cette idée peut élargir notre perception actuelle du monde.

Esprits

- Voir aussi Fantôme

1. Nous avons tous des craintes et des sentiments troubles au sujet de la mort. L'apparition d'esprits dans nos rêves nous aide à nous réconcilier avec elle. Les croyances personnelles du rêveur lui permettent d'estimer si les esprits sont réels ou pas.

2. Quand des esprits apparaissent dans les rêves, leur fonction est de nous aider à dépasser divers états de transition. Tandis que nous faisons face aux craintes quotidiennes, il y a beaucoup de souvenirs inconscients et de sentiments qui peuvent faire surface inopinément. Un esprit bienveillant ou utile nous indique que nous pouvons aller de l'avant, alors que les esprits de gens morts révèlent que nous avons besoin d'être rassurés.

3. Au fil de notre développement spirituel, nos perceptions s'élargissent. Que les esprits soient des aspects de notre personnalité ou du royaume spirituel est peu important puisque, en fin de compte, leur fonction est d'aider le rêveur à progresser. Le moi spirituel a un accès complet à l'inconscient collectif.

Est

- Voir aussi Position

1. Rêver spécifiquement de l'est indique que nous nous tournons vers le côté mystérieux et religieux de nous-mêmes et que nous établissons un lien avec l'instinct par opposition au raisonnement logique.

2. Nous regardons vers une nouvelle vie ou un nouveau commencement (voir Aube).

3. Sur le plan spirituel, l'est suggère le printemps, une période de l'année qui représente l'espoir et la jeunesse.

Étincelle

1. Une étincelle représente un commencement, une petite chose qui en provoque une plus grande. Voir une étincelle en rêve, c'est prendre conscience de ce qui va rendre des choses possibles.

2. L'étincelle d'une idée suggère le germe d'un potentiel créateur qui, quand l'occasion se présentera, deviendra beaucoup plus grand. Puisque l'étincelle représente aussi la force de base de la vie, nous apprécions notre soif de vivre.

3. L'étincelle suggère le feu et, par conséquent, l'amour. C'est le principe essentiel de la vie, sans lequel nous ne naîtrions même pas.

Étouffement

1. Quand nous étouffons dans un rêve, nous nous heurtons à notre incapacité de nous exprimer convenablement. Il y a un conflit entre notre moi intérieur et notre moi extérieur, peut-être une indécision quant à savoir si nous devrions parler ou rester silencieux.

2. Nous sommes étouffés par des gens ou des circonstances et n'avons pas de contrôle sur l'un et l'autre.

3. La suffocation en rêve peut indiquer un conflit spirituel et une contrainte. Elle nous permet éventuellement d'apprendre quand il faut parler et quand rester silencieux.

Évaporation

1. Être conscient d'eau dans un rêve et se rendre ensuite compte qu'elle s'est évaporée, c'est reconnaître la transformation qui peut avoir lieu une fois qu'une émotion a été traitée correctement.

2. En élevant sa conscience, l'énergie dans une situation peut être changée pour le mieux. Nous avons le pouvoir de nous transformer.

3. Le feu et l'eau combinés sont un symbole alchimique du pouvoir de transformation de l'esprit.

Évasion

1. Quand nous rêvons d'évasion, nous essayons de nous déplacer au-delà de sentiments difficiles ou de les éviter, ou encore nous essayons de fuir la responsabilité ou le devoir.

2. Il est possible que l'anxiété ou un traumatisme passé nous empêchent de faire quoi que ce soit d'autre que d'essayer de nous échapper de la situation.

3. L'évasion rêvée représente aussi notre besoin de liberté spirituelle.

Examen

- Voir aussi Tests

1. Rêver d'examens (des examens scolaires, particulièrement) est lié à l'autocritique et au besoin d'accomplissement, car nous permettons à d'autres de mettre en place pour nous nos standards de moralité et de succès. Être examiné par un médecin indique par contre que nous nous soucions de notre santé.

2. Nous pouvons avoir développé l'habitude de nous administrer nous-mêmes des tests pour évaluer notre valeur. Il y a plusieurs témoignages enregistrés de gens qui ont été enlevés par des extraterrestres, examinés par eux et ensuite ramenés sur Terre. Les avis divergent quant à savoir s'il s'agit de rêves ou non.

3. Il y a identification d'un besoin d'examen spirituel.

Excréments

- Voir aussi Corps et Déféquer

1. Quand nous rêvons de fèces ou d'excréments, nous retournons au stade d'expression et de plaisir de l'enfant en bas âge. Les expériences que nous avons eues ont été appropriées à cette époque, mais nous devons maintenant les laisser aller.

2. Nous devons expulser certains aspects de nos vies.

3. On dit que le pouvoir d'une personne est contenu dans ses excréments.

Explosion

1. Une explosion indique une expulsion d'énergie si puissante qu'elle nous permettra de changer notre manière de nous exprimer. D'habitude, on considérera négative l'émotion derrière l'explosion et nous pouvons l'avoir supprimée pendant un certain temps.

2. Une explosion puissante de colère, de crainte ou une décharge sexuelle peut opérer un nettoyage. Un rêve peut être un espace sûr où l'accomplir.

3. Une explosion dans un sens spirituel suggérerait une révélation.

Explosion nucléaire

- Voir aussi Bombe atomique

1. Une explosion nucléaire est généralement accidentelle (par exemple Tchernobyl). Un tel accident peut cependant avoir des répercussions néfastes d'une très grande ampleur. Rêver d'une explosion nucléaire suggère notre inquiétude face à un grand changement dans notre vie. Nous ne connaissons

pas encore quels effets ce changement pourrait avoir. Tout en sachant qu'il nous faut vraiment entreprendre ce processus de changement, nous le préférerions cependant moins radical, plus graduel.

2. Avoir ignoré certaines parties de notre personnalité plutôt que de les traiter ou avoir enfoui certains sentiments au lieu de les laisser s'exprimer peut avoir un effet négatif, voire destructeur, sur notre santé mentale. Rêver d'une explosion nucléaire peut être une tentative de nous faire prendre conscience de ces énergies destructrices qui habitent notre corps.

3. Spirituellement, une explosion nucléaire suggère une décharge puissante d'énergie qui, utilisée incorrectement, peut être grandement destructrice.

F

de

Faim à Fusée

Faim

1. Éprouver la faim dans un rêve indique que nos besoins physiques, émotionnels ou mentaux ne sont pas satisfaits. Il est aussi possible que le rêveur ait simplement faim.

2. Chaque être humain a des besoins à satisfaire. Tandis que ce manque n'est pas reconnu à l'état éveillé, il peut être traduit dans le symbolisme de rêve par la faim.

3. Rechercher la satisfaction spirituelle et l'accomplissement d'un besoin est un aspect de la faim.

Faisan

- Voir Oiseaux

Falaise

1. Être sur le bord d'une falaise dans un rêve indique que le rêveur fait face à un danger. Elle montre le besoin de prendre une décision et un risque. Nous faisons souvent face à l'inconnu.

2. Nous pouvons devoir faire un pas qui, psychologiquement, nous rend nerveux ou nous oblige à vaincre nos peurs pour transcender nos limites.

3. Le bord de la falaise représente un saut à faire dans l'inconnu.

Famille

1. La famille est la première image de sécurité qui s'offre à un enfant. Souvent, à cause de circonstances hors de son contrôle, cette image se déforme et les rêves essaieront de la corriger ou d'en confirmer l'altération. Ainsi, nous pouvons rêver d'une dispute avec un membre de la famille, mais l'interprétation dépendra tant des circonstances du rêve que de notre rapport quotidien avec cette personne. Toutes les relations futures subissent l'influence de celles que nous développons d'abord avec la famille.

2. Sur le plan psychologique, la lutte pour l'individualité devrait pouvoir avoir lieu dans la sécurité du groupe familial. Cependant, cela n'arrive pas toujours.

Dans les rêves, nous sommes capables de manipuler l'image des membres de notre famille de façon à pouvoir surmonter nos difficultés sans nuire à personne. (Il est intéressant de noter qu'une personne travaillant sur ses rêves peut avoir un effet considérable et profond sur les interactions et les liens inconscients entre d'autres membres de sa famille.) Presque tous les problèmes que nous rencontrons dans la vie sont reflétés dans la famille et, dans des périodes de stress, nous rêverons à des problèmes et difficultés déjà vécus en son sein.

3. Le triangle spirituel. Un groupe dans lequel nous nous sentons en sécurité.

Puisque les rapports familiaux sont si importants, les rêves impliquant des membres de la famille peuvent avoir une signification supplémentaire. Voici quelques rêves typiques :

La mère d'un homme étant transformée en une autre femme. Le premier lien tissé d'un homme avec une femme est avec sa mère. Selon les circonstances du rêve, une telle transformation peut être positive ou négative, être un signe de croissance pour lui permettre de comprendre, par le rêve, qu'il peut laisser aller sa mère. Cette transformation indique un certain changement de sa perception des femmes (voir *Anima*).

Le père d'une femme, le frère ou l'amant se métamorphosant en quelqu'un d'autre. De façon similaire, le premier rapport d'une femme avec un homme est d'habitude avec son père. Elle doit apprendre à s'éloigner de cette relation pour progresser vers des relations plus complètes. Quand elle peut prendre en main son *animus* (voir l'Introduction du présent livre), elle est prête pour cette transformation. Le frère d'un homme et la sœur d'une femme apparaissant dans un rêve représentent l'ombre (voir l'Introduction du présent livre). Souvent, il est plus facile de projeter le côté négatif de nos personnalités sur les membres de notre famille, mais cela peut créer des difficultés dans les relations familiales. La solution se présentera dans les rêves pour nous permettre de nous mettre en accord avec nos propres objectifs. Le schéma d'agression entre des membres d'une même famille est assez typique, mais, curieusement, il est souvent plus facile à faire évoluer par les rêves que dans la vie quotidienne.

Si les rêves sur la famille sont si prégnants, c'est parce que la plupart des conflits et des problèmes de la vie sont d'abord éprouvés dans cet environnement. C'est comme si un modèle avait été créé et qu'il était appelé à se répéter à moins qu'on ne le brise volontairement.

La confusion entre membres de la famille – le visage de la mère sur le corps du père, par exemple – suggère que nous ne savons pas quel parent est le plus important pour nous. Les membres de la famille souffrant de blessures ou de traumatismes ou apparaissant déformés peuvent refléter la peur de cette personne ou au sujet de cette personne qu'éprouve le rêveur.

Un membre de la famille apparaissant continuellement dans les rêves ou, au contraire, n'y apparaissant jamais alors qu'il est attendu, montre que la relation avec cette personne doit être mieux comprise.

Rêver à un ***rapport incestueux*** peut indiquer que le rêveur est hanté d'une certaine façon par l'autre personne. Le rêve met en évidence l'importance ou le danger potentiel d'une telle obsession.

Un rêve qui met en scène des parents écrasant le rêveur et suscitant une rébellion ou la mort d'un parent suggère que le rêveur doit en finir avec un comportement issu de l'enfance. Quand un parent apparaît dans notre environnement au cours d'un rêve, c'est que nous acceptons nos parents comme des amis. Les parents qui se comportent mal peuvent indiquer notre besoin de reconnaître qu'ils sont seulement humains et pas aussi parfaits que nous l'avions d'abord perçu.

Rêver d'une rivalité avec un parent. À sa naissance, l'enfant vit un rapport exclusif avec sa mère et il prendra conscience plus tard du besoin de rapports avec un tiers. Souvent, cette relation fait que l'enfant met en doute sa propre validité en tant que personne. Quand cette question n'est pas résolue, elle peut persister dans les images de rêves sous la forme d'un conflit avec un parent.

Rêver d'un conflit entre une personne aimée et un membre de sa famille. Le rêveur n'a pas encore fait la différence entre ses besoins et ses désirs face à chaque personne. Apprendre à aimer à l'extérieur de la famille est un signe de maturité. Un membre de la famille s'immisçant dans des rêves suggère que la loyauté familiale puisse influer sur la vie quotidienne du rêveur. La rivalité entre des enfants de mêmes parents dans les rêves est liée à un sentiment d'insécurité et de doute, probablement à savoir si nous sommes suffisamment aimés au sein de notre famille.

Les membres et leur position dans la famille peuvent symboliser des archétypes divers. Ainsi, le père peut représenter le principe masculin et l'autorité, tandis que la mère est le principe maternel et protecteur.

Famille élargie (cousins, tantes, oncles). Les membres de la famille étendue apparaissent dans les rêves comme eux-mêmes ou comme la caractérisation de diverses parties de nous-mêmes.

Femme/Conjointe. Le rapport femme/mari est basé sur la perception de l'homme. S'il a établi un bon rapport avec sa mère, il essaiera de se montrer un bon mari dans ses rêves. Il éprouvera la perte potentielle et la mort de sa partenaire de la même manière qu'il a éprouvé la perte de sa mère.

Fille. Quand le rapport avec une fille est mis en évidence dans les rêves, cela représente souvent le résultat du rapport entre le mari et la femme. Pour une femme, le rapport avec la fille suggère un rapport mutuellement positif, bien que la rivalité et la jalousie puissent surgir. Pour un homme, sa fille peut représenter ses craintes et ses doutes quant à sa propre vulnérabilité.

Fils. Le fils peut signifier le besoin d'expression et d'extraversion du rêveur ou la responsabilité parentale. Dans le rêve d'une mère, il peut représenter ses ambitions, son espoir et son potentiel. Dans celui d'un père, il peut mettre en évidence des espoirs non réalisés et des rêves.

Frère. Un frère peut représenter les deux sentiments de parenté et de rivalité. Dans le rêve d'un homme, un frère aîné peut représenter l'expérience et l'autorité, tandis qu'un frère plus jeune suggère la vulnérabilité et probablement le manque de maturité. Dans le rêve d'une femme, un frère plus jeune peut représenter le sens de la rivalité, mais la vulnérabilité, la sienne propre ou celle de son frère. Un frère plus vieux peut représenter son moi extraverti.

Grands-parents. Les grands-parents mettent en évidence notre attitude par rapport à eux et aux traditions et croyances qu'ils nous ont transmises. On pourrait dire que les grands-parents ne savent pas s'ils ont fait un bon travail tant que leurs fils et filles n'ont pas eu leurs propres enfants.

Mari/Conjoint. Les sentiments de la femme par rapport à sa sexualité et à l'intimité de son corps, de son intellect et de son esprit sont cruciaux dans le rapport mari/femme. Son opinion d'elle-même aura été formée par sa relation à son père et les relations subséquentes seront teintées par cet attachement. Si ses doutes par rapport à la validité ne sont pas correctement exprimés, ils feront surface dans des rêves de perte, ou de décès de son mari. Ils peuvent aussi être projetés sur les maris d'autres femmes.

Mère. Le rapport d'un enfant à sa mère est central dans son développement, puisque c'est le premier lien qu'il a et il devrait le percevoir comme nourrissant et enveloppant. Sinon, des craintes et des doutes surgiront. Dans la vie d'un homme, cela peut aboutir à des relations de personne à charge se développant avec des femmes plus âgées, ou par la négation complète de son droit à une relation. Dans la vie d'une femme, son rapport à sa mère colorera toutes ses autres relations. Elle peut se trouver dans des relations avec des hommes ou des femmes qui ne satisfont pas ses besoins fondamentaux. Il y a plusieurs façons de travailler sur la relation à la mère et on y gagne.

Père. Si le rapport au père est bon, l'image du père dans les rêves sera positive. Le père représente l'autorité et les formes conventionnelles de la loi et de l'ordre. Dans la vie d'un homme, le père devient un modèle, que ce soit approprié ou non. Dans la vie d'une femme, le père est le modèle sur lequel elle basera toutes ses relations postérieures. Quand elle estime n'avoir plus besoin de ce modèle, elle met au point dans les rêves une façon plus appropriée d'établir une relation mature. Si le rapport au père a été difficile ou négatif, la résistance à résoudre divers conflits sera plus grande.

Sœur. La sœur représente le côté de nous-mêmes qui ressent les choses. Nous établissons des liens avec ce côté de nous en comprenant la personnalité de notre sœur. Dans le rêve d'un homme, si sa sœur est plus vieille, elle peut représenter le potentiel de persécution, mais aussi la générosité. Plus jeune, elle peut incarner son côté plus vulnérable. Dans le rêve d'une femme, si sa sœur est plus jeune, elle représente la rivalité. Si elle est plus vieille, elle représente la capacité d'action.

Fantôme

1. Rêver à un fantôme nous lie avec de vieilles habitudes, de vieux espoirs ou de vieux regrets. Il y a quelque chose d'irréel dans ceux-ci, probablement parce que nous n'avons pas investi assez d'énergie en eux.

2. Nous pouvons ressusciter de vieux sentiments ou de vieux souvenirs pour comprendre nos actions. En nous mettant en contact avec ce qui est mort et enterré, nous pouvons agir ici et maintenant.

3. Si un fantôme apparaît dans un rêve, cela peut éveiller notre attention sur nos états passés. Dans ce cas, nous devrions essayer de les identifier et reconnaître ce que nous avons laissé passer.

Fatigue

1. Un sentiment de fatigue dans un rêve peut indiquer que nous devrions voir à notre santé ou que nous n'utilisons pas nos énergies d'une façon appropriée.

2. Si d'autres paraissent fatigués dans un rêve, nous traitons les gens trop durement.

3. Inertie spirituelle.

Faucille

- Voir aussi Faux

1. La faucille n'est plus une image si importante maintenant que nous sommes passés d'une société agricole à une société plus technologique. Nous conservons tout de même le symbole antique de la faucille représentant la mort. Il ne s'agit pas nécessairement d'une mort physique, mais plutôt de celle d'une partie de notre personnalité.

Faucon

- Voir aussi Oiseaux

1. Rêver d'un faucon ou de n'importe quel oiseau dressé peut représenter l'énergie qui a été concentrée sur un projet particulier avec la liberté d'agir.

Un tel rêve peut nous permettre de nous concentrer sur nos aspirations, nos espoirs et nos désirs.

2. Le pouvoir que nous avons doit, pour nous mener au succès, être utilisé d'une façon contenue. Un faucon – comme un oiseau dressé – peut le dépeindre dans un rêve.

3. L'ascension et la libération de l'esclavage spirituel sont représentées dans les rêves par le faucon.

Fausse-couche

1. Rêver à une fausse-couche, la nôtre ou celle de quelqu'un d'autre, suggère la prise de conscience que quelque chose n'est pas juste. Dans le rêve d'une femme qui a fait une fausse-couche, cela signifie qu'elle n'a pas pris le temps de vivre pleinement son deuil.

2. Rêver à une fausse-couche peut aussi suggérer la perte d'un travail, d'un projet ou même d'une partie de nous et que nous avons besoin de temps pour nous adapter.

3. Rêver à une fausse-couche peut représenter une mort prématurée et la crainte qu'elle peut engendrer.

Faux

- Voir aussi Faucille

1. La faux est un instrument tranchant et a donc la même signification qu'un couteau (Voir Armes). Dans les rêves, elle suggère de retrancher des actions ou des croyances non essentielles et d'être impitoyables en vue d'atteindre un objectif souhaité.

2. La faux est un vieux symbole qui illustre le passage inexorable du temps. Dans les rêves, son aspect montre que nous établissons des liens avec des concepts et des idées profondément ancrés. Nous prenons conscience du fait que l'interruption de la vie ou de l'énergie peut être imminente dans notre entourage, bien que cela ne soit pas lié à notre mort propre mais plutôt à une partie de nous qui n'est plus utile.

3. La faux, comme le sablier, est souvent tenue par une des figures de la mort et représente la fin de l'existence physique.

Fax/Télécopieur

1. Des messages en provenance d'une source cachée ou d'une partie de nous-mêmes nous sont souvent envoyés dans les rêves d'une façon totalement logique. Ainsi, alors que le message lui-même peut être inintelligible, la façon de le recevoir ne l'est pas.

2. Quelqu'un essaie de communiquer avec nous, mais, parce que nous sommes loin, la transmission est mécanique.

3. Dans un rêve, un télécopieur peut avoir des nuances spirituelles et cela peut être une façon de transmettre des messages de l'au-delà.

Fée

1. Parce que les fées sont des représentations de forces naturelles, le fait qu'elles apparaissent dans un rêve représente le lien de ces forces en nous. Ce pourrait être le côté plus léger de notre nature qui est mis en évidence, ou le côté plus nuisible, comme c'est le cas avec les lutins et les elfes.

2. Les fées sont réputées être capricieuses et, sur le plan psychologique, elles peuvent représenter le côté de notre personnalité qui ne veut pas être contrôlé et qui souhaite conserver la liberté de réagir et d'être spontané.

3. Les fées ont des pouvoirs magiques et, comme l'a découvert Oberon dans l'œuvre de Shakespeare, il vaut mieux éviter que leur côté malveillant ne se déchaîne.

Femme

- Voir Gens

Fenêtre

- Voir Constructions

Fente

1. Rêver à un article qui est fissuré ou fendu indique que nous reconnaissons la présence dans nos vies d'une faiblesse ou d'une difficulté.

2. Sur le plan psychologique, une fente peut représenter l'irrationnel ou l'inattendu.

3. Un défaut spirituel est peut être présent. Y penser devrait le révéler.

Fer

1. Quand le fer apparaît dans les rêves, il représente d'habitude nos forces et notre détermination. Il peut aussi signifier la rigidité de nos émotions ou de nos croyances. Nous devrions tenter d'être plus flexibles.

2. Quand nous rêvons d'utiliser un fer à repasser, nous essayons de nous rendre plus présentables au monde extérieur. Nous pouvons aussi tenter d'aplanir des difficultés.

3. Le fer peut signifier la partie de nous qui exige la discipline. Le fer exige une protection contre la corrosion. C'est cette corrosion spirituelle qui doit être traitée pour que nous puissions progresser.

Fer à cheval

1. Le fer à cheval est toujours un symbole de chance et, traditionnellement, s'il est tourné vers le haut, il représente la lune et la protection contre tous les aspects du mal ; tourné vers le bas, il représente la malchance. Le fer à cheval est aussi un symbole chanceux de mariage. Habituellement, rêver à un fer à cheval peut indiquer qu'il y aura bientôt un mariage dans votre famille ou autour de vous.

2. Dans la vie quotidienne, les symboles qui ont une longue histoire se fixent dans notre inconscient, souvent pour représenter d'autres temps plus heureux.

3. Spirituellement, nous pouvons voir dans le fer à cheval un talisman ou une amulette qui nous protège, nous et notre espace vital.

Ferme/Basse-cour

- Voir aussi Animaux

1. Être dans une ferme dans un rêve (si ce n'est pas un souvenir) nous montre comment rester en contact avec notre côté terre à terre. Plusieurs facettes du comportement peuvent être interprétées en comparaison avec les animaux et souvent ce type de rêve a plus d'impact qu'un rêve incluant des personnes.

2. Nos pulsions naturelles, comme le besoin de confort physique ou de nous rassembler et les droits territoriaux, sont mieux exprimées dans un environnement sûr.

3. Une basse-cour est un endroit clos dans lequel nous nous sentons en sécurité et pris en charge. Y rêver montre que nous sommes à l'intérieur de frontières spirituelles sûres.

Fermentation

1. Rêver au processus de fermentation indique que des événements se produisent à l'arrière-plan mais qu'il faut attendre qu'ils se développent.

2. Un processus de fermentation nous permet de transformer et de transmuter les aspects ordinaires de notre personnalité en de nouvelles et merveilleuses caractéristiques.

3. Transformation spirituelle et transmutation. Le rêveur devrait accueillir ce symbole dans un rêve et être préparé à avancer.

Fermeture éclair

1. Une fermeture éclair apparaissant dans un rêve peut indiquer notre capacité – ou notre difficulté – de maintenir des rapports avec d'autres personnes. Une fermeture éclair coincée suggère la difficulté de garder notre dignité dans une situation embarrassante.

2. Une fermeture éclair peut mettre en évidence notre capacité d'être ouverts ou fermés à nos amis et à notre famille.

3. Liens spirituels.

Fête

1. Se trouver dans une fête montre nos habiletés sociales, nos relations avec les autres ou les lacunes de celles-ci. Dans la vie réelle, nous sommes peut-être timides et n'aimons pas ce genre de festivités, mais dans le rêve, si nous nous intégrons au groupe, nous réalisons notre appartenance à celui-ci.

2. L'être humain a besoin de célébrations. Aller à une fête dans un rêve témoigne de notre besoin de célébrer, de nous joindre à des gens pour vivre avec eux des moments heureux et détendus.

3. Célébrer une tradition, qui peut être spirituelle, c'est une occasion de fêter, d'organiser des festivités.

Feu

1. Le feu dans un rêve peut suggérer la passion et le désir dans son sens plus positif, ou bien la frustration, la colère, le ressentiment et la destructivité dans son sens plus négatif. Selon que le feu est contrôlé ou pas influera l'interprétation du rêve. Être conscient de la flamme du feu serait être conscient de l'énergie, de la force qui est créée. Être conscient de la chaleur d'un feu, c'est être conscient des forts sentiments de quelqu'un d'autre.

2. Psychologiquement, le feu apparaît souvent dans les rêves comme un symbole de nettoyage et de purification. Parfois, il indique le besoin d'utiliser notre pouvoir sexuel à bon escient. Rêver que l'on est brûlé vif peut exprimer nos peurs d'une nouvelle relation ou d'une nouvelle phase de vie. Nous pouvons aussi prendre conscience du fait que nous pourrions souffrir à cause de nos croyances.

3. Le baptême par le feu signifie quant à lui une conscience nouvelle et fraîche du pouvoir de la spiritualité et de la transformation.

Feu de camp

- Voir aussi Feu

1. Allumer ou s'occuper d'un feu de camp dans un rêve indique un besoin de purifier un certain aspect de nos vies. Un tel feu peut aussi représenter les passions qui ne sont pas limitées par la rigidité et la tradition.

2. Quand nous alimentons un feu dans un rêve, c'est que notre côté passionné a besoin de s'exprimer librement. Des concepts ou croyances périmés peuvent être laissés derrière quand on veut créer quelque chose de nouveau.

3. Sur le plan spirituel, un feu reflète le pouvoir du soleil et encourage le pouvoir du bien. Il représente aussi les festivals solaires.

Feuilles

1. Une feuille représente très souvent une période de croissance et peut aussi indiquer le temps. Des feuilles vertes peuvent suggérer l'espoir et de nouvelles occasions, ou le printemps. Des feuilles mortes trahissent une période de tristesse, la stérilité ou l'automne (voir Automne).

2. En rêve, les feuilles peuvent donner une certaine indication d'une période particulière qui a été significative et créatrice. Après un rêve de feuille, nous pouvons devoir évaluer comment utiliser les occasions offertes.

3. Les feuilles symbolisent la fertilité et la croissance. Puisque chaque feuille est unique, en rêver nous sensibilise à la beauté de la création.

Feux d'artifice

1. Les feux d'artifice sont généralement associés à une occasion heureuse ou à une célébration, quoiqu'ils puissent aussi être effrayants. Quand nous rêvons à des feux d'artifice, nous espérons être capables de célébrer la bonne fortune, bien qu'il puisse y avoir une émotion secondaire associée à cette célébration.

2. Les feux d'artifice peuvent avoir en rêve la même signification qu'une explosion. Une expulsion d'énergie ou d'émotion aura un effet spectaculaire sur nous ou sur les gens de notre entourage.

3. Un excès d'émotion spirituelle doit être canalisé correctement pour l'empêcher de tirer dans toutes les directions.

Fichier

1. De nos jours, rêver à des fichiers ou à du classement, et ainsi mettre de l'ordre, c'est tenter de donner un sens à nos actes, à nos vies. Ranger des

choses indique que la connaissance acquise au cours d'une expérience antérieure doit être conservée.

2. Rêver d'un classeur à tiroirs indique que nous pourrions commettre des erreurs en étant trop durs avec les gens.

3. Une situation chaotique peut maintenant être traitée d'une façon plus ordonnée.

Figue, Figuier ou Figuier des pagodes

1. À cause de sa forme, la figue est souvent associée à la sexualité, à la fertilité, à la masculinité et à la prospérité. Rêver que l'on mange des figues signifie qu'une situation a plus de potentiel qu'au premier coup d'œil.

2. Le figuier dans les rêves suggère que nous sommes en contact avec une dimension spirituelle plus profonde que nous n'en avions conscience, à cause de ses associations avec l'arbre de la connaissance, le début de la dualité et avec la masculinité et la féminité.

3. Capacité psychique et un lien direct avec le début de la vie physique.

Fil

(Coudre)

1. Le fil représente une ligne de pensée ou une recherche. Enfiler une aiguille a une connotation sexuelle évidente, tout comme la difficulté d'enfiler une aiguille suggère l'incompétence dans des domaines autres que sexuels.

2. Être conscient d'un fil, c'est être conscient de la fragilité de nos vies. Un fil emmêlé suggère une difficulté à démêler et une bobine de fil, une existence ordonnée. La couleur du fil est importante (voir Couleurs). Un panier plein de bobines de fil suggère les aspects divers de la personnalité d'une femme en raison de son association avec l'archétype féminin.

3. Les divers fils de notre spiritualité sont entrelacés. Les résultats permettront au rêveur de faire un bout de chemin vers l'atteinte de sa plénitude spirituelle.

Fil/Ficelle

1. Le fil, dans le sens de fil à tricoter ou de ficelle, représente souvent notre capacité de créer l'ordre à partir du chaos et de modeler nos vies à partir de ce qui nous est donné.
2. Le fil d'une histoire a le plus souvent un rapport avec notre sens de l'histoire ou de la continuité. Nous faire raconter une histoire ou des histoires est lié à notre besoin de héros, d'héroïnes et peut-être d'un mentor.
3. Les mythes et les histoires de héros anciens qui ont entrepris leur propre voyage spirituel peuvent nous aider à déterminer une stratégie de vie.

File d'attente

1. Une file de gens et une file d'attente suggéreraient un ordre imposé dans un but particulier. Si le rêveur attend en file, le but de la file sera important à considérer dans l'interprétation du rêve.

Filet/Réseau

1. Rêver à un filet montre souvent que nous nous sentons pris au piège ou que nous sommes empêtrés dans une situation. Dans le rêve d'une femme, le filet provoque la prise de conscience de son pouvoir de séduction, alors que dans celui d'un homme il lui fait réaliser sa crainte de la femme.
2. Les femmes sont aptes à créer un réseau fraternel par l'intuition et le symboliseront souvent dans le rêve par une liaison tangible.
3. Relations sociales illimitées.

Fille

- Voir Famille, Gens

Film

1. Rêver que l'on regarde un film indique qu'un aspect de notre passé ou de notre caractère doit être approché d'une façon différente. Nous essayons de nous voir objectivement ou nous espérons échapper à la réalité.

2. Un film en tant qu'images enregistrées est une partie importante de l'homme moderne et être spectateur, c'est créer une réalité différente de celle que l'on a. Cela s'applique d'habitude au moi qui se réveille plutôt qu'au moi qui sommeille. Si nous tournons un film et qu'il ne s'agit pas de notre occupation normale, nous mettons en doute la réalité que nous créons, mais on nous avertit de ne pas essayer de créer trop de réalités.

3. Les enregistrements d'Akashic, le passé.

Fils

- Voir Famille

Fin

1. Rêver qu'une chose tire à sa fin signifie que l'on est près d'atteindre un but et qu'il nous faut décider de ce que nous laisserons derrière et de ce que nous apporterons avec nous.

2. Une situation difficile arrive à une conclusion.

3. La fin peut signifier le subconscient et la mort.

Fiole

- Voir aussi Vase

1. Une fiole représente très souvent le principe féminin, peut-être un certain aspect des soins maternels ou de conservation que nous reconnaissons dans nos vies. Elle a souvent le même symbolisme que le vase, c'est-à-dire un réceptacle pour quelque chose de beau ou de nécessaire.

2. Prendre conscience d'être ébranlé, d'être secoué d'une certaine façon indique que nous ne contrôlons pas le chemin que nous suivons et que nous sommes dans une position où on pourrait nous faire du mal.

3. Le réceptacle pour l'âme.

Flamme

- Voir Feu

Flaque

- Voir aussi Eau et Bassin

1. Une flaque, c'est une accumulation d'eau plus petite qu'un bassin ou un étang, mais qui peut revêtir la même signification dans le rêve. Quand elle y apparaît, cela signifie que nous sommes conscients de nos émotions et de notre façon de vivre avec elles.

2. Notre réaction face à la flaque est importante. L'essuyer signifie que nous essayons d'absorber une émotion que nous sommes incapables d'assumer. Si nous n'épongeons pas la flaque, nous avons besoin des autres pour reconnaître nos propres émotions ou les leurs.

3. D'un point de vue ésotérique, une flaque peut être utilisée à la manière d'un miroir magique pour y lire l'avenir. Examiner une flaque, c'est essayer de décider quelle action doit être entreprise.

Fléau

1. N'importe quel instrument utilisé pour nous battre dans les rêves est l'indice que quelqu'un a du pouvoir sur nous et peut employer la force.

2. Le fléau renforcerait nos conceptions de l'autorité. Autrefois, le bouffon de la cour agitait une vessie de porc pour rappeler au roi de rester humble.

3. Un fléau représente aussi parfois la suprématie spirituelle et le pouvoir suprême qui peut être mis à notre disposition.

Flèche

1. Tirer des flèches dans un rêve, c'est être conscients des conséquences des actions, les nôtres ou celles des autres. De façon assez intéressante, les flèches peuvent aussi symboliser des mots dans les rêves. Voir une flèche dans un rêve, c'est reconnaître un point de repère, comme autrefois les églises.

2. Les paroles peuvent blesser. Nous pourrions infliger ou subir des dommages à cause de notre droiture. La flèche peut être interprétée comme un symbole phallique, particulièrement lorsqu'elle est droite. Elle représente aussi l'ambition et l'effort. Une flèche tombée suggérerait l'effondrement

d'espoirs, tandis que construire une tour ou une flèche a des liens avec la tour de Babel et montre un besoin de meilleure communication.

3. Les flèches en tant qu'armes suggèrent le pouvoir, l'énergie et l'expertise. En tant que représentation de notre progression spirituelle, la flèche suggère le mouvement séculaire vers le sacré.

Flagellation

1. N'importe quel acte violent contre la personne indique d'habitude une certaine forme de punition. Rêver à la flagellation indiquerait que nous sommes conscients que quelqu'un nous conduit au-delà de nos limites, souvent d'une façon inopportune. Nous flageller nous-mêmes mettrait en évidence notre masochisme.

2. Flageller quelqu'un en rêve signifie que nous devons prendre garde de ne pas essayer d'imposer notre volonté à cette personne. Bien que douloureux, le geste suggère aussi un degré de stimulation et d'encouragement.

3. Expiation de péchés

Fleurs

1. Les fleurs nous donnent l'occasion d'éprouver des sentiments de plaisir et de beauté, car quelque chose de nouveau, peut-être un sentiment ou une capacité, commence à émerger. Que l'on nous donne un bouquet en rêve signifie que nous sommes récompensés pour une action. La couleur des fleurs peut être importante (voir Couleurs). Les différentes fleurs ont chacune une signification dans les rêves :

Anémone. Votre partenaire présent est douteux.

Arum ou Lis. Un mariage malheureux ou la mort d'une relation.

Campanule. Votre partenaire deviendra querelleur.

Chaux ou Tilleul. Suggère la grâce féminine.

Chèvrefeuille. Vous serez bouleversé par des querelles intestines.

Crocus. Un homme de votre entourage n'est pas digne de confiance.

Forsythia. Vous êtes heureux d'être vivant.

Géranium. Une querelle récente n'est pas aussi sérieuse que vous l'avez cru.

Gui. Soyez constant avec votre amant(e).

Iris. Espérons que vous recevrez de bonnes nouvelles.

Jonquille. Vous avez été injustes envers un ami, cherchez la réconciliation.

Myosotis. Le partenaire que vous avez choisi ne peut pas vous donner ce dont vous avez besoin.

Myrte. Donne joie, paix, tranquillité, bonheur et constance.

Narcisse. Faites attention de ne pas prendre l'ombre pour la proie.

Œillet d'Inde. Difficultés en affaires.

Œillet. Liaison amoureuse passionnée.

Pavot. Un message apportera une grande déception.

Perce-neige. Confiez-vous à quelqu'un et ne cachez pas vos problèmes.

Pivoine. Trop de retenue pourrait vous causer de la détresse.

Primevère. Vous trouverez le bonheur dans une nouvelle amitié.

Renoncule. Vos affaires vont s'améliorer.

Rose. Indique l'amour et peut-être un mariage au cours de l'année.

Trèfle. Quelqu'un qui a des soucis d'argent essaiera de se mettre en contact avec vous.

Violette. Vous épouserez quelqu'un de plus jeune que vous.

2. Le principe féminin est souvent représenté dans les rêves par des fleurs, tout comme l'enfance. Le bourgeon représente le potentiel disponible, tandis que la fleur éclose indique le développement.

3. Sur le plan spirituel, les fleurs symbolisent l'amour et la compassion, autant celles que nous recevons que celles que nous donnons.

Flottaison

1. Freud considérait que l'action de flotter dans un rêve était liée à la sexualité, mais il est probable que cela a beaucoup plus à voir avec le besoin inhérent de liberté. Généralement, nous nous ouvrons au pouvoir de notre moi conscient ; nous sommes alors transportés au-delà de notre propre volonté. Nous sommes dans un état de relaxation extrême et nous permettons simplement aux événements de nous transporter.

2. Parce que nous ne prenons pas la responsabilité de notre direction, nous sommes indécis et nous devons peut-être penser plus soigneusement à nos actions et à nos engagements par rapport à d'autres personnes.

3. Expériences extracorporelles.

Flûte

- Voir aussi Instruments de musique

1. Plusieurs instruments de musique – particulièrement les instruments à vent – indiquent les extrêmes d'émotion, de tentation et de flatterie. À cause de sa forme, la flûte est souvent perçue comme un symbole de virilité masculine, mais elle pourrait aussi représenter l'angoisse.

2. Façon d'exprimer l'harmonie de l'esprit, la flûte peut être un symbole de bonheur et de joie.

3. Musique céleste.

Foie

- Voir Corps

Foin

1. Autrefois, pour plusieurs, la prairie représentait l'amusement, la relaxation et l'irresponsabilité. De nos jours, le foin va probablement représenter plutôt l'irritation (rhume des foins) et une qualité inconnue. Rêver au foin doit probablement indiquer un aspect pratique de nous. Cela peut être la capacité de fournir gîte et nourriture à d'autres.

2. Bons souvenirs et bons sentiments peuvent être représentés dans des scénarios romantiques stéréotypés.

3. L'été et le sentiment de chaleur et de bonheur qu'il amène sont liés au progrès spirituel.

Foire

1. Rêver à une foire peut représenter une réconciliation avec le côté sincère et enfantin de nos êtres. Nous pouvons nous permettre d'être moins inhibés en public. Participer à un carnaval ou à une *fiesta* signifie que nous pouvons laisser tomber toutes les restrictions ou contraintes que nous imposons à d'autres ou à nous-mêmes.

2. La foire a sa qualité onirique propre. C'est une sorte de monde clos et y rêver indique que nous prenons conscience du côté plus hédoniste de notre nature. Nous devenons plus absorbés dans nos propres plaisirs.

3. Le carrousel de la vie et ses hauts et ses bas spirituels.

Fondre

1. Voir quelque chose fondre dans un rêve est une indication que nos émotions peuvent ramollir. Nous perdons peut-être de la rigidité à la suite de certains événements vécus récemment. Nous subissons une transformation, devenons plus souples, plus doux.

2. Rêver de fondre propose que nous devenons plus romantiques, plus enclins à nous laisser aller aux sentiments et que nous cherchons moins à les fuir. Nous devenons plus passifs et devrions peut-être renoncer à contrôler la situation.

3. Sur le plan spirituel, la fonte avait autrefois des liens avec le mal.

Fontaine

1. Rêver à une fontaine signifie que nous sommes conscients du processus de vie et du flux de notre conscience. À cause de son rapport avec l'eau (voir Eau), elle représente aussi la montée de nos émotions et souvent notre

capacité à les exprimer. La fontaine peut aussi représenter un élément de jeu et notre besoin de liberté et de tranquillité.

2. Dans les rêves, la fontaine représente souvent la figure de la mère ou peut-être la source de nos émotions.

3. La fontaine de Jouvence. La vie éternelle.

Forêt

- Voir aussi Arbre et Bois

1. Rêver à une forêt ou à un groupe d'arbres symbolise l'entrée dans le royaume du féminin. Une forêt est souvent un lieu de mise à l'épreuve et d'initiation. C'est toujours quelque chose qui représente une mise en accord avec notre moi émotionnel, une compréhension des secrets de notre nature profonde ou de notre monde spirituel.

2. La forêt obscure ou enchantée qui apparaît très souvent dans les contes de fées est un symbole de seuil. L'âme pénètre dans des secteurs qui n'ont jamais été explorés et qui cherchent à prendre contact avec l'intuition et les sentiments. Nous pouvons constater que la forêt du rêve a beaucoup à voir avec le fait d'être perdu (voir Perdu) et de ne pas trouver son chemin.

3. Le psychisme. Le féminin.

Forge

1. Quand la forge et le forgeron faisaient partie de la vie quotidienne, ce rêve indiquait un aspect difficile du travail ou le désir d'atteindre un but. De nos jours, il va plus probablement signifier une action rituelle.

2. La forge représente la force masculine et active. Elle représente aussi le pouvoir de transformer le primitif et le sans forme en quelque chose de sacré. Rêver à une forge indique que nous changeons intérieurement.

3. Feu sacré.

Formes/Motifs

1. Le nombre de côtés des formes du rêve sera significatif (voir Nombres), tout comme leurs couleurs (voir Couleurs). À une certaine étape de développement, les formes géométriques commencent à apparaître dans les rêves et donnent à l'individu une compréhension plus grande du monde abstrait.

2. Le rêveur accepte les choses telles qu'elles sont et peut regarder sa propre nature. Il peut apprécier la forme que sa vie prend, sans inhibitions.

3. Les diveres formes et les divers motifs vus en rêve peuvent être interprétés comme suit :

Centre. Le centre symbolise le commencement de tout. Par rapport à la forme, c'est le point à partir duquel se crée le motif.

Cercle. Le cercle représente l'être intérieur ou le moi (voir l'Introduction du présent livre), l'unité et la perfection. Un objet circulaire, par exemple un anneau, peut avoir la même signification que le cercle. Un cercle avec un point en son centre peut représenter l'achèvement de l'âme. Il est parfois utilisé pour représenter la femme.

Croissant. Avec la faucille et le croissant de lune, il représente le pouvoir féminin, mystérieux, intuitif et non raisonné.

Croix. Toute croix représente une réalisation de l'esprit dans la matière. En passant du symbole de l'épée à la croix armée, jusqu'à la croix de souffrance et à la crucifixion, et finalement au tau de la perfection, l'âme apprend à surmonter les obstacles pour progresser. Les quatre bras pointant dans des directions opposées signifient le conflit, l'angoisse et la détresse, mais ultimement le passage à travers ceux-ci pour atteindre la perfection. La croix avec l'image du Christ représente le sacrifice de soi pour d'autres. L'intersection signifie la réconciliation d'opposés. On dit que les trois bras supérieurs représentent Dieu le Père, le Fils et le Saint-Esprit, mais en fait ils représentent toute trinité divine.

Carré ou Cube. Le carré et le cube signifient la manifestation de l'esprit dans la matière et représentent le royaume terrestre par opposition au royaume des cieux. Un carré à l'intérieur d'un cercle suggère l'acte de devenir ou de prendre forme, tandis que la figure dans un carré est le moi ou l'être humain parfait. Un objet carré représente l'inclusion et le principe féminin.

Cube - *voir Carré*

Diamant. Un diamant dans un rêve indique que nous avons de grandes options mais en nombre limité.

Étoile. L'étoile, particulièrement si elle est brillante, indique les espoirs de l'individu, ses aspirations et ses idéaux. L'étoile à cinq branches ou pentagramme évoque la magie personnelle et l'harmonie ; elle devrait pointer vers le haut. Si elle pointe vers le bas, elle symbolise le mal et la sorcellerie. Dans les rêves, elle indique dans quelle mesure le rêveur possède ses propres qualités magiques et aspirations. L'étoile à six pointes, ou l'étoile de David, est formée d'un triangle pointant vers le haut et d'un autre pointant vers le bas : le physique et le spirituel s'harmonisent pour créer la sagesse. Douze étoiles signifient aussi bien les 12 tribus d'Israël que les 12 apôtres.

Hexagramme. Figure géométrique qui symbolise le développement harmonieux des éléments physiques, sociaux et spirituels de la vie humaine et leur intégration dans un tout parfait.

Motifs (dans le tissu, la mosaïque, etc.) Dans les rêves, les motifs qui semblent faire partie du scénario catégorisent notre façon de manipuler nos comportements répétitifs.

Ovale. L'ovale est symbolique de l'utérus et aussi de vie féminine. Appelé le *Vesica Piscis*, il est aussi le halo qui encercle une figure sacrée.

Pentagramme/Pentangle/Pentagramme - *voir Étoile*

Sphère. La sphère a une signification similaire à celle du globe (voir Globe) et indique la perfection et l'aboutissement.

Spirale - *voir aussi Labyrinthe.* La spirale est le chemin parfait de l'évolution, puisque tout est en mouvement, mais aussi en train d'augmenter ou de diminuer sa vibration. Si la spirale va vers le centre, nous nous approchons de notre centre propre par un chemin indirect. Une spirale dans le sens des aiguilles d'une montre et se déplaçant vers la droite est un mouvement vers la conscience et la lumière, alors que dans le sens inverse des aiguilles d'une montre elle dénote un comportement régressif. Il existe aussi une association au nombril ou au plexus solaire en tant que centre du corps.

Svastika. Le svastika avec ses bras qui se déplacent dans le sens des aiguilles d'une montre dépeint l'homme idéal et le pouvoir qu'il détient. Dans le symbolisme oriental, il représente le mouvement du soleil. Le svastika se déplaçant en sens inverse des aiguilles d'une montre représente tout ce qui est sinistre et faux. On a toujours su qu'Hitler avait des liens avec la magie. On ne sait pas si son choix du svastika était délibéré ou non.

Triangle. Le triangle représente l'homme debout, avec ses trois parties : le corps, l'intelligence et l'esprit (ou l'entité). La conscience et l'amour se manifestent par son corps physique. Il y a toujours un potentiel à réaliser. Si le triangle pointe vers le haut, la nature humaine tend vers le divin ; s'il pointe vers le bas, c'est l'esprit qui cherche à s'exprimer à travers le physique. Le triangle peut aussi représenter des relations familiales, c'est-à-dire le père, la mère et l'enfant.

Il existe un jeu basé sur les formes où vous dessinez un carré, un cercle et un triangle et demandez ensuite à quelqu'un de transformer chacune des formes en dessin. Quoi qu'il fasse du carré, le résultat est censé décrire sa perception du monde, alors que le cercle transformé décrit son moi intérieur et le triangle transformé, sa vie sexuelle.

Forteresse

- Voir Constructions (bâtiments) et Château

Fosse

- Voir aussi Abîme

1. Plusieurs personnes parlent de la fosse du désespoir et se sentent prises au piège dans une telle situation. Une fosse, dans un rêve, expose ce sentiment particulier. Nous pouvons être confinés à une situation de laquelle nous ne pouvons nous sortir, ou alors nous constatons que c'est ce qui arrivera si nous ne sommes pas prudents. Si nous creusons la fosse dans le rêve, cela signifie que nous pouvons créer la situation nous-mêmes. Si d'autres

personnes creusent la fosse, nous comprenons alors que nous n'avons aucun pouvoir sur les événements et que la perte et le désastre sont inévitables.

2. Sauver les autres d'une fosse, particulièrement si ce sont des membres de notre famille, suggère que nous puissions les aider, leur fournir les connaissances nécessaires pour surmonter leurs problèmes. Pousser quelqu'un dans une fosse révèle que nous essayons de supprimer une part de notre personnalité. Réaliser que la fosse est sans fond signifie que nous sommes incapables de récupérer et de corriger une situation passée.

3. La fosse, comme l'abîme, représente le vide et probablement aussi la mort – pas nécessairement une mort physique, mais plutôt celle d'une ancienne personnalité. Nous n'avons d'autre choix que d'avancer, sachant que nous pouvons échouer, mais aussi que si nous réussissons nos vies changeront pour le mieux. Faire face à cette fosse exige un courage extrême.

Foudre

1. La foudre dans un rêve dénote les changements inattendus qui ont lieu ou sont sur le point d'avoir lieu. Ceux-ci peuvent arriver par un certain type de réalisation ou de révélation. Souvent, une telle révélation renverse les structures que nous avons créées pour nous protéger et nous indique de faire des changements. La foudre peut aussi symboliser une grande passion qui peut frapper soudainement et être dévastatrice.

2. Quand nous rêvons à la foudre, nous remarquons une décharge de tension. Il faut changer les choses. Cela peut ressembler à un acte destructeur, mais est néanmoins nécessaire. Si nous considérons tous les faits connus, notre intuition nous rendra conscients de l'action à entreprendre.

3. Spirituellement, la foudre dénote une certaine forme de lumière spirituelle comme la réalisation soudaine d'une vérité personnelle ou d'une conscience plus universelle. Littéralement quelque chose qui ne nous avait pas frappé auparavant. Dans des rêves, l'éclair peut aussi représenter l'Esprit saint.

Fouet/Coup de fouet

1. Le fouet est un instrument de torture. Qu'il apparaisse indique que le rêveur a besoin de contrôler d'autres personnes ou d'être contrôlé par elles par la douleur physique ou émotionnelle.

2. Parce que le fouet est un instrument de punition, forcer des choses à se produire peut aussi nous créer des problèmes.

3. Un fouet suggère la punition et la flagellation.

Foule

- Voir aussi Gens

1. Rêver que l'on est dans une foule pourrait indiquer que nous ne voulons pas nous démarquer ou que nous n'avons pas de direction. Nous pouvons vouloir camoufler nos sentiments aux autres, nous perdre ou même cacher nos opinions.

2. Nous devons conserver notre anonymat, créer une façade ou joindre un groupe qui partage les mêmes opinions que nous.

3. Spirituellement, une foule suggère la croyance populaire ou des sentiments religieux communs.

Four

- Voir aussi Boulanger

1. Un four est une représentation de la capacité des humains à transformer divers ingrédients de base en un aliment complet et agréable au goût. Dans un rêve, cela peut suggérer la capacité à transformer des traits de caractère ou des comportements, des plus vulgaires aux plus raffinés.

2. Dans les rêves, le four, en tant qu'objet creux, peut représenter l'utérus. Par sa capacité à transformer les ingrédients au cours de la cuisson, il peut aussi symboliser le processus de gestation et la naissance.

3. Le four représente la transmutation de qualités de base et évoque ainsi la transformation spirituelle.

Fourche

1. La fourche, surtout celle à trois dents, est le symbole du Diable, du mal et de la duperie. Dans les rêves, une fourche dénote la dualité et l'indécision.

2. Sur le plan psychologique, la fourche peut signifier la même chose qu'un éperon ou qu'un aiguillon, soit quelque chose qui nous mène, souvent à notre détriment.

3. Nous pouvons être arrivés à une fourche dans notre cheminement spirituel, dans notre développement et avoir besoin de conseils quant à la direction à prendre.

Fourgon

- Voir Camion dans Parcours

Foyer

1. Rêver à un foyer ou à une cheminée, c'est reconnaître un besoin de sécurité. La maison est sûre. Évocation de la sécurité du moi intérieur et aussi de l'intérieur du corps féminin, source de chaleur et de stabilité.

2. Nous pouvons ou devons nous lier à notre nature plus sauvage, passionnée – le siège de nos passions.

3. Le foyer peut évoquer l'anima.

Fraternité

1. Rêver que l'on est membre d'une fraternité indique notre besoin d'appartenir à un groupe de personnes de même opinion, comme un syndicat ou une loge de francs-maçons. Nous avons tous besoin de l'approbation de nos pairs et un tel rêve indique notre façon de composer avec le comportement d'un groupe ritualisé.

2. Un groupe masculin nous montre les nombreux aspects de la personnalité masculine.

3. Le sacerdoce.

Fraude

1. Quand une fraude apparaît dans un rêve, particulièrement si c'est le rêveur qui en est victime, c'est peut-être qu'on fait trop confiance aux gens. Si le rêveur commet la fraude, il court le risque de perdre un bon ami.

2. Si nous acceptons que les diverses figures qui apparaissent dans nos rêves sont des parties de notre personnalité, nous ne devrions pas être malhonnêtes envers nous-mêmes.

3. Nous devrions analyser nos vrais buts spirituels.

Frère

- Voir Famille

Frisson

1. Avoir conscience de frissonner dans les rêves peut représenter la peur du conflit, la froideur ou l'excitation. Dans la vie éveillée, nous pouvons arriver à une conclusion.

2. Quand nous frissonnons dans un rêve, nous sommes sur le point d'exprimer un comportement inconscient.

3. L'expérience extatique aboutit à un frisson à mesure que l'énergie sur le plan physique se développe en une expérience quasi orgiaque. Cela peut parfois être expérimenté dans les rêves.

Froid

1. Prendre conscience du froid dans un rêve, c'est être conscient de se sentir négligé ou laissé en dehors de certaines choses.

2. Nous traduisons souvent nos sentiments ou nos émotions par une impression physique dans les rêves.

3. Une perte spirituelle est ressentie.

Frontière

- Voir aussi Bordure

1. Une frontière peut apparaître sous plusieurs formes dans un rêve. Faire attirer notre attention sur une frontière matérielle peut indiquer des changements dans notre monde matériel. Être debout sur la frontière entre deux pays montrerait le besoin de faire de grands changements dans sa vie ; peut-être un déménagement.

2. Sur le plan psychologique, nous pouvons devoir opérer des changements décisifs dans notre manière de penser et de ressentir.

3. Rencontre avec un aspect différent du moi et donc nouvelle expérience de vie. Le rêveur doit déterminer si le temps est propice pour franchir la frontière.

Fruits

- Voir aussi Aliments

1. Rêver à des fruits, particulièrement dans un bol, indique très souvent l'addition d'actions que nous avons faites dans le passé, la récolte pour aller plus loin.

2. Sur le plan psychologique, quand nous avons travaillé dur, nous reconnaissons les fruits de notre travail et que nous avons réussi.

3. Créativité.

Fugue/Fuite

1. Rêver de faire une fugue, particulièrement avec quelqu'un que l'on connaît, c'est essayer d'échapper à une situation qui pourrait être douloureuse. Nous devons maintenir un équilibre entre le besoin de sécurité émotionnelle et celui de sécurité matérielle.

2. Planifier une fugue amoureuse dans un rêve, c'est créer des circonstances où les autres ne comprennent pas les motifs de nos actions. Nous sommes conscients de notre besoin d'une sorte d'intégration dans nos personnalités, mais nous sentons que nous ne pouvons pas le faire sans que les autres l'interprètent mal.

3. La fugue amoureuse signifie une union spirituelle ou autre, particulièrement dans l'adversité.

Fuite

- Voir aussi Eau

1. Rêver d'une fuite suggère que nous gaspillions ou perdions de l'énergie. Si c'est une petite fuite, nous n'en sommes peut-être pas conscients, tandis que si elle jaillit, nous devons voir à la « réparer », en prenant nos responsabilités.

2. Une fuite peut indiquer la négligence face aux « réparations » nécessaires à un niveau physique, émotionnel ou mental.

3. Une fuite suggère le gaspillage.

Fumée/Fumer

- Voir aussi Feu

1. La présence de fumée dans les rêves suggère un sentiment de danger proche, particulièrement si nous ne pouvons pas localiser le feu. Si nous fumons, nous essayons de contrôler notre anxiété. Si nous fumons dans la vie, mais reconnaissons en rêve que nous ne le faisons plus, nous avons surmonté une difficulté. Si les fumeurs cessent de fumer, ils auront souvent plusieurs rêves relatifs à la fumée.

2. La fumée dans les rêves peut représenter la passion, bien que celle-ci puisse ne pas s'être enflammée correctement. La fumée peut aussi représenter un nettoyage – la fumée d'encens, par exemple – ou au contraire la contamination.

3. Sur le plan spirituel, la fumée représente la prière montant au ciel, ou l'élévation de l'âme pour échapper à l'espace et au temps.

Funérailles

- Voir aussi Deuil

1. Rêver à des funérailles indique que nous devons nous réconcilier avec nos sentiments au sujet de la mort, qu'il s'agisse de notre propre mort ou de celle d'autres personnes. Elles peuvent aussi indiquer un temps de deuil pour

quelque chose du passé et, cette fois-ci, le deuil peut nous permettre de progresser. Rêver à nos propres obsèques peut indiquer un désir de sympathie ou qu'une partie de nous-mêmes est morte et que nous devons la laisser aller.

2. Rêver aux funérailles de nos parents indique un pas vers l'indépendance ou l'abandon du passé douloureux. Nous pouvons devoir abandonner notre enfance ou des expériences d'enfance et le marquer par une sorte de rituel ou de cérémonie.

3. Rites de passage.

Fusée

1. La fusée est liée symboliquement à la sexualité masculine. Le plus important, c'est l'énergie disponible dans les rêves. Décoller comme une fusée signifie se déplacer très vite relativement à certains projets que l'on a.

2. De nos jours, tout symbole de pouvoir représente notre capacité de faire, ou d'être, mieux qu'auparavant. La fusée, dans ce sens, a un symbolisme semblable à celui de l'avion (voir Avion), sauf que les destinations sont plus éloignées. La puissance explosive et l'énergie disponible sont des éléments que l'on doit soigneusement observer puisque nous avons besoin de ce type de puissance pour faire des changements radicaux dans notre vie.

3. À cause du symbolisme spirituel des hauteurs auxquelles personne n'a été auparavant, la fusée représente la recherche spirituelle et l'aventure.

G

de

Gâchis à Guitare

Gâchis

1. Quand nous rêvons que nous gâchons les choses, c'est que nous créons un problème là où il n'y en a pas. Nous rendons la vie difficile aux gens de notre entourage en ne faisant pas bien les choses.

Gants

- Voir aussi Vêtements

1. Autrefois, le gant avait plus d'importance que de nos jours. Parce qu'il faisait partie de l'étiquette, il a représenté l'honneur, la pureté et la preuve de bonne foi. Des gants dans un rêve représentent souvent certaines capacités que nous cachons aux gens. Enlever un gant signifie le respect et un acte de sincérité. Rêver de gants de boxe indique que nous essayons trop durement de réussir dans une situation agressive.

2. Les gants représentent la capacité de défier les gens et celle de leur cacher notre pensée afin de pouvoir défier leurs croyances.

3. Spirituellement, puisque les mains peuvent être représentatives de notre créativité, les gants peuvent symboliser le besoin de protéger notre créativité. Ils peuvent aussi être un obstacle à la pleine expression créatrice.

Garage

- Voir aussi Atelier

1. Un garage apparaissant dans un rêve peut indiquer notre façon de stocker nos capacités personnelles. C'est l'atelier dans lequel nous montrons nos réalisations. Nous cherchons dans nos propres réserves motivation et capacités.

2. Un atelier de réparation de voitures – rappelons qu'une voiture représente la vie extérieure – peut indiquer un besoin de s'occuper de soi, de sa santé.

3. Nous possédons tous les outils spirituels dont nous puissions avoir besoin. Un garage est un rappel symbolique que nous les avons en réserve et pouvons les utiliser à tout moment.

Garçon

- Voir Gens

Garde-manger

- Voir aussi Réfrigérateur

1. Auparavant, il évoquait la moisson (voir Moisson). Aujourd'hui, l'interprétation à faire de ce rêve sera liée au contenu du réfrigérateur ou à l'aliment qu'il y manque.

2. Puisque la vie change, bien des gens n'ont plus de garde-manger, cette image étant remplacée par le congélateur ou le réfrigérateur. Toutes ces images indiquent que la conservation d'énergie, des ressources ou du pouvoir est nécessaire.

3. Spirituellement, un garde-manger suggère des cadeaux ou des talents.

Garde-robe

- Voir aussi Meubles

1. Une garde-robe a la même signification qu'un passage et suggère donc une période de transition. Parce qu'elle contient nos vêtements, elle suggère aussi la façon de traiter avec notre propre image.

Gâteau

1. Quand nous rêvons de gâteaux de célébration, par exemple d'un gâteau de mariage ou d'anniversaire, c'est que nous avons un événement à célébrer ou le passage d'un laps de temps à souligner (bougies sur un gâteau - voir Bougie et Nombres).

2. Faire des gâteaux indique notre besoin de nous soucier des autres ou de nourrir un certain besoin intérieur.

3. Les gâteaux ou les brioches marqués d'une croix symbolisent la ronde de la lune et ses quatre quartiers.

Gauche

- Voir Position

Gaufrette

1. Une gaufrette est une mince couche de matière qui est d'habitude très fragile. Dans les rêves, elle peut représenter quelque chose qui est facilement brisé et que nous devons traiter avec délicatesse.
2. Un biscuit gaufré est composé de plusieurs couches. Il devient ainsi le symbole de la diversité. Nous devons comprendre les diverses couches de nos vies pour les gérer avec succès.
3. Le corps du Christ. Le pain de vie.

Gaz

1. Le gaz peut avoir la même signification que l'air et le vent, mais est d'habitude plus dangereux. Rêver à une fuite de gaz indique que nous pouvons avoir de la difficulté à contrôler nos pensées, nos sentiments.
2. Le gaz signifie aussi aide et il a la même signification symbolique que le souffle (voir Respiration).
3. L'esprit peut être symbolisé par le gaz.

Gazelle

- Voir Cerf

Gazon

1. Rêver que l'on est sur du gazon « sacré » – une terre révérée à cause de son association à une sommité, comme Wembley, Lords, etc. –, c'est souhaiter le succès suprême.
2. Rêver d'un lopin de terre particulier peut activer des souvenirs et des sentiments liés à des temps heureux, aider à clarifier un problème particulier ou une situation.

3. Sur le plan spirituel, la terre sacrée ou sanctifiée serait représentée par le gazon.

Géant

1. Rêver de géants peut signifier que nous n'avons plus peur d'être un adulte, que nous mûrissons.

2. Géants et ogres représentent souvent la colère, particulièrement la colère masculine. Nous confrontons peut-être en rêve ce que nous ne pouvons pas faire dans la vie éveillée.

3. Pouvoir primordial.

Gémissement

1. Le gémissement est une façon longue et prolongée de faire sortir des émotions. Quand nous entendons quelqu'un gémir dans un rêve, nous prenons conscience de sa tristesse. Quand nous gémissons dans nos rêves, nous nous permettons un exutoire émotionnel qui ne serait pas jugé approprié dans la vie éveillée.

2. Nous essayons de nous mettre en contact avec un pouvoir plus grand que nous puisque gémir est considéré être une méthode pour faire venir les esprits.

3. Sur le plan spirituel, pleurer et produire des sons servent à chasser les mauvais esprits. Le rêveur devrait analyser ce qu'il sent le besoin de bannir de sa vie.

Gemmes

- Voir Bijoux

Genou/Se mettre à genoux

- Voir Corps

Gens

1. Les gens qui apparaissent dans nos rêves sont les personnages avec lesquels nous construisons notre vie. Souvent, ils apparaissent simplement comme ils sont dans la réalité, particulièrement si ce sont des membres de notre entourage. Nous les voyons peut-être pour mettre en évidence une de leurs qualités spécifiques ou une caractéristique qui leur est propre. Nous pouvons aussi les intégrer au scénario de notre rêve comme des projections de notre vie intérieure ou de nos désirs. Ils peuvent aussi personnifier quelqu'un de plus important, ayant plus de prestige que le rêveur.

2. Afin de décoder les diverses significations symboliques de chaque personnage de nos rêves, il est nécessaire de déterminer clairement à quoi ou à qui chacun de ces personnages nous fait penser. Nous pourrons ensuite comprendre les significations plus profondes et leurs relations entre elles.

Un individu appartenant à notre passé peut nous relier avec cette période de notre vie ainsi qu'aux souvenirs qui s'y rattachent, qu'ils soient heureux ou malheureux. Un voisin ou un associé apparaît souvent dans les rêves pour mettre en évidence une qualité particulière de cette personne. La mère, le père ou le frère de quelqu'un d'autre peut suggérer les membres de notre propre famille mais aussi la jalousie. Parfois, plutôt que d'essayer de déchiffrer la signification du rêve, il est plus simple de regarder les conséquences qu'ont les comportements et les actions du personnage du rêve dans la vie du rêveur. Pour bien interpréter les agissements particuliers du rêveur, nous devons en savoir davantage sur son mode de vie. Si le rêveur entretient des rapports conflictuels envers une personne en particulier, ces rapports d'amour-haine apparaîtront probablement dans les rêves. Le rêve peut aussi présenter une différence importante entre deux personnages pour illustrer les deux côtés de la pensée et des sentiments du rêveur. De même, il peut y avoir un contraste marqué entre la façon dont le rêveur traite une situation et celle des deux autres personnages du rêve. C'est comme si les deux avenues étaient utilisées. Des personnages composés de toutes pièces, comme des personnages mi-homme, mi-animal par exemple, souligneront une caractéristique ou une qualité particulières pour attirer l'attention du rêveur. Le fait que ce personnage ne soit pas qu'humain souligne les nombreuses facettes de l'être humain. Chaque personnage qui apparaît dans nos rêves est une réflexion faite sur une facette ou une partie de notre personnalité qui pourra être mieux comprise si nous entrons dans la peau de ce personnage.

Adolescent. Rêver que l'on est un adolescent souligne notre côté peu développé. Rêver à un adolescent du sexe opposé au nôtre concerne certaines étapes de notre développement que nous avons évitées ou oubliées. Les émotions associées à l'adolescence sont très fortes et souvent accessibles uniquement par la voie des rêves. Cela peut aussi signifier des conflits liés à notre liberté.

Ancêtres. Nos coutumes, nos habitudes, notre morale et nos traditions religieuses ont été transmises de génération en génération. Rêver à nos ancêtres indique que nous nous concentrons sur nos racines. Nous voulons comprendre notre passé lointain.

Bébé. Rêver à son bébé indique le besoin de reconnaître en soi une vulnérabilité sur laquelle nous n'avons aucun contrôle. Nous vivons peut-être une situation particulière ou nouvelle. Si c'est du bébé de quelqu'un d'autre que nous avons rêvé, il représente peut-être la susceptibilité de cette personne, ou encore sa naïveté. Psychologiquement, nous restons en contact avec notre côté naïf, juvénile, curieux, cette partie de nous qui ne veut pas de responsabilités et qui n'en a pas besoin. Rêver à un bébé peut aussi signifier que, sur le plan spirituel, le rêveur ressent un besoin de pureté.

Dictateurs (Hitler, Staline, etc.). Si le rêveur a eu un père autoritaire, un dictateur célèbre peut apparaître dans un de ses rêves comme la représentation de ce rapport.

Empereur ou Impératrice - voir Figures d'autorité et aussi Roi et Reine

Enfant (qui peut être un des enfants du rêveur). Rêver à un enfant nous donne accès à l'enfant qui est en nous. L'enfant émerveillé et curieux que nous avons été demeure toujours présent au fond de nous. Lorsque nous sommes en contact avec cette partie de nous, nous reconnaissons un potentiel oublié de liberté et de franchise.

Étranger (voir aussi Ombre dans l'Introduction). L'étranger dans un rêve représente cette partie de nous qui nous est encore inconnue. On peut faire face à un sentiment de crainte ou de conflit concernant notre personnalité et nous devons le régler afin de pouvoir progresser.

Femme. Dans le rêve d'une femme, une femme, membre de la famille ou amie, est souvent une représentation d'un aspect de sa propre personnalité, mais souvent elle ne l'a pas encore entièrement saisi. Dans le rêve d'un homme, la présence d'une femme dénote son rapport à ses sentiments et à son intuition. La présence de la femme dans un rêve peut aussi montrer la relation de l'homme à sa propre femme. Une déesse ou une femme sainte signifient le potentiel le plus qualifié pour travailler avec le meilleur côté du rêveur. Des femmes orientales qui apparaissent dans les rêves suggèrent souvent le côté mystérieux des femmes. Dans le rêve d'un homme, une telle figure révélera souvent son attitude par rapport à la sexualité, tandis que dans le rêve d'une femme elle révélera ses pouvoirs supérieurs et intuitifs. Une femme plus vieille, âgée, représente généralement la mère du rêveur et la sagesse qu'elle lui transmet. Une femme inconnue dans des rêves représentera l'*anima* (voir l'Introduction) dans le rêve d'un homme, ou l'ombre (voir l'Introduction) dans celui une femme. Ce sont des qualités comme la surprise et l'intrigue qui nous permettent d'explorer davantage la signification de cette figure. Nous récoltons beaucoup d'information lorsque la femme qui est vue en rêve est inconnue.

Figures d'autorité *(comme des magistrats, des professeurs, etc. - voir aussi l'entrée).* Notre concept d'autorité est d'abord développé dans notre rapport avec notre père ou la figure du père. Selon l'éducation que nous avons reçue, notre représentation de l'autorité se situera entre l'aide bienveillante et la stricte discipline, voire l'exploitation. Les personnages d'autorité nous ramèneront à ce qui est juste et bien pour nous, même si nous ne sommes pas entièrement en accord avec cette perception de façon consciente. Les figures d'autorité dans les rêves semblent d'abord avoir du pouvoir sur nous, mais lorsque nous travaillons avec elles elles nous donnent le pouvoir de réussir. Rêver de l'autorité policière peut représenter une sorte de contrôle social et un élément protecteur pour nous en tant que membres de la société. Souvent un policier apparaîtra dans un rêve comme représentant de notre conscience. Nous pouvons alors reconnaître que les parties les plus désobéissantes, les plus anarchiques de notre personnalité ont besoin d'être restreintes.

Fille. Quand une fille de n'importe quel âge apparaît dans nos rêves, cela signifie que nous essayons d'entrer en contact avec notre sensibilité, de nous rapprocher de nos émotions. L'intuition et la perception, reliées à la féminité, peuvent être peu développées mais disponibles. Si la fille qui apparaît dans nos rêves nous est connue, nous devons explorer les qualités que nous lui reconnaissons, mais de son point de vue à elle. Par contre, si la fille nous est inconnue, cela signifie qu'une nouvelle rencontre pourrait nous être utile.

Foule. Les foules s'entassent dans les rêves pour indiquer nos relations à d'autres personnes, nos relations sociales. Elles indiquent comment nous nous fondons dans la masse ou comment nous cachons certains aspects de notre personnalité et ne laissons pas connaître toutes nos qualités. La foule représente aussi la tentative d'éviter les responsabilités. Une foule énorme suggère une information qui est trop lourde et que nous ne pouvons traiter.

Garçon. Rêver à un garçon représente notre potentiel pour la croissance et les nouvelles expériences. Si c'est un garçon connu, il reflète des qualités que le rêveur lui reconnaît. Psychologiquement, nous voulons rester en contact avec nous à cet âge, ainsi qu'avec la jeunesse, l'innocence et l'enthousiasme d'un garçon. Nous entrons en contact avec nos habiletés naturelles et notre capacité de faire face aux difficultés.

Héros *ou n'importe quelle figure héroïque - voir aussi Archétypes.* Dans le rêve d'un homme, la figure du héros peut représenter tout ce qui est bon chez lui, sa meilleure image de lui-même. Dans le rêve d'une femme, elle suggérera l'animosité (voir l'Introduction). Quand le héros poursuit une quête, c'est que nous cherchons une partie de nous-mêmes dans notre inconscient (voir Quête). Il est nécessaire que les forces les plus sombres soient vaincues mais pas détruites puisqu'elles ne peuvent pas être annihilées sans que cela nuise au vieux sage (voir l'Introduction). Autrement dit, notre conversion éventuelle a toujours besoin de l'attirance négative. L'échec du héros peut être provoqué par un manque d'attention. Nous avons tous un point faible par le biais duquel nous pouvons être attaqués. Un tel échec dans un rêve indique que nous ne prêtons pas assez attention aux détails de notre vie ou à certaines qualités ou habiletés qui sont peu développées en nous. Nous pouvons ainsi être avertis dans un rêve d'une certaine négligence personnelle. La mort du héros peut suggérer le besoin de développer notre intuition et de prendre connaissance d'une nouvelle réalité. Un conflit entre le héros et un autre personnage du rêve suggère un désaccord fondamental entre deux facettes de notre personnalité. Le héros apparaît souvent dans les rêves comme un opposant à une personne détestée par le rêveur.

Homme. N'importe quel homme apparaissant dans un rêve montre un aspect de ce personnage qui est reconnaissable chez le rêveur. Chacun d'entre nous a tout un répertoire de comportements, dont certains sont acceptables et d'autres pas. Dans les rêves, ces comportements et caractéristiques sont grossis afin d'être facilement reconnus du rêveur, souvent à travers des personnalités. En travaillant cette caractéristique, on acquiert énergie et puissance. Un trait de caractère négatif peut toujours toujours être amélioré. Un homme dans un rêve peut symboliser l'ombre pour un homme et l'*anima* pour une femme (voir l'Introduction). Un homme âgé (à cheveux blancs ou chauve) peut représenter la sagesse innée que nous possédons tous. Une telle personne peut aussi signifier le père dans les rêves. Quand un homme grand et fort apparaît dans nos rêves, nous apprécions généralement les forces, les certitudes et la protection qu'il nous apporte. Un homme dans le rêve d'une femme représente le côté plus logique, pratique de sa nature. Elle possède et peut développer tous les aspects de la masculinité qui lui permettent de fonctionner adéquatement dans le monde extérieur. Si l'homme du rêve est quelqu'un qu'elle connaît ou même celui qu'elle aime, sa présence signifie qu'elle essaie de comprendre son rapport à lui. Un homme inconnu représente souvent une partie de la personnalité du rêveur qui lui est inconnue. Dans le rêve d'une femme, c'est son côté masculin alors que dans le rêve d'un homme c'est son inconscient, son moi (voir l'Introduction).

Hommes de religion *(voir Figures d'autorité dans cette section et Archétypes).* Les hommes de pouvoir de toutes les religions tiennent une place spéciale dans la hiérarchie du rêve puisque leur autorité ne leur est pas accordée que par les humains mais aussi par Dieu ou une autre puissance suprême. Ils sont donc une représentation, une incarnation de cette puissance.

Intrus *(voir aussi entrée et Cambrioleur).* Un intrus dans le rêve d'une femme est souvent une personnification de son *anima* (voir l'Introduction). Dans le rêve d'un homme, il représente son ombre (voir l'Introduction). Dans l'un ou l'autre des cas, il suggère au rêveur un besoin de changement d'attitude pour entretenir avec lui-même une relation saine.

Jumeaux *(incluant l'image d'un personnage du rêve dans le miroir) (voir aussi l'entrée).* Les jumeaux dans un rêve peuvent suggérer deux côtés différents de notre personnalité. S'ils sont identiques, ils peuvent représenter nos sentiments ambivalents face à nous-mêmes. S'ils ne sont pas identiques, ils représentent à la fois notre réalité intérieure et notre personnalité extérieure. Les jumeaux peuvent aussi incarner la projection dans le monde de différentes facettes de notre personnalité.

Minorité ethnique. N'importe quelle partie de nous qui est le moindrement excentrique ou hors de l'ordinaire peut être incarnée dans le rêve par une personne d'une autre origine, d'une autre culture.

Personne inappropriée. Il est beaucoup plus facile de confronter nos insuffisances ou incapacités dans le rêve, où nous sommes en sécurité. Souvent, c'est la première occasion de rencontrer notre côté sombre, l'ombre (voir l'Introduction). Nous ignorons souvent cet aspect de notre personnalité et cela pourrait nous causer du tort, alors nous ne pouvons écarter une telle image quand elle apparaît. Nous devons voir en cette figure du rêve une réflexion sur nous-mêmes et reconnaître un sentiment d'infériorité. Si nous ne le reconnaissons pas, la vie nous confrontera constamment à ce sentiment d'infériorité.

Petit ami. Rêver à un petit ami, présent ou passé, éveille des sentiments, des émotions et une sexualité qui lui sont reliés. Rêver que l'on a comme conjoint quelqu'un qui ne nous intéresse pas indique le besoin d'une meilleure compréhension de la relation que l'on entretient avec les hommes. On doit considérer le côté attentionné et paternel des hommes. La rêveuse cherche toujours l'amant idéal.

Petite amie. Quand une petite amie, ou une ex-petite amie, apparaît dans le rêve d'un homme, des questions sur la masculinité et la féminité sont soulevées. Cela peut représenter des craintes face à la sexualité. Si une petite amie apparaît dans le rêve d'une femme, cela peut indiquer une inquiétude pour cette personne, ou encore que la rêveuse cherche à développer certaines qualités de cette personne.

Pirate. Rêver à un pirate suggère qu'un aspect de notre personnalité détruit notre rapport avec notre âme.

Prêtre, Astrologue ou quelqu'un avec une connaissance ésotérique *(voir Archétypes et Figures d'autorité)*. N'importe quel personnage de nos rêves qui semble avoir la connaissance des pratiques magiques, spirituelles ou ésotériques représente notre premier contact avec notre inconscient. C'est comme si nous pouvions entrer en contact avec notre personnalité la plus profonde uniquement en reconnaissant d'abord notre guide spirituel.

Prince et Princesse *(voir Archétypes).* Ces figures représentent ces parties de nous, ou des autres, qui existent de droit, c'est-à-dire ces aspects qui ont été apportés et élaborés dans la conscience et la volonté. Comme le héros est responsable de sa quête, de son voyage, le prince et la princesse sont responsables de la vie qu'ils réalisent.

Reine *(non seulement la reine actuelle mais aussi ses représentations historiques, comme la reine Victoria).* Cela représente habituellement le rapport du rêveur à sa mère mais aussi avec d'autres femmes d'autorité.

Roi. Presque toujours, quand le roi apparaît dans un rêve, il représente la figure paternelle. Un empereur peut par contre indiquer que certaines des attitudes du père sont étrangères au rêveur mais devraient être acceptées par lui. Quand le roi est vieux ou sur le point de mourir, cela signifie alors que le rêveur est capable de rejeter les valeurs familiales désuètes.

Travailleurs sociaux, Infirmières, Gardiennes, etc. Ces figures concernent notre compassion, notre attitude attentionnée et aussi notre instinct maternel, protecteur. Souvent, une telle figure indique notre vocation. Cela signifie, pour les hommes, une abstention de rapports sexuels.

Vieillards *(voir aussi Homme et Femme).* Dans les rêves, les vieillards peuvent représenter nos ancêtres ou nos grands-parents et, à travers eux, la sagesse et l'expérience. Si le vieillard est un homme, selon le genre du rêveur, il représentera le moi ou l'*anima* (voir l'Introduction). Si c'est une vieille femme, alors elle symbolisera la mère nourricière ou l'*anima* (voir l'Introduction). Les figures paternelles apparaîtront souvent sous la forme de vieillards pour symboliser l'éloignement. Un groupe de vieillards apparaît souvent dans les rêves. Ils représentent les traditions et la sagesse du passé –, les choses qui sont sacrées pour le peuple, pour la famille. Les gens âgés dans les rêves représentent souvent nos parents, même si les personnages du rêve ne semblent avoir aucun lien avec eux.

3. Lorsque l'on entreprend son cheminement spirituel, on découvre des quantités énormes de connaissances qui peuvent être travaillées afin d'agrémenter nos vies.

Gens célèbres/Vedettes

1. La plupart d'entre nous sommes capables de créer une personne idéale sur laquelle projeter nos fantasmes et nos souhaits. À cette étape, nous ne sommes pas particulièrement en contact avec la réalité. Dans les rêves, une vedette de cinéma, une vedette populaire ou une figure publique représentent l'*animus* ou l'*anima* (voir l'Introduction du présent livre). Une jeune personne rêvant d'une vedette n'est pas prête pour la responsabilité d'un rapport réel.

2. Les personnes célèbres, les vedettes populaires et de cinéma peuvent aussi servir comme une projection du type de personne que l'on voudrait être. On peut par exemple être timide et renfermé, mais avoir le besoin d'être admiré et aimé.

3. Sur le plan spirituel, alors que nous essayons d'atteindre la perfection, nous devons travailler à améliorer les divers aspects de notre personnalité. Parfois, nous rejetons certains aspects comme n'étant pas conformes à notre vie. Par exemple, nous pouvons nous rendre compte que le côté destructeur d'une vie publique pourrait nous faire du mal.

Geôlier

1. Rêver à un geôlier indique que nous sommes limités d'une certaine façon, peut-être par nos émotions ou par la personnalité ou les actes de quelqu'un d'autre. L'autocritique et l'aliénation rendent nos tâches quotidiennes difficiles à accomplir.

2. Quand nous sommes dans une situation d'où nous ne pouvons pas nous échapper, le personnage qui apparaît dans notre rêve nous donne souvent un indice sur comment nous nous sommes retrouvés dans cette situation. Par exemple, être en prison et être injustement traité par notre geôlier indiqueraient que nous avons participé au piégeage, mais aussi que nous en sommes devenus les victimes.

3. Le rêveur peut sentir un certain degré de difficulté spirituelle.

Gerbe/Liasse/Pile

1. Jadis, une gerbe, particulièrement de maïs, symbolisait bien sûr une belle moisson, mais aussi une bonne gestion. De nos jours, elle suggère plutôt des voies et des méthodes de fonctionnement démodées. Une liasse de papiers suggérerait le dur labeur.

2. Comme marqueur de temps, la gerbe suggère l'automne et on la voit souvent comme un symbole de consolidation et d'attache. Nous devons peut-être étudier ce qui a besoin d'être ramassé, consolidé dans un tout logique et dans les limites données.

3. Comme Déméter (voir Déesse), la gerbe représente la mère nourricière. Elle peut aussi suggérer la fin d'un monde, au sens que Déméter a refusé de nourrir les humains quand Perséphone (voir Déesse) a été enlevée par Pluton.

Glace

1. Quand nous rêvons à de la glace, nous observons nos émotions. Nous sommes peut-être plus froids que nous devrions l'être et nous sommes fermés à la compassion. Nous sommes dans une situation dont il peut être difficile de nous libérer.

2. La glace représente aussi la rigidité, la fragilité, l'incompréhension de ce qui se passe, des circonstances où les gens ne peuvent pas entrer en contact avec nous. Selon le type de glace, ce rêve peut indiquer que la situation est temporaire.

3. Spirituellement, la glace symbolise la partie de nous qui doit dégeler pour que nous puissions progresser.

Glaçons
(des toits)

1. La forme des glaçons auxquels on rêve est aussi importante que les glaçons eux-mêmes. Notre environnement ne nous soutient pas selon nos attentes, d'où nos difficultés.

2. Voir les glaçons fondre indique que les ennuis disparaîtront littéralement dans peu de temps. Si c'est notre faute ou celle des autres, il apparaîtra que

des circonstances extérieures donnent la capacité de surmonter ce qui nous a troublés.

3. L'isolement spirituel en raison de la voie que l'on a choisie peut être symbolisé par des glaçons.

Gland

1. Rêver de glands indique qu'il y a un énorme processus de croissance qui commence à émerger de petits commencements. Il y a un nouveau potentiel de force. Puisque les glands apparaissent en automne, il peut y avoir un besoin de moisson ou un désir de recueillir des idées avant de les stocker.

2. Le germe d'une idée est présent. Il y a aussi un besoin de patience dans les transactions avec nous-mêmes ou avec d'autres personnes.

3. La vie, la fertilité et l'immortalité sont symbolisées par le gland, comme l'est l'androgyne.

Globe

- Voir aussi Monde

1. Rêver que l'on regarde un globe terrestre indique notre appréciation d'un point de vue plus large puisqu'il représente l'intégrité de la vie. Nous cultivons la capacité non seulement de ne pas être étroits d'esprit, mais d'être plus conscients. Si nous regardons un globe de verre, nous observons une vie complète, contenue.

2. Rêver à un globe, c'est rêver de pouvoir et de dignité, de se créer un avenir.

3. Un globe symbolise notre besoin d'intégrité ou, pour quelqu'un spirituellement plus avancé, l'approche de l'intégrité.

Gobelet

1. Dans les rêves, le gobelet a la même signification que le calice (Voir Calice). Il représente la féminité, le réceptacle principal et notre capacité d'avoir du plaisir de différentes façons. Nous pouvons célébrer quelque chose de tout à fait ordinaire. Boire dans un gobelet indique que nous nous permettons de profiter de la vie.

2. Rêver de plusieurs gobelets comme de verres à vin indique plusieurs voies différentes pour rendre nos vies agréables et nous amuser.

3. Le principe féminin.

Golf

- Voir aussi Jeux

1. Jouer au golf dans ses rêves peut représenter bien des choses. Comme plusieurs jeux, le golf peut symboliser l'appartenance à une équipe, ou au contraire notre accomplissement individuel. Nous avons besoin de liberté de mouvement et de clarté de vision.

2. Jouer au golf peut souvent représenter notre besoin de montrer nos prouesses, d'aller là où nous voulons aller, souvent dans le contexte des affaires.

Gong

1. Entendre le son d'un gong dans un rêve signifie que l'on est conscient qu'une certaine limite a été atteinte, ou au contraire que l'on a accepté de passer à autre chose. Frapper le gong peut représenter le besoin de la force et celui de développer une qualité particulière dans une situation éveillée.

2. Dans des religions plus anciennes, le gong était souvent utilisé pour alerter le peuple. C'est cette symbolique du gong qui apparaît le plus souvent dans les rêves.

3. Le gong nous réveille littéralement sur le plan spirituel.

Gorge

- Voir Corps

Goudron

1. Rêver à du goudron sur une route suggère que nous nous sentions pris au piège alors que nous souhaitons progresser. Le goudron sur une plage, cependant, pourrait suggérer que nous avons permis à nos émotions d'être affectées.

2. C'est le contexte du rêve qui détermine si l'image de goudron est appropriée ou non et son interprétation. Par exemple, réparer une route signifie que nous pouvons réparer nos vies quotidiennes. Goudronner une barrière pourrait signifier que nous devons nous protéger.

3. Le goudron, dans un sens spirituel, parce qu'il est noir et visqueux, suggérerait le mal ou la négativité.

Gouffre

1. Quand nous rêvons à un gouffre ou à un grand trou, nous faisons face à des situations inconnues ou risquées où il nous faut prendre des décisions.

2. Nous sommes confrontés par l'inconnu ou par des éléments négatifs et rien dans nos expériences passées ne peut nous venir en aide.

3. Nous faisons face à l'inconscient, au vide.

Gourde

- Voir aussi Vase

1. La gourde est liée à la féminité, à notre capacité de l'entretenir et aussi de faire des liens entre l'information inexploitée et la connaissance.

2. La gourde est souvent un symbole de mystère. Elle peut dénoter l'information secrète, la nourriture. Parce qu'elle est utilisée comme contenant, elle représente le corps physique.

3. Une gourde symbolise le mystère.

Gourou

1. Un gourou apparaissant dans un rêve représente la sagesse de l'inconscient. Comme cette sagesse devient disponible, nous la ramenons à notre conscience par la figure du vieil homme sage (voir l'Introduction du présent livre).

2. Psychologiquement, nous avons tous besoin du symbole du père ou d'une figure d'autorité. Dans la recherche d'une connaissance spécifique, nous avons besoin d'une figure extérieure à laquelle nous référer. Dans les religions

orientales, c'est le gourou, qui a la même fonction que le prêtre dans la religion catholique.

3. Pour beaucoup d'entre nous, Dieu est trop éloigné pour que nous puissions établir un rapport personnel avec lui. Un gourou personnifie toute la sagesse disponible. Il nous aidera à avoir accès à notre sagesse propre.

Goût

1. Quand une chose n'est pas à notre goût dans un rêve, elle ne se conforme pas à nos idéaux et standards. Avoir mauvais goût suggère que notre nourriture ne nous nourrit pas. Reconnaître que notre environnement est de bon goût suggère que nous apprécions les belles choses.

2. Dans la vie éveillée, nous savons ce que nous aimons et quels sont nos standards personnels. Dans les rêves, ces standards peuvent être déformés pour mettre en évidence un changement. Par exemple, découvrir dans un rêve que l'on aime une couleur qui ne serait normalement pas appréciée dans la vie réelle suggère que nous devrions étudier la nouvelle couleur plus attentivement pour découvrir ce qu'elle a à offrir (voir Couleur).

3. À mesure que nous devenons plus sensibles et conscients, notre goût devient plus raffiné. Il en est ainsi au royaume spirituel, dans lequel nous apprécions des choses plus fines, plus belles.

Graal

1. Le Saint-Graal est tellement une image de base que, dans les rêves, il peut apparaître comme quelque chose de miraculeux qui accomplit notre désir et nous permet d'évoluer vers notre plein potentiel. Souvent, il représente l'accomplissement spirituel, mais il peut aussi représenter le bonheur. Le Graal indique le changement dans nos vies.

2. Nous cherchons quelque chose qui est inaccessible, mais en y mettant des efforts nous y arriverons.

3. L'Esprit saint.

Graine, Semence

1. Une graine dans un rêve représente notre potentialité. Nous avons une idée qui commence tout juste à germer ou un projet qui a besoin d'être mûri. Dans le rêve d'une femme, une graine peut suggérer la grossesse.

2. Souvent, une graine suggérera la validité d'un projet.

3. Spirituellement, une graine recèle un grand potentiel latent.

Grains

- Voir aussi Collier

1. Les grains – d'un chapelet, par exemple – sont liés à la continuité. S'ils se cassent, notre projet est voué à l'échec.

2. Psychologiquement, nous cherchons la perfection. Dans bien des religions, des prières sont dites en utilisant des grains afin de s'assurer que l'on récite le nombre juste.

3. Des grains faits de pierres semi-précieuses sont utilisés comme des rappels spirituels – comme dans des chapelets, par exemple.

Grammaire

1. Quand nous prenons conscience de la grammaire dans les rêves, nous sommes conscients de la difficulté de communiquer, autant pour nous que pour les autres.

2. Il peut y avoir un besoin d'information précise.

3. La communication précise est essentielle sur les plans physique, mental et spirituel.

Grand

- Voir Taille

Grands-parents

- Voir Famille

Gras/Graisse

1. Rêver que l'on est gras nous fait prendre conscience de la part sensuelle et amusante de nous-mêmes que nous avons mise de côté.

2. Selon ce que nous pensons de notre corps, nous pouvons souvent utiliser notre propre image dans les rêves pour changer ce sentiment.

3. Une partie choisie de la connaissance spirituelle.

Gravier

1. Souvent notre attention est attirée par la taille d'un article dans un rêve. Le gravier dans ce contexte est simplement une indication de particules. Un tel rêve peut aussi ramener certains souvenirs ou nous rappeler des temps plus heureux, par exemple notre enfance.

2. Déraper sur le gravier signifie que nous devrions éviter de courir des risques.

3. Le microcosme.

Grêle

1. La grêle dans un rêve, parce qu'elle est de l'eau gelée (voit Glace), reflète la congélation de nos émotions. Le danger et les dégâts créés par ces émotions gelées viendraient d'influences extérieures plutôt que de sentiments intérieurs.

2. La grêle joue un rôle dans les cycles de la nature. Il y a des moments où geler ses émotions est approprié, mais ce ne doit pas l'être en permanence.

3. Les émotions liées à la spiritualité doivent parfois être tenues en échec et cela peut être symbolisé dans des rêves de grêle.

Grenouille

- Voir aussi Animaux

1. Bien des gens associent la grenouille à la maturité de l'être humain. Dans les rêves, voir une grenouille à une étape particulière de sa croissance dépeint le sentiment que nous avons de nous-mêmes. Par exemple, la voir à une étape où ses pattes arrière sont parfaitement formées suggère que nous avançons à pas de géant.

2. La grenouille est un symbole de fertilité et d'érotisme. Dans les rêves, elle représente un aspect du caractère qui peut être changé, quelque chose de désagréable qui peut être transformé en quelque chose de bon, par exemple lorsque la grenouille devient un prince.

3. Transmutation.

Grossesse

1. Rêver à une grossesse dénote qu'une période d'attente prolongée est nécessaire à quelque chose, probablement à la réalisation d'un projet. Une nouvelle facette de notre personnalité se développe, nous offrant ainsi un nouveau potentiel. De façon assez intéressante, rêver à une grossesse signifie rarement que l'on est enceinte, bien que cela puisse représenter une grossesse dans notre entourage.

2. Rêver qu'une autre femme que soi est enceinte exprime notre observation d'une partie de notre personnalité qui développe de nouvelles habiletés ou caractéristiques. La rêveuse est inconsciente des résultats de ce développement récent. Rêver qu'un homme est enceint, particulièrement pour une femme, est une projection du désir d'avoir dans sa vie un homme qui assume ses responsabilités.

3. Il y a toujours une période de gestation dans le cheminement spirituel. On doit être patient et attendre qu'un processus naturel ait lieu afin que puisse s'accomplir sa tâche.

Grue

1. Quand nous rêvons à une grue de construction, c'est que nous avons besoin d'élever notre conscience pour répondre à une certaine question et tenter de comprendre les implications de nos actions.

2. Une situation est à notre avantage et nous pouvons bâtir.

3. En tant qu'oiseau, la grue est un messager des dieux. Elle permet la communion avec eux et donne la capacité d'entrer dans des états de conscience supérieurs.

Guêpe

- Voir Insectes

Guerre

1. Dans les rêves, la guerre dénote toujours le conflit. Elle a un effet plus global que le combat seul à seul et suggérerait que nous devons prendre conscience des répercussions de nos actions sur les autres. Nous participons à un conflit qui est délibérément élaboré plutôt que spontané.

2. La guerre est une façon de traiter avec la détresse et le désordre. Le résultat devrait être l'ordre, bien que parfois cela puisse seulement arriver avec le temps. Rêver à la guerre, donc, indique que ce processus naturel a lieu à l'intérieur de nous.

3. La guerre est un symbole de désintégration spirituelle dont il faut comprendre les nuances.

Gui

- Voir aussi Fleurs

1. Le gui représente un temps de célébration et suggère l'amour et le bonheur. Il est évidemment plus présent dans nos rêves dans le temps de Noël.

2. Comme un parasite, le gui a la capacité de drainer la force de son hôte, mais il peut aussi fournir de l'énergie et lui être utile. Il peut donc symboliser des rapports de dépendance à une autre personne.

3. Le gui représente l'essence de la vie. C'est une substance de guérison divine.

Guillotine

1. Une guillotine indique quelque chose d'irrationnel dans notre personnalité. Nous avons peur de perdre notre sang-froid, qu'une partie de notre personnalité disparaisse ou d'être blessés.

2. Il y a des risques de perdre contact avec un être aimé, ou avec notre partie capable d'amour.

3. La guillotine représente la séparation. Nous pouvons être coupés de notre désir ardent de spiritualité.

Guirlande

1. Selon le type de guirlande, il peut s'agir d'un honneur. Si nous portons la guirlande, comme une guirlande de fleurs hawaïennes, nous cherchons les diverses façons d'être heureux par nous-mêmes.

2. Psychologiquement, une guirlande peut représenter l'honneur et l'identification à ceux qui nous l'ont présentée.

3. Une guirlande est symbolique du besoin de dévouement, spirituellement ou physiquement.

Guitare

1. La guitare dans un rêve peut annoncer la possibilité d'un nouvel amour, mais aussi être un avertissement. Si le rêveur joue de la guitare, il tente d'être plus créatif.

2. N'importe quel instrument de musique caractérise notre besoin de repos, de relaxation et d'harmonie.

3. Nous pouvons sentir le besoin d'harmonie dans nos mondes tant spirituel que physique.

H

de

Hache à Hyène

Hache

- Voir aussi Armes

1. Quand nous rêvons à une hache, si elle est utilisée contre nous c'est que nous estimons que le pouvoir d'un autre nous menace et si c'est nous qui l'utilisons c'est que des forces destructrices existent en nous.
2. Ces forces destructrices doivent être détruites.
3. La hache représente le pouvoir, le tonnerre, la réparation de l'erreur et le sacrifice.

Hallucinations

1. Le rêve est par essence hallucinatoire. Les scènes peuvent changer en un clin d'œil, les visages aussi. Nous pouvons y regarder une chose pendant quelques secondes et nous rendre compte soudain que tout est différent. Tout cela est acceptable dans la réalité du rêve. C'est seulement quand nous l'analysons que nous comprenons combien étrange cela peut être. Pendant les rêves, les choses peuvent prendre les qualités d'autres objets et sentiments. Les rêves peuvent créer leur propre réalité, de l'inattendu, ce qui dans la vie éveillée serait illogique et surréaliste. Nous devons prendre note de ce qui arrive au pays des rêves. Même nos propres actions peuvent y avoir un caractère étrange. Nous pouvons y faire des choses que nous ne ferions jamais dans la vie éveillée. Libéré de la logique de notre vie quotidienne, nous pouvons créer une conscience totalement différente. Nous pouvons rêver que nous avons fait des choses que nous n'avons jamais faites, ou nous préparer à faire des choses que nous ne nous attendrions jamais à faire.
2. Psychologiquement, l'esprit est libéré. Il peut donc errer à sa propre vitesse dans des souvenirs, des images et des pensées cachés et les ramener à la surface d'une telle façon que nous pouvons les manipuler, ce qui, dans la vie réelle, nous est parfois impossible. Nous créons une réalité qui convient à une action, plutôt qu'une action qui convient à la réalité.
3. L'hallucination que nous éprouvons dans les rêves peut aussi être un message direct de l'inconscient.

Harem

1. Pour un homme, rêver qu'il est dans un harem montre qu'il lutte avec les complexités de la nature féminine. Pour une femme, le même rêve montre qu'elle comprend sa nature flamboyante et sensuelle. Sur un autre plan, elle reconnaît son besoin d'appartenir à un groupe de femmes –, sa solidarité avec les femmes.

2. Un groupe de femmes signifiera la féminité sous une forme ou une autre. Si le rêveur touche à une personne en particulier dans le scénario, une interprétation plus précise sera nécessaire.

3. La grande mère dans ses aspects les plus espiègles.

Haricot

1. Stocker des haricots en rêve peut montrer une crainte de l'échec ou un manque de confiance. Planter des haricots suggérerait la foi en l'avenir et un désir d'être utile. Traditionnellement, le haricot était utilisé dans l'alimentation et dans la fabrication des vêtements et il constituait aussi un objet de troc.

2. Psychologiquement, le haricot peut représenter le potentiel stocké, celui qui nous permettra de réaliser tout ce que nous voulons.

3. Le haricot peut symboliser l'immortalité et les pouvoirs magiques.

Harnais

1. Comme le licou, le harnais indique en rêve une certaine forme de contrôle ou la contrainte. Nous nous restreignons peut-être nous-mêmes ou nous sommes contrôlés par des circonstances externes. Utiliser un harnais nous ramène souvent à l'enfance, quand notre liberté était restreinte.

2. Exploiter l'énergie (la harnacher) est une façon importante d'utiliser le pouvoir que nous avons. Harnacher quelque chose sert à le rendre utilisable en le contrôlant. Donc, dans les rêves, ce type de contrôle implique la contrainte nécessaire pour permettre aux bonnes choses d'arriver.

3. Spirituellement, nous devons harnacher l'énergie, c'est-à-dire utiliser ce que nous avons le plus efficacement possible. Ensuite, nous serons en mesure de contrôler le côté plus sauvage de notre personnalité.

Harpe

1. La harpe indique la vibration correcte dont nous avons besoin pour créer de l'harmonie.

2. Un rêve dans lequel les choses se répètent exprime notre besoin de reconnaissance dans une activité que nous entreprenons.

3. La harpe représente l'échelle vers un autre monde. C'est une image qui peut être utilisée tant dans les rêves que dans la méditation.

Haschisch

- Voir aussi Drogues

1. Rêver à du haschisch indique que nous utilisons des substances pour élever notre conscience et que nous devrions regarder les choses d'une autre façon.

Haut

- Voir Position

Herbe

- Voir aussi Drogues

1. L'herbe est souvent un symbole de vie nouvelle et de victoire sur la stérilité. Auparavant, elle représentait la grossesse, mais de nos jours elle symbolise plus probablement de nouvelles idées et des projets.

2. L'herbe peut souvent dénoter notre pays natal ou la mise au rancart de croyances désuètes.

3. Des changements de conscience spirituelle peuvent être indiqués par l'herbe apparaissant dans un rêve.

Hérisson

- Voir Animaux

Hermaphrodite

- Voir aussi Sexe

1. Quand nous rêvons à un hermaphrodite, nous avons des incertitudes sur notre genre ou sur notre capacité à nous adapter aux rôles joués par notre sexe. De façon intéressante, comme nous apprenons plus de nous, nous essayons de réaliser un équilibre entre la logique et les côtés sensibles de notre nature. Cela peut apparaître comme de l'hermaphrodisme dans un rêve.

2. Quand un enfant grandit, il commence à comprendre que certains comportements sont appropriés ou acceptables et donc que certaines réactions naturelles sont supprimées. Ces réactions, quand elles refont surface, peuvent confondre le rêveur et être perçues dans les rêves comme de l'hermaphrodisme.

3. Équilibre parfait.

Héros/Héroïne

- Voir Archétypes

Hexagramme

- Voir aussi Formes

1. Techniquement, l'hexagramme est une figure à six côtés et représente l'union de deux forces, le yin (féminin) et le yang (masculin).

2. Quand nous essayons de réconcilier nos dimensions spirituelle et physique, nous pouvons éprouver ce type d'union.

3. L'union des mondes spirituel et physique est représentée par l'hexagramme.

Hibou

- Voir Oiseaux

Hirondelle

- Voir Oiseaux

Historique

1. Faire un rêve à saveur historique est lié à nos sentiments passés, à cette partie de nous qui est désormais de l'histoire, à la personne que nous étions, ou peut-être à d'anciennes façons de vivre.
2. L'être humain évalue continuellement tant son passé que son avenir. L'histoire est peut-être une façon objective d'évaluer notre subjectivité.
3. Les vieilles croyances et les anciens modèles doivent être évalués à la lumière du présent.

Hiver

1. Dans les rêves, l'hiver peut représenter une période stérile ou la vieillesse, un temps où notre énergie diminue.
2. À une période où nous sommes émotionnellement froids, les images associées à l'hiver (voir Glace et Neige) peuvent mettre en évidence cet état. Dans la clairvoyance, les saisons peuvent aussi indiquer une période au cours de laquelle quelque chose peut se produire.
3. Dans le cycle de la nature, l'hiver peut représenter un temps de jachère avant la renaissance. Il peut donc signifier la mort.

Hôpital

- Voir aussi Opération

1. Quand un hôpital apparaît dans un de nos rêves, il peut représenter soit un endroit sécure soit un endroit menaçant qui nous rend vulnérables. Pris comme un lieu de guérison, il représente cette partie de nous qui sait qu'un répit est nécessaire. Si nous trouvons les hôpitaux menaçants, cela peut

signifier que nous prenons conscience que nous devrions lâcher prise, nous mettre à la merci des autres et permettre aux choses d'arriver afin qu'une situation s'améliore.

2. Rêver que l'on est à l'hôpital peut mentalement créer une période de transition. Visiter quelqu'un à l'hôpital indique que nous savons qu'une partie de nous n'est pas bien, est malade et a besoin d'attention.

3. L'hôpital symbolise spirituellement un environnement de guérison, un état d'équilibre.

Horloge

1. L'horloge nous parle du passage du temps, de notre propre sens de la mesure, du devoir ou de l'urgence.

2. Les aiguilles de l'horloge peuvent indiquer des nombres importants pour nous (voir Nombres). Un réveille-matin qui carillonne nous avertit d'un danger.

3. L'horloge signifie la prise de conscience de l'âge et du temps.

Hors-la-loi

1. Un hors-la-loi est contre les lois et les conventions de la société. Tuer le hors-la-loi dans un rêve, c'est essayer de contrôler nos envies les plus fortes, les plus sauvages.

2. Psychologiquement, nous avons tous un côté anarchique ou un désir de rébellion. Cela peut apparaître en rêve sous la forme d'une personne du sexe opposé. Dans ce cas, nous traitons alors avec l'*anima* (voir l'Introduction). Cependant, si le hors-la-loi est du même sexe que nous, nous traitons alors avec l'ombre (voir l'Introduction).

3. Se positionner en dehors des lois spirituelles, aussi diverses qu'elles puissent être, c'est jouer un jeu dangereux et cela devra être remboursé de diverses façons dans l'avenir.

Hostilité

1. L'hostilité dans les rêves est l'expression directe de ce sentiment que nous n'osons pas déclarer dans la vie éveillée. Si quelqu'un est hostile à notre endroit, cela signifie souvent que nous n'agissons pas convenablement, que des gens estiment que nous les mettons en danger.

2. L'hostilité est une émotions qui peut être travaillée en rêve. Si nous pouvons cerner à l'aide du rêve ce qui nous fait nous sentir hostiles, nous pourrons traiter le problème dans la vie éveillée.

3. L'opposition à nos croyances spirituelles peut produire une quantité énorme d'hostilité. Tous les gens ne sont pas nécessairement d'accord avec nos croyances.

Hôtel

- Voir aussi Pension/Hôtel dans Constructions

1. Rêver que l'on est dans un hôtel peut signifier que l'on doive s'extraire d'une situation pour quelque temps ou qu'une situation durera seulement pendant un temps limité.

2. Rêver que l'on est invité dans un hôtel peut exprimer l'instabilité et que l'on ne s'installe que temporairement. Être forcé de vivre dans un hôtel signifie que le rêveur essaie de d'échapper à lui-même.

3. Le sanctuaire provisoire, le besoin d'être dans un environnement sûr sont dépeints symboliquement par un hôtel.

Huile

1. L'interprétation à donner de l'huile présente dans un rêve dépend de la sorte d'huile utilisée. L'huile en cuisine est une façon de combiner des aliments différents et elle symbolise l'effacement des différences pour former un tout. L'huile de massage signifie que l'on souhaite le bien-être, tandis que l'huile à moteur met en évidence la capacité de garder les choses en mouvement.

2. Psychologiquement, nous pouvons reconnaître qu'une situation peut être traitée uniquement dans un environnement calme, sans stress, apaisante.

3. Symbolise la consécration et l'inauguration.

Huissier

- Voir aussi Figures d'autorité dans Gens

1. Quand un huissier apparaît dans notre rêve, nous doutons de notre capacité à gérer nos ressources, nous avons outrepassé les bornes et en assumerons les conséquences devant l'autorité.

2. Nous nous sommes mis en danger et n'avons pas rempli nos obligations. À moins d'en assumer la responsabilité, nous pourrions être punis par une perte matérielle et une perte de statut.

3. L'huissier symbolise le châtiment ou un certain karma.

Huître

1. L'huître est réputée être un aliment aphrodisiaque. Dans le rêve, elle peut donc représenter l'acte sexuel ou ce qui est associé au sexe.

2. L'huître est unique par sa capacité de transformer un grain de sable en perle. C'est cette qualité qui est présentée en rêve pour nous montrer comment nous pouvons changer ce qui nous semble désagréable en quelque chose de beau.

3. L'huître représente la transformation spirituelle. Nous pouvons appuyer notre vie sur nos défauts et essayer de les supprimer, de les transformer en qualités.

Humide

- Voir Eau

Hyène

- Voir Animaux

I

de

Ibis à Ivre

Ibis

- Voir Oiseaux

Icône

- Voir aussi Images religieuses

1. Rêver à un symbole religieux indique notre rapport très profond avec de vieux principes et idées. L'icône symbolise le microcosme dans le macrocosme – le petit monde reflété dans le plus grand. L'être humain a souvent besoin de quelque chose de tangible pour représenter un concept et l'icône joue ce rôle.

2. Les icônes sont les représentations de croyances et montrent donc ce que nous pensons sur un certain nombre de questions. Dans un rêve, quand une icône contient les images de la famille, elle indique une capacité d'idolâtrer la famille.

3. L'icône est une petite image spirituelle qui symbolise un plus grand tout.

If

- Voir aussi Arbre

1. Autrefois, l'if symbolisait les pleurs et la tristesse. Bien que peu de personnes reconnaîtraient aujourd'hui un if, chacun, pourtant, sur le plan inconscient, peut le faire. Un tel symbole peut faire surface comme la conscience instinctive dans les rêves.

2. Il peut y avoir ici un aspect de jeu de mots dans lequel « if » est en fait « il » au sens de quelqu'un d'autre que le rêveur. Ce jeu de mots est une façon de concentrer l'attention du rêveur loin de lui.

3. L'if, que l'on dit capable de survivre à plusieurs autres arbres, peut symboliser l'immortalité spirituelle.

Igloo

- Voir aussi Constructions

1. L'igloo est un symbole intéressant. Il peut tout autant représenter le froid extérieur que la froideur de la construction elle-même. Il peut apparaître comme quelqu'un qui crée un environnement domestique sans amour, bien que cette personne soit chaleureuse.

2. L'igloo représente le féminin et l'utérus ou la frigidité, mais aussi la capacité d'une femme de se détendre une fois que ses barrières ont été surmontées.

3. Le principe féminin, au sens de protection, est dépeint par l'igloo.

Île

1. Rêver à une île signifie la solitude, l'isolement. Nous avons perdu contact avec les autres ou avec notre environnement. Une île peut aussi représenter la sécurité. En nous isolant, nous ne sommes plus soumis aux pressions externes.

2. De temps en temps, nous devons tous recharger nos batteries et rêver à une île peut nous aider ou nous conseiller de le faire. Rêver à un désert ou à une île aux trésors indique qu'il y a quelque chose à gagner à la solitude.

3. Des rêves d'île peuvent signifier une retraite dans un lieu coupé du monde qui nous permettra de contempler notre moi spirituel.

Image/Photographie

1. Une image dans un rêve est habituellement une illustration de quelque chose qui fait partie de nos vies. Son interprétation dépendra de sa nature, et si elle est peinte ou imprimée. Dans un rêve, une image que nous avons peinte peut avoir plus d'impact émotionnel qu'une représentation d'un artiste reconnu (un maître peut aussi suggérer notre attitude face au passé).

2. L'état de l'image peut être important, comme peuvent l'être aussi les couleurs dans l'image (voir Couleurs). Le sujet de l'image peut nous indiquer sur quoi porter notre attention.

3. Une image est une icône (voir Icône) ou, autrement, une représentation de la spiritualité du rêveur.

Images religieuses

1. Les rêves ont une façon de nous rappeler des vérités auxquelles nous avons longtemps cru. Si la spiritualité est reconnue comme une vérité intérieure et la religion est le lien qui nous ramène à la source, c'est probablement aussi le cas des images religieuses, qui offrent une part d'aide dans cette fonction d'identification. L'utilisation des images religieuses peut ne pas être toujours concluante, mais elle renforce l'idée que la spiritualité est quelque chose dont nous sommes séparés. Parce que les images sont si spécifiques, elles peuvent être ahurissantes.

2. Quand un individu, par négligence délibérée ou spontanée, nie son rapport aux images religieuses dans la vie éveillée, il réagira souvent en rêve à ce manque. Le rêve essaiera de corriger la situation en secouant le rêveur pour lui faire prendre conscience de son intériorité. Il est de nos jours facile de se concentrer sur les aspects hypocrites de la religion et d'accepter cette hypocrisie. Il est aussi facile de croire que les formes extérieures de la religion sont en contradiction avec ses principes fondamentaux. Ce rejet peut être valable seulement jusqu'à ce que l'individu accepte la responsabilité de son existence. La spiritualité ne peut apparaître qu'alors. Si la spiritualité, c'est-à-dire la vérité intérieure que nous avons tous, est négligée, nous n'avancerons pas et nos représentations religieuses seront négatives et terrifiantes. Dans la vie réelle, l'image la plus courante est celle du Diable (voir Diable) ou celle des dieux indiens vengeurs. Nos propres démons, s'ils prennent des formes humaines, peuvent être plus effrayants que ceux-là.

3. Si nous sommes prêts à accepter que nous devons revenir aux vérités fondamentales, tous les rêves peuvent être interprétés d'un point de vue spirituel. C'est particulièrement vrai des images religieuses. La plupart des interprétations ont été exposées en termes généraux et ne donnent que quelques pistes d'interprétation. Quand le lecteur rejette le livre et reconnaît que les interprétations ne sont pas valables, il prend alors ses responsabilités personnelles.

Ancien et Nouveau Testaments. Tous les livres religieux constituent une ressource et un dépôt de la connaissance disponible. Dans les rêves, cela apparaîtra souvent sous la forme d'un livre.

Ange. Dans le domaine spirituel, l'ange symbolise la liberté et la pureté. Les anges sont souvent androgynes. Il y a une hiérarchie chez les anges : *1)* anges (le domaine le plus proche du physique) ; *2)* chérubins ; et *3)* séraphins. Comme de plus en plus de personnes sont en quête de spiritualité, certaines sont plus conscientes de la présence des anges, particulièrement dans leurs rêves. Il est essentiel que le rêveur puisse faire la différence entre l'aspect le plus profond de sa personnalisé et la forme angélique. Malgré que les deux se ressemblent, ils sont différents. Des anges sombres sont généralement reconnus comme des êtres angéliques qui n'ont pas encore totalement rejeté l'*ego* ou les passions terrestres. Quand cette image apparaît dans un rêve, elle souligne une transgression spirituelle récente. L'avertissement par les anges indique habituellement ce qui ne devrait pas être fait.

Bouddha - *voir cette entrée.* Bouddha apparaissant dans un rêve met en évidence le besoin de prendre conscience des qualités d'existence que cette figure religieuse nous a apprises. Il nous lie au pouvoir de renonciation et à la souffrance valable.

Cérémonie/Rituel - *voir cette entrée.* La cérémonie et le rituel constituent l'intensification de la conscience qui survient au fil du cheminement spirituel. Dans les cérémonies des rêves, les images sont encore plus vives.

Christ. Le Christ apparaissant dans les rêves incarne la prise de conscience de la capacité de réconcilier le physique et le spirituel, Dieu et l'être humain. Il personnifie l'homme parfait, un état auquel nous aspirons tous. Lorsqu'il apparaît sur la croix, il symbolise le pardon par la souffrance. Il n'est pas nécessaire d'être crucifié physiquement pour souffrir. Le Christ idéal, c'est cette partie de nous qui accepte une part des souffrances humaines en travaillant dans le monde. Le Christ anarchique, c'est ce côté de nous auquel l'amour et la soif de vivre permettent de passer à travers tous les obstacles. Le Christ cosmique est la partie de l'âme humaine qui est prête à recevoir la responsabilité cosmique, c'est-à-dire d'être mise en contact avec la vérité universelle. Nous avons énoncé ces termes en lien avec le Christ, mais ils sont aussi présents dans toutes les déités des grandes religions.

Ciel. Le ciel est un état d'être où l'énergie a une si haute fréquence qu'il n'y a aucune souffrance. Dans les rêves, il se présente quand l'individu transmute sa conscience dans des dimensions autres que physiques. Selon les croyances populaires, le ciel est un lieu où seul le bonheur existe. On le nomme aussi *nirvana* et *samadhi*.

Crucifixion. La crucifixion reflète dans le rêve le besoin de l'être humain de se sacrifier par la passion et par la douleur.

Diable - *voir aussi l'entrée.* Dans les rêves, le Diable représente la tentation. Sa présence résulte souvent de désirs sexuels réprimés qui retiennent notre attention. Il peut aussi représenter l'ombre (voir Initiation).

Dieux/Déesses - *voir ces entrées.* Nous avons tous l'occasion de faire de notre mieux. Ainsi, nous devons entreprendre une exploration et probablement une confrontation de notre perception des dieux et des déesses.

Église, Chapelle, Temple *(voir aussi Constructions – bâtiments).* Nous ressentons tous un besoin de nous réfugier dans un sanctuaire pour survivre aux bouleversements inhérents à la vie sur Terre. Dans une église rêvée, nous sommes libres d'établir un rapport avec notre divinité personnelle. Dans les rêves, nous pouvons aussi avoir la révélation que notre corps est notre temple.

Encens - *voir cette entrée.* L'encens est une offrande aux dieux et une forme physique de prière par le parfum et la fumée.

Enfer. L'enfer est un état où rien n'est jamais comme on le perçoit et qui peut être perçu comme une existence continuellement illusoire. Selon les croyances, c'est un état d'agonie spirituelle où nos rêves les plus mauvais sont réalisés.

Fantômes - *voir cette entrée.* Forces indépendantes de la volonté de l'individu. L'interprétation sera différente selon que le rêveur perçoit ou non les fantômes comme des incarnations psychologiques ou spirituelles.

Icône - *voir cette entrée.* L'icône est la représentation d'une figure religieuse ou d'un concept. Elle peut être vénérée comme un objet saint.

Initiation. L'initiation a lieu quand certaines barrières sont dépassées afin de nous permettre l'accès à d'autres façons d'être.

Marie, Mère de Dieu, Symbole de la Vierge. Le symbolisme de Marie, qui fut à la fois vierge et mère, est la puissance. Elle incarne tout ce qui est féminin et tout ce qui est saint.

Moïse. Moïse apparaît souvent dans les rêves comme la figure sainte qui nous sortira de la difficulté.

Musique d'église ou Musique religieuse. Ces sons, dédiés à notre perception de Dieu, sont des sons sacrés et une façon d'élever notre esprit.

Prêtre. Le prêtre et le prophète représentent un conflit entre le présent et l'avenir.

Sainte communion. La croyance que le corps du Christ est devenu une nourriture spirituelle symbolisée par la Dernière Cène apparaît dans les rêves comme la consommation d'un aliment spirituel. La communion est un sacrement.

Service religieux. Un service religieux est un acte d'adoration qui rassemble les gens. Sa vision dans un rêve signifie peut-être un acte d'intégration de toute notre personnalité et est l'illustration que le tout est plus grand que les parties.

Troisième œil. Le troisième œil symbolise le don de clairvoyance qui vient avec le développement spirituel. C'est le troisième œil du Bouddha, l'unité et l'équilibre. Dans aucun cas il ne représente une qualité physique.

Imitation

1. Rêver d'imitation est ambivalent. Ce rêve peut signifier que nous avons fait les choses correctement et que d'autres gens peuvent apprendre de nous, ou encore que d'autres gens nous voient comme des leaders mais pas nous.
2. Si nous imitons quelqu'un, nous avons la capacité d'être comme lui puisque, pour vouloir imiter ses supérieurs, il faut leur reconnaître des qualités. Cependant, imiter quelqu'un dans ses actions négatives est une forme de mimétisme qui peut montrer que nous doutons de notre intégrité.
3. Le microcosme imite le macrocosme ; le petit imite le grand.

Immersion

1. Rêver que l'on est immergé dans l'eau indique généralement que nous manipulons nos émotions, que nous essayons de trouver la partie innocente de nous qui ne doit pas être affectée par des circonstances externes. Nous essayons de clarifier des situations, des idées et des attitudes qui nous ont été suggérées par d'autres.

2. Être immergé dans un rêve indique aussi que nous nous concentrons sur une pensée ou sur une idée qui nous aidera à mieux nous comprendre.

3. Transformation et renaissance peuvent seulement être accomplies par une immersion dans la spiritualité.

Immobilité

- Voir aussi Paralysie

1. L'immobilité peut être extrêmement angoissante. Ce sentiment surgit très souvent quand le rêveur commence à mieux se connaître. Ressentir l'oppression et l'incapacité de se déplacer indique que le rêveur doit, littéralement, être immobile dans sa vie quotidienne. Il doit atteindre à une sorte de calme qui est étrangère à la plupart des personnes et donc angoissante même si pourtant elle apportera un état de paix et de tranquillité.

2. Être immobilisé dans un rêve indique que nous nous sentons pris au piège. Nous devons réfléchir à l'action appropriée et ensuite avancer. Souvent, un tel rêve survient quand nous faisons face à notre côté plus sombre, au mal. Un effort surhumain est nécessaire pour surmonter ce qui nous entrave.

3. Le moi libéré. L'immobilité en ce sens symbolise un calme dynamique.

Impôt/Taxe

1. Dans la vie quotidienne, un impôt représente une somme d'argent exigée en échange d'un certain style de vie. Dans les rêves, devoir payer un impôt suggère une forme de pénalité.

2. Une taxe représente l'effort supplémentaire nécessaire pour nous permettre d'appartenir à la société. Ainsi, rêver à une taxe sur une voiture indiquerait un effort. Payer l'impôt sur le revenu suggère que nous avons une dette

envers la société. Payer des taxes municipales dans un rêve indique que nous devons payer pour l'espace dans lequel nous vivons. Le refus de payer une taxe suggère une réticence à se conformer.

3. Sur le plan spirituel, n'importe quel impôt prélevé dans un rêve indiquerait notre attitude face au travail pour le bien commun.

Inauguration/Cérémonie

1. Nous avons plusieurs occasions de nouveaux départs et l'inauguration symbolise un changement de statut. Rêver que l'on nous donne un tel honneur signifie que nous pouvons recevoir des acclamations publiques pour une action.

2. Souvent, une cérémonie marque le fait que nous avons réussi une chose et pouvons maintenant aller plus loin. En rêver indique que nous pouvons être fiers de nous, de ce que nous avons réalisé.

3. Une cérémonie au sens spirituel peut marquer un nouveau départ. Dans ce cas, elle marque une nouvelle spiritualité, peut-être la responsabilité cosmique.

Inconnu

1. L'inconnu dans les rêves est ce qui nous a été caché ou que nous avons délibérément rendu secret, par exemple la connaissance qui est seulement disponible aux initiés.

2. Quand nous prenons conscience de l'inconnu dans les rêves, il faut savoir s'il nous menace ou s'il représente le savoir. C'est notre façon d'analyser l'information plutôt que l'information elle-même qui est importante.

3. Le rêve nous permet d'accéder à ce qui est caché ou au surnaturel.

Indigènes

1. N'importe quel rêve présentant des indigènes, c'est-à-dire des gens d'une autre culture et probablement avec un système tribal, nous fait prendre conscience de la simple structure de la vie. Nos sentiments peuvent ainsi s'exprimer d'une façon plus primaire, moins civilisée.

2. Dans chaque être humain, aussi civilisé qu'il puisse être, une partie tend vers la simplicité. Les cultures indigènes ou autochtones sont beaucoup plus libres et plus sensibles que la culture occidentale. Elles proposent non seulement une vie plus proche des émotions, mais aussi une structure de pouvoir tant sur le plan social que spirituel. Seules les personnes formées pour être sorcières ou chamans peuvent traiter avec les esprits. Chacun est conscient de sa tâche. C'est cet aspect qui peut être représenté dans les rêves où sont présents des autochtones.

3. Au sens spirituel, les indigènes ou autochtones représentent une promiscuité avec la terre, la nature, chose dont nous avons besoin pour comprendre notre propre spiritualité.

Indigestion

1. Souffrir d'indigestion dans un rêve montre que quelque chose nous est intolérable ou que nous souffrons vraiment d'indigestion. La croyance populaire veut que certains aliments aient la capacité de déclencher des rêves angoissants.

2. Si quelque chose est indigeste dans un rêve, nous avons peut-être une sorte de blocage. Peut-être devons-nous faire les choses d'une façon différente ou de plus petits pas.

3. L'indigestion peut représenter un savoir spirituel qui n'a pas été correctement assimilé.

Indiquer

1. Dans un rêve, lorsque quelqu'un nous indique quelque chose, c'est pour attirer notre attention sur un objet particulier, un sentiment ou même un endroit. La personne qui indique (voir Gens) et ce qu'elle indique sont deux éléments importants pour l'interprétation du rêve. Quand on est montré du doigt dans un rêve – cela peut aussi être un acte agressif ou une accusation –, on peut croire être accusé à tort et vouloir prouver notre bonne conduite.

2. Les indications qui nous sont fournies par les personnages de nos rêves nous montrent la voie à suivre ou nous avertissent que nous nous éloignons d'une situation actuelle et devons même la laisser derrière.

3. Une voie à suivre nous est montrée.

Infection

1. Rêver que l'on a une infection suggère que l'on a intériorisé des attitudes négatives issues d'autres gens. L'interprétation du rêve sera liée au lieu de l'infection. Par exemple, une infection à un pied peut indiquer que l'on est empêché d'avancer plus rapidement.

2. Ce genre de rêve peut apparaître quand des circonstances externes nous causent du souci.

3. Dans le développement spirituel et particulièrement face à des influences extérieures, nous pouvons devenir contaminés ou infectés par des idéologies douteuses, des croyances erronées. Les pensées négatives peuvent revenir.

Infirmière

- Voir Travailleurs sociaux dans Gens

Infraction/Agression

1. S'attaquer à quelqu'un en rêve permet l'expulsion d'émotions et de sentiments que l'on ne peut exprimer dans la vie réelle. Brusquer ou offenser quelqu'un dans un rêve, c'est reconnaître que nous ne sommes pas aussi attentifs aux sentiments des autres que nous devrions l'être.

2. Dans un rêve, commettre une infraction, qu'elle soit volontaire ou non, suggère un égarement par rapport à notre morale, à nos principes éthiques. Nous sommes ainsi anticonformistes, hors normes.

3. Rêver à une infraction peut suggérer un méfait spirituel. Il revient au rêveur d'évaluer le sérieux de cette infraction et d'agir ensuite en conséquence.

Ingénierie

1. Rêver à de l'ingénierie, c'est établir un lien avec notre capacité de construire, de créer une structure qui nous permettra d'avancer ou qui nous rendra la vie plus facile. Rêver à des travaux d'ingénierie –, par exemple des

travaux d'entretien des routes, c'est reconnaître le besoin d'un peu d'ajustement dans nos vies.

2. L'ingénierie suggère la capacité d'utiliser des forces par le biais de techniques et de moyens mécaniques. Les rêves de ce type mettent en évidence notre capacité de manipuler la matière afin de nous réaliser.

3. L'ingénierie spirituelle représente notre propre pouvoir intérieur et notre capacité de nous en servir.

Initiation

- Voir Images religieuses

Injection

- Voir aussi Seringue

1. Rêver que l'on reçoit une injection symbolise que notre espace personnel a été transgressé. Des personnes, des besoins ou des désirs peuvent être imposés au rêveur, lui laissant peu d'options, sauf celle de coopérer. Rêver que l'on donne une injection suggère que l'on tente de s'imposer à d'autres. Cela peut évidemment avoir des connotations sexuelles.

2. Une injection peut être une tentative de guérir ou de faire mieux. Nous pouvons estimer que nous avons besoin d'aide pour mieux fonctionner. Cela dépend de notre attitude face à la médecine conventionnelle.

3. Spirituellement, accepter de recevoir une injection indique que nous sommes préparés à progresser. Négativement, une injection peut indiquer le plaisir à court terme plutôt que le gain à long terme.

Inondation

- Voir aussi Eau

1. Les rêves d'inondation sont fascinants parce que, bien qu'ils soient angoissants, ils indiquent souvent une libération d'énergie positive. D'habitude, c'est un débordement de sentiments réprimés ou inconscients qui devaient être expulsés. Être au milieu d'une inondation indique que nous sommes écrasés par ces sentiments, alors qu'être témoin d'une inondation suggère

que nous nous observons tout simplement. Souvent, un rêve d'inondation peut indiquer la dépression.

2. Si nous avons de la difficulté à nous exprimer, rêver à une inondation nous permet d'accepter notre anxiété et nos soucis.

3. La fin d'un cycle et le commencement d'un autre. De vieux griefs et des toiles d'araignée émotionnelles sont enlevés, nous laissant la tête claire.

Inscription

1. Une inscription dans un rêve est une information importante. Sa lecture peut suggérer que quelque chose est déjà compris, tandis que l'incapacité de la lire suggère que plus d'information est requise pour achever une tâche.

2. Une inscription apparaissant sur un rocher suggérerait un vieux savoir ou la sagesse. Une inscription apparaissant dans le sable suggérerait que la connaissance est temporaire ou doit être acquise rapidement.

3. L'image d'une inscription apparaît souvent dans les rêves quand nous atteignons une certaine étape de développement. Spirituellement, cela symbolise les connaissances que nous pouvons transmettre.

Insectes

1. Les insectes peuvent refléter dans les rêves le sentiment d'irritation, d'insignifiance ou d'impuissance. Le type d'insecte permet une meilleure interprétation du rêve. Ainsi, une guêpe pourrait indiquer le danger, tandis qu'un scarabée pourrait signifier saleté ou protection.

2. Psychologiquement, les insectes représentent des sentiments que nous préférerions mettre de côté, qui titillent notre conscience ou notre culpabilité, car les insectes signifient souvent des sentiments négatifs.

3. Psychiquement, les insectes peuvent apparaître dans des rêves comme une menace. C'est pourquoi ils sont souvent utilisés dans des thrillers psychologiques et dans la science-fiction. Plus positivement, les insectes sont des rappels de comportements instinctifs.

Insigne

1. Que notre attention soit attirée sur un insigne dans un rêve nous rend conscients de notre droit d'appartenir à un groupe.

2. Nous avons été choisis en fonction d'une identification particulière, probablement parce que nous avons certaines qualités. Un insigne peut aussi avoir la même signification qu'un talisman (voir Talisman).

3. Un insigne peut être un emblème. En rêver démontre notre besoin d'être accepté, non seulement en tant qu'individu, mais aussi comme une partie d'un tout plus grand.

Insomnie

- Voir Introduction du présent livre

Instruments de musique

- Voir Tambour, Flûte et Piano

1. Les instruments de musique dans un rêve représentent souvent nos habiletés et notre capacité de communiquer. Les instruments à vent suggèrent l'intelligence. Les instruments à percussion suggèrent le rythme.

2. Dans le rêve, les instruments de musique peuvent suggérer les organes sexuels et donc notre rapport à la sexualité.

3. Les instruments de musique sont un moyen d'expression. Jouer de la musique dans un rêve représente notre créativité et est en soi un acte spirituel.

Intersection

1. Une intersection qui apparaît dans un rêve, par exemple une jonction en T, indique des choix.

2. Si nous prenons conscience d'une intersection dans un schéma qui apparaît dans un rêve, c'est qu'on nous offre de choisir entre le bien et le mal.

3. Quand nous rencontrons par hasard une intersection dans les rêves, les choix que nous ferons pourraient avoir un impact plus grand sur les autres que sur nous-mêmes.

Intestins

- Voir Abdomen et Excrément dans Corps

Intoxication

- Voir aussi Alcool, Ivre et Drogues

1. Quand nous sommes intoxiqués dans un rêve, il importe de connaître la provenance de cette intoxication. Être ivre peut indiquer une perte de contrôle, tandis qu'un changement d'état provoqué par des drogues peut représenter un changement de la conscience.

2. Les changements peuvent être reflétés dans un rêve d'intoxication. Ce changement peut être déprimant ou euphorisant.

3. L'euphorie est éprouvée à certaines étapes du développement spirituel. Cela arrive d'habitude quand nous nous élevons d'un niveau de conscience à un autre et est lié à l'afflux soudain d'énergie nouvelle.

Intrus

- Voir aussi Cambrioleur et Gens

1. Rêver à un intrus indique que nous nous sentons menacés. L'intrus est souvent masculin et cela indique généralement un besoin de nous défendre.

2. Rêver à un intrus a un rapport évident avec le sexe et des menaces à sa sexualité.

3. Spirituellement, il est possible de nous mettre en danger en laissant le champ libre à la profanation. Notre moi est un espace sacré et impénétrable.

Inventeur

1. Rêver à un inventeur nous relie à nos côtés plus créateurs. L'inventeur est plus un penseur qu'un homme d'action qui rend une idée tangible.

2. Quand nous rêvons à un inventeur, psychologiquement nous nous lions à notre côté sage, qui est plus introverti que ce que nous sommes dans la vie éveillée.

3. L'inventeur en nous prend la responsabilité de notre progrès, de notre capacité de créer de nouvelles façons d'être, mais il a besoin de nous sur le plan conscient.

Invisible

1. Être invisible dans un rêve, disparaître, indiquerait que nous préférons oublier certaines choses.

2. Nous rendre compte que quelque chose est invisible dans un rêve indique que nous devons être conscients de cette présence, sans chercher à l'interpréter immédiatement. Parfois, une figure (un homme ou une femme) qui semble invisible peut représenter l'ombre (voir Introduction du présent livre).

3. Spirituellement, l'invisible est le non défini.

Iris

- Voir Fleurs

Ivoire

1. L'ivoire a longtemps été une substance précieuse très prisée. Dans une société qui se veut plus respectueuse de l'environnement cependant, il doit être préservé. Ainsi, rêver à de l'ivoire signifie qu'il faut découvrir ce que nous devons préserver en nous.

2. Psychologiquement, la tour d'ivoire symbolise le fait que la femme n'est pas facilement accessible, à moins qu'elle-même le permette. Rêver à une tour d'ivoire peut représenter notre façon de nous couper de la communication.

3. L'ivoire peut symboliser le principe féminin. Étrangement, sous sa forme la plus facilement reconnaissable, c'est-à-dire les défenses animales, c'est un objet pénétrant.

Ivre

- Voir aussi Alcool et Intoxication

1. Être ivres dans un rêve indique que nous nous abandonnons à l'irrationnel et voulons être libres de toute responsabilité et de toute inhibition.

2. Être ivres dans un rêve indique notre besoin de nous reconnecter avec une partie de notre personnalité qui peut tolérer un comportement inopportun. Dans les sociétés anciennes, on acceptait qu'à certaines périodes l'ivresse soit permise afin de célébrer. Elle était aussi un exutoire de tensions, d'où les bacchanales, des fêtes consacrées au dieu Bacchus.

3. L'extase est supposément atteinte après que les inhibitions ont été supprimées au moyen de l'enivrement.

J

de

Jaguar à Justice

Jaguar

- Voir Animaux

Jambon

- Voir Aliments

Jardin

1. Rêver à un jardin peut être fascinant parce qu'il peut indiquer que nous tentons de nous créer un jardin intérieur. Il représente souvent la vie intérieure du rêveur.

2. Le jardin est le symbole des attributs féminins et de ce qu'il faut apprivoiser et cultiver pour créer l'ordre, tout particulièrement les jardins fermés, qui peuvent représenter la virginité.

3. Un jardin peut représenter une forme de paradis, le jardin d'Éden. Le rêveur devrait compter sur une certaine relaxation spirituelle.

Jardinier

1. Chaque fois qu'une personne apparaît dans notre rêve dans un certain rôle, il est important de regarder ce qu'elle fait. Le jardinier peut représenter notre vision de la vie et peut également représenter la sagesse, mais d'un type particulier. Souvent le jardinier est quelqu'un sur qui nous pouvons compter, qui s'occupera de ces choses avec lesquelles nous ne nous sentons pas capables de transiger.

2. Si nous sommes en train de nous occuper du jardin, alors nous veillons sur nous-mêmes et sur les aspects que nous avons soigneusement cultivés et entretenus.

3. Un jardinier nous aide à identifier nos aspects les plus sages.

Jésus

- Voir Christ dans Images religieuses

Jeu-questionnaire

1. Répondre à un jeu-questionnaire dans un rêve suggère une tentative de changer notre situation sans savoir réellement quels moyens employer.

2. Un questionnaire expose de façon concentrée l'utilisation de nos facultés mentales, notre processus décisionnel.

3. Le questionnaire est un passage inévitable pour l'avancement d'un cheminement spirituel.

Jeûne

1. Faire un jeûne en rêve peut être une tentative de nous mettre en accord avec un certain traumatisme émotionnel ou d'attirer notre attention sur un certain besoin de purification (voir Repas).

2. Si nous avons une revendication, le jeûne fait en rêve peut être une façon de la faire connaître.

3. Jeûner est une façon d'altérer la conscience et aussi un mouvement vers une prise de conscience par la résistance à la tentation.

Jeune homme

- Voir Archétypes

Jeux/Gambling

1. Jouer à un jeu indique que nous tenons compte du jeu de la vie. Si nous jouons bien, nous nous occupons bien de notre vie. Si nous jouons mal, il faudra réévaluer nos capacités et déterminer les changements à faire. Les jeux et le *gambling* peuvent signifier que nous ne prenons pas la vie au sérieux ou encore symboliser notre réaction face à la victoire ou à la défaite.

2. Des jeux spécifiques comme le football, le baseball, le rugby et le cricket, qui sont des jeux d'équipe, représentent pour plusieurs la capacité de s'intégrer à une tribu ou à un autre groupe de gens. Parce qu'ils sont de fausses guerres, les jeux peuvent exprimer l'agression contre d'autres gens, comme les guerres et les batailles tribales. Ils indiquent comment nous conquérons notre

identité et comment nous tissons des liens avec les gens. Dans les rêves, les jeux qui exigent pensée et stratégie – comme les échecs ou les dames – proposent une certaine idée de notre façon d'appréhender une situation (voir Échecs). Les décisions peuvent être prises en tenant compte de la réaction de notre adversaire. Ce type de rêve indique qu'il nous faut analyser notre vie, qui, métaphoriquement, est un jeu ; nous courons des risques, mais ils sont calculés.

3. Combat ritualisé entre deux forces opposées.

Jouet

1. Quand il y a des jouets dans un rêve, notre moi enfantin refait surface ou encore les jouets mettront en évidence notre côté créateur, innocent et espiègle.

2. Les types de jouets vus dans le rêve sont importants. Ils donnent souvent une certaine indication de ce avec quoi nous jouons dans la réalité. Nous pouvons mijoter de nouvelles idées ou de nouvelles façons d'interagir avec les autres. Également, nous devons jouer plus souvent, nous détendre et nous amuser.

3. De même qu'un enfant se crée un petit monde avec ses jouets, nous le pouvons aussi en tant que rêveurs et créateurs.

Joug

- Voir Harnais et Licou

Jour

1. Quand nous rêvons au passage du jour ou que nous enregistrons que le temps a passé, nous devons mesurer le temps dans une activité ou une action doit être terminée avant que soit entreprise une deuxième.

2. Le temps n'a aucune signification réelle dans les rêves, alors noter que le temps est mesurable suggère que nous observions en réalité la longueur de nos vies.

3. Le vieux dicton voulant qu'une journée soit une longue période de temps en politique aide d'une certaine façon le rêveur à comprendre qu'une journée peut aussi représenter une période de temps beaucoup plus longue qu'on ne le croit.

Jour et nuit

1. Rêver aux deux indique le cycle du temps ou des changements qui auront inévitablement lieu. Parfois, une indication nous est donnée quant à un aspect de la mesure du temps.

2. Nous différencions souvent deux états dans les rêves et le contraste entre le jour et la nuit le souligne.

3. Le jour et la nuit peuvent représenter des opposés, comme le noir et le blanc, un garçon et une fille, etc. En effet, tous les opposés, quels qu'ils soient, peuvent être pertinents et il revient au rêveur d'observer quelles oppositions sont présentes dans sa vie.

Journal

1. Fréquemment, la vision d'un journal dans un rêve signifie qu'une nouvelle est rendue publique. Il peut s'agir d'une information dont nous avons besoin pour comprendre le monde qui nous entoure ou qui nous concerne spécifiquement. Un tabloïd peut suggérer le matériel sensationnel, alors qu'un papier et une présentation de meilleure qualité suggéreraient une recherche mieux faite, des informations plus rigoureuses. Un journal du week-end peut suggérer notre capacité d'assimiler la connaissance pendant nos périodes de repos ou de relaxation. Un journal local suggère que les faits en question touchent une réalité qui nous est proche.

2. Dans un rêve, un journal représente une nouvelle information qui nous permet d'être lucide plutôt que de rester dans l'ignorance. Il nous procure l'information dont nous avons besoin. Une page blanche peut avoir deux significations : soit l'information nous est cachée pour diverses raisons, soit il est mieux pour nous de conserver cette information secrète pour ne pas que d'autres puissent s'en servir.

3. Spirituellement, nous réalisons que nous souhaitons être les meilleurs. Il faut alors être publiquement visibles, populaires.

Joyaux

1. La présence de joyaux dans nos rêves indique que nous possédons une chose de valeur. Offrir des joyaux en rêve signifie que nous estimons que nous avons des choses à apporter aux autres. Ces qualités que nous avons appris à estimer en nous par de dures expériences sont celles que nous montrons le plus volontiers. Les joyaux peuvent aussi être liés à l'amour donné ou reçu. Pour une femme, donner un bijou à un homme indique qu'elle est attirée par lui et qu'elle est capable de lui offrir sa sexualité et son respect.

2. Très souvent, les joyaux symbolisent nos sentiments face à nous-mêmes. Qu'ils apparaissent dans un rêve sous la forme de riches parures ou d'humbles bijoux de fantaisie indique le respect que nous avons pour nous ou ce que les autres pensent de nous.

3. Les joyaux représentent l'honneur, le respect du moi sans vanité.

Jubilé

1. Le jubilé est symbole d'un nouveau départ. Cela signifie la 49e partie du cycle de vie. Après 7 x 7 années, la cinquantième année devient sacrée et permet un recommencement. Rêver à un jubilé ou à des célébrations de jubilé indique un rite de passage de l'ancien au nouveau.

2. Rêver à un jubilé ou à une occasion heureuse semblable représente la spontanéité naturelle avec laquelle nous accueillons les changements.

3. Un départ sacré vers la célébration spirituelle.

Juge

- Voir Figures d'autorité dans Gens

Jumeaux

- Voir aussi Gens

1. Dans les rêves, les jumeaux peuvent, si nous les connaissons, être simplement eux-mêmes. Si on ne les connaît pas, alors ils peuvent représenter les deux faces d'une idée.

2. Souvent, dans la vie quotidienne, nous nous heurtons à des conflits entre deux opposés. Les jumeaux dans les rêves peuvent aussi représenter deux côtés de notre personnalité agissant en harmonie.

3. Les opposés doivent éventuellement se fusionner dans l'unité. Les jumeaux illustrent l'idée que, bien qu'ils soient séparés, l'unité peut être réalisée.

Jungle

1. La jungle est une image appartenant au mysticisme et aux contes de fées et représente le chaos positif ou négatif. Ce sont les éruptions et les forts sentiments de l'inconscient, peut-être un de ces endroits que l'on pourrait considérer non civilisés. Dans les mythes, la jungle symbolise un obstacle ou une barrière que l'on doit passer pour atteindre un nouvel état d'être. Ainsi, elle a la même signification que la forêt enchantée (voir Forêt).

2. Être pris au piège dans une jungle indique que nous sommes piégés par des sentiments négatifs et angoissants de l'inconscient avec lesquels nous ne sommes pas encore en accord. Prendre conscience d'avoir passé à travers une jungle indiquerait que nous avons surmonté des aspects de nos vies que nous n'avions jamais osé approcher auparavant. Psychologiquement, nos esprits peuvent simplement devenir une jungle d'informations qu'il faut ordonner logiquement.

3. La jungle peut symboliser le chaos spirituel en raison de son imprévisibilité.

Jury

1. Quand un jury apparaît dans un rêve, c'est que nous subissons la pression de pairs. Nous pouvons craindre que les autres ne comprennent pas nos actions et nous jugent.

2. Si nous sommes membres d'un jury, l'interprétation de ce rêve variera selon que nous sommes ou non d'accord avec les autres membres du groupe. Nous pouvons ne pas être d'accord avec la décision du groupe. Nous pouvons prendre une décision unilatérale. Un tel rêve reflète probablement une situation réelle.

3. Souvent, au fil de notre processus de développement personnel, certains de nos jugements ne sont pas populaires. Si nous adhérons à notre vérité intérieure, nous ne méritons pas d'être mal jugé.

Justice

- Voir Figures d'autorité dans Gens et Jury

1. Très souvent dans un rêve, nous sommes incapables de nous exprimer, de verbaliser des pensées que nous croyons correctes. Donc, rêver de justice ou d'injustice peut indiquer que notre esprit essaie de séparer le bien du mal. C'est d'habitude sur un plan personnel que cela se fait, bien qu'il puisse y avoir une implication plus large touchant ce qui est moralement juste et normal dans la société.

2. Souvent, quand nous essayons d'équilibrer deux façons d'être, la figure de justice peut apparaître dans un rêve. Cela doit nous alerter au fait que nous pouvons utiliser les deux côtés de nous avec succès. Être appelé à comparaître peut signifier que nous devons prêter attention à nos actions ou à notre attitude face à l'autorité.

3. Dans la progression spirituelle, il doit y avoir un équilibre entre notre moi plus spirituel – ce qui pourrait être appelé le comportement idéal – et notre physique. Cet équilibre peut être difficile à atteindre et à maintenir.

K

de

Kaléidoscope à Kangourou

Kaléïdoscope

1. Un kaléidoscope vu en rêve est lié à notre moi sincère et les dessins qu'un tel jouet crée nous rappellent le mandala. De même qu'un enfant est fasciné par les formes qu'un kaléidoscope crée, le rêve présente notre créativité prise au piège.

2. Que de petits objets créent un objet plus grand touche notre sens de l'émerveillement. Nous prenons conscience de notre petitesse dans un ordre des choses plus grand.

3. Un kaléidoscope peut symboliser nos divers comportements spirituels, nos doutes aussi.

Kangourou

- Voir Animaux

L

de

Laboratoire à Lynx

Laboratoire

1. Rêver que l'on travaille dans un laboratoire indique que notre approche de la vie devrait être plus scientifique, qu'il nous faudrait développer certains talents plus méthodiquement ou développer notre faculté de penser.

2. Un laboratoire peut suggérer une existence très ordonnée. Pour interpréter le rêve plus avant, considérer le type de travail accompli dans le laboratoire est primordial.

3. Rêver à un laboratoire indique que nous devons évaluer objectivement ce qui se passe dans nos vies.

Labourer

1. Comme de plus en plus de gens s'éloignent du travail de la terre, ce symbole est moins approprié dans les rêves aujourd'hui. Il signifie cependant le travail sur la personnalité, le nettoyage intérieur nous préparant à une nouvelle étape de croissance ou à un changement important.

2. Une certaine situation peut avoir besoin d'être labourée, retournée, repensée. En la regardant dans une perspective nouvelle, nous en faisons souvent une situation meilleure, plus productive.

3. Nous créons de nouvelles occasions de nous développer spirituellement.

Labyrinthe

1. Un labyrinthe représente souvent une confusion entre les idées et les sentiments, un conflit entre des désirs et des idées. Dans la tentative de sortir de ce labyrinthe, on découvre souvent son courage et sa capacité de surmonter des problèmes. Un rêve met souvent en scène la crainte apparemment irrationnelle et le doute face à notre capacité de trouver notre chemin hors du labyrinthe. Cela peut nous permettre de prendre conscience des sentiments de doute et de crainte qui nous habitent.

2. Psychologiquement, le labyrinthe peut représenter la variété d'opinions auxquelles nous sommes confrontés quotidiennement. Nous pouvons essayer de trouver notre propre opinion dans cette masse de détails, et la

représentation de cela dans un rêve se traduit par la recherche de la sortie du labyrinthe.

3. Rêver à un labyrinthe propose à la fois le chemin menant au divin et à la féminité. La voie menant au féminin est un itinéraire étrange et toutes les routes qui y mènent sont sinueuses, mais le résultat final a des conséquences dont on peut être fiers.

Lagune/Lac

- Voir aussi Eau

1. Une lagune ou un lac représente notre monde intérieur fait de sentiments et de fantaisie, riche de pouvoirs quand on peut y accéder et le comprendre. Si le lac est contaminé, nous avons intégré des idées et des concepts qui ne sont pas nécessairement bons pour nous. De l'eau claire indiquerait que nous avons clarifié les craintes et sentiments sur nous-mêmes.

2. Souvent vues comme la demeure de sorcières et de monstres, les lagunes représentent le côté plus sombre de la féminité. On le voit clairement dans les légendes de roi Arthur et ce type d'images apparaîtra dans les rêves quand nous ne craignons plus cette partie de nous.

3. L'inconscient est souvent décrit comme une lagune. Le concept chinois d'une sorte de soupe dont toute l'existence est tirée a des liens avec la lagune.

Laine

1. Notre interprétation d'un rêve sur la laine variera selon qu'il s'agissait de laine d'agneau ou du fait de tricoter (voir Tricot). La laine d'agneau peut signifier des pensées et des sentiments troubles. Nous n'avons pas vraiment fait le tri dans nos pensées.

2. De tout temps, la laine a représenté la chaleur et la protection. De nos jours, elle représente la douceur et les soins maternels.

3. La laine est un symbole de protection spirituelle. Mettre de la laine sur les yeux de quelqu'un, quoique généralement admis comme étant déviant, peut aussi être un acte protecteur. Spirituellement, il peut y avoir des choses que le rêveur ne souhaite pas ou ne veut pas voir pour l'instant.

Lait

- *Voir Aliments/Nourriture*

Lampe

- *Voir aussi Lumière*

1. Dans les rêves, une lampe ou une lumière peut représenter la vie. Se déplacer vers une lampe légèrement démodée suggère la clarté de perception. La lampe dans son aspect le plus pratique représente l'intellect et la clarté.

2. La lampe est souvent associée dans les rêves aux conseils et à la sagesse. Elle peut aussi représenter les croyances qu'il faudrait mettre à jour.

3. Spirituellement, la lampe du rêve peut suggérer l'idée d'une lumière personnelle dans l'obscurité. L'ermite dans le tarot le démontre par son besoin d'avancer malgré l'obscurité. La lampe peut aussi symboliser la lumière du divin et l'immortalité.

Lance

1. La lance a plusieurs significations, dont le masculin et le phallique. C'est la force vivifiante. Voir dans son rêve un guerrier avec une lance, c'est reconnaître le mâle agressif. Planter une lance dans la terre, c'est marquer son territoire. Si nous jetons une lance, nous prenons conscience de nos aspects plus primitifs.

2. La lance est psychologiquement la partie de nous qui est fertile et affirmative. Que ce soit dans les rêves d'un homme ou d'une femme, elle permet de prendre conscience du besoin d'arrêter les bêtises et d'aller droit au but.

3. Sur un plan spirituel, la lance symbolise la droiture et l'honneur.

Langue

- *Voir Corps*

Langue

1. Entendre une langue étrangère ou étrange dans les rêves illustre la communication, autant avec soi-même qu'avec l'insconscient collectif. Tout n'est pas assez clair pour qu'on puisse le comprendre.

2. À mesure que nous nous ouvrons aux possibilités, les divers aspects de notre personnalité peuvent créer leurs propres moyens pour communiquer avec nous. Cela se manifeste souvent dans les rêves par une langue étrangère et donne l'impression que l'on parle dans notre sommeil.

3. Dans le spiritisme, entendre des langues c'est communiquer avec des êtres désincarnés.

Languir

1. Dans les rêves, les sentiments sont souvent amplifiés. Un besoin qui peut être parfaitement contrôlable dans la vie quotidienne devient un désir ardent et une quête dans les rêves. Un tel rêve mettrait en évidence une émotion que nous devons scruter pour la comprendre.

2. Si nous avons renoncé à nos besoins par habitude ou abnégation, une urgence peut apparaître dans les rêves en lien avec ces besoins que nous avons niés.

3. Le rêveur peut être devenu quelque peu impatient dans sa recherche apparemment interminable de son moi spirituel. C'est souvent symbolisé par un sentiment de langueur dans un rêve.

Lapin

- Voir Animaux

Larmes

1. Les larmes dans les rêves peuvent indiquer une décharge émotive et un nettoyage. Si nous sommes incapables de céder à l'émotion dans la vie quotidienne, nous pouvons le faire dans le scénario sûr d'un rêve. Si nous rêvons que quelqu'un d'autre est en larmes, nous devons peut-être observer notre conduite et nous demander si elle est appropriée.

2. Rêver que nous sommes en larmes et ensuite nous réveiller et découvrir que nous pleurons réellement suggèrent qu'une blessure ou un traumatisme soit venu suffisamment près de la surface pour nous permettre d'y faire face sur le plan conscient.

3. Les larmes peuvent représenter le mal ou la compassion et c'est souvent cette dernière signification qui s'applique sur le plan spirituel. Éprouver de la compassion dans un rêve peut nous rendre plus conscients de la nécessité d'en éprouver dans la vie éveillée.

Laurier/Feuilles de laurier

1. Le laurier apparaît moins souvent dans les rêves de nos jours, à moins que le rêveur ne soit jardinier ou n'ait une connaissance particulière du symbolisme de cette plante. Autrefois, le laurier représentait un type particulier de succès. Puisqu'il croît difficilement, il représentait le triomphe sur la difficulté.

2. La couronne de laurier est souvent utilisée pour indiquer le triomphe et la victoire et est donc une reconnaissance de succès. Elle suggère aussi l'immortalité.

3. Le laurier est le symbole de la chasteté et de l'éternité.

Lavage

- Voir aussi Eau

1. Rêver qu'on lave des vêtements suggère de se débarrasser de sentiments négatifs. Nous pouvons devoir changer notre attitude, intérieurement ou extérieurement. Laver d'autres personnes touche notre besoin de nous soucier des autres.

2. Puisque l'eau est un symbole de l'émotion et de l'inconscient, laver représente la relation avec notre moi émotionnel et aussi la capacité de composer avec les résultats de cette relation.

3. Un nettoyage spirituel peut être nécessaire pour préserver l'intégrité du rêveur.

Lave

- Voir Volcan

Leader/Leadership

1. Dominer quelqu'un dans un rêve présuppose que nous savons ce que nous faisons et où nous allons. Y être dominé suggère que nous avons permis à quelqu'un de prendre le contrôle d'une situation.

2. Les qualités liées au leadership ne sont pas nécessairement utilisées par tous. Souvent, nous pouvons nous étonner dans les rêves de faire des choses que nous ne ferions pas normalement.

3. Nous percevons l'autorité en vertu de notre connaissance spirituelle. Cela peut être fait avec humilité et sans *ego*.

Lecture

- Voir aussi Livre et Roman

1. La lecture d'un livre en rêve suggère notre recherche d'informations. La lecture d'une lettre signifie que nous avons reçu des nouvelles et celle d'une liste (par exemple une liste d'épicerie) indique le besoin d'organiser notre vie. La lecture de la Bible ou d'un autre livre saint montre qu'on essaie de comprendre un système de croyances.

2. Jusqu'à tout récemment, la seule façon d'enregistrer certains événements était de les noter. La lecture est une activité qui nous aide à nous rappeler des souvenirs – nos souvenirs personnels ou ceux de l'umanité. Lire un roman dans un rêve indique que l'on doit combler son besoin de fantaisie. Un médium travaille souvent avec les images de base du rêve. Rêver qu'on lit l'avenir suggère notre besoin de compréhension d'un niveau plus profond de notre personnalité.

3. Lire, être dans une bibliothèque apparaissent dans les rêves comme une forme de réalisation spirituelle.

Légumes

- *Voir Aliments et Moisson*

Lentille

- *Voir aussi Verres/Lunettes*

1. De même que dans la réalité une lentille aide à concentrer l'attention, dans les rêves elle peut signifier notre besoin de percevoir quelque chose très clairement.

2. Quand une lentille apparaît dans un rêve, il faut savoir si elle agrandit l'objet ou le réduit. Une interprétation appropriée tiendra aussi compte des autres éléments du rêve.

3. Clarté visionnaire.

Léopard

- *Voir Animaux*

Lépreux

1. Rêver à un lépreux suggère que nous nous sentons malpropres. Nous avons été rejetés par la société sans vraiment savoir pourquoi. Nous pouvons aussi estimer que nous avons été contaminés d'une certaine façon.

2. Si nous nous soucions d'un lépreux, nous devons porter attention à ces parties de nous que nous considérons malpropres, plutôt que d'essayer de les faire disparaître. Si le lépreux nous offre quelque chose, cela peut signifier que nous avons une leçon d'humilité à recevoir.

3. Spirituellement, un lépreux dans un rêve peut suggérer que nous avons dû traiter avec un dilemme moral qui a diminué notre compassion.

Lettre

- *Voir aussi Adresse*

1. Si nous recevons une lettre dans un rêve, nous avons un certain problème avec l'expéditeur. S'il est mort, dans ce cas des questions non résolues

restaient à son sujet. Si nous envoyons une lettre à une personne, nous avons de l'information qui serait appropriée pour elle.

2. Nous pouvons rêver à une lettre sans en connaître le contenu. Cela suggère une certaine information que nous possédons. Si une lettre particulière de l'alphabet est mise en évidence, nous comprendrons mieux notre rêve si nous pouvons nommer quelqu'un avec cette initiale.

3. L'information cachée pourrait devenir lisible si nous faisions l'effort de comprendre.

Levure

1. La levure est une substance qui allège la nourriture et la rend plus agréable au goût. En même temps, elle en modifie la substance et la texture. Dans les rêves, elle représente des idées ou des influences qui peuvent irrévocablement changer nos vies ou notre situation, souvent pour le mieux.

2. La levure fermente et devient ainsi un des symboles de la croissance et de l'amour inconditionnel.

3. La levure peut être symbolique d'une croissance constante vers la réalisation et la beauté de l'amour naturel.

Lézard

- Voir Reptile dans Animaux

Liaison sexuelle

1. Nous devons nous mettre en accord avec nos besoins et nos désirs d'excitation et de stimulation. Rêver à une liaison nous permet de libérer de tels sentiments. Nous pouvons sentir le besoin de faire quelque chose de vilain ou de prendre des risques émotionnellement.

2. Nous pourrions chercher la satisfaction émotionnelle dans une voie que nous trouvons inacceptable dans nos vies éveillées.

3. Nous cherchons une intégration de polarités opposées : masculin/féminin, dynamisme/réceptivité, bon/mauvais.

Libellule

1. Rêver à une libellule, c'est apprécier le besoin de liberté, mais également reconnaître que la liberté peut être de courte durée.

2. Nous pouvons poursuivre un rêve, mais sans aucun centre réel quant à ce que nous voulons. Nos réactions sont instinctives plutôt que logiques.

3. Bien que l'existence physique de la libellule soit courte, spirituellement elle symbolise l'immortalité et la régénération.

Licorne

- Voir Animaux et Animaux fabuleux

1. Traditionnellement, les seules personnes à qui l'on permettait de prendre soin des licornes étaient des vierges. Ainsi, quand une licorne apparaît dans un rêve, nous établissons un lien avec notre partie innocente ou pure. C'est le principe féminin, surtout instinctif, réceptif.

2. Une légende veut que les licornes aient manqué le départ de l'Arche de Noé parce qu'elles étaient trop occupées à jouer. Nous devons être attentifs à ce qui se passe dans le monde réel si nous voulons survivre.

3. La licorne représente l'amour inconditionnel.

Licou

1. Le licou symbolise l'obligation puisqu'en temps normal il contrôle la tête. Nous rêvons du retour du règne de l'intellect au lieu de permettre à l'énergie créatrice de couler librement. Nous ne nous donnons pas la liberté de créer au mieux de notre capacité. Le licou représente la restriction sous une forme ou une autre, bien que de façon intéressante celle-ci puisse être acceptable.

2. Quand nous nous déplaçons vers de nouveaux secteurs de croissance, on doit parfois nous montrer la voie ; le licou symbolise cette avancée vers une nouvelle créativité. Nous sommes littéralement pris par la tête et on nous montre ce que nous devons voir.

3. Nous pouvons aussi éprouver un peu de contrainte spirituelle. S'il en est ainsi, nous devrions prendre du temps pour observer ce que nous désirons spirituellement.

Lierre

1. Rêver à du lierre nous ramène à une forme ancienne de célébration et d'amusement. Il peut aussi symboliser la dépendance dans certains types de rapports.

2. Parce que le lierre symbolise l'affection constante, nous pouvons reconnaître que psychologiquement nous avons besoin d'amour et d'affection.

3. Spirituellement, le lierre symbolise l'immortalité, la vie éternelle.

Lieux/Places

1. Quand l'environnement ou le décor d'un rêve est considérable, c'est que des messages ou des informations y sont cachés. Parfois, le lieu reflète notre état d'âme ou notre humeur. Cela peut aussi évoquer un endroit spécifique qui avait une signification dans la vie du rêveur et qui lui rappelle un temps et des gens particuliers.

2. L'interprétation symbolique de certains endroits apparaissant dans nos rêves nous offre une représentation de notre paysage intérieur. Un endroit qui devient fertile ou plus léger au cours du rêve indique une chose que le rêveur n'a pas appréciée ou qu'il a trouvée désagréable, et qu'il développe maintenant des possibilités et des potentiels, probablement en relation avec son cheminement spirituel. Des endroits mornes, peu accueillants ou des paysages agréables et tranquilles reflètent la vision subjective que le rêveur a du monde.

Le pays montré par le rêve peut avoir de l'importance pour le rêveur : l'Amérique représente pour bien des gens une culture peu raffinée, commercialement orientée ; l'Angleterre est vue comme froide ; tandis que la France représente le tempérament masculin, etc.

Campagne. La campagne peut suggérer en rêve une humeur particulière mais surtout un grand sentiment de liberté.

Des scènes constituées de plusieurs lieux connus du rêveur attirent son attention sur des qualités particulières, des idées et des sensations. Tous ces lieux augmentent l'information que donne le rêve et chacun des lieux représentés peut signifier quelque chose de particulier ou y être relié.

Le lieu de naissance du rêveur est un lieu sécuritaire. Une place claire et ensoleillée suggère l'amusement et la vivacité, tandis qu'un lieu sombre, ombragé ou obscur évoque le découragement et les ténèbres. Les endroits ombragés, obscurs peuvent représenter l'inconscient. Une place familière nous ramènera souvent à l'enfance ou au temps de nos études et une place particulièrement belle nous permettra d'exprimer nos fantasmes, nos pulsions et notre visualisation créatrice. Les jungles, tout comme les labyrinthes, représentent dans les rêves les facettes les plus complexes de notre sexualité. Un endroit que l'on sent oppressant a peut-être été un sanctuaire, mais n'en est plus un. Une place abritée, recouverte, offre la paix et la sécurité. Des lieux inconnus indiquent les aspects de nous que nous ne connaissons pas. Cela peut mener à un endroit qui semble familier mais qu'encore une fois nous ne connaissons pas. Cela signifie alors que notre vie est constituée d'une succession de situations toujours nouvelles. De grands espaces ouverts, aérés nous permettent une grande liberté de mouvement. Un endroit peu familier représente les nouveaux aspects de notre personnalité qui ne sont pas encore entièrement conscients.

3. Les lieux apparaissant dans nos rêves nous permettent de nous orienter de manière à utiliser adéquatement des informations qu'on nous donne.

Lièvre

- Voir Animaux

Ligne

1. Une ligne dans un rêve marque souvent une frontière ou révèle une mesure. Elle peut aussi signifier un lien qu'on ne voit pas entre deux objets.

2. Psychologiquement, nous avons tendance à avoir besoin de frontières ou de lignes de démarcation et ces lignes peuvent apparaître dans les rêves. Sauter sur une ligne symbolise le courage de courir des risques. Des objets en ligne représentent des choix qui s'offrent.

3. Spirituellement, la ligne droite peut représenter le temps et la capacité d'aller tant vers le futur que dans le passé. Horizontale, elle représente le monde terrestre et le point de vue passif ; verticale, le monde spirituel, l'aspect actif et l'axe cosmique.

Ligne croche

1. Quand une ligne semble croche dans un rêve, il y a un besoin d'en enregistrer la singularité, comme si elle était déséquilibrée ou détraquée. Il peut y avoir un certain manque de sincérité dans nos transactions avec d'autres personnes.

2. Cela montre que nous devons reconnaître notre vulnérabilité à nous détourner de la vérité et de l'honnêteté.

3. Dans un sens spirituel, la déviance de la norme peut être un écart par rapport aux standards que nous avons établis. Si nous en sommes conscients, une ligne croche apparaîtra dans un de nos rêves.

Lin

1. Rêver à du lin peut révéler simplement notre appréciation des belles choses. Des nappes de lin peuvent suggérer une sorte de louange, au sens d'être fier d'utiliser seulement ce qu'il y de mieux. Des draps de lin pourraient symboliser la sensualité.

2. Dans notre monde où tout est rapide, le lin dans un rêve suggère une lenteur qui permet d'apprécier mieux la vie.

3. Spirituellement, le lin symbolise la pureté et la justice. C'est ce tissu qui enveloppait le Christ au tombeau et il évoque donc le respect et l'amour.

Linceul

1. Dans un rêve, un linceul peut être une image angoissante puisqu'il est associé à la mort. Si nous reconnaissons qu'en enveloppant quelque chose dans un linceul il devient caché, l'image est moins effrayante.

2. Un linceul peut symboliser la dissimulation de quelque chose que nous ne comprenons pas entièrement. Nous savons que c'est là, mais nous ne voulons pas le regarder.

3. Dans le domaine du spirituel, un linceul est une marque de respect.

Lion

- Voir aussi Animaux

1. Le lion dans les rêves signifie autant la cruauté que la force.

2. Vu sous l'angle psychologique, le lion représente toutes les qualités qu'il laisse entrevoir : la majesté, la force, la fierté, le courage, etc. Il est plus facile de reconnaître la nécessité de telles qualités en nous quand elles sont symbolisées par quelque chose d'autre.

3. Spirituellement, le lion symbolise tous ces attributs qui appartiennent au principe ardent. C'est un symbole ambivalent, puisqu'il représente tant le bien que le mal. Il représente aussi le feu.

Liquide

1. Du liquide dans les rêves peut avoir plus d'une signification. Parce qu'il est toujours lié au flux, il peut représenter l'idée de permettre aux sentiments de couler librement. La couleur du liquide (voir Couleurs) peut être importante puisqu'elle peut nous indiquer quels sentiments et émotions sont à traiter. Le rouge pourrait représenter la colère, tandis que le violet pourrait représenter nos aspirations spirituelles.

2. Quand quelque chose d'inattendu est liquide dans un rêve, nous sommes dans une situation qui va changer. Nous devons être prêts à suivre simplement le courant pour maximiser le potentiel de cette situation. Un des symboles du liquide est lié à la liquidité, c'est-à-dire aux actifs ou aux biens pouvant être acquis.

3. Un symbole fort dans le développement spirituel est l'or liquide, qui peut représenter tant le pouvoir que l'énergie.

Lis

1. En raison de sa présence fréquente à des obsèques, pour plusieurs le lis symbolise la mort. Il peut, cependant, aussi symboliser la noblesse et la grâce ; l'interprétation doit en être soigneuse. Si dans un rêve nous plantons des lis,

nous espérons une transition paisible dans une certaine partie de notre vie. Si nous cueillons des lis, particulièrement pour une femme, nous vivons une existence paisible.

2. Le lis est le symbole de la pureté et, particulièrement dans le rêve d'un adolescent, les lis peuvent suggérer la virginité. Les lis dans des rêves, autres que le lis funéraire blanc, peuvent suggérer certains aspects de la féminité.

3. Spirituellement, les lis sont un symbole de résurrection et de vie éternelle. Ils sont souvent utilisés dans les cérémonies religieuses.

Lit

- Voir aussi Meubles

1. Aller se coucher seul dans un rêve peut indiquer un désir de retour à la sécurité de l'utérus. Rêver à un lit fraîchement fait indique le besoin d'une nouvelle approche intellectuelle.

2. Aller se coucher avec quelqu'un dans un rêve peut représenter notre attraction sexuelle pour cette personne ou indiquer que nous ne devons pas la craindre. L'interprétation variera selon les autres éléments du rêve.

3. Un lit dans un rêve peut également représenter une forme de sanctuaire spirituel et le sens de la pureté.

Livre

- Voir aussi Roman

1. Notre recherche de connaissances et notre capacité d'apprendre à partir des expériences et des opinions d'autres personnes sont symbolisées par des livres et des bibliothèques présents dans nos rêves. Rêver à de vieux livres est lié à la sagesse héritée et à la conscience spirituelle. Rêver à des livres comptables indique le besoin ou la capacité de nous occuper de nos ressources.

2. Nous cherchons dans nos rêves des moyens qui nous aideront à gérer ce qui arrive dans nos vies.

3. Un livre, particulièrement un livre sacré comme la Bible ou le Coran, signifie la connaissance cachée ou sacrée. Rêver à un tel livre peut révéler notre

besoin d'examiner les domaines de la connaissance sacrée ou nous assurer que nous allons dans la bonne direction.

Locataire

1. Rêver que l'on est locataire suggère que sur un certain plan nous ne voulons pas prendre la responsabilité de notre manière de vivre, nous ne voulons pas en porter la responsabilité. Avoir un locataire dans un rêve signifie que nous acceptons que quelqu'un vive dans notre espace. Ce type de rêve survient quand nous nous préparons à vivre une relation à plein temps.

2. Si nous poursuivons l'idée qu'un locataire est quelqu'un avec qui nous avons un rapport d'affaires, alors nous aurons un aperçu de notre façon de mener de telles transactions. Si le rêveur est un homme et le locataire une femme, alors le locataire va probablement représenter l'*anima* du rêveur (voir l'Introduction du présent livre). Si c'est l'inverse, le locataire représentera son *animus* (voir Introduction du présent livre).

3. Rêver que l'on a un locataire dans le sens spirituel peut avoir deux significations. L'une suggérerait que nous avons de multiples personnalités qui doivent être synthétisées dans un être holistique. L'autre suggérerait que les locataires (les croyances héritées) puissent être évincés s'ils deviennent inopportuns.

Loterie

- Voir Jeux

1. Dans un rêve, participer à une loterie indique un désir de gagner ou d'atteindre des sommets. Cependant, cela ne dépend pas nécessairement de nos efforts, mais de la chance. Vendre des billets de loterie montre notre besoin d'aider les autres, tandis qu'organiser une loterie suggère une activité de groupe dont chacun peut tirer un profit.

2. Bien que le jeu puisse être mal vu dans le code de conduite du rêveur, une loterie dans un rêve est un acte de charité et peut représenter la certitude quant au bien-fondé d'avoir pris un risque.

3. Spirituellement, la loterie peut symboliser notre besoin d'être charitable. Cependant, nous reconnaissons aussi les risques divers impliqués, tels que la vulnérabilité et la dépendance. Elle incarne le besoin de croire au destin.

Loup

- Voir Animaux

Loup-garou

- Voir Animaux sinistres dans Animaux

Loutre

- Voir Animaux

Loyer

1. Le paiement du loyer dans les rêves indique que nous prenons nos responsabilités. Nous sommes prêts à nous occuper de nous et à prendre la responsabilité de ce que nous sommes. Recevoir le loyer suggère que nous entrons dans une transaction qui nous sera profitable.

2. Vient un temps où, si nous voulons maximiser notre potentiel, nous devons trouver notre propre espace de vie. Le paiement du loyer nous permet de le faire. Dans les rêves, nous pouvons voir cela comme un acte d'indépendance.

3. Nous devons souvent réapprendre à manipuler l'argent et ce qui possède de la valeur. Le paiement du loyer est une illustration de ce concept.

Lumière

- Voir aussi Lampe

1. La lumière dans un rêve signifie d'habitude l'illumination. La lumière au bout du tunnel suggère la fin d'un projet difficile. «Il a vu la lumière» correspond à l'appréciation de résultats. La lumière est fortement liée à la confiance.

2. Quand la lumière apparaît dans les rêves, nous sommes dans un processus de changement, d'amélioration. Une lumière très brillante symbolise souvent le

développement de l'intuition ou de la compréhension. Diverses techniques utilisant des flammes de bougie et d'autres sources de lumière peuvent être utilisées pour augmenter cette faculté.

3. Spirituellement, une lumière brillante symbolise la manifestation de la divinité, la vérité ou la connaissance directe. Souvent, cette connaissance est au-delà de la forme et apparaît donc comme énergie de l'esprit.

Lune

- Voir aussi Planètes

1. La lune représente toujours la sensibilité émotionnelle et le coté féminin. C'est l'intuition, le médium, l'amour et le romantisme. Rêver de la lune, donc, suggère un lien avec cette partie de nous qui est sombre et mystérieuse. Dans le rêve, la lune peut aussi représenter la mère ou le rapport avec elle.

2. Il est connu depuis toujours que la lune a un effet psychologique sur l'être humain. Dans l'ancien temps, il était suggéré qu'elle gouvernait les émotions de l'homme et nourrissait l'intuition de la femme. Aujourd'hui encore, ce symbole est à considérer. Quand la lune apparaît dans le rêve d'un homme, c'est soit que ce dernier doit privilégier son côté intuitif soit qu'il réalise sa crainte de la femme. Dans le rêve d'une femme, la lune indique d'habitude ses relations réciproques avec d'autres femmes et leur intuition commune.

3. Le côté plus sombre de notre personnalité, notre propre inconnu, est symbolisé par la lune. C'est aussi le symbole de l'inaccessible.

Lunettes

- Voir Verres

Lunettes de protection

- Voir aussi Verres et Masque

1. Les lunettes de protection peuvent avoir dans les rêves la même signification que des lunettes ou un masque et leur présence peut être ambiguë puisque ces lunettes peuvent être utilisées pour dissimuler les yeux – qu'on considère être le miroir de l'âme – ou pour nous permettre de mieux voir. La plupart

du temps, c'est ce dernier sens qui prévaut, mais il faut s'assurer de ne pas utiliser cette image pour indiquer la protection dont nous pouvons avoir besoin dans la vie réelle. Nous estimons peut-être que ce que nous voyons va nous nuire d'une certaine façon.

2. Pour une femme, rêver qu'elle rencontre un homme portant des lunettes de protection signifie généralement qu'elle sait que cet homme sera honnête avec elle.

3. Nous pouvons dissimuler ou nier l'existence du mal. Cela peut seulement être un sentiment négatif et il devrait être traité convenablement.

Lynx

- Voir Animaux

M

de

Mâchoire à Musique/Rythme

Mâchoire

- Voir Corps

Magasin

1. Un magasin dans les rêves représente quelque chose que nous voulons ou le sens dont nous avons l'impression d'avoir besoin. Si c'est un magasin que nous connaissons, nous sommes probablement conscients de ce que nous attendons de la vie. Si c'est un magasin inconnu, alors nous devrions fouiller dans notre esprit pour y trouver plus d'information. Un supermarché suggérerait que nous ayons à faire un choix.

2. Le fait de faire des courses en rêve représente un échange équitable pour la satisfaction de nos désirs. Nous avons de l'énergie (de l'argent) qui peut être échangé contre quelque chose que nous voulons. Ce pour quoi nous faisons des courses peut avoir de la pertinence dans l'interprétation du rêve. Si nous faisons des achats dans une épicerie, nous avons besoin de nourriture ; si nous achetons des vêtements, nous pouvons avoir besoin de protection.

3. Sur le plan spirituel, un magasin a la même signification symbolique qu'un marché (voir Marché).

Main

- Voir Corps

Maïs

1. La plupart des rêves contenant des images de maïs ou de blé symbolisent la fertilité ou le fait d'être fructueux. Ils peuvent aussi représenter une nouvelle vie – une grossesse ou de nouveaux événements dans d'autres domaines.

2. Moissonner le maïs, c'est récolter la récompense d'un dur labeur. Nous pouvons faire un lien avec quelques besoins très primitifs.

3. La grande mère dans son aspect maternel est toujours montrée avec du maïs.

Maison

1. L'être humain a certains besoins de base comme un abri, la chaleur et la nourriture. La maison et particulièrement la maison parentale peut représenter toutes ces choses. Rêver que nous sommes à la maison indique un retour aux valeurs de base que nous avons apprises enfant.

2. Psychologiquement, nous devons tous intégrer nos comportements acquis à nos traits de personnalité innés. Rêver à un environnement sûr comme la maison nous permet de le faire.

3. Le sanctuaire, où nous pouvons être sans crainte de représailles, est contenu dans cette image de rêve. Les spiritualistes parlent de retourner à la maison quand ils approchent de la mort puisque l'état physique est provisoire.

Maison

- Voir aussi Constructions

1. Une maison dans un rêve fait presque toujours référence à l'âme et à la façon dont nous construisons nos vies. Les différentes pièces et autres parties de la maison représentent des aspects divers de notre personnalité et de nos expériences. Par exemple, rêver que l'on est dans un grenier est lié aux expériences passées et aux vieux souvenirs. De façon intéressante, ce rêve peut aussi mettre en évidence les modèles familiaux passés. Le sous-sol ou la cave représentent souvent le subconscient et ces choses que nous avons supprimées parce que nous étions incapables d'y faire face. Un sous-sol peut aussi mettre en évidence le pouvoir que nous possédons, pourvu que nous désirions nous en servir. Nous ne sommes pas en accord avec notre sexualité et préférons la tenir cachée. Dans les rêves, notre hygiène corporelle et nos pensées les plus privées sont liés à la salle de bains. La chambre à coucher représente la sécurité d'un lieu où nous pouvons nous détendre et être aussi sensuels que nous le souhaitons. La cheminée symbolise quant à elle le passage d'un état à un autre et un conducteur de chaleur. Dans les rêves, la cheminée peut montrer comment nous traitons avec nos émotions. Le vestibule dans un rêve explique comment nous rencontrons et touchons d'autres gens. Notre esprit et comment nous stockons l'information que nous recevons peuvent être illustrés dans une bibliothèque.

2. Une maison représente la sécurité et donc la protection de la grande mère.

3. Dans les rêves, la maison est le siège symbolique de l'âme et notre lien au monde.

Mal

1. Éprouver du mal dans un rêve, c'est prendre conscience de certaines envies que nous avons jugées mauvaises. D'autres aspects du mal, comme un geste inopportun commis par d'autres, peuvent provoquer de l'effroi et du dégoût.

2. Le mal est ce qui ne peut être expliqué et toute action violente peut être interprétée comme étant le mal. On peut aussi voir toute forme d'obscurité comme manifestation du mal.

3. Par association, le mal marche main dans la main avec le Diable ou Satan.

Mal (mauvais)

1. Quand nous rêvons à quelque chose de mal, nous prenons conscience que l'objet du rêve est sans valeur ou défectueux. Se sentir mal peut avoir deux significations dans un rêve, la première étant que l'on est vilain et l'autre, qu'on ne se sent pas bien. Nous sommes hors d'équilibre d'une certaine façon.

2. Nos processus de pensée sont corrompus. Si nous rêvons que nous nous alimentons mal, c'est une indication que nous ne prenons pas suffisamment soin de nos besoins intérieurs. Une mauvaise odeur dans les rêves pourrait signifier que notre environnement ne nous soutient pas.

3. Reconnaissance du mal comme étant une mauvaise chose.

Malade

- Voir aussi Maladie

1. Se sentir malade dans un rêve permet de reconnaître un mauvais sentiment dont on doit se débarrasser et y être malade est une tentative de le faire. Une relation ou une situation peuvent nous rendre malades.

2. Sur le plan psychologique, nous sommes régis par nos émotions. Notre estomac est un centre nerveux qui réagit aux stimuli négatifs, qui peuvent aboutir à la maladie dans un rêve.

3. Quand quelque chose ne tourne pas rond dans notre monde spirituel, nous devons la supprimer, entre autres par la maladie.

Maladie

- Voir aussi Malade

1. Quoi que la vie puisse nous offrir de merveilleux, nous pouvons avoir des souvenirs douloureux, des sentiments de colère et des difficultés. Dans un rêve, ces souvenirs et ces sentiments peuvent refaire surface sous forme de maladie. Parfois, un tel rêve peut prévoir une maladie réelle, mais la plupart du temps il représente la manière dont nous traitons les choses. Cela signifie que nous ne sommes pas en contact avec notre force intérieure, qui peut nous aider à surmonter les difficultés.

2. Souvent, quand nous sommes malades dans un rêve, nous nous colletons avec une partie de notre personnalité. C'est cette partie de nous qui est malade et doit être traitée. Souvent, le rêve indiquera le traitement pertinent à administrer : médicaments, chirurgie ou une combinaison des deux. Elle représente aussi souvent la crainte de ne pas prendre soin de soi correctement.

3. Le manque de lucidité spirituelle peut souvent être éprouvé dans les rêves liés à la maladie.

Maladie vénérienne

- Voir Sexe

Mandat

1. Un mandat dans un rêve symbolise une permission d'une autorité plus haute, spirituelle ou physique. C'est le type de garantie qui indiquera l'action que le rêveur doit prendre. Par exemple, un mandat de perquisition nous suggère d'examiner nos motifs, tandis qu'un mandat d'arrestation indique que nous devons interrompre une action particulière.

2. Quand nous sommes incapables de prendre des décisions, les images dans les rêves peuvent nous aider à le faire. Le mandat ouvre des possibilités dont nous n'étions peut-être pas conscients.

3. Le rêveur peut chercher une permission spirituelle pour une quelconque raison et cela peut être symbolisé par un mandat.

Marais/Marécage

1. Rêver à un marais peut suggérer que nous nous sentons embourbés, englués. Nous estimons que nous sommes freinés dans un projet ou une entreprise et peut-être que nous manquons de confiance en nous ou d'appui émotionnel pour avancer. Un marais peut aussi indiquer que nous sommes submergés par des circonstances, pris au piège par les événements qui surviennent.

2. Rêver à des terres marécageuses ou à des sables mouvants représente très souvent une difficulté sur le plan émotionnel. Ce sont peut-être des difficultés créées de toutes pièces par notre imagination, mais elles minent tout de même notre confiance en nous et il nous est ainsi plus difficile de nous sentir sûrs de nous.

3. Rêver à des marais révèle un conflit spirituel et émotionnel. Nous pouvons être spirituellement instables, mouvants pour ainsi dire.

Marché

- Voir aussi Magasin

1. Rêver que nous sommes au marché indique notre capacité de faire face à la vie quotidienne, d'interagir avec les gens, mais particulièrement de nous adapter aux foules. Le marché est aussi un lieu d'achat et de vente. Il nous donne à voir si nous sommes vendeurs ou seulement acheteurs.

2. Un marché est un endroit agité, et rêver qu'on s'y trouve peut indiquer qu'il faille s'occuper davantage de soi et passer plus de temps avec d'autres personnes. Il pourrait aussi suggérer que nous devrions entretenir des rapports plus commerciaux dans le travail que nous faisons, ou peut-être nous laisser influencer davantage par notre créativité plutôt que de faire

quelque chose purement et simplement parce que ça rapporte. Ainsi, rêver à un marché a une signification tout à fait ambivalente.

3. Un marché peut être vu dans les rêves comme un lieu d'échange spirituel. Nous pouvons établir un équilibre entre notre réalité quotidienne et notre monde spirituel ou intérieur.

Marches

- Voir aussi Escalier dans Constructions

1. Les marches dans les rêves suggèrent presque invariablement un effort fait pour réussir. Monter des marches suggère d'essayer de faire mieux les choses et de les améliorer, tandis que descendre des marches représente une descente dans le passé ou le subconscient.

2. Les marches représentent des changements de la conscience à l'intérieur d'un projet, ce qui signifie littéralement, les étapes nécessaires. Elles représentent aussi la communication établie de façon progressive.

3. Elles sont toujours perçues comme une structure hiérarchique dans la progression spirituelle. Nous pouvons réaliser certaines choses à un certain niveau. Nous devons peaufiner chaque niveau avant d'accéder au suivant.

Marche à pied

1. Dans un rêve, la marche à pied indique la voie dans laquelle nous devrions avancer. Marcher avec un but précis suggère que nous savons où nous allons. Errer sans but suggère que nous devrions nous en fixer. Prendre plaisir à la marche, c'est retourner à l'innocence de l'enfant. Utiliser une canne, c'est reconnaître notre besoin d'appui et d'aide.

2. La marche à pied peut être utilisée comme moyen de réduire le stress et c'est cette signification qui s'impose souvent dans les rêves. Si nous sommes seuls, alors notre promenade peut être silencieuse et contemplative ; en groupe, nous pouvons alors communiquer et nous entretenir sans crainte d'interruption.

3. Une promenade spirituelle est un voyage d'exploration dans des domaines que nous ne connaissons pas.

Marécage

- Voir aussi Marais

1. Un marécage symbolise les pensées qui sont susceptibles de saper notre confiance et notre bien-être. Être submergé, c'est être dépassé par un sentiment ou une émotion. Submerger quelqu'un d'autre en rêve peut suggérer que nous avons trop de besoins.

2. Sur le plan émotionnel, quand un marécage apparaît dans un rêve, nous nous mettons en contact avec des sentiments et des émotions primitifs. Un marécage est du matériel perçu comme étant primordial et dont toutes les choses émergent. À cette étape, nous n'avons aucune idée de ce qu'est notre potentiel.

3. Un marécage peut symboliser la quantité énorme de connaissances spirituelles à absorber et laisser le rêveur avec un sentiment de désespoir et l'impression de perdre pied. Mais avec une certaine persévérance il peut s'en tirer et développer une perspective beaucoup plus claire.

Marée

- Voir aussi Mer dans Eau

1. Rêver à une marée, c'est essayer d'aller avec le flux et le reflux de la vie ou, plus spécifiquement, avec les émotions. Étant donné qu'une marée enlève aussi des débris, le symbolisme du nettoyage est approprié. Une marée qui monte peut symboliser un haut niveau d'énergie, tandis qu'une marée qui descend suggérerait une perte de nos capacités ou de notre énergie.

2. Dans la vie éveillée, il existe deux périodes de l'année où les marées sont hautes : le printemps et l'automne (voir Saisons). Ainsi, une marée exceptionnellement haute dans les rêves pourrait représenter ces périodes. Une lune sur une marée en mouvement, à une certaine étape du développement, suggérerait les pouvoirs du féminin.

3. Sur le plan spirituel, une image simple comme le changement de marée pourrait indiquer que nous avons trouvé notre voie.

Marguerite

1. À cause du rapport avec l'enfance des guirlandes de marguerites, rêver de marguerites représente d'habitude l'innocence et la pureté.

2. Souvent, dans les rêves, cette fleur peut avoir une signification particulière pour le rêveur et représenter un réveil psychologique.

3. La marguerite est un symbole de pureté spirituelle.

Mari

- Voir Famille

Mariage/Noces

1. Un mariage dans un rêve indique souvent que deux aspects particuliers du rêveur devraient s'associer. Par exemple, que l'intelligence et les sentiments ou peut-être les côtés pratique et intuitif puissent s'unir. Souvent, un mariage peut être prémonitoire et établir un rapport inconscient entre deux personnes, alors qu'il n'est pas encore réalisé. Assister en rêve à un mariage indique que l'on est conscient d'un tel rapport. Rêver que l'on porte une robe de mariée peut signifier qu'on essaie d'éclaircir ses sentiments et ses espoirs envers les relations sociales et le mariage. Voir quelqu'un d'autre que soi dans une robe de mariée peut indiquer ses sentiments d'infériorité. On est la demoiselle d'honneur mais pas la jeune mariée.

2. Comme l'être humain cherche toujours un partenaire idéal, rêver à un mariage peut donner une idée du type de personne que nous cherchons comme conjoint. Nous pouvons, par exemple, rêver que nous épousons un ami d'enfance alors que nous cherchons quelqu'un qui a les mêmes qualités que cette personne. Nous pouvons rêver que nous épousons une personnalité célèbre. Ses qualités particulières seraient alors importantes dans l'interprétation du rêve.

3. Spirituellement, rêver à un mariage signifie qu'un processus d'intégration doit s'effectuer. Premièrement, les côtés masculin et féminin de notre personnalité doivent s'unir ; ensuite, les côtés physique et spirituel doivent s'harmoniser. Cette harmonisation est connue sous le nom d'union mystique.

Marin

1. La plupart des personnes ont une idée plutôt désuète du marin. C'est cette image qui apparaît le plus souvent dans les rêves. Elle représente la liberté, tant de mouvement que d'esprit, et est donc une représentation du vagabond (voir Archétypes). Le marin est quelqu'un qui contrôle sa destinée.

2. Si un marin apparaît dans le rêve d'une femme, il est un personnage quelque peu idéalisé et peut représenter le héros (voir Archétypes). Dans les rêves d'un homme, il représente la partie de lui qui cherche la liberté, mais qui a besoin qu'on lui en accorde la permission.

3. Sur le plan spirituel, le marin peut représenter la communication. L'aspect de liberté est lié à une qualité de Mercure qui, s'étant vu confier une tâche, a ensuite oublié ce qu'elle était.

Marionnette

1. Une marionnette apparaît dans un rêve pour illustrer notre sentiment de pouvoir manipuler les circonstances ou les gens autour de nous. Elle représente les processus plus mécaniques, ces activités qui constituent l'arrière-plan de notre vie.

2. Rêver qu'une autre personne manipule la marionnette exprime l'impression d'être manipulé. Cela suggère de jeter un regard sur notre vie afin de comprendre comment nous sommes devenus des marionnettes. Si la marionnette nous manipule, cela indique que la bureaucratie nous inflige des difficultés. L'entité qui devrait travailler pour nous s'est métamorphosée en une sorte de manipulatrice.

3. À certaines étapes de notre développement, nous mesurons à quel point nous sommes impuissants si la force spirituelle et la motivation nous font défaut. Nous ressemblons à de grandes marionnettes désarticulées.

Marteau

1. Rêver à des marteaux ou à des instruments contondants met en évidence le côté plus agressif et masculin de notre nature. On peut éprouver le sentiment

qu'un aspect de notre personnalité doit être écrasé ou frappé pour que nous puissions fonctionner correctement.

2. Tandis que l'agression peut paraître nécessaire, il peut être judicieux d'appliquer une force plus appropriée.

3. Le marteau a un symbolisme double de justice et de vengeance. C'est au rêveur de choisir ce qui s'applique dans le champ de sa spiritualité.

Martin-pêcheur

- Voir Oiseaux

Martyr

1. Rêver que nous sommes un martyr met en évidence notre tendance à accepter de faire des choses parce que nous sommes incapables de dire non et que nous agissons par sens du devoir. Lorsque c'est une autre personne que nous qui est martyrisée dans notre rêve, nos espérances ou notre image de cette personne peuvent être trop hautes.

2. Rêver à un martyr signifie souvent que nous devrions mettre en doute nos croyances religieuses et notre éducation. Nous nous en remettons peut-être trop exclusivement à nos croyances pour nous guider.

3. Nous pouvons sentir spirituellement le besoin de devenir une victime sacrificielle et de donner ainsi une certaine signification à notre vie. Cependant, nous devrions considérer attentivement la chose. Elle n'est peut-être pas nécessaire.

Masque

1. Bien des gens ont une façade, un masque qu'ils mettent face aux autres, particulièrement lors d'une première rencontre. Rêver à un masque attire souvent notre attention sur cette façade, la nôtre ou celle des autres. Quand nous ne sommes pas honnêtes, cela peut-être représenté dans un rêve par un masque à connotation négative ou effrayante.

2. Quand nous essayons de nous protéger et d'empêcher les autres de connaître nos idées ou nos sentiments, nous portons un masque. Un masque

apparaissant dans un rêve peut donc dénoter la dissimulation. Dans certaines cultures, le masque représentant un animal confère à celui qui le porte les pouvoirs de cet animal. Le shamanisme propose toujours le port du masque.

3. Un masque représentant la mort, qu'elle nous vise directement ou qu'elle vise quelqu'un d'autre, peut apparaître dans les rêves comme un signal indiquant qu'il est temps de mettre fin à un jeu spirituel, à une croyance.

Masturbation

- Voir Sexe

Mât

1. Un mât dans un rêve peut très souvent représenter la masculinité, le passage vers un autre stade de vie. C'est l'axe central de notre vie. Rêver à un mât peut avoir une connotation sexuelle, mais peut aussi indiquer la façon dont nous guidons notre vie.

2. Psychologiquement, les festivals, les célébrations et les cérémonies sont nécessaires pour le bien-être humain. Souvent, le mât peut être un symbole de passage, de célébration d'une vie nouvelle. Il peut aussi représenter le temps dans un rêve, proposer le rythme ou la vitesse nécessaire dans certaines situations, pour certains événements de la vie.

3. Le mât est bien sûr une représentation phallique, mais aussi une représentation d'énergie spirituelle vivifiante.

Matelas

- Voir aussi Lit dans Meubles

1. Rêver à un matelas, comme rêver à un lit, indique le sentiment agréable ou désagréable qu'une situation que nous avons créée nous inspire. Nous sommes conscients de nos besoins et capables de créer des ambiances détendues nous permettant de nous exprimer entièrement.

2. Le confort est important pour la plupart des gens. Rêver à un matelas peut très souvent représenter la façon dont nous percevons notre sexualité, si nous y sommes à l'aise ou si nous trouvons certains de ses éléments inconfortables.

3. Le confort a aussi son importance dans la spiritualité. Le rêveur ne devrait pas négliger cet aspect important dans l'évaluation de son rêve.

Matin

- *Voir Temps*

Mauvaises herbes

- *Voir aussi Plantes*

1. Les mauvaises herbes dans les rêves reflètent une confiance, une énergie ou des efforts mal placés en vue d'obtenir un succès. Elles ne contribuent pas beaucoup à nos vies et si on leur permet de proliférer, elles peuvent freiner notre croissance. Déterrer des mauvaises herbes montrerait que nous sommes conscients qu'en libérant notre vie des choses non essentielles, nous créons de l'espace pour une nouvelle croissance et de nouvelles habiletés.

2. Les attitudes mentales et les vieux modèles de comportement qui nous encombrent et qui ne nous permettent pas d'avancer peuvent très souvent se manifester dans les rêves sous la forme de mauvaises herbes. Nous pouvons devoir décider laquelle de ces mauvaises herbes nous est utile (elle pourrait être compostée, transformée en quelque chose d'autre et réutilisée pour contribuer à notre croissance) et laquelle doit être jetée. Souvent, les plantes sauvages ont des propriétés curatives. En utilisant ces propriétés, nous pouvons améliorer nos vies. Par exemple, le thé de pissenlit est un diurétique naturel et les rêves peuvent souvent nous dire par le biais des plantes ce dont nous avons besoin.

3. Les mauvaises herbes, par leurs qualités irritantes et leur refus d'être rapidement supprimées, symbolisent des difficultés spirituelles.

Médaille

1. Une médaille est souvent une récompense pour le bon travail ou pour le courage. Quand elle nous est remise en rêve, elle souligne nos capacités. Si nous remettons une médaille à quelqu'un, alors nous honorons cette partie de nous récompensée chez l'autre.

2. Chacun a besoin de se sentir fier de lui pour être bien dans sa peau. Une médaille dans un rêve valorise nos talents ou nos succès. La médaille récompense les succès récents et rappelle aussi les réussites et les succès accumulés au fil des années.

3. Un insigne d'honneur reflétant notre accord avec des croyances spirituelles peut être symbolisé dans le rêve par une médaille.

Médecin

1. Quand nous rêvons à un médecin, nous sommes conscients que nous devons céder à une autorité plus haute que la nôtre sur les questions de santé. Pour les personnes plus âgées, le médecin peut aussi représenter une classe sociale plus élevée.

2. L'interprétation à faire du rêve dépendra du genre de médecin qui y apparaît. Un chirurgien suggérerait le besoin de retrancher quelque chose, tandis qu'un médecin généraliste indiquerait que l'on devrait considérer avec prudence notre état général et qu'un psychiatre suggère le besoin de surveiller notre état mental. Si nous connaissons le médecin, il peut représenter simplement une figure d'autorité.

3. Spirituellement, un médecin dans les rêves suggère l'apparition du guérisseur en soi.

Médecine/Médicament

1. Prendre un médicament dans un rêve suggère que nous sommes conscients que quelque chose en nous a besoin d'être guéri. Souvent, nous voyons en rêve un moyen de guérison qui peut nous faire prendre conscience d'un problème de santé. Cela représente une situation qui peut être prise sous un angle positif plutôt que négatif.

2. Parfois, une expérience peut être très désagréable mais s'avérer très bénéfique à long terme. Dans le rêve, un médicament peut être vu comme tel.

3. Le besoin spirituel d'une influence rassurante est indiqué par la prise de médicaments ou de remèdes dans un rêve. Le rêveur peut constater quels sont ses besoins dans ce domaine.

Méditation

1. L'interprétation de l'acte de méditation dans le rêve dépend de l'attitude du rêveur à l'égard de cette pratique. Dans le cas de quelqu'un qui médite, cela suggère une discipline qui lui est utile en le mettant en contact avec l'intuition et les questions spirituelles. Dans le cas de quelqu'un qui ne pratique pas la méditation, ce rêve peut indiquer le besoin d'être plus introverti, de s'assumer davantage.

2. De façon inconsciente, nous ressentons parfois le besoin de changer notre perception des choses. Rêver que l'on pratique la méditation peut faire prendre conscience de ce besoin. Par la méditation, nous pouvons avoir accès à une vision plus créatrice, plus spirituelle.

3. Le rêveur doit être en accord avec les principes de sa discipline spirituelle s'il veut atteindre son but.

Médium

1. Rêver que l'on visite un médium signifie très souvent que l'on cherche à établir un contact avec son inconscient, voire avec les morts. Nous pouvons aussi essayer d'éveiller notre intuition et de l'utiliser différemment.

2. Rêver que l'on est un médium ou un voyant indiquerait que l'on est conscient d'être capable de faire davantage dans notre vie quotidienne.

3. Rêver à un médium peut exprimer le désir du rêveur d'être en contact avec les morts. Il peut s'agir de ce qui de la vie du rêveur a disparue et qu'il souhaite voir ressusciter.

Mémorial

1. Voir un mémorial, comme un monument aux morts, dans un rêve, nous fait remonter dans le passé, et retrouver une époque où un souvenir peut être figé dans le temps. Nous devons nous réconcilier avec cette époque ou ce souvenir pour pouvoir évoluer.

2. Un mémorial peut simplement être une évocation d'un temps plus heureux dont on doit se souvenir.

3. Un mémorial est une représentation tangible de l'hommage et de l'estime.

Mendiant

1. Rêver que nous sommes des mendiants représente notre sentiment d'échec et notre manque d'estime pour nous-mêmes. Rêver que quelqu'un d'autre est un mendiant indique que nous savons que nous devrions aider ceux qui sont moins chanceux que nous.

2. Des émotions, du dynamisme et des pensées qui ont souffert de la faim dans nos vies éveillées peuvent souvent apparaître dans les rêves sous la forme d'un mendiant.

3. Un mendiant peut être un ermite et donc un requérant spirituel.

Menottes

1. Rêver que l'on est menotté dénote que l'on a été restreint d'une certaine façon, souvent par une figure d'autorité.

2. Si nous passons les menottes à quelqu'un dans un rêve, nous pouvons essayer de nous lier à cette personne. Nous pouvons aussi être excessivement possessifs.

3. Les menottes symbolisent l'obligation et suggéreraient spirituellement que nous sommes gênés, probablement par nos doutes et nos craintes.

Menstruations

- Voir aussi Sang

1. Rêver à des menstruations peut favoriser notre côté créateur. Nous pouvons concevoir de nouvelles idées et créer, à l'image des enfants, du neuf et du merveilleux avec du matériel simple. Nous sommes rattachés aau mystère de la vie et au processus de procréation.

2. Puisque les menstruations constituent une partie intégrante de la vie féminine, leur représentation en rêve peut indiquer l'acceptation, par la femme, de sa sexualité. Dans le rêve d'un homme, cependant, cela peut soulever la crainte des rapports et de l'union avec la femme. Les

menstruations dans le rêve d'un homme peuvent aussi représenter son côté féminin et son besoin de comprendre sa sensibilité.

3. Le cycle de la vie et tout ce qui est mystérieux dans la sexualité féminine peuvent être symbolisés par les menstruations. C'est seulement dans une société patriarcale qu'on les voit comme une chose sale.

Mer

- Voir Eau

Mère

- Voir Famille et Archétypes

Merle

- Voir Oiseaux

Métal

1. Le métal qui apparaît dans un rêve représente les restrictions et les limitations du monde réel. Il peut représenter nos habiletés et attributs, mais aussi indiquer la difficulté sentimentale ou la rigidité émotionnelle.

2. La plupart des métaux ont des significations symboliques. Ils peuvent aussi être reliés à des planètes du système solaire. Le Soleil est représenté par l'or, la Lune par l'argent, la planète Mercure par le métal du même nom, Vénus par le cuivre, Mars par le fer, Jupiter par l'étain et Saturne par le plomb.

3. Les métaux sont liés à des éléments spirituels et chacun d'eux peut faciliter notre avancée.

Métier à tisser

1. Un métier à tisser présent dans un rêve a une signification différente si c'est un outil de travail ou un objet de création. En général, le métier à tisser suggère la créativité. Nous avons la capacité de créer de beaux objets et le métier à tisser est l'un des symboles qui s'y rattachent.

2. Un métier à tisser reprend le symbole d'entrelacement et l'idée de créer nos propres vies. Nous possédons le modèle de base, mais nous devons y ajouter une touche personnelle qui donnera de l'originalité à l'objet.

3. Le métier à tisser, dans le domaine spirituel, suggère le temps et l'entrelacement des éléments du destin.

Métro

1. De la même manière qu'Alice a rêvé qu'elle tombait dans le terrier d'un lapin dans *Alice au pays des merveilles*, nous avons tous des occasions d'explorer les profondeurs cachées de notre moi dans les rêves. Normalement, nous ne pouvons avoir accès à l'inconscient dans la vie éveillée. Rêver que nous sommes sous la terre nous permettra souvent d'en venir très facilement à un accord avec ce côté de nous.

2. Être dans le métro ou dans un passage souterrain représente d'habitude les voyages que nous sommes préparés (ou forcés) à effectuer vers la compréhension de ce que nous sommes.

3. Le subconscient ou l'inconscient sont souvent perçus dans les rêves sous la forme d'une caverne ou d'un endroit souterrain.

Meubles/Mobilier

1. Les meubles qui apparaissent dans nos rêves, particulièrement s'ils y attirent notre attention, montrent souvent ce que nous pensons de notre famille et de la vie domestique, ainsi que des attitudes ou habitudes que nous avons développées. Ils peuvent aussi donner une indication de ce que nous pensons de nous-mêmes. Par exemple, des matériaux lourds et sombres suggéreraient la possibilité d'une dépression, tandis que les objets peints de couleurs vives pourraient témoigner d'une mentalité optimiste.

2. Parfois, les meubles qui apparaissent dans un rêve peuvent mettre en évidence notre besoin de sécurité ou de stabilité, particulièrement s'ils sont issus du passé. Des articles différents peuvent représenter des attitudes différentes.

Lit/Matelas. Cela peut montrer exactement ce qui arrive dans les zones subtiles de nos relations intimes. Nous pouvons obtenir une compréhension de ce que nous pensons vraiment de l'intimité et du plaisir sexuel. Pour certaines personnes, le lit est un sanctuaire et un lieu de repos où ils peuvent être seuls.

Tapis. Souvent, quand des tapis apparaissent dans un rêve, c'est que nous observons notre relation à l'argent et aux finances. La couleur devrait aussi être notée (voir Couleur).

Chaise. Une chaise peut indiquer que nous avons besoin d'une période de repos et de récupération. Nous pouvons aussi avoir besoin de prendre du temps ou de nous sentir réceptifs à d'autres occasions et ouvertures.

Buffet/Armoire. Les buffets et les armoires peuvent constituer une allusion à des choses que nous voulons tenir cachées, mais peuvent aussi illustrer comment nous composons avec les différents rôles que nous devons jouer dans la vie.

Table. Une table est souvent liée à une activité à plusieurs personnes et aux affiliations sociales (voir aussi l'entrée et Autel).

3. Objets révérés.

Meurtre/Meurtrier

1. Il existe une partie de nous en laquelle nous n'avons pas confiance. Nous pouvons la nier ou tenter de la contrôler, mais elle existera toujours. Nous pouvons aussi éprouver envers des gens des sentiments qui ne peuvent être exprimés que dans les rêves car il sont sans risque. Si nous sommes assassinés en rêve, cela signifie qu'une partie de notre vie est déséquilibrée et que nous sommes détruits par des circonstances extérieures.

2. Être assez en colère pour tuer, dans un rêve, suggère que nous entretenons une longue colère depuis l'enfance puisqu'il est tout à fait naturel pour un enfant de souhaiter la mort de quelqu'un. Si nous essayons d'assassiner quelqu'un dans un rêve, nous devons d'abord comprendre ce que cette personne représente pour nous avant de pouvoir reconnaître dans la violence nos propres sentiments.

3. La volonté obstinée de détruire est ici symbolisée. Spirituellement, nous devons reconsidérer ce qui nous empêche d'avancer.

Microscope

1. Un microscope indique très souvent dans les rêves que nous devons prêter davantage attention aux détails. Il signifie aussi que nous devons être plus introspectifs pour réaliser un but personnel.

2. Dans le rêve, nous avons la capacité de regarder des choses beaucoup plus en détail que lorsque nous sommes éveillés. Un esprit créateur, artistique doit parfois aussi appliquer une rigueur scientifique ou davantage de logique à sa réflexion. Le symbole d'un microscope peut soulever ces alternatives.

3. Une introspection détaillée est nécessaire sur le plan spirituel ou physique.

Miel

1. Le miel représente presque inévitablement le plaisir et la douceur. Rêver à du miel et particulièrement de le manger montre que nous avons besoin de nous faire plaisir. Également, il indique l'essence de nos sentiments ou que nous avons vécu quelque expérience joyeuse qui peut maintenant être assimilée.

2. On dit que le miel favorise la fertilité et la virilité. Rêver à du miel indiquerait que nous entrons dans une période d'activité sexuelle intense ou de grande fertilité.

3. Immortalité et renaissance sont symboliquement liés au miel.

Minerai

1. Le minerai est un matériel brut qui nécessite un raffinement pour être utilisable. Dans les rêves, il peut représenter des ressources dont nous disposons, bien que celles-ci soient à l'état brut et demandent un peu de raffinement. Il peut aussi représenter de nouvelles idées, des pensées et des concepts que nous n'avons pas totalement compris.

2. N'importe quelle matière première apparaissant dans un rêve exprime une demande inconsciente de creuser l'information, un désir d'en savoir davantage sur quelque chose. Cela signifie qu'une chose ou un projet qui

nous préoccupe n'est peut-être pas viable sous sa forme première, que nous devrons réfléchir et travailler encore pour arriver à nos buts.

3. Une connaissance spirituelle de base peut être ainsi révélée.

Minotaure

- Voir Animaux fabuleux

Miroir

- Voir aussi Réflexion

1. Rêver à un miroir reflète le souci de sa propre image. Nous sommes préoccupés par ce que les autres pensent de nous et avons besoin de procéder à un examen de conscience pour fonctionner correctement. Cela peut signifier une inquiétude relative au vieillissement ou à la santé.

2. Regarder dans un miroir en rêve peut symboliser le regard posé sur le passé sans que l'entourage du rêveur le sache. Un comportement passé nous préoccupe. Nous devons réfléchir sur quelque chose que nous avons fait ou dit. Quand l'image dans le miroir est déformée, c'est que nous avons de la difficulté à nous comprendre. Quand l'image inversée du miroir nous parle dans le rêve, c'est que nous devrions écouter davantage notre conscience, notre voix intérieure.

3. Le miroir suggère la sagesse d'une réalisation personnelle. Il propose une compréhension de soi à un autre niveau, il offre la possibilité de fonder un dialogue entre son image dans la vie réelle et l'image inversée du rêve. Une meilleure compréhension intérieure peut surgir de ce dialogue.

Mite/Papillon de nuit

1. Le papillon de nuit est inévitablement lié à la nuit et représente donc le côté caché de notre personnalité. Aussi, parce que le papillon est éphémère et vulnérable à la lumière, il symbolise en rêve un état passager de notre personne.

2. Comme le papillon est le symbole habituel de l'âme, le papillon de nuit symbolise le côté plus sombre de notre personnalité, celui qui fait appel au

magique, au mystérieux. Le papillon émergeant de l'obscurité symbolise l'identification personnelle que nous devons tous réaliser pour survivre.

3. Le papillon de nuit symbolise non seulement le moi, l'âme, mais aussi l'âme dans ses replis les plus sombres.

Modèle/Motif

- Voir Formes

Moelle

1. La moelle de l'os indique la force de vie, la vitalité ou la force de caractère d'une personne. Rêver à de la moelle est aussi lié à la qualité de la vie, au mode de vie que nous souhaitons adopter.
2. Nous pouvons être conscients d'un déséquilibre dans notre personnalité et rêver à de la moelle peut nous révéler ce déséquilibre.
3. Comme la moelle osseuse suggère la force physique, la moelle représentée dans un rêve peut suggérer la force spirituelle.

Montée

1. Nous prenons conscience de notre capacité d'exercer un certain contrôle sur la passion ou le plaisir sexuel.
2. On montre souvent comme une montée une transition d'exprimer notre énergie par le sexe à l'expression d'une prise de conscience de soi-même. Si nous montons un escalier, ou que nous montons en ascenseur, nous faisons un mouvement vers le réveil ou le devenir plus conscient ; nous nous évadons de l'inquiétude et du terre à terre, et nous nous libérons de contraintes physiques.
3. Nous cherchons la conscience spirituelle.

Moine

- Voir Prêtre dans Gens

Moïse

- Voir Images religieuses

Moisson

1. Autrefois, la communauté entière participait à la moisson annuelle. Rêver à la moisson indiquait donc que chacun pouvait tirer profit de cette activité. De nos jours, rêver à la moisson suggère que chacune de nos activités nous soit bénéfique.

2. La phrase : « On récolte ce que l'on sème » signifie que si nous faisons de bonnes actions, cette bienveillance nous sera rendue. Quand nous rêvons que nous recevons une récompense pour quelque chose que nous avons fait, nous approuvons alors nos activités. D'un point de vue négatif, un acte nuisible viendra nous hanter.

3. La mort, en plus d'être appelée « la grande faucheuse », a longtemps été illustrée brandissant la faux.

Moitié

1. Il arrive que dans les rêves notre image apparaisse à moitié dans des circonstances où nous faisons justement les choses à moitié. Cela révèle une incomplétude, un état intermédiaire nécessitant que nous prenions des décisions. Souvent, il s'agit d'avancer vers l'avenir ou de retourner en arrière, d'achèvement ou de non-achèvement. Nous pouvons avoir accompli une tâche à demi seulement et en être conscient, mais ne pas savoir comment la terminer. Les images du rêve peuvent nous montrer le chemin à suivre. Au contraire, si dans un rêve nous avons accompli à moitié seulement une tâche et en sommes mécontents, nous devons peut-être considérer ce qu'il faudra faire, dans la vie éveillée, pour compléter l'action du rêve.

2. Avoir en rêve seulement la moitié de ce que nous devrions avoir, par exemple la moitié de l'aliment ou de la boisson attendus, indique que nous nous mettons peu en valeur, que nous ne nous permettons pas d'acquérir ce dont nous avons besoin. Rêver que l'on a grimpé la moitié d'une colline ou d'une montagne ou que l'on est à mi-chemin d'une rivière indiquerait une certaine indécision. Nous ne sommes qu'à moitié motivés pour continuer et

achever la tâche à accomplir. Nous avons fait un premier effort, mais un effort plus grand est nécessaire pour arriver là où nous voulons. Ce type de rêve est très souvent lié à notre motivation et à celle des autres. Rêver à répétition que nous sommes seulement au milieu de notre tâche indiquerait que nous n'avons pas la capacité de l'achever. Il y a peut-être une compétence supplémentaire à acquérir.

3. Une situation d'indécision est aussi indiquée ici. Le rêveur devrait considérer quels buts spirituels il veut atteindre.

Momie

1. La momie égyptienne dans un rêve peut symboliser nos sentiments envers quelqu'un qui est mort.

2. La momie égyptienne symbolise la mort, mais aussi la conservation après la mort et donc la vie outre-tombe. Nous pouvons essayer de comprendre un tel concept par rapport à notre vie réelle ou nous pouvons comprendre que la vie doit continuer de façon plus ordinaire, quotidienne.

3. Le moi, la rigidité maternelle et la conservation de soi-même sont symbolisés par la momie.

Monde

- Voir aussi Globe

1. Le monde représente notre secteur d'expérience ainsi que nos activités quotidiennes. Rêver à un monde au-delà de notre sphère d'influence suggère la nécessité d'adopter un point de vue plus large dans une situation.

2. Rêver à d'autres mondes et à d'autres dimensions suggère différentes façons d'expérimenter. Nous devrions peut-être développer des opinions moins rigides.

3. À mesure que nous progressons spirituellement, nous prenons conscience que, de même que nous appartenons à une famille, la Terre appartient au cosmos. Être conscient du monde dans ce sens signifie que nous devons prendre la responsabilité de la façon de fonctionner de nos sociétés.

Monstre

1. Un monstre apparaissant dans un rêve représente quelque chose de plus grand que nature. Nous avons personnalisé cette chose et la crainte qu'elle nous inspire sous la forme d'un monstre. Habituellement, le monstre représente un rapport négatif à nous-mêmes, notre crainte face à nos propres émotions et réactions.

2. Quand des événements prennent des proportions démesurées, nous sentons que nous devrions gérer différemment nos émotions. Dans un rêve, nous ne pouvons pas le faire et notre inconscient trouve une façon à lui de traiter le problème. Souvent, la couleur du monstre (voir Couleurs) nous donnera une certaine indication de la nature du problème qu'il symbolise. Ainsi, un monstre rouge indiquerait la colère (probablement non contrôlée) tandis qu'un monstre jaune pourrait suggérer le ressentiment.

3. La crainte de la mort et tout ce qui l'accompagne. Un monstre peut mettre en évidence une crainte profonde, voire une crainte qui remonte à l'enfance.

Montagne

1. Une chaîne de montagnes représentée dans un rêve symbolise habituellement un obstacle qui doit être surmonté. En ayant l'audace d'escalader la montagne nous défions nos incertitudes et nous nous libérons de notre crainte. Atteindre le sommet d'une montagne en rêve représente la réalisation d'un but alors que dévaler la montagne indique la négligence.

2. Chacun doit faire face à des difficultés. Souvent, c'est la façon dont nous y faisons face qui est importante. Le symbole de la montagne offre beaucoup de possibilités. Nous pouvons donc mettre au point, dans le rêve, une meilleure organisation de notre vie.

3. La montagne est une représentation du centre de notre existence terrestre.

Monticule

- Voir aussi Colline

1. Un monticule apparaissant dans un rêve représente le désir de nous rapprocher de notre passé le plus lointain, de nos premiers besoins d'enfance et du bien-être que le sein de notre mère nous apportait.

2. L'être humain a besoin de confort et d'assurance tout au long de sa vie. Il doit satisfaire ces besoins dans ses relations avec les femmes, et ce, en les dissociant de la relation maternelle. Souvent, rêver à des collines ou à des monticules l'aide à y parvenir.

3. Le monticule symbolise la mère nourricière ou l'entrée dans le monde.

Montre

- Voir Temps

Morgue

1. Une morgue est un lieu effrayant, désagréable, relié à la mort. Quand une morgue apparaît dans un rêve, elle représente nos craintes et nos sentiments face à la mort.

2. Si un cadavre apparaît en rêve, il suggère une partie de nous qui est morte ou une relation disparue. Si nous sommes le corps dans la morgue du rêve, cela illustre un état d'inertie, une situation qui ne nous permet pas de profiter de la vie.

3. La mort physique ne représente pas nécessairement l'étape finale de notre parcours, mais probablement le départ vers une nouvelle étape de la vie spirituelle.

Morsure

1. Être mordus dans un rêve peut montrer que nous sommes victimes d'agression ou, au contraire, que nos instincts agressifs ne sont pas sous notre contrôle.

2. Mordre quelqu'un ou quelque chose, par exemple un fruit, indique qu'il y a littéralement une idée ou un concept dans lequel nous devons planter nos dents.

3. Le rêveur devrait être conscient non seulement de sa capacité de produire du venin, mais aussi de la possibilité qu'il soit victime d'une attaque venimeuse.

Mort

1. Traditionnellement, rêver de mort indiquait la possibilité d'une naissance ou d'un changement dans sa propre vie ou dans celle de quelqu'un de son entourage. Parce que la mort inspirait une grande crainte, elle représentait aussi la calamité après l'avènement de laquelle rien ne serait plus jamais pareil. Elle devait être éprouvée et supportée plutôt que comprise. De nos jours, la mort dans un rêve indique un défi que nous devons affronter. Nous devons ajuster notre approche à la vie et accepter que puisse s'imposer un nouveau commencement si nous en avons le courage.

2. Sur le plan intellectuel, nous prenons conscience de choses que nous pouvons avoir manquées ou ne pas avoir exprimées entièrement et qu'à cause de cela nous ne sommes plus capables de nous servir d'elles. Nous devons être sensibles à notre capacité de ressusciter ce potentiel latent. Un changement de conscience a lieu et nous pouvons traverser avec succès certains rites de passage comme ceux de la puberté vers l'âge adulte, de la maturité vers la vieillesse, etc.

3. L'aspect invisible de la vie ; omniscience, renaissance spirituelle ; résurrection et réintégration.

Morts (personnes)

1. Des personnes mortes que nous avons connues et qui sont présentes dans nos rêves sont liées d'habitude aux fortes émotions négatives ou positives que nous avons ressenties en lien avec ces personnes. Par exemple, nous pouvons garder une colère ou une culpabilité non résolues et la seule manière de composer avec elles réside dans une séquence de rêve.

2. Certains de nos souvenirs peuvent rester enfouis dans notre mémoire pendant des années. Souvent, quand les gens qui sont morts apparaissent dans les rêves, c'est pour nous rappeler des temps, des lieux ou des relations qui nous aideront à composer avec des situations présentes.

3. Rêver de personnes décédées peut suggérer une liaison d'une nature spirituelle avec nos ancêtres.

Mort de soi-même

1. Rêver à notre propre mort, c'est explorer nos sentiments face à la mort, une retraite face à un défi de la vie ou une coupure entre l'esprit et le corps. Abandonner son corps est souvent l'image de rêve utilisée pour marquer cette coupure entre les processus de la vie et l'*ego*.

2. Notre propre mort peut souvent être utilisée par notre esprit dans les rêves pour explorer les sentiments des autres à notre sujet.

3. La mort est une transition entre une conscience physique brute vers un moi plus spirituel.

Mosaïque

1. Un modèle ou dessin complexe apparaissant dans un rêve fait habituellement référence à notre mode de vie. Nous devons probablement considérer la vie dans un ensemble, mais aussi comprendre et respecter ses nombreuses constituantes.

2. Dans une mosaïque, toujours composée de nombreuses petites parties, il y a un acte délibéré de création. Un tel symbole apparaissant dans un rêve éveille nos capacités créatrices et artistiques. Les couleurs et les formes représentées sont importantes dans l'interprétation à faire du rêve (voir Couleurs et Formes).

3. Le kaléidoscope avec ses nombreuses facettes est un symbole spirituel puissant représenté dans le rêve par la mosaïque.

Mot

- Voir aussi l'Introduction du présent livre

1. Quand nous prenons conscience en rêve qu'un mot est répété, ce sont peut-être les sons qui le composent qui sont significatifs.

2. Certains mots ont des significations ésotériques, comme le mot hébreu *JHVH* (Jéhovah), et sont plus susceptibles d'apparaître à l'état de rêve qu'à

l'état éveillé. Nous sommes plus ouverts à une telle information pendant que nous sommes endormis.

3. Les mots de pouvoir, le logos, le son sacré.

Moteur

- Voir aussi Voiture et Piston

1. Le dynamisme et l'énergie dont nous avons besoin pour nous motiver dans une situation peuvent être illustrés dans les rêves sous la forme d'un moteur (voir Voiture). Quand le rêve est concentré sur l'action mécanique du moteur, nous pouvons devoir envisager des façons plus pragmatiques et plus dynamiques de composer avec nos vies. Enlever le moteur pourrait indiquer un problème de santé sérieux.

2. Un moteur peut symboliser l'acte sexuel. Percevoir le bruit d'un moteur diesel ou d'une locomotive peut nous mettre en contact avec notre pouvoir intérieur ou nos principes.

3. Un moteur dans un rêve est symbolique de nos motivations spirituelles et de notre dynamisme.

Moto

- Voir Parcours

Mouches

1. Les mouches ont toujours une connotation désagréable, ce qui ne tient pas compte du fait qu'elles mangent aussi des matières en décomposition. Ainsi, rêver à des mouches, c'est être conscients que certains aspects négatifs de nos vies doivent être traités. Rêver à un essaim de mouches, c'est remarquer le comportement résolu des insectes quand ils sont en grand nombre. Alors qu'un insecte peut sembler se déplacer sans but, ce n'est pas le cas d'un essaim. Souvent, nous pouvons seulement réussir en changeant les choses en groupe.

2. Les insectes ont un lien avec notre instinct de survie. Les comportements que cet instinct induit sont d'un ordre très primitif et, indépendamment de ce qui nous menace, il peut y avoir des circonstances où il constitue notre seule défense.

3. Une certaine forme de contamination spirituelle peut avoir eu lieu. On espère qu'elle puisse être traitée facilement et que des mesures puissent être prises pour l'éliminer, à tout le moins la garder à distance.

Mouettes

- Voir Mouette dans Oiseaux

Mouiller son lit

1. Dans les rêves, nous régressons souvent à un état antérieur et rêver que l'on mouille son lit indique notre anxiété face à un manque de contrôle. Dans quelques cas, cela peut aussi indiquer l'existence d'un problème avec le sexe ou la sexualité.

2. Nous pouvons avoir des soucis quant à notre comportement correct dans la société ou être condamnés pour un comportement inapproprié.

3. Mouiller son lit peut suggérer dans les rêves un besoin de liberté d'expression personnelle.

Moulin

1. Un moulin extrait ce qui est utile du matériau brut en lequel on l'alimente. C'est cette qualité qui est représentée dans le rêve. Nous retirons ce qui est utile de nos expériences pour le reconvertir et nourrir ainsi notre vie.

2. Dans tout raisonnement s'effectue une transformation et n'importe quel rêve présentant un moulin désignera cette transformation. Les deux outils essentiels de cette transformation sont la volonté et l'intelligence.

3. Rêver à un moulin met en scène de l'énergie transformable, c'est-à-dire ce qu'il faut pour transformer un matériau brut en un produit utilisable.

Moulin à vent

1. L'image d'un moulin à vent dans les rêves suggère l'utilisation correcte de ressources. Parce que le vent suggère souvent l'intellect, il s'agit donc de l'utilisation d'actifs intellectuels.

2. En tant qu'image de rêve, un moulin à vent représente la récolte du fruit de nos efforts – dans ce cas, de ressources matérielles. En tant qu'entrepôt de fertilité, dans les rêves le moulin peut parfois représenter le féminin ou la mère.

3. Le moulin à vent est symbolique des nombreuses facettes de l'intellect, qui peut être stimulé par notre spiritualité.

Mouton

- Voir Animaux

Mouvement

1. Le mouvement est mis en évidence dans le rêve pour faire prendre conscience du progrès au rêveur. Un mouvement vers l'avant suggère une acceptation de ses capacités ; un déplacement vers l'arrière le retrait d'une situation. Le déplacement de côté suggérerait l'acte délibéré d'éviter quelque chose.

2. La façon dont nous nous déplaçons dans un rêve peut représenter l'acceptation de soi-même. Par exemple, se déplacer vivement suggérerait une acceptation de la nécessité d'un changement, tandis qu'être déplacé, par exemple en fauteuil roulant, signifierait être bousculé par des circonstances extérieures ou selon la seule volonté des autres.

3. Un mouvement vers l'acceptation spirituelle peut être entrepris lorsqu'on considère que c'est le bon moment.

Mur

- Voir aussi Constructions

1. Dans les rêves, les murs indiquent d'habitude les limites que nous avons fixées nous-mêmes. Celles-ci peuvent avoir été créées en tant que systèmes de défense ou structures d'appui et il est parfois utile, dans l'interprétation du rêve, de savoir si les murs ont été érigés pour nous empêcher de sortir ou pour empêcher les autres d'entrer.

2. Un mur a aussi le symbolisme d'une ligne de démarcation, d'un marqueur entre l'intérieur et l'extérieur, la vie privée et la confiance ouverte aux autres.

Un trou dans un mur suggère un abus de confiance ou un envahissement de la vie privée. Si les murs nous emprisonnent, nous sommes tenus prisonniers par nos propres craintes, doutes et difficultés, tandis que s'il apparaît et disparaît nous n'avons réglé notre problème qu'en partie.

3. Un mur symbolise les délimitations d'un espace sacré. Le rêveur doit être conscient de ses limites.

Musée

1. Un musée dénote des pensées dépassées, des concepts désuets. Nous devons considérer certaines choses sous un angle plus objectif.

2. Un musée peut représenter un endroit où nous entreposons notre mémoire et donc symboliser le subconscient, cette partie de nous que nous devons fouiller dans un effort de retracer nos racines et de trouver ainsi d'où nous venons et qui nous sommes vraiment.

3. Les reliques et trésors du passé sont intéressants, mais doivent être considérés avec une certaine distance pour que nous puissions aller ensuite de l'avant et progresser.

Musique/Rythme

- Voir aussi Orchestre

1. La musique et le rythme sont l'expression de nos sentiments et même de notre rapport à la vie. Entendre de la musique dans un rêve évoque cette relation de base et notre capacité de l'interpréter. La musique peut aussi représenter simplement une expérience agréable ou sensuelle.

2. La musique sacrée, par exemple le chant choral, les grandes orgues, les tambours ou la cornemuse, est utilisée dans les rêves pour suggérer un changement d'état de conscience.

3. La musique sacrée était toujours présente dans le cadre des actes d'adoration (voir Danse).

N

de

Nain/Difformité à Nymphes

Nain/Difformité

1. Un malformation dans un rêve indique une partie de notre personnalité qui n'a pas été intégrée ou qui a été laissée en friche. Dans un rêve, un nain dénote une partie de nous qui a été endommagée par un traumatisme d'enfance douloureux ou par un manque de nourriture émotionnelle.

2. Un nain peut désigner en rêve une petite partie de nous qui a besoin de considération. Cela peut être un aspect rachitique de notre personnalité qui ne devient pas apparent jusqu'à ce que nous soyons préparés à l'assumer.

3. Un nain symbolise la force inconsciente et non différenciée de la nature.

Naissance

1. Nous avons tendance à rêver de naissance au début d'un nouveau mode de vie, d'une nouvelle attitude, d'une nouvelle capacité ou d'un nouveau projet.

2. Sur le plan psychologique, nous nous mettons en accord avec notre existence.

3. Les pulsions de prendre soin, d'aimer et de donner naissance sont toutes suggérées dans les rêves de naissance tant spirituelle que physique.

Natation

- Voir aussi Noyade

1. Un rêve de nage a presque le même symbolisme qu'un rêve d'immersion (voir Immersion). Nager en remontant le courant dans un rêve indiquerait que le rêveur agit contre sa nature. Un poisson qui nage peut avoir le même symbolisme que le sperme et peut donc indiquer le désir d'avoir un enfant. Nager dans l'eau claire indique que l'on se lave, tandis que l'eau sombre symbolise une possibilité de dépression.

2. Nager dans l'eau sera toujours symbolique des émotions, alors que nager dans l'air est lié à la capacité intellectuelle. Rêver que l'on est un bon nageur illustre l'habileté à manipuler des situations émotionnelles, tandis qu'être un mauvais nageur dans un rêve pourrait indiquer le besoin d'apprendre à gérer ses émotions d'une façon plus positive.

3. Nager demande beaucoup d'énergie pour se déplacer d'un endroit à un autre. Symboliquement, cette activité symbolise l'énergie spirituelle que nous investissons à nous déplacer vers un certain but.

Nausée

1. Avoir la nausée dans un rêve indique souvent le besoin de se débarrasser de quelque chose qui nous met mal à l'aise. Cela peut concerner notre état physique mais, l'estomac étant le siège des émotions, cela peut aussi être une représentation d'un sentiment qui nous afflige.

2. Le corps a souvent de curieuses façons de manifester ses problèmes ou insuffisances et la nausée dans un rêve peut indiquer un problème avant même qu'il se manifeste de façon physique.

3. La nausée peut aussi suggérer la prise de conscience de quelque chose de spirituellement mauvais, de putride.

Navigation à voiles

- Voir aussi Parcours

1. Quand nous rêvons de navigation à voiles, nous mettons en évidence comment nous estimons mener notre vie. Nous pouvons travailler avec ou contre les courants. Si nous naviguons sur un yacht, il y a un sens d'urgence plus grand que si nous naviguons sur un paquebot. Le premier représente les rapports de personne à personne, alors que le deuxième suggère plutôt un effort de groupe.

2. Faire des louvoiements – naviguer contre le vent – suggère que nous avons créé des difficultés, probablement en nous dressant contre l'opinion publique. Si nous naviguons dans le vent, cela signifie que nous utilisons des occasions au meilleur de nos capacités.

3. La navigation à voiles suggère une liberté spirituelle et une utilisation personnelle de notre intellect.

Neige

- Voir aussi Glace

1. La neige est une cristallisation d'eau et symbolise dans les rêves la cristallisation d'une idée ou d'un projet. Quand elle fond, elle peut représenter l'adoucissement du cœur.

2. Sur le plan psychologique, la neige rêvée peut suggérer la froideur émotionnelle ou la frigidité. À cause de son utilisation dans l'argot pour désigner la cocaïne, elle peut aussi symboliser des drogues.

3. Sur le plan spirituel, la neige peut représenter la pureté, la beauté et la fonte de difficultés.

Neveu

- Voir Famille élargie dans Famille

Niche

1. Tout être humain a un besoin fondamental de sécurité et souvent nous en prenons conscience dans les rêves où nous cherchons notre place. Cela se manifeste sous la forme d'un endroit où nous sommes protégés de tous les côtés sauf de l'avant. On a suggéré qu'il s'agisse d'un retour à l'âge de quatre ans, alors que l'enfant comprend qu'il est vulnérable de tous les côtés et non seulement de celui où son regard porte. La niche est donc notre endroit sécuritaire.

2. À chaque situation foncièrement nouvelle, nous avons besoin de comprendre le monde dans lequel nous entrons. Souvent, les scénarios de nos rêves peuvent suggérer diverses possibilités en nous rappelant nos appartenances, soit quelle niche, quelle situation nous conviennent le mieux. Nous devons aussi reconnaître les éléments externes qui vont nous aider et ceux qui risquent de nous nuire. Les images de rêve reliées à la niche nous donnent de telles informations.

3. Dans les images religieuses, la niche est sacrée, elle est un lieu pour recevoir un dieu, une divinité. Elle symbolise alors la sainteté et les pouvoirs spéciaux attribués à cette divinité. Si une icône (voir Icône) est placée dans la niche, la divinité y est symboliquement présente.

Nid

1. Le nid symbolise la sécurité et le milieu familial. Nous dépendons émotionnellement des gens autour de nous et avons peur que quitter le nid.

2. Il est intéressant de remarquer que plusieurs femmes, avant d'accoucher, se sentent comme un nid, un lieu protecteur et sécuritaire pour l'enfant. Cela apparaîtra parfois dans un rêve avant même qu'elles en prennent conscience dans la vie éveillée.

3. Le nid dans un rêve représente la sécurité de l'environnement connu.

Nièce

- Voir Famille élargie dans Famille

Nimbe

- Voir aussi Aura

1. Les forces – ou l'énergie électromagnétique – qui émanent de chacun des êtres humains ont une qualité particulière chez ceux qui ont entrepris un développement spirituel. Dans les rêves, cela peut se manifeser sous la forme d'un rayonnement d'un éclat nacré émanant du corps, de la tête, des yeux.

2. Les dirigeants politiques et les leaders spirituels du monde sont dotés d'un charisme le plus souvent reconnu par la majorité. Le nimbe est légèrement plus subtil et manifeste un niveau de charisme plus difficile à atteindre qui n'est donc pas à la portée de tout le monde.

3. Le nimbe est souvent peint dans des images religieuses comme le halo ou l'éclat divin autour de la tête de saints.

Niveau

1. D'habitude, dans les rêves, une surface plane suggère le bien-être et le confort. Rêver à une route plane indiquerait que notre voie est assez directe. Un passage à niveau suggère que nous nous approchions d'une barrière qui exigera notre attention. Nous n'avons pas encore assez d'information pour agir de manière éclairée.

2. Plusieurs niveaux de compréhension sont possibles dans l'analyse des rêves. L'interprétation que nous pouvons faire de nos rêves dépend de notre niveau d'avancement spirituel.

3. Un niveau, dans l'architecture sacrée, représente la connaissance de la norme.

Noce

- Voir Mariage

Nœud

- Voir aussi Pendaison et Corde

1. Le nœud est un des symboles les plus intéressants puisqu'il peut avoir plusieurs significations dans les rêves. Négativement, s'il est vu comme un enchevêtrement, il peut indiquer l'existence d'un problème insoluble ou d'une difficulté. On peut seulement le démêler patiemment et graduellement. Positivement, il peut symboliser nos liens avec notre famille, nos amis ou notre travail.

Un nœud exprime aussi la crainte d'être piégés par nos actions ou par celles des autres. Nous sommes conscients de pouvoir nous piéger nous-mêmes, autrement dit de nous passer la corde au cou. Traditionnellement, la représentation du nœud d'un bourreau était une menace de mort, et cela peut encore revêtir cette signification dans le rêve. Cette mort peut symboliser la disparition d'une partie de notre personnalité.

2. Un nœud simple dans un rêve pourrait représenter le besoin de prendre une direction différente dans un projet. Un nœud plus complexe pourrait indiquer que nous sommes pris dans une situation par sens du devoir ou par culpabilité. En fin de compte, la seule façon d'échapper à une telle contrainte est de desserrer les liens dans notre rapport avec quelqu'un ou dans une situation de travail.

Un nœud, comme le licou, le harnais ou d'autres symboles de contrainte dans les rêves, suggère l'apprivoisement de quelque chose de sauvage. Ainsi, pour un jeune homme à la veille de son mariage, rêver à un nœud pourrait indiquer une crainte des restrictions, de l'emprisonnement. Pour une jeune femme qui souhaite quitter le foyer familial, un nœud pourrait représenter la crainte de devoir rester dans la maison parentale. Un nœud peut aussi symboliser une entrave à la liberté d'expression.

3. Le nœud symbolise une mort traumatique. Dans un sens plus complexe, il peut représenter l'attache des intentions spirituelles, le manque de liberté dans le cheminement spirituel.

Nœud mystique

1. Le nœud mystique n'a ni commencement ni fin. Sa signification de base suggère un problème insoluble. Nous devons probablement laisser un tel problème se résoudre par lui-même au fil du temps.

2. Le nœud mystique apparaît habituellement à l'occasion de remises en question, lorsque nous essayons de comprendre notre rapport au spirituel.

3. Le nœud mystique suggère l'infini.

Nom

1. Notre nom est la première chose que nous possédons. Il est lié intimement à notre identité et à notre appartenance. Si on appelle notre nom dans un rêve, notre attention est dirigée vers notre personne. Il existe une croyance voulant que les parents nomment leur enfant de manière que la signification du nom choisi soit la plus grande leçon que cet enfant doive apprendre dans la vie. Par exemple, Charles signifie « l'homme » et Brigitte signifie « la force ».

2. Quand nous entendons d'autres noms en rêves, cela signifie que nous reconnaissons les qualités qu'ils représentent, et que nous devrions nous attarder à ces qualités. Lorsque le nom d'un lieu apparaît en rêve, il représente ce que nous pensons de cet endroit ou ce que nous en connaissons. Il peut aussi y avoir certains jeux de mots avec les noms.

3. Spirituellement, quand quelque chose est nommé, il prend alors forme et acquiert une signification. Notre nom nous permet de nous lier à l'élément essentiel de notre moi.

Nombres

1. Les nombres auxquels on porte attention dans les rêves peuvent avoir une signification reliée à notre vie personnelle, par exemple une date particulière ou encore l'adresse d'une maison où nous avons vécu. Notre inconscient conserve souvent l'origine du nombre, sa signification, alors que consciemment nous ne nous en souvenons pas.

2. Symboliquement, les nombres ont plusieurs significations différentes ou communes dans chaque culture et chaque religion. Les significations les plus courantes sont répertoriées ci-dessous, subdivisées en trois sections différentes.

a) Les interprétations quotidiennes des nombres vus dans les rêves :
Le chiffre ***un*** signifie que vous accomplirez le travail que vous faites avec une compétence remarquable. Le ***deux*** indique que certains rapports professionnels ou personnels doivent être traités avec délicatesse. Le ***trois,*** que vos projets de stabilité et de succès se réaliseront. Le ***quatre*** indique qu'un endroit sûr et douillet dans la maison peut être à vous si vous le demandez. Le chiffre ***cinq*** annonce que vous allez faire une importante découverte qui provoquera des changements. Le ***six*** suggère qu'une relation amoureuse se présente à vous. Le chiffre ***sept*** indique qu'avec des efforts vous pouvez résoudre vos problèmes. Le ***huit,*** que votre vie recèle le potentiel de devenir meilleure. Le ***neuf*** vous met en garde contre les mauvaises affaires, tandis que le ***zéro*** est le chiffre qui détient toutes les potentialités.

b) Un résumé des qualités représentées par les nombres primaires :
Le chiffre ***un*** représente l'indépendance, le respect de soi, la détermination et l'atteinte de ses buts, mais il représente aussi l'intolérance, la vanité, l'étroitesse d'esprit, l'avilissement et l'obstination. Le ***deux*** est lié à la placidité, à l'intégrité, à l'intérêt, à la sociabilité et à l'harmonie. En contrepartie, il a aussi un lien avec l'indécision, l'indifférence, le manque de responsabilité et l'entêtement. Le chiffre ***trois*** symbolise la liberté, le courage, l'amusement, l'enthousiasme, l'intelligence, mais aussi l'indolence, la suffisance, l'impatience et la nonchalance. Le ***quatre*** a rapport à la fidélité, au flegme, au pragmatisme et à l'honnêteté. Il suggère aussi la maladresse, la morosité, le conservatisme et la difficulté d'adaptation. Le chiffre ***cinq*** représente la caractère aventurier, la vivacité, le courage, la santé, la sensibilité et la sympathie. D'un autre point de vue, il représente l'imprudence, l'irresponsabilité, l'inconstance, le manque de

fiabilité et l'étourderie. Le ***six*** est rattaché à l'idéalisme, à l'altruisme, à l'honnêteté, à la charité, à la fidélité, à la responsabilité, à la supériorité, à la douceur, au manque d'esprit pratique et à la soumission. Le chiffre ***sept*** représente la sagesse, la perspicacité, l'esprit philosophique, la fermeté, la profondeur et la contemplation. Il est aussi l'image d'un état maladif, de l'hypercritique, de l'immobilisme et du manque de sociabilité. Le ***huit*** représente l'aspect pratique, le pouvoir, la bosse des affaires, la capacité de prendre de bonnes décisions, le contrôle et la constance. Cet aspect pratique démontre par contre un manque d'imagination, la rudesse ainsi qu'une tendance à l'autosuffisance et à la domination. Le chiffre ***neuf*** symbolise l'intelligence, la discrétion, l'aspect artistique, la compréhension, l'ingéniosité, la moralité et le génie. Par contre, il est aussi rattaché à la rêverie, à l'apathie, au manque de concentration et à l'errance.

c) Les différentes interprétations ésotériques :
Le chiffre ***un*** représente notre propre identité, le commencement, la primauté, l'unité. Le ***deux***, la dualité, l'indécision, l'équilibre, le masculin contre le féminin, les deux faces d'une médaille, les contraires. Le chiffre ***trois*** correspond au triangle, à la liberté. Le ***quatre*** représente le carré, la force, la stabilité, la terre, la réalité et quatre aspects de la nature humaine, soit la sensation, la sensibilité, la pensée et l'intuition. Il représente aussi les quatre éléments de base, soit la terre, l'air, le feu et l'eau. Le chiffre ***cinq*** symbolise le corps humain, la conscience du corps, les cinq sens. Le ***six*** est lié à l'harmonie et à l'équilibre. Le ***sept*** représente le cycle de la vie, le merveilleux, le spirituel et l'intégrité humaine. Le chiffre ***huit*** symbolise la mort et la résurrection, l'infini. Le ***neuf*** représente la grossesse, la fin d'un cycle et le début d'un nouvel engagement spirituel. Le ***dix*** se rattache à un nouveau commencement, à l'homme et à la femme ensemble. Le chiffre ***onze*** est lié à la onzième heure, c'est-à-dire la dernière limite. Le ***douze*** représente le temps, un cycle complet, une entité. Enfin, le ***zéro*** représente le féminin, la Terre mère, l'inconscient, la perfection absolue ou la complétude.

3. Spirituellement, plus nous progressons plus nous sommes disposés à sentir les vibrations spirituelles des nombres. Il est reconnu depuis longtemps que certaines combinaisons de chiffres peuvent influencer de plusieurs façons l'environnement du rêveur.

Nombril

1. Voir un nombril en rêve, le nôtre ou celui de quelqu'un d'autre, reflète la conscience que nous avons de notre lien au monde. Le nombril est la voie par laquelle le bébé, dans l'utérus, se nourrit et par là se développe physiquement. Les rêves reflètent souvent comment nous nous percevons et cela nous permet de reconsidérer si nécessaire nos rapports à la vie quotidienne.

2. Le nombril dans un rêve symbolise notre dépendance aux autres, particulièrement à notre mère. Le nombril est le centre émotionnel et aussi le point central de notre pouvoir d'adulte. Dans un cauchemar, la présence du Diable dans notre nombril peut être une personnification de nos craintes.

3. Le nombril et le plexus solaire sont les points de rencontre entre le spirituel et le physique.

Non

1. Rêver que nous disons non représente une étape importante dans un processus de croissance. Cela indique que nous sommes capables de prendre des décisions qui vont à l'encontre des désirs des autres et de les défendre. Nous acceptons ainsi l'adversité et le désaccord. Nous sommes capables de prendre position et d'assumer ce choix.

2. Le droit de refuser est un aspect important de l'art de faire des choix. Nous ne devons pas nécessairement avoir de bonnes raisons pour refuser ; nous avons simplement le droit de dire non. Sur le plan relationnel, dire non dans un rêve suggère que nous savons ce qui est bon et juste pour nous.

3. Dire non en rêve, sur le plan spirituel, exprime notre rejet de ce qui n'est pas compatible avec notre cheminement.

Nonne

- Voir Travailleurs sociaux dans Gens

Nord

- *Voir Position*

Nourriture

- *Voir aussi Aliments*

1. Dans les rêves, la nourriture est liée symboliquement aux besoins primaires. Nous avons besoin de chaleur, de confort, d'un toit et de nourriture. À notre naissance, tous ces besoins sont idéalement comblés par notre mère. Un rêve dans lequel nous prenons conscience de nos besoins expose notre relation à notre mère. Si notre besoin de nourriture ou de tendresse n'est pas comblé, nous éprouvons du rejet et il nous manque quelque chose.

2. Dans un rêve, toutes les images de contenants (tasse, chaudron, bol, etc.) sont des symboles reliés à la féminité et à la nourriture. Les animaux produisant de la nourriture sont aussi reliés à la maternité, mais aussi à la Terre mère.

3. Les différentes possibilités de nourrir l'âme et de conférer l'immortalité relèvent toutes de la déesse mère.

Nouveau

1. Rêver à quelque chose de neuf suggère un recommencement, une nouvelle façon de voir la vie ou peut-être une nouvelle relation. Ainsi, des chaussures neuves vues en rêve pourraient symboliser une nouvelle façon d'avancer dans la vie ou une nouvelle façon de percevoir la réalité. Un chapeau neuf pourrait illustrer une nouvelle approche intellectuelle, tandis que de nouvelles lunettes indiqueraient un nouveau regard posé sur les choses.

2. Faire quelque chose de nouveau dans un rêve met en évidence le potentiel d'apprentissage que recèle cette situation. Nous éprouvons la stimulation et l'excitation d'un début, mais nos rêves peuvent mettre en évidence nos craintes ou nos difficultés en lien avec cette expérience neuve. Nous pouvons rêver à différentes situations où nous ne sommes pas aussi performants que nous devrions l'être ou même rêver à des actions qui pourraient augmenter notre performance.

3. La nouveauté, d'un point de vue spirituel, c'est l'information qui nous parvient au bon moment pour nous permettre de progresser. Ce qui est nouveau pour nous en rêve ne l'est peut-être pas dans la réalité, mais il n'en agit pas moins sur notre existence pour la rendre différente.

Nouveau marié

- Voir aussi Mariage

1. Rêver à un nouveau marié indique le désir d'être marié ou de trouver un ou une partenaire, de se montrer plus responsable de soi ou de quelqu'un d'autre. Ce rêve reflète une compréhension du côté romantique de sa nature et le besoin d'intégrer idées et réalité.

2. Le besoin d'association peut être plus intellectuel qu'émotionnel et nous pouvons devoir établir un rapport avec le dynamisme du masculin.

3. Un nouveau marié peut représenter le besoin du rêveur de se montrer responsable à l'égard de quelqu'un ou de quelque chose et peut manifester un certain degré de contrôle.

Nouvel An

1. Rêver au Nouvel An exprime notre besoin d'un nouveau départ. Il peut aussi signifier le passage du temps et le moment où un renouvellement ou un changement doit arriver.

2. Psychologiquement, satisfaire à un besoin de nouveauté ou d'une nouvelle vision de la vie demande que l'on fasse un effort ou un investissement. Cela est souvent symbolisé par le Nouvel An dans les rêves.

3. Spirituellement, dans n'importe quelle culture, le Nouvel An et ses célébrations symbolisent l'avènement d'une connaissance. Nous ne sommes plus alors dans l'obscurité et l'inconnu.

Nouvelle mariée

- Voir aussi Mariage

1. Quand une femme rêve qu'elle est une nouvelle mariée, c'est souvent qu'elle essaie de réconcilier son besoin d'une relation et celui d'être indépendante.

Dans le rêve d'un homme, une nouvelle mariée indique qu'il comprend la partie féminine, innocente de lui-même. Rêver que l'on est présent à un mariage, le sien particulièrement, marque l'intégration de sentiments intérieurs et de la réalité extérieure.

2. Psychologiquement, nous cherchons l'union de la partie non intégrée de nous-mêmes. Nous pouvons être à la recherche de l'innocence féminine en nous.

3. Le besoin spirituel d'amour, de réceptivité et de fertilité.

Noyade

- Voir aussi Natation

1. Quand nous nous noyons dans un rêve, cela indique que nous sommes en danger d'être écrasés par des émotions que nous ne pouvons pas maîtriser. Nous avons peur de permettre à nos émotions de s'exprimer librement. La noyade peut aussi indiquer une incapacité de maîtriser une situation stressante.

2. Nous nous trouvons dans une situation où nous n'avons aucun contrôle. Nous pataugeons à l'intérieur de cette situation sans possibilité de nous en sortir.

3. La noyade symbolise une immersion dans la mer de la vie et donc une perte d'*ego*.

Nu

1. Freud a affirmé que rêver à notre propre nudité était relié à la sexualité. C'est aussi grandement relié à notre image de nous-mêmes et cela illustre le désir d'être vus tels que nous sommes, de révéler notre personnalité fondamentale. L'interprétation d'un rêve où nous marchons nus dans la rue variera selon que les gens nous voient ou non. Si on nous regarde, cela peut exprimer un désir que nous aurions de révéler certaines choses nous concernant. Si nous sommes seuls, cela peut simplement exprimer un désir d'une plus grande liberté d'expression.

2. La nudité signifie l'innocence. Elle peut représenter une situation de notre vie qui exige de l'honnêteté. Si nous avons suffisamment confiance en nous, nous n'avons pas à craindre d'être déshabillés en public. Rêver que l'on est

nu, par exemple dans un bar de danseuses nues, pourrait illustrer notre inquiétude quant au fait d'exposer certaines de nos idées. Nous réalisons que, malgré notre honnêteté et notre franchise, quelques personnes peuvent ne pas comprendre certaines de nos opinions ou certains de nos actes.

3. La nudité peut suggérer en rêve un nouveau commencement, une renaissance. C'est l'état du corps au paradis, et aussi l'état d'innocence naturelle que nous avons tous à la naissance. Elle peut aussi représenter la renonciation au monde matériel.

Nuages

1. Rêver à des nuages, selon les divers autres éléments du rêve, peut soit indiquer l'élévation ou des sentiments religieux, soit démontrer que nous nous sentons éclipsés par quelqu'un ou quelque chose. Ce rêve peut aussi nous avertir de la possibilité de difficultés ou d'un danger à venir.

2. Nous pouvons souffrir d'une dépression latente qui ne pourra être traitée qu'après que nous lui ayons donné une forme dans un rêve.

3. On pensait jadis que les nuages étaient des véhicules de la puissance divine.

Nuit

- Voir aussi Temps

1. La nuit est une période de repos et de relaxation, mais elle peut aussi symboliser le chaos et les difficultés, être le royaume des fantômes, des monstres et autres créatures de l'obscurité. D'un œil plus positif, c'est une période qui nous permet à chaque fois un recommencement avec l'aube. Utilisée pleinement, la nuit est une période de réflexion avant le jour nouveau. On dit que la nuit porte conseil.

2. La nuit est un temps où le corps se repose et reprend des forces. Dans la médecine chinoise, certaines heures de la nuit correspondent au renouvellement des cellules de certains organes dans le corps. Si le corps n'était pas capable de se régénérer correctement, la folie pourrait survenir. (voir Manque de sommeil dans Introduction au présent livre).

3. La nuit symbolise l'obscurité qui règne avant la renaissance ou le recommencement. L'obscurité doit venir pour qu'il y ait illumination. La nuit peut aussi annoncer un changement irrévocable.

Nymphes

1. La nymphe est une personnification onirique de la fertilité féminine. Elle possède une énergie innocente et insouciante, elle est naïve et juvénile. Les nymphes hantent les espaces merveilleux et sacrés que sont les forêts, les montagnes et les lacs. Dans les rêves, donc, elles sont reliées à la sensibilité et à la beauté de la femme, à sa féminité propre.

2. Psychologiquement, la nymphe est une proche parente de la princesse (voir Princesse dans Archétypes et Gens). Son énergie incarne l'insouciance et le plaisir. Elle acquiert ainsi toute sa splendeur, qui s'exprime dans son mouvement et sa luminosité. La nymphe étant une représentation de l'énergie pure, en rêver nous permet d'acquérir des qualités telles que la pureté et la grâce.

3. La nymphe est l'esprit de la terre et contrôle toute son énergie. Le charme des nymphes est constitué de leur jeunesse, de leur beauté et de leur vitalité. Chaque groupe de nymphes a un rôle particulier et veille sur un secteur spécifique, comme les forêts et les lacs, les bois et les vallées, les montagnes et les grottes. Les dryades ne se mêlent pas aux autres nymphes. Leur rôle spirituel est d'incarner les qualités féminines dans leur état le plus pur.

O

de

Oasis à Ovale

Oasis

1. L'oasis est en quelque sorte un refuge dans le désert. Associée à l'eau, dans le rêve, l'oasis devient un lieu où l'on peut recevoir n'importe quel type de rafraîchissement émotionnel.

2. Quand nous vivons des moments difficiles, nous avons besoin d'un lieu où nous exprimer, d'un endroit où nous refaire des forces, et de faire le plein d'énergie. En rêve, l'oasis représente un tel endroit, particulièrement quand nous nous sentons perdus (voir Perdu). Elle constitue aussi un certain type de sanctuaire.

3. Une oasis, sur le plan spirituel, représente le rafraîchissement et la capacité de prendre nos distances par rapport à ce qui nous oppresse.

Obéissance

1. Requérir l'obéissance de quelqu'un dans un rêve, c'est reconnaître notre pouvoir et notre autorité sur les autres. Rêver que nous obéissons aux autres indique la prise de conscience de leur autorité sur nous et la reconnaissance de la réduction de notre propre influence.

2. Rêver que nous obéissons à quelqu'un que nous connaissons, mais que cette personne se trouve dans une situation inattendue peut suggérer des rapports futurs plus agréables entre nous et elle, peut-être parce que nous sommes maintenant capables de la percevoir sous un nouveau jour.

3. Être obéissant, dans le sens spirituel, suggère une soumission au Tout-Puissant et, après beaucoup de réflexions, à notre côté spirituel.

Obélisque

1. Une pierre taillée apparaissant dans un rêve suggère un regard vers la formation de notre nature profonde. Si la pierre est simplement taillée, nous avons davantage de possibilités de l'améliorer, de la préciser ; si la pierre est ornée, elle suggère alors que l'utilisation de notre énergie créatrice soit couronnée de succès.

2. Un obélisque représente souvent la limite d'un espace sacré. Il peut aussi symboliser la tradition et l'instinct.

3. Un obélisque est souvent une pierre sacrée. Le rêveur doit alors porter un regard éclairé sur ses croyances spirituelles.

Obligation

1. Rêver que nous sommes dans l'obligation de faire ce que des personnages de nos rêves nous demandent illustre notre sentiment inné du devoir. Nous nous sentons dans l'obligation de faire quelque chose pour eux mais savons au fond que ce n'est pas ce qu'il y a de mieux pour nous.

2. Si nous réalisons que des gens se sentent obligés face à nous, nous devons éviter d'abuser de la situation.

3. Nous sentir obligés dans un rêve peut nous ramener à l'accomplissement d'une tâche spirituelle ou d'un devoir que nous avons repoussé, probablement inconsciemment.

Obligations (liens)

1. Les obligations ont deux significations dans les rêves. La première est liée à l'épargne (billets à ordre) et la deuxième à des attaches ou à des cordes.

2. Rêver aux premières indique que nous sommes capables d'engagement envers une personne ou un principe et que nous pouvons aussi tenir des promesses. Rêver aux secondes est lié à l'attachement ou aux liens qui peuvent s'établir dans des situations et des relations. Si le rêveur est attaché, cela symbolise sa soumission à une force plus grande que lui.

Selon que nous donnons ou recevons de telles obligations, nous devons considérer notre engagement émotionnel envers nous-mêmes et nos propres soucis. Être entravés, piégés ou retenus par des chaînes indique la possibilité que notre moi émotionnel puisse être hors de contrôle.

3. Un conflit qui se transforme en ordre, du chaos en ordre cosmique. La corde d'argent.

Obscénité

1. Les rêves révèlent souvent les faces les plus cachées de notre personnalité, nos plus bas instincts, ces parties auxquelles nous sommes rarement confrontés dans la réalité. Si des choses obscènes apparaissent dans un rêve, nous pouvons alors traiter ces impulsions primaires sans risque d'être blessés ou jugés.

2. Souvent, l'obscénité est reliée à l'image que l'on a de soi. Commettre des actes obscènes dans un rêve, c'est exprimer des impulsions supprimées dans la vie réelle. Si de tels actes sont commis contre nous, cela nous fait voir certains actes dont nous sommes victimes.

3. L'obscénité est parfois associée au mal. Si le rêveur reconnaît cette relation, il décode ainsi son interprétation personnelle du mal et de ses effets.

Observation

1. Dans les rêves, nous prenons souvent conscience que le moi observe le rêve et y participe.

2. Être conscients que quelqu'un nous observe dans un rêve suggère que nous nous sentions menacés. Cela peut être dans une situation de travail, mais pourrait aussi être dans des rapports personnels. L'interprétation à faire dépendra des autres éléments du rêve.

3. Le rêveur a besoin de contrôler ses actions, particulièrement s'il a adopté récemment de nouvelles formes de discipline spirituelle.

Obsession

1. Une obsession est une attention irrationnelle portée à un sentiment, une croyance ou un objet et peut simplement indiquer dans un rêve que nous devons prendre du temps pour y réfléchir, pour apprivoiser ce sentiment, cette croyance ou cet objet. Elle peut relever de l'inquiétude découlant d'un acte ou d'une situation passé que nous n'avons pas entièrement accepté(e). Quand un sentiment est si irrationnel dans nos rêves, nous pouvons concevoir à quel point il peut être nuisible.

2. Un comportement obsédant ou répétitif est souvent présent dans un rêve pour appuyer le rêveur dans la compréhension de ses pensées inconscientes.

3. L'obsession peut revêtir la forme d'une envoûtement spirituel. Cependant, cet envoûtement n'indique pas nécessairement que le rêveur est possédé par le Démon ou par le mal. C'est au rêveur de découvrir de quelle voie spirituelle lui vient son obsession.

Obstacle

1. Les obstacles se présentent dans les rêves sous plusieurs formes : un mur, une colline, une forêt sombre, etc. Le plus souvent, nous sommes conscients que ces obstacles doivent être surmontés. Les moyens que nous prenons pour y arriver en rêve peuvent suggérer la façon d'aborder un problème de notre vie quotidienne.

2. L'indécision et le manque de confiance en soi peuvent souvent se traduire dans le rêve par des obstacles physiques. Quelquefois, nous ne pouvons faire face à nos craintes et à nos ennuis si nous ne leur donnons pas des formes tangibles.

3. La difficulté, l'indécision et le doute sont les trois obstacles principaux auxquels on se heurte dans un cheminement spirituel. Le rêveur devra reconsidérer et accepter chacun d'entre eux pour réaliser son but spirituel.

Océan

- Voir Eau

Odeur

- Voir aussi Parfum et Odorat

1. L'odeur, dans un rêve, est habituellement très significative et annonce certains événements. Si elle est agréable, elle suggère du bon temps, mais si ce n'est pas le cas, nous sommes ainsi prévenus de mauvais événements.

2. L'odorat est un sens extrêmement délicat. Alors que tous nos autres sens sont en suspens ou légèrement modifiés dans un rêve, celui de l'odorat peut être une manière de se souvenir d'un autre temps ou d'un autre lieu.

3. La sainteté et la connaissance spirituelle sont toujours reliées à des odeurs agréables (encens, fleurs, air pur…).

Odorat

- Voir aussi Odeur et Parfum

1. Porter une attention particulière aux odeurs signifie que nous essayons d'identifier un objet ou que nous cherchons la provenance d'une odeur. Dans les rêves, la plupart des autres sens sont aiguisés, mais le sens olfactif n'y fonctionne que si une interprétation spécifique est nécessaire ou si une note devrait être prise sur l'odeur que nous y sentons.

2. Plusieurs odeurs associées à l'enfance (cuisson du pain, fumet de tartes maison, fleurs, lunchs scolaires) peuvent encore être très évocatrices à l'âge adulte. Une odeur plaisante pourrait évoquer dans les rêves des souvenirs heureux, tandis qu'une mauvaise odeur peut être liée au souvenir de moments traumatisants.

3. À mesure que notre spiritualité se développe, la prise de conscience du potentiel révélateur des odeurs peut être angoissante. Une fois cette caractéristique des odeurs du rêve reconnue comme simple moyen de rappeler une époque, un endroit ou une personne, nous ne devrions plus en avoir peur.

Œil

- Voir Corps

Œuf

1. L'œuf est le symbole d'un potentiel non compris ou de possibilités encore à venir. Rêver à un œuf indique que nous n'avons qu'une estimation partielle de nos capacités naturelles. Manger un œuf montre le besoin d'absorber certains aspects de la nouveauté avant de pouvoir explorer plus à fond un mode de vie différent.

2. Nous sommes étonnés face au miracle de la vie et nous réalisons qu'il y a encore beaucoup à faire avant de savoir profiter pleinement de la vie. Nous pourrions avoir à nous retirer et à contempler avant d'entreprendre un nouvel apprentissage.

3. On dit que le principe de vie et le germe de toutes choses sont contenus dans l'œuf cosmique, représentant ainsi notre potentiel spirituel et notre perfectibilité.

Œuf de Pâques

1. L'œuf de Pâques est un symbole païen de renouvellement et, dans les rêves, il nous ramène souvent aux situations d'enfance liées aux promesses et à l'émerveillement. Il peut aussi nous avertir du passage du temps puisque l'esprit produira souvent des symboles de temps et de saisons plutôt que des dates précises.

2. Rêver à un œuf de Pâques indique que notre potentiel aurait besoin de s'exprimer.

3. Un œuf de Pâques est associé au printemps. Renaissance et résurrection. Manger.

Officier/Fonctionnaire

- Voir aussi Figures d'autorité dans Gens

1. Rêver à un officier, à moins que nous n'ayons des relations quotidiennes avec une telle personne, nous indique de porter attention à la partie de nous qui coordonne et dirige nos vies. N'importe quelle figure d'autorité, particulièrement si elle porte un uniforme dans le rêve (voir Uniforme), symbolise notre besoin d'appartenir à une structure, à un groupe organisé. Nous pouvons consciemment être désorganisés et nous opposer à l'ordre et à la hiérarchie, mais une part de notre personnalité reconnaît que nous devons être tout de même un peu structurés.

2. Si notre père a été particulièrement strict ou autoritaire, sa représentation en rêve sera celle d'un officier. Nous avons appris dès l'enfance à nous conformer à l'autorité. Il est intéressant de remarquer que les différentes divisions de l'armée représentent différents aspects de notre personnalité. L'armée de terre symbolise notre côté pratique, plus terre à terre, l'armée de l'air représente notre intellect, et la marine l'aspect plus libertaire, plus émotionnel de notre être.

3. Un officier peut incarner en rêve le besoin d'autorité spirituelle. Le rêveur cherche un guide spirituel, quelqu'un pour lui indiquer la voie à suivre.

Ogre

- *Voir Archétypes*

Oie

- *Voir Oiseaux*

Oignon

- *Voir aussi Aliments*

1. Assez curieusement, l'oignon peut apparaître dans le rêve et dans la méditation comme le symbole d'un tout, mais d'une totalité stratifiée, compartimentée. Peler un oignon peut suggérer la tentative de découvrir la meilleure partie de soi ou de quelqu'un d'autre. Il peut aussi souligner notre désir de comprendre les diverses facettes de notre personnalité.

2. Trancher des oignons peut signifier en rêve une tentative d'augmenter la quantité d'énergie dont nous disposons.

3. L'oignon symbolise dans les rêves le cosmos, la révélation.

Oiseaux

1. Les oiseaux représentent la liberté, l'imagination, la libre pensée. Depuis la nuit des temps, l'être humain a été fasciné par les oiseaux et par le vol. On croyait que les oiseaux étaient des véhicules pour l'âme et avaient la capacité de la conduire jusqu'au ciel. En conséquence, ils étaient très souvent investis de pouvoirs magiques et mystiques. Les oiseaux peuvent aussi parfois symboliser le côté féminin, libre de l'être.

2. Sur le plan psychologique, l'être humain doit souvent projeter certaines de ses qualités sur des objets, et parce que la conduite des oiseaux est instinctive, ils peuvent être utilisés dans les rêves pour comprendre le comportement humain. Dans le rêve d'un homme, un oiseau peut représenter l'*anima* (voir

l'Introduction du présent livre). Dans celui d'une femme, il suggère le moi spirituel (voir l'Introduction du présent livre).

Les oiseaux en sont venus à représenter tant le côté sombre que le côté lumineux de l'âme.

Un oiseau en cage peut symboliser dans les rêves la contrainte ou les pièges. Un oiseau qui vole librement y représente des aspirations, des désirs et probablement l'esprit qui monte en flèche vers le divin.

Le plumage de l'oiseau représente la façade du rêveur, la manière dont il se voit. Une nuée d'oiseaux dont certains sont ailés et d'autres déplumés indique un peu de confusion au sein de considérations d'ordre physique ou matériel par opposition aux aspirations spirituelles.

L'oiseau aux ailes d'or a la même signification symbolique que le feu et indique donc des aspirations spirituelles, tandis qu'un oiseau volant très haut symbolise la conscience spirituelle ou cette partie de nous qui cherche la connaissance.

Des oiseaux blancs et noirs apparaissant dans le même rêve montrent les deux aspects de l'*anima* et du moi (voir l'Introduction du présent livre) en tant qu'opposés. L'oiseau noir représente l'obscurité, le côté négligé ou ombragé, et le blanc, le côté ouvert, clair, libre.

Des circonstances et des émotions peuvent avoir un effet profond sur la gestion de notre moi, et des souvenirs de bonheur peuvent être ramenés alors que nous rêvons à des oiseaux de compagnie.

Rêver à des oiseaux peut avoir les significations particulières suivantes :

Aigle. L'aigle étant un oiseau de proie, il symbolise la domination et la suprématie, la perspicacité et la conscience aussi bien que la prévoyance et l'objectivité. Si le rêveur s'identifie à l'aigle, son désir de dominer devient apparent quoiqu'il puisse avoir un peu de difficulté à réconcilier d'autres parties de sa nature.

Alouette. Traditionnellement, l'alouette symbolise la transcendance des choses mondaines.

Autruche. L'autruche dans un rêve indique que l'on essaie de fuir ses responsabilités.

Caille. La caille symbolise l'amour, parfois le courage et souvent la bonne fortune. Dans sa forme négative, elle peut aussi représenter la sorcellerie.

Canard. Dans un rêve, il est souvent associé à la superficialité ou à l'enfantillage.

Choucas - *voir Pie*

Cigogne. La cigogne est un symbole de vie nouvelle et de nouveaux commencements.

Coq. Le coq symbolise un nouveau jour et aussi la vigilance. Il représente le principe masculin ainsi que le besoin d'être plus ouvert et courageux.

Corbeau. Le corbeau peut être un symbole de péché, mais s'il parle il symbolise alors la prophétie. Sa signification dans les rêves peut être ambivalente puisqu'il peut représenter le mal, mais aussi la sagesse.

Corneille. Traditionnellement, la corneille avertissait de la mort, mais elle peut aussi représenter la sagesse et la déviance.

Coucou. La présence du coucou dans un rêve est ambivalente, puisqu'il peut représenter le fait d'être déviant ou l'amour non récompensé. Annonciateur du printemps, il symbolise la nouveauté et la fraîcheur.

Cygne. Le cygne est un symbole de l'âme et on l'utilise souvent pour représenter le divin. Il peut parfois symboliser aussi une mort paisible.

Dinde. La dinde est un mets traditionnel associé à des célébrations et à des festivals. Y rêver peut donc annoncer symboliquement du bon temps.

Faisan. Rêver à un ou plusieurs faisans, c'est généralement anticiper prospérité et bonne fortune.

Faucon. Le faucon partage le symbolisme de l'aigle. En tant qu'oiseau de proie, il caractérise la liberté et l'espoir pour ceux qui sont limités d'une façon ou d'une autre.

Hibou. Le hibou est sacré pour Athéna, la déesse de la stratégie et de la sagesse. Donc, dans un rêve, le hibou peut représenter ces qualités. Parce qu'il est aussi associé à la nuit, il peut parfois symboliser la mort.

Hirondelle. L'hirondelle vue dans un rêve représente l'espoir et bien sûr l'arrivée du printemps.

Ibis. L'ibis, parfois confondu avec la cigogne, est le symbole de la persévérance et de l'aspiration.

Martin-pêcheur. Rêver à un martin-pêcheur, c'est rêver de dignité et de calme.

Moineau. Le moineau symbolise les affaires et l'industrie.

Mouette. La mouette est un symbole de liberté et de pouvoir.

Oie. On dit que l'oie représente la vigilance et l'amour. Comme le cygne, elle peut représenter l'aube ou une nouvelle vie. Un vol d'oies symbolise souvent le pouvoir de l'intuition et avertit le rêveur d'un désastre. L'oie sauvage peut représenter l'âme et dépeint souvent le côté païen de notre nature. Les oies, tout comme les chats, sont familiers des sorcières.

Paon. Voir un paon dans un rêve indique un passage de l'apparence banale et sans ornement à la beauté de l'oiseau empanaché. Comme le phœnix mythique, il symbolise la renaissance et la résurrection.

Pélican. La première signification symbolique du pélican dans les rêves est celle du sacrifice et de la dévotion, et la deuxième, celle de l'amour prudent et maternel.

Phœnix. Le phœnix est un symbole universel de renaissance, de résurrection et d'immortalité car il meurt pour mieux revivre.

Pic. Le pic est un gardien tant des rois que des arbres dans la mythologie. Il est aussi réputé posséder des pouvoirs magiques.

Pie/Choucas. La croyance populaire veut que les pies et les choucas soient des voleurs, alors rêver à eux peut indiquer qu'un partenaire essaie d'emporter quelque chose que le rêveur estime. Aussi, la pie peut symboliser de bonnes nouvelles.

Pigeon. L'*anima* (voir l'Introduction du présent livre). Celui qui amène le calme après la tempête, l'âme. Le côté paisible de la nature humaine apparaît dans les rêves de pigeon.

Pingouin. Le pingouin symbolise l'adaptabilité et aussi la stupidité.

Poule. La poule symbolise la Providence, les soins maternels et la procréation. Quand une poule chante dans un rêve, cela représente la domination féminine.

Poulet. L'imagination est utilisée à une fonction pratique. Il y a un potentiel de croissance au sein d'un groupe. Le poulet peut aussi parfois symboliser la stupidité et la lâcheté.

Vautour/Buse. Le vautour étant nécrophage, il est associé au féminin dans sa dimension destructrice.

Ombre

- Voir l'Introduction du présent livre

Oncle

- Voir Famille élargie dans Famille

Onguent

1. Rêver à de l'onguent signifie qu'une partie de nous a besoin d'être guérie ou que la pommade peut nous guérir. Le type d'onguent indique souvent ce dont nous avons besoin. Par exemple, rêver à un onguent bien connu peut suggérer une guérison générale et imprécise du malaise, alors qu'un

onguent préparé spécifiquement pour le rêveur suggère une approche plus ciblée, plus précise.

2. Depuis longtemps, les onguents sont utilisés pour préserver du vieillissement sinon ralentir sa progression. L'utilisation d'onguents dénotait autrefois une marque de respect ; ce symbolisme peut encore s'appliquer dans l'interprétation des rêves.

3. L'onguent, dans les rêves, peut souligner notre besoin spirituel de soigner ou de guérir, mais il peut aussi symboliser notre besoin d'attention spirituelle.

Opale

- Voir Bijoux

Opéra

1. Assister à un opéra dans un rêve suggère l'observation d'une situation dramatique (il peut être plus approprié d'observer que de participer). Jouer dans un opéra met en évidence notre besoin de spectaculaire.

2. Se voir chanter l'opéra en rêve suggère une meilleure capacité d'expression, une capacité de s'exprimer de façon plus théâtrale ou plus sophistiquée.

3. Drame existentiel.

Opération

- Voir aussi Hôpital et Chirurgie

1. Une opération à l'hôpital est une expérience angoissante et risquée. Dans les rêves, elle peut non seulement représenter la crainte de la maladie et de la douleur, mais aussi une reconnaissance de la nécessité d'être soigné.

2. Effectuer une opération dans un rêve, c'est reconnaître nos compétences dans une situation de la vie réelle. Subir une opération signifie que nous essayons d'avoir accès à une connaissance intérieure, mais que nous sommes inquiets de ce que nous pourrions découvrir.

3. Guérison profonde.

Opticien

1. Consulter un opticien dans un rêve indique probablement que nous sommes incapables de voir une situation clairement, que nous avons besoin d'aide. Cela peut aussi suggérer que nous devons poser un regard nouveau sur les choses.

2. L'opticien dans un rêve peut suggérer l'importance du sens de l'observation ; il peut aussi incarner la clairvoyance.

3. Un tel rêve symbolise notre capacité d'augmenter nos perceptions.

Or

1. L'or illustre en rêve les meilleurs aspects de nous. La découverte de l'or indique que nous pouvons découvrir ces caractéristiques en nous ou en d'autres. Enterrer de l'or démontre que nous essayons de cacher quelque chose.

2. L'or peut aussi représenter le côté sacré de l'être. Nous pouvons reconnaître par ce rêve l'importance de l'incorruptibilité et de la sagesse, de l'amour, de la patience et de l'attention. Dans ce contexte, l'or a un sens beaucoup plus spirituel que matériel.

3. Le vieil adage : « Tout ce qui scintille n'est pas or » ne s'applique pas dans le domaine spirituel. L'or symbolise la spiritualité à un niveau très élevé.

Oracle

1. Nous aimons savoir ce qui nous attend, ce qui va arriver et même ce qu'il faudra alors faire. Rêver à un oracle implique cette partie de nous qui prévoit nos actions futures. Un oracle peut prendre l'apparence d'une déesse ou d'un vieux sage. On peut rêver d'utiliser un des nombreux moyens de prédiction connus.

2. Notre désir de connaître l'avenir est très fort et la croyance veut qu'un oracle sache anticiper le futur. L'information qui nous est donnée par son intermédiaire doit être déchiffrée. Dans les rêves, elle est représentée d'étrange façon et parfois elle peut être signifiante seulement après avoir été examinée.

3. Prédiction et connaissance cachée.

Orange

- *Voir Couleurs et Fruits*

Orchestre

- *Voir aussi Musique, Instruments de musique et Organiste*

1. Tous les aspects de notre personnalité doivent s'harmoniser pour que nous fonctionnions correctement. Rêver à un orchestre est une façon symbolique de rassembler tous ces aspects et d'en faire un tout logique.

2. Vouloir orchestrer quelque chose, c'est vouloir le contrôler, l'organiser. Nous devons parfois prendre les moyens de nous faire entendre et comprendre des autres. Diriger un orchestre dans un rêve démontre que nous sommes en contrôle de la situation. Être un musicien de l'orchestre indique que nous sommes une composante d'un tout.

3. Rêver à un orchestre peut indiquer que nous sommes capables d'harmonie spirituelle.

Ordinateur

1. L'ordinateur – et autres images de haute technologie – fait désormais tellement partie de la vie des gens que l'interprétation de sa présence dans un rêve dépend beaucoup des autres éléments du rêve. Si vous travaillez avec des ordinateurs, cela peut simplement être un moyen pour atteindre une fin, tandis que dans d'autres cas ce sera un rappel de votre potentiel ou de vos capacités.

2. Nous établissons un lien avec des souvenirs passés ou nous avons stocké de l'information dont nous aurons besoin pour progresser.

3. L'ordinateur peut symboliser des savoirs spirituels enregistrés ainsi que le passé, le présent ou le futur.

Oreiller

1. Un oreiller, ou un coussin, procure appui et confort. La vue d'un oreiller dans un rêve révèle la présence d'un besoin d'appui et de confort. Parfois, le matériau dont l'oreiller est fabriqué peut avoir de l'importance dans

l'interprétation du rêve. Par exemple, un oreiller de plume suggère un appui doux, tandis qu'un oreiller en pierre symboliserait un fort degré de rigidité.

2. Si le rêveur vit une période d'abnégation, de refus, il nie alors tout symbole de confort et son oreiller peut disparaître dans son rêve. Rêver à une bataille d'oreillers indique un faux conflit.

3. La spiritualité satisfaisante peut être représentée en rêve par un oreiller douillet.

Organe

1. Les divers organes du corps peuvent symboliser dans les rêves les différents aspects de notre personnalité. Ils peuvent aussi y représenter nos forces et nos faiblesses. Dans le langage familier, le mot *organe* fait souvent référence au pénis.

2. Dans la médecine chinoise, les différents organes du corps recèlent des qualités différentes. Par exemple, la vésicule biliaire représente la capacité de prendre des décisions, tandis que le foie est le siège de l'irritabilité. L'apparition d'un organe dans un rêve est donc une sensibilisation au fait que les attributs de cet organe nous causent des problèmes et que nous devrions agir en conséquence.

3. Spirituellement, la parfaite santé est possible si nous respectons le fonctionnement du corps physique. L'autoguérison qui découle de l'application de cette connaissance assure le bon fonctionnement en continu des organes.

Organes génitaux

- Voir aussi Corps

1. Rêver à ses organes génitaux est une référence directe à sa sexualité. Rêver qu'ils sont mutilés pourrait être lié à des mauvais traitements passés ou présents.

2. Rêver aux organes génitaux de quelqu'un d'autre indique notre lien avec la sexualité de cette personne, ou, si elle est du sexe opposé, notre besoin de comprendre notre côté caché.

3. La conscience de notre moi dans une structure spirituelle.

Organiste

- Voir aussi Orchestre

1. L'organiste est une image onirique de cette partie de nous qui sait interpréter les diverses vibrations qui nous habitent. Rêver à un musicien jouant de l'orgue signifie que, comme dans un orchestre, les différentes notes que nous jouons sont en harmonie. Cela, cependant, exige un peu d'habileté dans la création de sons.

2. S'exprimer adéquatement est une habileté qui s'acquiert. L'organiste représente cette partie de nous qui doit être disciplinée pour nous permettre de nous exprimer afin d'être entendus correctement.

3. L'âme, la partie de soi la plus élevée.

Orgie

1. L'orgie est cette impressionnante expression d'énergie qui peut avoir lieu quand nous nous laissons la liberté d'exprimer notre sexualité. Nous nous accordons d'abord inconsciemment cette liberté. C'est pourquoi elle est exprimée plus explicitement dans nos rêves. Rêver à une orgie peut mettre en évidence certains éléments de nos relations aux autres. Notre besoin d'être aimé et compris est très fort. Quand il est représenté par une orgie, cela peut éveiller notre crainte de perdre le contrôle.

2. Nos rêves expriment souvent un de nos problèmes ou un de nos blocages. Puisque l'image de soi est souvent liée à la sexualité, rêver à une orgie peut suggérer un moyen d'expulser ce problème, d'exprimer ce blocage. Un comportement qui ne serait pas approprié dans la vie éveillée peut être utilisé dans le rêve pour surmonter symboliquement la difficulté.

3. Excès d'ordre spirituel.

Orient

1. Beaucoup de gens perçoivent le mode de vie oriental d'une façon très exotique. Rêver à ces cultures éveille en nous ces facettes de notre personnalité qui sont réprimées par les aléas du mode de vie occidental.

2. Le mode de vie oriental semble être plus détendu et peut-être plus intuitif que le nôtre. Dans le rêve, nous pouvons plus aisément nous lier à cette partie de nous qui a accès à la sagesse et à la clairvoyance. Il semble que cette façon de vivre soit d'avantage féminine. Ainsi, dans le rêve, elle est souvent représentée par une femme d'origine orientale (voir Femme dans Gens).

3. Sagesse transcendantale.

Ornement/Décoration

1. L'interprétation à faire d'un ornement vu dans un rêve dépend de son appartenance. Rêver à un ornement ou à une décoration personnel(le) (voir Collier et Bijoux) suggère une tentative de faire fructifier une chose que nous avons ou le désir de la voir prendre de la valeur. Dans le rêve, il peut s'agir de sentiments ou d'idées.

2. Rêver à un ornement indique souvent que notre espace personnel pourrait être utilisé plus adéquatement et offrir ainsi un meilleur rendement. Nous ne nous limitons pas à l'essentiel, nous faisons en sorte d'être plus efficaces pour améliorer notre situation.

3. Spiritualité tangible et reconnaissable.

Orphelin

1. Rêver à un orphelin indique que nous nous sentons vulnérables et abandonnés, impopulaires. S'occuper d'un orphelin en rêve, c'est essayer de guérir ce sentiment d'impopularité. Rêver que l'on est orphelin indique peut-être que l'on devient plus indépendant et autosuffisant.

2. Nous devons être capables de mûrir et de nous détacher de nos parents. Quand la vie nous force à nous éloigner d'eux, nous pouvons avoir le sentiment de devenir orphelins.

3. Désertion spirituelle.

Ortie

1. Un plan ou une feuille d'ortie dans un rêve suggère une situation difficile qui devrait être évitée. Elle peut provoquer de l'irritation, particulièrement

si nous n'agissons pas de façon cohérente avec les gens ou avec notre environnement. Se trouver en rêve au milieu d'une plantation d'orties peut suggérer une difficulté de communication. Des gens qui nous entourent utilisent des mots et des événements pour nous blesser. Les orties dans un rêve peuvent aussi symboliser une transaction malhonnête dans laquelle nous nous sommes laissé prendre.

2. L'ortie est une plante sauvage dont la sève est très irritante pour la peau. Dans un rêve, elle peut symboliser notre réaction à des comportements un peu rustres, sauvages. Ces comportements irritants peuvent être de nature sexuelle, mais pas nécessairement. Il s'agit généralement de comportements découlant d'une perte de contrôle. Les orties suggèrent aussi une sorte de guérison grâce aux vitamines et aux minéraux qu'elles contiennent. La médecine traditionnelle suggérait d'appliquer des cataplasmes d'ortie pour stimuler la circulation sanguine.

3. Dans la symbolique spirituelle, l'ortie est une protection. Cette plante est utilisée dans des rituels de purification. Des orties fraîches ont la réputation de faciliter le rétablissement d'une personne malade.

Os

- Voir aussi Membres dans Corps

1. Des os dans un rêve signifient que nous devrions retourner à l'essentiel. Rêver à un chien rongeant un os indique que nous devons considérer nos instincts de base. Rêver de trouver des os indique qu'il y a quelque chose d'essentiel que nous n'avons pas considéré.

2. Rêver à un squelette indique que nous devrions reconsidérer la structure de nos vies.

3. Les os sont liés à la mort mais aussi à la résurrection.

Oscillation

- Voir Balancement

Ostéopathie

1. Rêver à un ostéopathe exprime peut-être notre besoin de manipuler les circonstances jusqu'à ce qu'en résulte un sentiment de bien-être. Un ostéopathe guérit et sa présence dans un rêve suggère une inquiétude relativement à des questions de santé et au fonctionnement du corps.

2. Assez curieusement, puisqu'un ostéopathe manipule le corps physique, son apparition en rêve pourrait suggérer l'inquiétude face aux manipulations que nous subissons. Tout traitement apparaissant dans un rêve a un effet psychologique bénéfique sur nous et nous aide à reconnaître les changements subtils de tous ordres qui s'opèrent à notre avantage.

3. Un ostéopathe peut symboliser en rêve une sorte de manipulation spirituelle.

Ouate

- Voir aussi Emballer

1. Dans les rêves, notre besoin de sécurité peut s'exprimer plus fortement que dans notre vie éveillée. Parce que l'ouate est normalement un matériau protecteur, nous avons peut-être davantage besoin de nous défendre que d'attaquer.

2. Parfois, des changements physiques peuvent être reflétés par les images de nos rêves. L'ouate peut ainsi représenter la crainte de grossir ou de devenir gauche.

3. Sur les plans spirituel et psychique, l'ouate suggère la sécurité.

Ouest

- Voir Position

Oui

1. Occasionnellement dans les rêves, nous prenons conscience que nous avons dit oui. C'est une acceptation instinctive ou une reconnaissance de la validité de ce qui est arrivé.

2. Souvent, avant de faire des changements concrets, nous devons nous les permettre sur le plan inconscient.

3. On nous donne la permission de grandir spirituellement. Avec cette permission, le rêveur peut s'orienter vers un style de vie plus dirigé.

Oui-ja

1. L'utilisation en rêve d'un jeu de oui-ja comporte certains dangers. Rêver d'un oui-ja peut simplement suggérer le psychique comme une nouvelle façon d'explorer les choses que nous ne comprenons pas. Jouer au oui-ja dans un rêve aussi bien que dans la vie réelle montre que nous sommes prêts à prendre certains risques, particulièrement celui de troubler notre équilibre intérieur. Quand les conseils du oui-ja nous semblent effrayants, ils représentent notre crainte profonde de l'inconnu.

2. Psychologiquement, nous avons tous besoin d'entrer en contact avec notre inconscient. Rêver au jeu de oui-ja nous ouvre aux différentes façons d'accéder à notre inconscient. Ce jeu peut être le symbole de tout ce que nous avons supprimé ou refusé de reconnaître.

3. Spirituellement, le oui-ja est une façon plutôt primaire et brute de communiquer avec le monde des esprits. Dans un rêve, il exprime le besoin de communiquer avec les esprits plutôt que d'attendre qu'ils entrent en communication avec nous.

Ouragan

- Voir aussi Tempête et Vent

1. Quand nous expérimentons un ouragan dans un rêve, nous sentons qu'un élément de notre vie est hors de notre contrôle. Nous sommes entraînés par les circonstances – ou probablement une quelconque passion – et sommes incapables de résister.

2. Un ouragan peut représenter la puissance de cette passion qui nous prend et nous porte loin. Nous ne savons pas comment faire face à cette passion et estimons que cela pourrait être désastreux pour d'autres.

3. L'intensité de notre croyance spirituelle est dépeinte ici et doit être interprétée en tenant compte des autres éléments du rêve.

Ourobouros

1. Spirituellement, l'ourobouros représente l'achèvement. Habituellement illustré sous la forme d'un serpent mangeant sa queue, il symbolise l'énergie renouvelable et le pouvoir éternel. Il apparaît dans les rêves quand le rêveur est prêt à comprendre et à voir sa spiritualité de façon indépendante.

Ours

- Voir aussi Animaux

1. Lorsqu'un ours vivant apparaît dans un rêve, cela indique l'agression ; s'il est mort, cela représente la prise en main de nos instincts délétères. Rêver à un ours en peluche démontre un besoin enfantin de sécurité.

2. Psychologiquement, nous avons reconnu le besoin d'être confrontés à la force de notre créativité.

3. L'ours symbolise la force spirituelle et le pouvoir, tant latents (en hibernation) qu'apparents.

Outils

1. Des outils dans les rêves suggèrent les outils pratiques que nous avons à notre disposition pour améliorer notre style de vie.

2. Chaque outil a sa signification symbolique propre. Une perceuse suggère de passer au travers des émotions et des craintes aussi bien que des attitudes rigides. Un marteau fournit l'énergie pour démolir les vieux modèles de comportement et les résistances. Une scie suggère que l'on est capable de couper toutes les choses inutiles accumulées pour créer quelque chose de nouveau.

3. Les outils spirituels qui peuvent être symbolisés dans les rêves sont l'amour, la compassion et la charité.

Ovale

- Voir Formes

P

de

Pagode à Pyramide

Pagode

- Voir Temple dans Constructions

Paille

1. La paille dans les rêves met en évidence la faiblesse et le vide. À moins que l'image de la paille n'apparaisse dans une scène campagnarde, nous sommes probablement conscients d'une phase transitoire qui a peu de signification. Une maison de paille étant une structure provisoire, elle suggérerait un état temporaire.

2. Quand nous disons que quelque chose est construit sur de la paille, nous savons qu'elle n'a pas de fondations appropriées. Nous devons regarder ce qui semble temporaire dans nos vies et éviter de construire par-dessus.

3. La paille qui apparaît dans un rêve peut révéler un manque d'appui ou que nous ne disposons que d'un mince appui au moment d'entreprendre notre voyage spirituel.

Pain

- Voir aussi Aliments

1. Rêver à du pain est lié à nos besoins primaires. Partager le pain dans un rêve représente notre capacité de partager notre expérience.

2. Si le pain est étrange ou a mauvais goût, nous ne savons pas de quoi nous avons besoin et pourrions faire de mauvais choix.

3. Le pain est symbolique de la vie elle-même. Il est l'aliment de l'âme et peut aussi représenter le besoin de partager.

Pain (offrande)

1. Dans les temps anciens, parce qu'il provenait du grain, le pain était une offrande convenable pour les dieux. Il est alors devenu symbole de fertilité, de nourriture et de vie. Ce symbolisme est encore présent aujourd'hui dans les fêtes juives et diverses célébrations des moissons. Dans les rêves, les pains peuvent représenter notre besoin de nourriture.

2. La parabole biblique de la multiplication des pains signifie le souci d'être nourri avec soin. Dans la plupart des cultures, la division d'un pain souligne l'amitié et il peut avoir la même connotation dans les rêves.

3. Spirituellement, le pain représente le pain de vie, l'amour de Dieu et la charité bienveillante.

Paires

1. L'inconscient semble trier l'information par contrastes et comparaisons. Lorsque nous sommes déchirés par une décision à prendre, il est fréquent que nous rêvions de paires (vieux/jeune, masculin/féminin, intelligent/stupide). C'est comme si nous avions un pendule intérieur qui triait les paires pour faire de nous un tout unifié.

2. Un rêve montrant notre côté masculin peut être suivi par un autre montrant le féminin. Un échange peut s'effectuer de cette façon pendant quelque temps. Dans l'interprétation des rêves, la signification opposée à l'évidence peut souvent nous donner une meilleure compréhension de nos processus mentaux.

3. La présence de paires dans un rêve indique une tentative d'atteindre un équilibre spirituel.

Palais

- Voir Château dans Constructions

Panier

1. Rêver à un panier, particulièrement s'il est plein, c'est rêver de pleine réalisation et d'abondance. Il peut aussi représenter le principe féminin.

2. Essayer de remplir un panier peut signifier que nous tentons de développer nos talents, nos capacités.

3. Si le panier est plein de pain, il peut représenter le partage comme dans un repas sacramentel.

Panthère

- Voir Animaux sauvages dans Animaux

Paon

- Voir Oiseaux

Pape

1. Rencontrer le pape dans un rêve, c'est prendre conscience de certaines facettes de notre personnalité et de notre conduite qui sont basées sur nos croyances religieuses. Le pape représente la bienveillance ou le jugement selon l'image que l'on nous a présentée de lui dans l'enfance.

2. Le pape apparaît souvent dans les rêves comme un substitut du père ou comme une personnification de Dieu.

3. On peut voir notre guide spirituel ou notre moi inconscient dans une image du pape.

Papier

1. Le papier est l'une de ces images dont l'interprétation dépend de la vie du rêveur. Par exemple, dans la vie d'un étudiant, le papier signifie le besoin de porter une meilleure attention aux études. Dans la vie d'un postier, il peut signifier des ennuis de travail, tandis que le papier d'emballage ou le papier cadeau suggèrent le besoin ou la possibilité de célébrer.

2. La page blanche indique le souhait de communiquer avec quelqu'un ou la difficulté de le faire, mais elle peut aussi suggérer un nouveau commencement. Le papier que l'on utilise pour envelopper des biens de façon sécuritaire en vue du transport peut mettre en évidence le sens pratique du rêveur.

3. Le papier symbolise un potentiel de croissance spirituelle par l'étude et par l'expression de notre créativité.

Papier peint

1. Arracher du papier peint dans les rêves suggère de mettre à nu notre vieille façade pour créer une nouvelle image. Appliquer du papier peint symbolise la dissimulation (probablement superficielle) du vieux moi, particulièrement si le vieux papier peint n'a pas été enlevé.

2. Le papier peint peut avoir la même signification symbolique que des vêtements pour un personnage. Nous pouvons vouloir faire des changements, mais devoir d'abord expérimenter et trouver la bonne coupe.

3. Le rêveur devrait métaphoriquement « se jeter un coup d'œil » et s'assurer qu'il est honnête avec lui-même car le papier peint symbolise souvent une façade.

Papillon

1. Lorsqu'il est vu dans les rêves, le papillon représente l'insouciance et la liberté.

2. Sur le plan psychologique, il symbolise l'incapacité de s'installer ou de mener à bien une tâche prolongée.

3. Lorsqu'il est vu dans les rêves ou dans une méditation, le papillon représente l'âme libérée et l'immortalité. Il montre qu'il n'y a nul besoin que l'âme se sente prise au piège dans le corps physique.

Parachute

1. Rêver à un parachute suggère que, peu importe ce qu'il peut advenir, nous avons les moyens et la force de nous en sortir. Le parachute peut aussi indiquer notre capacité à faire face à nos ennuis et aussi démontrer que nous pouvons réussir.

2. Le saut en parachute est devenu un sport populaire et sa représentation en rêve suggère des sentiments de liberté et l'aventure.

3. L'image du parachutiste symbolise entre autres la liberté intellectuelle. Nous avons la possibilité d'aller au-delà de l'ordinaire.

Paradis

1. Rêver du paradis est relié au potentiel de perfection du rêveur. Nous éprouvons l'harmonie totale, nous sommes parfaitement heureux et ressentons l'innocence et le bonheur.

2. Psychologiquement, le paradis est cette partie secrète de nous qui n'est pas offerte aux autres. C'est notre jardin intérieur, cet endroit où nous pouvons développer une relation parfaite au monde.

3. Rêver au paradis, c'est prendre conscience de la perfection de l'âme. Dans cet état, il n'y a rien de mauvais, il n'y a que la perfection, l'achèvement.

Paralysie

- Voir aussi Immobilité

1. Se sentir paralysé dans un rêve symbolise une grande crainte éprouvée ou une forte pression subie. Nos sentiments et nos émotions sont paralysés et la représentation en rêve de la paralysie montre les effets physiques que cette crainte pourrait avoir dans la réalité.

2. Notre imagination nous joue souvent des tours et nous éprouvons en rêve, comme si elle était réelle, une réaction que nous ne supporterions pas dans la vie éveillée. La paralysie est un exemple d'une telle réaction.

3. La paralysie peut signifier l'inadéquation spirituelle, l'inertie, l'incapacité de créer le mouvement. Au cours de notre développement spirituel, le malaise que nous éprouvons quand nous sommes forcés de faire face à nos craintes peut être représenté en rêve par une paralysie.

Parapluie

1. Un parapluie est un abri, un sanctuaire, et ce symbolisme est souvent évident dans les rêves. Lorsque, dans un contexte professionnel, nous devons travailler en suivant l'enseignement pertinent de quelqu'un, ce sentiment de sécurité peut être symbolisé par le parapluie dans les rêves.

2. À mesure que nous mûrissons, nous devons développer de la débrouillardise. Dans les rêves, on peut voir cette compétence acquise comme une couverture protectrice, de là l'image du parapluie.

3. Si le parasol confère symboliquement statut et pouvoir, il en va de même pour le parapluie.

Parasites

1. Dans un rêve, les parasites comme les poux, les puces ou divers insectes nuisibles suggèrent que quelqu'un vit à nos dépens et, d'une certaine façon, draine notre énergie. Notre style de vie peut lui sembler plus excitant et plus intéressant que le sien et lui procurer, par procuration, du plaisir.

2. Nous nous sentons malpropres par certains aspects et cela nous rend mal à l'aise ou même honteux. Nous sommes conscients que nous ne pouvons vivre sans le soutien de quelqu'un.

3. Rêver à des parasites est une prise de conscience que nous ne sommes pas satisfaits de notre vie et que c'est la raison pour laquelle nous vivons par procuration.

Parchemin

1. De nos jours, un parchemin représente la reconnaissance d'un processus d'étude, comme le diplôme présenté aux étudiants au collège et à l'université. L'interprétation à faire d'un rêve montrant un parchemin variera selon les autres éléments du rêve. Nous souscrivons à notre connaissance ou à l'information que l'on nous a donnée pour que nous puissions améliorer nos vies.

2. Un parchemin peut représenter la connaissance cachée et aussi le passage du temps. Ainsi, dans certaines circonstances, rêver à un parchemin signifie qu'il faille attendre le moment approprié pour que la connaissance que nous avons acquise puisse être utilisée.

3. Un parchemin peut symboliser la lettre de la loi et le respect qu'elle mérite. Si on nous donne un parchemin, on nous considère assez responsable pour utiliser la connaissance acquise.

Parcours (voyage)

1. L'image d'un voyage est très puissante. Lorsqu'elle apparaît dans nos rêves, elle est liée à nos vies quotidiennes et à notre façon d'avancer. Chaque pas

que nous faisons vers la compréhension de nous-mêmes et du monde peut être décrit comme un segment de parcours et les rêves de voyage reflètent ce mouvement. Nos rêves nous proposent un instantané de ce qui arrive. Leurs images reflètent nos sentiments, les obstacles, les actions possibles et ce que notre but suprême devrait ou pourrait être. Le rêve introduit des scènes passées ou reconnaissables pour nous aider à interpréter ce qui se passe et pour évoluer vers la réalisation de notre destin.

Un voyage qui se termine – l'atterrissage, l'arrivée à la maison, etc. – symbolise l'achèvement, le but atteint. Les collisions représentent des discussions et des conflits qui sont souvent amorcés par nous. Un voyage qui a été difficile nous montre que nous avons surmonté les difficultés rencontrées. Les obstacles indiquent que nous sommes conscients que des difficultés peuvent survenir. Nous devons être conscients que nous nous créons souvent des problèmes. Notre attitude face à la vie en est peut-être responsable. Tourner un coin dans un rêve démontre que nous avons accepté de changer de direction. Nous pouvons avoir pris une décision capitale. Éviter un accident dans un rêve indique que nous sommes capables de contrôler nos impulsions. L'arrêt et le départ suggèrent qu'il y a conflit entre paresse et dynamisme. Un moteur au point mort dans un embouteillage indique que nous sommes empêchés, ou que nous nous empêchons, d'avancer. Ce message doit être traité avec soin, puisque s'arrêter dans notre vie éveillée serait peut-être approprié. Les départs (d'aéroports, de gares, etc.). Autrefois, tous les départs des rêves étaient interprétés comme symboles de la mort. De nos jours, le symbolisme des départs est davantage lié à un nouveau commencement. Nous délaissons le connu pour entreprendre quelque chose de nouveau. Quand quelqu'un nous quitte, nous pouvons rêver de départs et donc du chagrin découlant de cette séparation. Dans certaines circonstances, rêver que l'on voudrait partir mais que l'on en est incapable suggère qu'il nous reste du travail à faire. Prendre conscience en rêve de l'heure d'un départ pourrait suggérer que nous soyons conscients d'un délai fixé dans un secteur ou l'autre de nos vies.

La destination. Si elle est apparente dans les rêves, elle donnera quelques indications sur nos buts, nos objectifs. Nos espoirs et idéaux déclarés peuvent ne pas correspondre à ceux que nous avons inconsciemment – notre motivation intérieure peut être totalement différente de notre comportement – et les rêves mettront en évidence cette non-conformité. On ne connaît pas souvent la nature exacte de son objectif tant que l'on n'a pas été confronté à des obstacles et des défis. Quelquefois, avoir un but pour une partie seulement du voyage est déjà suffisant.

La conduite. Le symbolisme de la conduite dans les rêves est particulièrement évident. Il représente nos besoins, nos désirs. Si nous conduisons, nous contrôlons. Si nous ne sommes pas heureux quand quelqu'un d'autre conduit, nous ne croyons pas cette personne et nous ne voulons pas dépendre d'elle. Quand quelqu'un d'autre prend le volant, nous devenons passifs. Si nous dépassons d'autres voitures, nous rencontrons le succès, mais d'une façon compétitive. Quand on nous dépasse, nous croyons que quelqu'un a mieux fait que nous. Nos instincts, dont notre agressivité, nos craintes et nos doutes sont tous reflétés dans notre conduite.

Le moteur. Il représente l'impulsion sexuelle ou les commandes instinctives, la motivation de base.

Le passager. Sommes-nous passagers dans un véhicule ou véhiculons-nous des passagers ? Dans le premier cas, nous sommes portés par les circonstances et n'avons pas vraiment réfléchi sérieusement à notre propre voie. Dans le deuxième cas, nous pouvons être sciemment ou par mégarde responsables d'autres gens. Le voyage avec un passager suggère que nous examinions notre relation avec cette personne.

La route. La route dans un rêve suggère notre voie individuelle. De même que chaque véhicule décrit le corps du rêveur et sa façon d'être, la route reflète sa façon de faire. Un obstacle sur la route symbolisera des difficultés sur le chemin choisi, des courbes suggéreront des changements de direction, tandis que le carrefour offrira des choix et le cul-de-sac signifiera une impasse. Si un bout de route particulier est mis en évidence par le rêve, cela peut symboliser une période de vie. Une montée suggérera l'effort supplémentaire, tandis qu'une descente décrira le manque de contrôle.

Les accidents de la route et les infractions. Ceux-ci peuvent tous avoir un lien avec la sexualité ou l'image de soi ; peut-être ne sommes-nous pas prudents. Une collision pourrait suggérer un conflit avec quelqu'un, tandis que la rage au volant signifierait un manque de contrôle sur nos émotions.

2. Le type de transport utilisé dans le rêve peut suggérer comment nous évoluons. La voiture, l'avion et le train ont supplanté le cheval dans le domaine des transports. Le véhicule qui apparaît dans nos rêves se conforme souvent à notre vision de nous-mêmes. Nous pouvons y conduire une voiture bas de gamme ou une Rolls Royce (un rêveur m'a décrit ainsi son rêve : « Une Rolls Royce qui pense comme une mini »). Une telle image peut représenter notre corps ou notre personnalité. Si le rêveur conduit, il contrôle son destin. S'il est passager, il estime que d'autres essaient de contrôler sa vie. S'il est avec des amis, il est conscient d'un but commun. S'il ne connaît pas les autres gens, il devra explorer sa capacité d'établir des rapports sociaux.

L'avion. Un avion dans un rêve suggère un voyage facile et rapide exigeant peu d'attention aux détails. Nous pouvons nous engager dans un nouveau rapport sexuel. Un aviateur ou un pilote sont l'image idéalisée de l'*animus* ou du moi (voir l'Introduction du présent livre).

Le vélo. Le cyclisme suggère la jeunesse et la liberté et peut-être les premiers moments de la conscience sexuelle.

Des bateaux (et des voyages en mer). L'interprétation symbolique à faire de la présence d'un bateau dans un rêve dépend du type de bateau. Un petit bateau à rames suggérerait un voyage émotionnel en solo. Un yacht pourrait suggérer un voyage semblable fait avec style, tandis qu'un grand bateau ouvrirait de nouveaux horizons, mais nous devrions pour cela voyager en compagnie d'autres personnes. Ce que le bateau fait dans le rêve vous aidera à réfléchir : Est-il échoué ? remorqué ? ***Faire un long voyage.*** Cela suggère de laisser des amis et de la famille pour partir en mer. ***Débarquement.*** Un projet couronné de succès. ***Manquer le bateau.*** Nous n'avons pas prêté assez d'attention aux détails d'un projet. N'importe quelle voie navigable étroite suggère l'expérience de la naissance. ***Le bac, le canot à rames.*** Il comprend tout le symbolisme du voyage sur le Styx après la mort. Après avoir abandonné nos désirs égoïstes, nous pourrons être réincarnés dans une vie meilleure.

Autobus - *voir aussi cette entrée.* Un voyage en autobus représente en rêve ce moment où nous prenons conscience du besoin de voyager et d'être avec d'autres personnes. Nous partageons peut-être un but commun. ***Des horaires***

problématiques, manquer l'autobus, arriver trop tôt, manquer une correspondance. Nous ne contrôlons pas notre vie et devrions prendre le temps de réfléchir. ***Prendre le mauvais autobus, le mauvais chemin*** signifie être en conflit avec ses désirs et que nous devrions suivre notre intuition. C'est d'habitude un avertissement. ***Incapable de payer le prix du billet.*** Nous n'avons pas assez de ressources pour aller là où nous voulons, peut-être parce que nous n'avons pas assez porté attention aux détails.

La voiture - *voir aussi cette entrée.* La voiture reflète le rêveur et sa façon de mener sa vie. Elle reflète le corps ; donc, un problème avec la voiture nous alertera. Par exemple, si le moteur ne fonctionne pas correctement, nous n'avons pas assez d'énergie pour continuer. S'il ne démarre pas, nous avons besoin d'aide pour démarrer un projet. Même dans la vie éveillée on peut penser qu'une voiture reflète une personne dans son image de soi et probablement dans sa sexualité. Toutes les parties de la voiture ont une signification dans les rêves. Les pneus arrière pourraient suggérer le système d'appui du rêveur, le volant la façon de contrôler sa vie, etc. Si les freins ne fonctionnent pas, nous ne contrôlons pas bien les diverses facettes de notre existence. La présence de trop de personnes dans la voiture du rêve suggérerait que nous nous sentons submergés par des responsabilités.

Le camion. Un camion aura la même signification symbolique qu'une voiture, sauf que les commandes et les ambitions seront plus branchées sur notre travail et sur notre façon de voir le monde du travail.

La moto. La moto est un symbole de jeunesse, d'audace masculine, d'indépendance et représente souvent en rêve l'acte sexuel. Elle peut aussi être un symbole de liberté. La présence d'un motard criminalisé dans le rêve suggérerait quelque comportement anarchique.

Train. Un train mettra souvent en évidence le comportement et les attitudes du rêveur dans ses rapports aux autres. Un train à vapeur suggérerait que nous nous sentons dépassés, tandis que le train électrique signifie la vitesse et l'efficacité. Attraper le train montre que nous avons réalisé un but particulier. ***Manquer le train.*** Nous manquons de ressources parce que nous avons oublié quelque chose ou parce que nous n'avons pas été suffisamment prudents. Nous craignons de manquer une occasion et des circonstances nous imposent un élément de contrôle. Souvent, les rêves dans lesquels on manque un train, mais qu'on en prend un autre suggèrent que l'on devrait mieux gérer ses ressources. Faire en alternance des rêves où l'on manque un train et où on l'attape montre que nous essayons de mettre de l'ordre dans notre motivation. ***Descendre du train avant d'être arrivé à destination.*** Nous avons peur de réussir un projet particulier. Cela peut aussi symboliser l'éjaculation précoce. Nous ne semblons pas contrôler la situation. ***Descendre du train avant qu'il démarre.*** Le rêveur a changé d'avis sur une situation de sa vie éveillée. ***Les lignes de chemin de fer et les rails*** symboliseront les façons de se rendre à destination. Prendre conscience de la voie tracée devant nous peut nous aider à tracer notre propre direction. Un wagon qui se détache des rails pourrait suggérer que l'on a fait quelque chose d'inopportun ou que nous avons perdu le contrôle. Ne pas désirer être dans le train pourrait indiquer que nous sommes trop influencés par des circonstances extérieures. Un train arrivant en station indique que nous avons achevé une étape de notre parcours de vie. Nous sommes prêts pour de nouveaux rapports au monde. ***Les wagons*** suggèrent les divers compartiments ou sections de nos vies et nos divers sentiments. Par exemple, si un wagon est désordonné ou sale, nous devons nettoyer un aspect de nos vies.

La promenade. La marche dans le rêve suggère que nous pouvons faire une partie du voyage sans aide ou que nous apprécions de recharger nos batteries et de purifier notre esprit.

3. Le voyage du rêve peut être lié symboliquement à l'approche de la mort. Nous devenons plus conscients d'atteindre bientôt notre destination finale.

Parents

- Voir Famille et Archétypes

Parfum

- Voir aussi Odeur et Odorat

1. Rêver à du parfum évoque des souvenirs particuliers. Les odeurs sont extrêmement évocatrices et souvent des émotions précises sont associées à des parfums spécifiques.

2. Certains parfums peuvent nous rappeler des gens que nous avons connus. Nous pouvons avoir une bonne ou une mauvaise réaction à ces odeurs. Les

parfums peuvent nous rappeler nos qualités particulières, comme le font les gens qui apparaissent dans nos rêves.

3. Une information intuitive est reconnue grâce à un parfum ou à une odeur.

Pari

- Voir Jeux

Parlement

1. Rêver à un parlement alerte cette partie de nous qui est impliquée dans une prise de décision. Les aspects les plus hauts de notre personnalité acquièrent de l'autorité ; autrement dit, nous agissons au meilleur de nos compétences. Le parlement représente ainsi dans nos rêves des qualités qui sont en relation avec le reste du monde.

2. N'importe quel type de rassemblement de gens est important dans un rêve, puisqu'il nous montre comment nous sommes intégrés à ce groupe. Rêver que nous sommes au parlement indique que nous occupons une place dans un processus décisionnel. Peut-être ne sommes-nous pas aptes à prendre des décisions qui concernent les autres, mais nous en avons le pouvoir et les fonctions.

3. Le parlement devrait être le siège symbolique de la clarté spirituelle.

Parler

1. Prendre conscience que des gens parlent dans un rêve donne l'impression d'être en contact avec notre capacité de communiquer. Nous sommes capables d'exprimer clairement ce que nous ressentons et pensons, alors que dans la vie éveillée nous pouvons ne pas nous sentir confiants.

2. Nous avons peut-être peur de ne pas être écoutés et cette inquiétude peut s'exprimer dans le rêve par le fait que nous entendons quelqu'un parler. Ce ne sont pas nécessairement les mots qui sont importants, c'est plutôt le sens de ce qui est dit.

3. Communication psychique.

Passage

- Voir Hall dans Constructions

Passeport

1. Le passeport est généralement utilisé pour prouver son identité. Dans la vie réelle, si nous éprouvons de la difficulté à maintenir une bonne image et une bonne estime de nous-mêmes, le rêve peut nous rassurer en produisant un passeport.
2. Le passeport peut symboliser la permission que nous devons obtenir de nous-mêmes ou d'autres personnes pour nous déplacer vers de nouvelles situations.
3. Un passeport pour une vie meilleure peut être la représentation symbolique de la conscience spirituelle.

Passoire

1. La passoire est le symbole de la capacité de faire des choix, de trier.
2. Sur le plan psychologique, la passoire représente la capacité de se connaître. Nous sommes capables de faire les choix conscients qui nous permettront d'extraire le meilleur de la vie.
3. Sur le plan spirituel, la passoire fait référence à la fertilité et à la pluie, à l'eau pure qui permet la croissance.

Pasteur

- Voir aussi Prêtre dans Archétypes

1. Dans le rêve, on attribue à la figure du pasteur la même autorité spirituelle qu'au prêtre. On le craint peut-être moins cependant. Il est souvent la figure d'autorité à laquelle nous avons cédé le contrôle.
2. Quand un pasteur apparaît dans un rêve, nous sommes conscients de notre côté plus spirituel, bien informé.

3. Un pasteur est un homme de Dieu et le rêveur peut devoir reconnaître qu'il y a beaucoup à apprendre sur le plan physique aussi bien que spirituel.

Paume/Palmier/Palme

1. Un palmier vu dans un rêve représente habituellement le repos et la relaxation. Historiquement, la palme est associée à l'honneur et à la victoire, mais ce symbole a en grande partie perdu cette signification de nos jours.

2. La paume de la main est un symbole reconnu de générosité et de franchise.

3. La paume suggère la bénédiction et la bonté.

Pauvreté

1. Être pauvre dans un rêve, c'est exprimer notre incapacité de satisfaire nos besoins de base. Nous nous sentons inaptes, émotionnellement ou matériellement. Souvent, nous devons retourner à l'essentiel pour découvrir quels sont nos besoins réels.

2. La pauvreté dans un rêve peut être causée par un environnement pauvre. Peut-être devons-nous nous attarder à notre environnement plutôt qu'à nous-mêmes.

3. La pauvreté du rêve symbolise spirituellement l'abnégation.

Pavot/Coquelicot

- Voir aussi Fleurs

1. Le coquelicot apparaît dans les rêves comme le symbole du sacrifice, de la victime – le coquelicot du souvenir, être victime d'oubli – mais aussi de l'opium extrait du pavot.

2. Sur le plan psychologique, nous devons nous rappeler d'oublier. En apprenant à oublier les difficultés du passé, nous nous donnons l'occasion de nous diriger vers un nouveau départ, vers la clarté.

3. Le pavot symbolise la distraction. Sur le plan spirituel, cela signifie que l'âme doit oublier tout ce qu'elle sait pour se réincarner et redécouvrir sa

propre conscience. La grande mère, comme la déesse, est responsable de l'oubli. C'est pour cela que le pavot symbolise la grande mère.

Pays étrangers

- Voir Lieux

Paysages

1. Le paysage présent dans un rêve reflète nos sentiments. Un paysage rocheux suggérerait des problèmes, tandis qu'un paysage sombre pourrait illustrer le pessimisme et le fait de douter de soi-même. Un paysage de notre enfance où nous nous sentions en sécurité peut dans un rêve être lié à un sentiment négatif ou à une difficulté. Les paysages reflètent des sentiments habituels plutôt que des caprices momentanés.

2. Les paysages de nos rêves, par des images bizarres (arbres de glace, rochers de sucre…), peuvent mettre en évidence un message particulier. Le terrain et d'autres éléments du rêve peuvent être importants pour parvenir à une interprétation correcte des symboles qui s'y trouvent. Le paysage peut entre autres indiquer comment nous entrons en relation avec les autres ; être dans un désert pourrait symboliser notre solitude, tandis qu'être dans une jungle pourrait symboliser notre imagination très fertile.

3. Spirituellement, le paysage peut suggérer dans le rêve les améliorations à apporter à notre personnalité. Si le paysage change entre le début et la fin du rêve, nous devons peut-être faire des changements correspondants dans notre vie éveillée.

Peau

- Voir Corps

Peau-Rouge

1. Notre perception de l'Amérindien lui prête une nature peu sophistiquée mais lui concède toutefois une sagesse naturelle et un instinct de base. Quand un Peau-Rouge apparaît dans nos rêves, cela signifie que nous sommes capables de manipuler une puissance et une énergie nouvelles.

2. Sur le plan psychologique, le Peau-Rouge symbolise la guérison et la conscience de soi.

3. Un Peau-Rouge représente une puissance intérieure dont nous avons pu être conscients ou non. Le rêveur est prêt à aller plus loin dans sa spiritualité.

Pêcheur

1. Chaque fois qu'un personnage fait une action spécifique, nous devons observer cette action. Souvent, un pêcheur représentera un fournisseur, ou peut-être le courage, comme dans le cas d'un pêcheur hauturier, alors qu'un pêcheur en eau douce peut indiquer le besoin de repos et de récupération.

2. Dans notre vie, nous pouvons essayer d'attraper quelque chose, par exemple un travail ou un partenaire.

3. À cause de sa connotation chrétienne, un pêcheur peut suggérer un prêtre dans les rêves.

Pectoral

1. Le pectoral devait protéger le chevalier du Moyen Âge. Quand nous nous percevons en rêve portant une certaine forme de protection près du cœur, c'est que nous protégeons notre droit d'aimer inconditionnellement.

2. Sur le plan psychologique, nous sommes vulnérables là où les questions de cœur sont concernées et avons souvent besoin de protection en ce domaine. Si quelqu'un d'autre porte un pectoral dans un rêve, cela symbolise la possibilité d'être blessé par les émotions.

3. Notre besoin de nous protéger spirituellement.

Peigne

1. Un peigne est un objet à dents multiples et il représente souvent le besoin de nettoyer ou de mettre de l'ordre, par exemple dans nos pensées. Dans le rêve d'un homme, il peut symboliser la séduction ou la sensualité.

2. Nous pouvons prendre conscience du fait que nous devons travailler notre propre image.

3. Fertilité, les rayons du soleil, l'enchevêtrement et la musique sont tous représentés par le peigne.

Peignoir/Toge

1. Rêver à un peignoir peut avoir deux significations : la première est liée à la vulnérabilité dissimulée et la deuxième à la détente et à l'aisance. Le contexte du rêve indique la signification appropriée. Vêtir quelqu'un d'un peignoir, c'est symboliquement le protéger.

2. Un peignoir peut symboliser notre attitude relativement au sexe et à notre sociabilité. S'il est propre, nous avons une bonne image de nous-mêmes ; s'il est sale, c'est l'inverse. Un peignoir sale pourrait aussi suggérer la dépression.

3. Spirituellement, le peignoir blanc représente l'innocence et le peignoir sans couture la sainteté.

Peinture

1. Nous reconnaissons généralement trop peu notre potentiel créateur. Nous voir peindre dans un rêve nous sensibilise à ces talents que nous possédons mais qui nous sont inconnus. Regarder des œuvres d'art dans un rêve indique que l'on met en doute des idées ou des concepts que l'on ne saisit pas encore tout à fait, que l'on y réfléchit. La peinture faite en rêve dans un contexte de décoration suggère que nous effectuions des changements visibles dans notre façon de penser et de vivre.

2. Puisque la peinture est directement reliée symboliquement à la libre expression de nos sentiments, la façon dont nous peignons dans un rêve est très importante. Si, par exemple, nous peignons des miniatures, cela suggère que nous nous concentrons sur des détails. Si, au contraire, nous peignons de grandes toiles, nous adoptons alors une perspective plus globale. La couleur de la peinture est aussi importante (voir Couleurs).

3. Nous nous créons un scénario spirituel.

Pèlerin/Pèlerinage

1. Quand nous entreprenons un pèlerinage dans un rêve, nous reconnaissons notre persévérance et notre détermination. Nous avons un but dans la vie et sa réalisation dépend de notre foi.

2. Un pèlerin symbolise souvent l'ermite ou le vieux sage (voir l'Introduction) qui se cache en nous. Cette partie de notre personnalité est déterminée et requiert bien peu l'avis des autres pour diriger notre vie, pourvu que nous arrivions à créer des circonstances adéquates.

3. Une quête spirituelle nous mène toujours à entreprendre un voyage d'une certaine sorte. Cet aspect de la spiritualité est souvent représenté par un pèlerinage vers un lieu saint dans un rêve.

Pélican

- Voir Oiseaux

Pelle/Bêche

1. Une pelle dans un rêve symbolise un besoin de fouiller dans des expériences passées. Nous avons besoin de découvrir une joie passée ou un traumatisme, même une expérience d'apprentissage. Le type de bêche ou de pelle aura de la pertinence dans l'interprétation du rêve. Une bêche de jardin suggérerait d'être totalement pragmatique, tandis qu'une pelle d'incendie indiquerait un besoin dont on doit s'occuper.

2. Une pelle peut suggérer une démarche d'introspection. Ce qui est pelleté dans le rêve est important, car nous avons besoin d'être attentifs au contenu de nos vies. Pelleter du compost, par exemple, signifierait qu'il faille considérer les aspects les plus fertiles de nos vies, tandis que pelleter du sable pourrait suggérer une expérience liée à l'écoulement du temps.

3. Une pelle est un outil qui peut être utilisé symboliquement pour nous aider à découvrir ce qui est spirituellement correct.

Pendaison

- Voir aussi Nœud et Corde

1. Pendre quelqu'un est un acte violent. Donc, si nous sommes présents à une pendaison dans un rêve, nous sommes participants à la violence et devrons peut-être reconsidérer nos gestes. Si nous sommes pendus, nous sommes avertis de difficultés à venir.

2. Si nous prenons conscience en rêve de quelque chose qui pend, il peut y avoir littéralement quelque chose qui le fait dans notre vie éveillée. Si quelque chose s'accroche à nous, une menace plane.

3. Le refoulement spirituel pourrait être à l'œuvre. S'il en est ainsi, le rêveur doit découvrir ce qui cause ce refoulement pour régler la situation.

Pendentif

- Voir Collier

Pentacle/Pentagramme

- Voir Étoile dans Formes

Pépite

1. Habituellement, ce qu'on nomme une pépite est fait d'or et dans le rêve cela symbolise la meilleure part d'une situation. Un renseignement particulièrement utile ou une connaissance intéressante peuvent y être représentés par une pépite.

2. Les métaux précieux se présentent à l'état brut sous forme de pépites. Souvent, l'or représentera le masculin et l'argent le féminin. Ainsi, trouver l'un ou l'autre dans un rêve signifie la découverte d'une partie de nous que nous ignorions. Cette découverte peut révéler quelque chose de brut, mais avec un peu de travail sur soi-même cela peut devenir une belle qualité, une richesse.

3. Spirituellement, une pépite symbolise la connaissance, la puissance psychique. Elle est le noyau d'une idée, d'un concept.

Perdu

1. Avoir perdu quelque chose dans un rêve peut signifier que nous avons oublié des questions importantes, par exemple une occasion, un ami ou une façon de penser. Subir une perte suggère qu'une partie de nous est morte et que nous devons apprendre à vivre sans elle.

2. Être perdu dénote de la confusion autant émotive que physique. Nous avons perdu la capacité ou la motivation de prendre des décisions éclairées.

3. Chercher un objet perdu ou une corde perdue personnifie la recherche de lumière. Spirituellement, nous ne savons pas ce que nous cherchons jusqu'à ce que nous le trouvions.

Père

- Voir Famille

Perle

- Voir Bijoux

Perroquet

- Voir Canard dans Oiseaux

Perruque

1. Autrefois, se couvrir la tête, par exemple avec la perruque d'un juge, était considéré comme une façon de camoufler le savoir, de donner une fausse impression ou d'indiquer la sagesse et l'autorité. Un postiche et un toupet mettent en évidence des idées fausses ou une attitude artificielle.

2. Parfois, une perruque indique dans un rêve que nous avons quelque chose à cacher. Nous ne sommes peut-être pas aussi compétents, aussi jeunes ou aussi capables que nous voudrions le laisser croire.

3. Un symbole d'autorité spirituelle et de jugement.

Persil

1. Autrefois, le persil était réputé posséder des pouvoirs mystiques. Comme toutes les herbes, il était utilisé dans les infusions ou comme assaisonnement afin de réaliser des buts précis, de créer des réactions déterminées. Encore aujourd'hui, quand le persil apparaît dans un rêve, nous l'interprétons selon cette croyance ancienne.
2. Une des qualités du persil est de nettoyer, d'épurer et il peut revêtir cette signification dans les rêves. Nous prenons conscience qu'il faut nous débarrasser de quelque chose qui nous contamine.
3. Le persil est le symbole spirituel de la féminité et de la connaissance occulte.

Peser

1. Peser une chose dans les rêves, c'est évaluer sa valeur. Cette image a un rapport avec nos besoins, et ce qui a de la valeur, aussi bien matériellement que spirituellement.
2. Soupeser quelque chose, c'est essayer de prendre une décision après avoir évalué les risques présents. Si nous essayons d'équilibrer la balance, nous cherchons la justice et l'équilibre.
3. Le rêveur peut vouloir faire comprendre à son esprit conscient sa valeur spirituelle.

Petit ami/Petite amie

- Voir Gens

Pétrole/Essence

1. Le pétrole est une forme d'énergie et, dans les rêves, il représente une condition nécessaire pour que nous puissions continuer d'avancer. Mettre de l'essence dans une voiture indique que nous devons prendre soin de notre corps. L'essence est aussi un explosif très dangereux. L'utiliser d'une façon imprudente dans un rêve indique que nous nous créons des problèmes.

2. L'énergie que nous utilisons à prendre des décisions ou à accomplir certaines actions pourrait se retourner contre nous. Quand nous récoltons ou raffinons l'essence dans un rêve, nous produisons de la motivation. Quand nous sommes à une station-service, cela indique que nous puisons notre énergie à l'extérieur de nous-mêmes.

3. L'énergie et la puissance spirituelles peuvent toutes les deux être symbolisées par le pétrole.

Phare

1. Un phare est un système d'avertissement et, dans les rêves, il nous informe de difficultés émotionnelles. Sommes-nous sur la terre ou dans la mer ? Si nous sommes sur la terre, nous sommes avertis de difficultés à venir, probablement émotionnelles. Si nous sommes dans la mer, nous devons être prudents afin de ne pas créer de malentendus en ignorant les problèmes.

2. Un phare peut agir comme une balise et peut nous mener dans des eaux plus calmes. Il peut aussi avoir la même signification symbolique que la tour (voir Tour).

3. Spirituellement, un phare met en évidence l'action en cours afin de nous aider à réaliser nos buts spirituels.

Phœnix

- Voir Oiseaux

Photographies

1. Rêver que nous regardons des photographies indique qu'un aspect de nous, peut-être une qualité élaborée dans notre jeunesse ou une qualité que nous ne ressentons plus, est particulièrement présent en nous. Lorsqu'une photographie de nous est présente dans un rêve, cela indique que nous devons avoir une vue plus objective d'une situation ou de nous-mêmes dans cette situation. Nous devons nous tenir à l'écart et regarder attentivement ce qui se passe.

2. Évidemment, les photographies représentent la mémoire, les événements passés, peut-être même des difficultés oubliées. Regarder en rêve des photographies de quelqu'un qui appartient à votre passé, c'est regarder les qualités

de cette personne – et peut-être même souhaiter son retour dans votre vie – et les utiliser.

3. Les photographies, dans les rêves, peuvent représenter un besoin de comprendre son passé spirituel.

Piano

1. Jouer du piano satisfait tous les sens. Le piano apparaît dans un rêve comme un symbole de créativité. De la même façon que le piano exige des heures de répétition, nous devons apprendre à utiliser notre créativité et à la développer.

2. Un des aspects du jeu du pianiste est de reproduire l'œuvre de quelqu'un d'autre, puisque peu d'entre eux composent leur propre musique. Cela signifie que nous devrions scruter les événements qui surgissent dans notre vie afin de les utiliser le mieux possible et d'être à notre meilleur.

3. Le son est un aspect essentiel du développement spirituel et l'écoute de musique dans un rêve peut nous donner une indication de notre progression spirituelle.

Pic

- Voir Oiseaux

Pièce de théâtre

1. Quand nous assistons en rêve à une pièce de théâtre, s'agit-il d'un drame, d'une comédie ou d'une tragédie ? La pièce de théâtre est présente dans un rêve parce que nous essayons souvent de voir notre vie sous une perspective objective, sous un angle extérieur. Le contenu de la pièce nous donne des indices sur le cours de nos actions. Si des gens que nous connaissons sont acteurs dans la pièce, le rêve nous appelle à prendre conscience de la situation que nous vivons avec eux.

2. Dans le rêve, la pièce qui est jouée est un condensé de nos expériences, de nos connaissances et de nos capacités. Notre créativité dirige l'exécution de la pièce afin de nous permettre d'obtenir les meilleurs avantages de l'information qu'elle contient. Les images sont réunies pour avoir un impact plus grand et rendre l'interprétation du rêve aussi facile que possible. Parfois,

cependant, lorsque survient l'inattendu, il indique que nous devons chercher l'explication ailleurs.

3. Dans une perspective spirituelle, la vie, dont nous avons fait un jeu, nous donne l'occasion d'apprendre certaines leçons.

Pied

- Voir Membres dans Corps

Piédestal

1. Dans un rêve, remarquer qu'une chose a été placée sur un piédestal, c'est reconnaître qu'elle est spéciale pour nous. Nous l'avons élevée à une position de pouvoir, une position importante.
2. La plupart des gens ont tendance à idolâtrer ou à adorer certains traits de caractère. Les rêves montrent souvent l'inconvenance – ou l'aspect déplacé – d'une telle action.
3. Mettre quelqu'un ou quelque chose sur un piédestal suggère l'adoration spirituelle et l'idolâtrie. Si l'adoration est erronée, elle peut empêcher le voyage spirituel d'évoluer.

Pieds nus

1. Selon les divers autres éléments du rêve, avoir les pieds nus peut indiquer la pauvreté ou une reconnaissance de la liberté sensuelle.
2. Avoir les pieds nus et ne pas trouver ses chaussures démontrent un manque aux convenance, la certitude d'avoir un comportement inopportun.
3. Être pieds nus indiquait jadis une grande humilité. Quand le Christ a voulu montrer qu'il n'était pas différent des hommes, il a lavé les pieds à ses disciples.

Piège/Prendre au piège

1. Être dans un piège signifie que nous sommes piégés par des circonstances extérieures, tandis que prendre quelque chose ou quelqu'un au piège,

c'est essayer de les retenir. Prendre un papillon au piège, c'est essayer de capturer son moi.

2. Quand nous nous sentons pris au piège, nous sommes incapables de nous libérer de vieux schémas de pensée et de comportement. Nous avons besoin d'aide extérieure.

3. Sur le plan spirituel, nous nous tenons en retrait. Nous pouvons aussi être conscients d'être pris au piège dans notre corps.

Pierre

1. Rêver à de la pierre peut suggérer la stabilité et la durabilité, mais aussi une perte de sentiments. Tailler la pierre dans un rêve, c'est essayer de créer un monument durable.

2. La pierre a beaucoup de connotations sur le plan émotionnel. Une pierre brisée signifie que nous sommes sérieusement blessés. Être changé en pierre suggérerait que nous ayons durci nos attitudes. Se faire lapider pourrait avoir deux significations : nous sommes puni pour des méfaits ou nous sommes sous l'influence de drogues.

3. La pierre représente le caractère impérissable et l'indestructibilité de la réalité suprême dans le champ spirituel.

Pieuvre

1. Les huit tentacules de la pieuvre la relient symboliquement au mandala. Les tentacules peuvent indiquer que nous sommes attirés vers quelque chose d'effrayant auquel nous ne pouvons échapper.

2. Des créatures rares apparaissent dans les rêves pour nous sensibiliser à certaines de nos qualités peu communes. La pieuvre est capable de se déplacer dans n'importe quelle direction, c'est cette capacité symbolique que nous devons reconnaître en nous.

3. Une pieuvre peut représenter la liberté d'esprit.

Pigeon

- Voir Oiseaux

Pilier

1. Le pilier est un symbole phallique, mais plusieurs autres interprétations du rêve sont possibles. Le pilier indique d'abord que nous sommes capables de demeurer inflexibles et stables quand se présentent des difficultés. Dans un rêve, réaliser que nous sommes un pilier de notre communauté suggère une meilleure conscience de nos responsabilités.

2. Les piliers indiquent une sorte d'appui, donc voir des piliers dans un rêve indique que la structure que nous avons donnée à notre vie requiert une certaine attention. D'un point de vue ésotérique, la présence de deux piliers dans un rêve met en évidence la différence entre le masculin et le féminin. Le pilier de gauche représente le féminin et habituellement a une forme noire. Le pilier de droite est blanc et représente le masculin.

3. La présence de deux piliers dans un rêve montre le contraste entre la spiritualité et la matérialité.

Pilule

- *Voir aussi Comprimé*

1. Pour la majorité des gens, prendre une pilule signifie faire quelque chose pour se sentir mieux. Dans les rêves, cela signifie que nous nous appliquons un traitement pour améliorer notre situation.

2. Sur le plan psychologique, cela indique notre capacité de nous guérir. La prise d'une pilule dans un rêve peut nous indiquer cette possible autoguérison ou la nécessité de faire attention à ce que nous ingurgitons, à ce que nous mettons dans notre bouche, particulièrement si quelqu'un nous donne cette pilule.

3. Des méthodes alternatives de guérison peuvent être appropriées dans une situation donnée.

Pincettes

1. Rêver à des pincettes suggère que nous devons regarder une situation dans ses moindres détails. En saisissant ces détails correctement, on peut faire beaucoup de travail.

2. Un tel rêve peut suggérer que nous devrions développer les outils appropriés au travail à effectuer. Utiliser d'autres instruments que des pincettes suggérerait la confusion quant à notre but exact.

3. Les pincettes symbolisent l'examen attentif de toutes les facettes d'un concept d'ordre spirituel.

Pingouin

- Voir Oiseaux

Pipe

1. Une simple pipe peut symboliser beaucoup de choses dans un rêve. Une pipe à eau peut nous indiquer comment manipuler nos émotions (dans ce cas, la taille et le type de pipe seront significatifs). Une pipe à tabac ou *chillum* suggère un moyen d'évasion, tandis qu'une pipe musicale indique notre rapport au rythme de la vie.

2. Quand nous éprouvons des difficultés, un symbole simple comme une pipe indique comment l'établissement de rapports entre les différentes facettes d'une situation aide à la résoudre.

3. Une pipe suggère une voie quelconque menant à la spiritualité.

Pirate

- Voir Gens

Piste

- Voir Chemin et Train dans Parcours

Pistolet

- Voir Arme à feu et Armes

Piston

- Voir aussi Voiture et Moteur

1. Un piston dans un rêve peut symboliser des pulsions sexuelles ou l'activité sexuelle. Dans ce contexte, c'est davantage une action mécanique qu'un acte d'amour et une telle représentation peut souligner l'attitude du rêveur à l'égard du sexe. Dans le rêve d'une femme, un piston peut révéler sa crainte d'un engagement sexuel. La femme peut aussi, en rêvant à un piston, réaliser qu'elle est utilisée et que dans ses rapports amoureux elle ne reçoit aucune tendresse. Dans le rêve d'un homme, une telle image peut relever son besoin d'identité et sa virilité. Si le piston n'est pas rigide, un homme peut craindre l'impuissance, tandis qu'une femme croira qu'elle ne peut pas avoir confiance en son associé.

2. Un piston peut aussi représenter la volonté de réussir d'une personne. Le rêveur doit évaluer l'effort à déployer pour réaliser ses objectifs. Il doit réaliser que l'effort, même s'il est plutôt mécanique à ce stade, peut être plus profitable que l'intuition créatrice. Le piston, puisqu'il n'est qu'une partie d'un moteur, exige d'autres composantes pour fonctionner. Souvent, beaucoup de temps peut être gagné si l'on considère d'abord la façon dont le piston fonctionne. Autrement dit, même si nos actions sont devenues mécaniques, nous avons besoin de carburant et d'un ensemble d'autres constituantes pour fonctionner avec plus d'efficacité.

3. Atteindre à la plénitude exige des efforts qui seront plus efficaces si nous utilisons correctement nos ressources.

Placenta

1. Le placenta est la source de nourriture du bébé dans l'utérus. Dans les rêves, il devient un symbole de la façon dont on gagne notre vie. Il suggère aussi que le rêveur peut dépendre des autres. Quand nous entreprenons un nouveau projet, nous sommes conscients de ne pas pouvoir être autosuffisants sur tous les plans. Nous exigeons donc de la nourriture ou de l'aide d'une source extérieure face à laquelle nous ressentons une dépendance.

2. La dépendance varie d'une personne à l'autre. Le rapport entre la mère et le bébé est unique et assuré par le placenta. Dans les rêves, la présence d'un placenta peut mettre en évidence l'unicité d'un tel rapport. Un des plus grands traumas de la vie est la séparation de la mère, et le placenta agit comme un amortisseur dans le processus de séparation qu'est la naissance.

Ainsi, rêver à un placenta indique notre besoin d'un tel amortisseur en situation de séparation brutale.

3. Nous sommes dépendants de la Terre mère (voir l'Introduction) et sommes capables d'apprécier ce lien vital.

Plage

1. Être sur une plage en rêve démontre notre conscience d'une frontière entre l'émotion et la réalité, ainsi que notre capacité à rester en contact avec les éléments.

2. Selon nos actions et nos états d'âme dans le rêve, rêver à une plage peut être lié à la relaxation et à la créativité.

3. Un potentiel de clarté émotionnelle est présent, particulièrement si la plage du rêve est déserte.

Planche

- Voir aussi Bois

1. Rêver que l'on marche sur une planche de bois illustre symboliquement un risque d'ordre émotionnel. Une planche de bois qui apparaît dans un rêve indique que quelque chose devrait être réparé ou que nous avons besoin d'être aidés. La planche, utilisée pour le revêtement du sol, est un symbole de sécurité, mais si elle est utilisée comme porte ou comme décoration sur un mur, elle signifie la fermeture ou l'ornementation de notre espace intérieur.

2. Si la planche est utilisée pour faire quelque chose, elle suggère le matériel que nous possédons pour entreprendre un projet. Le type de bois utilisé est peut-être significatif dans les souvenirs du rêveur. Si la planche est utilisée pour fabriquer une boîte, c'est un avertissement de ne pas nous laisser piéger par une situation.

3. Nous sommes la matière première nous permettant de devenir plus conscients de notre processus de vie. Nous devons déterminer ce que nous croyons être d'une certaine utilité dans le monde.

Planètes

1. Rêver à des planètes nous relie aux énergies très subtiles qui ont un effet sur nos vies bien que nous ne puissions en être conscients.

2. Chaque planète de notre système solaire possède sa signification symbolique propre. ***Jupiter*** suggère la croissance et l'expansion, la liberté et l'infini. ***Mars*** représente l'activité et la guerre, ainsi que l'énergie. ***Mercure*** est liée à la communication, à l'intuition et aux aptitudes mentales. La ***lune*** représente nos émotions et notre relation à notre mère. ***Neptune*** joue avec l'illusion, mais aussi avec l'inspiration. ***Pluton*** est responsable de l'inconscient, du changement et de la transformation. ***Saturne*** impose une influence restrictive et conserve le passé. Le ***soleil*** symbolise le moi, l'inconscient et l'énergie intérieure. ***Uranus*** opère des changements soudains, tandis que ***Vénus*** représente et met en évidence l'amour et la beauté.

3. Spirituellement, une fois que nous comprenons comment les énergies subtiles peuvent nous aider positivement, nous pouvons apprendre à nous en servir.

Plantes

- Voir aussi Mauvaises herbes

1. Un grand nombre de plantes se régénérant naturellement sont, dans l'ensemble, un symbole de changement progressif. Si les plantes dans nos rêves sont cultivées, nous sommes conscients de notre talent à cultiver quelque chose. Si les plantes meurent, cela représente peut-être une étape où il n'y a plus aucun avantage à tirer d'une situation.

2. Si les plantes du rêve sont sauvages, c'est qu'une partie de nous a besoin de liberté. Si elles sont cultivées en rangées ordonnées, c'est que nous accordons trop d'attention au regard des autres. Beaucoup de plantes ont des propriétés de guérison, donc des qualités jugées magiques. Pourtant, si nous n'acquérons pas les connaissances appropriées, elles peuvent toutefois nous être nuisibles.

3. La symbolique spirituelle des plantes est liée à la force de vie et aux cycles vitaux. Elles suggèrent la mort suivie d'une renaissance.

Plateau

1. Plusieurs rêves montrent des images d'ascension et d'escalade dans le but d'atteindre un plateau. C'est que nous atteignons un endroit qui n'est pas difficile à franchir après une dure montée. Parfois, cet endroit peut représenter une période de paix et de calme, mais aussi le moment où plus aucune énergie n'est disponible.

2. Si dans le rêve le plateau est désert, sans végétation, il signifie que nous avons besoin de nouveaux stimulus pour continuer d'avancer. Il semble être un endroit sécuritaire, nous ne souhaitons pas le quitter et devrions peut-être en profiter pour récupérer.

3. Spirituellement, un plateau offre des choix. Nous pouvons nous reposer sur nos lauriers et prendre le temps d'évaluer notre accomplissement, ou nous pouvons utiliser le plateau comme un havre de calme et de paix.

Plomb

1. L'explication conventionnelle de la présence de plomb dans un rêve est qu'une situation particulière nous est un fardeau. Nous ne faisons pas face à la vie comme nous devrions et nous sommes abattus. Le plomb, celui de la mine de crayon (en fait de la graphite), a des liens évidents avec la force de vie et la masculinité.

2. Le plomb est moins utilisé de nos jours, mais dans les rêves il peut encore indiquer que le temps est mûr pour que s'opère une transformation et même une transmutation. Les changements doivent nous apporter une meilleure qualité de vie.

3. Le plomb symbolise la conscience physique. Il est le métal de Saturne et nous devrions vérifier comment cette planète pourrait nous aider à progresser.

Plomberie

1. Rêver à de la plomberie illustre la façon dont nous gérons nos émotions, comment nous nous en servons pour contourner des obstacles et assurer notre sécurité. Une autre interprétation de ce type de rêve propose une

représentation de notre tuyauterie interne. Ainsi, rêver à de la plomberie nous révélerait certains de nos défauts ou certaines maladies de notre corps.

2. La sécurité émotive est importante pour chacun de nous, surtout que plusieurs imperfections ou plusieurs maladies ne nous sont pas visibles. Lorsque nous regardons de la plomberie en rêve, nous examinons en réalité notre subconscient, où sont tapies nombre d'informations et d'émotions. Nous ressentons parfois le besoin d'avoir accès à notre subconscient afin d'éclaircir ce qui se passe dans nos vies.

3. Nous sommes conscients de la circulation d'une énergie spirituelle dans nos vies.

Plongée

1. Rêver de plongée peut exprimer un besoin de plus de liberté, bien que cette liberté implique de courir des risques. Nous pouvons avoir besoin de fouiller notre inconscient pour y puiser la force d'affronter une inquiétude.

2. Nous devons être extrêmement concentrés et attentifs pour plonger avec succès et nous devons utiliser ces qualités au profit de la situation dans laquelle nous sommes.

3. La plongée suggère de prendre le risque spirituel nécessaire pour confronter l'inconscient.

Plonger

1. Rêver que nous plongeons, c'est reconnaître que nous faisons face à l'incertitude. Nous entrons dans quelque chose d'inconnu, quelque chose que nous n'avons jamais expérimenté, et cela comporte des risques. L'immersion dans la profondeur de nos émotions nous permet de découvrir des éléments insoupçonnés de notre personnalité et nous pouvons dès lors les mettre à profit.

2. Quand nous sommes dans l'incertitude, nous avons besoin de sentir que nous possédons le courage et l'audace nécessaires pour entreprendre les actions nécessaires. Rêver à un plongeon, c'est reconnaître que nous avons les ressources qu'il faut. Rêver à un plongeur qui dégage un passage sous-marin

indique que nous devons déployer une certaine force afin de surmonter une difficulté.

3. La situation exige que nous plongions dans la dimension spirituelle de notre vie.

Pluie

1. La pluie dans les rêves symbolise les larmes et la permission d'exprimer ses émotions sans restriction.

2. La pluie, dans le rêve d'une femme, peut symboliser l'acte sexuel. Elle peut aussi avoir une signification plus universelle et représenter notre potentiel par rapport au niveau d'un groupe. Nous devrions tous mettre à profit la fertilité que la pluie apporte.

3. La pluie, puisqu'elle vient du ciel, symbolise la bénédiction divine et la révélation.

Plumage

1. Dans un rêve, un plumage qui nous est montré représente le pouvoir et la force. Cela peut aussi être un signal de défi ; nous devons nous tenir droits et montrer nos couleurs, comme le veut la coutume.

2. Le plumage d'un oiseau, c'est non seulement sa protection mais aussi son pouvoir et sa force. Présenté sous cet angle, il nous suggère l'utilisation de notre propre force et de nos capacités afin de réaliser ce que nous voulons accomplir.

3. Un triomphe spirituel est représenté par l'exposition d'un plumage à la vue de tous.

Plume

1. Des plumes pourraient symboliser la douceur et la légèreté, peut-être une approche plus douce. Nous pouvons reconnaître que nous devrions être plus calmes face à une situation problématique.

2. Les plumes symbolisent évidemment le vol et à cause de leur rapport au vent et à l'air, elles peuvent aussi représenter notre spiritualité. Voir des plumes dans un rêve signifie peut-être que nous devons terminer une action avant de nous donner la permission de nous reposer.

3. Le ciel. L'âme. Ce qui est angélique.

Poche

1. Rêver à une poche indique que nous devons vivre avec des secrets personnels, des choses que nous avons délibérément cachées. Il s'agit peut-être de pensées que nous ne voulons pas partager.

2. Une poche dans un rêve illustre le sens de la propriété et de la possession. Avoir quelque chose dans notre poche signifie qu'elle nous appartient, que nous en avons acquis la propriété. Une poche peut aussi symboliser des émotions que nous avons enfouies et que nous devons maintenant assumer, que nous devons accepter afin de les utiliser.

3. Une poche suggère ce qui est caché et donc le surnaturel.

Poids

1. Éprouver un poids dans un rêve, c'est prendre conscience de ses responsabilités. Cela peut aussi suggérer que nous devrions évaluer l'importance et le sérieux de ce que nous faisons.

2. Le poids dans un rêve peut indiquer la nécessité pratique d'être terre à terre dans la vie éveillée. Nous devons garder les pieds sur terre.

3. Le poids dans un rêve indique la gravité et le sérieux.

Poignard

1. Quand un poignard apparaît dans un rêve, sa signification peut être de deux ordres : agression ou défense. Si le rêveur utilise le poignard pour attaquer quelqu'un, alors il peut essayer de retrancher une certaine partie de lui-même ou essayer de se débarrasser de quelque chose qu'il n'aime pas. Si on poignarde le rêveur, cela met en évidence sa vulnérabilité.

2. Sur le plan psychologique, être transpercé par n'importe quel instrument pointu est lié au masculin et à la sexualité.

3. Le poignard tourné contre soi représente un instrument de sacrifice séculaire.

Point

1. Toute représentation d'un objet pointu fait normalement référence à la sexualité masculine. Parvenir à un point de non-retour dans un rêve indique que quelque chose doit être fait. Nous devons provoquer le changement d'une manière ou d'une autre et rien d'autre ne peut être fait à ce moment. Rien ne peut plus évoluer jusqu'à ce que nous décidions d'agir.

2. Psychologiquement et intellectuellement, nous nous tournons vers l'intérieur et nous avons peut-être atteint le centre de notre personnalité. Cette étape est souvent symbolisée dans les rêves par un point (point final d'une phrase).

3. Un point symbolise spirituellement le commencement, l'âme ou l'accomplissement.

Poison

1. Reconnaître un poison dans un rêve signifie que nous devons éviter une certaine attitude ou une certaine émotion puisque nous pensons qu'elle n'est pas bonne pour nous. Dans notre environnement, certaines choses ne sont pas bonnes pour nous maintenant, et elles ne le seront pas nécessairement davantage dans le futur.

2. Certaines croyances populaires peuvent contaminer notre façon d'être et de penser, et cela est symbolisé par la présence d'un poison dans nos rêves.

3. De entités néfastes peuvent contaminer notre spiritualité et nuire à notre cheminement.

Poisson

1. Rêver à un poisson est lié à notre émotivité, mais plus encore avec notre capacité d'être sages. Souvent, nous pouvons simplement répondre instinctivement à ce qui se passe, sans avoir besoin de l'analyser.

2. L'inconscient collectif, comme Jung l'a appelé, c'est-à-dire la partie de la vie que nous partageons tous, l'expérience commune, la conscience et la connaissance que nous avons tous, nous est disponible.

3. Le poisson symbolise le pouvoir temporel ou spirituel. Deux poissons nageant dans des directions opposées constituent le signe astrologique du Poissons.

Poivre

1. Le poivre, comme les épices, a la capacité de relever un aliment et c'est cette qualité qui est généralement symbolisée dans les rêves. Nous devons rehausser une situation dans laquelle nous nous trouvons.

2. Rêver à du poivre suggère que nous changions de goûts. Nous réagissons à une situation qui ne correspond pas à nos goûts et à nos habitudes. Ce symbole apparaît dans nos rêves quand nous devons effectuer des changements radicaux.

3. Le poivre dans le rêve suggère la spiritualité chaleureuse et l'amour.

Pomme

- Voir aussi Aliments et Fruits

1. Dans les rêves, la pomme peut représenter une démarche fructueuse, l'amour et la tentation.

2. Manger une pomme indique le désir d'assimiler de l'information ou de la connaissance. La pomme a évidemment des connations liées à la tentation d'Adam par Ève.

3. La fleur de pommier est un symbole chinois de paix et de beauté. Sur le plan spirituel, une pomme suggère un commencement et une fraîcheur d'approche.

Pomme de pin

1. Si la pomme de pin n'a pas de signification personnelle pour le rêveur, elle symbolisera simplement la fécondité et la bonne fortune.

2. La forme de la pomme de pin et le fait qu'elle contienne beaucoup de graines établit un rapport évident au phallus et à la masculinité.

3. Une pomme de pin est un attribut de Dionysos ; elle est donc un symbole de bon temps, de bonheur.

Pont

1. Le pont est une des images les plus communes dans les rêves et indique presque invariablement le passage d'une phase à une autre. Il peut être dépeint comme fragile ou solide, massif ou finement taillé, ce qui donne une indication de la force des liens qu'il sera nécessaire d'établir pour apporter des changements dans la vie éveillée du rêveur.

2. Dans les rêves, le pont symbolise le lien émotionnel entre le rêveur et d'autres personnes ou diverses parties de sa vie.

3. Traverser la rivière de la vie. Le Styx.

Porc

- Voir Animaux et Sanglier

Porte

1. Rêver à une porte fait référence à des changements. Nous traversons une étape.

2. Souvent, le type de changement qui a lieu est mis en évidence par le type de porte que montre le rêve. Par exemple, une porte de grange indiquerait un changement au travail, tandis qu'une porte de jardin représente un plaisir nouveau.

3. L'existence d'une porte entre les royaumes physique et spirituel est depuis longtemps établie. Elle est vue comme une porte de communication et peut être utilisée à cet effet par le rêveur s'il le souhaite.

Portefeuille

1. Dans les rêves, le portefeuille est une représentation du lieu où nous gardons nos ressources en sûreté. Ces ressources ne sont pas seulement financières. Plusieurs rêves peuvent illustrer notre attitude à l'égard de l'argent.

2. De façon intéressante, parce que le portefeuille peut aussi suggérer les aspects féminins de soin et de retenue, il peut mettre en évidence notre attitude face à l'intuition et à la conscience.

3. La vieille perception selon laquelle notre vie tiendrait dans notre portefeuille fait symboliquement référence non seulement à la vie, mais aussi à la santé.

Porter/Transporter

1. Être conscients de porter un objet suggère que nous devions observer ce qui nous est un fardeau ou une difficulté. Si nous rêvons que nous sommes transportés, c'est que nous avons besoin de soutien.

2. Rêver que nous transportons quelqu'un montre que nous nous sentons responsables d'une certaine personne et que cette responsabilité est un fardeau.

3. Quand nous sommes préparés à porter vraiment une chose, nous en prenons la responsabilité spirituelle.

Position

1. Quand une position particulière est mise en évidence dans un rêve, elle illustre habituellement notre point de vue moral ou notre philosophie de vie. Elle peut aussi indiquer comment nous réglons certaines situations. Par exemple, quelque chose dans une mauvaise position signifie que nous utilisons une mauvaise méthode pour régler une situation problématique.

2. Notre esprit, notre intelligence, nos idées et nos considérations sont portés à notre attention lorsque nous rêvons à des choses plus grandes et plus élevées que nous. Cela s'applique aussi lorsque nous rêvons à la partie supérieure de quelque chose (d'un bâtiment ou d'un corps, par exemple). Notre altruisme

peut aussi être remis en question. Tout ce qui est souterrain, proche du sol ou sur la terre, montre le côté anarchique ou immoral de notre personnalité. Les pulsions sexuelles peuvent aussi être caractérisées de cette façon. Quelque chose de contraire à notre réalité apparaissant dans nos rêves souligne notre potentiel pour le chaos et la difficulté. Les hauts et les bas de la vie peuvent se traduire dans les rêves par un renversement de notre position habituelle. Notre personnalité a besoin de s'équilibrer, de trouver le juste milieu entre les expériences enrichissantes et celles dévalorisantes. Si cela ne se produit pas un avertissement survient dans un rêve.

Avant/Arrière. Le rejet ou l'acceptation dans un rêve peuvent être représentés par l'observation de l'avant ou de l'arrière de quelque chose. Avancer/Reculer. Lorsque notre attention est retenue par un mouvement vers l'arrière, cela indique notre tendance à adopter une attitude passéiste, régressive. Nous sommes tentés de nous retirer dans le passé plutôt que de surmonter nos craintes et de continuer d'avancer.

Bas. Dans les rêves, les choses basses ou la sensation de bassesse indiquent l'infériorité ou l'humilité. Souvent, nous adoptons un comportement de soumission et nous sommes alors dans une position inférieure aux autres. Quelquefois, se situer sous quelque chose ou quelqu'un indique un besoin d'explorer les dessous d'une situation ou les rapports négatifs inhérents à une relation.

Droite/Gauche. Le conflit entre la droite et la gauche représente habituellement celui entre la logique et l'intuition. La droite représente le côté logique dominant. Elle est liée à l'expression consciente, à la certitude et à la perception objective du monde. On l'associe à la droiture, à la justesse, au comportement moral et socialement acceptable. Toute chose observée du côté droit dans un rêve est représentative de la progression du rêveur. Une douleur ressentie du côté droit peut être interprétée comme une montée d'énergie. La droite exprime aussi les attributs masculins. Le mouvement vers la droite indique que quelque chose devient conscient.

En face. Toute chose qui se situe face au rêveur suggère la difficulté de réconcilier bon et mauvais, masculin et féminin, haut et bas, etc. Cela peut aussi suggérer le conflit. Une chose placée agressivement à l'opposé d'une autre symbolise une tentative de semer la discorde. Un changement de la position indique que des différences opposées peuvent être ajustées.

En haut/Au-dessus. Se situer en haut de quelque chose indique un certain degré de suprématie. Nous sommes capables de diriger certaines situations particulières. Nous voulons quitter le monde quotidien, ordinaire.

Gauche. La gauche représente le côté moins dominant, plus passif. Elle est souvent associée à ce qui est sombre et sinistre ainsi qu'à ces parties moins reluisantes de notre personnalité que nous essayons de supprimer. La gauche est reliée à l'instinct, au bien-être et aux comportements naturels sans concessions à la morale ou aux normes établies. La gauche est aussi le côté naturellement expressif et réceptif. Donc, tout ce qui apparaît dans un rêve sur le côté gauche peut être interprété comme un symbole d'appui. N'importe quelle douleur ressentie du côté gauche symbolise la sensibilité. On associe la gauche aux qualités féminines mais aussi au passé. L'indécision entre la gauche et la droite suggère la difficulté de décider s'il faut se fier à la logique ou à l'instinct.

Horizontal. L'horizontalité symbolise habituellement le monde matériel.

Le centre - *voir Formes*. Prendre conscience du point central de n'importe quel aspect d'un rêve représente la prise de conscience de buts ou d'objectifs. Cela peut même être en lien avec la personnalité inconsciente du rêveur. Cela représente aussi un besoin d'être le centre d'attention en toutes circonstances.

Loin/Près. Dans les rêves, l'espace et le temps peuvent être confondus. Rêver à quelque chose qui est loin peut indiquer une distance dans le temps, passé ou futur, selon le rêve. Un long chemin devant nous indique l'avenir, alors qu'un chemin vers l'arrière indique le passé. Quelque chose de proche signifie quelque chose de récent ou même d'actuel.

Rectiligne. Une ligne droite suggère une approche directe, la voie la plus courte entre deux objets ou deux endroits.

Sommet. Être au sommet, c'est avoir du succès, avoir réussi. Être directement sur la pointe du sommet, c'est assumer tout le contrôle. La tentative d'atteindre le sommet suggère que plus d'efforts doivent être déployés.

Sous/Au-dessous. Être au-dessous de quelque chose suggère soit l'abri, soit la soumission au pouvoir de quelqu'un. Cette position peut aussi représenter la partie de nous que nous voulons ignorer, nos faiblesses.

Vertical. La verticalité dans un rêve représente le royaume spirituel.

3. Les points cardinaux de la boussole peuvent être lus spirituellement. Le Nord signifie l'inconnu et donc, parfois, l'obscurité. Il est la spiritualité dans le monde. L'Est suggère traditionnellement la naissance et les religions mystiques. Il représente aussi la prise de conscience. Le Sud est lié à la passion de la terre et à la sensualité. L'Ouest peut symboliser la mort, mais encore plus justement l'état qui succède à la mort, quand notre conscience spirituelle est totale. Traditionnellement, l'Ouest peut aussi représenter le côté plus logique de notre personnalité.

Posture

1. Le langage du corps est un aspect important du rêve. Les personnages de notre rêve peuvent exécuter des mouvements exagérés ou se tenir dans des postures surprenantes pour mettre en évidence certaines informations à reconnaître.

2. De l'information nous parvient souvent d'une façon subliminale sans que nous soyons capables de comprendre pourquoi. Les postures que nous adoptons ou que d'autres adoptent dans nos rêves nous apportent souvent les réponses à ces questions.

3. Une posture exagérée indiquera des émotions. Notre vie et notre existence prouvent que nous sommes capables d'adopter certaines positions ou postures connues (entre autres de yoga) pour progresser spirituellement.

Potage

- Voir Repas, Aliments et Nourriture

Poteau

1. L'interprétation de la présence d'un poteau dans un rêve dépend de son utilisation. Il peut être vu comme l'expression de la force de vie (voir mât),

mais aussi comme un élément de stabilité ou un point de ralliement, un centre. Il peut être aussi un point d'appui, un soutien.

2. Jadis, un poteau était une mesure. Dans un rêve, il peut encore constituer une unité de mesure. Il est aussi possible qu'il y ait un jeu de mots dans le rêve, pôle représentant peut être une personne originaire de la Pologne.

3. Des comportements héroïques sont instaurés sur le plan spirituel.

Pouce

- *Voir Corps*

Poule

- *Voir Oiseaux*

Poumons

- *Voir Corps*

Poupée

1. Une poupée peut dépeindre un sentiment éprouvé par le rêveur quand il était enfant ou un besoin de réconfort. Elle peut aussi symboliser une partie peu développée de la personnalité du rêveur.

2. Nous avons tendance à apprendre plus facilement par le jeu. Si une poupée apparaît dans un rêve, cela indique parfois le besoin de réapprendre quelques leçons oubliées de l'enfance.

3. La poupée peut être la représentation de l'âme d'une personne que l'on peut aider par magie compatissante ou que l'on peut blesser par sorcellerie.

Poursuite

1. Rêver que l'on est poursuivi ou que l'on essaie de s'échapper est un des rêves les plus répandus. Habituellement, nous essayons d'échapper à la responsabilité, de fuir un échec douloureux, d'oublier une peur ou des émotions que nous ne pouvons pas contrôler.

2. Être poursuivi par des ombres suggère le besoin d'échapper à quelque chose de réprimé, par exemple à un traumatisme d'enfance. Être poursuivi par un animal indique que nous n'acceptons pas notre propre passion.

3. Spirituellement, l'image de poursuivre ou d'être poursuivi suggère la crainte de ses actions.

Pousser

1. Dans un rêve, quand nous nous sentons poussés, c'est qu'une énergie extérieure nous permet de réaliser ce que nous entreprenons. Si nous poussons quelque chose, nous manifestons notre volonté positive. La poussée de quelque chose vers le haut, comme une voiture dans une pente ou une boule de neige, suggère que nous essayons de résister aux forces naturelles.

2. La pression que nous subissons dans notre vie éveillée peut s'illustrer dans les rêves par la sensation d'être poussé. Cela peut symboliser la crainte de la maladie. Dans certaines formes de maladie mentale, le patient éprouve le sentiment d'être poussé à faire quelque chose qu'il ne souhaite pas faire. Parfois, quand cette sensation est éprouvée dans un rêve, elle peut suggérer une forme de guérison.

3. Dans notre développement psychique, il est possible de prendre conscience des forces subtiles et de l'énergie qui nous entourent. Cela peut être éprouvé comme une sensation de poussée.

Poux

- Voir Insectes

Précipice

1. La crainte de l'échec est une émotion très forte. Souvent, elle est représentée dans un rêve par un précipice. Sauter par-dessus un précipice est toujours risqué puisque nous ne connaissons pas le résultat de notre action. Essayer d'escalader un précipice, c'est faire d'énormes efforts pour surmonter des obstacles.

2. Les cartes de tarot montrent le fou au début et à la fin de son voyage. Il est bien peu soucieux du précipice et n'est pas conscient du danger qu'il représente. Au contraire, il croit pouvoir le contourner ou même sauter par-dessus. Ce type de rêve apparaît souvent quand nous sommes dans une position très risquée, dangereuse.

3. Un précipice indique qu'un danger d'ordre spirituel est aperçu.

Préhistorique

- Voir aussi Dinosaure

1. Voir quelque chose appartenant à la préhistoire dans un rêve, c'est reconnaître que nos sentiments et nos émotions surgissent d'un temps lointain que nous ne comprenons pas. Avant de comprendre et d'intégrer notre désir et notre urgence de vivre, il est possible que nous soyons destructeurs face à nous-mêmes sans savoir pourquoi nous nous comportons ainsi.

2. Les scénarios de nos rêves ainsi que les paysages dans lesquels ils se déroulent semblent souvent être préhistoriques. C'est la pensée primaire qui s'exprime alors, la partie de nous qui agit instinctivement avant que nous ayons même acquis la capacité d'enregistrer nos impressions. S'il est vrai que les bébés prennent conscience du monde avant leur naissance, ces impressions peuvent apparaître, plus tard dans leurs rêves, comme des images préhistoriques. Par exemple, un paysage stérile peut indiquer un manque d'amour.

3. La progression spirituelle exige une compréhension de nos élans physiques, émotionnels, et spirituels. Ainsi, les images préhistoriques indiquent l'incapacité d'intégrer ces diverses parties de nous avec succès, ou sinon de nous intégrer à la société.

Près/Proche

1. Rêver que l'on est près de quelqu'un ou de quelque chose indique que l'on est sur le point de reconnaître cette proximité dans notre vie éveillée. Nous devenons plus sensibles et sommes davantage habiles à nous adapter à toutes les situations.

2. Un objet ou une image qui est proche de nous dans un rêve, alors que nous sommes dans une situation passive, nous indique que quelque chose se produira bientôt. La conscience spatiale reflète une conception du temps.

3. La prise de conscience que certains aspects de la vie sont spirituels se manifeste souvent par la proximité dans les rêves.

Prêt

1. Si dans un rêve nous prêtons un objet, nous reconnaissons que cet objet peut être partagé. Si quelqu'un nous prête un objet alors nous ne sommes pas assez responsables pour le posséder, nous pouvons seulement en avoir besoin pour une courte période.

2. Si nous prêtons de l'argent dans un rêve, nous créons un lien d'obligation. Si on nous prête de l'argent, nous devons observer comment nous gérons nos ressources, mais, plus important encore, il s'agit de voir de quelle aide nous avons besoin.

3. Dans le champ de la spiritualité, le prêt est lié à la guérison et à l'appui.

Prêtre

- Voir Archétypes

Prière

- Voir aussi Images religieuses

1. La prière dans un rêve signifie que nous cherchons de l'aide extérieure. Nous avons peut-être besoin de l'autorité de quelqu'un pour réussir ce que nous entreprenons.

2. Psychologiquement, l'être humain a toujours besoin de croire qu'il existe une puissance supérieure susceptible de l'aider. Prier dans un rêve renforce ce sentiment puisque le rêveur met à profit son inconscient pour communiquer avec cette puissance supérieure.

3. La supplication et l'adoration sont deux aspects de la prière.

Primate

- Voir aussi Singe dans Animaux

1. Rêver à des singes ou à d'autres primates est lié à notre côté malveillant.

2. Nous avons tous en nous la capacité d'imiter, de copier, et rêver de singes l'exprime.

3. Le singe suggère l'escroc, le côté malveillant de notre personnalité.

Prince/Princesse

- Voir Archétypes

Printemps

1. Le printemps dans un rêve peut suggérer une croissance ou des occasions nouvelles. Peut-être y a-t-il présence d'un nouveau départ dans une relation. L'eau s'écoulant d'une source symbolise une énergie toute neuve.

Prison

- Voir aussi Clé et Serrure

1. La prison, dans les rêves, peut symboliser les pièges que nous nous créons. Nous croyons que les circonstances qui nous rendent la vie difficile sont hors de notre contrôle mais, en fait, nous créons nous-mêmes ces circonstances. Cela peut s'appliquer sur les plans émotionnel, matériel ou spirituel.

2. Notre sens du devoir et notre tendance à culpabiliser peuvent en quelque sorte nous tenir prisonniers, et cela peut apparaître dans un rêve. Les types de serrures et de verrous que nous voyons dans notre prison nous montrent comment nous nous sommes emprisonnés. Par exemple, une serrure avec une clé suggère que nous connaissons le moyen de nous échapper, tandis qu'un verrou exige un plus gros effort. Une fenêtre munie de barreaux suggère que nous ne pouvons utiliser des ressources qui nous sont extérieures.

3. Sur le plan spirituel, devoir et culpabilité sont les deux faces d'une même pièce. Le sens du devoir, avec les responsabilités parfois très lourdes qu'il

entraîne, peut être un piège, alors que la culpabilité nous empêche de voir plus loin en nous faisant nous concentrer sur ce qui a eu lieu.

Prix

1. Dans un rêve, gagner un prix exprime le fait que nous avons surmonté des obstacles. Nous obtenons la reconnaissance des autres pour avoir fait l'effort de réussir. Remettre un prix montre que nous accordons une reconnaissance publique aux efforts que d'autres que nous ont faits.
2. Évaluer la valeur monétaire (le prix) d'un objet de valeur dans un rêve, c'est indiquer que l'on connaît sa valeur. Cela ne révèle pas nécessairement sa valeur matérielle, mais est plutôt une appréciation de sa valeur intrinsèque.
3. Sur le plan spirituel, gagner un prix dans un rêve signifie que nous avons utilisé nos instincts et notre intuition d'une façon harmonieuse, que nous sommes capables de nous fier à notre inspiration.

Profondeurs

- Voir aussi Position

1. Quand nous rêvons à des profondeurs, nous considérons les influences familiales auxquelles nous n'avons pas été consciemment attentifs.
2. Nous pouvons essayer de comprendre les modèles archétypaux qui n'ont pas été reconnaissables par le passé.
3. L'inconnu et donc l'insondable sont souvent symbolisés par diverses profondeurs : abysses océaniques, souterrain, etc.

Projecteur

- Voir aussi Lumière

1. Un projecteur dénote dans un rêve l'attention et la concentration. Si le projecteur est braqué sur nous, il indique que nous devons considérer nos actions et notre comportement.

2. Un projecteur peut suggérer une connaissance intime de questions qui nous concernent. Nous avons tourné le projecteur sur elles pour vérifier la vérité. Un projecteur est utilisé pour éclairer le chemin devant nous.

3. Un projecteur nous permettra de comprendre des questions spirituelles essentielles afin de rejeter l'inutile.

Propulseur

1. Un propulseur, comme une hélice, symbolise la volonté et l'intention sous-jacentes à notre cheminement. En reconnaissant nos besoins, nous comprenons aussi comment aller de l'avant. La poussée issue d'un propulseur dans le rêve suggère la capacité d'utiliser notre intelligence pour progresser.

2. Un propulseur apparaissant dans un rêve nous suggère d'entreprendre un voyage de découverte.

3. Il y a un degré de contrainte spirituelle dans ce que nous faisons.

Prostituée

1. Rêver à une prostituée suggère un besoin sexuel non satisfait. Dans le rêve d'un homme, la prostituée symbolise son besoin d'un rapport sexuel à n'importe quel coût. Dans le rêve d'une femme, elle suggère le besoin de liberté sexuelle. Souvent, rêver à une prostituée nous force à considérer notre sentiment de culpabilité ou notre manque de confiance en nous-mêmes. Payer une prostituée suggère un manque de confiance dans nos propres capacités sexuelles. Être payé pour un acte sexuel exprime notre sentiment qu'une relation nous demandera beaucoup. Ces deux cas laissent entrevoir une crainte de la relation amoureuse.

2. Rêver à la prostitution révèle la piètre image que nous avons de nous-mêmes. Nous réduisons au minimum nos capacités et nos talents autant dans le travail que dans notre vie privée. Souvent, quand les autres attendent une performance de notre part, notre *ego* considère que nous prostituons notre talent.

3. Le Christ ayant reconnu la valeur de la prostituée, on peut en conclure que toute personne, peu importe sa profession, possède des droits et que nous devons accepter l'existence d'autres valeurs que les nôtres.

Psychologue/Psychiatre

- Voir Analyste

Publicité

1. La présence d'un panneau publicitaire dans un rêve pourrait vouloir nous signifier une façon de travailler dans le monde, tandis qu'un message télévisé représenterait un façon de penser.
2. Nous avons besoin d'être appréciés pour ce que nous sommes. Si nous sommes le sujet de la publicité dans le rêve, nous devrions nous montrer plus francs et ouverts à propos de nos activités. Si quelqu'un que nous connaissons fait sa propre publicité dans notre rêve, il a la capacité de nous aider. Réciproquement, notre subconscient peut nous avertir que ces personnes ont besoin d'aide.
3. Besoin de reconnaissance pour avancer dans le champ spirituel.

Puces

1. Les puces symbolisent l'irritation. Des gens ou des situations nous causent des difficultés, ou au contraire nous nous sentons comme des parasites et nous devrons passer par un processus de décontamination.
2. Nous ne sommes pas traités correctement et de supposés amis ne sont pas justes avec nous.
3. Les puces sont symboliques de blessures plus que de destruction, par exemple celles infligées par le commérage.

Puits

1. Un puits est une façon symbolique d'évaluer en rêve nos sentiments et émotions profonds. Si nous ne pouvons pas atteindre l'eau dans le puits vu en rêve, c'est que nous n'utilisons pas bien nos talents.
2. L'image du puits dans un rêve suggère notre capacité d'être bien, de guérir et de réaliser nos désirs les plus chers.

3. Le puits peut symboliser une forme de contact avec les profondeurs, probablement celles de l'émotion.

Pulsation

1. Les pulsations cardiaques ont un rythme dont le maintien est essentiel à la vie. Ressentir une pulsation dans notre sommeil indique une inquiétude, entre autres en ce qui concerne notre santé.

2. Sentir sa propre pulsation cardiaque dans un rêve, c'est essayer d'entrer en contact avec son processus de vie. Sentir le battement de cœur de quelqu'un, indique une inquiétude au sujet de cette partie de nous que représente l'autre. Si nous ne ressentons pas de pulsation dans le rêve, cela indique la mort d'une partie de nous ou de nos émotions.

3. Il est reconnu qu'une pulsation est détectable dans toutes les choses. Spirituellement, plus nous restons en contact avec notre rythme intérieur plus nous sommes complets, plus nous formons un tout unifié.

Punition

1. L'enfant craint la punition quand il sait qu'il ne s'est pas conformé à ce que l'on attendait de lui. Dans la vie adulte, quand nous croyons mériter un châtiment, nous rêvons éventuellement à une punition. L'autopunition apparaît en rêve quand nous n'atteignons pas les buts que nous nous sommes fixés.

2. Si nous sommes incapables de résoudre des conflits, cela peut se traduire par la punition dans un rêve. Elle peut représenter la seule résolution possible de notre dilemme et aussi indiquer que nous préférons subir la douleur plutôt que de nous efforcer à résoudre ces conflits.

3. Le châtiment divin – c'est-à-dire être puni par une force supérieure – suppose l'existence d'un Dieu qui nous juge. La punition spirituelle prend parfois la forme d'une punition auto-infligée, par exemple la flagellation, pour ne pas avoir accompli ce qui était exigé de nous.

Pus

1. Le pus résulte d'une infection (voir cette entrée). Dans un rêve, quelque chose qui avait mal commencé et qui a empiré peut être symbolisé par le pus. Nous sommes infectés par des craintes, des doutes sur nous-mêmes et aussi par la jalousie. Un tel rêve nous montre qu'une situation négative de notre vie, si elle n'est pas résolue, va provoquer de la douleur et des complications.

2. Si le pus est présent dans nos rêves, c'est que nous entretenons des rapports négatifs avec les gens. Si quelqu'un traite une infection dont est affligé notre corps dans un rêve, c'est que les énergies négatives qui nous minent sont à l'intérieur de nous-mêmes et nous devons alors apprendre à nous soigner.

3. Dans un sens spirituel, le pus est le résultat d'un conflit entre nous et quelque chose qui relève du mal. Bien que nous ayons vaincu le mal, ses conséquences sur nous restent à éclaircir.

Putréfaction

1. La putréfaction représente la désintégration. Dans une situation de la vie réelle, quelque chose peut avoir mal tourné et nous n'avons plus l'énergie de la supporter. À l'état de conscience nous ne reconnaissons pas ces faits mais les rêves les portent souvent à notre attention.

2. La décrépitude – d'une relation par exemple – peut être représentée dans les rêves par la putréfaction. Lorsque survient quelque chose qui mène inévitablement à un écroulement total, nous sentons souvent une mauvaise odeur – l'odeur de la mort.

3. En termes spirituels, il doit y avoir une désintégration avant un nouveau commencement. Dans les rêves, la crainte de ce processus de désintégration avant un renouvellement peut se manifester à travers la putréfaction. La putréfaction peut aussi signifier la mort.

Pyjamas

- Voir Vêtements

Pyramide

1. La pyramide est une image très puissante. Au niveau physique, c'est une construction étonnante. Au niveau mental, c'est une structure de régénération. Au niveau spirituel, elle est un gardien du pouvoir. Son interprétation dépend du niveau de conscience du rêveur.

2. La pyramide signifie une conscience toujours plus grande de pouvoir et d'énergie. Il y a un point à l'intérieur de la pyramide où tous les angles se croisent. Ce point régénère n'importe qu'elle matière qui peut y être posée, par exemple, les lames de rasoir redeviendront coupantes. Dans une plus grande pyramide, cet endroit particulier peut être utilisé pour des expériences mystiques. Dans un rêve, entrer dans une pyramide indique la recherche de la signification de la vie.

3. Spirituellement, la pyramide est un symbole d'intégration du Moi et de l'âme. Dans les rêves, elle peut représenter la mort mais aussi la renaissance.

Q

de

Quai à Quintessence

Quai

- Voir aussi Parcours

1. Se tenir au bord d'un quai dans un rêve indique que nous nous apprêtons à entrer dans une nouvelle phase de notre vie ou que nous en laissons une partie derrière. Si nous regardons vers l'avant, avec un sentiment d'attente, c'est que cette nouvelle étape a besoin d'être mieux comprise. Si nous regardons derrière, c'est que quelque chose dans le passé requiert notre attention et que nous ne pouvons pas encore partir.

2. Toutes les choses associées à l'eau sont reliées à nos émotions et à notre façon de penser. Nous tenir sur un quai en rêve indique comment traiter les émotions des autres face à cette nouvelle phase de vie dans laquelle nous entrons.

3. La progression spirituelle est suggérée par un quai puisque qu'il constitue un point de départ connu.

Quai d'escale

1. Rêver à un quai évoque des souvenirs heureux pour la majorité des gens. Nous pouvons avoir des sentiments particuliers envers une ville précise. Un quai ou une jetée au bord de la mer peuvent tout simplement symboliser le repos et la relaxation.

2. Un quai comme un point d'embarquement ou d'arrivée suggère de nouvelles occasions de départ ou la fin d'un voyage (voir Parcours).

3. Un quai d'escale signifie autant un commencement qu'une fin, mais aussi l'atteinte d'un nouveau niveau de compréhension spirituelle.

Quaker

1. Rêver à un quaker révèle la capacité d'avoir une croyance religieuse. Cela indique aussi qu'un environnement tranquille et paisible ne nous est pas accessible dans la vie réelle.

2. L'être humain a un besoin de croyances qui peuvent le soutenir et l'aider dans l'adversité. Rêver que nous sommes des quakers nous met en lien avec notre autosuffisance intérieure.

3. Les croyances religieuses et la certitude de pouvoir traverser n'importe quelle épreuve grâce à ses croyances permettent d'apprivoiser sereinement une grande partie du développement humain.

Quarantaine

1. Rêver que nous mettons un animal en quarantaine symbolise notre incapacité de reconnaître un côté vulnérable de notre personnalité. Cela peut aussi indiquer notre besoin de contrôler nos bassesses, notre nature plus sauvage, plus animale.

2. Un sentiment de solitude peut se traduire par une mise en quarantaine dans un rêve. L'autorité est alors mise à contribution pour gérer cet isolement.

3. La quarantaine, dans un sens spirituel, symbolise l'isolement, le retrait du monde pour un certain temps.

Quartz

1. Le quartz vu dans les rêves représente la cristallisation des idées et des sentiments. Il touche à nos processus internes, nous permettant souvent d'exprimer ce que nous étions incapables d'extérioriser auparavant.

2. D'un point de vue subliminal, les anciens voyaient dans le processus de cristallisation une captation de la lumière et, donc, de la puissance. Cette signification est encore retenue par beaucoup de rêveurs. Rêver à du quartz révèle donc la perception d'un pouvoir grandissant.

3. Le quartz est reconnu comme étant un récepteur et un transmetteur d'énergie spirituelle.

Quatuor

- Voir Quatre dans Nombres

1. Rêver à un quatuor de n'importe quel type symbolise une relation entre les aspects matériels ou pratiques d'autres objets présents dans le rêve. Il est peut-être nécessaire de se concentrer sur des solutions pragmatiques afin de résoudre un problème.

2. Toute chose qui est répétée plusieurs fois possède une plus grande signification pour le rêveur. L'objet du rêve qui est reproduit quatre fois simultanément, plutôt que d'être vu de façon séquentielle, possède une très importante signification.

3. Spirituellement, le quatuor se lie comme les quatre éléments fondamentaux, qui symbolisent la manifestation sur le plan physique.

Quenouille

1. Ce symbole qui a en grande partie été remplacé dans les rêves par des symboles technologiques modernes représente d'habitude les attributs féminins et aussi le passage du temps.

2. La plupart des symboles liés au fil, au tissage et au filage concernent la création de schémas intuitifs.

3. Le temps, la création et le destin ont toujours été symbolisés par la quenouille.

Querelle

1. Rêver que nous nous disputons avec quelqu'un révèle un conflit intérieur. Un homme qui se dispute avec une femme, ou vice versa, symbolise un conflit entre la raison et l'intuition. Se disputer avec une figure d'autorité, par exemple un policier, révèle un conflit entre le bien et le mal.

2. Tout dépendant des autres aspects du rêve, une dispute représente un conflit entre ce qu'on nous a appris et ce que nous croyons. Souvent, un tel conflit ne peut être résolu que par une grande libération d'émotions.

3. Un conflit spirituel, ou un conflit entre identité spirituelle et physique, apparaît dans un rêve sous forme de querelle.

Question

1. Poser des questions dans un rêve indique un certain degré de doute à l'égard de soi-même. Lorsque quelqu'un pose des questions au rêveur, cela démontre que le rêveur est conscient qu'il a des connaissances à partager. Si nous ne pouvons répondre à la question, c'est peut-être que nous devons chercher la réponse dans la vie réelle.

2. En gardant en tête une question qui nous préoccupe jusqu'au moment de nous endormir, nous pouvons peut-être trouver la réponse dans un rêve.

3. Les interrogations et les grands questionnements mènent à une connaissance spirituelle plus grande.

Quête

1. La quête du héros est une image typique (voir Archétypes) qui apparaît sous plusieurs aspects dans les rêves. La recherche de quelque chose indique généralement que nous devons entreprendre une tâche effrayante afin de progresser. Beaucoup d'histoires magiques et de contes mythologiques ont comme thème principal la quête d'un objet rare ou magique (par exemple, Jason et les argonautes). De tels thèmes peuvent être mis en scène dans les rêves d'une façon toute personnelle.

2. Souvent, les étapes que nous traversons et les tourments que nous éprouvons au cours de la réalisation de certains projets dont nous seront fiers sont traduits dans les rêves par une recherche ou une quête. Ces événements auxquels on doit faire face sont aussi importants que l'accomplissement du but réel.

3. La poursuite de la spiritualité et l'entreprise d'une quête spirituelle sont des façons de se développer spirituellement.

Queue

1. Rêver à une queue peut signifier quelque résidu du passé, quelque chose que nous portons toujours avec nous. Cela peut aussi indiquer l'excitation sexuelle ou, possiblement, par association, symboliser le pénis.

2. La queue est nécessaire à l'animal pour son équilibre et, dans les rêves, elle peut donc être reconnue comme un moyen d'ajustement dans des circonstances difficiles.

3. L'aboutissement d'une action spirituelle.

Quintessence

1. Le mot *quintessence* signifie littéralement « cinq fois », mais il est utilisé pour signifier « suprêmement parfait ». Rêver à cela est en lien avec le besoin de l'être humain de créer et d'être aussi parfait qu'il le peut.

2. Plus on connaît la perfection et plus on réalise qu'on en est éloigné. Ainsi, rêver à la quintessence c'est reconnaître son potentiel et celui des autres.

3. La quintessence des créatures est, parmi les bêtes, le lion, parmi le bétail, le bœuf, parmi les oiseaux l'aigle, parmi les poissons le dauphin et, par-dessus tout, l'être humain.

R

de

Racine à Ruines

Racine

- *Voir Arbre*

Radar

1. La radar, dans un rêve, symbolise notre intuition personnelle. C'est notre façon de percevoir des messages subtils et des signaux que les autres nous envoient, souvent de façon inconsciente.

2. Pour plusieurs, le radar représente dans un rêve le sentiment d'être observé. «*Big Brother* vous regarde.» Nous nous observons, probablement afin de savoir si nos comportements ou nos pensées sont approprié(e)s.

3. Un radar peut suggérer un degré de clairvoyance chez le rêveur.

Radeau

1. Un radeau symbolise un endroit sécuritaire au milieu de turbulences. Il n'est peut-être pas entièrement sécuritaire, mais il possède la capacité de nous soutenir. Il apparaît dans nos rêves quand nous vivons des difficultés émotionnelles.

2. Il peut être important de savoir de quel matériau est fait le radeau. Le radeau peut souvent apparaître dans les rêves comme un symbole de transition, alors le matériau dans lequel on l'a construit peut donner au rêveur une indication sur la meilleure façon d'agir.

3. Le radeau est une image liée spirituellement aux transitions. Il est moins sûr qu'un bateau, mais plus sécuritaire que si nous étions livrés seuls aux flots déchaînés. Si nous nous sentons perdus et n'entrevoyons aucune solution, cela peut être représenté par un radeau dans nos rêves.

Radieux

1. Lorsque quelque chose apparaît sous un aspect radieux dans un rêve, cela symbolise des qualités spéciales que nous devons développer.

2. L'éclat ou le caractère radieux représentent quelque chose qui est hors de l'ordinaire ou surnaturel. Ils suggèrent aussi la pureté de la pensée, la sagesse et la transcendance.

3. Le caractère radieux est un signe de spiritualité pure qui nous habite, nous éclaire et nous éblouit.

Radio

1. Comme moyen de communication, la radio suggère l'information disponible à tous et largement diffusée. Entendre la radio en rêve suggère une relation avec le monde extérieur. Le contexte du rêve donnera une explication plus large de la signification.

2. Dans les rêves, une radio représente la voix de l'autorité, des idées populaires ou des idéaux. Les gens souffrant de certains problèmes mentaux pensent qu'on leur envoie des instructions par l'entremise de la radio.

3. La radio est le symbole de la communication spirituelle. Au moment où il entend la radio, le rêveur devrait être conscient de tous ses sens et être ouvert à toutes les éventualités.

Radiographie

1. Rêver à des radiographies peut avoir un certain nombre de significations. Il peut y avoir quelque chose qui influence la vie du rêveur sur un plan inconscient et qui doit être révélé. Si le rêveur effectue la radiographie, il peut être nécessaire de scruter plus profondément une situation. Il peut aussi y avoir une crainte de la maladie, pour soi ou pour d'autres.

2. Ce rêve peut indiquer que nous voulons voir à travers quelque chose, et, littéralement, que nous souhaitons avoir une vue très claire d'une situation.

3. Sur le plan spirituel, une radiographie peut symboliser que le rêveur s'apprête à éprouver une clairvoyance qui devrait lui permettre de progresser avec assurance.

Raillerie

1. Voir quelqu'un être victime d'une plaisanterie ou d'une raillerie dans un rêve, nous fait prendre conscience que nous pouvons aussi être victimes de l'humour des autres.

2. Si nous sommes de ceux qui communiquent par le mot d'esprit ou le sarcasme, nous pouvons être étonnés par notre habileté.

3. Si quelque chose d'ordre spirituel doit être remémoré, il peut se présenter dans les rêves sous la forme d'une plaisanterie ou d'une phrase assassine.

Raisins

- Voir aussi Fruits

1. Voir des raisins dans un rêve indique généralement un besoin de célébration. Le raisin est le fruit le plus étroitement associé à Bacchus ou, dans sa forme grecque, Dionysos. Rêver à des raisins indique la recherche du plaisir, du rire et de la créativité.

2. Ils peuvent représenter le sacrifice. Nous devons renoncer à quelque chose pour réaliser ce que nous cherchons vraiment. Le vin symbolise souvent un tel sacrifice à cause de son affiliation avec le sang.

3. Les raisins, représentés comme l'aliment des dieux, peuvent symboliser la sagesse et l'immortalité.

Rasage

1. La signification du rasage dans le rêve variera selon que le rêveur est un homme ou une femme. Un homme va plus probablement raser son visage, ce qui suggère qu'il essaie de changer son image. Une femme va probablement raser d'autres parties de son corps pour créer une image plus belle d'elle-même. Les deux actes suggèrent d'enlever une couche indésirable, une façade qui a été créée.

2. Rêver que nous nous sommes rasés de près suggère que nous avons pris trop de risques. Nous devrions être plus conscients des difficultés ainsi que du danger auxquels nous exposons d'autres personnes.

3. Sur le plan spirituel, être rasé de près suggère la franchise et l'honnêteté dans nos relations. Que quelqu'un se soit laissé pousser une barbe à un moment inattendu indique qu'on essaie de nous cacher quelque chose.

Rasoir

1. Dans le rêve, un rasoir à main revêt la même signification qu'un couteau, c'est-à-dire celle de couper ce qui est inutile. Un rasoir de sûreté suggère qu'une méthode moins risquée est nécessaire pour nous révéler notre vérité. Un rasoir électrique suggère une meilleure attention à porter à l'image que nous véhiculons.

2. Psychologiquement, un rasoir est davantage un outil qu'une arme. Ainsi, raser quelqu'un représente une attention envers cette personne, à moins que nos actions ne soient violentes. Nous pouvons prendre conscience qu'une partie de notre personnalité a besoin d'être changée ou, du moins, rehaussée.

3. Rêver à un rasoir peut nous permettre de considérer notre image spirituelle et nous aider à orienter des changements.

Rat

- Voir Animaux

Recherche

1. Effectuer des recherches dans un rêve représente une tentative de trouver une solution à un problème. Si nous cherchons quelqu'un, nous pouvons prendre conscience de notre solitude ; si nous cherchons quelque chose, nous pouvons prendre conscience d'un besoin non satisfait.

2. Dans un rêve, chercher quelque chose que nous avons perdu peut suggérer que nous avons besoin d'information sur le passé ou que nous estimons avoir perdu notre identité. La recherche de quelque chose dont nous serions conscients suggère aussi un engagement à trouver plutôt qu'à seulement chercher.

3. Le mouvement vers la spiritualité découle souvent d'un sentiment de recherche de quelque chose.

Réflexion

- Voir aussi Miroir

1. Dans un rêve, l'image reflétée dans un miroir est étroitement liée à l'image que l'on a de soi à ce moment particulier. Notre image de nous-mêmes est importante, tout comme celle que les autres ont de nous. Si la réflexion est observée dans un miroir, notre image sera peut-être plus solide, alors que si notre image est reflétée dans l'eau c'est qu'elle est plus éphémère. L'histoire de Narcisse et de la façon dont il est tombé amoureux de lui-même (ou plutôt de sa propre image) est un avertissement contre l'auto-adulation.

2. Souvent, dans un rêve, voir notre image dans le miroir signifie que nous essayons de comprendre la façon dont nous faisons face au monde extérieur. Notre enracinement dans la réalité est tempéré par notre vie intérieure. Si, dans un rêve, les deux images ne correspondent pas, c'est que nous devons faire des ajustements à notre personnalité pour vivre plus harmonieusement.

3. La vérité spirituelle nous est souvent montrée en rêve par une réflexion.

Réfrigérateur

- Voir aussi Garde-manger

1. Le réfrigérateur est un symbole de conservation. Dans les rêves, il représente la conservation personnelle et suggère que nous puissions devenir plus froids émotionnellement ou sexuellement. Rêver de nourriture pourrie dans un réfrigérateur exprime notre sentiment de n'être pas suffisamment soutenus par notre entourage.

2. Rêver que nous congelons des restants indique que nous éprouvons du ressentiment. Cela refroidit notre propension à aimer et à démontrer de l'affection.

3. L'austérité religieuse peut être symbolisée par le réfrigérateur vu en rêve.

Règle graduée

1. Autrefois, à titre d'outil de mesure, la règle graduée était associée à la justesse et à la rigidité. Aujourd'hui, elle symbolise le bon jugement.

2. La règle graduée représente la mesure de standards acceptables. Dans les rêves, cela peut représenter des standards de comportement, de croyance ou de conformité.

3. Sur le plan spirituel, une règle graduée symbolise les standards que nous avons nous-mêmes mis en place. Nous pouvons vouloir être assurés que nous respectons rigoureusement ces standards.

Reine

- Voir Gens

Reins

- Voir Corps

Renard

- Voir Animaux

Rendez-vous

1. Rêver que nous nous rendons à un rendez-vous indique que nous avons besoin d'une cible ou d'un but. Manquer un rendez-vous suggère que nous ne prêtons pas assez d'attention aux détails.

2. Nous pouvons peut-être nous offrir un cadeau ou une récompense pour un bon travail. Quelque chose doit être accompli dans un certain délai.

3. Nous devons utiliser le temps de la façon la plus efficace.

Rênes

- Voir aussi Bride, Licou et Harnais

1. Dans les rêves, des rênes, comme une contrainte, indiquent le besoin de contrôler le pouvoir et l'énergie que nous avons.

2. Psychologiquement, être retenu par des rênes suggère une certaine inhibition venant de nous ou de la société. Voir des rênes se briser symbolise la libération des contraintes que nous avons subies tout au long de notre enfance.

3. Des rênes symbolisent le contrôle intelligent et la volonté.

Renne

- Voir Cerf dans Animaux

Repas

- Voir aussi Aliments, Dévorer et Nourriture

1. Manger en rêve montre que l'on essaie de satisfaire ses besoins ou sa faim. La faim est une impulsion primaire et, une fois ce besoin assouvi, on peut progresser vers la satisfaction de besoins plus esthétiques.

2. Rêver que nous mangeons peut dénoter que nous manquons d'une certaine substance nutritive de base ou de rétroaction. Ne pas manger, refuser un aliment symbolisent un refus de croissance et de changement. Nous pouvons essayer de nous isoler des autres ou avoir une perception conflictuelle de notre image corporelle. Si nous sommes mangés dans un rêve, cela signifie que nous sommes attaqués par nos propres émotions, nos peurs, nos motivations ou par celles d'autres personnes. Être mangés par un animal sauvage exprime que nous sommes consommés par notre nature plus primitive et animale.

3. Étant donné que nous sommes ce que nous mangeons, alors nous devrions absorber la meilleure nourriture spirituelle possible.

Reptiles

- Voir aussi Animaux

1. Les reptiles, dans les rêves, sont en lien avec nos réactions et réponses instinctives, primaires. Lorsque nous éprouvons un besoin primaire (alimentaire, sexuel, etc.), nous n'en sommes pas toujours conscients mais nous le symbolisons sous la forme d'un reptile.

2. Quand nous avons besoin de comprendre pourquoi nous faisons certaines choses, nous devons d'abord contrôler nos instincts de base. Beaucoup de rêves mettant en scène des reptiles représentent une forme de contrôle ou de gestion. Le contrôle d'un crocodile suggère la crainte d'une nature agressive. Nourrir un lézard ou caresser un serpent s'interprètent sexuellement.

3. Avec une bonne compréhension et une bonne gestion de nos besoins fondamentaux, nous pouvons créer une base ferme. De là, nous pouvons progresser spirituellement.

Respiration

1. Prendre conscience de sa propre respiration dans un rêve indique un rapport profond aux processus vitaux. Être conscient de la respiration de quelqu'un d'autre indique le besoin d'empathie et de compréhension de cette personne.

2. Notre état émotionnel peut très souvent avoir un effet sur notre rythme respiratoire, ce qui se traduit parfois dans les rêves par la panique. Respirer sous l'eau représente un retour instinctif à un état semblable à celui du bébé dans l'utérus.

3. L'âme. Le souffle symbolise le pouvoir de donner la vie, sans laquelle nous ne sommes rien.

Rétrécir

- Voir aussi Analyste

1. Dans les rêves, le fait de rétrécir représente un désir de retourner à l'enfance ou à un espace plus petit pour que l'on s'occupe de nous. Quand nous perdons la face, nous nous sentons petits et cela peut se traduire dans les rêves par le rétrécissement. Le fait de voir quelque chose ou quelqu'un rétrécir peut indiquer que cette chose ou cette personne perd son emprise sur nous.

2. Sur un plan psychologique, il nous faut reconnaître qui nous sommes et combien nous sommes petits dans l'ordre général des choses. Dans ce dernier cas, cela peut être accompagné dans les rêves par un sentiment de rétrécissement. Nous devenons conséquemment moins menaçants pour nous-mêmes et pour les autres.

3. À la suite de la reconnaissance psychologique de notre petitesse, nous pouvons également devenir conscients de notre appartenance à un tout cosmique beaucoup plus grand que nous.

Requin

1. Rêver à un requin peut indiquer que nous sommes attaqués injustement, que quelqu'un essaie de nous enlever quelque chose qui nous appartient. Être dans une mer de requins suggère que nous n'avons confiance en personne. Être poursuivi par un requin suggère que nous nous sommes mis en danger en pénétrant le territoire de quelqu'un d'autre.

2. Créature des profondeurs océaniques, le requin symbolise les problèmes émotionnels. C'est comme si notre intégrité émotionnelle était érodée par un comportement sans scrupule.

3. Le requin symbolise la crainte de la mort à cause de son rapport à l'inconscient collectif. Nous n'avons pas la capacité de confronter ces craintes sans aide.

Restaurant

1. Rêver à un restaurant ou à un café suggère un besoin de socialiser. Nous pouvons craindre d'être seuls, mais nous avons également peur de permettre à quelqu'un d'envahir notre espace privé. Cet espace public qu'est un restaurant tient compte du contact désiré avec les autres mais, en même temps, nous pouvons y contrôler notre niveau d'intimité.

2. N'importe quel endroit relié à l'alimentation est symboliquement en lien avec notre besoin de nourriture émotionnelle. Il y a des conséquences à manger dans un endroit public. Nos besoins sociaux sont comblés. Nous pouvons prendre conscience du besoin de relation avec l'endroit où nous mangeons autant qu'avec la personne avec qui nous mangeons.

3. Spirituellement, un restaurant symbolise notre besoin d'appartenir à un groupe, de fréquenter des gens qui ont les mêmes habitudes que nous mais peut-être aussi des croyances différentes.

Réveil

1. Il y a une période dans le sommeil où nous prenons conscience que nous rêvons et que nous pourrions décider de nous réveiller. C'est en partie une façon de nous contraindre à prendre note d'une action ou d'une circonstance

et, aussi, une façon de nous permettre d'utiliser le réveil comme outil thérapeutique pour ajuster un rêve de manière à ce qu'il ait une fin plus heureuse.

2. Nous réveiller dans un rêve peut indiquer que nous sommes sortis d'une période de deuil et de retrait.

3. Sur le plan spirituel, le réveil symbolise une prise de conscience. L'état de rêve nous indique diverses idées et concepts qu'il nous faut observer, bien qu'il puisse nous falloir quelque temps pour nous éveiller à eux.

Revenu

1. Un rêve lié à notre revenu symbolise notre attitude à l'égard de nos besoins et de nos désirs. Rêver à un revenu accru montre que nous avons surmonté un obstacle en nous et que nous avons une valeur. Une baisse de revenu reflète notre indigence et peut-être notre attitude face à la pauvreté.

2. L'introspection nous amène à reconnaître ce que les gens nous offrent et aussi ce que nous devrions faire pour que nos efforts soient récompensés. Rêver que nous recevons un revenu de placement suggère que nous devrions peut-être revoir nos rapports aux autres.

3. L'aumône, peu importe si elle est constituée de biens matériels ou de temps et d'efforts, symbolise spirituellement le partage de nos richesses intérieures.

Richesse

- Voir aussi Argent

1. Rêver que l'on est riche, c'est rêver d'avoir en abondance les choses dont on a besoin. Nous avons probablement traversé une période où nous avons investi beaucoup d'efforts ; rêver que nous possédons des richesses indique que nous avons atteint notre but.

2. Richesse et statut social vont habituellement ensemble ainsi, quand nous avons des problèmes à composer avec notre statut social, il se peut que nous fassions des rêves liés à la richesse. De plus, cela peut souvent indiquer les ressources que nous avons ou que nous pouvons utiliser chez d'autres personnes.

3. Il y a une richesse de connaissances spirituelles à gagner, et en rêver indique que cela est à la portée du rêveur.

Rigidité

1. La rigidité dans les rêves suggérerait la présence d'un peu d'inquiétude ou de tension. Une rétention d'énergie cause la rigidité.

2. Être rigide avec quelqu'un dans un rêve, c'est se montrer réservé et distant, probablement à cause de la timidité mais aussi à cause de la colère. Une attitude rigide reflète une tendance à juger.

3. À certaines étapes du développement spirituel, la discipline peut sembler être de la rigidité.

Rire

1. Être l'objet de rires dans les rêves suggère que nous craignons la dérision ou que nous avons fait quelque chose d'inapproprié, et nous nous sentons embarrassés ou rejetés.

2. Si nous rions en rêve, nous pouvons éprouver un relâchement de tension. L'objet de notre amusement fournit souvent un indice sur notre vie éveillée. Entendre un rire de foule suggère un plaisir partagé.

3. Un rire, sur le plan spirituel, symbolise la joie pure.

Rituel

- Voir aussi Cérémonie et Images religieuses

1. Les rituels peuvent s'étendre du sublime au ridicule. Ils sont les actions qui sont répétées à maintes reprises pour arriver à un résultat.

2. Des rituels tels que se lever le matin, parce qu'ils sont des habitudes, ont pour but de nous garder concentrés. Les rituels religieux ont leur existence propre et aident à maintenir concentré le pouvoir de plusieurs, d'un groupe. Les rituels magiques sont devenus sources de pouvoir.

3. Spirituellement, nous sommes capables de concentrer nos énergies afin de travailler au bien du plus grand nombre.

Rivière

- *Voir Eau*

Riz

- *Voir aussi Graine*

1. Le riz, dans les rêves, est un aliment tant pour l'esprit que pour le corps. Il suggère aussi l'abondance.

2. On suppose que le riz est magique et il symbolise la nourriture spirituelle.

3. Comme la plupart des graines, le riz symbolise spirituellement l'immortalité et la fécondité.

Robe de mariage

- *Voir Mariage*

Robinet

1. Le robinet est l'image de notre capacité de rendre disponibles des ressources universelles. Rêver que nous sommes incapables de tourner un robinet représente notre incapacité de contrôler des choses que nous considérons nôtres.

2. L'eau étant un symbole d'émotion, rêver d'un robinet peut représenter d'une certaine façon, notre capacité de bien ou de mal représenter l'émotion. Être capable d'ouvrir ou de fermer le robinet des émotions à volonté montre un grand sang-froid.

3. Flux spirituel.

Roche/Roc

1. Un roc vu en rêve suggère la stabilité dans le monde réel. Si nous sommes sur la terre ferme, nous pouvons survivre. Nous sommes conscients que nous devons être fermes et droits comme le roc et ne pas nous laisser décourager dans l'atteinte de notre but. Les roches du bord de la mer peuvent nous rappeler des temps plus heureux, plus insouciants.

2. Sur le plan de l'intellect, toutes les images reliées aux roches sont dominantes et symbolisent la fiabilité, la froideur, la rigidité. Nous devons reconnaître ces aspects pour nous comprendre et nous accepter. Nous pouvons nous trouver entre le marteau et l'enclume, c'est-à-dire dans une situation difficile.

3. Spirituellement, nous aurons besoin, à un certain point, de passer d'une difficulté au refuge d'un sanctuaire. Cette difficulté se présente souvent en rêve comme une barrière de roche. Les roches de la dualité suggèrent la même image que le passage entre deux piliers, c'est-à-dire le passage d'un état d'être au suivant.

Roi

- Voir Gens

Roman

- Voir aussi Livre et Lecture

1. Littéralement, un roman présent dans un rêve représente une façon différente de regarder les choses. Pour interpréter la lecture dans un rêve, il faut savoir quel type d'œuvre on y lit. Le roman peut avoir différentes significations selon le contexte de notre vie éveillée. Par exemple, un roman historique peut suggérer un besoin d'explorer le passé, tandis qu'une œuvre romantique montre peut-être la nécessité de remettre en question ses rapports amoureux.

2. Le roman propose aussi de nouveaux aspects de la vie et psychologiquement nous y cherchons souvent la stimulation. Donc, rêver qu'on lit un roman peut proposer une nouvelle façon de percevoir l'existence, l'histoire lue pouvant refléter ce que nous voulons faire de notre vie.

3. On peut souvent représenter en rêve une nouvelle avenue spirituelle sous la forme d'une histoire ou d'un mythe.

Rosaire

- Voir Collier et Grains

Rose

1. La rose, dans les rêves, peut avoir plusieurs significations. Elle représente l'amour et l'admiration. Dans un bouquet, le nombre de roses et leur couleur sont significatifs (voir Nombres et Couleurs). Elle peut aussi symboliser la fertilité et la virginité.

2. Sur le plan psychologique, la rose symbolise la perfection, la grâce et le bonheur. En bouton, en fleur, puis se fanant, elle illustre aussi le cycle de la vie.

3. Spirituellement, la rose a des significations ambivalentes. Elle suggère la perfection et la passion, la vie et la mort, le temps et l'éternité. Elle représente aussi le cœur, le centre de la vie.

Rosée

1. La rosée ou une fine pluie dans un rêve peuvent représenter le sens de la nouveauté et du rafraîchissement.

2. Nous acceptons qu'une émotion douce puisse nous purifier.

3. Rafraîchissement spirituel, bénédiction et bienfaits sont tous des significations liées à la rosée.

Roue

- Voir aussi Cercle dans Formes

1. Une roue dans un rêve indique le besoin et la capacité de faire des changements, d'avancer sans changer de cap.

2. Perdre la roue d'un véhicule, dans un rêve, c'est perdre la motivation ou la direction, être déséquilibré. La grande roue d'une foire suggère la conscience des hauts et des bas de l'existence.

3. La roue de la vie et comment nous nous y intégrons.

Rouge

- Voir Couleurs

Rouille

1. La rouille rêvée symbolise la négligence. Nous n'avons pas entretenu correctement la qualité de notre vie et devrions repérer l'origine de cette négligence.

2. Rêver que nous nettoyons la rouille suggère que nous reconnaissions notre négligence. La rouille apparaissant sur un objet que nous regardons dans un rêve signifie qu'un projet a atteint sa maturité.

3. Spirituellement, nous devrions éliminer les éléments de contamination avant que nous ne puissions plus progresser. La rouille peut symboliser des attitudes périmées.

Route

- Voir Parcours

Ruban

- Voir Bride, Licou et Harnais

Ruban/Bande

1. Rêver à un mètre à mesurer indique notre besoin de prendre la mesure exacte de nos vies. Peut-être devrions-nous reconsidérer notre manière de communiquer ou comment nous nous mesurons à l'aune des attentes des autres. Si c'est nous qui mesurons, nous pouvons essayer de créer de l'ordre. Rêver à un ruban magnétique indique que notre façon de nous exprimer est valable.

2. On pourrait considérer contraignants le ruban à masquer ou le ruban entourant un colis dans la mesure où ils rendent le mouvement difficile. Dans les rêves, nous prenons conscience des limites que nous nous imposons.

3. Une façon d'enregistrer les processus de la vie.

Ruche

1. La ruche représente un lieu d'activité bourdonnant où toutes les ressources sont utilisées. Rêver que l'on est près d'une ruche peut symboliser l'effort que nous déployons pour créer des situations fertiles. La ruche peut aussi symboliser la maternité protectrice.

2. Autrefois, les abeilles étaient liées à la tristesse, à la douleur (voir Abeille), ce qui est encore le cas. La ruche peut représenter le travail nécessaire pour se sortir d'une situation difficile.

3. Le pouvoir féminin dans la nature est représenté par la ruche.

Ruche

1. Des légendes, comme celle dans laquelle on raconte ses ennuis aux abeilles, peuvent faire surface dans les rêves sans que nous comprenions ce qu'elles signifient. On dit que la ruche est le fruit d'une communauté ordonnée et donc qu'elle a symboliquement la capacité d'absorber le chaos.

2. Rêver que nous prenons soin d'une ruche nous révèle notre besoin d'une bonne gestion des ressources.

3. Éloquence et discours franc. Probablement un rapport à la grande mère (voir l'Introduction du présent ouvrage).

Ruines

1. Lorsque quelque chose est en ruine dans un de nos rêves, nous devons découvrir s'il l'est par suite de négligence ou de vandalisme. La négligence suggère que nous devrions ramener des choses ensemble, et le vandalisme, que nous devrions constater notre vulnérabilité.

2. Si nous avons délibérément ruiné quelque chose dans un rêve, c'est que nous devons évacuer un sentiment autodestructeur. Parfois, observer ce qui a ruiné un objet ou une occasion dans un rêve nous fait comprendre certains aspects de notre cheminement.

3. La présence de ruines en nous, constatée dans le rêve, peut nous amener à reconstruire sur une meilleure base.

S

de

Sable à Synagogue

Sable

1. Le sable dans un rêve suggère l'instabilité et le manque de sécurité. Quand le sable et la mer sont ensemble, cela démontre un manque de sécurité émotionnelle. Quand les sables changent, nous sommes probablement incapables de découvrir ce dont nous avons besoin. Si sommes conscients du sable dans un sablier, nous prenons conscience du temps qui fuit.

2. Le sable peut représenter le caractère éphémère de toutes choses. La construction de châteaux de sable est une occupation qui relève de la fantaisie puisque ceux-ci seront détruits par la marée. Y rêver indique que la structure que nous essayons de donner à nos vies ne saurait être permanente et peut même n'être qu'une illusion.

3. Sur un plan spirituel, le sable illustre le caractère éphémère de la vie physique et peut suggérer l'approche de la mort ou une certaine forme de changement.

Sable mouvant

1. Les sables mouvants présents dans un rêve symbolisent un manque de sécurité. Selon une interprétation démodée, ils représenteraient des difficultés en affaires.

2. Se trouver pris au piège dans du sable mouvant suggère que nous sommes en difficulté mais que cela n'est pas de notre faute.

3. Spirituellement, les sables mouvants illustrent une situation instable où nos croyances sont remises en cause.

Sablier

1. Rêver à quelque chose qui mesure le temps indique qu'il nous faut mesurer nos pensées et nos activités. Quand le sablier est d'un modèle vieillot, c'est notre perception du temps et sa gestion qui peuvent être désuètes. Il nous montre que nous devons trouver des solutions plus précises à nos problèmes.

2. Le sablier symbolise le stress créé par de courts délais.

3. Autrefois, le sablier était perçu comme un symbole de mort. Il symbolise aujourd'hui le passage de la vie.

Sac

1. Rêver à un sac nous annonce la fin d'une période négative. Dans un effort pour aller de l'avant, nous avons créé des circonstances où nous nous sentons mal.

2. Le sac a la même signification que le sac à main ou tout autre réceptacle du genre. Dans le rêve d'une femme, il peut donc symboliser la grossesse, tandis qu'il est intéressant de noter que pour un homme il va plus probablement symboliser quelque expérience utérine (voir Utérus dans Corps). En tant que symbole de sécurité, l'utérus est souvent représenté dans les rêves par une poche ou un sac. Très souvent, le sac, en tant que contenant pratique, représente une occasion de considérer nos possessions. Nous pouvons vider notre sac et décider de ce qui est important pour nous et de ce dont nous aurons désormais besoin.

3. Le sac peut symboliser la mort d'une personne ou la libération d'une partie de notre personnalité. Nous devons nous sortir d'un pétrin pour retourner à notre vie normale.

Sac à dos

1. Quand nous portons un sac à dos dans un rêve, il symbolise la colère, la jalousie, tous les sentiments qui nous pèsent, ou, des ressources que nous avons accumulées.

2. Dans le tarot, le fou porte dans son sac à dos les leçons qu'il doit apprendre. Le sac à dos est aussi réputé pour contenir des choses que l'on a héritées d'une vie antérieure. Il peut s'agir de ressources dont nous disposons pour traiter des problèmes.

3. Spirituellement, le sac à dos est lié à certaines caractérisques que nous devons apprendre à manipuler. Celles-ci peuvent se révéler négatives ou positives selon ce que nous en faisons.

Sacrifices

1. En règle générale, le sacrifice a deux significations symboliques possibles dans les rêves. Il s'agit soit de renoncer à quelque chose soit de donner un sens sacré à quelque chose. Quand ces deux interprétations sont possibles dans le scénario d'un rêve, c'est que le rêveur est préparé à renoncer à son *ego* ou à son individualité pour atteindre à quelque chose de plus grand ou de plus important que lui-même. On fait un sacrifice à cause de croyances, souvent religieuses, passionnément entretenues.

2. Après que l'on a fait un sacrifice, on a un peu espoir en une juste récompense à venir (souvent d'ordre spirituel). Nous ne nous attendons pas à une récompense immédiate, sauf celle de nous sentir bien après avoir accompli quelque chose de bien. Il y a toujours aussi un élément de renonciation à un comportement égoïste qui n'est plus approprié et le désir d'aller avec le flux de vie. Le sacrifice d'un animal suggère que nous prenons conscience du fait que nos plus bas instincts, les plus primaires, peuvent être délaissés au profit du pouvoir spirituel. Nous devons nous préparer à reconnaître notre état d'humain tout en renonçant à la complaisance. Il peut y avoir un autel sacrificiel, ou il peut être question de tuer et de faire cuire un animal de façon rituelle. Si l'animal désire être sacrifié, alors nous sommes prêts à transmuter l'instinct en énergie spirituelle. Si l'animal est un lièvre ou un lapin, le symbolisme présent est celui de la renaissance.

3. Le sacrifice est un aspect important de la croissance spirituelle et illustre la renonciation aux choses matérielles pour des récompenses d'un ordre supérieur.

Sagesse

1. La sagesse est une qualité qui se développe, souvent par le biais de notre capacité d'interpréter nos rêves et ceux des autres. Rêver que nous sommes sages indique la possibilité de vivre heureux et de nous rapprocher d'autres personnes.

2. Une figure de sagesse apparaissant dans les rêves fait d'habitude référence au moi (voir l'Introduction du présent livre).

3. La confirmation de l'intégrité spirituelle du rêveur est représentée par la présence de sagesse dans un rêve. Cette sagesse peut souvent apparaître sous l'apparence d'un vieil homme sage (voir l'Introduction du présent livre).

Sainte communion

- Voir Images religieuses

Saisons

1. Quand nous prenons conscience des saisons dans nos rêves, cela illustre notre lien aux diverses périodes de notre vie. Le printemps symbolise l'enfance ; l'été notre vie de jeune adulte ; l'automne l'âge mûr ; et l'hiver la vieillesse.

2. Notre besoin de diviser le temps en périodes ou en phases est lié à la survie. Confronté à des échéances et à des limitations, l'être humain est capable de survivre en luttant.

3. La division de l'année en printemps, été, automne et hiver donne lieu à des célébrations et à des festivals saisonniers.

Salade

1. La plupart des aliments dans les rêves ont un rapport avec notre besoin et notre capacité de nous nourrir et de nourrir les autres. Dans une salade, en particulier, la couleur sera importante (voir Couleur), la texture aussi. Il peut nous manquer quelque substance nutritive ou stimulus.

2. Les ingrédients dans une salade peuvent avoir chacun une signification symbolique dans un rêve. La synergie entre les diverses composantes a aussi son importance. Si nous n'aimons pas ce que l'on nous offre à manger dans le rêve, il vaut la peine d'observer si nous rejetons le plat entier ou seulement une partie. Si nous avons préparé la salade pour quelqu'un dans notre rêve, cela peut signifier qu'une partie de nous a besoin de plus d'attention.

3. La salade nous renvoie directement à la nature et à des valeurs spirituelles simples.

Salaire

1. Un salaire est normalement payé en échange d'un travail effectué. Dans les rêves, recevoir un salaire signifie que l'on a fait un bon travail. Payer un salaire à quelqu'un implique que nous lui devons quelque chose. Recevoir une enveloppe de paye suggère que notre valeur est liée à d'autres choses, comme la fidélité et le devoir.

2. La plupart de nos actions ont un résultat. Souvent, quand nous faisons quelque chose contre notre gré ou que nous n'aimons pas faire, la seule compensation réside dans le salaire que nous recevons. Rêver de salaire peut signifier que nous ne devrions pas nous attendre à autre chose dans une situation de la vie quotidienne.

3. Sur le plan spirituel, le salaire peut représenter la récompense à recevoir bientôt pour nos actions.

Sale

1. Nous rêvons que nous sommes sales quand nous ne vivons pas en accord avec nos principes ou quand l'action de quelqu'un nous a mis dans une situation compromettante.

2. Que nous soyons sales dans un rêve peut indiquer que nous ne sommes pas à l'aise avec notre corps. Si quelqu'un que nous connaissons nous a salis, c'est une indication de ne pas faire confiance à cette personne.

3. Les impulsions moralement mauvaises ou négatives sont souvent montrées dans les rêves sous la forme de choses ou de personnes sales.

Salutation

1. Puisque la salutation indique l'octroi d'un statut, le fait de saluer quelqu'un dans un rêve indiquerait notre sentiment d'infériorité. Percevoir une salutation, comme le salut de Cupidon, dans un rêve peut indiquer le besoin d'être aimé, l'union du masculin et du féminin.

2. Tandis qu'intellectuellement nous pouvons ne pas nous sentir inférieurs, sur le plan inconscient nous pouvons sentir que quelqu'un nous est supérieur.

3. Indifféremment, une salutation peut indiquer la supériorité spirituelle, l'union du masculin et du féminin ou la célébration.

Sang

- Voir aussi Corps et Menstruation

1. Depuis des temps immémoriaux, le sang symbolise la force de vie. Rêver à une scène violente où le sang gicle suggère que nous sommes autodestructeurs. Si nous devons composer avec le sang, nous sommes conscients de notre force. Si nous avons été blessés et que quelqu'un d'autre doit composer avec le sang, il faut chercher de l'aide.

2. Des agressions d'ordre émotionnel peuvent se traduire dans les rêves par des blessures sanglantes que l'on s'inflige ou qui nous sont infligées.

3. Être conscient du sang qui circule dans le corps peut refléter le flux d'une force spirituelle revigorante.

Sanglier

- Voir Animaux et Porc

Sanglots

- Voir aussi Deuil

1. Les sanglots suggèrent l'émotion incontrôlable ou le chagrin. Se voir ou voir quelqu'un sangloter dans un rêve, illustre un besoin de se décharger d'une telle émotion. Nous pouvons être tristes à cause d'événements passés ou nous sommes craintifs d'avancer. Il vaut la peine d'explorer la qualité des sanglots. Sommes-nous incapables de nous exprimer d'une autre façon ?

2. Une statue qui exsude de l'humidité et semble pleurer est souvent considéré être de l'ordre du miracle. Ce rêve peut survenir assez souvent à des stades de transition entre un état de conscience et un autre. Cette énergie excédentaire peut être symbolisée oniriquement par une plante ou un arbre qui pleure ou autre image du même type.

3. Les sanglots suggèrent que l'on pleure la perte d'une certaine qualité spirituelle.

Sarcophage

1. Un sarcophage est semblable à un tombeau, mais est beaucoup plus un monument funéraire, ce qui indique l'importance de son occupant. Rêver à un tel objet, c'est reconnaître l'importance de la mort et des rites de passage qui y sont associés.

2. En contexte de changement majeur, nous pouvons vouloir marquer le passage ou la transition. Nous avons besoin que d'autres gens reconnaissent ou apprécient nos efforts. Un sarcophage indiquerait qu'il y a encore en nous beaucoup d'*ego* dont il faut tenir compte.

3. Sur un plan spirituel, la mort indique autant un changement d'état qu'un changement de statut, et un sarcophage symbolise un tel changement.

Satan

- Voir Diable

Satellite

1. Les étoiles, points de repère pour les voyageurs, ont longtemps guidé les pas des humains sur la Terre. Un satellite suggérerait un contact efficient, efficace. Nous sommes conscients de l'effet que nous avons, tant sur notre environnement que sur les gens.

2. Un satellite peut exprimer dans un rêve la dépendance d'une personne à l'égard d'une autre. Souvent, dans un couple, il y a un partenaire prédominant. Le symbole du satellite pourrait lui correspondre.

3. Un satellite peut représenter une communication spirituelle avec une source désincarnée.

Satyre

1. Le satyre est un esprit masculin lié à la nature la plus primaire. Alors que la plupart du temps nous supprimons de telles images à l'état d'éveil, il apparaît parfois dans les rêves, où il n'y a aucun contrôle conscient.

2. Sur le plan psychologique, le satyre est hors de contrôle et sans contrainte. Il ne doit allégeance à personne et est totalement anarchique. S'il est perçu comme destructeur, alors il le sera. S'il est accepté comme utile, il le sera aussi.

3. Le satyre est un puissant esprit de la nature.

Saule

- Voir Arbre

Saumon

1. Le saumon, symbole phallique, représente l'abondance et, la masculinité. Dans son combat pour se reproduire en nageant en amont, il peut aussi symboliser le sperme. Souvent, un saumon peut apparaître dans le rêve d'une femme comme un symbole de son désir inconscient de grossesse.

2. Comme la plupart des poissons quand ils apparaissent dans les rêves, le saumon représente nos désirs primaires, le plus souvent ceux liés à la survie. En faisant un effort, nous récolterons la récompense attendue.

3. Dans la mythologie, le saumon représente la connaissance d'autres mondes (les terres au-dessous de la mer) et de choses extérieures à ce monde. Il fait principalement référence au subconscient.

Sauterelle

1. La sauterelle est un symbole de liberté et de caprices. Dans les rêves, elle peut souvent constituer une invitation à la liberté.

2. Une sauterelle qui volette partout illustre l'incapacité d'organiser les choses.

3. En Chine, la sauterelle est souvent associée à la lumière. Ainsi, elle représente une certaine forme de liberté spirituelle.

Sauterelle

1. L'image du fléau des sauterelles est si forte dans la pensée occidentale que même dans les rêves elle représente le châtiment.

2. Comme insecte volant, la sauterelle peut signifier que les pensées n'ont pas été correctement rassemblées. Réunies, elles constituent un outil très puissant, mais elles devraient être utilisées avec sagesse et modération.

3. Spirituellement, les sauterelles symbolisent le châtiment divin, mais aussi un usage impropre des ressources.

Sauvage

1. Il y a en chacun de nous une partie qui n'aime pas être contrôlée, qui veut être libre, créatrice et indépendante. Un animal sauvage représentera symboliquement cet aspect de notre personnalité dans nos rêves. Selon que le rêveur est un homme ou une femme, une femme sauvage représentera dans ses rêves l'*anima* ou l'ombre (voir l'Introduction du présent livre).

2. Tout ce qui pousse à l'état sauvage n'est pas soumis aux contraintes imposées par la société. L'état sauvage peut donc signifier dans nos rêves l'anarchie et le manque de stabilité. Dans son sens plus positif, il marque la profusion et la promesse.

3. Dans un rêve, être ou se sentir sauvage suggère souvent un manque de contrôle spirituel.

Sauvetage

1. Être sauvé dans un rêve est une image puissante puisqu'elle nous laisse redevable à notre sauveteur. Le sauvetage de quelqu'un d'autre suggère souvent notre volonté d'entretenir un rapport avec cette personne. Le chevalier secourant la jeune fille illustre l'idée de l'intouchable féminin sauvé de sa passion propre.

2. Lorsque nous mettons les autres en danger dans nos rêves, nous avons la responsabilité de les sauver. Nous acquérons alors un nouveau degré de noblesse et de courage qui engendre en nous une sensation de bien-être et de puissance.

3. Le sauvetage spirituel est généralement vu comme la renonciation aux biens de ce monde pour les âmes perdues, qu'elles aient ou non la vocation.

Savon

1. Le savon dans les rêves suggère l'idée de nettoyage. Nous devons peut-être créer un environnement de propreté autant physique que comportementale. Souvent, dans les rêves à caractère sexuel, le savon peut apparaître comme du sperme éjaculé.

2. Sur le plan psychologique, le savon peut indiquer un besoin de faire le ménage dans nos façons d'être. Nous pouvons avoir la sensation que nous avons été salis par une expérience ou une situation, et notre esprit nous le fait savoir.

3. Dans le champ spirituel aussi, le savon est associé au nettoyage. Une visualisation créative peut même être effectuée si nous estimons que notre espace a été envahi. On se visualise en train de nettoyer à fond les murs d'une pièce à trois reprises (en se rappelant de jeter l'eau souillée ou de la laisser s'écouler), une fois pour le physique, une fois pour l'émotionnel et une fois pour le spirituel. Une sensation de légèreté devrait s'ensuivre.

Sceau

1. Historiquement, un sceau de cire servait à confirmer l'autorité et le pouvoir ; c'était aussi un symbole d'identité. De nos jours, il symbolise plutôt la légalité ou une action morale juste. Dans les rêves, notre sceau nous confère symboliquement l'autorité de prendre la responsabilité de nos actes.

2. Quand nous rêvons à des documents juridiques, prendre conscience du sceau peut indiquer qu'une conclusion, à la fois contraignante et secrète, a été atteinte. Briser un sceau indique que nous violons probablement la loyauté ou la confiance que quelqu'un nous voue. Un homme brisant un sceau, dans le rêve d'une femme, suggère qu'elle perdra sa virginité ou sa pureté.

3. Sur le plan spirituel, un sceau suggère la connaissance cachée. Toute information ésotérique et occulte n'est pas disponible à tous. Une telle information est confiée uniquement à quelqu'un qui a le courage de briser le sceau.

Scène

- *Voir aussi Théâtre*

1. Être sur la scène dans un rêve, c'est se rendre visible. Une scène en plein air suggère la communication avec les masses plutôt qu'avec un auditoire choisi. Une scène qui se déplace signifie le besoin de continuer à se déplacer, même en jouant un rôle. Si nous faisons partie de l'auditoire, nous sommes conscients du scénario de la pièce et en quoi celui-ci nous concerne.

3. Sur le plan spirituel, une scène est la représentation de notre propre rôle dans la vie. Nous observons objectivement ce qui se passe. En extériorisant le jeu dans une structure, nous pouvons agir sur nos vies.

Sceptre

1. Le sceptre représente la souveraineté et le pouvoir royal. Quand il apparaît dans les rêves c'est que nous avons abdiqué notre autorité et notre responsabilité au point que le moi intérieur prend le dessus. Le sceptre a aussi le même symbolisme phallique que la plupart des tiges.

2. Si nous tenons le sceptre en rêve, nous avons la capacité de transmettre la force de la vie. Si quelqu'un d'autre utilise le sceptre et nous accorde honneur ou pouvoir, nous avons réussi un projet particulier.

3. Le sceptre peut représenter une baguette magique et, dans les rêves, indiquer notre droit d'utiliser une telle magie. Sur le plan spirituel, il signifie aussi la transmission du pouvoir divin d'en haut plutôt que d'en bas.

Scie

- *Voir Outils*

Séance

1. Rêver que nous participons à une séance de spiritisme peut suggérer un besoin d'explorer le côté psychique de notre nature. Nous prenons conscience de notre intuition.

2. De nos jours, on parle davantage de sessions que de séances. Dans les rêves, cela peut vouloir dire que la meilleure façon d'entrer en contact avec son moi spirituel est de rester immobile, en position assise.

3. Sur un plan spirituel, nous avons besoin des qualités de patience et de détermination – symbolisées par la position assise – pour progresser.

Seau d'incendie

1. En tant que symbole, le seau d'incendie indique que nous nous trouvons face à une situation qui est hors de contrôle, et que si nous manifestons une émotion qui fera à quelqu'un l'effet d'une douche froide, il pourra y avoir un progrès. Quelqu'un peut avoir besoin d'aide.

2. Comme tout récipient creux, le seau d'incendie représente le principe féminin. Que le seau soit plein ou vide a son importance dans l'interprétation du rêve.

3. Émotion passionnée.

Seins

- Voir aussi Corps

1. Considérés par plusieurs comme la partie du corps humain à laquelle on rêve le plus souvent, les seins symbolisent la nourriture et l'amour maternel. Pour un homme, rêver à des seins reflète son rapport inconscient à la mère ou au principe maternel.

2. Alors que nous nions intellectuellement notre besoin de soins maternel, l'associant à l'amour étouffant, sur le plan psychologique ces besoins font surface quand nous sommes stressés. Cela se manifeste d'habitude dans les rêves par l'image de seins.

3. Maternité, protection et amour.

Sel

1. Dans les rêves, le sel met en évidence les qualités subtiles dont nous enrichissons notre existence, les choses que nous faisons pour l'améliorer. Si l'eau était enlevée du corps humain, il resterait assez de minéraux et de sel pour couvrir une pièce d'un euro. Nous laissons nos émotions diriger

une bonne part de nos vies, mais les aspects plus subtils sont tout aussi importants.

2. Symbole de permanence et d'incorruptibilité, le sel est important dans les rêves. Si, autrefois, on utilisait le sel comme salaire, de nos jours, recevoir du sel en rêve signifie être payé à sa juste valeur. Il y a beaucoup de coutumes associées au sel. Par exemple, il est jeté par-dessus l'épaule, supposément au visage du Diable, ou encore en Écosse, avec le charbon et le pain, c'est la première chose qui passe le seuil de la porte pour saluer le Nouvel An.

3. Le sel symbolise spirituellement la sagesse.

Selle

1. Une selle rêvée indique souvent un besoin d'exercer un contrôle sur quelqu'un. Cela peut suggérer le contrôle sexuel, particulièrement dans le rêve d'une femme. Dans celui d'un homme, il va davantage symboliser son besoin de contrôler sa propre vie – peut-être la direction à suivre –, et c'est le sens de sa propre masculinité et de sa conduite qui sera alors mis en évidence.

2. L'interprétation à donner dépend du type de selle dont il s'agit et de l'usage qui en est fait dans le rêve. Une selle de moto – qui est une partie intégrante de la machine – suggérera un type de contrôle plus rigide que la selle d'un cheval, qui est flexible et amovible. Si la selle glisse, nous sommes sur le point de perdre la maîtrise d'une situation. Si une selle ne convient pas au cavalier du rêve, nous ressentons un certain malaise dû à des circonstances qui échappent à notre contrôle.

3. Une occasion se présente de prendre la maîtrise de nos propres vies dans une perspective spirituelle et nous devrions utiliser cette occasion sagement.

Seringue

- Voir aussi Injection

1. Rêver à une seringue suggère que nous avons conscience de l'influence d'autres personnes sur notre vie. Est-elle utilisée pour nous retirer ou pour nous injecter quelque chose ?

2. Nous devons prendre conscience de notre manière d'influencer les autres. Sommes-nous directs ou évasifs ? Il est inutile d'infliger plus de dommages que nécessaire aux autres.

3. Une conscience pénétrante peut suggérer une façon particulière de nous rapprocher de notre moi spirituel.

Serpent

- Voir Serpent et Reptile dans Animaux

Serpenter

1. Dans un rêve, la présence d'un chemin qui serpente dans toutes les directions suggère de se laisser porter par le courant, de simplement s'ajuster à ce qui arrive sans penser à la direction à suivre. Sous l'errance, il y a forcément une quête. C'est en nous déplaçant sans but que nous comprenons souvent le plus concrètement le moment présent.

2. Rêver à une rivière ou à une route qui serpente indique que nous devrions être plus conscients de nos émotions, que nous sommes capables de traiter avec ces émotions de façon beaucoup plus sensible et beaucoup moins directe. Cela peut aussi renvoyer à notre rapport aux gens et nous faire reconnaître que tous ne sont pas aussi directs et clairs face à leurs sentiments que nous pouvons l'être.

3. Dans un rêve représentant la spirale spirituelle, le rêveur doit noter si la spirale se dirige vers l'extérieur, représentant une errance, ou vers l'intérieur, représentant alors une exploration à l'intérieur de soi, une introspection.

Serrure

- Voir aussi Clé et Prison

1. Il est très facile de verrouiller les émotions pour les tenir en sécurité. Une serrure apparaissant dans un rêve peut nous alerter sur le fait que nous devrions libérer ce que nous avons enfermé. Forcer une serrure indiquerait que nous devons travailler contre notre inclination à tout garder en dedans. Réparer une serrure suggère que nous sentons que notre espace personnel a été violé et qu'il faut réparer les dégâts.

2. Reconnaître dans un rêve qu'une partie de notre corps est verrouillée suggère que nous vivons une tension extrême et qu'il faudrait la relâcher. Comprendre qu'une porte est fermée suggère que nous nous fermons ou qu'une action en cours n'est pas la bonne.

3. Spirituellement, une serrure peut signifier qu'on nous offre une nouvelle liberté, ou que la voie n'est pas libre, ou que nos actes ne sont pas appropriés.

Serveur/Serveuse

1. Si dans le scénario du rêve nous sommes le serveur ou la serveuse, nous nous soucions d'autres personnes que nous-mêmes. Si nous sommes servis, nous avons peut-être besoin d'attentions spéciales.

2. Quand un serveur apparaît dans un de nos rêves, cela démontre que nous attendons l'aboutissement d'un projet.

3. Sur le plan spirituel, nous devons apprendre d'abord deux leçons – le service et la patience – pour pouvoir vraiment progresser.

Seuil

1. Passer un seuil dans un rêve indique que nous vivons de nouvelles expériences, tandis qu'être soulevé pour passer un seuil peut suggérer le mariage ou simplement une nouvelle relation.

2. Quand nous sommes sur le point d'accepter de nouvelles responsabilités ou de changer notre façon de vivre, nous pouvons rêver que nous nous tenons sur le seuil. L'expérience du seuil est très forte dans les images maçonniques ainsi que dans les rites d'initiation.

3. Nous pouvons être debout sur le seuil d'une nouvelle aube spirituelle. Il nous faut alors être conscients de tout ce qui nous entoure.

Seul

1. Rêver que l'on est seul souligne le fait d'être célibataire, isolé ou solitaire. Plus positivement, ce rêve symbolise le besoin d'indépendance. La solitude peut être éprouvée comme un état négatif, tandis qu'être seul peut être très

positif. Souvent, dans les rêves, un sentiment est mis en évidence afin de nous permettre de découvrir si nous le percevons comme positif ou négatif.

2. Il s'agit de reconnaître la nécessité de traiter avec ses sentiments sans l'aide des autres.

3. Perfection, intégrité.

Sève

1. Le vieil adage voulant que la sève monte au printemps est accepté par la plupart des gens. Rêver à la sève signifie que nous sommes prêts à entreprendre un nouveau travail ou une nouvelle relation, ainsi qu'à relever de nouveaux défis.

2. Notre force de vie peut souvent être perçue dans les rêves sous la forme de la sève dans les plantes.

Sexe/Sexualité

1. À sa naissance, un enfant doit apprendre qu'il est dorénavant séparé de sa mère et qu'il doit faire face à cette séparation. Il commence à devenir conscient de lui-même et de son besoin de chaleur, de confort et d'amour. Une étape essentielle de la croissance est la fascination du bébé pour son propre corps. Cela a à voir avec ce qui est confortable et agréable – comment il se sent dans sa peau, pour ainsi dire. C'est à ce moment qu'il s'initie au toucher, découvre qu'il peut être agréable de toucher ou d'être touché, et aussi si le toucher est permis. Si l'enfant est traité avec rudesse, il pourra craindre plus tard tout contact, ce qui pourrait se traduire par une difficulté sexuelle. Alors que le traumatisme original peut être supprimé sur le plan conscient, il pourra refaire surface dans les rêves en temps opportun.

2. Les rêves mettent en évidence toute la gamme des activités sexuelles humaines, mais les aspects négatifs n'y apparaissent que si le rêveur ignore sa nature sexuelle. Il s'agit alors d'une tentative naturelle d'équilibrer l'état d'éveil qui peut avoir été trop intellectualisé ou trop dramatisé. Le contact avec les autres est alors nécessaire et souvent cela deviendra apparent dans les rêves. Les aspects divers du sexe et de la sexualité peuvent être interprétés comme suit :

La ***bisexualité.*** Nous possédons deux potentiels, le masculin et le féminin. L'un est plus manifeste que l'autre, et il y a souvent conflit entre l'intérieur et l'extérieur. Cela peut parfois se voir dans les rêves sur la bisexualité et un besoin d'une quelconque union avec les membres des deux sexes.

La ***castration*** suggère la crainte de perdre sa puissance sexuelle.

Les ***vêtements*** dans les rêves sexuels sont liés à la perception qu'a le rêveur de lui-même. Être entièrement habillé suggérerait un certain sentiment de culpabilité.

La ***contraception*** peut indiquer dans un rêve une crainte de la grossesse et de l'accouchement.

L'***éjaculation.*** Dans un rêve, les images précédant l'orgasme peuvent suggérer l'attitude du rêveur par rapport au sexe et à la sexualité. Les conflits qui surgissent à cause de son désir sexuel pour quelqu'un peuvent être traités oniriquement sous forme d'éjaculation ou d'orgasme.

L'***hermaphrodite*** - Voir aussi à ce mot. Rêver à un hermaphrodite (quelqu'un qui est à la fois de sexe masculin et de sexe féminin) suggère la bisexualité, qui est une attraction érotique aux deux sexes, ou l'androgynie, l'équilibre parfait dans une même personne des attributs masculins et féminins.

Les ***relations sexuelles*** (ou les caresses). Le désir ou le besoin de communiquer avec quelqu'un sur un plan très intime peuvent se traduire en rêve par des relations sexuelles. Si les relations y sont interrompues, le rêveur a des inhibitions dont il n'est pas parfaitement conscient. Souvent, les relations sexuelles peuvent marquer l'intégration d'une partie spécifique de la personnalité. Si un enfant naît dans un rêve, alors l'intégration a été couronnée de succès.

Le ***baiser*** peut constituer une marque de respect, ou indiquer un désir de stimuler le partenaire auquel on rêve, ou encore notre propre besoin d'excitation.

La ***masturbation.*** L'enfant au berceau se réconforte déjà par la masturbation. Rêver à la masturbation révèle un besoin de réconfort.

La ***perversion.*** Quand la perversion sexuelle apparaît dans nos rêves, c'est que nous évitons ou essayons d'éviter des questions ayant trait à l'intimité et à l'établissement de liens.

Le ***phallus.*** Toute image de phallus ou en relation avec le phallus symbolise ce qui est créateur, pénétrant et masculin. Le phallus est la vitalité et la créativité dans leur forme à la fois la plus simple et la plus complexe. Il symbolise la résurrection et le renouvellement de la vie.

Les rêves impliquant le ***sperme*** projettent de façon étrange des images de rites primitifs et de pratiques dont nous n'avons sans doute aucune connaissance consciente et plusieurs de ces rituels sont des simulations de l'acte sexuel. Le sperme est le signe de la masculinité et de la maturité physique, et il est souvent présent dans les rêves sous la forme d'un autre liquide laiteux.

Désirer sexuellement quelqu'un – dans un rêve – exprime une forte envie primitive d'intimité et d'union avec cette personne, comme si nous étions à la recherche d'une partie perdue de nous-mêmes. L'autre personnage du rêve représente la plus proche partie de nous-mêmes. Si nous étions des êtres humains entièrement intégrés, nous n'aurions aucun besoin de sexe avec quelqu'un d'autre, mais la plupart d'entre nous avons le désir d'être unis à ce qui ne fait pas partie de notre propre *ego*. Un rêve sexuel met en évidence les sentiments que nous éprouvons et nous permet de comprendre nos besoins.

Le ***travestisme.*** Confusion.

Une ***maladie transmissible sexuellement,*** présente dans un rêve, peut suggérer la conscience d'une quelconque contamination, pas nécessairement de nature sexuelle, mais peut-être émotionnelle.

3. L'activité sexuelle est la plus haute expression d'amour et de spiritualité entre deux personnes ou, si elle est purement physique, elle est entièrement égoïste. C'est aux rêveurs de déterminer ce qu'il en est.

Shampooing

1. Le shampooing a un rapport évident avec la propreté. En rêve, nous essayons de purifier nos têtes pour penser ou voir plus clairement.

2. Parce que le shampooing est lié à la tête, qui est elle-même liée à l'intellect, il se peut que nous estimions que nos processus de pensée aient été ralentis, ou salis, par des influences extérieures.

3. Sur le plan spirituel, le shampooing, comme le savon, suggérerait une tentative de revenir à l'essentiel, de faire le ménage dans nos désirs, nos besoins, nos exigences et de recontacter notre moi spirituel.

Signature

1. Voir notre signature dans un rêve suggère que nous avons une certaine estime de nous-mêmes. Nous reconnaissons qui nous sommes et sommes prêts à faire notre marque dans le monde.

2. À des périodes où nous nous occupons de questions d'ordre juridique ou de contrats sans être sûrs de faire la bonne chose, notre signature peut apparaître dans les rêves comme effacée ou illisible.

3. Sur le plan spirituel, notre signature est un reflet de nous-mêmes, c'est une représentation de notre perception de nous.

Silence

1. Le silence peut suggérer malaise et attente que quelque chose arrive (ou pas). Si quelqu'un d'autre est silencieux (il représente en fait une partie de nous), alors nous attendons qu'il parle et sommes incertains de notre réaction.

2. Quand nous sommes silencieux, nous sommes incapables d'exprimer nos sentiments ou notre avis, nous sommes inhibés.

3. Sur le plan spirituel, le silence est un espace où il n'y a aucun besoin de son. Les membres de plusieurs communautés religieuses pratiquent le silence, car on croit qu'il favorise une communication plus étroite avec Dieu. Dans les rêves, le silence peut exprimer que le retrait du monde est nécessaire.

Singe

- Voir Animaux

Sirène

- *Voir aussi Archétypes*

1. Entendre une sirène d'ambulance ou de camion de pompiers, c'est être averti d'un danger. Pour ceux qui ont connu la guerre, une telle sirène peut aussi évoquer bombardements et destruction. La sirène indiquant la fin d'une alerte pourra délivrer de l'inquiétude.

2. Selon les archétypes, la sirène trompe et distrait l'homme de son but, alors que dans les rêves, l'image d'une sirène est orientée vers la sexualité, et elle est difficile à confronter. Si une femme n'est pas en contact avec la sirène en elle, elle peut paraître destructrice. Sur le plan psychologique, la sirène symbolise la tentation et elle apparaît souvent en vêtements grecs ou romains, comme pour exacerber le désir et la sensualité. Elle peut souvent être représentée assise au bord de l'eau puisqu'elle est liée aux émotions. Dans certains cas, elle est l'*anima* d'un homme (voir l'Introduction du présent livre).

3. Comprise spirituellement, la sirène peut restituer un homme à lui-même. Elle devient alors acceptable et malléable parce que, après avoir rejeté son envoûtement, l'homme est libre de redevenir entier.

Sirène/Triton

1. Traditionnellement, la sirène et le triton appartiennent au monde marin tout en étant aptes à vivre sur terre, ce qui représente symboliquement une capacité émotive mais aussi pratique. Tant que ces deux parties ne sont pas intégrées en lui, l'être humain ne peut s'épanouir pleinement dans aucun royaume, ni sur terre ni dans la mer.

2. Les sirènes et les tritons sont les représentations féminines et masculines du lien entre les profondeurs de l'inconscient et le moi conscient. Bien des histoires racontent les tentatives d'amitié entre les hommes et ces créatures de la mer. Toutes ces légendes se terminent mal pour chacun. C'est un exemple de la difficulté d'intégrer ces différentes et complexes parties de la nature humaine.

3. Chaque individu doit construire un parfait équilibre entre le plan spirituel et le plan émotionnel de son être pour pouvoir vivre en toute intégrité.

Sœur

- *Voir Famille*

Soif

1. Rêver que l'on a soif suggère un besoin intérieur insatisfait. Nous sommes dans un creux émotionnel et avons besoin d'un coup de pouce.

2. Satisfaire une soif dans un rêve indique que nous pouvons satisfaire nos propres désirs. Nous devons observer attentivement ce dont nous sommes privés, ou ce dont nous nous privons dans notre vie éveillée.

3. La soif onirique est symbolique de notre soif de connaissance spirituelle et d'illumination. Cette soif peut s'avérer impossible à étancher.

Soir

1. Prendre conscience que c'est le soir dans un rêve, c'est reconnaître que nous avons besoin de temps pour nous, peut-être aussi de calme.

2. Le soir peut être synonyme de crépuscules et de frontières de notre esprit conscient.

3. Le soir symbolise spirituellement la vieillesse et une très longue expérience.

Soleil

- *Voir aussi Planètes*

1. Le soleil évoque dans les rêves la chaleur et l'éveil. Un jour ensoleillé suggère le bonheur, tandis qu'être attiré vers le soleil indique que nous cherchons la lumière. En se tournant vers le soleil, on pourrait dire que le tournesol est un symbole d'obsession, mais aussi d'adoration. Avec ses nombreuses graines, il représente aussi la fertilité.

2. Parce que le soleil est une source de vie très puissante, il peut aussi apparaître dans les rêves en tant que symbole d'autres énergies créatrices. En rêvant à une danse du soleil, on peut vouloir célébrer son pouvoir universel. Le rêveur utilise l'énergie du soleil comme guide ainsi que comme source de vitalité.

3. Le soleil peut symboliser la lumière spirituelle et la radiance. Le rêveur peut s'imprégner du pouvoir du soleil.

Sombre

1. Rêver que l'on est dans l'obscurité illustre un état de confusion ou le fait d'être en territoire inconnu et difficile. Cela peut nous révéler une partie secrète de nous.

2. Intellectuellement, nous restons en contact avec un côté diminué et caché de nous-mêmes et nous pouvons devoir traiter avec des aspects plus sombres de notre personnalité.

3. Le chaos et le mal prévaudront à moins qu'un peu de compréhension spirituelle soit atteinte.

Sommet

- Voir Position

Sorcière

- Voir Archétypes

Souris

- Voir Animaux

Sous/En dessous

- Voir Position

Sous-marin

1. Un sous-marin dans les rêves indique la profondeur de sentiments qui nous est accessible. Habituellement, nous regardons les profondeurs du subconscient plutôt que les hauteurs de l'esprit.

2. Pour être à l'aise avec nous-mêmes, nous devons comprendre les besoins de notre subconscient, ce qui peut être un peu angoissant et dans certains cas entraîner un besoin de protection.

3. Rêver à un sous-marin indique que nous éprouvons le besoin d'aller au fond de notre spiritualité.

Souvenir

(objet)

1. Un souvenir était autrefois un objet qui était échangé par des amoureux. Prendre conscience d'un tel objet dans un rêve symbolise notre capacité d'aimer et d'être aimé. N'importe quel objet lié au passé nous rappelle ce que nous avons pu faire ou ce que nous pouvons faire.

2. Les souvenirs romantiques figurent en grande partie dans des images de rêve. Rêver à quelque chose qui nous est très précieux qui nous a été donné par quelqu'un d'important, nous permet de reconnaître la beauté que cette chose contient.

3. Un souvenir, au sens spirituel, est un objet qui, parce que son propriétaire le tien en haute estime, est sacré. Il aura probablement été béni d'une certaine façon.

Sphinx

1. Pour la plupart des gens, le sphinx évoque l'Égypte et tout le mystère qu'elle contient.

2. Sur un plan psychologique, et parce que même aujourd'hui on connaît peu sur lui, le sphinx représente notre côté énigmatique. Dans les rêves, il met en évidence la force mystérieuse que nous avons tous à notre disposition, particulièrement dans les temps difficiles.

3. Sur le plan spirituel, le sphinx représente la vigilance, le pouvoir et la sagesse, aussi bien que la dignité.

Spirale

- Voir Formes

Squelette

1. Un squelette suggère l'essentiel, peut-être une idée ou un concept. Un squelette dans un placard représente une action passée ou quelque chose de honteux que nous voulons cacher, tandis qu'un squelette qui danse est la conscience de la vie que nous vivons. Déterrer un squelette, c'est ressusciter quelque chose que nous avons enterré.

2. Sur le plan psychologique, une image si évidente dans les rêves nous force à prendre conscience de la mort. Un squelette peut aussi suggérer des sentiments ou des talents que nous avons oubliés et qui sont donc morts.

3. Un squelette nous avertit de nos sentiments face à la mort. Nous sommes conscients que notre squelette est la seule partie de notre corps qui perdurera.

Station

- Voir Parcours

Statue

1. Rêver à une statue a un lien avec le côté insensible et froid de la nature humaine. Nous pouvons adorer ou aimer quelqu'un sans obtenir de réponse.

2. Parfois, la statue représente une idée ou un concept plutôt qu'une personne. On peut gagner beaucoup à connaître la signification de sa présence dans nos rêves.

3. Sur le plan spirituel, nous avons donné de la valeur à quelque chose (par exemple, une relation) qui n'a plus de raison d'être ou qui est morte, pétrifiée. Si la statue revient à la vie, cette relation pourrait être sauvée.

Stériliser

1. Rêver que l'on stérilise quelque chose suggère un besoin de nettoyage en profondeur. Nous voulons nous débarrasser de blessures ou de traumatismes,

et nous sommes préparés à faire des efforts en ce sens. Stériliser symboliquement une situation par le rêve peut lui enlever sa charge émotionnelle.

2. Si une femme rêve qu'elle est stérilisée, par une opération ou tout autre moyen, elle ressent un sentiment d'impuissance en tant que femme. Si un homme rêve à la stérilisation, ses désirs sexuels sont inassouvis ou il doute de son image.

3. Sur le plan spirituel, la stérilisation est ambivalente. Elle peut suggérer la propreté de l'esprit ou un aspect du moi qui est incapable de grandir.

Strangulation

1. Rêver que l'on étrangle quelqu'un est une tentative d'étouffer ses émotions, tandis que rêver qu'on nous étrangle, c'est être conscient de notre difficulté à verbaliser nos émotions.

2. La strangulation suggère un acte violent de suppression. Notre côté plus agressif ne nous permet peut-être pas d'agir convenablement dans certaines situations.

3. Sur le plan spirituel, la sagesse provient de l'art de retenir les discours inappropriés, et non de les étrangler.

Stylo/Crayon

- Voir aussi Encre

1. L'apparition d'un stylo ou d'un crayon dans un rêve exprime ou indique le besoin de communiquer avec les gens. Si le stylo ne fonctionne pas, nous ne comprenons pas l'information qui nous est donnée. Si nous ne trouvons pas de stylo, cela signifie que n'avons pas assez d'informations pour maintenir certains aspects de notre vie.

2. Nous avons tous une capacité d'apprendre, mais nous devons aussi savoir transmettre notre connaissance aux autres. La présence d'un stylo dans un rêve est liée à une connaissance plus permanente que celle symbolisée par un simple crayon.

3. Tenir un registre de nos connaissances acquises et de notre évolution est une partie nécessaire de notre développement spirituel. Rêver à un stylo ou à un crayon peut suggérer l'expérimentation de l'écriture automatique.

Sucer

1. Prendre conscience que l'on suce dans un rêve suggère un retour à un comportement infantile et à la dépendance émotionnelle. Sucer une sucette nous avertit d'un besoin de satisfaction orale au sens d'un réconfort pour soi, tandis que sucer un doigt peut suggérer un besoin physique.

2. Nous avons tous gardé de l'enfance des désirs inassouvis ou le besoin d'être entiers et complets. Ces désirs et ce besoin peuvent refaire surface dans les rêves par le fait d'y sucer quelque chose.

3. Le serpent qui suce sa queue (voir Ourobouros) est une puissante image de perfection spirituelle.

Sud

- Voir Position

Suffocation

1. Quand nous suffoquons dans un rêve, il se peut que nos peurs menacent de nous écraser. Cela peut aussi indiquer que nous ne maîtrisons pas notre environnement. Étouffer quelqu'un peut vouloir dire que nous le contrôlons dans la vie éveillée.

2. Si nous refusons une relation avec quelqu'un, nous pouvons constater que les rêves de suffocation surviennent. Les craintes liées à la sexualité peuvent aussi faire surface de cette façon.

3. La suffocation peut apparaître quand l'énergie négative est trop forte pour que nous puissions y faire face.

Suicide

1. Rêver au suicide nous avertit de la fin violente de quelque chose, peut-être d'un projet ou d'une relation. C'est aussi un signe de colère contre le moi. Il peut signifier la fin d'une relation amoureuse ou d'une relation d'affaires.

2. Sur le plan émotionnel, quand les rêves de suicide surgissent, il se peut que nous ayons atteint une certaine limite. Cela ne signifie pas que nous sommes suicidaires, mais marque simplement la fin d'une phase.

3. Le suicide peut simplement montrer que, sur le chemin de la spiritualité, nous devons abandonner notre vieux moi.

Suivre

1. Si nous suivons quelqu'un ou quelque chose dans un rêve, nous avons besoin d'une cause ou d'une croisade pour donner un sens à notre existence. Nous cherchons le leadership ou sommes sous l'influence d'autres personnes. Cela indique aussi, particulièrement dans une situation de travail, que nous sommes peut-être plus à l'aise dans une position subalterne plutôt que de direction.

2. Il s'agit d'identifier si ce qui nous suit dans le rêve est négatif ou positif. Si c'est négatif, nous devons composer avec des peurs, des doutes ou des souvenirs passés. Si c'est positif, nous avons besoin de prendre l'initiative ou d'identifier ce qui nous mène.

3. Le rêveur est conscient d'un besoin de discipline.

Surnaturel/Occulte

1. Rêver à des choses surnaturelles évoque fréquemment un besoin de résoudre des craintes enfouies. Plusieurs personnes prêtant une connotation négative au surnaturel, le reliant exclusivement à la magie noire ou au satanisme, le relient à leur nature égoïste.

2. Si le rêveur possède des connaissances occultes, il est important qu'il les applique. La règle est de ne faire de mal à personne.

3. Dans le rêve, le surnaturel, en raison de ses aspects étranges, peut éveiller le rêveur à la présence d'une sagesse mystérieuse encore inexploitée.

Surveillant

1. Un surveillant est souvent une manifestation onirique du garde ou du gardien. Une partie de notre personnalité agit comme moniteur ou essaie de supprimer d'autres facettes de notre personnalité.

2. Notre moi spirituel, qui nous protège de l'influence extérieure, peut apparaître dans nos rêves sous la forme d'un surveillant.

3. Le gardien du seuil entre nos dimensions physique et spirituelle est symbolisé dans le rêve par un surveillant.

Svastika

- Voir Formes

Synagogue

- Voir Construction d'église

T

de

Tabac à Tunnel

Tabac

1. Le tabac aura des significations différentes selon que le rêveur est un fumeur ou non. S'il fume, le tabac représentera probablement une source de confort, sinon le symbolisme aura probablement plus à faire avec l'idée d'utiliser du tabac pour atteindre un état d'âme particulier. Si le rêveur fume la pipe, il peut avoir des problèmes de masculinité à traiter.

2. On dit que les Amérindiens utilisaient le tabac pour chasser le mauvais esprit et il est vrai que le tabac aura un effet euphorisant sur l'humeur d'une personne. Dans les rêves, c'est ce symbolisme de changement qui est le plus pertinent.

3. Le tabac peut être perçu par le rêveur comme générateur de visions. Le rêveur peut être intéressé par l'idée de développer sa spiritualité, mais n'a pas encore trouvé la bonne stimulation.

Tabernacle

1. Un tabernacle est un endroit où l'on garde en sécurité un objet sacré ; il représente aussi un temple. Y rêver, c'est essayer de comprendre son propre besoin de sanctuaire et de sécurité.

2. L'homme a toujours eu besoin de donner un sens sacré à certains objets. Psychologiquement, ce sacré lui donne un sens de la permanence.

3. Un tabernacle, en étant sacré, devient symboliquement un centre du monde.

Table

- Voir aussi Autel et Meubles

1. Une table étant un endroit de réunion, socialement ou professionnellement, elle est d'habitude reconnue dans les rêves comme un symbole de processus décisionnel ; elle est aussi liée à un certain rituel entourant les décisions d'affaires. Le rêveur peut aussi considérer le repas pris à la table avec les membres de sa famille comme un rituel important.

2. Rêver à une table insuffle un sens de l'ordre. La table symbolise alors notre capacité de créer de l'ordre à partir du chaos.

3. Une table peut symboliser le jugement spirituel et la législation.

Table ronde

1. Une table ronde dans un rêve est un symbole d'intégrité. En partie à cause des légendes du roi Arthur, il y a de nombreux mythes associés à la table ronde, mais essentiellement elle indique que tout le monde est égal.

2. Puisque les 12 chevaliers sont les signes du zodiaque (voir Zodiaque), la table ronde est une représentation du ciel. Nous essayons de créer la perfection dans ce type de rêves.

3. Spirituellement, la table suggère un centre à partir duquel tout doit commencer.

Tablier

1. Le tablier vu en rêve peut représenter un insigne d'honneur ou des liens familiaux. Cette image sera positive ou négative selon le contexte.

2. Si le tablier est porté par le rêveur, il peut indiquer un besoin d'acquérir des compétences. S'il est porté par quelqu'un d'autre, la partie du rêveur qui est représentée par cette autre personne a besoin de protection.

3. Dans la franc-maçonnerie, le tablier suggère l'habileté manuelle et des atours sacrificiels.

Taille

1. Prendre conscience de la taille dans un rêve met en évidence nos sentiments par rapport à une personne, un projet ou un objet. « Grand » pourrait suggérer important ou menaçant, tandis que « petit » pourrait indiquer la vulnérabilité ou quelque chose de plus petit que nous. Ainsi, une grande maison serait la conscience de l'expansion de soi, tandis qu'une petite maison refléterait une intensité de sentiments.

2. Un enfant apprend très tôt à faire des comparaisons, et c'est une des choses que nous ne perdons jamais. Quelque chose est plus grand ou plus petit plutôt que simplement grand ou petit. Dans les rêves, la taille étant relative, nous pourrions reconnaître un endroit que nous connaissons, mais constater

qu'il est plus grand ou plus petit que nous pensions. C'est la taille présente dans le rêve qui est pertinente.

3. Sur le plan spirituel, la taille est sans importance et c'est l'appréciation des sentiments qui compte. Un grand sentiment est quelque chose qui nous dévore, alors qu'une petite perception peut n'être qu'une partie de ce qui existe vraiment.

Tailleur/Mercier

1. Chaque professionnel développe certains talents et compétences. Le tailleur, lui, a développé la capacité de faire un travail précis et de modeler quelque chose de nouveau. Rêver à un tailleur nous annonce la présence de ces qualités en nous.

2. Le rôle que joue ce personnage dans notre rêve indique comment nous voyons notre créativité et nos talents. Rêver à un mercier peut aussi n'être qu'un jeu de mots quand nous connaissons quelqu'un dont le nom de famille est Mercier.

3. Capacité créatrice.

Talisman

1. Un talisman est une protection contre le mal ou les problèmes et, quand il en apparaît un dans un de nos rêves, nous savons que nos facultés mentales ne sont pas suffisantes pour nous protéger de la crainte et du doute et que nous avons besoin d'aide.

2. L'homme a une relation profonde avec les objets qu'il tient pour sacrés. Ainsi, dans la plupart des religions païennes, on attribuait des pouvoirs spéciaux à des objets comme des pierres et des dessins. Bien que consciemment le rêveur puisse ne pas croire, inconsciemment il est capable de faire le lien avec la magie antique.

3. Les objets investis de pouvoirs magiques conservent la capacité de protéger, mais c'est d'habitude la technique utilisée en rêve pour donner son pouvoir au talisman que l'on devrait soigneusement considérer.

Talon

- Voir Corps

Tambour

- Voir aussi Instruments de musique

1. Entendre un tambour dans un rêve nous suggère d'être plus en contact avec nos rythmes naturels et nos envies primitives. Jouer du tambour, c'est prendre la responsabilité de notre rythme de vie.

2. Nous pouvons chercher une forme plus naturelle d'expression que celle que nous utilisons.

3. Son. Vérité divine, révélation.

Tambourin

- Voir aussi Instruments de musique

1. Les êtres humains ont besoin de rythme et rêver à un tambourin ou à un instrument de musique du même type nous permet de rester en contact avec nos propres rythmes de base.

2. Le tambourin peut indiquer que nous avons un peu de contrôle sur le rythme et le bruit. Particulièrement si nous jouons du tambourin dans un groupe, nous nous reconnaissons le droit légitime de participer à la vie.

3. Traditionnellement, le bruit, par exemple celui fait par un tambourin, a été utilisé pour invoquer ou chasser le mauvais esprit.

Tapisserie

- Voir Tissage

Taquineries

1. Quand on nous taquine dans un rêve, c'est que notre comportement n'est pas approprié. Par contre, si nous y taquinons les autres en soulignant leurs particularités, nous mettons en évidence nos propres contradictions.

2. Les taquineries peuvent être une forme d'intimidation et créer des victimes. Elles résultent souvent de notre insécurité, de nos doutes et de nos craintes. C'est une façon facile de projeter nos propres difficultés sur d'autres personnes. Nous devons comprendre notre besoin d'avoir de l'ascendant sur quelqu'un plutôt que de l'aider.

3. Dans le contexte d'un développement spirituel, nous prenons conscience des fautes des autres et le fait de taquiner ou d'être taquinés dans les rêves illustre que notre *ego* n'est pas en phase avec les dimensions plus évoluées de notre spiritualité.

Tard

- Voir Temps

Tarif

1. Acquitter un tarif, c'est reconnaître le prix à payer pour réussir. Le tarif d'un taxi impliquerait un processus plus privé que le prix d'un ticket d'autobus.

2. Des demandes nous sont adressées et nous devons décider de leur pertinence.

3. Payer un tarif se produit souvent quand nous estimons que des actions passées n'ont pas été payées et que nous devons nous résoudre à l'accepter.

Tasse

1. La tasse tient beaucoup du symbolisme du calice. Une offrande est faite que le rêveur aurait intérêt à considérer.

2. Intuitivement, si nous sommes ouverts à notre côté plus féminin, nous pouvons autant donner que recevoir de l'aide et de l'assistance.

3. La conscience féminine du souffle de vie, de l'immortalité et de l'abondance est utilisée intuitivement et avec sensibilité.

Tatouage

1. Un tatouage représente un aspect de l'individualité du rêveur. Il souhaite être vu différemment.

2. Un tatouage peut représenter quelque chose qui a laissé une impression indélébile, par exemple une blessure profonde ou un bon souvenir. Parfois, il vaut la peine d'interpréter l'image tatouée si on peut la voir clairement dans le rêve.

3. Un tatouage vu en rêve peut symboliser l'appartenance à une tribu ou à une secte. Il aura une signification plus intime qu'un insigne.

Tau

1. Le tau ou croix de Saint-Antoine peut parfois être perçue comme une image phallique, mais il est plus correctement identifié au pouvoir suprême. Porté comme un talisman, il protège du mal et sera souvent perçu de cette façon dans un rêve.

2. Le tau symbolise la rencontre du physique et du spirituel et tout ce que cela implique.

3. Sur le plan spirituel, cette croix est supposée être la clé du pouvoir suprême et symbolise une vie bien remplie.

Taupe

- Voir Animaux

Taureau

- Voir aussi Animaux

1. Dans les rêves, le taureau représente le principe masculin et la fertilité. Il peut aussi refléter une façon de considérer la sexualité masculine.

2. Le taureau peut représenter le comportement têtu du rêveur.

3. Le taureau est lié aux déesses lunaires et représente aussi le Taureau dans le zodiaque.

Taxi

- Voir aussi Voiture dans Parcours

1. Dans un rêve, héler un taxi représente le besoin de progresser, d'arriver à destination. Nous ne pouvons pas connaître le succès sans aide et il peut y avoir un prix à payer pour l'obtenir.

2. Un taxi est un véhicule public habituellement conduit par quelqu'un qui nous est inconnu et en qui nous devons avoir confiance. Dans les rêves, un taxi peut donc suggérer qu'on peut se rendre quelque part sans trop savoir comment.

3. Un taxi peut représenter la connaissance spirituelle couplée au savoir-faire pratique. C'est un attribut important dans le développement personnel.

Télégramme

1. La réception d'un télégramme met en évidence la communication. Cela indique qu'une partie de nous essaie de nous transmettre une information. Nous allons plus probablement rêver à un fax ou télécopieur (voir Fax). Envoyer un télégramme en rêve suggère que nous voulons que quelque chose à notre sujet soit connu mais nous ne pouvons pas le communiquer verbalement.

2. Jadis, les télégrammes étaient des messages importants de célébration ou de mauvaises nouvelles. Pour plusieurs, cette image est toujours pertinente dans les rêves. Par exemple, recevoir un télégramme de félicitations à la suite d'un mariage peut être lié au désir du rêveur de se marier, tandis qu'un télégramme apportant de mauvaises nouvelles peut nous avertir de quelque chose que notre subconscient a déjà perçu.

3. Une communication écrite présente dans un rêve est liée à la démarche de rendre la connaissance spirituelle tangible.

Téléphone

1. L'utilisation d'un téléphone dans un rêve suggère de contacter des gens et de leur communiquer l'information dont ils ont besoin. Il peut s'agir de quelqu'un d'autre que nous ou d'une partie de nous avec laquelle nous ne sommes pas suffisamment en contact. Recevoir un coup de téléphone dans un rêve suggère qu'une information dont nous ne sommes pas conscients est disponible.

2. Les chiffres d'un numéro de téléphone composé en rêve peuvent être importants (voir Nombres). Il nous faut contacter une personne spécifique que nous pouvons aider ou qui peut nous aider. Si nous cherchons un numéro de téléphone, nous avons de la difficulté à coordonner nos pensées en rapport avec des actions futures. L'utilisation du téléphone suggère un rapport direct de personne à personne.

3. Parce que la communication téléphonique ne nous permet généralement pas de voir notre interlocuteur, l'utilisation de téléphone dans un rêve peut représenter la communication avec l'esprit ou avec les anges gardiens.

Télescope

1. L'utilisation d'un télescope dans un rêve nous permet de scruter quelque chose de plus près. Nous devons nous assurer, cependant, à ne pas adopter une vue unilatérale des choses.

2. Les rêves montrant un télescope peuvent nous suggérer de considérer certaines choses avec une vision à court et à long terme. Si nous ne tenons pas compte d'une vision à long terme, il est possible que nous n'ayons pas de succès à court terme. À l'inverse, une vision à long terme pourrait nous donner l'information qui nous aidera à naviguer mieux dans l'instant présent.

3. Un télescope peut représenter l'art de la clairvoyance, la capacité de percevoir l'avenir.

Témoin

1. Si l'on est témoin d'un accident dans un rêve, nos capacités d'observation sont mises en évidence et nous devons prendre note soigneusement de tout ce qui se passe autour de nous. Notre interaction avec l'autorité peut aussi être mise en question.

2. Agir à titre de témoin suggère de rendre compte de nos actions ou croyances, cela indique aussi que nous resterons incertains jusqu'à ce que nous ayons été acceptés par nos pairs.

3. Le rêveur reconnaît ce dont il a besoin pour continuer sur son chemin spirituel.

Tempête

- Voir aussi Foudre et Tonnerre

1. Une tempête dans un rêve symbolise une explosion d'émotions. Nous sommes meurtris par des événements ou des émotions. Elle peut aussi refléter la colère.

2. Quand nous sommes en difficulté, dans une relation par exemple, une tempête amène une détente. Si une querelle n'est pas appropriée dans notre vie éveillée, dans les rêves une tempête purifie l'air vicié.

3. Sur le plan spirituel, une tempête symbolise la puissance créatrice. Le tonnerre et la foudre sont les outils des dieux de la tempête.

Tempête

- Voir aussi Ouragan et Vent

1. Être dans une tempête signifie que nous sommes ballottés par des événements hors de notre contrôle et que nous laissons ces circonstances extérieures nous créer des problèmes, alors que nous pourrions leur faire face et éviter ainsi bien des soucis.

2. Puisque le vent est souvent lié à des questions spirituelles, nous prenons peut-être les choses trop au sérieux et leur donnons trop de signification.

3. Une tempête peut symboliser non seulement notre spiritualité, mais aussi l'esprit.

Temple

- Voir aussi Construction d'église

1. Souvent, un temple vu dans un rêve peut représenter notre propre corps que l'on doit soigner et traiter avec révérence. Le temple a la même signification symbolique qu'une église puisque c'est un édifice construit pour honorer et rendre hommage à Dieu ou à des dieux.

2. Sur le plan psychologique, partout où il y a un temple il y a de la créativité. La plus grande interprétation à faire de ce type de rêves découle du fait qu'il

faille être plusieurs pour construire un temple. Les nombreuses facettes de notre personnalité constituent un tout logique.

3. Aussi bien à titre de sanctuaire pour des gens, qu'à titre de lieu où le divin réside, un temple reflète la beauté du ciel. Il est une image microcosmique de l'infini.

Temps

1. Pour que le temps soit significatif dans un rêve, il faut le mesurer ou utiliser une période de temps comme mesure. Habituellement, le rêveur est seulement conscient du passage du temps ou d'un moment particulier et significatif dans le rêve. Cela fait partie du scénario du rêve. Après analyse, ce temps peut symboliser une période particulière de la vie du rêveur. Les heures du jour suggéreront la vie éveillée consciente. Lorsque plusieurs jours (ou autres longues périodes) s'écoulent dans le rêve, cela suggère que quelque chose d'inapproprié a eu lieu. Les heures du jour peuvent faire référence à des périodes de la vie du rêveur. Il est aussi possible que tout simplement le chiffre soit important (voir Nombres). L'après-midi symbolise un âge où nous pouvons utiliser notre expérience à bon escient. La soirée représente la fin de la vie et met en évidence notre capacité à être plus détendu face à nos activités. Lorsque le milieu de la journée est suggéré par le rêve, nous sommes pleinement conscients. Le matin symbolise la première partie de notre vie, sinon c'est une première expérience qui est mise en évidence. La nuit peut être une période associée symboliquement à la dépression ou au secret. Nous pouvons être introspectifs ou simplement au repos. Dans les rêves, les crépuscules peuvent indiquer une période d'incertitude et d'ambivalence. Ils peuvent aussi suggérer une période de transition comme la mort.

2. Arriver à l'avance à un rendez-vous dans un rêve suggère que nous attendons que quelque chose se produise avant de poursuivre nos vies. Être en retard montre le manque d'attention aux détails ou le sentiment du temps qui fuit. Regarder l'horloge indique la nécessité de laisser le temps travailler en notre faveur.

3. Mort ou changement.

Temps/Température

1. Le temps, comme élément du rêve, reflète habituellement nos états d'âme et nos émotions. Nous sommes très conscients de changements qui s'opèrent, et nous devons nous montrer prudents et ajuster notre comportement à ceux-ci.

2. Le temps peut aussi symboliser nos réponses à des situations. Si, par exemple, il y a une tempête dans notre rêve, nos émotions sont orageuses (colère, agressivité). Si nous observons un ciel bleu sans nuages, nous contrôlons la situation. L'attention au temps qui s'écoule nous sensibilise au fait que nous faisons partie d'un tout immensément plus vaste que nous.

3. Si le rêveur exige que l'on réponde à l'une de ses questions, il peut bien rêver à la présence du vent (voir Vent).

Tendre/Allonger le bras

1. Tendre ou allonger le bras dans un rêve signifient le désir de quelque chose que nous ne possédons pas. La chose désirée peut être d'ordre émotionnel ou matériel. Nous essayons de manipuler les circonstances afin que les autres puissent prendre conscience de nos besoins.

2. Nous essayons de saisir un concept, une idée ou une occasion qui semble être hors de notre portée ou de notre compréhension. Nous pouvons aussi essayer de contrôler les autres par notre détresse émotionnelle. C'est un sentiment approprié lorsque nous nous sentons rejetés ou mis de côté.

3. Le désir de spiritualité est une étape dans le cheminement d'un être. Il nous permet de mieux comprendre nos besoins réels.

Ténèbres

1. S'il y a des ténèbres dans un rêve, cela peut indiquer la difficulté de voir ou de comprendre des choses.

2. Si nous sommes dans les ténèbres tandis que d'autres semblent être dans la lumière, un certain type de mélancolie nous affecte peut-être, mais pas eux. Au contraire, si nous sommes dans la lumière tandis que d'autres sont dans l'ombre, cela peut signifier que nous possédons l'information qui les aidera à améliorer leurs vies.

3. Les ténèbres indiquent d'habitude la présence du mal.

Tentation

1. La tentation est un conflit entre deux conduites. Par exemple, nous pouvons éprouver un conflit entre le besoin de sortir et celui de rester en sécurité à la maison. La tentation est de céder à ce qui est le plus facile, ce qui n'est pas nécessairement le meilleur comportement à adopter.

2. Nous avons tendance à agir en vue d'un résultat à court terme plutôt qu'à long terme. L'idée de succomber à la tentation suggère qu'elle est plus grande ou plus puissante que nous.

3. La tentation est une des plus grandes difficultés spirituelles que nous devons surmonter. Souvent, eelle reflète un conflit entre le moi et l'*ego* (voir l'Introduction du présent livre). La tentation du Christ par Satan dans le désert en est un bon exemple.

Tente

1. Une tente vue en rêve suggère que nous sommes toujours en mouvement et incapables de nous installer, de nous enraciner. Quel que soit l'endroit choisi, ce sera provisoire.

2. Nous devons peut-être abandonner des responsabilités quotidiennes pour quelque temps et redécouvrir notre rapport à des forces naturelles. Il y a un bénéfice à gagner à être autosuffisant et non dépendant de quelqu'un.

3. L'image biblique de nomades, démontant leur tente et s'esquivant, a une signification spirituelle. N'étant pas liés de façon définitive à aucun endroit, nous pouvons nous rendre rapidement là où nous avons besoin d'être.

Terre

1. Rêver à la planète Terre, c'est tenir compte du réseau de gens autour de nous, ainsi que des attitudes et relations que nous tenons pour acquises. Nous cherchons une forme d'amour parental ou un ordre social. La terre qui est douce est particulièrement liée au besoin de soins maternels ou de contacts tactiles.

2. Il nous faut avoir les pieds sur terre et faire preuve d'esprit pratique, mais nous avons besoin de soutien pour y arriver. Si dans un rêve nous nous trouvons sous terre ou pris au piège par la terre, cela signifie symboliquement que nous devons être plus conscients de notre inconscient et de nos habitudes.

3. La Terre mère est synonyme de fertilité.

Terreur

1. La terreur est souvent le résultat de craintes non résolues et de doutes qu'il faut confronter. Si quelqu'un est terrifié dans notre rêve, nous pouvons agir sur la situation et mettre au point l'action à faire.

2. Les rêves de peur ou de terreur peuvent être des déclencheurs pour une meilleure compréhension de soi. Si nous savons que nous avons peur, nous pouvons faire quelque chose. Il est par contre plus difficile de composer avec la terreur. À l'état d'éveil, il est possible d'utiliser une technique pour apprendre à cerner les éléments de la terreur que nous éprouvons. Elle consiste en une série d'affirmations commençant toutes par : « Je suis terrifié(e) parce que… » suivies par la première raison qui vous vient à l'esprit :

« Je suis terrifié(e) parce que je n'ai pas d'argent. »

« Je n'ai pas d'argent parce que je l'ai dépensé au supermarché. »

« Je l'ai dépensé au supermarché parce que je dois manger. »

« Je dois manger parce que j'ai peur de mourir. »

La signification de la terreur éprouvée, devenant de plus en plus claire, permet de résoudre ce qui la cause.

3. Une terreur spirituelle pourrait être interprétée comme la crainte du mal.

Testament

1. Notre inconscient peut nous inciter à tenir compte de nos besoins intérieurs par le biais d'un rêve lié à un testament. Faire un testament, c'est se faire

une promesse ou, encore, de prendre soin de ceux que nous aimons. Hériter par testament signifie que nous devons regarder nos habitudes, nos traits de caractère et la morale que nous avons hérités de nos ancêtres.

2. Nous pouvons rêver à un testament à un moment où nous avons besoin de faire les choses correctement. Par contre, pour plusieurs, faire un testament est un geste final. Symboliquement, il peut indiquer que nous entrons dans une nouvelle phase de vie.

3. Un testament peut refléter la détermination à résoudre un problème.

Tests

- Voir aussi Examen

1. Rêver à des tests de toutes sortes peut indiquer une certaine forme d'évaluation, par exemple de notre santé si nous subissons des tests médicaux ou de confiance, et de compétence s'il s'agit d'un test de conduite automobile.

2. Tester quelque chose suggère que certaines normes, que nous acceptons, ont été mises en place, ce qui ne signifie pas que nous rejetons les autres, mais simplement que nous avons résolu de maintenir un certain standard.

3. Un test spirituel est créé par des circonstances autour de nous, peut-être pour évaluer notre détermination.

Têtard

1. Rêver à des têtards, c'est prendre conscience que nous n'avons pas encore atteint notre pleine maturité.

2. Dans les rêves d'une femme, un têtard peut représenter son désir ou sa capacité de devenir enceinte.

3. Sur le plan spirituel, le têtard représente le germe de la vie.

Tête

- Voir Corps

Texte

1. Un texte est un ensemble de mots qui ont une signification spécifique. Qu'un texte apparaisse dans un rêve signifie le besoin d'encouragement et symbolise la sagesse.

2. Le texte d'un livre ou d'une pièce indique la nécessité de suivre des instructions pour obtenir le succès.

3. Un texte peut aussi être un message encourageant qui nous est livré en rêve pour nous permettre de progresser spirituellement.

Thé

1. Le thé en tant que produit représente dans un rêve une unité d'échange, tandis que l'activité sociale qui s'y rattache suggère l'intercommunication.

2. La cérémonie du thé japonais symbolise dans nos rêves une façon unique de nous soucier de quelqu'un. Rêver à des tasses de thé en particulier est en lien avec la divination (lire les feuilles de thé). Une pause thé dans un environnement de travail suggère un besoin de repos et de relaxation.

3. Le thé suggère le rafraîchissement ainsi que la présentation d'une offrande spirituelle.

Théâtre

- Voir aussi Scène

1. L'interprétation du rêve dépendra de la partie du théâtre qui y est mise en évidence. Si c'est la scène, alors une situation que le rêveur vit est mise en évidence. Si c'est la salle, la capacité d'écouter du rêveur est importante. Si nous ne sommes pas impliqués dans l'action de la pièce, cela indique que nous nous tenons à l'écart et adoptons un point de vue objectif.

2. La pièce de théâtre est un scénario qui a plusieurs significations. Parce que c'est un rendez-vous social, les rapports des personnes entre elles sont à observer. Être sous les projecteurs pourrait signifier notre besoin d'être remarqué, tandis qu'être au balcon pourrait suggérer que nous souhaitons avoir une vision d'ensemble d'une situation.

3. Une pièce de théâtre dans un rêve met en évidence le microcosme à l'intérieur du macrocosme, le petit dans une structure plus grande.

Thermomètre

1. Un thermomètre permet de jauger dans le rêve nos sentiments et ceux des autres. Un thermomètre médical représente nos émotions, tandis qu'un thermomètre extérieur est lié à nos capacités intellectuelles.

2. Sur le plan psychologique, un thermomètre nous permet d'obtenir une évaluation.C'est un accessoire très rassurant.

3. De même qu'un thermomètre mesure la température, notre façon de composer avec des situations du rêve nous fournit des indications sur notre santé spirituelle.

Tiare

- Voir Couronne et Diadème

Ticket

1. Un ticket d'autobus, tout comme un ticket de train, indique symboliquement dans le rêve qu'il y a un prix à payer pour progresser. Des billets de théâtre ou de cinéma suggèrent que nous devrions prendre un siège à l'arrière et analyser objectivement une partie de nos vies, tandis que des billets pour un match de football ou de rugby peuvent indiquer que nous aurons à payer pour une certaine forme de conflit dans nos vies.

3. Sur le plan spirituel, les rêves de ce type expriment notre acceptation du fait que toute connaissance a un prix.

Tigre

- Voir Animaux

Tir à la corde

1. Rêver de tir à la corde suggère un conflit entre le bon et le mauvais, le masculin et le féminin, le positif et le négatif.

2. Le tir à la corde peut indiquer dans le rêve le besoin de maintenir l'équilibre par la tension entre des opposés. Être du côté des gagnants à ce jeu suggère que nous avons besoin d'aide pour atteindre notre objectif, tandis qu'être du côté des perdants nous incite à décider si nous voulons persévérer ou non dans une quelconque activité de notre vie éveillée.

3. Un tir à la corde suggère le besoin de résoudre un conflit spirituel entre deux options opposées.

Tirer

1. Le verbe *tirer* suggère une action positive. Nous comprenons que nous pouvons tirer quelque chose d'une situation. Dans les rêves, si nous tirons sur quelque chose, nous prenons des décisions dans le cadre d'un projet. Au contraire, si on nous tire, c'est que nous avons dû céder à des pressions extérieures. Nous devrons faire des efforts supplémentaires pour arriver à quelque chose. L'objet que nous tirons et les moyens avec lesquels nous le tirons (voir Bride et Corde) peuvent être importants.

2. Tirer suggère un certain potentiel de réalisation. Dans les rêves, cela peut se traduire par une sensation physique. Il se peut aussi que nous soyons tiraillés par nos émotions et que nous nous sentions impuissants face à elles. Cela peut se traduire par le sentiment d'être tiré par quelque chose ou par quelqu'un dans un rêve. Nous sommes obligés de faire quelque chose et ne pouvons refuser.

3. À une certaine étape de notre développement spirituel, nous nous sentons attirés vers une direction précise. Nous sommes contraints de faire certaines choses sans nécessairement savoir d'où nous vient cette impulsion.

Tirer (un coup de feu)

- Voir aussi Arme à feu et Armes

1. Se faire tirer dessus dans un rêve révèle que nous avons été blessés. Dans le rêve d'une femme, cela peut symboliser l'acte sexuel. Cela pourrait aussi indiquer que nous croyons être en train de devenir des victimes ou des cibles de la colère de certaines personnes.

2. Si le rêveur tue, il doit composer avec ses peurs et se prémunir contre des facettes, de sa personnalité, qu'il n'aime pas. Se retrouver à un stand de tir dans un rêve suggère que l'on a besoin d'exactitude.

3. Être témoin d'une décharge d'arme à feu ou d'un échange de coups de feu dans un rêve, c'est, sur le plan spirituel, être conscient de la nécessité d'une explosion d'énergie dirigée. Cela peut même être la seule voie pour atteindre l'objectif que l'on s'est fixé.

Tisonnier

1. Un tisonnier est en lien avec la masculinité, mais aussi avec la rigidité.

2. Dans les rêves, un tisonnier peut suggérer l'action agressive, mais aussi des attitudes et des comportements stricts.

3. Le tisonnier symbolise aussi la discipline rigide et inflexible qui est nécessaire à certaines étapes du développement spirituel.

Tissage

1. Le tissage est un symbole rudimentaire et suggère le besoin de prendre la responsabilité de sa vie. Se livrer à n'importe quel travail d'artisanat dans un rêve montre que nous avons la situation en main.

2. Le tissage symbolise la vie elle-même et, souvent, notre manière de vivre la nôtre.

3. Le tissage est l'une des images spirituelles les plus fortes. Dans la plupart des cultures, il existe une image du destin humain tissé selon un modèle particulier. Nous n'avons pas de contrôle sur ce modèle et nous devons accepter que Dieu sait ce qui est bien pour nous.

Titans

1. Dans les rêves, les titans apparaissent comme des figures divines énormes, parfois autoritaires, parfois bienveillantes. Dans ce contexte, ils représentent les forces en nous qui permettent aux choses de se manifester ou d'arriver.

2. Sur le plan psychologique, nous utilisons probablement environ 10 % seulement de notre énergie. Les forces titanesques qui peuvent surgir dans les rêves sont ces parties de nous qui sont indomptables et qui représentent notre capacité de créer notre propre monde.

3. Notre volonté et notre envie de réaliser nos buts spirituels peuvent être symbolisées par l'apparition de titans dans un rêve.

Toile

1. Nous sommes impliqués dans une situation gluante qui pourrait nous piéger, nous empêcher de trouver la bonne voie –, ce qui amène le rêve de la toile.

2. Quand nous rêvons à une toile, nous établissons un lien avec un des symboles spirituels les plus élémentaires. C'est dans la toile de vie que les pouvoirs divins ont entrelacé le destin et le temps pour créer le monde. Nous sommes des âmes prises au piège de corps physiques et incapables de nous échapper pour revenir à notre réalité spirituelle.

3. La toile d'araignée est le symbole du plan cosmique.

Toilette

1. Pour bien des gens, la toilette a été jusqu'à récemment un symbole de saleté, de manque d'estime. Elle était aussi liée à la sexualité. De nos jours, le symbolisme onirique de ce lieu est lié aux notions de vie privée et à la capacité d'y extérioriser nos sentiments.

2. Une toilette qui fonctionne mal pourrait suggérer dans un rêve que nous sommes émotionnellement bloqués. Se rendre dans une toilette inconnue indique que nous ne savons pas comment une situation va se régler, tandis que nettoyer une toilette souillée révèle que nous perdons notre attitude prude.

3. Sur le plan spirituel, une toilette indique que nous avons les moyens de chasser le négatif.

Toison

1. La toison d'un mouton symbolise la sécurité, la chaleur et le bien-être. Elle représente souvent ce confort matériel que nous nous offrons de diverses manières.

2. Rêver à une toison signifie un retour à un ensemble de valeurs plus traditionnelles. Nous craignons que ce que nous sommes sur le point de faire soit impossible, mais notre instinct de conservation ne nous permet pas d'abandonner.

3. Nous pouvons attendre une récompense spirituelle. Dans ce cas, le message serait de continuer notre bon travail. Ce travail sera couronné de succès.

Toit

1. Voir le toit d'un bâtiment dans un rêve, c'est reconnaître l'abri et la protection qu'il offre. Si le toit fuit, alors nous sommes vulnérables aux attaques émotionnelles. Si nous sommes sur le toit, cela signifie que nous ne sommes pas protégés.

2. Un toit est un besoin humain de base. Psychologiquement, il est important de se sentir protégé contre les intempéries. Également, l'homme doit savoir qu'il peut atteindre le ciel.

3. La protection féminine comme gardienne du foyer est parfois représentée symboliquement par un toit.

Tombe

- Voir aussi Mort

1. Rêver à une tombe nous incite à confronter nos sentiments face à notre mort ou à celle de quelqu'un d'autre.

2. Une partie de notre personnalité peut avoir été littéralement éliminée, ou être morte au monde extérieur.

3. Spirituellement, nous pouvons craindre la mort et ses conséquences.

Tombeau

1. Entrer dans un tombeau en rêve suggère une descente dans les parties les plus sombres de notre personnalité. Le voyage sera angoissant au début, mais de plus en plus facile avec le temps. Nous voir dans un tombeau suggère que nous sommes prêts à faire face à nos craintes concernant notre finalité.

2. Dans un rêve, si nous sommes pris au piège dans un tombeau, nous sommes piégés par la crainte, la douleur ou de vieilles attitudes dépassées de notre vie éveillée. Les corps dans le tombeau représentent des parties de nous que nous n'avons pas développées ou que nous avons éliminées, et si un de ces corps est vivant, l'attention que nous avons portée à cette facette de notre personnalité l'a ressuscitée.

3. Sur le plan spirituel, nous sommes entrés dans un monde à la fois mystérieux et sombre, et nous désirons voir la lumière bientôt. Bien que nous le craignions, nous sommes aussi enthousiasmés, nous ne sommes pas pris au piège, mais dans un bref état de panique qui peut être surmonté par la foi.

Tomber

1. Nous manquons de confiance en nous-mêmes et un rêve dans lequel nous tombons le reflète. Nous nous sentons menacés par des dangers, tant réels qu'imaginaires, et nous craignons d'être abandonnés par des amis ou des collègues.

2. Tomber dans un rêve est maintenant interprété comme une reddition (particulièrement sexuelle), comme un échec moral et comme l'impression de ne pas être à la hauteur.

3. Nous nous esquivons. Nous perdons notre place en raison de l'influence négative de certaines personnes.

Tonneau

1. Comme la plupart des contenants, un tonneau symbolise le principe féminin. Puisqu'un tonneau est d'habitude fait à la main, en rêver indique le soin que l'on met à maquiller ses émotions.

2. C'est le contenu du tonneau du rêve qui aura une signification sur le plan psychologique. Il indiquera notre capacité à travailler de manière créative avec des matières premières.

3. Un tonneau sans fond représente l'effort moral inutile.

Tonnerre/Coups de foudre

- Voir aussi Tempête

1. Entendre le tonnerre dans un rêve peut nous prévenir d'une potentielle explosion émotionnelle. Entendre le tonnerre au loin signifie qu'il est encore temps de tenter de maîtriser une situation difficile.

2. Le tonnerre a toujours été un symbole de grand pouvoir et d'énergie. En conjonction avec la foudre, on l'a perçu comme un outil des dieux puisqu'il pouvait apporter la perte et le désastre, mais qu'il pouvait aussi être purifiant.

3. Sur le plan spirituel, les grondements de tonnerre peuvent illustrer une colère profonde ou, dans des cas extrêmes, la colère divine.

Torche

1. Une torche représente la confiance en soi, le besoin d'aller de l'avant en portant sa propre lumière.

2. Une torche peut être utilisée non seulement pour nous, mais aussi pour d'autres gens. Nous savons que nous pouvons aller de l'avant.

3. Nous avons besoin de quelques conseils spirituels, ce qui peut parfois être symbolisé dans nos rêves par une torche.

Tornade

1. Une tornade apparaissant dans un rêve est le symbole d'une énergie violente et destructrice, d'émotions et de sentiments devant lesquels nous nous sentons impuissants.

2. Une tornade peut être très destructrice, elle balaie tout devant elle, mais, après son passage, il y a un potentiel de vie nouvelle.

3. Nos premières démarches dans le champ de la spiritualité peuvent nous faire sentir impuissants et à la merci des éléments, ce qui est symbolisé par la tornade. Cependant, en son centre, il y a la paix et la tranquillité.

Torpille

1. La torpille, à cause de sa forme, a un lien évident avec l'agressivité masculine. Son pouvoir dans les rêves peut être destructeur, mais son origine est souvent inconsciente.

2. À cause de sa capacité à se diriger sur sa cible, la torpille suggère l'énergie dirigée, par exemple la capacité d'aller droit au but avec des amis. Une telle franchise peut aussi s'avérer nuisible.

3. Une torpille est un symbole de droiture spirituelle.

Tortue

1. Pour la plupart des gens, la tortue suggère la lenteur. Elle symbolise souvent la perfection. Dans les rêves, elle représente aussi une carapace construite pour se protéger ou se défendre.

2. La tortue peut bien sûr être simplement un animal de compagnie apprécié (voir Animal de compagnie). Elle est un symbole de longue vie.

3. Dans la tradition chinoise, la tortue est une figure vénérée de sagesse et de connaissance. On dit qu'elle porte le monde sur son dos. Elle représente la Création.

Torture

1. Quand une image liée à la torture apparaît dans un rêve, c'est que nous essayons de composer avec une grande douleur, qui n'est presque jamais physique mais plutôt émotionnelle ou mentale.

2. Si nous subissons la torture, nous devons observer les autres images du rêve pour découvrir leur signification dans notre vie éveillée. Nous avons peut-être tendance à nous mettre dans une position de victime sans nous en rendre compte.

3. La torture peut être un conflit entre le bien et le mal ou une question de choix entre deux actions. Souvent, une telle torture morale pour le plus grand bien fait partie du processus de croissance.

Totem

1. Un totem nous ramène à un besoin primitif de protection, non pas celle offerte par un père, mais celle d'un esprit dont l'énergie est assez puissante pour que nous l'utilisions.

2. Lorsqu'une croyance commune accorde du pouvoir à un objet sacré, cet objet devient alors un objet de pouvoir. C'est ce qui arrive avec le totem, et quand il apparaît dans nos rêves nous devons observer si vous vivons en harmonie avec nos croyances.

3. Tant à titre de protecteur qu'à titre de représentant des questions spirituelles, le totem suggère la force et le pouvoir.

Toucher

1. Le toucher dans les rêves suggère une certaine forme de contact. Nous sommes liés à des gens, et nous prenons conscience des besoins de chacun.

2. Le toucher peut être un acte d'appréciation important dans une relation. Souvent, les rêves révéleront notre attitude et nos réactions à cet égard.

3. La transmission de pouvoir ainsi que la bénédiction peuvent être dépeintes par le simple acte de toucher.

Tour

- *Voir aussi Constructions*

1. Dans un rêve, une tour représente une construction que nous avons érigée. Rêver à une tour sans porte suggère que nous avons perdu le contact avec notre moi intérieur, tandis qu'une tour sans fenêtre signifie que nous sommes incapables de voir et d'apprécier nos points forts, extérieurs ou intérieurs. Une tour d'ivoire suggère une approche innocente, une tour carrée une approche pratique, tandis qu'une tour ronde est plutôt liée au domaine spirituel. Une

tour ronde accolée à une construction carrée représente la combinaison du pratique et du spirituel.

2. Sur le plan psychologique, si nous voulons vivre pleinement, nous avons besoin de comprendre notre tour, qui peut d'abord apparaître lointaine, puis se rapprocher. Notre façon d'entrer dans la tour rêvée est importante. Des pas légers indiquent qu'explorer notre moi intérieur nous est facile ; des pas plus lourds, que nous sommes assez secrets. Si la porte est verrouillée, nous ne sommes pas prêts à explorer notre inconscient. Si elle est fermée, nous devons faire l'effort d'entrer, et si l'intérieur de la pièce est sombre, cela révèle que nous avons toujours peur de notre subconscient. La chambre cachée dans une tour aura la même signification que la chambre dans une maison.

3. La tour est ambivalente sur le plan spirituel puisqu'elle peut être féminine par l'abri qu'elle offre, et masculine par sa forme. Elle suggère la montée vers des domaines spirituels, mais aussi la descente dans la dimension terre à terre de l'existence.

Tourbillon

1. Le tourbillon est le symbole du vortex, une représentation de la vie et de l'énergie naturelle. Quand il apparaît dans les rêves, nous prenons conscience du pouvoir en nous. Le tourbillon d'eau représentera l'énergie émotionnelle, tandis que le tourbillon de vent suggérera le pouvoir de la pensée.

2. Nous sommes pris dans une ronde infinie d'activités qui semblent improductives mais qui contiennent en fait une quantité énorme d'énergie.

3. Un tourbillon de créativité se trouve devant nous. Nous devons rouler et en profiter.

Touriste

1. Dans un rêve, un touriste est quelqu'un qui ne connaît pas son chemin. Si nous sommes le touriste, nous devons scruter cet aspect de nous-mêmes ; si quelqu'un d'autre est le touriste, nous pouvons aider des gens dans notre vie éveillé.

2. Jouer au touriste dans un rêve, c'est être conscient du fait que nous avons l'information nécessaire pour faire ce que nous voulons mais que nous choisissons de ne pas l'utiliser.

3. Sur le plan spirituel, le touriste dans un rêve représente l'ermite.

Train

- *Voir Parcours*

Traître

1. Rêver à un traître suggère que l'on sait inconsciemment que notre personnalité ou que quelqu'un nous fait faux bond. Nous estimons que nos modèles de vie ne sont pas appréciés par les autres.

2. Quand des proches nous ont fait faux bond, nous sommes conscients qu'ils se sont conduits comme des traîtres.

3. Sur un plan spirituel, être un traître c'est agir comme saint Pierre et nier nos croyances fondamentales.

Transfiguration

1. La transfiguration signifie normalement que l'on est entouré de lumière et suggère un but divin ou spécial. Ce rêve peut se produire alors que nous franchissons des étapes de transition dans nos vies éveillées.

2. La transfiguration est un phénomène qui peut se manifester par des états altérés de conscience. C'est comme si une lumière pénétrait la personnalité et la changeait. L'occurrence de la transfiguration dans nos rêves indique une conscience plus permanente de nous-mêmes. À l'état d'éveil, elle suggère que l'on est utilisé comme canal spirituel.

3. Sur le plan spirituel, nous faisons partie d'un grand tout.

Transformation

1. Les rêves dans lesquels des changements se produisent de manière évidente suggèrent un changement positif dans la conscience.

2. À mesure que nous prenons de la maturité, bien des transformations se produisent. Celles-ci sont souvent dépeintes dans les rêves par des changements spectaculaires, comme l'éclosion d'une fleur montrée à une vitesse accélérée.

3. Dans le champ spirituel, la transformation a lieu quand la liberté de pensée ou d'action est présente, ou quand les pulsions supérieures se substituent aux réactions primaires.

Transparent

1. Lorsqu'une chose est transparente dans un rêve, nous pouvons nous sentir vulnérables, mais il faut comprendre que l'on peut voir à travers. Cela nous apporte donc une information supplémentaire. Être à l'intérieur d'une bulle transparente, par exemple, suggérerait la visibilité et la vulnérabilité, notamment quand nous acceptons de nouvelles responsabilités. Si quelqu'un est derrière une protection transparente, cela suggère qu'il est éloigné de nous.

2. Quand nous prenons conscience que les choses sont transparentes, nous voyons à travers elles et sommes capables de discernement.

3. La transparence dans le domaine spirituel symbolise l'honnêteté.

Transpirer

1. L'état de crainte et de frayeur dans un rêve peut être accompagné des mêmes réactions physiques que nous aurions à l'état éveillé, comme les battements accélérés du cœur et la transpiration. À notre réveil, nous réalisons que notre corps a réagi à notre rêve.

2. Quand nous transpirons dans un rêve, nous sommes conscients de nos réactions physiques. Nous sommes aussi sensibles au besoin de traiter nos émotions et nos craintes.

Travail

1. Travailler dur dans un de nos rêves suggère que nous avons un but à réaliser mais peut indiquer aussi que nous nous infligeons une sorte d'autopunition.

2. Si une femme rêve qu'elle travaille, elle devrait analyser son désir d'être enceinte.

3. Les 12 travaux d'Hercule sont réputés représenter le passage du soleil dans les 12 signes du zodiaque. Ils représentent aussi les privations et les efforts consentis pour atteindre un but.

Travail

1. Rêver que nous sommes au travail met en évidence des inquiétudes, des soucis ou des difficultés que nous avons. Nous cherchons activement à faire des changements dans nos vies et nos rêves le reflètent.

2. Souvent, notre emploi est sans rapport avec ce que nous considérons pouvoir faire. Les rêves nous montrent nos talents réels et nos dons. Quand nous rêvons à un travail qui est sans lien avec ce que nous faisons réellement, il vaut la peine d'explorer cette image pour en tirer profit.

3. Le rêveur est sur le point d'aborder un nouveau travail spirituel.

Traverser

1. Rêver que l'on traverse une route, c'est reconnaître la possibilité de danger, de peur ou d'incertitude. Nous nous opposons peut-être à la majorité ou à quelque chose qui est plus fort que nous.

2. Nous pouvons être confrontés à une situation que nous ne contrôlons pas. Traverser un champ montre que nous avons un faux sentiment de sécurité ou que nous devrons révéler nos sentiments.

3. Traverser une rivière ou un abîme dépeint souvent la mort, pas nécessairement la mort physique mais un changement, sans doute spirituel.

Traversier

1. Rêver que l'on est sur un traversier indique un changement. Parce que le traversier porte un grand nombre des gens, il peut aussi représenter un groupe auquel nous appartenons et qui a besoin de changer sa façon de travailler.

2. Le traversier est l'un des plus vieux symboles associés à la mort. Traverser le Styx, la frontière entre la vie et la mort, annonce un changement majeur.

3. Une mort spirituelle ou un changement majeur.

Travestisme

- Voir Sexe

Trèfle

1. Traditionnellement, on a toujours vu dans le trèfle un symbole de chance. En voir un dans un rêve dénote que la bonne fortune n'est pas loin.

2. Il faut harmoniser les diverses facettes de notre personnalité.

3. Le trèfle est un symbole de la triade corps-âme-esprit, ou la représentation de la triade divine constituée du Père, du Fils et de l'Esprit saint.

Tremblement

1. Les tremblements indiquent un état d'émotivité extrême. Une telle réaction dans un rêve signifie que nous devons considérer nos émotions et les traiter. Par exemple, une réaction de frayeur extrême dans un rêve peut être le résidu de quelque chose qui nous est arrivé et qui ne pourra être résolu que dans la vie éveillée.

2. Une réaction physiologique est traduite dans un rêve sous la forme d'une action. Les tremblements, dans un rêve, peuvent indiquer une sensation de froid.

3. Un état d'extase atteint peut être accompagné de tremblements. C'est ainsi que, initialement, les quakers ont obtenu leur nom, ainsi que les shakers.

Tremblement de terre

1. Nous éprouvons un profond sentiment d'insécurité et le rêve lié à un tremblement de terre nous en avertit. Un grand changement intérieur a lieu et il pourrait causer un bouleversement.

2. Les vieilles opinions, attitudes et relations sont en train de se briser et nous donnent du souci.

3. Un tremblement de terre, en raison de ses répercussions dévastatrices, peut illustrer un bouleversement spirituel.

Trésor

1. Un trésor dans un rêve symbolise toujours quelque chose qui a de la valeur pour nous. Il est le résultat d'un accomplissement personnel et d'efforts. Déterrer un trésor, c'est trouver quelque chose que nous avions perdu, peut-être une facette de notre personnalité. Enterrer un trésor, c'est essayer de se prémunir contre d'éventuels problèmes.

2. Trouver un coffre au trésor, c'est comprendre que nous devons nous libérer avant de trouver ce que nous cherchons. La recherche d'un trésor suggère que la découverte de biens terrestres ne sera pas nécessairement bonne.

3. Chercher un trésor symbolise spirituellement la recherche de la lumière, la quête du Saint-Graal.

Tresse/Tresser

1. Autrefois, une tresse symbolisait l'entrelacement du corps, de l'intelligence et de l'esprit. Elle représente aussi les différentes influences qu'a pu avoir une jeune fille en croissance et qui l'aident à se constituer en tant que femme. Dans les rêves, la tresse représente donc la féminité.

2. Des cheveux tressés étaient autrefois un signe d'ordre et de propreté. Souvent dans les rêves, la présence d'une natte ou d'une tresse nous rappelle le talisman ou la faveur de sa dame qu'un chevalier portait au cours d'un tournoi ou sur les champs de bataille. De nos jours, ils sont la représentation d'un charme chanceux ou magique. Tresser des cheveux ou des cordes dans un rêve met en évidence notre capacité de tisser divers liens afin de créer un tout logique.

3. Des influences très subtiles entrent en jeu quand nous commençons à nous développer spirituellement. Les cheveux tressés en couronne ou enrubannés autour de la tête symbolisent l'accomplissement spirituel.

Triangle

- Voir Formes

Tricot

1. Le premier symbolisme lié au tricot est celui d'une création. Un projet ou une idée commencent à prendre forme. Démêler un tricot dans un rêve suggère qu'un projet doit être revu.

2. Il faut tenir compte de la couleur du tricot (voir Couleurs). Elle peut indiquer que le rêveur travaille sur ses émotions, ou à créer une relation.

3. Le tricot peut symboliser une forme de créativité, et aussi montrer que nous sommes disponibles.

Triplets

- Voir aussi Trois dans Nombres

1. Sur le plan spirituel, la présence de triplets dans les rêves suggère que l'on doive observer soigneusement des événements ou des situations pour y détecter des désirs physiques, des besoins émotionnels et des exigences spirituelles. Il y aurait alors développement d'une stabilité globale.

Troisième œil

- Voir Images religieuses

Trompette

1. Dans les rêves, une trompette fera le plus souvent référence à un avertissement ou à un appel aux armes. D'un point de vue pratique, elle nous alertera d'un danger.

2. Les anges sont souvent montrés soufflant dans des trompettes. La trompette symbolise la maximisation de son potentiel.

3. La trompette exige la conscience pour faire résonner une vibration spirituelle.

Trône

1. Quand nous rêvons que nous sommes assis sur un trône, nous reconnaissons notre droit à l'autorité. Quand le trône est vide, nous n'acceptons pas qui nous sommes et prenons peut-être conscience d'un manquement parental, tandis que si quelqu'un d'autre est sur le trône, nous pouvons lui avoir transmis l'autorité.

2. Un trône est un siège d'autorité ou de pouvoir. Nous devrons prendre l'initiative dans un projet ou un plan. Dans les rêves, le trône peut représenter notre capacité d'appartenir à des groupes ou même à la société. Le trône suggère que nous avons atteint à la maîtrise de notre existence, dans ses dimensions tant spirituelle que physique.

3. Sur le plan spirituel, nous sommes à un point où la connaissance et la compréhension sont finalement à notre portée.

Trophée

1. Rêver que l'on reçoit un trophée, c'est croire que l'on mériterait une récompense. La signification du rêve variera selon le type de trophée : une tasse suggérerait la réceptivité (voir Tasse) et un bouclier (voir Bouclier), la protection. Les hommes rêvent fréquemment qu'ils reçoivent une coupe de football. Ils sont les premiers d'entre les hommes.

2. Autrefois, les trophées de chasse étaient très recherchés. Il n'en est plus ainsi, mais le symbolisme de surmonter ses peurs fondamentales pour réaliser quelque chose demeure toujours associé aux trophées.

3. Un trophée symboliserait la réussite d'une expérience inédite (le fait de s'être placé dans un état élargi de conscience) pour réaliser un but spirituel.

Trou

1. Un trou représente symboliquement une situation difficile ou délicate, ou quelque chose que nous voulons cacher ou protéger du regard d'autrui. Rêver que nous tombons dans un trou indique que nous sommes en contact avec nos sentiments inconscients, nos envies et nos craintes. Marcher autour

d'un trou suggère que nous devrions contourner une situation délicate ou que certaines facettes de nous sont enfouies très profondément.

2. Un trou peut très souvent symboliser dans les rêves le féminin ou le vide des sentiments. Un trou dans le toit d'un bâtiment sacré ou un trou qui permet à la vapeur ou à la fumée de s'échapper représentent l'ouverture au monde céleste, à d'autres dimensions.

3. Un trou rond représente le ciel, un trou carré représente la Terre.

Trou de serrure

1. Quand dans un rêve nous regardons fixement par le trou d'une serrure, cela indique que notre capacité de voir et de comprendre s'est détériorée. Le trou de serrure symbolisant par convention le féminin, le problème pourrait provenir de notre côté féminin.

2. Puisqu'une clé exige un trou de serrure, rêver à l'une sans rêver à l'autre indique une confusion entre le moi intérieur et le moi extérieur.

3. Un trou de serrure aperçu dans un rêve symbolise l'entrée du rêveur dans le sublime.

Tuer

1. Subir une influence qui la rend, elle ou une partie de sa personnalité, inefficace amène une personne à rêver qu'on la tue. Tuer quelqu'un dans un rêve, c'est essayer de se débarrasser de l'influence qu'il exerce sur nous.

2. Tuer est une réponse extrême à un problème. C'est un acte si ultime que dans les rêves il peut souvent exprimer le besoin de violence du rêveur, particulièrement contre lui-même, parce que la seule solution possible lui semble être l'élimination de cette partie de lui.

3. Un meurtre sacrificiel est représenté ici.

Tunnel

1. Un tunnel exprime d'habitude dans les rêves le besoin d'explorer notre inconscient et toutes les choses que nous n'avons pas encore touchées.

2. Un tunnel symbolise parfois la naissance. S'il y a une lumière au bout du tunnel dans un rêve, cela indique que nous atteignons les étapes finales de notre exploration. Si quelque chose bloque le tunnel, une crainte ou une expérience stoppe notre progrès.

3. Sur le plan spirituel, l'image d'un tunnel nous aide à la fois à passer de l'inconscient à la lumière de la conscience, et à descendre dans les profondeurs insoupçonnées de notre être.

U

de

Ulcère à Utérus

Ulcère

1. Un ulcère est une plaie difficile à guérir. Y rêver nous rend conscients du travail à faire pour guérir une sérieuse blessure. Selon l'endroit où se trouve l'ulcère du rêve, on déterminera ce qu'il y a à guérir. Rêver à un ulcère d'estomac, par exemple, suggérerait une difficulté émotionnelle, tandis qu'un ulcère à la bouche suggérerait un certain problème avec le discours ou la difficulté de se faire comprendre par son entourage.

2. Si nous avons affaire à l'ulcère d'une autre personne, celle-ci n'est pas confrontée au problème qui nous préoccupe.

3. Un ulcère érode la matière. Sur le plan spirituel, il suggère un certain endolorissement de l'esprit ou un dilemme spirituel.

Uniforme

- Voir aussi Vêtements

1. Les uniformes illustrent notre identification à un rôle particulier ou à un type d'autorité. Aussi rebelles que nous puissions être, une partie de nous doit se conformer aux idées et aux croyances du groupe social auquel nous appartenons. Nous voir nous-mêmes en uniforme dans nos rêves confirme cette appartenance.

2. Souvent, dans les groupes, le droit de porter un uniforme doit se mériter. Rêver que nous sommes dans un groupe de personnes en uniforme indique que nous avons gagné le droit d'être reconnus.

3. Un but commun et un accord sur un comportement uniforme sont deux aspects importants dans le progrès spirituel.

Union

1. L'union indique une jonction et cela peut concerner des paires ou des multiples. L'union de paires suggère dans les rêves la réconciliation d'opposés ainsi que le pouvoir et l'énergie supplémentaires que cela apporte.

2. Nous essayons tous de réaliser l'unité à partir de la dualité, de créer un rapport entre deux parties ou deux opposés. Rêver que l'on tente de

réaliser cette union dépeint ce rapport. Psychologiquement, l'être humain est constamment à la recherche d'un partenaire.

3. L'unité dans un sens spirituel est d'habitude perçue comme un retour à la source.

Université

1. Rêver que nous sommes dans une université met en évidence notre potentiel individuel et notre capacité d'apprendre. Nous pouvons ne pas être particulièrement intellectuels à l'état éveillé, mais connaître inconsciemment notre capacité à nous lier à d'autres personnes au cheminement spirituel semblable au nôtre.

2. Puisqu'une université est un lieu d'études supérieures, nous prenons conscience de l'éventail des connaissances disponibles. Nous devons prendre nos distances face à la banalité et aux mondanités pour investir les secteurs spécifiques de la connaissance et de la conscience.

3. La connaissance spirituelle et la capacité de l'utiliser peuvent seulement s'acquérir à l'université de la vie.

Urine

- Voir Corps

Urne

- Voir aussi Vase

1. Pour bien des gens, l'urne est un symbole de vie associative. Y rêver suggère notre capacité d'appartenir à une communauté et d'agir pour le plus grand bien.

2. Comme tous les réceptacles, l'urne sous une une forme ornée, symbolise le féminin. Anciennement, une urne drapée symbolisait la mort. Ce symbolisme perdure aujourd'hui dans l'urne utilisée dans les crématoriums. Ainsi, rêver à une urne peut nous faire prendre conscience de nos sentiments par rapport à la mort.

3. L'urne représente le principe réceptif féminin.

Utérus

- *Voir Corps*

V

de

Vaccination à Voûte

Vaccination

1. Une vaccination fait d'abord mal, mais, en fin de compte, elle nous est très utile. Rêver que nous sommes vaccinés suggère donc que nous allons probablement être blessés par quelqu'un (peut-être émotionnellement), et que cela nous sera finalement utile.

2. La vaccination indique que nous sommes affectés par les idées et les sentiments des autres.

3. La vaccination dans les rêves suggère l'endoctrinement spirituel.

Vache

- Voir Animaux

Vagabond

- Voir aussi Archétypes

1. Rêver à un vagabond est lié à la partie de nous qui ne s'est pas exprimée, au marginal ou au bohémien en nous. Nous prenons conscience de notre besoin ou de notre désir d'irresponsabilité.

2. Le vagabond personnifie l'itinérant, l'amant de la liberté et, dans les rêves, il apparaît souvent quand nous avons besoin de liberté, mais qu'en même temps nous savons que cette liberté pourrait nous causer difficultés et tristesse. Il peut aussi apparaître comme un bouffon ou un fou. Une partie de nous est anarchique et le vagabond du rêve la représente.

3. Sur le plan spirituel, cette image est *a priori* négative, mais elle peut se révéler très positive puisque, ultimement, le vagabond se trouve toujours au bon endroit pour les bonnes raisons.

Vagin

- Voir aussi Corps

1. Bien des gens éprouvent une certaine inhibition par rapport à leur sexualité ou à certaines parties de leur corps. Peu d'entre eux, cependant, rêvent au

vagin lui-même. Il est représenté ou symbolisé d'une certaine façon, par exemple, par un passage sombre ou un autre des symboles liés à la féminité.

Vagues

- Voir Eau

Valise

- Voir Bagages

Vallée

1. Descendre en rêve dans une vallée peut avoir la signification symbolique d'une descente dans les profondeurs de parties subconscientes inconnues de nous. Le résultat peut être la dépression et la mélancolie, ou la découverte de nouvelles facettes de notre personnalité.

2. Être dans une vallée peut symboliser la protection, le côté féminin de notre nature et aussi la partie de notre être qui est terre à terre. Sortir d'une vallée suggère de sortir d'une période d'introversion pour fonctionner normalement dans la vie quotidienne.

3. Les craintes liées à la mortalité et à la mort sont souvent traduites dans les rêves comme l'entrée dans une vallée (la vallée de la mort). Le rêveur devrait reconnaître que c'est sa crainte subconsciente qui est en cause.

Valse

- Voir Danse

Vampire

1. Lorsque de lourdes exigences pèsent sur nous et que nous ne pouvons y répondre, un vampire peut apparaître dans nos rêves, ce qui indique que nous sommes métaphoriquement sucés, vidés de notre substance vitale. Le vampire ou le suceur de sang est un personnage si angoissant qu'il est perçu comme l'incarnation du mal.

2. Souvent, la crainte de rapports émotifs et sexuels peut être représentée dans les rêves par un vampire parce que l'être humain craint l'inconnu et que les symboles anciens qui l'ont représenté peuvent toujours apparaître dans ses rêves. Le succube et l'incube qui prennent comme proie l'énergie essentielle de jeunes personnes sont souvent décrits sous la forme d'un vampire.

3. Le mal qui menace l'existence est représenté par le vampire. Cependant, il se peut que le rêveur ait une perspective plutôt fantastique des domaines du mal et qu'un peu de réserve soit de mise.

Vapeur

1. La vapeur peut symboliser oniriquement la pression émotionnelle. Nous sommes passionnés par quelque chose sans nécessairement savoir ce que c'est.

2. La vapeur suggère la transformation, ainsi qu'une expérience transitoire puisqu'elle se dissout.

3. Nous observons et sommes conscients du vaste pouvoir d'inclusion de l'esprit.

Vase

1. Un réceptacle, comme un vase, un pot d'eau, un pichet ou une urne, présent dans un rêve symbolise le féminin ou encore la créativité.

2. L'acceptation et la nature réceptive du côté féminin intuitif sont souvent suggérées par un objet creux comme un vase.

3. La Terre mère (voir l'Introduction du présent livre) dans toute sa gloire est ici représentée.

Vautour

- Voir Oiseaux

Veau

- Voir Bébés animaux dans Animaux

Végétation

1. La végétation illustre dans nos rêves les obstacles. Par exemple, une talle de mûres sauvages peut symboliser des accrocs irritants à notre progrès, tandis que les orties représenteraient les gens qui essaient de nous empêcher de progresser. L'image de la végétation est aussi liée à la forêt (voir Forêt).

2. Alors que les obstacles nous causent des difficultés, il y a abondance et fertilité en nous. Désherber un potager en rêve peut suggérer qu'il faille faire le ménage dans ce qui nous est devenu inutile.

3. La végétation symbolise l'abondance et le potentiel de croissance sur le plan spirituel.

Veillée funèbre

1. Une veillée, une cérémonie funèbre, nous donnent en rêve l'occasion d'exprimer notre chagrin. Nous traversons une période d'affliction et devrions lâcher prise.

2. Dans la plupart des religions, il est approprié d'exprimer ses sentiments pendant une certaine période après le décès, parfois en groupe ou avec l'aide d'une seule personne. Une telle veillée funèbre présente dans nos rêves indique que nous avons besoin de soutien pour surmonter une déception.

3. Sur le plan spirituel, une veillée funèbre représente un chagrin existentiel.

Velours

1. Quand du velours apparaît dans un rêve, la sensualité de sa texture et la finesse de sa douceur sont significatives.

2. Autrefois, rêver à du velours, c'était rêver de discorde, alors qu'aujourd'hui c'est plutôt le contraire.

3. Sur le plan spirituel, le velours peut symboliser la richesse et le fait d'être doué.

Vent

- Voir aussi Tempête et Ouragan

1. Le vent symbolise l'intellect. Notre interprétation de rêves liés au vent dépendra de sa force. Par exemple, une brise légère suggérerait la douceur et le plaisir ; une idée qui a commencé à nous émouvoir, tandis qu'une tempête pourrait indiquer un principe auquel nous tenons passionnément, et un vent du nord suggérerait une menace à notre sécurité.

2. Le vent suggère le début d'une conscience plus profonde de nous-mêmes. De la même manière que l'Esprit saint dans le christianisme, qui était décrit comme le jaillissement d'un vent puissant, un tel rêve peut représenter une forme de révélation divine.

3. Le pouvoir de l'esprit et le mouvement de la vie.

Ventilateur

1. Rêver à un ventilateur est lié au côté féminin de notre nature et à des forces intuitives, particulièrement pour une femme, chez qui il représente la sensualité et la sexualité.

2. Le ventilateur est un symbole d'ouverture, de désir de nouvelles expériences et de créativité. Il dissipe les forces du mal.

3. Changements lunaires.

Ventre

- Voir aussi Abdomen dans Corps

1. Être conscients du ventre de certaines personnes dans un rêve attire notre attention sur leurs émotions.

2. Si notre ventre est gonflé dans notre rêve, c'est que nous avons besoin d'exprimer notre colère ou d'une conversation franche.

3. Parce qu'il est le siège du plexus solaire, le ventre est le centre spirituel de la vitalité et le centre de l'appétit.

Ver

1. Dans son interprétation la plus simple, le ver symbolise le pénis et, selon notre attitude face à la sexualité, il peut représenter une menace. De plus, le ver est perçu comme sale.

2. Le ver peut aussi mettre en évidence nos sentiments d'inefficacité et notre insignifiance (aussi bien que celle des autres). Si le ver auquel nous avons rêvé était plus grand que nous, cela suggère que notre sentiment d'infériorité est un problème, tandis que si nous prenons particulièrement conscience d'une déjection de ce ver, c'est-à-dire de la terre qui a passé dans son corps, donc d'une certaine transformation, nous sommes capables de transformer nos vies.

3. Être jeté aux vers est une métaphore de la mort. Nous devons être conscients que des changements d'ordre spirituel auront bientôt lieu.

Verbiage

1. Parler pour ne rien dire dans un rêve, au sens de parler inutilement et avec abondance de détails, peut être traduit par le rêveur comme le besoin de contrôler sa parole. Si quelqu'un d'autre parle pour ne rien dire, le rêveur doit écouter très attentivement des instructions ; il n'a pas confiance en son interlocuteur.

Verger/Champs

1. Dans un rêve, un verger ou un champ représente notre désir de nous occuper de nous-mêmes. Si le verger est en fleurs, il symbolise notre potentiel de succès, mais si les fruits sont murs il confirme que nous allons pouvoir cueillir les fruits de notre travail.

2. N'importe quelle floraison d'arbres symbolise notre fertilité. Comme un verger est généralement plus ordonné, qu'une forêt, par exemple, rêver à un verger indique que nous apprécions le côté plus structuré de notre personnalité.

3. Fertilité.

Vermine

- *Voir Animaux*

Vernis

1. Le vernis est une couche protectrice qui est conçue pour améliorer l'apparence d'un objet. Rêver à du vernis peut avoir plusieurs significations, entre autres celle de cacher certaines imperfections ou de se protéger et d'essayer de présenter une meilleure image de soi.

2. Vernir quelque chose en rêve suggère le besoin d'améliorer les choses.

3. Ayant atteint un but spirituel, nous pouvons vouloir préserver ce secret qui est pour nous sacré.

Verre

1. Rêver à du verre indique les barrières invisibles mais tangibles. Nous pouvons les ériger autour de nous pour nous protéger des autres ou encore celles que les autres élèvent.

2. Rêver que nous brisons le verre, c'est casser ces barrières (voir Pause) en détruisant les émotions qui nous tiennent prises au piège. Givré ou fumé, le verre peut indiquer un désir de vie privée ou une situation particulière de notre vie que nous ne voyons pas bien.

3. La barrière entre la vie sur Terre et l'au-delà.

Verres/Lunettes

- *Voir aussi Lentille*

1. Des verres ou des lunettes qui se détachent indiquent un lien entre notre aptitude à voir et notre capacité à comprendre. De plus, si quelqu'un porte inopinément des verres, il est touché par notre manque de compréhension ou il ne nous comprend pas bien.

2. Psychologiquement parlant, quand nous portons des verres dans nos rêves, c'est que nous voyons ce qui est à l'extérieur et non à l'intérieur.

3. Rêver à des verres ou à des lunettes peut nous signifier la nécessité d'adopter un point de vue différent, sur le plan spirituel autant que sur le plan physique.

Verrues

1. Un défaut de la peau porté à notre attention dans les rêves nous indique que nous observons mal le monde extérieur.

2. Nous sommes souvent affligés par tout ce qui sort de l'ordinaire, et ce type de rêve est lié à nos superstitions.

3. Une altération peut aider le rêveur à progresser spirituellement. Il faut attendre.

Vertical

- Voir Position

Vesica piscis

- Voir Aura et Images religieuses

Vêtements

1. Les vêtements dont nous faisons usage dans un rêve dépeignent notre façade, le personnage que nous créons à l'intention des autres, en réponse à leurs réactions.

2. Les vêtements agissent comme protection contre le toucher, contre le viol du vrai moi ou encore pour cacher ou révéler. En cachant notre nudité, ils cachent nos imperfections et, implicitement, déguisent notre sexualité. En révélant certaines parties de nous, ils peuvent montrer notre vulnérabilité.

Se déshabiller suggère la mise au rancart de vieilles croyances et inhibitions, tandis que perdre ses vêtements ou être nus met en relief notre vulnérabilité et nos peurs. Être habillés de façon inappropriée, porter par exemple des vêtements formels pour une occasion banale et vice versa, c'est prendre conscience de la difficulté que nous éprouvons à nous adapter aux autres. Nous pouvons délibérément ne pas nous conformer à la perception des autres, ou essayer au contraire de trop nous conformer en adoptant un certain rôle. Selon le scénario du rêve, l'émotion éprouvée (étonnement, angoisse) conduira à une juste interprétation du rêve. La couleur des vêtements est souvent significative (voir Couleurs).

Changer de vêtements. Nous essayons de changer notre image.

Femme en uniforme. Le rêveur est conscient du côté plus discipliné et masculin de sa personnalité.

Homme portant des vêtements de femme. Le rêveur droit prendre davantage conscience de son côté féminin.

Jolis vêtements. Nous avons beaucoup à apprécier dans nos vies.

Vêtements appartenant à une personne en particulier. On se souvient de cette personne malgré qu'elle ne soit pas nécessairement présente.

Vêtements trop courts. Nous nous sommes lassés d'anciens plaisirs et avons besoin de nouveaux territoires de divertissement.

Vêtements n'appartenant pas à celui qui les porte. Le rêveur est confus quant au rôle de chacun des personnages de son rêve.

Divers articles vestimentaires peuvent avoir des significations symboliques :

Chapeau/Casquette. Un chapeau est symbole de sagesse, de l'intellect et aussi de protection. Il peut aussi signifier la spiritualité autant que la sexualité, selon les autres éléments du rêve.

Chaussures. Les chaussures représentent notre capacité d'avoir les pieds bien au sol et en contact avec la vie quotidienne. Reconnaître des chaussures nous indique que nous devrions revoir certaines de nos attitudes. Lacer des chaussures est un symbole bien connu de la mort, comme aussi des chaussures sur une table.

Chemise. Une chemise suggère une action appropriée.

Cravate. Pour certains, la cravate peut représenter l'exactitude et un comportement correct à l'égard des autres. À cause de sa forme, elle symbolise le phallus.

Gants - voir aussi ce mot. La signification symbolique des gants dans un rêve est ambivalente, car ils peuvent représenter la protection de soi, mais aussi la contestation du *statu quo*.

Imperméable. Un imperméable est un symbole de protection, dans ce cas-ci il vise à contrer les attaques d'ordre émotionnel. Quelquefois, il peut suggérer un désir de retourner à la protection du ventre de la mère.

Manteau/Châle/Cape. Un manteau suggère la chaleur et l'amour, mais aussi la protection physique ou émotive et, particulièrement dans le cas d'un manteau en peau de mouton, la protection spirituelle donnée par la foi (voir aussi Mouton dans Animaux). La peur de perdre un manteau suggère la crainte de perdre la foi. ***Un manteau trop court ou pas assez épais*** indique que nous craignons que notre amour, ou la protection qui nous est prodiguée, ne soit pas adéquat.

Pyjama. Le pyjama suggère la relaxation et, par association, la franchise.

Sous-vêtements. Quand nous rêvons à des sous-vêtements, que ce soit les nôtres ou ceux de quelqu'un d'autre, nous considérons des attitudes cachées liées à l'image de soi ou à la sexualité.

Voile ou vêtements semblables au voile - voir aussi ce mot. Quand nous portons un voile ou que d'autres personnes portent un voile dans nos rêves, c'est que soit nous essayons de cacher quelque chose, soit nous acceptons une partie seulement de nous-mêmes ou de nos rapports aux autres.

3. Les vêtements peuvent symboliser la protection spirituelle. Certains types de vêtements mettront en évidence des rôles et des statuts.

Veuf/Veuve

1. Rêver que nous sommes veuf suggère la perte et la tristesse. Lorsqu'une femme rêve à une veuve, elle met en évidence son habileté à être libre et à utiliser sa sagesse.

2. Dans le rêve d'un homme, une veuve peut signifier une compréhension plus profonde des besoins d'une femme. Il peut reconnaître que toutes les femmes ne deviendront pas nécessairement dépendantes de lui. Bien sûr, ses relations amoureuses seront teintés par son rapport à sa mère.

3. Sagesse spirituelle féminine.

Victime

1. En rêve, nous sommes souvent conscients d'une chose qui nous arrive et sur laquelle nous n'avons aucun contrôle. Nous sommes victimes de cette chose, c'est-à-dire passifs ou impuissants face à la situation. Parfois, nous savons que nous traitons les autres de façon incorrecte et en faisons les victimes de notre agressivité mal dirigée.

2. Quand nous créons continuellement des situations sans gagnant, cette tendance peut être mise en évidence de manière dramatique dans les rêves où nous sommes victimes de cambriolage, de viol ou de meurtre. La nature du problème peut se révéler par le biais du contenu du rêve.

3. Si le rêveur réprime sa capacité de développer son potentiel spirituel, il apparaîtra dans un rêve sous la forme d'une victime de sa propre fabrication.

Victoire

1. Il y a beaucoup de façons de remporter la victoire dans les rêves, et le scénario peut dépeindre un conflit entre deux aspects de nous ou exiger que nous surmontions une difficulté. La sensation du devoir accompli et la confiance en nous éprouvées dans les rêves peuvent être reproduites dans la vie éveillée.

2. Une victoire d'ordre psychologique découle du fait de surmonter des obstacles que nous avons érigés. Dans les rêves, nous avons souvent besoin de répétition et d'une représentation imagée de nos habilités pour atteindre le succès.

3. Si le rêveur a atteint un succès d'ordre spirituel, cela peut lui apparaître comme une sorte de victoire.

Vide

- *Voir Abîme*

Vide

1. Ressentir le vide en rêve dénote un manque de plaisir et d'enthousiasme. Nous souffrons d'isolement, ou d'espoirs déçus de ne pas avoir quelque chose à quoi nous raccrocher.

2. Nous avons besoin d'espace. Être dans une maison ou un bâtiment vide révèle que nous avons laissé derrière des attitudes et des habitudes dépassées.

3. Une expérience onirique qui provoque un sentiment de vide symbolise notre vacuité spirituelle.

Vierge

1. Rêver que nous sommes vierge suggère un état d'innocence et de pureté. Rêver que quelqu'un d'autre est vierge met en évidence des idéaux d'intégrité et d'honnêteté.

2. L'esprit virginal, c'est-à-dire libre de tromperie et de ruse, est plus important que le fait d'être physiquement vierge ; c'est cet aspect qui devient souvent évident dans les rêves. Dans le rêve d'une femme, une telle représentation suggère qu'elle est en contact avec son psychisme.

3. Sur le plan spirituel, il y a une innocence et une pureté que l'on pourrait consacrer au service d'idéaux moraux ou religieux.

Vierge Mère

- *Voir Images religieuses*

Vieux/Antique

1. Rêver à des antiquités indique que nous sommes attachés au passé, que nous pouvons y puiser des connaissances et les utiliser. Rêver à des personnages historiques nous fait reconnaître les qualités particulières de ces gens. Peut-être devrions-nous développer ces mêmes qualités.

2. Les vieillards (voir Gens) dans les rêves supposent la pensée traditionnelle ou la sagesse résultant de l'expérience. Leur présence nous suggère peut-être une remise en question de notre vision de la mort. De vieilles maisons signifient une partie de notre vie que nous avons laissée dernière nous. Les antiquités symbolisent des éléments de notre expérience passée qui valent peut-être la peine d'être retenus.

3. Le vieux sage (voir Initiation) est une partie de nous-mêmes dont nous ne sommes pas toujours conscients. Un vieil homme apparaissant dans nos rêves nous met en contact avec elle. Il peut incarner nos sentiments relatifs au temps et à la mort.

Vigne/Vignoble

1. La vigne dans les rêves peut suggérer la croissance et le fait d'être fructueux. Cela peut concerner son moi entier, ou diverses parties.

2. Quand nous rêvons à de la vigne, cela fait souvent référence aux membres de notre famille, y compris nos ancêtres. Nous établissons un lien avec la dimension spirituelle de notre être qui a grandi plutôt grâce au partage qu'avec l'expérience.

3. Une vigne ou un vignoble peut symboliser une croissance de nature spirituelle. Cela peut aussi représenter la fertilité.

Village

1. Un village apparaissant dans un rêve suggère une communauté unie. Il peut aussi illustrer notre capacité d'établir des rapports positifs, ainsi que de favoriser le sens communautaire.

2. Un village vu en rêve peut aussi représenter certains problèmes. Par exemple, la vie de chaque villageois est connue de tout le village, ce qui peut devenir

éprouvant. Dans ce cas, nous pouvons mettre en évidence l'oppression ressentie au sein de rapports étroits. Parce que le rythme de vie y est plus lent et plus mesuré, nous pouvons trouver que le village est un symbole de relaxation.

3. Souvent, la vie de village était centrée autour de l'église et de la taverne, fournissant ainsi beaucoup de contrastes. Sur le plan spirituel, nous devons souvent assurer l'équilibre entre deux aspects différents de nos vies.

Ville/Cité

1. Rêver à une ville, particulièrement si nous la connaissons, c'est essayer de comprendre notre sens de la communauté, d'appartenance à des groupes. Les rêves nous donnent souvent des indices quant à ce que nous exigeons de l'environnement mental et émotionnel dans lequel nous vivons. Ainsi, une ville agitée peut montrer notre besoin d'interaction sociale. Une ville déserte peut pour sa part dépeindre notre sentiment d'avoir été négligés par les autres.

2. Une ville est d'habitude une communauté fondamentale et nous illustrons parfois symboliquement notre lieu de travail, ou une occasion de socialiser, de cette façon.

3. Puisque l'on donnait à la ville, à l'origine, un statut parce qu'elle abritait une cathédrale, une communauté spirituelle à laquelle nous appartenons peut être représentée par une ville.

Vin

- *Voir aussi Alcool*

1. Dans les rêves, le vin peut faire référence à une occasion heureuse. Le vin consommé a une influence sur notre conscience et notre appréciation de notre environnement. Une cave à vin peut symboliser la somme de nos expériences passées, tant bonnes que mauvaises. Une bouteille de vin, à titre de source de plaisir, symbolise dans certains rêves le pénis et la masculinité.

2. Perçu symboliquement comme un liquide de vie, le vin met en évidence notre capacité à tirer le meilleur de nos expériences, et de nous servir de ce que nous avons glané pour créer du plaisir et de la joie. Le verre à vin peut avoir deux significations dans les rêves. Premièrement, il représente le

contenant de notre bonheur et, deuxièmement, il peut symboliser la grossesse. Un verre à vin cassé peut symboliser la douleur ou, dans le rêve d'une femme, une fausse couche.

3. Le vin peut représenter l'abondance spirituelle potentielle (comme dans la parabole de l'eau changée en vin). Il peut aussi être lié oniriquement à l'absorption du pouvoir spirituel.

Vinaigre

1. Le vinaigre, parce qu'il est aigre, est une représentation symbolique de tout ce qui est problématique dans la cueillette d'information. Il peut ainsi signifier qu'une information est dure à avaler.
2. Assez curieusement, le vinaigre est un symbole de vie, parce qu'il agit comme agent de conservation, et ce, même après qu'il ait été transformé. Dans les rêves, ce symbolisme peut ressortir très fortement.
3. La conservation de la vie spirituelle et de tout ce que nous chérissons est symbolisée par le vinaigre à cause de ses qualités de conservation.

Violence

1. Toute forme de violence dans les rêves est un reflet de nos sentiments, parfois à l'égard de nous-mêmes, parfois à l'égard de situations. Souvent, le type de violence présent dans le rêve est digne d'intérêt pour qui désire mieux se comprendre.
2. Quand nous sommes incapables de nous exprimer correctement à cause de pressions sociales ou d'autres circonstances, nous pouvons avoir un comportement violent dans nos rêves. Si ce sont les autres qui se comportent violemment à notre égard, il est possible que nous devions faire attention de ne pas déplaire aux autres.
3. Le sens de l'injustice peut être représenté par des scènes ou des actes de violence dans un rêve. Le rêveur devrait établir un rapport entre cette violence et des événements récents liés à son cheminement spirituel.

Violation de propriété

1. Quand nous violons une propriété dans un rêve, c'est peut-être que nous nous immisçons dans l'espace privé de quelqu'un. Cela peut aussi suggérer qu'il y a une partie de nous-mêmes qui est privée et qui se sent vulnérable.

2. Si c'est de notre espace ou de notre domaine de compétence que l'on abuse, alors nous devons considérer nos limites. Dans l'intepprétation symbolique de ce type de rêves, il est intéressant d'observer si la transgression est volontaire ou involontaire. Nous pouvons alors déterminer plus facilement si nous sommes victimes ou pas.

3. Nous nous approchons de secteurs de la connaissance spirituelle que nous ne pouvons aborder sans autorisation.

Vipère

- Voir aussi Serpent et Reptile dans Animaux

1. Une personne ou une situation glissante est présente sous une forme ou une autre. Il peut s'agir d'une situation où on ne peut pas faire confiance à quelqu'un, ou d'une situation que le rêveur ne peut contrôler.

2. Parce que n'importe quel serpent symbolise des questions ayant trait au sexe (plus précisément avec la sexualité masculine), il y a là des questions non résolues face à la sexualité ou une peur de l'activité sexuelle.

3. Où il y a acte de dépravation ou de duperie, il y a du mauvais.

Vis

1. L'interprétation de la présence d'une vis dans nos rêves dépend de la société à laquelle nous appartenons. Pour des criminels anglophones, une vis (*screw*) symbolise un gardien de prison ou un geôlier. Pour un jeune anglophone, *screw* est un mot d'argot désignant l'acte sexuel.

2. La vis suggère des tâches qui paraissent inutiles, sauf dans un contexte plus large. Dans un rêve, visser deux pièces de bois ensemble présuppose que nous avons l'intention de faire quelque chose, donc que notre action est un moyen pour atteindre une fin. Les vis étant réputées donner un meilleur

joint que les clous, nous construisons donc symboliquement quelque chose de durable. Nous avons besoin de nous sentir fiers de nos activités.

3. Sur le plan spirituel, nous cherchons la satisfaction dans un travail bien fait. Il y a aussi un rapport entre la vis et la spirale (voir Formes).

Visage

1. Se concentrer sur le visage de quelqu'un, dans un rêve, symbolise une tentative de comprendre sa personnalité. Regarder notre propre visage signifie que nous pouvons essayer de rendre plus harmonieuse notre façon de nous exprimer. Quand le visage est caché, nous cachons notre propre pouvoir, ou refusons de reconnaître nos capacités.

2. Nous apprenons beaucoup sur les gens en observant leurs visages. Spirituellement, nous pouvons être à la recherche de connaissances ou d'informations non disponibles autrement.

3. Pouvoirs de la nature.

Visions

1. L'esprit, une fois libéré de toute contrainte, travaille sur plusieurs plans différents. Ainsi, il est possible d'être conscient de trois parties séparées d'un rêve. Celles-ci sont le moi du rêve, le contenu et, finalement, l'information et la connaissance à en tirer.

2. Juste avant et juste après le sommeil, beaucoup de personnes voient des images très fortes qui se gravent dans leur mémoire, et ce, d'une manière plus forte que les images de rêves d'autres parties de la nuit. Ces images pourraient aussi être appelées visions.

3. Les manifestations spirituelles, ou plutôt les manifestations de l'esprit, sont acceptées en tant que visions.

Visite

1. Être visité par quelqu'un dans un rêve peut suggérer qu'il y ait de l'information, de la chaleur ou de l'amour disponibles pour nous. S'il s'agit de quelqu'un que nous connaissons, alors cela peut s'appliquer dans une

situation de la vie réelle. Si ce n'est pas le cas, il peut y avoir une facette de notre personnalité qui essaie de se montrer au grand jour.

2. Rendre visite à quelqu'un dans un rêve signifie que nous devrions élargir nos horizons, physiquement, émotionnellement ou spirituellement.

3. Notre guide spirituel se rend souvent disponible d'abord par une visite dans l'état de rêve.

Vitamine

- Voir aussi Pilule

1. Rêver que l'on prend des vitamines indique qu'on se soucie de sa santé. Nous pouvons être conscients que nous ne nous alimentons pas correctement ou que nous avons besoin d'aide.

2. Nous sommes conscients que nous ne faisons pas de notre mieux et que nous attendons davantage de la vie pour fonctionner selon notre plein potentiel. Une situation nécessite un type particulier d'aide.

3. Une vibration en provenance d'une entité supérieure nous est nécessaire pour progresser.

Vitesse

1. La vitesse dans les rêves est révélatrice d'une intensité de sentiments qui n'est pas habituelle dans la vie éveillée. Parce que tout arrive trop rapidement, elle engendre l'inquiétude chez le rêveur.

2. Voyager à toute vitesse en rêve suggère d'essayer d'obtenir un résultat rapide. Faire de la vitesse sur la route suggère que l'on est concentré sur un résultat final et non pas sur la méthode pour y arriver. Prendre ou se faire donner du *speed* (des amphétamines) peut avoir deux significations. Si le rêveur utilise la substance dans sa vie quotidienne, il pourrait être sensibilisé à un cadeau ou à un talent qu'il a et devrait développer. S'il n'utilise pas normalement cette drogue, alors il se met en danger.

3. À une certaine étape de notre développement spirituel, nous perdons la notion du temps. L'accélération des choses peut apparaître comme un ralentissement et vice versa. Cela fait partie du processus de croissance.

Vœu

1. Un vœu est un pacte ou un accord entre deux personnes ou entre soi-même et Dieu. Rêver que l'on fait un tel vœu, c'est reconnaître que nous sommes responsable de notre vie. Un vœu est plus solennel qu'une simple promesse et les résultats ont par conséquent une plus grande portée.
2. Parce qu'un vœu est fait devant des témoins, nous devons être conscients de l'effet qu'il aura sur d'autres gens que nous. Dans nos rêves liés à un vœu, nous nous attendons à ce qu'on nous aide à honorer notre promesse. Écouter ou prononcer des vœux de mariage en rêve indique notre engagement total.
3. Un vœu d'ordre spirituel est une promesse faite par le rêveur au créateur de l'Univers.

Voile

- Voir aussi Vêtements

1. Quand un objet est voilé dans un rêve, cela révèle qu'un secret quelconque doit être révélé. Nous pouvons, en tant que rêveurs, nous cacher quelque chose à nous-mêmes, mais nous pourrions aussi être tenus dans l'ignorance par d'autres.
2. L'esprit a des façons différentes d'indiquer la présence de pensées cachées dans les rêves. Le voile est un de ces symboles.
3. Un voile peut représenter tout ce qui est caché et mystérieux – et cela se traduit dans des aspects du Surnaturel.

Voiles

- Voir aussi Navigation à voiles et Vent

1. Les voiles suggèrent de se servir du pouvoir disponible. Prendre en compte le type de voile utilisé dans le rêve sera pertinent. Des voiles à l'ancienne suggèrent des méthodes démodées, tandis que des voiles de voiliers de course suggèrent l'utilisation de la technologie moderne. La couleur des voiles peut aussi être importante (voir Couleurs).

2. Parce qu'on attribue souvent aux embarcations une nature féminine, les voiles dans les rêves peuvent représenter la grossesse et la fertilité. Par association, elles peuvent aussi indiquer comment une femme utilise son intellect.

3. Les voiles représentent l'esprit, la force qui nous anime.

Voisin

- Voir Gens

Voiture

(automobile) - Voir aussi Parcours

1. Nous percevons souvent notre voiture comme notre espace personnel propre, une extension de notre être. Rêver que nous sommes dans une voiture nous sensibilise d'habitude à notre motivation. Conduire une voiture en rêve peut indiquer notre besoin d'atteindre un but, tandis qu'être un passager pourrait indiquer que nous avons cédé la responsabilité de nos vies à quelqu'un d'autre.

2. Les scénarios de rêves impliquant des voitures ont souvent à voir avec ce que nous nous faisons au plan psychologique ou émotionnel. Être seul dans un véhicule indique l'indépendance ; rêver aux freins d'une voiture montre la capacité d'avoir le contrôle d'une situation. Le moteur de la voiture fait référence aux commandes essentielles que nous devons maîtriser. Un accident de voiture suggère la crainte de l'échec, tandis qu'une voiture en feu dénote une forme de stress, physique ou émotionnel. Être dans une voiture conduite négligemment, par le rêveur ou par quelqu'un d'autre, marque l'irresponsabilité, tandis qu'une impression d'être dépassé par les événements serait montrée par le fait d'être dépassé par une autre voiture. Rêver que l'on modifie complètement une voiture dénote un sentiment que l'on se détériore ou que l'on doive renverser une décision.

3. Une voiture dans un rêve symbolise notre direction spirituelle et notre motivation.

Voix

1. La voix est un outil que nous utilisons pour nous exprimer. Nous avons tous la conscience intérieure de notre état, et il est parfois difficile de le révéler. Souvent, dans les rêves, nous sommes capables d'utiliser notre voix de façon plus appropriée que dans notre vie éveillée. Fréquemment, on nous parle dans les rêves pour que nous nous rappelions l'information donnée.

2. Une voix entendue en rêve a deux types de significations. Si on croit en un royaume des cieux, la voix entendue dans le rêve symbolise la communication d'un esprit désincarné. Quand on supprime certaines parties de sa personnalité, elles peuvent faire surface dans les rêves sous forme de voix désincarnées.

3. La voix de Dieu est un terme utilisé pour décrire l'énergie d'une sommation spirituelle.

Vol

- Voir aussi Voleur

1. Rêver à un vol suggère que nous prenons quelque chose sans permission. Cela peut être de l'amour, de l'argent… Si quelqu'un nous vole quelque chose dans notre rêve, nous pouvons nous sentir trompés. S'il s'agit de quelqu'un que nous connaissons, alors nous avons besoin de travailler sur la confiance que nous accordons à cette personne. Si au contraire le voleur est quelqu'un que nous ne connaissons pas, il y a des chances qu'il symbolise une partie de nous-mêmes à laquelle nous ne faisons pas confiance. Si en rêve nous faisons partie d'un gang de voleurs, nous devrions regarder et considérer les valeurs morales du groupe auquel nous appartenons.

2. Le vol est un mot très émotif pour la plupart des personnes, et ce sont les antécédents du rêveur qui permettront de voir comment il se sent face à un comportement répréhensible. Cette image surgit dans les rêves quand on traite avec les émotions. Par exemple, une personne dans le besoin peut estimer qu'elle vole de l'affection.

3. Sur un plan spirituel, voler c'est utiliser l'énergie de manière inappropriée. À chaque niveau de conscience, nous avons à notre disposition un certain pouvoir que nous devons utiliser de notre mieux. La magie noire pourrait

être interprétée comme du vol. Le vampirisme psychique est une autre forme de vol.

Vol/Voler

- Voir aussi Parcours

1. Conventionnellement, un rêve où l'on vole est lié à la sexualité, mais il serait probablement plus précis de le considérer sous l'angle du manque d'inhibition, ainsi que de la liberté. Nous nous libérons des limites que nous nous imposons.

2. Voler vers le haut, c'est se déplacer vers une appréciation plus élevée de nos vies, tandis que voler vers le bas, c'est tenter de comprendre le subconscient et tout ce qui en découle.

3. Liberté spirituelle.

Volcan

1. L'image d'un volcan dans les rêves est très explicite, en partie à cause de son imprévisibilité. Rêver à un volcan inactif peut indiquer que nous avons éliminé nos passions ou qu'une situation depuis longtemps difficile tire à sa fin.

2. Un volcan en éruption dans nos rêves signifie d'habitude que nous ne contrôlons pas une situation ou nos émotions, ce qui peut résulter en une éruption dommageable. Si la lave est envahissante, les sentiments seront très profonds. Si la lave s'est refroidie, une passion profonde s'est éteinte. Si l'explosion est plus notable, la colère peut être très forte.

3. Un volcan symbolise un intérêt spirituel profondément enfoui qui émerge, et dont les conséquences nous effraient.

Voleur

- Voir aussi Vol

1. Rêver à un voleur est lié à notre crainte de perdre des choses ou de les voir emportées. Nous pouvons avoir peur de perdre l'amour ou des biens matériels.

2. Quand un voleur apparaît dans nos rêves, nous sommes conscients qu'une partie de notre personnalité gaspille notre temps et notre énergie dans une activité sans signification. Elle nous vole littéralement.

3. Un voleur, dans le champ spirituel, est cette partie de nous-mêmes qui n'a aucun respect pour nos croyances.

Volubilis

1. Quand nous nous sentons entravés ou étouffés par des circonstances ou des gens, nous pouvons rêver que nous sommes ligotés. La plante *volubilis* en est un symbole.

2. Le *volubilis* peut représenter l'incertitude et la difficulté de prendre des décisions. Peut-être parce que nous avons trop d'options.

3. On dit que le *volubilis* est un symbole d'humilité et de dévotion.

Vomissement

1. Rêver que l'on vomit suggère un déversement de sentiments et d'émotions désagréables. Ce serait le nettoyage de quelque chose d'intérieur qui nous rend extrêmement mal à l'aise. Rêver que l'on voit quelqu'un vomir indique que nous pouvons avoir vexé une personne et que nous devrions éprouver compassion et compréhension.

2. Nous pouvons être intuitivement conscients de problèmes et en être affectés. Quand il y a un trop-plein de problèmes, nous pouvons vouloir rejeter la détresse qu'ils nous causent. Nous réveiller avec le sentiment d'être malades annonce que nous avons été émotionnellement affectés par l'expulsion qui s'est produite dans le rêve que nous avons fait.

3. Les vomissements sont un symbole d'une décharge d'un mal. Nous pouvons nous être accrochés si longtemps à un mauvais sentiment que ce sentiment nocif a endommagé notre spiritualité.

Vortex

- Voir Tourbillon

Vote

1. Rêver que nous votons dans le cadre d'une élection générale ou dans un lieu de travail met en évidence notre désir et notre capacité d'appartenir à un groupe. Si nous prenons conscience que nous votons avec le groupe, nous sommes heureux d'accepter la pratique de ce groupe. Voter contre le groupe indique un besoin de se rebeller.

2. Nous pouvons mettre en doute le processus de vote dans un rêve. Rêver que nous sommes élus à une position révèle une recherche de pouvoir.

3. Sur le plan spirituel, quand nous avons donné notre accord inconditionnel à quelque chose, nous y avons placé notre confiance.

Voûte

1. En rêve, n'importe quelle place sombre et cachée suggère la puissance sexuelle ou l'inconscient. Elle peut aussi représenter notre entrepôt de ressources personnelles, ces choses que nous apprenons à mesure que nous grandissons et mûrissons. Descendre dans une voûte représente notre besoin d'explorer ces parties de nous-mêmes qui nous sont cachées. Nous pouvons aussi vouloir explorer notre attitude face à la mort.

2. La sagesse collective (ou l'inconscient collectif – l'information disponible à tous) reste souvent cachée jusqu'à ce qu'un effort réel soit fait pour la découvrir. Alors qu'une voûte peut symboliser en rêve un tombeau, elle représente aussi les archives ou les enregistrements auxquels nous avons tous accès.

3. Une voûte rêvée symbolise le lieu de rencontre de nos dimensions spirituelle et physique. Par conséquent, une voûte peut aussi symboliser la mort.

Voyage

- Voir Parcours

W

Whisky

Whisky

- *Voir Alcool*

X

x

X

1. Si un X apparaît dans un rêve, c'est habituellement pour marquer un endroit. Il peut aussi représenter une erreur, une mauvaise évaluation ou probablement quelque chose de particulier que nous devons noter.

2. Si une croix en forme de X apparaît dans un rêve, cela représente l'idée de sacrifice ou peut-être de torture (voir Croix dans Formes).

3. L'homme dans le cosmos.

Y

de

Y à Yogi

Y

1. Le Y représente une forme humaine avec des bras allongés. Elle s'étend vers la spiritualité.

2. Dans le domaine de la spiritualité, le Y représente la dualité devenant l'unité.

3. La recherche spirituelle.

Yacht

- Voir Bateau dans Parcours

Yeux bandés

1. Si nous avons les yeux bandés dans un rêve, cela indique qu'on tente de nous tromper. Si nous bandons les yeux de quelqu'un, nous ne sommes pas honnêtes avec d'autres personnes, peut-être par ignorance.

2. Sur le plan psychologique, nous pouvons vouloir passer du temps en retrait, coupé de tout contact avec le monde extérieur.

3. Bander les yeux est un rite de passage qui marque une transition entre deux états.

Yin-Yang

1. Ce symbole est connu en Occident depuis une trentaine d'années comme représentant l'équilibre entre deux opposés complémentaires. Dans les rêves, il indique l'équilibre entre la nature instinctive, intuitive du féminin, et la nature active, raisonnable du masculin.

2. Nous cherchons continuellement l'équilibre, mais pas nécessairement un état d'inertie. Le symbole yin-yang signifie un potentiel dynamique.

3. L'équilibre parfait est fondé par l'énergie créée entre deux opposés complémentaires.

Yogi

- Voir Gourou

Z

de

Zèbre à Zoo

Zèbre

- Voir Animaux

Zéro

- Voir Nombres

Zigzag

1. Quand nous voyons un zigzag en rêve, nous entrevoyons la possibilité d'être frappés par un désastre comme la foudre. Un événement provoquera une décharge d'énergie qui rétablira l'équilibre.

2. Nous sommes propulsés à un niveau de compréhension psychologique plus élevé.

3. Nouveau potentiel et croissance.

Zodiaque

1. Tout le monde éprouve une fascination pour les horoscopes sans nécessairement comprendre le zodiaque. Lorsque nous commencerons un voyage d'autodécouverte, les images et les symboles du zodiaque se montreront dans nos rêves. Fréquemment, l'animal ou la créature associé(e) à notre signe astrologique apparaîtra, presque comme un rappel des principes de base. Notre façon de traiter cette image nous donnera une idée de ce que nous pensons vraiment de nous-mêmes.

2. La roue du zodiaque est symbolique de notre rapport à l'Univers. Parfois, les signes du zodiaque sont utilisés dans les rêves pour démontrer le temps ou son passage et aussi suggérer les actions à prendre. Par exemple, si nous avons rêvé à une fille montant une chèvre, nous devrions chercher la perfection (la Vierge) par la voie de la ténacité (le Capricorne). Chaque signe gouverne une partie du corps et souvent, un rêve nous avertit d'un déséquilibre possible dans cette partie.

3. Les sphères d'influence sont décrites ci-dessous :

Bélier. Le bélier gouverne la tête. La couleur associée à ce signe est le rouge. Ses pierres précieuses spécifiques sont l'améthyste et le diamant.

Taureau. Le taureau gouverne la gorge. Les couleurs associées à ce signe sont le bleu et le rose. Ses pierres précieuses spécifiques sont l'agate et l'émeraude.

Gémeaux. Le symbole de ce signe astrologique est un couple de jumeaux (souvent montré comme masculin et féminin) et il gouverne les épaules, les bras et les mains. La couleur associée au signe est le jaune. Ses pierres précieuses spécifiques sont l'agate et le béryl.

Cancer. Le symbole de ce signe astrologique est le crabe et il gouverne l'estomac et les organes supérieurs du système digestif. Les couleurs associées au signe sont le violet ou le vert émeraude. Ses pierres précieuses spécifiques sont la pierre de lune et les perles.

Lion. Le lion gouverne le cœur, les poumons et le foie. Les couleurs associées au signe sont l'or et l'orange. Ses pierres précieuses spécifiques sont le topaze et la tourmaline.

Vierge. Ce signe astrologique gouverne l'abdomen et les intestins. Les couleurs qui lui sont associées sont le gris et le bleu marine. Ses pierres précieuses spécifiques sont le jaspe rose et le jade.

Balance. Ce signe astrologique gouverne la région lombaire, les reins et la peau. Les couleurs qui lui sont associées sont le bleu et le violet. Ses pierres précieuses spécifiques sont l'opale et le lapis-lazuli.

Scorpion. Ce signe astrologique gouverne les organes génitaux. Les couleurs qui lui sont associées sont le rouge profond et le pourpre. Ses pierres précieuses spécifiques sont la turquoise et le rubis.

Sagittaire Le symbole de ce signe astrologique est l'archer et il gouverne les hanches, les cuisses et le système nerveux. Les couleurs qui lui sont associées sont le bleu clair et l'orange. Ses pierres précieuses spécifiques sont l'escarboucle et l'améthyste.

Capricorne. Le symbole de ce signe astrologique est la chèvre et il gouverne les genoux. Les couleurs qui lui sont associées sont le violet et le vert. Ses pierres précieuses spécifiques sont l'onyx jais et l'onyx noir.

Verseau. Le symbole de ce signe astrologique est le porteur d'eau et il gouverne la circulation et les chevilles. La couleur qui lui est associée est le bleu électrique. Ses pierres précieuses spécifiques sont le grenat et le zircon.

Poissons. Ce signe astrologique est symbolisé par les poissons et il gouverne les pieds et les orteils. Les couleurs qui lui sont associées sont le vert marin et le mauve. Ses pierres précieuses spécifiques sont le corail et la chrysolite.

Zoo

1. Rêver que l'on est dans un zoo suggère le besoin de comprendre certaines de nos fortes envies naturelles et certains de nos instincts. Notre évaluation doit être plus objective que subjective.

2. Il peut y avoir une forte envie de retourner à des modes de comportement plus simples, plus élémentaires. Nous pouvons participer au groupe auquel nous appartenons même si nous sommes d'un naturel plutôt observateur. Nous aussi, bien sûr, pouvons être observés, peut-être dans une situation de travail.

3. Se préparer au changement.

Votre manuel de travail

Lorsque nous sommes en quête de créativité, nous devons nous mettre en rapport avec notre intériorité et cibler cette envie créatrice qui nous revient de droit afin d'acquérir le courage de surpasser les peurs, les doutes et les barrières psychologiques qui assaillent chacun d'entre nous. Nous devons réussir à surmonter le sentiment que des circonstances nous empêchent de devenir la personne que nous savons pouvoir être. Nous devons aussi prendre le contrôle de nos vies en parvenant à nous unir à cette source de connaissance et de sensibilisation qui nous permet de modeler notre futur.

Afin d'y arriver, nous devons être extrêmement pratiques. À cette fin, cette section contient les exercices, les astuces et les techniques qui vous aideront à développer le rêve créatif. Vous remarquerez sans doute que quelques-uns des exercices sont les mêmes qui figurent au début du livre. Ils ont été répétés dans cette section afin qu'ils puissent être plus facilement photocopiés. Vous avez le consentement absolu de l'éditeur et de l'auteur. Bien entendu, vous n'êtes pas forcés de suivre l'ordre suggéré, quoiqu'il s'avère probablement le plus simple, car il vous guide à partir du moment où vous vous souvenez de vos rêves jusqu'à ce que vous en fassiez une utilisation pleinement consciente.

Nous espérons que vous serez en mesure de progresser, en partant des exercices les plus simples jusqu'aux plus difficiles, et d'expérimenter chacun d'entre eux avant d'entreprendre le développement de votre propre plan d'action personnel. Cela vous permettra de franchir l'étape des « rêves ordinaires » et de passer à la compréhension de vos rêves, à reconnaître ce à quoi vous rêvez et, finalement, à rêver sur demande.

Plan de travail

Pour les besoins de ce livre, le travail du rêve peut être défini comme étant toute activité que nous décidons d'entreprendre à la suite d'un de nos rêves. Cela occasionne un travail initial uniquement sur le contenu de ce rêve en particulier. Par la suite, le rêve peut être analysé avec d'autres, afin de découvrir s'il s'agit d'une série de rêves, ou parviendra-t-il peut-être à éclaircir des rêves précédents. Le rêve peut être étudié de plusieurs façons différentes. Vous devriez pouvoir :

1. Dresser une liste de toutes les diverses composantes du rêve.
2. Étudier les symboles du rêve avec toutes leurs différentes significations.
3. Élargir les perspectives et les composantes du rêve.
4. Travailler le rêve en utilisant plusieurs façons différentes possibles afin de mettre un terme à des affaires inachevées.
5. Travailler sur les significations spirituelles contenues au sein du rêve.
6. Intégrer le message à votre vie de tous les jours afin de faire les choix et les changements nécessaires.

Nous aborderons maintenant ces points plus en détail.

1. *Les composantes*

Les composantes d'un rêve sont l'ensemble des diverses parties du rêve : le scénario, les personnages, l'action, les sensations et les sentiments. Elles ont chacune un rôle à jouer au sein de votre interprétation, et c'est seulement lorsque vous étudierez soigneusement le rêve que vous pourrez comprendre et apprécier quelques-unes de leurs significations les plus subtiles. Lors du rêve lucide ou créatif, il est possible d'apporter des modifications à n'importe laquelle ou à toutes ces composantes, mais pas forcément toutes à la fois.

Au fur et à mesure que vous deviendrez expert à identifier votre propre façon de créer vos rêves, votre interprétation individuelle n'en sera que plus facile. Dresser une simple liste vous aidera à y parvenir. Le rêve suivant a été envoyé au moyen d'Internet par une jeune femme de 19 ans et il illustre parfaitement la disponibilité des ressources ayant trait au travail sur le rêve. Nos caractères en italique identifient les composantes importantes du rêve.

C'était un rêve qui se déroulait sous l'eau. J'étais à l'intérieur d'une énorme bulle et il y avait des tortues partout autour de moi. Rien que des tortues aussi loin que mon regard pouvait se poser. Elles étaient toutes de tailles différentes. Je me souviens d'un escalier menant dans l'eau ; c'était comme s'il s'agissait d'une piscine.

Je distinguais les côtés et j'étais très près de l'escalier. Je me souviens avoir jeté un coup d'œil autour et avoir aperçu toutes sortes de plantes, ainsi que des tortues et avoir pensé, « Pourquoi y a-t-il autant de tortues dans la piscine ? » Je me souviens également que les seules couleurs présentes étaient dans différents tons de bleu et de vert. Le dessous des tortues était de couleur jaune/vert pâle. C'était magnifique. Je me rappelle également avoir voulu sortir de la bulle de quelque façon que ce soit, mais j'avais peur que si je le faisais, les tortues me tueraient.

En sachant que les rêves comportent toujours de multiples niveaux et peuvent avoir différentes interprétations selon les besoins du rêveur, alors, même des rêves lucides peuvent avoir une signification. Dans ce rêve, la jeune femme a peut-être décidé de devenir lucide (être consciente qu'elle rêvait) lorsqu'elle a posé la question « Pourquoi y a-t-il autant de tortues dans la piscine ? » Plusieurs chercheurs sur le rêve sont d'avis que les rêves lucides ne devraient pas être interprétés.

Dans un but scientifique, Calvin Hall et Robert van de Castle élaborèrent la méthode de codage quantitatif qui est, à ce jour, toujours utilisée dans la recherche sur les rêves. Cette méthode engendra la théorie cognitive des rêves et ces derniers furent divisés en plusieurs catégories. Il y eut des personnages, des sentiments, des actions réciproques, des événements malheureux, des objets et des décors. En divisant les rêves de cette façon, ils constatèrent que les rêves exprimaient des perceptions provenant de membres de la famille, d'amis, de l'environnement social et de l'individu lui-même. Les rêves représentaient des préoccupations éprouvées en état d'éveil, des centres d'intérêts et des émotions. Simplement en matière d'intérêt, ils découvrirent, en effectuant leurs recherches, qu'il existait de profondes similitudes dans les rêves de gens partout à travers le monde.

Lors de votre propre travail sur les rêves, vous aimerez peut-être tenir compte du nombre de fois, au cours d'une période de temps déterminée de, disons un mois, combien de fois – et sous quelles formes – ces perceptions et ces préoccupations ont fait leur apparition. Bien entendu, pour ce faire, vous vous serez souvenu de vos rêves sur une base régulière et vous les aurez soigneusement notés de la façon la plus complète possible dans votre journal de rêves.

2. *Les symboles*

Lorsque le cerveau a un message à livrer, il présentera souvent l'information sous forme de symboles. Par conséquent, il est important pour vous de comprendre le symbolisme de vos rêves. Après un certain temps, vous développerez votre propre symbolisme : certaines choses dans les rêves qui ont, pour vous, une signification pertinente. Le symbolisme conventionnel des rêves est abondamment peuplé d'images. Alors que plusieurs exposants sur le rêve créatif tentent d'éviter d'interpréter les rêves de cette façon, il s'avère toujours utile d'examiner intensément vos rêves car s'ils renferment des symboles, ils pourront être interprétés de la bonne manière. Tout bon livre sur l'interprétation des rêves constitue un point de départ. Avec n'importe lequel de vos rêves, il est bon de dresser une liste alphabétique de son contenu et de décider par la suite s'il peut être interprété symboliquement plutôt qu'au pied de la lettre.

3. *Les perspectives*

Le travail sans doute le plus satisfaisant à faire avec les rêves est d'élargir intentionnellement les perspectives contenues au sein du rêve et de consciemment pousser le rêve encore plus loin. Ainsi, vous aimeriez peut-être connaître la suite de ce qui arriverait à l'un des personnages. Par exemple :

> Qu'est-ce qui se produirait si l'action en cours continuait ?
>
> De quelle façon les autres personnages réagiraient-t-ils ?
>
> De quelle façon cela changerait-il le rêve ?
>
> Si un personnage en particulier agissait de façon différente est-ce la totalité du rêve qui changerait ou seulement quelques parties ?
>
> Selon quelle proportion souhaiteriez-vous que les personnages vous soutiennent ou vous laissent à vos besognes ?

Vous pouvez constater que ce questionnement est pour vous, le début de la prise en charge au sein de votre rêve et, par conséquent, que vous cheminez de manière plus autoritaire vers le rêve lucide. Une autre façon selon laquelle vous pouvez changer la perspective est d'étudier votre rêve comme si vous étiez l'un des personnages. Si cela s'avérait le cas, changeriez-vous la « direction » du rêve ? Est-ce que la fin prendrait une tournure différente ? Travailler avec votre rêve de cette façon vous permet d'être plus conscient de l'effet produit sur différentes facettes de votre personnalité (les personnages dans votre rêve).

4. *Travailler avec vos rêves*

Vous pouvez employer n'importe quelle méthode avec laquelle vous êtes le plus à l'aise pour étudier les sujets reliés à vos rêves. Vous opterez peut-être pour la méthode de travail Jungian ou Gestalt, cette dernière étant illustrée ultérieurement dans cette section. La méthode Gestalt est une façon d'affronter ou d'amadouer les diverses facettes de votre personnalité, lesquelles ont tendance à s'illustrer en tant que personnages ou aspects de votre rêve. Vous préférerez peut-être examiner quelques-unes des premières méthodes d'interprétation. Vous tenterez sans doute de déterminer si vos rêves sont des messages provenant de l'inconscient (ou de Dieu) – lesquels étaient connus sous le nom de « oracle » – ou s'ils sont simplement des images connues sous le nom de « visions ».

5. *Travailler avec les significations spirituelles*

Nous partons de l'idée que Dieu, tel que constaté auprès de sociétés primitives, nous donne des rêves. De nos jours, nous parlerions plutôt d'une reconnaissance des influences spirituelles. C'est à ce moment que votre véritable côté altruiste et détaché de tout intérêt personnel reconnaît que vous devez faire quelques ajustements à votre comportement quotidien en vue de vivre votre vie le plus pleinement possible. Cette partie de vous qui « sait ce qu'il y a de mieux à faire » tente de vous informer non seulement des modifications à apporter, mais également comment vous y prendre.

Généralement, la signification spirituelle d'un rêve est grandement reliée à votre sens des responsabilités envers votre communauté ou le monde dans lequel vous vivez. Ce n'est pas la majorité des gens qui sont aptes ou désireux de reconnaître le bien suprême, mais si un rêve se laisse interpréter de toute autre façon, vous serez peut-être tenté de l'étudier de ce point de vue. Les trois éléments à identifier à ce point sont : la bonne réflexion, le bon dialogue et la bonne action. Les questions que vous vous poserez sans doute sont :

Comment ce rêve m'aide-t-il à devenir une meilleure personne ?

Quelle information me livre-t-il afin d'aider les autres ?

Quelle compréhension nouvelle ce rêve m'apporte-t-il ?

6. *Extraire et livrer le message*

Lorsque vous aurez étudié le rêve selon toutes les façons possibles, vous serez en mesure de mettre tout ce que vous avez appris en pratique dans votre vie de tous les jours. Vous devrez faire l'essai de nouveaux types de comportement, réfléchir de façon différente, changer quelques attitudes et créer une nouvelle façon d'être. C'est effectivement à ce moment que le rêve lucide peut énormément vous aider.

Dans l'ensemble de cette section, vous trouverez différentes techniques pour développer vos rêves et vous apprendrez soigneusement à faire l'essai de votre nouvelle façon d'agir avant de véritablement entreprendre des changements radicaux dans votre vie de tous les jours. Supposons, par exemple, que vous êtes parvenu à la conclusion que vous devez vous améliorer concernant des relations difficiles. En utilisant le rêve lucide pour vous aider, vous pourrez faire l'essai de votre nouvelle façon d'agir et vous aurez une bonne idée de l'effet que votre comportement produira sur les autres personnes qui vous entourent. Vous serez capable d'évaluer si votre comportement sera bien reçu ou s'il aura l'effet inverse. Lorsque vous utiliserez le rêve lucide de cette façon, tâchez d'être patient, autant avec vous-même qu'avec les autres.

Méthode Gestalt

Le rêve

Si toutes les parties du rêve sont des réflexions ou des aspects de moi-même, alors la partie avec laquelle je choisis de communiquer est la personne ou chose qui est représentée dans mon rêve par...

Ce que je veux savoir est

(Si cela s'avère plus facile pour vous, placez deux chaises à l'opposé l'une de l'autre et jouez le rôle de chacune des parties tour à tour ou utilisez votre propre reflet dans le miroir pour jouer le personnage dans votre rêve.)

Résultat

Plan de vérification quotidien

Si vous choisissez d'utiliser vos rêves dans le but de vous aider à maîtriser les situations de votre vie quotidienne de manière efficace, il existe certaines techniques que vous devrez d'abord expérimenter afin de libérer complètement votre esprit pour que vous puissiez saisir l'art du rêve lucide. Ces techniques sont praticables peu importe l'endroit, nous les illustrons sur des pages séparées.

Au cours de votre routine de tous les soirs, où vous libérez votre esprit en vue de le préparer au rêve lucide, il est sage d'inclure ce que nous appelons une vérification quotidienne. Cette technique consiste à passer votre journée en revue et à faire le poids entre le bien et le mauvais. Vous aimeriez peut-être vous concentrer sur l'examen de votre comportement et juger si vous avez agi correctement ou non, ou tout simplement évaluer quelles parties ou quelles actions de la journée ont été productives et lesquelles ne l'ont pas été. Votre vérification portera sur les sujets qui vous préoccupent le plus à ce moment précis. L'heure qui précède celle où vous allez dormir devrait constituer votre point de départ – vous devriez étudier votre journée en remontant dans le temps jusqu'au moment où vous vous êtes réveillé ce matin-là.

1. Prenez une feuille de papier et séparez-la en deux colonnes. Sur un côté, dressez une liste des actions et des types de comportement que vous estimez « bons » et sur l'autre côté, ceux que vous estimez « mauvais » ou « indifférents ».

2. En étudiant le mauvais côté d'abord, identifiez l'endroit où votre comportement ou action pourrait s'améliorer et prenez la décision de faire mieux dans l'avenir. Vous choisirez peut-être de développer une habitude, laquelle représente votre rejet des types de comportements qui vous déplaisent. Cela peut s'avérer aussi simple que d'écrire le comportement sur un bout de papier et de le jeter à la poubelle par la suite.

3. Maintenant, examinez le bon côté et offrez-vous des encouragements en vous félicitant d'avoir bien performé. Prenez la résolution d'adopter davantage de bons comportements et, si vous le désirez, créez une affirmation s'y rattachant. Cette affirmation vous accompagnera peut-être lors du rêve lucide.

4. Là où votre comportement a été indifférent, prenez à nouveau la résolution de faire mieux et de vous octroyer davantage de retours positifs lorsque vous aurez fait l'effort attendu.

5. Pardonnez-vous de n'avoir pas atteint le meilleur résultat et félicitez-vous pour avoir fait de votre mieux. C'est ce que l'on appelle « dresser le bilan ». Maintenant, cessez de réfléchir à votre journée et de ressasser les éléments négatifs, et laissez-vous aller vers un sommeil paisible.

Cet exercice vous assiste dans votre processus de demeurer spirituellement solide.

Faites l'incubation du rêve que vous désirez

(la méthode CARDS)

La prochaine action que vous souhaiterez entreprendre est celle de couver le rêve que vous souhaitez faire. Telle que traitée lors de l'introduction, cette technique fonctionne bien pour l'incubation de tout rêve. De plus, elle agit en tant que préambule à l'apprentissage de l'art du rêve lucide lui-même. Les étapes sont :

Clarifiez la situation qui est observée et écrivez-la sur un bout de papier.

Posez la question. Posez-la le plus positivement possible et, afin de la graver dans votre cerveau, écrivez-la sur un bout de papier.

Répétez la question et transformez-la en une affirmation, en partant par exemple de « Quel est ... ? » à « Je veux connaître... ». Si vous le souhaitez, écrivez-la sous forme d'affirmation et placez-la sous votre oreiller, car ce geste semble focaliser l'esprit.

Faites votre rêve et documentez-le. Les réponses peuvent ne pas se révéler à la suite d'une seule nuit. Prenez note du temps que cela prendra.

Étudiez le rêve en détail et cherchez des indices supplémentaires. Évaluez si le rêve vous a aidé ou si un autre travail est requis. Notez votre réaction face au rêve.

Se remémorer ses rêves

Afin de vous remémorer vos rêves, vous devez vous conditionner à le faire. Un sommeil de bonne qualité est le premier prérequis étant donné que pendant votre apprentissage, vous vous réveillerez sans doute assez fréquemment. Il s'agit, en fait, de vous remémorer tous vos rêves. Ultérieurement, vous vous remémorerez les rêves lucides en particulier, mais tout d'abord, vous devez vous habituer à une routine particulière.

1. Si vous êtes atteint d'une maladie ou si vous prenez des médicaments, veuillez s'il-vous-plaît consulter votre médecin ou votre professionnel de la santé avant d'entreprendre cet exercice.
2. Identifiez quelles périodes de sommeil vous observerez. Un bon conseil est de vous accorder une période approximative de quatre heures de sommeil convenable et, subséquemment, de vous réveiller à chaque heure ou presque afin de tout étudier en petites parties.
3. Réglez votre réveil ou tout autre dispositif – lumière tamisée ou musique de détente – à l'heure à laquelle vous voulez vous réveiller. Vous ne devez absolument pas vous réveiller de façon subite ou précipitée avec une musique trop forte, par exemple. C'est tout à fait inefficace car ce genre de réveil chassera très probablement votre rêve.
4. Lorsque vous serez éveillé, demeurez étendu, parfaitement immobile. N'esquissez pas un seul geste avant de vous être remémoré votre rêve en incluant le plus de détails possibles.
5. Documentez votre rêve en incluant le plus d'information possible, et faites-en l'examen lorsque vous serez prêt. Si le rêve était lucide, notez-le comme tel. Si non, faites-en l'interprétation selon votre façon habituelle.
6. C'est à ce moment que votre journal sur les rêves deviendra utile, car vous serez en mesure d'y noter des parties de rêves qui ne vous semblaient pas pertinentes au départ mais qui le seront peut-être ultérieurement.
7. Les périodes de sommeil paradoxal sont les plus propices pour se remémorer les rêves, alors, avec un peu d'entraînement, vous devriez commencer à découvrir à quel moment ces périodes surviennent. Ne vous inquiétez pas trop si l'évocation de votre rêve échoue au début. Vous deviendrez meilleur à chaque tentative.

8. Tentez de faire abstraction des événements de la journée lors de votre réveil. Vous pourrez les laisser refaire surface une fois que vous aurez scruté l'activité nocturne de votre cerveau.

Conserver un journal sur les rêves

Énoncées au début du livre, nous répétons ici les instructions sur la façon de conserver un journal sur les rêves afin que vous obteniez un bon exercice avant d'entreprendre une quelconque tentative ayant trait au rêve lucide.

Tout papier et accessoire d'écriture peut être utilisé – selon ce qui vous plaît le plus.

Gardez toujours vos outils de travail sous la main.

Dès votre réveil, écrivez le compte-rendu du rêve aussitôt que possible.

Utilisez et notez le plus de détails possibles.

Soyez constant dans votre façon de noter vos rêves. Un schéma simple figure à titre d'exemple au prochain exercice.

Si vous tentez d'apprendre comment manipuler vos propres rêves, notez à quel moment vous étiez conscient que vous rêviez.

Noter votre rêve

Cet exercice vous offre un modèle facile pour vous permettre de noter votre rêve. Si vous désirez soumettre votre rêve à une quelconque ressource extérieure, vous devrez évidemment compléter les trois premières lignes. Si vous souhaitez que votre journal sur les rêves demeure privé, cette méthode vous offre l'opportunité de scruter attentivement chacun de vos rêves et, si nécessaire, de les relire à une date ultérieure, peut-être pour comparer leur contenu, leur scénario ou d'autres aspects. Elle vous permet également d'évaluer votre progrès quant à votre processus de développement du rêve lucide et celui de votre développement personnel.

Nom ______________________________

Âge ______________________________

Sexe ______________________________

Date du rêve ______________________________

Où étiez-vous lorsque vous vous êtes remémoré votre rêve ?

____

Décrivez le contenu du rêve.

____

Notez tout ce qui vous paraît insolite au sujet du rêve (ex. : animaux, situations bizarres, etc.).

____

Quels étaient vos sentiments pendant/au sujet du rêve ?

____

____

Comment faire un rêve lucide.

Cette technique est extrêmement simple et est utilisée comme exercice préparatoire à la technique MILD démontrée ultérieurement.

Comme nous l'avons énoncé précédemment, le rêve lucide est un outil puissant pour vous aider à combattre vos démons intérieurs. Il s'avère cependant davantage un moyen d'accroître notre conscience, ainsi que de développer notre imagerie intérieure d'une façon très créative. Par contre, il constitue une technique qui nécessite un certain apprentissage, à moins que vous ne l'ayez pratiquée par hasard. Tâchez de ne pas être déçu des résultats que vous obtiendrez au départ, car il est assuré qu'avec de la patience et de l'entraînement, vous vous améliorerez inévitablement.

1. *Préparez-vous au sommeil.*
   Alors que vous vous préparez au sommeil, dites-vous que ce soir vous ferez un rêve lucide. Formulez une affirmation d'intention d'après un énoncé très simple comme : « Cette nuit, mon rêve sera lucide. » L'énoncé doit être aussi simple que celui-ci car, initialement, vous n'êtes qu'au tout début de votre apprentissage de la lucidité. Le contenu du rêve n'a aucune importance à ce stade-ci.

2. *Répétez votre affirmation.*
   Répétez votre affirmation à voix haute ou pour vous-même autant de fois qu'il le faut pour qu'elle soit incrustée dans votre cerveau. Ce geste est utile en soi car il vous enseigne comment centraliser votre cerveau sur une seule chose à la fois. Une affirmation est un énoncé simple, positif, résumant le plus brièvement possible ce que vous voulez qu'il se produise.

3. *Gardez votre intention à l'esprit.*
   Gardez votre intention à l'esprit et laissez le sommeil vous gagner par la suite.

4. *Notez le degré de lucidité que vous avez atteint.*
   À votre réveil, notez l'heure et si vous vous souvenez avoir été lucide. Notez également combien de temps vous pensez avoir été dans un état de lucidité. Votre estimation ne s'avèrera probablement pas très précise au début, mais cela n'a aucune importance car vous deviendrez meilleur au fil du temps.

Vérification de la réalité

Au fur et à mesure que la durée des périodes de lucidité s'allongera, vous ressentirez le besoin de vérifier si vous rêviez réellement ou non. Sans doute la meilleure façon de s'y prendre est de regarder le sol ou vos mains et vos pieds afin d'en vérifier l'exactitude.

1. *Posez-vous une question.*
   La question la plus sensée à se poser est, bien sûr : « Suis-je en train de rêver ? » Initialement, le simple fait de poser la question peut suffire à chasser le rêve et vous vous réveillerez peut-être. Avec le temps, vous serez en mesure d'employer d'autres techniques pour vous permettre de rester dans votre rêve.

2. *Regardez vos mains et vos pieds.*
   La vérification de la taille et de l'exactitude de vos mains et de vos pieds aide à stabiliser le rêve. Si ces derniers vous semblent plus grands ou plus petits qu'ils le sont réellement, alors vous êtes probablement en train de rêver. Dans votre rêve, essayez de les bouger et surveillez ce qui se produira.

3. *Faites une action que vous savez impossible à réaliser dans la vraie vie.*
   Il pourrait s'agir de différentes choses, comme sauter dans les airs en parcourant une grande distance ou se rouler jusqu'au sommet d'une colline. L'important est qu'il s'agisse d'une action qui va à l'encontre des paramètres habituels de la vie de tous les jours. Si l'action se concrétise, alors vous rêvez.

4. *Regardez le sol ou le scénario du rêve.*
   Si le sol ou le scénario contient des éléments insolites, vous rêvez probablement. Si vous ne croyez pas que ce que vous apercevez est réel, alors vous rêvez probablement. Vous vous poserez peut-être la question : « Est-ce réel ? »

5. *Rappelez-vous que vous rêvez ou avez rêvé.*
   Si vous le pouvez, pendant le rêve, souvenez-vous que ceci est un rêve. De plus, lorsque vous vous réveillerez, dites-vous : « C'était un rêve ». Graduellement, vous ferez la différence très rapidement entre ce qui est un rêve et ce qui ne l'est pas.

Vous pouvez également faire cette vérification de la réalité même, lorsque vous savez que vous êtes éveillé et, de plus, elle aide à nous rappeler que, de toute façon, nous vivons dans un état d'illusion – que la vie en soi est une illusion.

L'incubation d'un rêve lucide spécifique

Lorsque vous aurez réussi, avec quelque peu de succès, l'incubation du type de rêve que vous souhaitez faire en utilisant la méthode CARDS, vous pourrez alors progresser en vue de développer un rêve lucide spécifique. Nous vous rappelons d'être patient avec vous-même, car au début, il est possible que vous croyiez que votre incubation ne vous procure pas l'exactitude de l'environnement ou du contenu que vous avez sollicité. Toutefois, graduellement, vous vous apercevrez que vous « touchez la cible » de plus en plus souvent.

1. *Préparez la cible de votre rêve.*
   Avant d'aller au lit, prenez le temps de formuler une seule idée ou une seule question qui énonce clairement le sujet de votre rêve. Écrivez la phrase sur un bout de papier et utilisez une image visuelle comme un dessin ou un symbole approprié afin d'implanter l'idée. Mémorisez la phrase et votre représentation de la scène. Créez la scène ou l'événement de votre rêve verbalement, maintenant. Rappelez-vous que lorsque vous rêverez de cet événement spécifique, vous saurez que vous rêvez. Répétez-vous au moins trois fois : « Lorsque je rêverai de [ce que vous avez décidé], je me souviendrai que je rêve. »

2. *Allez vous coucher.*
   Il est important que rien ne vienne perturber votre concentration. Alors, sans autre invitation, allez vous coucher et prenez une position confortable.

3. *Gardez la phrase ou l'image en tête.*
   Concentrez-vous sur votre phrase et aspirez à devenir lucide. Imaginez que vous rêvez sur le sujet en question et que vous progressez vers la lucidité. S'il existe une chose que vous voulez tenter dans le rêve, comme voler, concentrez-vous sur l'idée de le faire lorsque vous serez lucide.

4. *Méditez sur la phrase.*
   Maintenez la cible sur votre objectif de devenir lucide jusqu'au moment où vous sombrerez dans le sommeil. Si possible, ne laissez aucune autre pensée venir s'interposer entre votre réflexion sur le sujet et le moment où vous sombrez dans le sommeil. Si vos pensées vagabondent, revenez simplement à la pensée de votre phrase et celle de devenir lucide.

5. Suivez votre cible dans le rêve lucide.

Lorsque vous croyez avoir atteint la lucidité et êtes satisfait de vos réflexions sur votre sujet, accomplissez votre but, par exemple, en posant n'importe quelle question à laquelle vous désirez une réponse, sollicitez des façons de vous représenter, vérifiez vos nouvelles réponses ou contemplez votre position. Notez vos impressions et soyez conscient de la totalité du contenu de votre rêve.

6. Gardez le rêve actif et conservez-le si vous le pouvez.

Afin de conserver le rêve, maîtrisez les techniques des deux prochains exercices. Initialement, la lucidité ne se manifestera qu'en de très courtes périodes.

7. Sortez de l'état lucide.

Pendant votre rêve, lorsque vous obtiendrez une réponse assez satisfaisante, sortez de l'état lucide et assurez-vous un réveil en état de pleine conscience. Avant que tout ne disparaisse, restez étendu tout en réfléchissant à ce que vous venez d'accomplir.

8. Notez le rêve.

Notez le rêve de la façon démontrée précédemment, en déterminant de quelle façon il a répondu à votre question ou à votre intention.

Note:

Ayant sans aucun doute d'autres responsabilités à part celles envers vous-même, nous suggérons que vous effectuiez cet exercice lors de périodes où vous pourrez récupérer vos heures de sommeil manquantes.

La technique MILD

À ce stade-ci, vos rêves commenceront à vous intriguer et vous souhaiterez effectuer et répéter la technique du rêve lucide pour vous-même. Afin de vous faciliter les choses, nous répétons ici la technique élaborée par d'autres chercheurs sur le rêve.

1. *Préparez l'évocation de votre rêve.*
Apprenez à vous réveiller suite à un rêve, et à vous le remémorer. Au début, vous aurez sans doute besoin d'un radio-réveil, de musique douce ou de lumière tamisée. Éventuellement, vous pourrez vous réveiller de votre propre gré en vous sommant de le faire. Lorsque vous vous réveillez suite à un rêve, tentez de l'évoquer le plus complètement possible et, si nécessaire, mettez-le par écrit.

2. *Ciblez votre intention.*
Alors que vous vous endormez de nouveau, concentrez-vous intensément sur le fait que vous avez l'intention d'être conscient que vous rêvez. Afin de fixer cette idée dans votre cerveau, employez une expression comme celle-ci : « La prochaine fois que je rêverai, j'ai l'intention d'être conscient que je rêve. » Concentrez-vous uniquement sur cette idée et ne permettez à aucune autre pensée errante de vous perturber.

3. *Soyez conscient de votre cheminement vers la lucidité.*
En utilisant votre imagination, ayez conscience que vous vous trouvez dans un rêve antérieur, que ce soit le dernier que vous ayez fait ou un autre dont vous avez une totale souvenance. Dites-vous que vous êtes conscient qu'il s'agit d'un rêve. Cherchez un objet louche ou inhabituel qui le démontre clairement. Dites-vous : « Je rêve ». Et, tout en sachant ce que c'est que de rêver, continuez à vous remémorer le rêve que vous avez choisi. Ensuite, imaginez ce que vous ressentirez lors de votre prochain rêve lucide. Imaginez que vous mettez le plan choisi à exécution. Par exemple, notez à quel moment vous seriez « conscient » que vous rêvez. Imaginez que vous effectuez une action que l'on retrouve uniquement dans les rêves, comme voler ou tourner sur soi-même.

4. *Répétez le processus jusqu'à ce que votre intention soit fixée.*
Répétez les étapes 2 et 3 jusqu'à ce que votre intention soit fixée ; ensuite sombrez dans le sommeil. Votre esprit peut parfois vagabonder lorsque vous vous endormez. Si tel est le cas, répétez les étapes, afin que la dernière chose qui vous vienne à l'esprit avant de vous endormir soit la pensée que vous souhaitez apprécier la prochaine fois que vous rêverez.

Prolonger un rêve lucide.

Toutes les méthodes décrites ci-dessous se sont avérées utiles dans la prolongation de l'état du rêve lucide lorsque vous êtes prêt à passer à une autre étape. Avant de les expérimenter, vous choisirez peut-être d'effectuer les techniques de relaxation démontrées précédemment.

1. *Tourner sur soi-même.*

Alors que votre rêve initial s'estompe, mais avant que vous ne soyez pleinement éveillé, essayez de tourner sur vous-même en demeurant au même endroit. Vous devriez effectuer cette action aussi rapidement que possible et débuter par une position verticale. Vous devriez constater que, soit vous réintégrez votre propre rêve soit vous bifurquez vers un scénario nouveau.

2. *Continuer une activité.*

Lorsque vous êtes au beau milieu d'un rêve lucide et que ce dernier commence à s'estomper, continuez l'action que vous effectuiez dans le rêve en ignorant le fait que le rêve perd quelque peu de sa précision. Tandis que votre activité se prolonge, répétez-vous maintes et maintes fois : « La prochaine scène sera un rêve. »

3. *Frottez (en rêve) vos mains l'une sur l'autre.*

Lorsque vous devenez conscient que vous rêvez de façon lucide et que le rêve commence à s'estomper, tentez de frotter intensément vos mains l'une sur l'autre – vous devriez ressentir le mouvement et la friction. Continuez de frotter vos mains l'une sur l'autre jusqu'au moment où vous vous éveillerez ou lorsque le scénario du rêve prendra une tournure différente. Répétez continuellement une phrase qui vous garde dans votre rêve, tel que : « Je continue de rêver ».

4. *Voler*

L'action de voler a beaucoup d'affinités avec l'action de tourner sur soi-même. La seule chose qui puisse vous gêner est votre imagination. Faites l'expérience de voler de votre propre façon, selon la méthode qui vous plaît le plus.

5. *Manipulation sensorielle*

Utilisez les sens afin de vous aider à demeurer dans votre rêve. Concentrez-vous sur chacun des sens, tour à tour, et augmentez votre conscience de chacun d'eux. Par exemple, écoutez votre propre respiration et, par la suite, devenez conscient d'autres sons et voix intérieurs. Essayez de converser longuement avec un personnage de vos rêves.

Il est très important que vous développiez votre propre façon de prolonger vos rêves. Vous parviendrez à la conclusion que vous êtes plus à l'aise avec un moyen en particulier, mais vous pourriez tenter d'expérimenter avec d'autres, simplement par curiosité.

Analyser votre rêve

Que votre rêve ait été lucide ou non, vous voudrez prendre l'habitude d'analyser pleinement son contenu. Il est conseillé de fractionner le rêve en parties pour que vous puissiez les examiner une à la fois et déterminer laquelle était peut-être lucide, ou frôlait la lucidité. Cet exercice s'avère également une façon de percevoir le thème du rêve.

Le rêve

___

___

___

Les parties du rêve

___

___

___

Les différences/similitudes au sein des parties

___

___

___

Le thème principal du rêve

___

___

___

Techniques avancées

Maintenant que vous avez fait l'essai de toutes les techniques de base pour rêver de façon lucide, vous êtes prêt à entreprendre les techniques de rêve plus avancées. En fait, avant de débuter, nous suggérons que vous preniez le temps d'approfondir ce que vous avez appris. Réfléchissez sérieusement sur tout ce que vous avez fait jusqu'à présent et jugez si les résultats obtenus sont satisfaisants.

Y a-t-il quelque chose que vous pourriez faire pour améliorer vos méthodes ?

Voulez-vous tenter autre chose ?

Maintenant, que voulez-vous qu'il se produise ?

De quelle façon désirez-vous utiliser le rêve lucide dans l'avenir ?

Avez-vous besoin d'effectuer des recherches supplémentaires sur le sujet ?

Désirez-vous vous mettre en contact avec d'autres personnes pratiquant le rêve lucide ?

Les techniques plus avancées vous aident à garder la cible sur vos objectifs, et à déterminer si vous êtes plus enclin à vouloir approfondir la technique actuelle ou si vous préférez être créatif et aider à l'accomplissement de choses.

Il s'avère souvent utile de modifier votre façon de vous exprimer afin de vous adapter à la créativité des rêves. Si votre façon de vous exprimer à tous les jours se fait avec des mots, alors tentez l'expérience avec de la couleur ou d'autres formes d'expression. Si vous aimez la musique, essayez de dénicher un morceau en particulier qui traduit l'humeur de votre rêve. Si vous êtes du genre sédentaire, alors exprimez des éléments du rêve par le mouvement, comme la danse, ou par les disciplines provenant des pays de l'Est comme le taï chi ou le qi gung. L'idée primaire est que vous puissiez utiliser vos rêves pour accroître votre créativité dans la vie de tous les jours. Ils peuvent s'avérer des points de départ pour des projets ou ils peuvent s'employer pour découvrir d'autres modes d'expression personnelle.

Réalité virtuelle du rêve

Accompagnant votre méthode avancée pour rêver de façon lucide, vous devriez être en mesure d'entreprendre la création de votre propre réalité virtuelle du rêve. Débutez par un état d'éveil et concentrez-vous afin de vous permettre de vous remémorer ce que vous avez fait. Un avis de précaution est requis à ce point, par contre – ce n'est pas la totalité des gens qui réussissent à atteindre le degré de contrôle nécessaire pour effectuer cet exercice. C'est un excellent exercice à effectuer pour le développement du rêve lucide mais cela peut vous sembler un travail trop ardu.

Dès l'instant où vous saurez que vous êtes « devenu lucide », créez un énorme écran devant vous. Ceci est votre écran personnel, duquel vous avez un contrôle total, que vous pouvez comparer à un téléviseur, un écran cinématographique ou une sorte de projection créée par le cerveau lui-même. Sur cet écran, vous projetterez vos images et vous apprendrez à diriger l'opération de la projection. Vous ajustez la couleur, le ton, la luminosité ou tout autre élément s'avérant nécessaire. Initialement, vous souhaiterez peut-être contrôler les commutateurs, mais par la suite, vous vous apercevrez sans doute que vous n'avez besoin que de contrôler votre cerveau – c'est-à-dire de réfléchir aux changements, et ils se produiront. Dans un premier temps, cet écran vous permet d'étudier vos tentatives de façon objective, et, par la suite, vous pourrez l'utiliser pour vous entourer de vos créations. Vous serez sans doute plus à l'aise de le considérer comme un ciel de nuit, sur lequel projeter vos images. Pour quelques personnes, cela leur procure une plus grande sensation du lien qui existe avec le cosmos.

Un aspect du rêve lucide est la possibilité d'utiliser tous les sens presque de la même façon que vous le faites dans votre vie quotidienne. Alors faites l'essai, d'abord en effectuant des changements « normaux », tel qu'entendre un son nouveau ou sentir une odeur différente. Ensuite, en vous servant de votre cerveau et de sa capacité de créer l'inusité lors du rêve lucide, choisissez une couleur que vous attribuerez inadéquatement à un certain objet – une vache verte, par exemple. À ce moment, votre côté rationnel tentera peut-être de vous réveiller. Vous pourrez combattre cette tentative en vous rappelant que vous rêvez. Prenez votre temps et ayez du plaisir, car vous apprenez les façons de supprimer les restrictions de la perception reliées à la vie de tous les jours.

Vous apprenez également à votre cerveau d'agir en tant que serviteur plutôt que d'avoir le contrôle sur vous. Essayez de ressentir ce qui se passe à l'intérieur de vous lorsque vous faites les changements, puisque c'est cette aptitude qui vous aidera éventuellement à créer votre propre réalité dans la vie de tous les jours.

Perfectionner la technique de tourner sur soi-même.

Nous avons déjà identifié la technique de tourner sur soi-même comme étant une façon de stabiliser les rêves. Vous devriez tenter la méthode suivante. Les premières étapes sont similaires :

1. Identifiez le moment où le rêve commence à s'estomper et dès que cela se produit, commencez à tourner. À ce point-ci, vous serez encore conscient de l'état de votre corps dans le rêve ; l'action de tourner devrait débuter avant que vous ne soyez dans un état d'éveil trop avancé. Il est important que vous vous sentiez vraiment tourner – vous devriez vous servir d'une vision qui accroîtra votre réaction. Donc, si vous n'êtes pas à l'aise de tourner comme un danseur de ballet, vous n'obtiendrez aucun résultat. Comme vous pouvez le constater, lorsque vous êtes dans un état de conscience, un certain travail de base est essentiel afin d'entreprendre graduellement une transformation automatique vers tout ce que pourrait incarner votre « état de contrôle » – c'est-à-dire, un état que vous identifiez comme rêver, même si vous êtes en train de rêver. Pendant que vous êtes éveillé, vous êtes en mesure de ressentir l'effet que vous procure l'action de tourner, mais lorsque vous rêvez, vous devez réellement ressentir l'effet de tourner sur vous-même.
2. Pendant que vous tournez, gardez à l'esprit que la prochaine étape que vous franchirez sera tout probablement un rêve. En utilisant chacun des sens tour à tour, rappelez-vous que vous serez en train de rêver. Tout ce que vous voyez, entendez, sentez, touchez ou ressentez est très probablement un événement du rêve.
3. Peu importe l'endroit où vous serez, effectuez toujours un « examen de la réalité ». Lorsque vous serez immobile, après avoir tourné, soit que vous rêvez toujours soit que vous êtes réveillé. Si vous rêvez toujours, vous vous retrouverez peut-être dans un nouvel état de rêve ou vous aurez peut-être rétabli la scène de votre rêve précédent, mais elle sera plus vive et plus stable. Si vous vous êtes réveillé, alors faites l'examen de la réalité en regardant l'heure qu'il est ou en reconnaissant la perfection de votre chambre à coucher – c'est-à-dire que tout est comme il doit l'être dans la vraie vie – sans aucun objet burlesque dans votre environnement.
4. Il est conseillé de constamment vous répéter que vous rêvez ou êtes au beau milieu d'un rêve lors de toute transformation se produisant pendant que vous tournez. Par chance, vous continuerez d'être lucide dans le nouveau

rêve, quoique vous ferez peut-être l'erreur de croire que ce nouveau rêve est réel et qu'il se produit réellement.

5. C'est maintenant le moment de choisir de quelle façon vous voulez procéder avec votre routine. Vous souhaiterez peut-être tout simplement expérimenter l'art du rêve lucide en soi, auquel cas vous taquinerez le fait de devenir lucide et de quitter cet état. Si vous le désirez, vous pourriez tenter de modifier le scénario du rêve ou de vous donner des commandements qui vous permettront de faire un voyage astral, de façonner des réalités nouvelles ou de terminer différents niveaux d'être. Si vous y croyez, vous pourriez également visiter d'autres mondes ; ces techniques sont démontrées dans l'ensemble de cette section.

Créer un nouveau scénario de rêve.

Vous utiliserez peut-être cette technique pour produire un scénario de rêve, qu'il soit nouveau ou non. La méthode est très simple.

1. Choisissez un objectif.

Avant de vous endormir, choisissez une personne ou un endroit que vous aimeriez « visiter » dans votre rêve lucide. Choisissez d'abord quelque chose dont vous êtes passablement confiant de réaliser – peut-être une visite à un de vos bons amis ou un parent. Souvent, vous aurez peut-être l'occasion de vérifier si cette personne vous a vu ou a ressenti votre présence, soit en rêve soit en état d'éveil. Vous pourriez également choisir un personnage historique ou même imaginaire. Le choix vous appartient et les possibilités sont infinies. Lorsque vous vous sentez assez confiant pour le faire, vous pourriez également choisir une époque et un lieu différents.

2. Développez la ferme intention d'atteindre votre objectif.

Ayant choisi votre but, écrivez votre intention en utilisant des mots simples auxquels vous pouvez vous identifier, ensuite imaginez fortement que vous atteignez votre objectif. Énoncez fermement votre intention d'y parvenir au cours de votre prochain rêve.

3. Dans votre rêve lucide, atteignez votre cible en tournant sur vous-même.

Uniquement par hasard, il est possible que votre cible vous conduise vers un rêve non lucide ; auquel cas, tentez de devenir lucide au sein du rêve. Vous pourriez également en faire l'essai de la façon inverse en devenant d'abord lucide, puis de visiter ensuite. Expérimentez les deux façons si vous le pouvez, et décidez par la suite avec laquelle – s'il y a lieu – vous êtes le plus à l'aise. Dès que le rêve commence à s'estomper et que vous ressentez que vous êtes sur le point de vous réveiller, tournez sur vous-même à nouveau. Répétez la phrase choisie jusqu'à ce que vous vous retrouviez dans un rêve comportant une nouvelle scène très frappante en espérant, avec un sentiment d'accomplissement, que vous ayez réussi avec succès, la tâche que vous vous êtes confiée.

Orienter vos rêves.

Cet exercice est une façon d'accomplir des changements de nature mystique. Il est différent du mouvement effectué dans l'action de tourner sur soi-même ou de voler, et s'avère plutôt une façon de vraiment changer l'environnement du rêve dans lequel vous vous trouvez. Souvenez-vous que vous pouvez faire tout ce qu'il vous plaît lorsque vous rêvez. Vous pouvez soit employer l'idée du « grand écran » soit celle du plateau cinématographique.

1. Plutôt que de vous déplacer vers un nouvel endroit, prenez la décision de déplacer l'endroit vers vous.
2. Débutez par un changement de petite taille au sein de l'environnement du rêve et effectuez graduellement des changements de plus grande importance. Vous pourriez également en faire l'essai en tant qu'exercice d'imagerie guidée avec l'aide d'une autre personne.
3. Employez des vitesses différentes pour effectuer le tout, et amusez-vous avec ce que vous créez, comme vous l'avez fait lors de l'exercice de la réalité virtuelle du rêve.
4. Par la suite, vous aimerez peut-être vous imaginer en tant que directeur et producteur de votre propre spectacle. Vous pouvez utiliser tous les accessoires que vous désirez et vous pouvez tenter de nombreuses expériences pour créer l'atmosphère appropriée.
5. Par la suite, créez un décor de plateau pour votre prochaine expérience d'apprentissage.
6. Soyez conscient que vous créez une réalité possédant plusieurs possibilités mais que vous avez choisi la vôtre.

La technique IFE

La vie nous enseigne que nous devons avoir des restrictions. Dès le jeune âge, nous apprenons ce qui constitue un comportement acceptable et ce qui ne l'est pas. Dans l'ensemble, il nous est enseigné qu'être spontané s'avère dangereux, et que nous devons être raisonnable. Toutefois, dans le cadre des rêves créatifs, nous avons la liberté d'être complètement excentriques et d'utiliser des types de comportements qui nous apprennent à nouveau l'art de la liberté personnelle.

La plupart des gens créatifs possèdent une aptitude grandement développée pour créer des fantasmes. Si vous osez faire l'essai du rêve lucide, vous constaterez que vous avez la possibilité d'effectuer des choses qui ne sont possibles que dans un état de conscience modifié. Afin d'aider à comprendrele sens de la vie, l'exercice de yoga qui consiste à se mettre dans la peau d'un arbre, d'une fleur ou de tout être sensible (conscient) est très approprié. Cet exercice, que nous nommerons la technique IFE, comprend trois étapes.

> Tout d'abord, imaginez ce que vous ressentiriez si vous étiez l'objet que vous avez choisi.
>
> Ensuite, ressentez ce que l'objet ressent.
>
> Finalement, faites l'expérience d'être cet objet.

Étant donné que les aspects rationnels de la vie de tous les jours sont suspendus pendant le rêve créatif, vous devriez être en mesure d'atteindre très rapidement un état de conscience où il est facile d'effectuer toutes ces choses. Vous pourriez faire l'essai d'être une personne du sexe opposé, un animal – domestique ou non – ou, si vous vous sentez brave, tenter d'être quelque chose comme une roche ou la mer.

Au début, vous ne pourrez probablement pas conserver cet état pendant très longtemps, mais, avec plusieurs tentatives, vous découvrirez que cela devient de plus en plus facile et que vous avez la possibilité d'élargir votre perception afin de comprendre également d'autres états d'être. Par exemple, vous pourriez tenter de percevoir ce que vous ressentiriez si vous étiez suspendu dans le temps ou l'espace, si vous apparteniez à d'autres mondes ou même tenter d'imaginer ce que vous auriez l'air dans vingt ans.

Technique de relaxation

Il existe plusieurs techniques de relaxation sur le marché, et il est parfaitement normal que vous utilisiez celle qui vous procure le plus de résultats. Énoncée ci-dessous, cette technique simple peut être effectuée avec ou sans l'aide d'une musique de détente, selon votre préférence. Cet exercice s'avère un bon début pour l'exploration de techniques méditatives et d'autres états de conscience modifiés.

1. Dénichez un endroit tranquille où vous ne serez pas dérangé.
2. Si vous choisissez une position horizontale, assurez-vous de ne pas dormir. Pour les besoins de cet exercice vous devez rester éveillé et conscient.
3. Commencez par les pieds, et resserrez-les le plus possible, ensuite relaxez-les.
4. Ensuite, progressivement, cheminez vers le haut de votre corps en resserrant et en relaxant ensuite chacun des muscles. D'abord vos mollets, ensuite vos cuisses, votre fessier, et ce, jusqu'à votre tête.
5. Répétez ceci trois fois afin de ressentir ce qu'est réellement la relaxation.
6. Finalement, en un seul geste, resserrez tous les muscles que vous avez relaxés précédemment et relâchez.

Maintenant, vous choisirez peut-être d'utiliser une technique de respiration profonde, une visualisation ou une méditation créative afin de vous aider dans votre processus de rêver de façon créative. Toutes ces méthodes s'avèrent utiles pour contrôler le stress.

Contemplation et méditation

Lorsque vous êtes convenablement détendu, il est possible d'utiliser d'autres techniques pour vous aider à maîtriser l'art de rêver de façon lucide.

1. Une façon simple de vous préparer pour rêver de façon créative est d'utiliser la contemplation. Pour cette technique, annonciatrice à la méditation, équipez-vous d'une image visuelle du sujet.
2. Vous pourriez, par exemple, réfléchir aux mots « rêver de façon créative » en les imaginant sculptés dans un morceau de bois. En gardant cette image dans votre cerveau, laissez-la se développer à sa manière et faites simplement regarder ce qui se passe.
3. Vous pourriez caresser l'idée d'une visite en Égypte ou d'un autre pays éloigné, alors de nouveau, gardez l'idée dans votre cerveau et contemplez-là.
4. Lorsque vous serez devenu expert en matière de contemplation, vous pourrez ensuite tenter la méditation, qui s'avère une étape où vous permettez à l'image ou à la pensée de se développer davantage de façon spontanée. Par la suite, vous souhaiterez peut-être déplacer les résultats de votre méditation vers le rêve créatif.

Contrôler les cauchemars

En rêve, lorsque vous rencontrez un personnage menaçant ou une situation angoissante que vous pouvez qualifier de cauchemardesque, il existe certaines techniques que vous pouvez utiliser pendant le rêve lucide qui aident à éliminer l'anxiété. Un exercice de cette nature est démontré ci-dessous. Il se doit d'être mentionné que plus vous êtes en mesure de vous détendre et d'utiliser la contemplation et la méditation, moins vous risquez d'avoir des cauchemars.

La technique RISC

Une explication complète de la technique RISC est fournie précédemment. Il s'agit d'une méthode très simple qui était, et est, employée de façon thérapeutique pour aider les gens à faire front aux mauvais rêves et aux cauchemars. De plusieurs façons, il s'agit d'une technique qui annonce d'autres techniques sur le rêve lucide.

1. *Reconnaissance*

   Lorsque vous rêvez et ressentez qu'il s'agit d'un mauvais rêve, décrétez que vous ne voulez aucunement ressentir les sentiments qu'il vous occasionne, que ce soit la colère, la peur, la culpabilité ou tout autre sentiment négatif.

2. *Identification*

   Vous devez être en mesure d'identifier les éléments du rêve qui vous font sentir de cette façon. Étudiez le rêve attentivement et découvrez de façon précise ce qui vous perturbe.

3. *Mettre fin à un mauvais rêve.*

   Vous devez toujours garder en tête que c'est vous qui avez le contrôle. Vous n'êtes pas forcé de laisser un mauvais rêve continuer. Vous pouvez soit choisir de vous réveiller soit reconnaître que vous rêvez, et ainsi devenir lucide pour manipuler votre rêve.

4. *Changement*

   Chacun des éléments négatifs de votre rêve peut être transformé en élément positif. Au début, vous serez peut-être forcé de vous réveiller afin d'élaborer une meilleure conclusion, mais, éventuellement, vous serez en mesure de le faire pendant que vous dormez.

Outils pour rêver de façon créative

Cristaux

Plusieurs personnes sont persuadées que l'utilisation des cristaux peut accroître le rêve, lucide ou non, et peut aider certains à acquérir la sagesse qui nous est tous offerte par l'entremise de ces objets naturels. Les énergies subtiles semblent

Cristaux	Fonctions
Quartz bêta	Favorise le décodage des rêves.
Roche d'écriture chinoise	Est porphyrique avec des motifs imitant l'écriture chinoise. Utile pour aider à atteindre l'état du rêve et pour diriger les rêves vers un sujet choisi.
Diaspore	Apporte précision et netteté à la souvenance des rêves.
Saphir vert	Favorise la souvenance des rêves
Jade	Reconnue comme la pierre du rêve, elle contribue à la résolution de l'interprétation du rêve et à la libération des émotions. La placer sous votre oreiller favorise les périodes de rêves.
Jaspe (rouge)	Nous permet de nous remémorer les rêves comme si nous les regardions défiler sur une bande vidéo. C'est une bonne pierre à utiliser dans le but d'explorer le rêve encore plus loin.
Cyanite	Apaise et vide l'esprit, et favorise une bonne souvenance et interprétation du rêve.
Chiastolite (lapis)	Favorise la compréhension de soi et permet une union plus profonde avec notre être supérieur.
Manganosite	Accroît l'état du rêve et favorise la souvenance pendant et après le rêve.
Opale	La pierre du « rêve heureux ». Elle procure une compréhension du potentiel du rêveur.
Rhonite	Stimule la vivacité des rêves et permet de « s'agripper » au rêve pendant son enregistrement en vue d'une étude ultérieure.
Rubis	Protège des cauchemars et des rêves angoissants.
Grenat étoilé	Aide le rêveur à se remémorer ses rêves, particulièrement ceux qui franchissent un état de chaos mental.
Tunnellite	Stimule les ondes bêta, favorise la créativité et la réalisation des ambitions.

jouer les rôles de receveurs et d'émetteurs et nous donner la capacité d'être à l'écoute de ces aspects de la connaissance, autant sur nous-mêmes qu'au sujet du monde dans lequel nous vivons.

Vous trouverez ci-contre une grille contenant des cristaux et leurs caractéristiques spécifiques ayant trait au sommeil et aux rêves. La plupart des bonnes boutiques de cristaux et boutiques Nouvel Âge possèdent une agréable variété de pierres.

Programmer un cristal.

Vous rappelant leurs qualités indispensables, il est très facile de programmer vos cristaux dans le but de vous aider dans votre travail sur les rêves.

1. Pour votre travail sur les rêves, choisissez votre cristal ou vos cristaux très attentivement. Si vous le souhaitez, procurez-vous un petit sachet, fabriqué avec votre tissu préféré, dans lequel vous pourrez conserver vos cristaux en lieu sûr – de cette façon, vous pourrez les suspendre à votre tête de lit ou les placer sous votre oreiller pendant que vous dormez. Choisissez les meilleurs cristaux et les plus beaux spécimens que vous pouvez trouver selon votre budget. Ne vous inquiétez pas des imperfections mineures, laissez votre intuition vous guider vers le meilleur choix de pierres pour vous. Souvent, en choisissant votre cristal, vous ressentirez un léger picotement au niveau des doigts ou de la main. Cette sensation vous indique quelle pierre est faite pour vous. Vous pouvez utiliser chaque cristal dans un but précis ou programmer les cristaux en groupe pour accroître vos rêves. Pour le rêve lucide, vous pourriez faire l'essai du jaspe rouge ou de la rhonite. Le quartz transparent s'avère également un bon choix pour la clarté. Que la pierre soit polie ou inégale n'a aucune importance : il s'agit de votre préférence.
2. Nettoyez et clarifiez complètement votre cristal. Vous pouvez le faire en le plaçant au soleil le plus longtemps possible, en le laissant à l'extérieur par un soir de clair de lune, ou en l'immergeant dans de l'eau salée (préférablement avec du sel de mer) pendant une période de 24 heures. Vous éliminerez ainsi toute trace de programmation antérieure et d'influences négatives ou mauvaises.
3. Il est préférable d'utiliser et de programmer ces cristaux spécifiques uniquement pour le travail sur les rêves. Disons que vous souhaitez programmer les cristaux afin de vous aider avec les rêves créatifs. Programmez chaque cristal pendant une durée minimale de 3 nuits et maximale de 10 nuits. (Une durée

de trois nuits couvre tous les aspects physiques, psychologiques et spirituels, et 10 est une représentation numérologique de toute la connaissance). Avant de vous endormir, programmez votre cristal chaque nuit en utilisant une affirmation ou une question d'intention de la façon suivante : « Mes rêves seront lucides et révéleront la créativité intérieure » ou « Quelle connaissance est requise afin que je comprenne le lien entre le rêve lucide et moi-même ? »

Rappelez-vous qu'à ce point-ci, non seulement programmez-vous vos cristaux, mais vous apprenez également à centraliser votre cerveau. Vous pouvez effectuer ceci avant de vous demander de vous remémorer vos rêves. Ce programme spécifique vous aidera à établir la base de votre travail sur les rêves. Parvenir à vous comprendre vous aidera éventuellement à atteindre la véritable créativité.

S'il n'existe aucun désir ou besoin véritable de vous comprendre ou de parvenir à rêver clairement en dehors de vos propos, de toute évidence, vos résultats (ou vos échecs) reflèteront votre manque d'engagement. Toute votre programmation devrait refléter ce que vous désirez vraiment ou ce que vous voulez savoir.

4. Souvenez-vous que peu importe ce que votre cerveau conçoit, tout cela peut être intégré à un programme pendant la période où vous rêvez, et non seulement des rêves lucides. Votre programmation devrait être très claire et aussi créative que vous le souhaitez. En tenant votre cristal dans vos mains ou de la main qui vous semble la plus puissante, rassemblez toutes vos pensées, et commencez à les formulez de façon claire et simple. Si vous vous sentez bien, vous aimerez peut-être alors les écrire afin que vous puissiez adéquatement les mémoriser. Par la suite, asseyez-vous calmement avec votre cristal jusqu'à ce que vous en ressentiez la rectitude.

   Cette méthode procède à la réalisation de concepts physiques et spirituels. En programmant le cristal, vous permettez aux énergies subtiles et puissantes d'être canalisées au sein de l'existence et de la perception.

5. Concentrez-vous sur votre cristal et permettez à votre énergie et à votre intention de s'y infiltrer doucement. Répétez ceci au moins trois fois. Essayez de ne pas vous laissez distraire pendant cette période. Si cela vous arrive, recommencez tout simplement. Plus vous le faites, plus ce sera facile. Répétez cette opération pour chacun des cristaux.

6. Programmez votre cristal juste avant d'aller dormir et placez-le à l'endroit choisi. Laissez vos désirs ou vos demandes refaire surface en leur attribuant une place à l'avant-plan de votre cerveau, et percevez-les comme étant déjà

accomplis. (Dans le cas du rêve lucide, vous tenteriez de percevoir l'effet que vous procurerait un rêve lucide.) Maintenant, libérez complètement votre esprit de toute pensée et détendez-vous. Faites ceci trois fois et allez dormir immédiatement. Votre dernière pensée devrait être celle ayant trait à la programmation de votre cristal et au sentiment que votre désir a déjà été accompli.

Programmer votre cristal s'avère un moyen de cibler votre concentration sur l'accomplissement de votre travail sur les rêves. Il avait été enseigné que l'état du rêve était totalement séparé de l'état conscient. Nous découvrons maintenant que nous pouvons établir des liens entre les deux ; le point de départ du cristal peut être utilisé par les croyants et les non-croyants. Le cristal agit comme un chapelet et nous aide à focaliser sur notre intention, tandis que les énergies très subtiles dévoilent de nouvelles prises de conscience nous donnant accès aux riches sources de connaissances sur nous-mêmes et l'humanité.

Images archétypiques

Agissant comme stimulants, les techniques préparatoires au travail sur le rêve créatif et le rêve lucide utilisant des images archétypiques sont similaires.

Dans le cas du tarot, vous utilisez les cartes comme point de départ psychologique et visuel afin de vous aider à comprendre leur sens et les sentiments qu'ils évoquent en vous. Ce processus comprend quatre étapes :

1. Asseyez-vous dans un endroit où vous ne serez pas dérangé.
2. En tenant la carte que vous avez choisie de votre propre paquet, regardez-la en détail. Que vous vient-il à l'esprit ?
3. À ce moment, songez à votre propre vie et identifiez les liens qui vous unissent à la carte que vous avez choisie. De quelle façon pouvez-vous utiliser vos connaissances sur les significations de la carte dans les situations que vous vivez ?
4. Observez la carte et laissez-vous inonder de son pouvoir.
5. Maintenant, fermez les yeux et tentez de vous percevoir au centre de l'action de la carte. Que ressentez-vous d'être le personnage principal ? Quelle est votre interaction avec les autres aspects de la carte ?
6. Prenez la décision de rêver au sujet de la carte. Vous pourriez choisir si ce rêve serait lucide ou non.
7. Dans votre journal, notez la carte que vous avez choisie et endormez-vous en y songeant.
8. Lorsque vous vous réveillerez, documentez vos rêves selon votre routine habituelle.

Mythes, planètes astrologiques, numéros, etc.

Ces sujets devraient être considérés de la même façon que les archétypes.

1. Choisissez un élément déclencheur spécifique – un mythe, une planète ou un nombre –, et réfléchissez sur la façon dont vous pourriez établir un lien entre leur histoire ou leurs qualités et votre vie à ce moment précis.
2. Étudiez l'histoire et ressentez sa puissance.
3. Placez-vous à l'endroit où vous souhaitez être, c'est-à-dire, en tant que personnage dans le mythe, sur une planète ou en exprimant ses qualités. Imaginez ce que vous ressentiriez si vous faisiez partie de ce scénario. Si vous travaillez avec les nombres, réfléchissez aux qualités du nombre que vous avez choisi et ressentez-les en vous.
4. Dans le cas de la géométrie, pensez à une forme – un carré, un pentagone et ainsi de suite –, et tentez de percevoir ce que l'on ressent que d'incarner cette forme. Graduellement, vous devriez être en mesure de découvrir les qualités de chaque figure et de progresser vers une forme pleine.
5. Tentez de repousser les limites de cette forme et de transformer la figure en une taille plus grande ou plus petite. Attribuez-lui toutes les formes ou caractéristiques que vous souhaitez. Transformez-la en un objet solide et tentez de percevoir ce que vous ressentiriez si vous étiez à l'intérieur d'un tel objet.
6. Laissez le sommeil s'emparer de vous et souvenez-vous qu'au cours des rêves lucides, vous pouvez choisir de faire tout ce qu'il vous plaît. Il s'agit simplement de vous dire que vous pouvez réussir. Amusez-vous, mais en même temps, souvenez-vous que vous vous exercez à contrôler votre environnement.

Rencontrer l'esprit.

Lorsque vous vous sentez apte à rencontrer votre propre perception de votre être supérieur, votre guide spirituel ou toute autre forme d'esprit, telle que votre représentation personnelle de l'énergie réparatrice – peut-être le caducée (le serpent à deux têtes) – vous aimerez peut-être faire l'essai de ce qui suit :

1. Déterminez quelle sera la cible de cette rencontre spécifique et formulez un énoncé d'intention tel que : « Je désire rencontrer mon animal totémique personnel » ou « Je désire rencontrer mon guide spirituel ».
2. Réfléchissez très attentivement aux conséquences que cette rencontre pourrait engendrer dans votre vie, mais essayez de ne pas trop vous créer d'attentes.
3. Visualisez un scénario où il vous serait possible de rencontrer l'entité que vous avez choisie. Imaginez ce que vous ressentiriez si vous aviez l'occasion de faire une telle rencontre.
4. Laissez le sommeil s'emparer doucement de vous, en sachant qu'en temps propice, que ce soit cette nuit ou une autre, cette rencontre aura lieu.

Projets créatifs

Tout rêve lucide est une riche source d'information pour des projets créatifs que vous aimeriez peut-être élaborer. De tels projets favorisent la maîtrise de l'énergie développée au cours des rêves et signifient que vous avez atteint un résultat tangible.

1. Choisissez un rêve qui s'avère le plus approprié pour le projet en vue. Ce projet pourrait être une histoire, une pièce de théâtre ou une danse. Prenez-en note dans votre journal sur les rêves.
2. Écrivez les titres des pièces musicales qui sont propices et qui s'identifient au thème, comme les mots que vous emploierez, ou les formes qui vous intéressent. Prenez un certain temps pour réfléchir à votre projet et apprécier la recherche effectuée.
3. Prenez autant de notes que vous le désirez et vérifiez si aucune autre documentation sur un de vos rêves ne peut être utilisée dans le développement de ce projet. À maintes reprises, vous découvrirez que vous bénéficiez de plusieurs périodes particulièrement productives, tandis qu'à d'autres, vous vous sentirez totalement réfréné.
4. Notez tout problème et élément négatif survenant lors de la création du projet. Ceux-ci peuvent être solutionnés par l'entremise du rêve lucide.
5. Il s'avère très utile d'avoir un carnet de notes ou un enregistreur en votre possession à tout moment, pour que vous puissiez noter toutes les inspirations qui surviennent. Cela peut également vous procurer davantage de matériel pour des projets sur les rêves.
6. Il vous arrivera peut-être de manquer d'énergie pour terminer le projet. Cela est une autre occasion où le rêve lucide pourrait être utilisé afin de vous procurer l'impulsion de terminer ce que vous avez entrepris.

Vous découvrirez qu'il existe plusieurs moments où le rêve lucide peut favoriser le processus de créativité. Il s'agit probablement d'un des meilleurs résultats de l'art du rêve lucide : comprendre qu'il existe une énorme réserve d'énergie inutilisée en vous, dorénavant accessible.

Résoudre votre rêve.

Pour les besoins de cet exercice, nous suggérons que vous choisissiez un aspect de votre rêve, peut-être le scénario principal, avec lequel devenir créatif. Comme nous l'avons énoncé précédemment, lors de vos projets créatifs le degré de qualité atteint n'a aucune importance : il est plus important de reconnaître votre propre créativité. À ce point-ci, vous réfléchissez sur le rêve lui-même et à la façon de le rendre utile pour vous. Voici des questions que vous pourriez vous poser :

Que m'arrivera-t-il ensuite en tant que personnage principal ?

Qu'est-ce que je désire exprimer ?

Provenant des différentes parties de mon rêve, de quelle réponse ai-je besoin ?

Que se passera-t-il ensuite, maintenant que je contrôle mon rêve ?

Est-ce que je souhaite que les personnages, objets ou aspects du rêve agissent différemment ?

Qui ou quoi agit hors contexte dans mon rêve ?

Si je les laisse continuer à agir hors contexte, cela favorise-t-il la résolution de mon rêve ?

Devrais-je imposer une quelconque mesure de contrôle supérieure ?

En travaillant avec votre rêve de cette façon, vous apprenez non seulement à acquérir un certain contrôle sur le rêve en soi, mais également à travailler vers une résolution du rêve – c'est-à-dire, de décoder le message que le rêve tente de vous livrer. Vous êtes en mesure de déterminer si davantage ou moins de contrôle est requis dans votre vie. Cela signifie que vous pouvez choisir d'être complètement spontané ou de cibler plus clairement vos buts et vos objectifs. Cela vous permet également d'agir de façon plus créative.

Pousser le rêve encore plus loin.

Après avoir suffisamment expérimenté avec vos rêves pour tenter de reconnaître la lucidité, et vous réveiller d'un mauvais rêve de votre propre gré, vous êtes maintenant prêt à manipuler vos rêves et à les explorer encore plus loin. De manière quasi inévitable, nous sommes confrontés à la question de savoir si la technique énoncée ultérieurement sera reliée au rêve lucide ou non. Pour être franc, le nom que vous décidez de lui attribuer n'a pas vraiment d'importance, mais afin d'éviter toute argumentation, nous la surnommerons « Rêverie ciblée ». Ici, la technique est de vous souvenir du rêve jusqu'au moment où vous vous êtes réveillé, et de choisir ensuite de l'explorer encore plus loin en tant qu'un tout.

Nous avons déjà suggéré que vous puissiez travailler avec des personnages et des objets dans votre rêve, et de vous demander ce qui se produirait ensuite avec chacun d'entre eux. Ceci peut maintenant être élargi afin d'inclure la totalité du rêve. Cette façon n'est pas identique à celle de tournoyer dans un nouvel environnement, ni à prendre consciemment le contrôle – c'est simplement pour permettre au rêve de se prolonger de son propre gré. Les étapes sont très simples :

1. En vous remémorant le rêve tel qu'il était, établissez un contact avec chacune des parties du rêve comme si vous rêviez toujours.
2. Maintenant, prenez le rôle d'observateur et laissez le rêve se développer autour de vous.
3. Ne tentez aucunement d'influencer le rêve. Laissez-le se dérouler librement.
4. Si l'action ou les personnages n'évoluent plus, alors considérez qu'il s'agit du moment où vous vous seriez réveillé.
5. Réfléchissez sur le fait que le rêve n'ait pas été plus loin. Prenez la décision de résoudre toute situation qui pourrait survenir.
6. Vous choisirez peut-être le sujet de votre nouveau rêve lucide à partir de ces situations.

Cette technique est en effet une sorte de méditation ou rêve éveillé.

Conversations avec des personnages du rêve.

Cette technique est utile pour traiter les rêves où vous rencontrez un personnage qui vous effraie ou que vous ne comprenez pas. Elle peut également favoriser l'avancement de votre compréhension afin que vous puissiez commencer à expérimenter ce que vous avez déjà appris. Lorsque vous avez fait un rêve déplaisant, ou peut-être lorsqu'un rêve lucide ne s'est pas déroulé comme prévu, il est bon de le travailler dès que possible.

1. Pousser le rêve encore plus loin.

Vous pouvez explorer le rêve encore plus loin en ayant des conversations imaginaires alors que vous êtes éveillé. Prenez un stylo et votre journal sur les rêves ou encore une feuille de papier, afin de noter ce qui se produit. Visualisez un personnage du rêve prenant place devant vous ; un individu avec lequel vous avez éprouvé quelques difficultés au cours d'un rêve récent. Engagez la conversation avec ce personnage. Vous serez probablement forcé de mettre votre incrédulité de côté jusqu'à ce que la technique devienne familière. Au début, vous vous sentirez probablement un peu bête, mais de grâce persévérez, car les avantages sont innombrables. Avec ce personnage, décidez d'établir une conversation vous permettant de résoudre vos difficultés. Imaginez-vous réellement en train de discuter avec le personnage du rêve, en vous rappelant qu'il est mieux pour vous de commencer la discussion. Parfois, il s'avère plus facile de débuter par des questions telles que : « Que faites-vous dans mon rêve ? Pourquoi me poursuivez-vous ? » ou toute autre question pertinente. Tout d'abord, prenez quelque temps pour sélectionner les questions que vous souhaitez poser au personnage de votre rêve et écrivez-les, mais tentez également d'être le plus spontané possible. Il est fort possible que vos questions changent au fur et à mesure que vous devenez plus engagé auprès de votre personnage, mais il est sage de vous attribuer un point de départ. Vous souhaiterez peut-être choisir une question parmi la liste ci-dessous ou les remplacer par des questions s'avérant pertinentes pour vous.

Pourquoi êtes-vous dans mon rêve ?

Qui êtes-vous ?

Pourquoi agissez-vous de cette façon ?

Qu'essayez-vous de faire ?

Qu'essayez-vous de me dire ?

Que voulez-vous savoir ?

Que voulez-vous que je fasse ?

Qui voulez-vous que je sois ?

Quelle partie de moi représentez-vous ?

Pourquoi ceci se produit-il dans ce rêve ?

Que dois-je savoir ?

Comment puis-je vous aider ?

Comment pouvez-vous m'aider ?

Écrivez vos questions ainsi que de brèves notes sur les réponses que vous obtenez de la part du personnage. Ces dernières peuvent surgir et vous sembler davantage des réflexions que du dialogue, mais documentez-les tous de la même façon. Vous vous demanderez sans doute s'il s'agit de votre imagination, mais c'est normal. Faites confiance à votre intuition et continuez le travail car, lorsque vous critiquerez moins le processus, vous découvrirez qu'il s'enchaîne plus aisément. N'essayez pas d'évaluer ce qui se produit pendant que vous faites cet exercice – gardez cela pour plus tard. Terminez la conversation lorsqu'elle vous semble moins volubile, ou lorsqu'elle semble tourner en rond ou avoir atteint une certaine résolution.

Évaluez ensuite ce que vous venez d'accomplir et demandez-vous si le résultat vous satisfait ou s'il y a quelque chose que vous feriez différemment la prochaine fois. Vous êtes maintenant en route vers le développement de votre propre technique pour affronter les cauchemars, et vous pouvez tenter le même exercice pour d'autres rêves.

2. *Identifier le but de votre rêve.*

Vous possédez maintenant une technique pour traiter le contenu du rêve et une autre pour le rêve lucide, et vous devriez pouvoir amalgamer les deux. Dites-vous que, la prochaine fois où un personnage de rêve provoquera une rencontre difficile ou angoissante, vous deviendrez lucide et aurez une conversation avec ce personnage.

3. *Discuter avec des personnages de rêves.*

Lorsque vous rêvez et faites la rencontre d'un certain personnage problématique, qu'il s'agisse d'une situation conflictuelle ou non, tentez de déterminer si vous rêvez en vous posant la question. Si vous découvrez que vous êtes au beau milieu d'un rêve, continuez de la façon suivante : Tournez-vous et envisagez le personnage et, en utilisant la technique que vous avez expérimentée ci-dessus, amorcez un dialogue avec une des questions se trouvant sur la liste. Écoutez les réponses que vous donne le personnage et tentez de résoudre les problèmes pour lui – par exemple, tentez d'établir la raison pour laquelle il croit avoir le droit de vous importuner – ainsi que pour vous-même. Tentez de conclure un accord ou de trouver une solution et, si cela est possible, essayez d'amadouer le personnage. Continuez le dialogue jusqu'à ce que vous atteigniez une conclusion satisfaisante. Ensuite, réveillez-vous complètement et écrivez la conversation échangée alors que vous en avez encore souvenance.

4. Évaluer la conversation

Tentez de déterminer si vous avez atteint le meilleur résultat possible. Si vous n'êtes pas satisfait, réfléchissez à la façon d'améliorer vos résultats la prochaine fois. Pour le moment, retournez à l'étape 1 et travaillez consciencieusement le rêve en utilisant davantage de questions en vue d'obtenir un meilleur résultat. Vous pourriez également opter pour la technique ayant trait à l'exploration approfondie du rêve, démontrée ailleurs dans cette section.

Traiter les rêves répétitifs.

Si vous êtes sujets à faire des rêves répétitifs, vous pouvez utiliser une prolongation de la technique RISC pour vous aider à résoudre le problème.

1. Remémorer et documenter le cauchemar.

Remémorez le cauchemar, en incluant le plus de détails possibles, et écrivez-le. Parfois, le simple fait de l'écrire suffit à éliminer la majeure partie de la peur ressentie au cours de la situation. Étudiez le rêve afin d'identifier différents moments où vous pourriez influencer la tournure des événements en effectuant une certaine action de façon différente.

2. Choisir un moment et une nouvelle action.

Au cours du rêve, choisissez un moment spécifique pendant lequel vous avez ressenti davantage de contrôle tout juste avant que vous ayez choisi de changer le rêve. Choisissez un scénario différent qui modifiera le rêve. En débutant par un moment où vous êtes en contrôle, vous serez plus apte à changer les choses pour le mieux.

3. Relaxer

Maintenant, vous devez intégrer un état d'esprit où vous êtes complètement détendu et pouvez travailler avec votre rêve. Trouvez un moment et dénichez un endroit où vous ne serez pas interrompu pendant environ une demie heure. Fermez les yeux et, en utilisant votre technique de relaxation préférée, détendez-vous complètement.

4. Revivre le cauchemar.

En commençant par le point d'entrée que vous choisissez à l'étape 2, visualisez-vous de retour dans votre rêve. Regardez-le se dérouler tel que précédemment, jusqu'au moment où il vous semble propice d'effectuer votre nouvelle action, et laissez le rêve continuer jusqu'à ce que vous découvriez ce qui se produit et si l'action a obtenu le résultat souhaité.

5. Étudiez votre résultat remanié.

Revenez vers la normalité lorsque le rêve a pris fin. Traitez le rêve imaginé comme s'il s'agissait d'un vrai rêve et documentez-le. Soyez conscient de votre réaction face au nouvel épilogue. Si vous n'êtes toujours pas satisfait de la conclusion, soyez très à l'aise de la travailler de nouveau jusqu'à ce que vous le soyez. Il est possible que le simple fait de travailler le rêve de cette façon l'empêche de se reproduire ; comme si le rêve perdait sa puissance de vous effrayer.

6. Traiter le rêve répétitif.

Si le rêve se produit de nouveau, transportez-vous vers l'état de la lucidité et suivez le nouveau plan d'action. Ayant élaboré votre nouveau type de comportement, exécutez-le au meilleur de votre capacité, et soyez précis quant aux résultats souhaités. Rappelez-vous que le rêve ne sera jamais en mesure de vous blesser et que vous choisissez de le contrôler.

Évaluer les personnages de votre rêve.

Au cours d'un rêve, certaines questions peuvent être posées même s'il s'agit d'un rêve lucide. La première est : « Qui ou qu'êtes-vous ? » En étant conscient que vous rêvez, cette question peut engendrer une de deux choses. Elle peut réitérer votre lucidité, par le fait que vous reconnaissiez que l'entité ou l'être avec lequel vous conversez n'est en fait qu'une image du rêve, ou qu'en devenant conscient de la scène, vous réalisiez que vous rêvez et qu'instinctivement, vous vous réveilliez. Identifier la scène vous permet de la travailler, d'y trouver un sens et de l'utiliser – établissant ainsi une base en vue d'effectuer un examen ultérieur.

La deuxième question pouvant être formulée à partir de l'état lucide est : « Pourquoi êtes-vous dans mon rêve ? » Une telle question s'avère sans doute plus propice pour le traitement des mauvais rêves et des cauchemars, car elle enclenche le processus de confrontation avec vos éléments négatifs. En travaillant d'un point de vue positif et en vous rappelant que votre soi intérieur est celui qui crée les images, la question souligne et précise le motif se dissimulant derrière l'image au lieu d'identifier ce que l'image représente. Ceci veut dire accepter le fait que vous ayez été le seul responsable de la présence de l'image plutôt que d'affirmer que l'image tente de vous exprimer quelque chose. Au fil du temps, vous découvrirez sans doute qu'en bénéficiant d'une plus grande compréhension, la question devient : « Pourquoi cette chose ou objet est-elle ou est-il dans mon rêve ? »

La prochaine question à formuler est : « Qu'avez-vous à me dire ? » Certains rêveurs ont la capacité de créer un dialogue avec leurs images. Cela est très similaire à la technique Gestalt démontrée précédemment. Pour ceux qui préfèrent posséder une cible nettement plus claire, la question peut être formulée de cette façon : « Quelle information puis-je obtenir de vous ? » Ceci requiert une évaluation attentive de tous les aspects de l'image, incluant la façon dont elle est positionnée, la façon qu'elle se maintient, le rôle qu'elle joue dans l'ensemble du scénario du rêve, ce qu'elle fait et ainsi de suite. Pour les moins familiers avec la technique du rêve lucide, cette question peut être posée au cours de l'état d'éveil après s'être remémoré le rêve, mais les rêveurs plus expérimentés devraient être en mesure de solliciter des réponses à partir d'un état de lucidité.

Une façon plus approfondie selon laquelle l'image du rêve peut être interrogée est de demander : « Pourquoi cela se produit-il de cette manière ? » ou « Quel est le but de l'agissement ou du non agissement de cette image ? » De cette façon, vous découvrirez si le but de l'image est uniquement de favoriser les autres actions dans le rêve, ou de livrer davantage d'information. Ainsi, le fait de se retrouver à l'intérieur d'un grand édifice pourrait signifier une volonté de vous impressionner par son importance, le grand espace inoccupé ou son utilisation en tant que lieu de rencontre public. Si vous optez pour la méthode d'interprétation Gestalt, vous aurez la capacité d'accepter que chaque chose dans le rêve soit un aspect de vous-même. Donc, dans l'exemple précédent, vous vous questionnerez à savoir quelle partie de vous est importante, quelle partie représente l'espace inoccupé et quelle partie est exposée publiquement.

« Que voulez-vous de moi ? » est une question qui peut guider certains vers plusieurs directions différentes. La première chose à examiner est ce que le rêve contient en soi. Étant une entité complète, le rêve contient un « message » ou de l'information qui a souvent besoin d'être démêlée même si le rêve est lucide. Tel que nous l'avons déjà démontré, chacune des parties du rêve contient, de façon égale, sa propre information. Donc, à l'état d'éveil, il s'avère souvent utile de dresser une liste de ce qui est pertinent à un achèvement du rêve avec succès. Au fur et à mesure que vous serez plus compétent en matière de rêve lucide, vous aurez la capacité de dresser mentalement des listes de tout ce que vous avez découvert. Vous rappeler de documenter de telles découvertes dès que le rêve prend fin s'avère très utile.

Très souvent, une fois éveillé, vous aurez besoin de discerner la façon dont s'apparente le rêve à votre vie éveillée et aux situations auxquelles vous êtes confrontées. Cela nécessite souvent une étude du contenu du rêve afin d'y dénicher des indices vous permettant la découverte d'information pour vous aider à affronter les principales préoccupations dans votre vie. Vous pouvez par la suite la réviser afin d'y trouver réconfort lors de circonstances particulières, au travail ou dans votre vie personnelle. Assurez-vous également d'élaborer des moyens pour accroître votre capacité de rêver de façon créative en choisissant un aspect spécifique du rêve. Choisir de travailler de façon lucide avec cet aspect vous permet de fouiller encore davantage les aspects cachés de votre phychisme. C'est à ce moment que le travail avec les symboles du rêve sur une base individuelle peut vous aider à devenir extrêmement créatif.

Un dernier mot

Vous possédez maintenant les outils vous permettant d'accéder à la majeure partie de l'information nécessaire en vue de vous aider à vivre une vie complète et enrichissante. Vous pouvez façonner le futur, apprécier le présent utiliser des expériences antérieures – non seulement les vôtres mais également celles des autres.

La façon dont vous utiliserez l'information n'en tient qu'à vous. Notre seule requête est que vous puissiez apprécier la personne davantage accomplie et entière que vous deviendrez.

Imprimé en France
Achevé d'imprimer en mars 2009
sur les presses de l'imprimerie Jouve
n° impression : 478736W
en collaboration avec AGM
48, rue du Bas des Vignes - 85770 Vix